13
15
14

rororo Sport
herausgegeben von Bernd Gottwald

Theorie · Methoden · Praxis

Günter Hagedorn / Dieter Niedlich /
Gerhard J. Schmidt (Hg.)

Basketball Handbuch

Mit Graphiken von
Frauke Bredehöft und Sigrid Busch

Offizielles Lehrbuch des
Deutschen Basketball Bundes

Rowohlt

SPORT rororo

Originalausgabe

Layout Angelika Weinert
Umschlagentwurf Peter Wippermann/Sebastian Raulf (Foto: Bongarts)
Veröffentlicht im Rowohlt Taschenbuch Verlag GmbH,
Reinbek bei Hamburg, Juni 1985

Bildquellennachweis siehe Seite 510
Satz Times (Linotron 202)
Gesamtherstellung Clausen & Bosse, Leck
Printed in Germany
1880-ISBN 3 499 17624 6

16.–18. Tausend November 1989

Inhalt

Günter Hagedorn

1 Über einige Gewißheiten

An dieser Stelle wollen wir statt unverbindlicher Vorbemerkungen Grundsätzliches sagen zur Spielauffassung im Basketball und zum hier vorgelegten «Basketball-Handbuch», zu seinem Aufbau und zu seinen Autoren. Wir wollen das unter dem Gesichtspunkt der Gewißheit tun.

Über die Gewißheit des Trainers

Basketball-Lehrer und Basketball-Trainer zeigen oftmals ein unterschiedliches Standesbewußtsein. Das mag mit der Ausbildung und den verschiedenartigen Tätigkeitsfeldern (Schule, Verein) zusammenhängen. In diesem Basketball-Handbuch wird auf diese Unterscheidung weitgehend verzichtet, weil Trainer immer auch als erziehende Pädagogen und Sportlehrer auch als fordernde Trainer verstanden werden.

Trainer brauchen sehr viel Gewißheit, tagtäglich, für sich selbst. Sie brauchen diese Gewißheit bei einer Niederlage, sie brauchen sie bei einem großen Sieg. Es gibt immer ein ‹Danach›. Und das ist bereits wieder das nächste ‹Davor›. Trainer müssen von ihrer Gewißheit abgeben, an Spieler, an andere Trainer, an Vorstand und Helfer, an Zuschauer, an Presse- und Medienleute. Da reicht keine eiserne Reserve.

Trainer besitzen diese Gewißheit für gewöhnlich in unterschiedlicher Form. Was sie wissen, das geht ein in ihre Überzeugungen und ist nachprüfbar. Sie sprechen dann von ihrer ‹Spielauffassung› (amerikanisch: ‹my philosophy›). Wir sollten weder diesen noch andere Amerikanismen leichtfertig übersetzen. Ein warnendes Beispiel dafür liefert folgender Dialog:

«Ich hätte gerne», sagte er, «Boxhandschuhe.» «Wieviel Unzen?» fragte der Verkäufer. «???» «Ja, wie groß sollen sie denn sein? Sind sie für dich?» «Ja, klar doch!» «Darfst du denn schon boxen?» «!!!» «Ich meine», sagte der Verkäufer, «wegen der Verletzungsgefahr. Wo boxt du denn?» «Mein Trainer sagt immer: Box ihn raus! Und das werd ich! Ich box nämlich unterm Basketballkorb, wissen Sie.»

«Boxing out» hat wohl doch nichts mit der Sportart Boxen zu tun ...
Wissen bildet die Grundlage jeder Spielauffassung eines Trainers. Es reicht von der persönlichen Erfahrung über die Erfahrung anderer Trainer bis hin zu fachlichen und überfachlichen Kenntnissen und Erkenntnissen, die die Wissenschaften vermitteln. Es ist die (hohe) ‹Kunst› des Trainers, solches Wissen im Sinne einer ‹reflektierten Praxis› und einer ‹praktischen Reflexion› in Training und Wettkampf zu nutzen. Das Basketball-Handbuch kann dazu den Rohstoff Wissen liefern.
Trainer haben auch wie andere eine Meinung. Auch sie leiten oftmals den Beweis für die Richtigkeit dessen, was sie meinen, aus ihrer ganz persönlichen Erfahrung ab. Selbst gemeinsame Erfahrungen von Trainern und Spielern sind subjektiv und bleiben es wegen der Unterschiede in der Wahrnehmung und im Erleben. Erfahrung läßt sich deshalb weder er- noch verkaufen. Jeder Trainer muß, wie jeder Spieler auch, seine eigenen Erfahrungen machen.
Der Mensch im Trainer neigt manchmal dazu, Wissen und Meinen zu verwechseln. Dann entsteht ‹Ideologie›. Ein sprechendes Beispiel ist die Schuldzuweisung bei Niederlagen. Statt objektive Daten, Notizen oder Videoaufzeichnungen zu befragen, wird das Schiedsrichter-Syndrom belebt. Beide (gegnerischen) Trainer meinen, er habe nur gegen ihre Mannschaft Fehlentscheidungen gepfiffen. Hier wird die Sündenbock-Strategie dazu benutzt, sich selbst zu entlasten.
Trainer glauben auch. Das, was sie glauben, liegt oftmals hinter einer Scheidewand, die diesseitige Wirklichkeit und jenseitige Un-Wirklichkeit trennt. Solcher Glaube grenzt fast ans Religiöse. Er läßt keine Zweifel zu. Das, was sie glauben, ist so, wie sie es glauben, basta. Zweifel werden nicht zugelassen. So unglaublich es aber klingt: Trainer brauchen solchen missionarischen Glauben. Zum Beispiel den an den eigenen Erfolg. An das eigene Konzept. Dieser Glaube kann und darf auch nicht durch Mißerfolg oder Kritik erschüttert werden. Nicht nur Religionen betrachten den Abfall vom Glauben als das schwerste aller Vergehen; ein Trainer, der aus Bequemlichkeit, aus finanziellen Gründen oder ganz einfach zur Rettung seines ‹Schleudersitzes› seine Überzeugung aufgibt, sich anpaßt, verrät sein Konzept und gibt sich selber auf. Freilich, Boden unter den Füßen braucht jeder Glaube.

Von der Gewißheit des Augenblicks und der Geschichte

Sport ist am schönsten in den spannenden und entscheidenden Augenblicken des Wettkampfes. Wenn alles noch möglich ist. Wenn es sich noch lohnt, alles einzusetzen. Wir suchen und genießen diese Augenblicke mit ihren Fieberschauern der Spannung. Sie heben uns ein kurzes Stück aus alltäglichen Verrichtungen, Routinen und Stressmonotonien heraus. Sie machen uns aber auch leicht süchtig. Sie verführen uns zu vergessen, daß sie immer nur einzelne Gipfel in einer sehr bewegten Landschaft sind. Wir verdrängen allzu leicht die weiten Wege, die andere vor uns gegangen sind, und die wir selber gehen mußten. Die Sucht nach dem Augenblick macht die Geschichtlichkeit vergessen, die des Basketballspiels, des Basketball-Handbuchs und des Spielkonzepts eines jeden Trainers. Wir wollen mit der Vorgeschichte des Basketball-Handbuchs ein wenig unser allgemeines Geschichtsbewußtsein anregen.

Das hier vorliegende Basketball-Handbuch hat einen betagten Vorgänger, dessen Grundkonzept von HAGEDORN 1972 entwickelt wurde (vgl. HAGEDORN/NIEDLICH/SCHMIDT 1974, 9–10). Ihm liegen noch die Erkenntnisse der Programmierten Instruktion zugrunde, die WALTER VOLPERT im Rahmen des Lehrprogramms «Der Schnellangriff» in die Teamarbeit einbrachte. Der eigentliche Initiator zu einem Basketball-Handbuch war TONI KARTAK, langjähriger Präsident des Deutschen Basketball Bundes (DBB). Er hatte schon als Lehrwart und Bundestrainer den Mangel an deutschsprachiger Basketball-Literatur beklagt. Die Arbeit des Basketball-Nestors HERMANN NIEBUHR aus den fünfziger Jahren war lange Zeit abgebrochen. Natürlich sind die unschätzbaren Anregungen amerikanischer und europäischer Basketball-Autoren und -Trainer hier eingeflossen. Die Reihe beginnt bei CLAIRE-BEE und JACK DONOGHUE, führt über LEO HÜBNER (Halle), WOLF HEINKER (Heidelberg), YAKOVOS BILEK (Bad Kreuznach) zu MIROSLAW KRIZ (Prag), GIANCARLO PRIMO (Italien) und RALF KLEIN (Israel), ohne doch hier zu enden. Zwischen diesen Namen liegen viele andere Namen und Ereignisse, liegen «Coach Clinics» im In- und Ausland mit internationaler Besetzung, liegen die Namen von ungenannten Kollegen, Studierenden und Spielern und die der C-, B- und A-Trainer des DBB, die durch Referate, Diskussionen und Kritik in Aus- und Fortbildung vieles bei Herausgebern und Autoren ‹modernisierten›. Das hier vorliegende Basketball-Handbuch versteht sich deshalb als Teil der in vielem unsichtbaren Geschichte des deutschen Basketballs.

Seit Februar 1979 laufen die Versuche, das ältere Basketball-Handbuch zu überarbeiten, das damals in die dritte Auflage ging. Viele Autoren lieferten bereits in den Jahren 1980 bis 1982 ihre Beiträge. Sie mußten lange warten, schließlich ihre Beiträge sogar erneut dem neuesten Forschungsstand und der Entwicklung des Spiels anpassen. Langer Frust und doppelte Arbeit! Ihnen gebührt der besondere Dank der Herausgeber und sicherlich auch der Leser. Andere Autoren sprangen trotz umfangreicher Vorarbeiten ab. Der Neudruck verzögerte sich, weil die Verhandlungen zwischen dem DSB (Deutscher Sportbund) als Herausgeber der «Trainerbibliothek», in der das alte Handbuch als Band 10 erschienen war, und neuen Verlagen langwierig wurden. Erst im März 1984 fiel die Entscheidung zugunsten einer selbständigen Neufassung bei einem neuen Verlag. Für die schnelle, unkonventionelle Entscheidung ist dem Verlag sicherlich zu danken, wenngleich die so kurzfristig gehäufte Arbeit der Autoren und Herausgeber fast nicht zu leisten war. Die Neuerscheinung gelang letztlich nur so zügig, weil DSB (durch den Bundesausschuß für Leistungssport), DBB und Verlag zusammenarbeiteten.

Zum Aufbau des Bandes

Lesehilfen erhöhen die Gewißheit. Deshalb soll hier kurz der Aufbau des Bandes erläutert werden. Das Basketball-Handbuch soll eine schnelle Orientierung mit der Möglichkeit verbinden, Einzelheiten einander zuzuordnen:

1	Von der Gewißheit
2	Was ist Basketball?
3	Allgemeine Grundlagen
4–6	Technik und Taktik
7	Lernen
8	Training und Wettkampf
9	Taktik und Strategie
10	Anhang

Abb. 1: Modell des Basketball-Handbuchs

Der Leser soll zunächst den Gegenstand Basketball durch seine Geschichte und seine Handlungsstruktur verstehen lernen. Er wird dann mit ausgewählten Grundlagen des Spiels (3) vertraut gemacht. Dann folgen vier Kapitel, die insgesamt stärker an der Lehr-, Trainings- und Wettkampfpraxis orientiert sind: die Taktik, unterteilt in Individualtaktik (4), Gruppentaktik (5) und Mannschaftstaktik (6); das kleinere Kapitel Lernen (7); das umfassende Kapitel Training und Wettkampf (8), gefolgt vom Kapitel Taktik und Strategie (9). Mit dem Anhang (10), der Hilfen zur schnellen und vertieften Nutzung bietet, endet das Handbuch.

Zum Aufbau der Beiträge

Als unmittelbare Lese- und Lernhilfe ist der einheitliche Aufbau aller Beiträge zu verstehen. Dieser verbindlich vorgegebene Aufbau zwang manchen Autor zu mehreren Arbeitsschritten, andere Autoren in die Knie; sie kapitulierten vor diesem – oftmals sicherlich auch lästigen – Zwang. Der größere Arbeitsaufwand dürfte sich aber letztlich gelohnt haben, da nun jeder Beitrag schnelleres Orientieren und leichteres Lernen ermöglicht. Abbildung 2 veranschaulicht den Aufbau der Beiträge.

- Strukturbaum
  Schlagwörter
- Erläuterungen
  Text
- Praxis
  Folgerungen
  Methodik
- Merke
  Regeln
  Gesetze
- Literatur

Abb. 2: Aufbau der Beiträge

Der *Strukturbaum* liefert das grafische Bild des Beitrags, ergänzt durch die *Schlagwörter*. Beides zusammen dient der Vor- und Nachorientierung zur Strukturierung des Wissensstoffes.
Die *Erläuterungen* stellen diesen Stoff in textlicher Langform dar; dabei werden die wichtigsten Informationen hervorgehoben.
Neu gegenüber dem älteren Handbuch sind die Folgerungen für die *Praxis*, die auf die Anregungen durch Nutzer zurückgehen.
Mit der Zusammenfassung *Merke* sollen in Kurzform die wichtigsten Grundlagen, Regeln und/oder Gesetze benannt werden, die Lernen durch Einsicht gestatten.
Die *Literatur* wird aus Raumgründen nur mit den Ziffern der zentralen Bibliographie des Anhangs zitiert, wo sie nachgeschlagen werden kann.

Autoren und ihre Beiträge

Die kritische Diskussion des älteren Basketball-Handbuchs machte vier Schwächen deutlich:

1. ungenügende Illustration der meisten Beiträge,
2. verwissenschaftlichte, praxisferne Sprache,
3. Kopflastigkeit der theoretischen gegenüber den sportpraktischen Beiträgen,
4. Fehlen wichtiger Beiträge.

Das neue Basketball-Handbuch will diesen kritischen Einwänden Rechnung tragen. So schieden von den älteren Beiträgen und Autoren einige aus. Neue Autoren konnten hinzugewonnen werden. Es sind das einmal

Trainer, die Spitzenmannschaften betreuen und die Trainings- und Wettkampfpraxis kennen, zum anderen Praktiker der medizinischen Versorgung, die mit Maßnahmen der Ersten Hilfe, der Regeneration und Rehabilitation vertraut sind, schließlich Sportwissenschaftler mit engem Bezug zum Basketball, so daß sie fähig sind, durch die wissenschaftliche Brille hindurch den basketballspezifischen Einzelfall zu sehen.
Es gibt in diesem Handbuch auch ganz persönliche Auffassungen von Autoren, die andere Autoren oder die Herausgeber nicht überall teilen. Die Herausgeber wollten das Recht auf eine eigene Meinung nicht einengen, sofern diese nicht gesicherten wissenschaftlichen Erkenntnissen zuwiderläuft und Leser verunsichern könnte. Da und dort gibt es auch Wiederholungen oder Überschneidungen. Sie lassen sich nicht generell in einem Basketball-Handbuch vermeiden; manchmal ist es sogar notwendig, die gleiche Information in einem anderen Zusammenhang zu wiederholen. Andererseits mußten einige aus der Sicht der Praxis vielleicht wichtige Beiträge aus Platzgründen nach Fertigstellung wieder herausgenommen werden. Die allgemeineren spielbezogenen Themen sind in dem Band «Spielen» (rororo 8603) von Günter Hagedorn abgehandelt, die basketballspezifischen Praxisbeiträge werden in einem geplanten Titel «Basketball-Praxis» (Herausgeber: Lehr- und Trainerkommission des DBB) 1990 erscheinen, weiterhin ergänzt der Band «Sportspieltraining» (rororo 8634) (Günter Hagedorn, 1990) dieses Basketball-Handbuch.

Mitarbeiter und Helfer

An diesem Band hat eine Reihe von Mitarbeitern und Helfern mitgewirkt: Von den Autoren gelieferte Texte wurden von Hela Lesemann und Petra Kölbel in die Endfassung gebracht; Frauke Bredehöft fertigte die grafischen, Sigrid Busch die figürlichen Darstellungen an; an der zusammenfassenden Bibliographie und der Schlußkorrektur hat Kerstin Böhm mitgearbeitet.
Die Herausgeber danken auf diesem Wege allen weiteren ungenannten Helfern und Anregern und – auch im Namen des DBB – dem DSB und dem neuen Verlag für die vorzügliche Zusammenarbeit.

2 Sportspiel Basketball

Günter Hagedorn

Arbeit und Spiel sind menschliche Tätigkeiten, die unerschöpflichen Stoff für Sinndeutungen, Untersuchungen und Diskussionen liefern. Beide haben in unserer Zeit eine geradezu revolutionäre Umdeutung erfahren. Aus Arbeitsnot und existentiellem Arbeitszwang wurde beinahe über Nacht das Recht auf Arbeit. Etwas länger brauchte das Spiel, um den angeblich leeren Schein kindlicher Tändeleien abzulegen. Heute gilt es u. a. als Therapeutikum gegen Bewegungsarmut und Isolation. Das Sportspiel wird gar als Spannungsersatz für die Langeweile des Alltags öffentlich entdeckt und gefördert.
Die Entwicklung von Arbeit und Spiel stehen in unmittelbarem Zusammenhang mit der gesellschaftlichen Entwicklung. Wir vermehren fortgesetzt den Einsatz von Techniken, die für uns arbeiten, und wir vermindern zugleich stetig das Maß, in dem wir uns selbst noch natürlich, insbesondere unseren Körper beanspruchen. Die Industrialisierung schafft aber zugleich Freiräume, die für den Sport und für uns alle Gelegenheit bieten, uns wieder zu fordern, insbesondere in allen Bereichen des Körperlichen.
Spiele gestatten, mehrere Bedürfnisse zugleich zu entdecken und abzudekken. Der Gegner – als Gegenspieler oder Gegenmannschaft – fordert hohen körperlichen Einsatz bei Einhaltung der für beide verbindlichen Spielregeln. Mit dem Gegner holen wir den Zufall und die Überraschung ins Spiel, die im Alltag planmäßig ausgeschaltet werden. Der Gegner zwingt uns dazu, uns mit ihm, aber auch mit uns selbst auseinanderzusetzen. Spiele machen Gespräche und Körperkontakte, machen Einzelaktionen und Zusammenspiel möglich. Spiele lassen uns gemeinsam Ziele, Regeln, Werte, Rollen und Beziehungen suchen. Spiele als Wettkampf stellen eine besondere Art sozialer Konflikte dar, die wir miteinander erleiden und lösen können.

PUERTO
13
RICO

Auch das Basketballspiel bietet diese Möglichkeiten. Es ist ein Spiel unter vielen Spielen; zugleich unterscheidet es sich von anderen Spielen durch seine Spielidee, seine Spielregeln und die sich daraus ergebenden Spielmöglichkeiten und Beanspruchungsformen. Diese Besonderheiten sollen im folgenden dargestellt werden.

Günter Hagedorn

2.1 Was ist Basketball?

Diese Frage wird das gesamte «Basketball-Handbuch» beschäftigen. Wir wollen hier aber schon eine kurze formale Antwort darauf geben.
Basketball wurde in Nordamerika als Winterausgleich für solche Spiele ‹erfunden›, die man im Freien und mit großem Risiko für Gesundheit und Leben (!) spielte (vgl. bei 2.2). Basketball sollte ein Spiel ohne solche Risiken sein. Aus dieser Absicht wurden die Spielidee, die Spielbedingungen und die Spielregeln entwickelt, die es jedem Spieler zu jeder Zeit ermöglichen, den Ball, nicht aber den Mann zu spielen. Das führte zu der richtigen, Verhalten und Handeln leitenden Anweisung «Spiele den Ball, niemals den Mann!» und zu der falschen Vorstellung, Basketball sei das ‹fairste› und ein ‹körperloses› Spiel. Auch Basketball ist nur dann fair, wenn die Spielenden, die Schiedsrichter und die Organisatoren die Spielregeln im Sinne der Spielidee auslegen und entsprechend handeln. Basketball ist schließlich auch ein ‹körperliches› Spiel im Rahmen der erlaubten Körperkontakte und wurde als Spitzensport ein Spiel mit höchstem körperlichen Einsatz.
Basketball wird als Wettkampf zwischen zwei Mannschaften gespielt, die jede aus mindestens fünf, höchstens zehn Spielern bestehen. Gespielt wird fünf gegen fünf auf zwei übersprunghohe Körbe. Die horizontalen Körbe bestehen aus einem Ring mit einem sich nach unten verengenden Netz, um durchfallende Bälle zu verzögern, und sind an Spielbrettern befestigt, die als Zielhilfe dienen und bei Fehlwürfen den Ball im Spiel halten.
Das Spielfeld besteht aus einem Vorfeld, in dem sich der angegriffene, und aus einem Rückfeld, in dem sich der verteidigte Korb befindet. Spieler der ballbesitzenden und damit angreifenden Mannschaft dürfen den trapezförmigen Raum in unmittelbarer Korbnähe nur dann drei Sekunden oder länger betreten, wenn sie zwischendurch einen Korbversuch machen, somit den Ball freigeben. Die 3-Sekunden-Regel zwingt auch große Spieler, den Korbraum wieder zu verlassen und gleicht die Spielchancen zwischen Angriff und Verteidigung aus.

Das Spiel wird durch einen Sprungball im Mittelkreis des Spielfeldes zwischen zwei gegnerischen Spielern eröffnet. Sie versuchen, den Ball einem Mitspieler zuzutippen. Je nach Ballbesitz wechseln Angriffs- und Verteidigungsmaßnahmen der Mannschaften ab. Die Dauer der Angriffe ist aber nicht beliebig. Die ballbesitzende Mannschaft muß innerhalb von zehn Sekunden den Ball aus dem Rück- ins Vorfeld bringen und muß innerhalb von 30 Sekunden einen Korbversuch machen. Ferner muß der einzelne Spieler innerhalb von fünf Sekunden den Ball spielen, also werfen, passen oder dribbeln, wenn er eng gedeckt wird. Diese Regeln machen Basketball zu einem dynamischen Spiel mit ständig wechselnden Spielsituationen.
Körbe, die aus dem normalen Spielgeschehen erzielt werden, zählen zwei Punkte, Körbe, die gemäß der neuen 3-Punkte-Regel von außerhalb der 3-Punkte-Linie (6,25 m von der Korbmitte) erzielt werden, drei Punkte, Körbe aus Freiwürfen einen Punkt. Freiwürfe werden einem Angreifer zugesprochen, wenn er beim Korbwurf gefoult wurde, oder wenn eine Mannschaft eine bestimmte Foulzahl pro Halbzeit (zur Zeit sieben Fouls) überschreitet. Freiwürfe werden von der Freiwurflinie aus und ohne Behinderung durch Gegenspieler ausgeführt. Sie sollen die durch Foul verhinderte Korbchance wiederherstellen.
Verstöße gegen die Foulregel werden schriftlich festgehalten. Bei fünf Fouls scheidet der betreffende Spieler für die Dauer des laufenden Spieles aus. Das gilt natürlich auch für eine Disqualifikation (z. B. bei grober Unsportlichkeit) und bei zwei sogenannten Technischen Fouls. Andere Verstöße, z. B. gegen Zeit-, Dribbel- oder Schrittregeln, führen zum Wechsel des Ballbesitzes. Die Foulregel und die technischen Regeln machen Basketball zu einem taktischen Spiel (vgl. dazu bei 9).
Das regelrechte Wettspiel endet nach zweimal 20 Minuten absoluter Spielzeit. Gemäß den auf dem Spielberichtsbogen vermerkten Korbpunkten ist die Mannschaft Sieger, die die meisten Punkte erzielte. Da es zur Zeit kein Unentschieden im Basketball gibt, wird das Spiel bei Punktgleichheit verlängert. Im Mini-Basketball und bei Spielturnieren gelten im allgemeinen Sonderregelungen (vgl. bei 7.4).
Diese Kurzbeschreibung des Basketballspiels kann keinen Ersatz darstellen für eine gesonderte Auseinandersetzung mit den Spielregeln. Hier sei deshalb auf das Regelheft des DBB verwiesen.

Dieter Niedlich

2.2 Geschichte des Basketballspiels

Schlagwörter

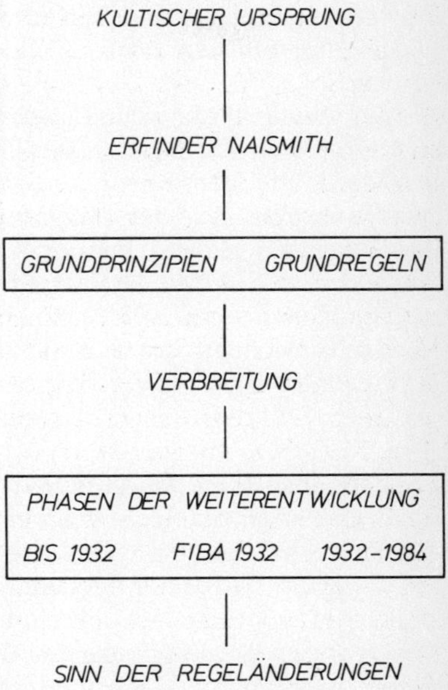

[1] Kultische Ursprünge: Ballspiele alter Kulturvölker Mittelamerikas; Ziel: senkrecht stehender Ring.

[2] Erfindung durch Naismith 1891/92: Springfield YMCA-College; pädagogische Zielsetzung; Sport für Spieler wie Zuschauer; ‹Gegen-Spiel› zum amerikanischen Football.

[3] Grundprinzipien: kein Laufen mit dem Ball; kleines horizontales Ziel (Korb); keine Gewalt. Grundregeln: Ball mit den Händen spielen; zweites sowie absichtliches Foul: Disqualifikation; drei Fouls = ein Korb; Einwurf innerhalb fünf Sekunden; den Ball spielen, nicht den Gegner.

[4] Verbreitung des Basketballspiels: YMCA-Colleges; Verbreitung im Ausland: Sportlehrer und Missionare; erst Asien, dann Europa; Olympische Spiele 1936; Gründung des DBB 1949.

[5] Weiterentwicklung bis 1932: Pfirsichkörbe zehn Fuß hoch; Spielbrett; Freiwurf; Sternschritt; Dribbling.

[6] FIBA-Gründung 1932, Jones Generalsekretär: Verschiedene Regelordnungen; zwei große Förderer: Naismith und Jones.

[7] Entwicklung 1932–1984, alle vier Jahre Regelüberarbeitung; wichtigste Regeländerung: Wegfall des Mittelsprungballs; 3-Sekunden-Regel; Freiwurfraum; 10-Sekunden-Regel; 30-Sekunden-Regel; Foul/absichtliches Foul.

[8] Sinn der Regeländerungen: Grundidee erhalten; Klarheit des Spiels; Schnelligkeit und Geschicklichkeit. Gefahren beseitigen: Gefahren durch Trainer; Riesen, Gewalt, Ball-Halten, absichtliches Foul.

Erläuterungen

1 Kultische Ursprünge

Auch wenn es fragwürdig ist, das heutige Basketballspiel von den Ballspielen alter Kulturvölker ableiten zu wollen, die Spielidee, einen Ball durch einen erhöhten Ring oder auf einen Korb zu werfen, reicht sehr weit zurück.
Bei den Azteken, Mayas und Inkas gab es Ballspiele zwischen zwei Mannschaften, deren Ziel es war, einen schweren Kautschukball mit dem Rükken, der Hüfte, dem Knie oder dem Gesäß in die gegnerische Spielhälfte zurückzuprellen bzw. den Ball durch einen senkrecht stehenden, steinernen Ring in 6 m Höhe zu befördern (vgl. Diem 1960, 65ff).
Ähnliche Spiele, bei denen der Ball durch einen Ring geworfen werden mußte, werden von den Normannen berichtet. Aus den Niederlanden und von den Einwohnern des heutigen Florida wird ein Spiel berichtet, bei dem ein auf einem hohen Pfahl angebrachtes Binsengeflecht bzw. Weidenkorb mit einem Ball getroffen werden mußte (Felscher 1936).

2 Erfindung durch Naismith 1891/92

Basketball ist ein Spiel, das unter bewußt pädagogischen Zielsetzungen erfunden wurde. Am Springfield College Massachusetts (YMCA) war man auf der Suche nach einer Sportart, die man in den Wintermonaten in der Halle spielen konnte. Sie sollte interessant und leicht erlernbar und (im Gegensatz zu den wenig beliebten Geräteturnen und Gymnastik) dem Bedürfnis nach Spiel und Wettbewerb entsprechen (vgl. Lindeburg 1967, 25).
Naismiths Versuch, die Studenten für die ‹Kleinen Spiele› seiner Kindheit zu begeistern, blieb ohne Erfolg. Er mußte ein Spiel (für Erwachsene) finden, das neu und spannend zu spielen wie anzuschauen war. Die Studenten lehnten es ab, die ihnen bekannten Spiele durch Regeländerungen den Bedingungen der Halle anzupassen, weil sie darin eine Karikatur der Spiele sahen (Herr 1967, 8). Schließlich kam Naismith auf den Gedanken, die bestimmenden positiven Gesichtspunkte der bekannten Spiele herauszusuchen und zu einem neuen Spiel zu vereinigen. Gleichzeitig sollten die negativen Erscheinungen durch Regelbestimmungen bewußt ausgeklammert werden. Basketball ist daher besonders als *Gegen-Spiel zum amerikanischen Football* entwickelt worden, in dem harter körperlicher Einsatz gegen den Gegner dominiert.

3 Grundprinzipien und Grundregeln des Basketballspiels

Im Winter 1891/92 hat Naismith 5 Prinzipien (vgl. Naismith 1941, zitiert nach Lindeburg 1967) und 13 Grundregeln für das neue Spiel ausgearbeitet, die heute noch in ihren Grundgedanken Gültigkeit haben und oft als ‹alter Geist› des Spiels zitiert werden (vgl. Busnel 1971, 29–35).

Grundprinzipien

1. Der neue Ball (zunächst ein runder Fußball) sollte groß und so beschaffen sein, daß er von Angreifern wie Verteidigern gleichermaßen leicht gespielt werden konnte.
2. Das Laufen mit dem Ball, das beim Football und Rugby zum harten Tackling geführt hatte, wurde verboten.
3. Dafür wurde erlaubt, den Ball in jede Richtung zu spielen und
4. jeden Ort des Spielfeldes zu besetzen.
5. Das Ziel/Tor wurde in eine horizontale Ebene und in die Höhe verlegt, so daß die Spieler gezwungen waren, den Ball im Bogen zu werfen. Gewalt war damit nutzlos geworden. Das war vielleicht die genialste Idee.

Grundregeln

Das Ziel des Spiels ist es, den Ball in den Korb des Gegners zu bringen. Der Spielball ist ein Fußball, die Körbe sind in zehn Fuß Höhe an der Galerie/Wand befestigt.

1. Der Ball darf in jede Richtung mit einer oder beiden Händen geworfen werden.
2. Der Ball darf in jede Richtung mit einer oder beiden Händen geschlagen werden (niemals mit der Faust).
3. Ein Spieler darf mit dem Ball nicht laufen, es sei denn, um zu stoppen.
4. Der Ball darf mit den Händen, nicht aber mit den Armen oder dem Körper gehalten werden.
5. Schultern, halten, stoßen, schlagen oder Bein stellen sind verboten. Die erste Verletzung dieser Regel wird als Foul geahndet, beim zweitenmal wird der Spieler bis zum nächsten Korbpunkt disqualifiziert. Absichtliches Foul führt zum sofortigen Ausschluß vom Spiel.
6. Ein Foul begeht, wer den Ball mit der Faust schlägt oder gegen die Regeln verstößt.
7. Drei aufeinanderfolgende Fouls einer Mannschaft werden als Korb für den Gegner gewertet.
8. Ein Tor (Korb) wird gegeben, wenn der Ball vom Feld in den Korb geworfen wird.
9. Der Ausball muß innerhalb von 5 Sekunden ins Feld gespielt werden, absichtliches Verzögern kann zu einer Foulstrafe führen.
10. Der Anschreiber notiert die Fouls.
11. Der Schiedsrichter entscheidet alle den Ball und das Ergebnis betreffenden Situationen.
12. Die Spielzeit beträgt zweimal 15 Minuten, mit einer Pause von 5 Minuten.

13. Die Mannschaft mit den meisten Treffern wird zum Sieger erklärt. Im Fall eines Unentschiedens kann das Spiel bis zum nächsten Korb verlängert werden (vgl. NAISMITH 1892; 1975, 14).

Das Kernstück dieser Grundregeln bilden die Bestimmungen zum Foulspiel.

4 Verbreitung des Basketballspiels

Im Laufe der 90er Jahre des 19. Jahrhunderts verbreitete sich das Basketballspiel schnell in den USA, insbesondere durch die verschiedenen YMCA (CVJM) Colleges. 1901 nahmen Professionals den Spielbetrieb auf und hatten bis 1927 ihre eigenen Regeln. Bereits 1905 hatte das Basketballspiel fest Fuß in Oberschulen, Colleges, kirchlichen Einrichtungen und der Armee gefaßt (vgl. COLBECK/JONES u. a. 1972) und war in vielen Teilen der Welt bekannt.
Durch die Studenten, Sportlehrer und Missionare der internationalen «YMCA Training School» wurde das Spiel in zahlreiche Länder hinausgetragen. Schon 1893 wurde das Basketballspiel im Pariser YMCA gespielt. 1894 kam es nach Tientsin in China, um die Jahrhundertwende nach Japan, Persien und zu den Philippinen. 1905 wurde es in Leningrad bekannt gemacht, wo 1909 auch das erste internationale Spiel gegen eine YMCA-Mannschaft aus den USA stattfand. Weitere schnelle Verbreitung fand das Spiel besonders in den baltischen Ländern, in Polen, der Tschechoslowakei, Rumänien, Bulgarien, Griechenland und Italien. In Deutschland wurde das Basketballspiel 1932 durch persische Studenten zum erstenmal eingeführt. Trotz der Aufnahme ins Olympische Programm in Berlin 1936 und der Teilnahme einer deutschen Mannschaft ist Basketball erst nach dem Zweiten Weltkrieg größeren Kreisen bekannt und populär geworden. Im Oktober 1949 wurde der Deutsche Basketball Bund (DBB) gegründet, der 1984 etwa 80000 Mitglieder umfaßte. Der FIBA, dem Internationalen Basketball Verband, gehören inzwischen mehr als 161 Länder als Mitglieder an.

5 Weiterentwicklung des Spiels bis 1932

NAISMITH hatte zunächst mit neun Spielern je Mannschaft gespielt, 1897 wurde die Spielerzahl auf fünf Spieler festgelegt.
Die ersten Körbe waren Pfirsichkörbe, die der Hausmeister des College zur Verfügung gestellt und an der Galerie in einer Höhe von 10 Fuß (3,05 m) angebracht hatte. Als die Zuschauer versuchten, von der Galerie ‹mitzuspielen›, d. h. den Ball in den Korb zu lenken, wurden hinter den Körben Drahtgeflechte, später (1895) Bretter angebracht.
Die Anzahl der zum Ausschluß führenden Fouls wurde von 2 auf 5, dann auf 4 und schließlich wieder auf 5 festgelegt. Erst 1921 wurde die strenge

Regel, die das Laufen mit dem Ball mit einem Foul bestrafte, geändert und lediglich mit Ballverlust geahndet.
1893 wurde der Freiwurf eingeführt, seit 1923 muß der gefoulte Spieler selber werfen, vorher führte ein Spezialist alle Freiwürfe aus (vgl. MOKRAY 1963).
Da das Laufen mit dem Ball verboten war, drehte man sich mit dem Ball in der Hand um, um besser passen zu können; der Sternschritt war erfunden und seit 1893 offiziell in die Regeln aufgenommen (vgl. HERR 1967, 14). Durch ähnliche Findigkeit entwickelten die Spieler, zunächst ausgehend vom Tippen des Balles in die Luft, das Dribbeln, das die Regel seit 1896 auch offiziell gestattet. Das Dribbeln, das nur als Maßnahme gedacht war, um sich vom Gegner zu befreien, entwickelte sich zur reinen Angriffswaffe und war umstritten, blieb aber schließlich dem Spiel doch erhalten.

6 Gründung der FIBA 1932, Wahl von R. William Jones zum Generalsekretär

In den ersten Jahren nach der Erfindung des Basketballspiels gab es in den USA fünf verschiedene Regelordnungen, je eine für den YMCA-, College- und Militärbereich sowie zwei für die Professionals (vgl. MOKRAY 1963, 1–3). Alle Länder, die das Basketballspiel in ihr Sportprogramm aufnahmen, übernahmen zwangsläufig auch die amerikanischen Regeln. Da diese jedoch in den USA unterschiedlich waren und ständig geändert wurden, entstanden je nach Zeitpunkt der Übernahme in den verschiedenen Ländern unterschiedliche Übersetzungen. Aufgrund dieser Entwicklungen hatte jedes Land seine eigenen Regeln. So kam es 1932 zur Gründung der Federation Internationale de Basketball (FIBA), zu deren Generalsekretär der Engländer R. WILLIAM JONES gewählt wurde. Er hatte bis 1976 dieses Amt inne und hat wie kein zweiter nach NAISMITH die Entwicklung des Basketballspiels beeinflußt.

7 Entwicklung von 1932 bis 1984

Seit 1932 werden alle vier Jahre im Anschluß an die Olympischen Spiele auf dem FIBA-Kongreß die Regeln gründlich überarbeitet (vgl. FFBB o. J., 6). In Berlin 1936, wo zum erstenmal ein Olympisches Basketball-Turnier stattfand, wurde zum letztenmal nach fast unveränderten amerikanischen Regeln gespielt. Seit 1948 (London) führt die FIBA unabhängig von den USA ihre eigenen Regeländerungen durch. Nachfolgend sollen die wichtigsten Regeländerungen und Erneuerungen seit Gründung der FIBA aufgeführt werden.
1932 Rom
- Der Ball wird weiterhin nach jedem erfolgten Korb oder Freiwurf durch einen Sprungball in der Mitte des Feldes (Mittelanstoß) ins Spiel gebracht.

1934 Lyon
- Die beiden Kontaktrichter, die bisher ausschließlich auf die Kontakte zwischen den Spielern achten mußten, werden abgeschafft.

1936 Berlin
- Es dürfen fünf statt zwei Ersatzspieler eingesetzt werden; der Sprungball im Mittelkreis nach erzieltem Korb (Punkt) fällt weg, statt dessen Einwurf von der Endlinie;
- 10-Sekunden-Regel: der Ball muß innerhalb von zehn Sekunden ins Vorfeld gebracht werden;
- zwei Schiedsrichter leiten das Spiel; das vierte Foul führt zum Ausschluß.

1948 London
- 3-Sekunden-Regel: ein Angreifer darf sich nicht länger als drei Sekunden im gegnerischen Freiwurfraum aufhalten; der Freiwurfraum wird an der Endlinie von 1,80 Meter (Brettlänge) auf 3,60 Meter verbreitert;
- bei Dribbelbeginn darf das Standbein angehoben werden.

1952 Helsinki
- Ein Spieler wird erst bei fünf statt bisher vier Fouls ausgeschlossen.

1956 Melbourne
- Der Freiwurfraum wird an der Endlinie auf 6 Meter verbreitert;
- eine Mannschaft muß innerhalb von 30 Sekunden nach Erlangen des Balles auf den Korb werfen;
- Aufhebung der Regel, die das Anheben des Standbeines bei Dribbelbeginn erlaubt.

1960 Rom
- Aufhebung der 10-Sekunden-Regel;
- in den letzten 3 Minuten werden Fouls mit zwei Freiwürfen bestraft.

1964 Tokio
- Neuordnung der Spielregeln.

1968 Mexiko
- Wiedereinführung der 10-Sekunden-Regel;
- Wahl zwischen Freiwurf und Seiteneinwurf.

1972 München
- Statt sieben nur noch fünf Ersatzspieler.

1976 Montreal
- 3-für-2-Regel: der Freiwerfer, der verfehlt, erhält einen weiteren Freiwurf;
- der Werfer, der trotz Foul einen Korb erzielt, erhält einen zusätzlichen Freiwurf (Bonus);
- zehntes Mannschaftsfoul: alle darauffolgenden Fouls (in einer Halbzeit) werden mit zwei Freiwürfen bestraft.

1980 Moskau
- Vertikalprinzip: schützt den Luftraum über dem Spieler vor dem Gegen-

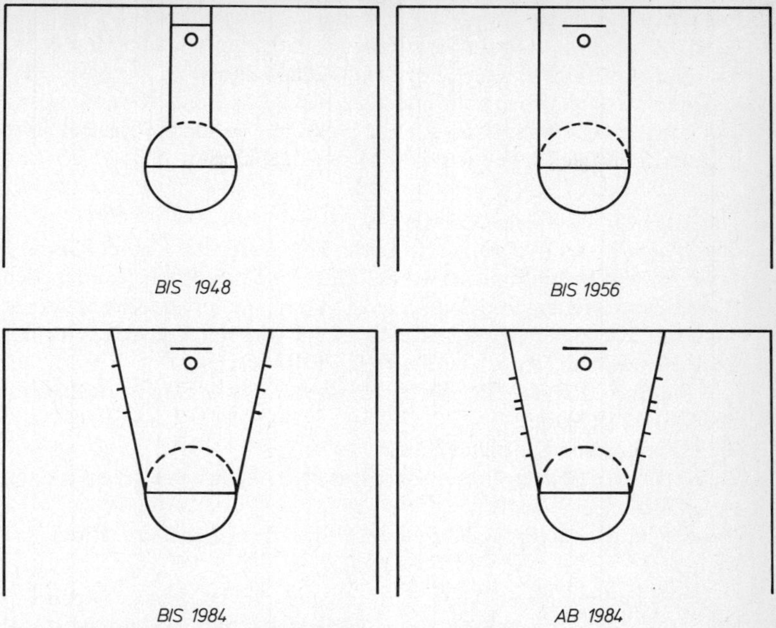

Abb. 1: Entwicklung des 3-Sekunden-Raums bis 1984

spieler (besonders beim Werfer);
- achtes statt zehntes Mannschaftsfoul.

1984 Los Angeles
- Größere Spielfeldmaße, 15 × 28 m;
- bei Halteball Einwurf statt Sprungball;
- keine neue 30-Sekunden-Periode, wenn der Ball ins Aus geht;
- Wegfall der 20-Sekunden-Regel;
- 3-Punkte-Linie;
- siebtes statt achtes Mannschaftsfoul,
- zwei Freiwürfe für technisches Foul gegen die Bank.

8 Sinn der Regeländerungen

- Grundidee des Spiels erhalten

Schon 1891 versuchte NAISMITH durch eindeutige Regeln die Klarheit des Spiels zu sichern, insbesondere in den Bestimmungen zum Foulspiel und durch Zeitregeln. Auf der Suche nach einem für Spieler und Zuschauer attraktiven Spiel gelang es ihm durch seine Grundprinzipien und

Grundregeln, ein besonders durch seine Schnelligkeit (gegen die Monotonie) anziehendes Spiel zu entwickeln, an dem alle teilnehmen konnten. Durch das kleine, hohe, horizontale Ziel schuf er die Voraussetzungen dafür, daß ein Korb nur durch Geschicklichkeit erzielt werden kann (vgl. COLBECK/JONES/BUSNEL u. a. 1972), mit Ausnahme des bei Spielern und Zuschauern beliebten Stopfens («Dunking»).

- Gefahren für das Spiel verhindern
Schon beim ersten Weltturnier in Berlin 1936 wurde der Kampf zwischen Trainern und Spielern auf der einen Seite, die das Möglichste aus den Regeln herausholen, und den Schiedsrichtern auf der anderen Seite, die die Grundprinzipien des Basketballs erhalten wollen, deutlich. Vier Gefahrenpunkte stellten sich heraus (vgl. FFBB o. J.):
- Die Tendenz, ‹Riesen› einzusetzen; die Größe gibt der Mannschaft einen beträchtlichen Vorteil;
- die Zunahme von Kraft und Härte;
- die Kunst, den Ball ‹einfrieren› zu lassen, d. h. ihn in den eigenen Reihen zu halten;
- das absichtliche taktische Foul, um das Spiel des Gegners zu stören.

Wirksame Änderung und Weiterentwicklung für das Spiel bringen der Wegfall des Mittelsprungballs nach Korberfolg, die 3-Sekunden-Regel bzw. die Erweiterung des Freiwurfraumes, die 10- und die 30-Sekunden-Regel sowie die Bestimmungen zum Foul, insbesondere zum absichtlichen Foul.

Merke

- Bei vielen Kulturvölkern gab es basketballähnliche Spiele.
- Das moderne Basketballspiel erfand NAISMITH 1891 in Amerika unter pädagogischen Zielsetzungen.
- Die Spielidee wurde durch fünf Prinzipien und 13 Grundregeln konkretisiert. Am wichtigsten ist das hohe, waagerechte Ziel, das zur Geschicklichkeit zwingt und Fairness verlangt.
- Von den USA aus trat das Basketballspiel seinen Siegeszug um die Welt an. Heute spielen 161 Nationen dieses von Missionaren verbreitete Spiel.
- Die wesentlichen Regeln waren bereits 1895/96 vorhanden: Spielbrett, Sternschritt, Foulregeln, Spielerzahl, Dribbeln.
- Durch die FIBA-Gründung 1932 und die Berufung JONES' zum Generalsekretär wird Basketball Weltspiel.

- Alle vier Jahre wurden von 1932 bis 1984 die Regeln geändert. Wichtigste Änderungen: Wegfall des Mittelsprungballs, 3-, 10- und 30-Sekunden-Regel, Foulregeln.
- Regeländerungen sollen Geschicklichkeit und Schnelligkeit erhalten und Gefahren (Härte, ‹Riesen›, Ballhalten, absichtliches Foul) vermeiden helfen.

Literatur

73 (S. 29–35); **80**; **106**; **125**; **128**; **241** (S. 8ff); **347** (S. 25f); **384** (S. 1–3); **403**; **404**.

Günter Hagedorn

2.3 Handlungsstruktur des Sportspiels

Schlagwörter

[1] Sportspiele: Spieltraditionen; Spielbedürfnisse; Einteilung.
[2] Rückschlag-/Mannschaftsspiele; Kinderspiele, Kleine Spiele, Mini-Sportspiele.
[3] Handlungsstruktur: Wechsel Angriff – Verteidigung.
[4] Entscheidungshandlungen: acht Vorgänge.
[5] Aktio- und Interaktiogramme: Spiel mit/ohne Ball; Verteidigung.
[6] Sichtbare Spielvorgänge, innere Steuerung; fünf Regulationsprozesse.
[7] Handlungspläne: Taktik, Strategie.
[8] Komplexität der Handlung: Erwartungen, Ziele, Erfolg.

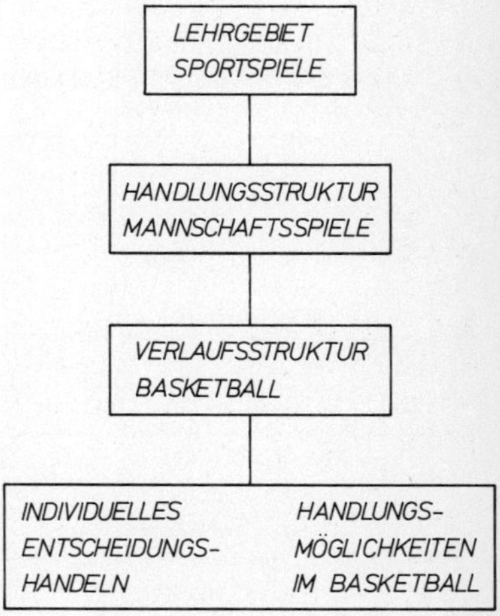

Erläuterungen

1 Sportspiele knüpfen an heimische *Spieltraditionen* an. Sie finden ihre geographische (kontinentale) Ausprägung durch die örtliche Spielkultur. Erfahrungen mit überlieferten Kinderspielen und «Kleinen Spielen» bilden neben Merkmalen der Rasse und Konstitution die Voraussetzung für die jeweilige Art, Basketball zu spielen.
Aufgrund des stets vorhandenen menschlichen *Spielbedürfnisses* (vgl. bei 3.8) bilden sich immer wieder neue Spiele aus; ältere, ‹verbrauchte› Spiele geraten in Vergessenheit. Heute können wir zwischen Rückschlag- bzw. Partnerspielen und den Mannschaftsspielen unterscheiden.

2 Zur Gruppe der *Rückschlag-/Partnerspiele* zählen Badminton, Federball, Indiaca, Squash, Tennis und Tischtennis, zur zweiten Gruppe Basketball, Football, Fußball, Handball, Hockey, Rugby, Wasserball. Volleyball und Faustball besitzen aus beiden Gruppen ein bestimmendes Merkmal, sie sind Mannschafts- und Rückschlagspiel zugleich. Die den Sportspielen vorausgehenden Spielerfahrungen werden in den tradierten Spielformen und in den *Kinderspielen*, in den *Kleinen Spielen* und den *Mini-Sportspielen* gesammelt. Abbildung 1 gibt einen Überblick über das Gebiet der Sportspiele.

Abb. 1: Das Gebiet der Sportspiele und seine spielerischen Grundlagen

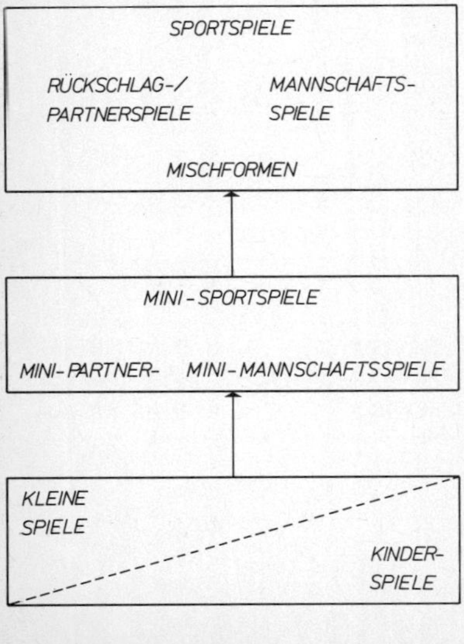

3 Basketball gehört zum Gebiet der Sportspiele und besitzt die allgemeine Handlungsstruktur der Mannschaftsspiele:
Stets spielt hier eine Mannschaft (A) gegen eine andere Mannschaft (B), indem jede versucht, durch regelentsprechende Handlungen (Aktionen, Interaktionen), den Ball in das von der Gegenmannschaft verteidigte Ziel (Tor, Korb, Spielfeld) zu bringen oder diese Absicht der Gegenmannschaft zu verhindern.
Neben diesen zielorientierten Aktionen und Interaktionen mit und ohne Ball in Angriff und Verteidigung laufen natürlich noch andere Handlungen zwischen A und B und einzelnen Mitgliedern von A und B ab (vgl. dazu 8.3.1 – 8.3.4).

4 Wir sprechen bei den Sportspielen – im Unterschied zu den Individualsportarten – von *Entscheidungshandlungen*, die wir auf je zwei (alternative) Möglichkeiten (Angriff; Verteidigung) vereinfachen können. Die allgemeinste Verlaufsstruktur des Basketballs läßt sich als Flußdiagramm darstellen, wie Abb. 2 zeigt.

Abb. 2: Flußdiagramm der Verlaufsstruktur des Sportspiels Basketball

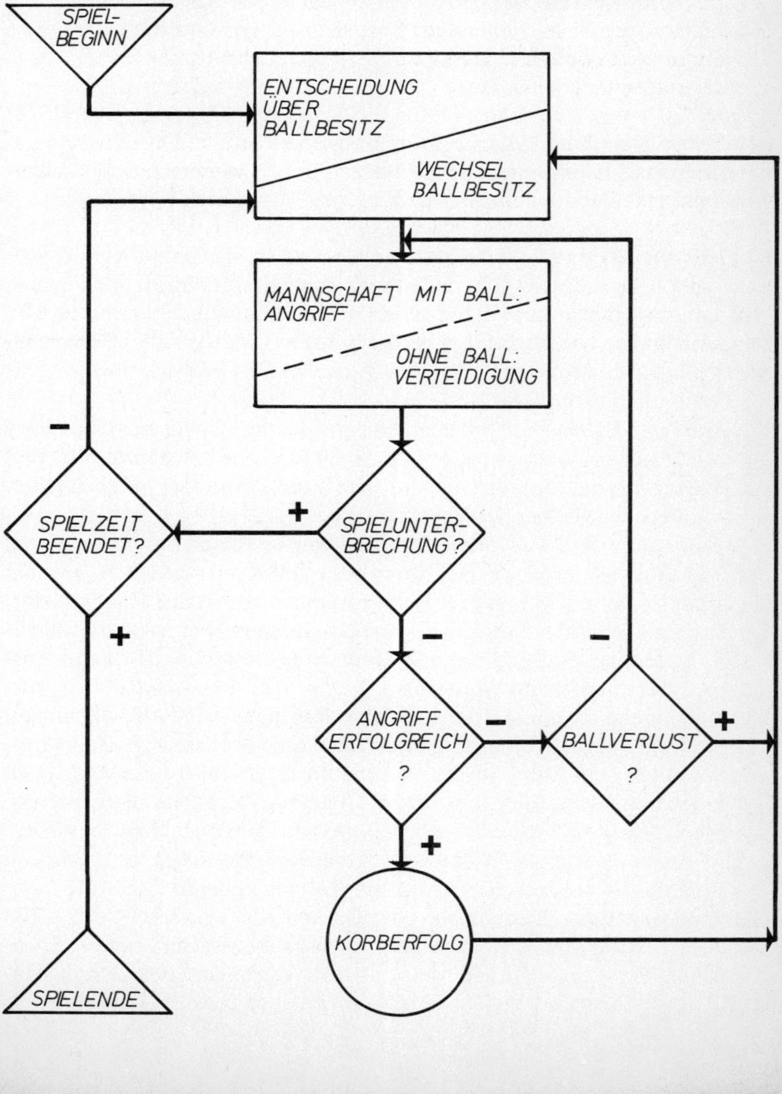

Dieser Verlauf betrifft die gesamte Mannschaft in der unmittelbaren Auseinandersetzung mit der Gegenmannschaft. Die einzelnen Spieler steuern aber auch fortgesetzt ihr individuelles Entscheidungshandeln, sie müssen

1. Situationen vorwegnehmen (Antizipieren),
2. Situationen wahrnehmen (Perzipieren),
3. Situationen schaffen (Initiieren),
4. Handlungsmöglichkeiten vergleichen (Alternieren),
5. Entscheidungen treffen (Prognostizieren),
6. Entscheidungen vollziehen (Realisieren),
7. Handlungsergebnisse prüfen (Kontrollieren),
8. Handlungspläne verändern (Revidieren).

Eingehend haben sich Mahlo (1965) und Konzag (1975), Hercher (1978) mit diesen Handlungsstrukturen im Basketball befaßt. Der Zusammenhang zwischen konditionellen Grundlagen und taktischen sowie strategischen Maßnahmen wird in den Kapiteln 3 bis 9 eingehender dargestellt.

5 Wie oben (vgl. 2.1) kurz beschrieben, besitzt Basketball eine eigene Spielidee, eigene Spielregeln und schafft damit für die Spielenden eigene Handlungsmöglichkeiten. Diese lassen sich in *Aktio-* und *Interaktiogrammen* systematisch ordnen (Hagedorn / Volpert / Schmidt 1972; Volpert / Hagedorn / Schmidt 1981). Wir unterscheiden im individuellen Angriff das *Spiel-mit-Ball* und das *Spiel-ohne-Ball*.
Das *Spiel-mit-Ball* beginnt mit dem Fangen oder dem Ballgewinn; der Spieler kann dann dribbeln, stoppen, einen Sternschritt machen und werfen oder passen. Er hat natürlich auch je nach Situation andere Möglichkeiten (Übergangen wurde hier der Ballverlust).
Das *Spiel-ohne-Ball* wird durch Ballbesitz eines Mitspielers, sei es durch Paß oder Einwurf, eröffnet. Der Mann ohne Ball kann versuchen, selbst in Ballbesitz zu kommen, indem er sich vom Mann löst, in den Raum startet, hin zum Ball geht oder zum Korb schneidet; er kann aber auch einem Mitspieler helfen, sei es durch einen direkten oder indirekten Block mit Ausscheren oder durch einen Wurfschirm.
Die individuelle *Deckung des Spielers mit Ball* bietet folgende Möglichkeiten: die Ballsicherung, einen Einleitungspaß oder eine sonstige Ballbefreiung zu stören; ein Dribbling zu verhindern, Paßwege zu decken, einen Wurf zu stören oder zu blocken und den Gegner in Korbnähe auszusperren.
Bei der *Deckung des Spielers ohne Ball* kann der Verteidiger beim Rebound aussperren, er kann Paßwege schneiden und Positionen zwischen Ball und Mann oder zwischen Mann und Korb einnehmen.
Gegenüber den ‹Strukturbäumen› des Basketballs (vgl. z. B. 4.3, S. 152) haben die Aktiogramme den Vorzug, sowohl die zeitliche Folge von Angriffs- und Verteidigungshandlungen als auch die entsprechenden Gegenmaßnahmen darzustellen.

6 Aktiogramme beschreiben das beobachtbare Spielgeschehen als eine Folge (Sequenz) von Handlungen, die vom Regelwerk erlaubt und vom Gegenspieler abhängig sind. Aber wie kommt es, daß sich Spielvorgänge wiederholen, während manchmal ein Spieler in der gleichen Situation plötzlich ganz anders handelt?
Wir müssen unterscheiden zwischen den *äußeren*, wahrnehmbaren und den *inneren*, steuernden Vorgängen. Sichtbare Spielhandlungen werden unsichtbar gesteuert. Das gilt auch für äußere Fremdreize. Die Fehlentscheidungen eines Schiedsrichters sagen an sich noch nichts, erst die Art ihrer Verarbeitung führt zu Handlungen: vom Kopfschütteln über Gesten bis zur Disqualifikation des Trainers. Norbert Wiener, der Begründer der Kybernetik, hat diese Vorgänge mit einem Schiff verglichen, das einen Hafen anläuft.
Wir wollen dieses einfache Beispiel aufgreifen und uns das ‹Spieler-Schiff› vorstellen, wie es auf den Korb zusteuert. Irgendwo sitzt in ihm der planende Kapitän, der sagt, wo es langgeht: durch die gegnerische Verteidigung, zum Korb! Irgendwo sitzt auch ein Steuermann, der die zentralen Anweisungen umsetzt: Dribbel nach rechts, der Verteidiger kommt, täuschen, damit der Weg frei wird, Dribbel links ... Irgendwo sitzt auch ein Lotse, und wären nicht auch noch Offiziere da, die selbst bei schwerster See der Mannschaft Mut machen, sie anspornen, vielleicht stochte dann der Heizer vergebens, und die Energien gingen zum Schornstein hinaus: Unser ‹Spieler-Schiff› ginge kurz vor dem bereits heimatlich-offenen Korbhafen vor Anker, um dann geblockt zu werden.
Offenbar spielen hier *Handlungsabsichten* und *-pläne, Ziele, Motive* und *Wertvorstellungen, Emotionen* und *Affekte* mit den die Energiebereitstellung und den Bewegungsvollzug steuernden Instanzen engstens zusammen. Dieses Zusammenspiel ist in vielem noch rätselhaft und wird es auch wohl bleiben, sofern man die Hoffnung hegt, genaue Voraussagen über Spielhandlungen und ihre Folgehandlungen machen zu können. Was aber wissen wir bereits von unserem ‹Spieler-Schiff auf Heimatkurs›?
Sichtbare, aufeinander folgende Spielhandlungen werden geplant. Sie werden innerlich vorweggenommen (antizipiert) und gleichsam vorweg geprobt, bevor sie motorisch vollzogen werden. Nach Vollzug werden sie daraufhin geprüft, ob sie das Handlungsziel erreichten. Spieler verfügen demnach über eine äußere (externe) und innere (interne) Rückmeldung (vgl. bei 3.6 und 3.7). Diesem Vorgang liegt eine Phase der Wahrnehmung auch fremder Handlungen voraus; Spieler orientieren sich fortgesetzt im Spielumfeld und an sich selbst. Zugleich werden sie veranlaßt (‹getrieben›) und entscheiden sich, oftmals sehr schnell zwischen zwei fast gleichwertigen Möglichkeiten: Wurf aus der Distanz oder Ziehen zum Korb?
Der Handlungszusammenhang läßt sich beschreiben als fünf miteinander verbundene *Regulationsprozesse* (vgl. Mahlo 1965; Konzag 1981):

- Orientieren (Was geschieht wann, wo, durch wen?)
- Motivieren (Was will ich, warum tue ich, was bedeutet es mir?)
- Entscheiden (Dies oder das, oder gibt es noch etwas anderes?)
- Ausführen (Ich tue es, hoffentlich auch erfolgreich)
- Kontrollieren (Habe ich das Ziel erreicht?)

7 Eine sinnvolle Spielhandlung gelingt nur, wenn diese Regulationsprozesse eine Ordnung haben. Wir wollen hier nur ein Prinzip herausheben, das Ordnung schafft: die *Handlungspläne*. Es gibt Pläne (Muster) für einfache Fertigkeiten und hochkomplexe Techniken; es gibt Pläne für deren flexiblen, situativ richtigen Einsatz und solche, die sie in einen übergreifenden Zusammenhang stellen. Wir umschreiben diese unterschiedlich komplexen Ebenen mit Taktik und wissen, daß sie einerseits miteinander verknüpft sind, andererseits eine gewisse Unabhängigkeit besitzen:

- *Individualtaktik* (vgl. bei 4):
  Ebene der speziellen Spieltechniken, die spielrichtig erlernt und automatisiert werden, aber auch flexibel verfügbar sind. Sie sind bewußtseinsfähig, aber nicht bewußtseinspflichtig. Nach Hacker (1973): sensumotorische Regulation.
- *Gruppentaktik* (vgl. bei 5):
  Ebene der variablen Nutzung von Techniken im Zusammenspiel bei Mit- und Gegenspielern. Sprachlich-begriffliche Verarbeitung von Wahrnehmungen durch perzeptiv-begriffliche Regulation (Hacker 1973).
- *Mannschaftstaktik* (vgl. bei 6):
  Ebene der kollektiven Vorbereitung individueller Entscheidungen; intellektuelle Regulation höchst komplexer Handlungen.
- *Strategie* (vgl. bei 7):
  Ebene von spielübergreifenden Planungszusammenhängen der Schule, des Vereins, der internationalen Repräsentanz; ökonomisch-organisatorisch-politische ‹Öropo›-Regulation.

Abbildung 3 stellt diese hierarchisch geordneten Handlungspläne dar.

Abb. 3: Die taktischen Handlungsregulationsbereiche und -ebenen

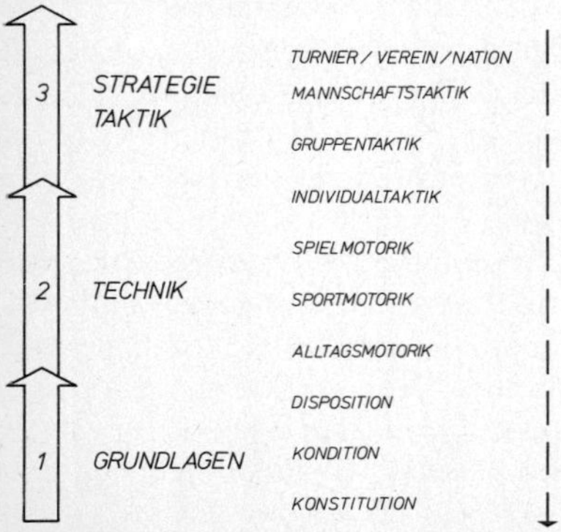

8 Die Pläne für eine *Spielhandlung* werden abgerufen. Dazu bedarf es eines Handlungszieles, an das für gewöhnlich positive Erwartungen geknüpft sind. Eine Ausnahme davon bilden mißerfolgsorientierte Spieler, die den Mißerfolg herbeirufen, um in ihrer Vermutung bestätigt zu werden: «Hab ich doch gesagt, daß alles sich gegen mich verschworen hat!» Sie übersehen dabei den Teufelskreis, in dem sie sich bewegen; sie stecken sich unerreichbare Ziele und müssen scheitern.
Besser sind realistische *Ziele* und eine mittlere Erfolgserwartung bei der Spielhandlung. Dann steigt die Chance, die eigenen Leistungen richtig zu bewerten. Unter ‹richtig› verstehen wir die Fähigkeit, zwischen den Möglichkeiten, die jeder besitzt, und dem Erreichten eine Beziehung herzustellen. Ein optimaler Erfolg liegt z. B. dann vor, «wenn die subjektive und die objektive Erfolgswahrscheinlichkeit einerseits und die Erfolgsprognose und das Wettkampfergebnis andererseits übereinstimmen bzw. zugunsten des Ergebnisses voneinander abweichen» (Hagedorn in: Röthig 1983b).
Die eigentlich einfache Handlung unseres ‹Spieler-Schiffs›, der Korbleger, gerät unversehens in das Zwielicht, ein äußerst komplexer Vorgang zu sein. Da wirken äußere Reize und innere Steuerungsprozesse, ältere Erfahrungen und die neue Situation, Erwartungen, Werthaltungen und Antriebe (vgl. bei 3.8) in komplizierter Weise zusammen, so daß situativ richtige Entscheidungen gefällt werden und die Versorgung der eingesetzten Muskulatur und Systeme (vgl. bei 3.2) gesichert ist.

Merke

- Sportspiele knüpfen an ältere Spieltraditionen an und erfüllen ein Spielbedürfnis.
- Sportspiele lassen sich in Partner-/Rückschlag- und Mannschaftsspiele unterteilen. Ihre spielerischen Vorstufen sind Kinderspiele, Kleine Spiele und Mini-Sportspiele.
- Die Handlungsstruktur des Sportspiels wird durch den Wechsel von Angriff und Verteidigung bestimmt.
- Im Spiel durchlaufen die Spielenden fortgesetzt acht unterscheidbare Phasen des Entscheidungshandelns, die von der Antizipation einer Situation und der Wahrnehmung bis hin zur Veränderung (Revision) von Handlungsplänen führen (können).
- Die wahrnehmbaren, regelgerechten Spielhandlungen lassen sich in Form von Aktio- und Interaktiogrammen der Angreifer und Verteidiger beschreiben.

- Das äußerlich wahrnehmbare Spielgeschehen wird von einem äußerlich unsichtbaren höchst komplexen, inneren Steuerungs- und Antriebssystem bestimmt.
- Die geistige (kognitive) Steuerung geschieht wesentlich durch hierarchisch geordnete Pläne und Plansysteme, die im Sportspiel unter Individual-, Gruppen- und Mannschaftstaktik zusammengefaßt und geordnet werden.
- Selbst die einfache Spielhandlung des Korblegers ist nur möglich durch das abgestimmte Zusammenspiel von Zielvorstellungen, Erwartungen und Bewertungen mit der selektiven Wahrnehmung und der nötigen energetischen Versorgung.

Literatur

171; **198**; **212**; **238**; **297**; **300**; **366**; **578**.

3 Grundlagen des Basketballspiels

Wir wollen zunächst einen kurzen Überblick über das Anforderungsprofil des Basketballs geben, bevor die verschiedenen Aspekte der Sportmedizin, der Sportpsychologie und der Sportsoziologie behandelt werden.

Günter Hagedorn

3.1 Anforderungsprofil des Basketballspiels

Schlagwörter

1 Grundlagen: Fertigkeiten, Konstitution, Kondition, Disposition, Versorgung, Steuerung, Bewegung.
2 Anforderungsprofil: Gegnerimmunität, enger Raum, hohes Ziel; Spiel mit der Hand, Zeitbegrenzung.
3 Intensive Beanspruchung: Laufen, Richtungswechsel, Sprünge, Fangen und Passen, Dribbeln, Werfen.
4 Energiebereitstellung, Kalorienverbrauch, Herzfrequenz, Laktatkonzentration.
5 Wahrnehmung, Gesichtsfeldgrenzen, Umfeldwahrnehmung.
6 Konstitution: Athletisch, schlank, groß, schnell.
Kondition: Kraft, Schnelligkeit, Ausdauer, Beweglichkeit, Koordination.
Disposition: Steuerung von ererbten und erworbenen Mustern; Temperament, Motive, Wertvorstellungen, Kooperation.

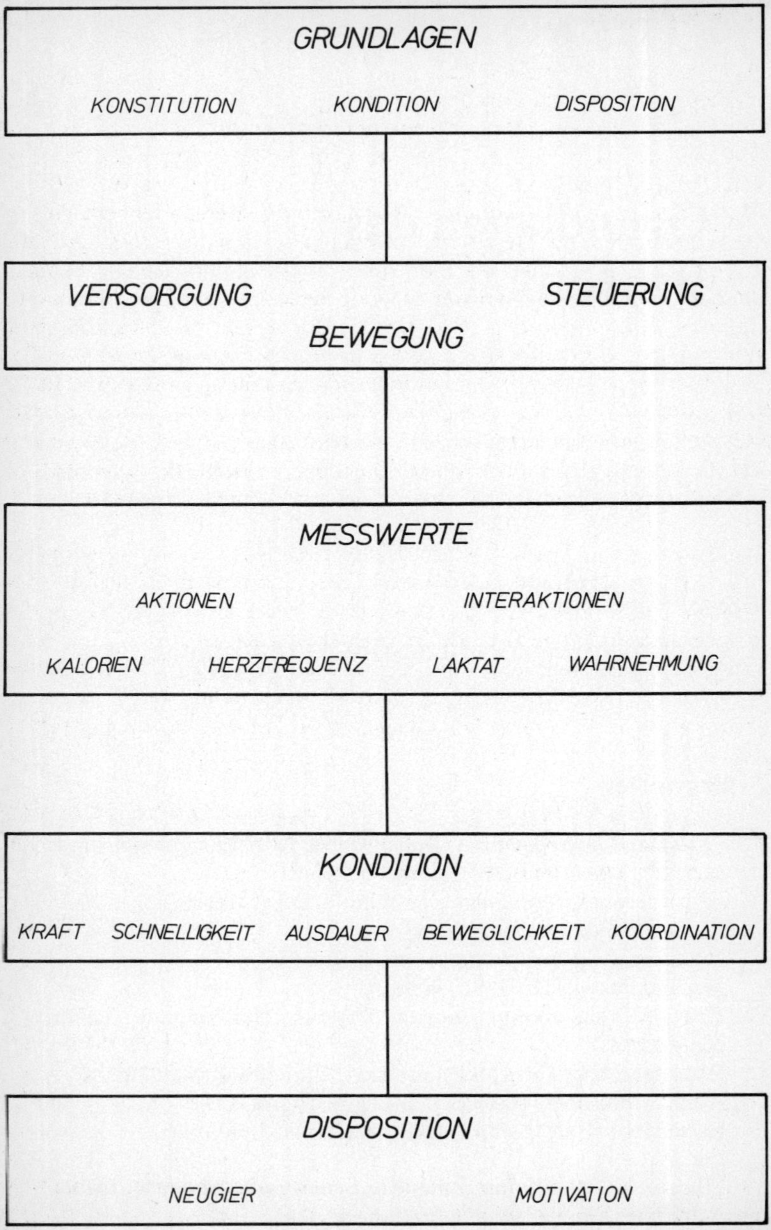
GRUNDLAGEN
KONSTITUTION
KONDITION
DISPOSITION
VERSORGUNG
STEUERUNG
BEWEGUNG
MESSWERTE
AKTIONEN
INTERAKTIONEN
KALORIEN
HERZFREQUENZ
LAKTAT
WAHRNEHMUNG
KONDITION
KRAFT
SCHNELLIGKEIT
AUSDAUER
BEWEGLICHKEIT
KOORDINATION
DISPOSITION
NEUGIER
MOTIVATION

Erläuterungen

1 Unter Grundlagen fassen wir die alltagsmotorischen *Fertigkeiten* Gehen, Laufen, Springen, Werfen sowie deren Abwandlungen (z. B. Hüpfen, Galoppieren, Balancieren; Schleudern) und die zu ihrer Ausführung notwendigen konstitutionellen, konditionellen und dispositionellen Bedingungen zusammen. *Konstitution* (lat. constitutio «Beschaffenheit, Verfassung») meint hier die Gesamtheit aller körperbezogenen Leistungsbedingungen, also Stütz-, Halte- und Bewegungsapparat (Skelett, Sehnen, Bänder, Muskeln), die Art der inneren Steuerung durch das autonome Nervensystem (Vegetativum mit sympathischem und parasympathischem Teil) und die Informationsübertragung durch Hormone im endokrinen System (endokrin = nach innen absondernd). *Kondition* ist der Sammelbegriff für die Leistungsausprägungen Kraft, Schnelligkeit, Ausdauer, Beweglichkeit, Koordination und ihre Verbindungen; *Disposition* steht hier für die ererbten und die erworbenen unverwechselbaren persönlichen Verhaltensmuster sowie Einstellungen, Werthaltungen, Motivation und Motive.
Um Bewegung (Handeln) zu realisieren, ist einerseits Versorgung (mit Sauerstoff und Energie), andererseits Steuerung (durch willkürliche, unwillkürliche und vegetative Instanzen) notwendig. Sauerstoff und Energie müssen an die richtige Brennstelle gelenkt werden, und die für die Spielhandlung notwendigen Muskeln sind so nach einem Handlungsplan zu reizen, daß exakt die Handlung ausgeführt wird, die geplant war. *Versorgung, Steuerung* und *Bewegung* sind in vielfältiger Weise miteinander verbunden.

2 Das trifft bereits für die Alltags- und Sportmotorik zu. Basketball stellt darüber hinaus besondere Anforderungen an den Spieler, es hat ein Anforderungsprofil, das von fünf Merkmalen bestimmt wird:
- Immunität des Gegenspielers,
- Enge des Spielraums,
- frei zugängiges, übersprunghohes Ziel,
- Spiel mit der Hand,
- Zeitbegrenzung des Angriffs.

Daraus lassen sich für ein erfolg- und erlebnisreiches Spiel allgemeine Anforderungen wie große emotionale Stabilität, vielseitige körperliche Ausbildung und Beweglichkeit sowie die Befähigung zu anspruchsvollem Miteinander- und Gegeneinanderspielen ableiten.

3 Untersuchungen liefern konkrete Beanspruchungswerte. Dabei wurden Verfahren der (personabhängigen) Spielbeobachtung und der (instru-

mentellen) Messung eingesetzt. Untersucht wurden dabei Aktionen und Interaktionen, der Verbrauch an Energie und der Gewichtsverlust, die Herzfrequenz und der Milchsäuregehalt des Blutes, ferner die Wahrnehmung.
Beispielhaft haben KONZAG/KONZAG (1965) die physische Belastung in den Bereichen Laufen, Springen und Armbewegungen ermittelt. Wenngleich 20 Jahre Spielentwicklung die Ergebnisse relativieren, so hat manches auch heute noch Gültigkeit.

Beobachtete Gruppe / Art der Aktion	Männer			Frauen	
	Außen	Zenter	1 Min. abs. Zeit	Außen	1 Min. abs. Zeit
Absol. Spielzeit	32:24 M	34:00 M	1	26:07,8 M	1
Zeitakt. Bewegung	29:26,9 M	29:28,2 M	9,09	24:02,6 M	9,2
Laufstrecke ges.	3003,00 m	2913,6 m	92,68	2606,17 m	99,74
mit Ball	174,00 m	69,12 m		132,25 m	
ohne Ball	2829,00 m	2844,48 m		2473,92 m	
schnelle Antritte	138,80 m	134,00 m	4,25	26,76 m	1,02
Zahl der Dribblings	33,9	14,5	2,27	28,82	3,62
Sprünge	69,5	72,8	2,14	44,55	1,7
Armbewegungen: Zahl der Zuspiele	65,5	43,9	2,02	52,82	2,02
Zahl der Korbwürfe	16,8	21,8	0,52	12,91	0,49

Tab. 1: Ausgewählte Formen der physischen Belastung im Basketball bei Spitzenspielerinnen und -spielern der DDR (Nach KONZAG/KONZAG 1965)

Nach MÜLLER/STEINHÖFER (1982) und STEINHÖFER (1983) erbringt ein Spieler unabhängig von Spielklasse und Geschlecht in einer Minute effektiver Spielzeit durchschnittlich folgende Leistungen:
- er läuft 85–100 Meter,
- er wechselt siebenmal die Richtung und neunmal das Tempo,
- er macht zwei bis drei (submaximale und maximale) Sprünge,
- er nimmt dreimal den Ball an und paßt ihn zweimal,

- er führt 0,8 Dribblings mit dreimaligem Auftippen durch,
- er macht 0,4 Würfe auf den Korb.

Multipliziert mit der Zahl der gespielten Minuten ergibt das ein sehr anspruchsvolles Leistungsbild. Jüngere Untersuchungen zur Taktik bei deutschen und ausländischen Spitzenmannschaften (HAGEDORN/LORENZ/MESECK 1982; 1984) liefern weitere aufschlußreiche Daten. Hier eine Auswahl:

- Eine Mannschaft führt 90–110 Angriffe pro Spiel durch,
- für rund 50 Prozent der Angriffe werden nur bis zu 10 Sekunden benötigt;
- diese Schnellangriffe und schnellen Positionsangriffe sind bei über 70 Prozent Trefferquote mit Abstand am erfolgreichsten,
- bis zu 80 Angriffe enden mit Korbversuch, der Rest durch vorzeitigen Ballverlust,
- rund 30 Korbwürfe sind erfolgreich; alle restlichen Wurfversuche, auch die gefoulten, ergeben zusammen rund 40 verfehlte Würfe,
- von im Mittel 20 Freiwürfen pro Spiel und Mannschaft werden 70 bis 80 Prozent verwandelt,
- eine Mannschaft erzielt 18–23 Verteidigungs- und 7–9 Angriffsrebounds.

4 Die Daten über Aktionen und Interaktionen gestatten weitere Rückschlüsse auf die hohe konditionelle Lauf-, Wurf- und Sprungbelastung der Spielenden. Unmittelbarer aber sind die Hinweise auf die *Energiebereitstellung*, über *Energie-* und *Kalorienverbrauch*, über die *Herzfrequenz* und die *Laktatkonzentration*.

Basketballer verbrauchen bei einstündigem nicht wettkampfmäßigem Spiel 9,0 kcal/min, in einstündigem Wettkampf 14,0 kcal/min (HOLLMANN/HETTINGER 1980). Das ist sportliche Spitzenleistung. Spielerinnen der DDR zeigten nach einer effektiven Spielzeit von 26 Minuten 500 bis 1700 g Gewichtsverlust, im Mittel 750 g (KONZAG/KONZAG 1965). Eine jüngere Untersuchung (HAGEN/ULMER 1972) ermittelte für 1 Minute Spielzeit bei Spitzenspielerinnen der Bundesrepublik 0,29 g Gewichtsverlust pro Kilogramm Körpergewicht (zum Vergleich: Fußballer lagen mit 0,20 g deutlich darunter). Eigene Beobachtungen an Spitzenspielern der ersten Bundesliga Männer lassen bei einer Spieleinsatzzeit von 30 bis 40 Minuten absoluter Zeit Gewichtsverluste von bis zu 3 kg vermuten. Diese hohen Gewichtsverluste beruhen im wesentlichen auf dem Flüssigkeitsaustausch und werden mitbedingt durch die hohen Hallentemperaturen sowie die anfordernde Ganzkörper-Muskelarbeit.

Aufschlußreich sind auch die gemessenen Herzfrequenzen (HF), die in der Regel durch verbundene physische Belastung (Arbeitspuls) und psychische Beanspruchung (Psychopuls) bewirkt werden (vgl. Tab. 2, Seite 42).

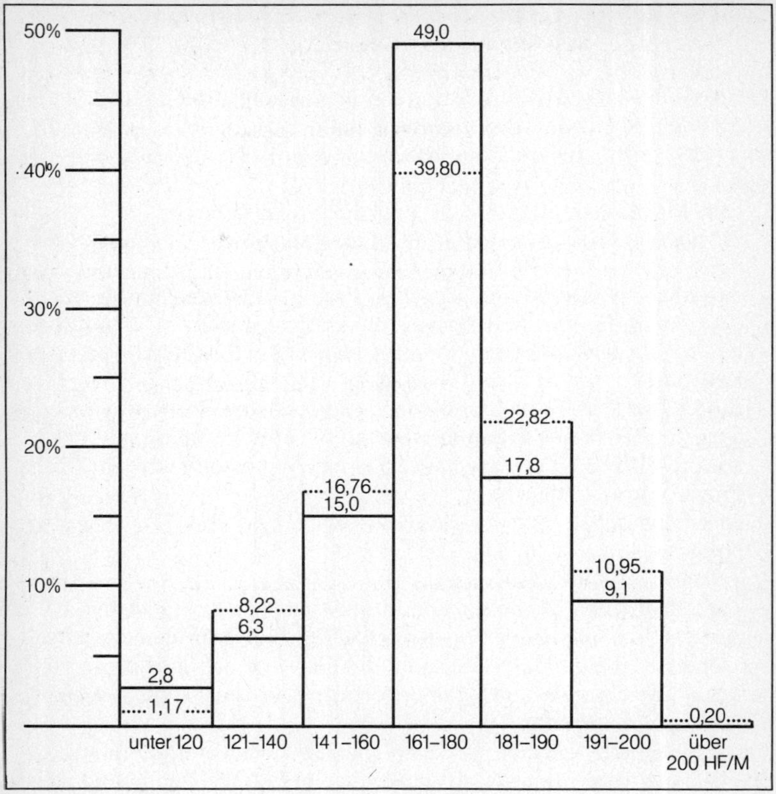

Tab. 2: Prozentuale Anteile der Herzschlagfrequenz in sieben Intensitätsbereichen (nach Konzag/Frey 1973; Steinhöfer 1983).

Die von anderen Autoren ermittelten Werte sind mit diesen Werten vergleichbar (Zusammenstellung siehe Boutmans u. a. 1984).
Der wohl sicherste Hinweis auf die Art der physischen Belastung ist der Laktatanteil im Kapillarblut; er bestimmt weitgehend die Dauer der Leistungsfähigkeit und die Grenze muskulärer Ermüdung.
Energie wird auf zweierlei Weise für die Muskeltätigkeit bereitgestellt: *aerob* (Energiebereitstellung unter Sauerstoffverbrauch; Energielieferanten sind ATP = Adenosintriphosphat und KP = Kreatinphosphat) und *anaerob* (Energiebereitstellung ohne Sauerstoffverbrauch; Energielieferant ist das Glykogen; es entsteht Milchsäure = Laktat als Verbrennungsprodukt).

Im Basketball-Wettkampf wird die aerob-anaerobe Schwelle (4 mmol Laktat) nicht langfristig überschritten, da Spieler nur punktuell ihre Maximalkraft einsetzen und nur kurzfristig ihre Schnelligkeitsausdauer benötigen. Die Energiebereitstellung erfolgt im wesentlichen aerob und anaerob ohne Laktatbildung (MÜLLER/STEINHÖFER 1982). Basketballer werden somit befähigt, längere Zeit im «steady state» zu spielen, d. h., Energieverbrauch und Energiebereitstellung sind ausgeglichen.

5 Die strukturellen Merkmale des Basketballspiels lassen auch eine besondere Wirkung auf die *Wahrnehmung* vermuten. Nach KRESTOWNIKOW (1953) sind z. B. die Gesichtsfeldgrenzen des Basketballers deutlich gegenüber denen des normalen Auges erweitert. Ähnlich positive Werte ergeben sich für das so wichtige Augenmuskelgleichgewicht (Orthophorie) und für Gleichgewichtsstörungen (Heterophorie). Für Basketballer wurden bei Sehbelastungen «unendlich» (= optische Achsen parallel) die geringsten negativen Reaktionen ermittelt. Bei mittlerer (5 m) und naher (25 cm) Sehbelastung wurden bei Spielern deutlich bessere Werte als bei Individualsportlern gemessen. Im Basketball wird sowohl das zentrale (gegenständliche Wahrnehmung) als auch das periphere Sehen (Bewegungswahrnehmung) gefordert und geschult.
Schließlich läßt eine Untersuchung zur Wurfsicherheit den Schluß zu, daß mit zunehmender Spielstärke die Wahrnehmung des akustischen und des optischen Umfeldes deutlich verbessert wird (JESSEN/VOLKAMER 1972).

6 Das Anforderungsprofil des Basketballspiels führt zu einer Reihe von Folgerungen hinsichtlich Konstitution, Kondition und Disposition.
1. Im Basketball dominiert die athletische, schlanke, hochwüchsige *Konstitution* mit günstigen Hebelverhältnissen der Extremitäten für kurze Sprints, schnelle Tempo- und Richtungswechsel, auch im tiefen Gleitschritt, und schnellkräftige Sprünge; alle Aktionen mit und ohne Ball.

2. Für die *Kondition* liegen folgende Anforderungen vor:
- Kraft
  Benötigt wird vor allem *Schnellkraft* im Bereich der Beine (Sprung, Sprint, explosiver Richtungs- und Tempowechsel), im Bereich der Hände und Arme (Passen, Dribbeln, Rebound). *Maximalkraft* wird nur dort systematisch trainiert, wo das ‹Muskelkorsett› (Muskelrelief) noch aufgebaut werden muß. Eine mittlere *Kraftausdauer* ist in allen Muskelbereichen wünschenswert, insbesondere im Bereich der Beine (Verteidigungsarbeit). Insgesamt ist der schlanke, hoch reaktionsfähige Muskel ein wichtiges Trainingsziel. (Entgegen unserer Auffassung sollen nach EHLENZ/GROSSER/ZIMMERMANN 1983 Schultergürtel- und Armmuskulatur für den Basketballer weniger bedeutsam sein.)

- Schnelligkeit
  Basketball erfordert eine hohe *Reaktionsschnelligkeit*, die allerdings angeboren, somit nicht unmittelbar, allenfalls indirekt durch Verbesserung der Wahrnehmung und der muskulären Koordination trainierbar ist. Wesentlich ist die *Aktionsschnelligkeit* der Bewegungsausführung (Antritt, Arm- und Beinarbeit, Sprung), sie ist weitgehend trainierbar. Weniger bedeutsam ist die *Schnelligkeitsausdauer*, weil Basketball als Spiel fortgesetzten Entscheidens zwischen unterschiedlichen Möglichkeiten (z. B. Werfen oder Passen oder Dribbeln?) keine seriellen Wiederholungen identischer Muster erfordert, somit keine maximale Schnelligkeit über längere Zeit verlangt.
- Ausdauer
  Basketball ist ein Spiel mit intervallartigen, variierenden Beanspruchungen. Die *allgemeine aerobe Ausdauer* bildet die Grundlage für die spielspezifische Ausdauer, die in vielen Bereichen auch anaerobe Anforderungen stellt, allerdings weitgehend alaktazid (ohne Bildung von Milchsäure). Selbst bei Spielformen mit Höchstbelastung scheinen nur mittlere Laktatwerte (6–8 mmol/l) nachweisbar zu sein (MÜLLER/STEINHÖFER 1982). Sprints (3–20 m), Sprünge (Wurf, Rebound, Blocks), tiefe Gleitschritte des Verteidigers (bis zu 30 sec) mit statischer Haltearbeit machen eine gute *anaerobe lokale Muskelausdauer* notwendig.
- Beweglichkeit
  Spielfeldenge, Gegnernähe, das kleine, horizontale, hohe Ziel und die Diktatur der Foulregel machen eine vielseitige, aktive Dehnfähigkeit aller Gelenke, insbesondere auch der Wirbelsäule notwendig. Der Ball muß oben und unten, vorne und hinten angenommen, geführt, abgegeben oder abgewehrt werden, und das oft übergangslos.
- Koordination
  Basketball stellt hohe Anforderungen an die Fähigkeit der Spieler, Entscheidungsaufgaben schnell und richtig zu erfassen und mit geeigneten Mitteln zu lösen. Diese Mittel sind Fertigkeiten, die den Spielregeln entsprechen und den eigenen Spielerfolg sichern. Sie werden so erlernt, daß sie ohne Nachdenken (automatisch) verfügbar sind als veränderbare und kombinierbare Muster (bewußtseinsfähige, dynamische Stereotype), zugleich aber jederzeit einem umfassenderen Handlungsplan (bewußtseinspflichtiges Orientierungsmuster) eingefügt werden können. Diese höchste Form koordinativer Integration nennen wir Individualtaktik.

3. Wie müssen Basketballspieler disponiert sein? Wir fassen den Begriff *Disposition* als Sammelbegriff für alle psychischen Steuerungsinstanzen und -prozesse und unterscheiden zwischen ererbten (genetisch fixierten) und erworbenen (erlernten) Mustern der Verhaltenssteuerung. Die konkrete Unterscheidung fällt deshalb schwer, weil sich in unserem Verhalten

älteste stammesgeschichtliche und erbbiologische Bestandteile mit den Inhalten einer natürlichen Entwicklung und Reifung und des umweltbedingten Lernens unlösbar verbinden.
Ererbt im weitesten Sinn sind die Möglichkeit und die Art einer Auseinandersetzung mit der Umwelt (Neugier, Explorationsverhalten), die die Voraussetzung für jedes Lernen bildet, ferner die Reizleitung. Große Sportler ‹haben es aber nicht nur vom Vater›; denn «Genie ist Fleiß» (nach Goethe), nicht Geburt. Vorgegebene Möglichkeiten bedürfen somit zu ihrer Verwirklichung und Vervollkommnung der systematischen Ausbildung.
Erworben im Verlauf unserer persönlichen und sozialen Entwicklung (*Individuation* und *Sozialisation*) wurden als Steuerungsinstanzen die Motivation und die Motive unseres Handelns, die Ziele, auf die wir unser Handeln hinlenken, sowie die (rationalen) Wertvorstellungen, an denen wir uns orientieren. Jede Lernerfahrung wird von uns erlebt und gewichtet, je nach der Bedeutung, die sie für uns hat, und der Bestätigung (Verstärkung), die sie von außen erfährt. Mit diesem Erlebnis-Vorzeichen wird sie gespeichert und auch wieder abgerufen (vgl. 3.8). Die emotionale Bewertung unterliegt – bei aller Irrationalität des Gefühls – dem Gesetz der persönlichen Motivation. Erfolgsorientierte Spieler (Lehrer, Trainer usw.) werden sich in der Mehrheit der Fälle realistische (nicht utopische) Ziele setzen und sachlich die Ursachen erwägen, wenn sie scheitern, statt aggressiv gegen die Umstände oder gegen sich selbst zu reagieren.
Basketball dürfte wie alle Sportspiele auf Dauer eine solche Disposition fördern, die die persönliche Leistung und den persönlichen Erfolg im Rahmen einer Gemeinschaft unter hohen physischen und psychischen Anforderungen sucht. Basketball scheint den erfolgmaximierenden, zugleich kooperativen, mißerfolg- und gegnertoleranten Spieler zu selegieren, der unterschiedliche, auch widersprüchliche Erlebnisformen erträgt.

Merke

- Grundlagen sind durch Konstitution, Kondition und Dispositionen gegeben bzw. zu erwerben. Spiel-Handeln verlangt Energiebereitstellung und Verhaltens- und Bewegungssteuerung.
- Das spezielle Anforderungsprofil wird durch die Foulregeln, den engen Raum, das hohe waagerechte Ziel, das Spielen mit der Hand und die zeitliche Begrenzung des Angriffs bestimmt.
- Der Basketballer wird durch Laufen, Richtungswechsel, Sprünge, Fangen, Passen, Dribbeln und Werfen intensiv beansprucht.

- Im Spiel treten hohe Herzfrequenzen und mittlere Laktatkonzentrationen auf. Die Gewichtsverluste deuten auf hohen Energiebedarf hin.
- Die Anforderungen an die Wahrnehmung führen auf Dauer bei Basketballspielern zu besserer Wahrnehmungsfähigkeit als bei Individualsportlern.
- Der Basketballspieler zeichnet sich durch Athletik, Körpergröße und Schnelligkeit aus. Besonders benötigt werden die Bein-Schnellkraft, die Antrittsschnelligkeit, eine gute allgemeine Ausdauer, große Beweglichkeit und hohes Koordinationsvermögen. Anlagen wie Temperament und erworbene Dispositionen wie Motivation und Kooperationsbereitschaft sind Selektionskriterien.

Literatur

54; **119**; **205**; **206**; **214**; **253**; **261**; **299**; **301**; **317**; **398**; **540**.

Klaus Scheele

3.2 Sportphysiologische Aspekte des Basketballspiels

Schlagwörter

1. Motorische Beanspruchung – allgemeine Gesichtspunkte.
2. Gewandtheit, Geschicklichkeit, Geschmeidigkeit – Bewegungsökonomie.
3. Flexibilität, Kraft, Schnellkraft – Muskelquerschnitt, neuromuskuläre Übertragung.
4. Schnelligkeit, Antritts- und Beschleunigungsvermögen.
5. Ausdauer – spielpraktische Besonderheiten.
6. Ernährung – Bilanzierung, Nahrungszusammensetzung in der Trainings- und Spielperiode.

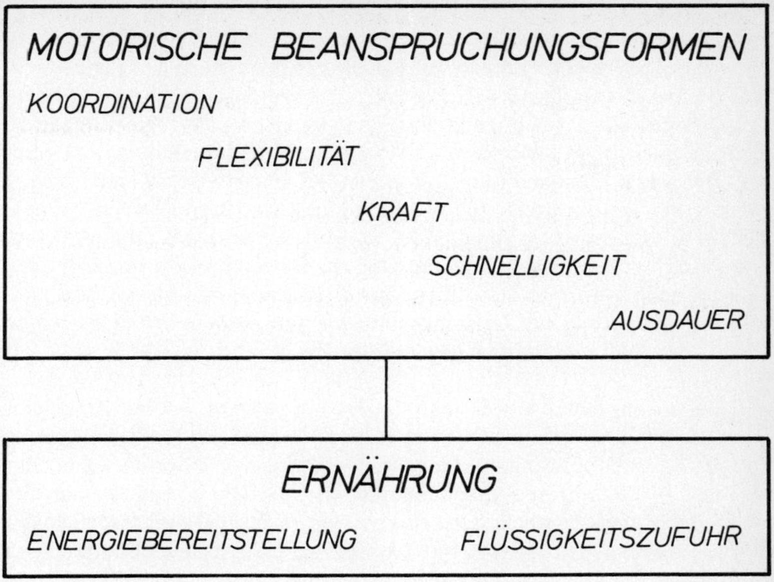

Erläuterungen

1 Ursprünglich wurde das Basketballspiel als faires ‹Winterspiel› im Jahre 1891 von dem Kanadier J. Naismith als Spiel für die Halle entwickelt (vgl. 2.2). Entsprechend sind auch die Grundregeln, an denen sich bis auf den heutigen Tag wenig geändert hat: Keine körperlichen Kontakte mit dem Gegner; Sperren, Rempeln, Stoßen und Halten mit Rumpf und Extremitäten werden geahndet. Dadurch – und durch den begrenzten Raum – sind spezifische Voraussetzungen gegeben, welche zu rasch wechselnden Situationen mit unterschiedlichen Belastungen des Bewegungsapparates und der inneren Organe führen. Die speziellen Probleme des Bewegungsapparates, die anthropometrischen Gegebenheiten und die sportartspezifischen Verletzungen des Basketballspielers sind an anderer Stelle erörtert (Krämer/Berns 1980).
In der sportmedizinischen Praxis hat es sich bewährt, nicht nur nach Sportarten, sondern vor allem nach *motorischen Beanspruchungsformen* zu unterscheiden. Nur dadurch läßt sich ein spezifischer Leistungszustand nach vorangegangener Bewegungsanalyse erstellen. Die so gewählte analytische Betrachtungsweise führt jedoch manchmal zu einer fragwürdigen schematischen und einseitigen Beurteilung aufgrund sportmedizinischer Labor-

untersuchungen, z. B. Blutanalysen. Folgerungen, gar Verallgemeinerungen daraus sind problematisch, weil gerade in den Ballsportarten physische und psychische Komponenten miteinander verbunden sind. Folglich werden wir bei der Forderung nach exakt meßbaren motorischen Beanspruchungen stets auf Schwierigkeiten stoßen. So lassen sich z. B. Sprungkraft, Zielsicherheit beim Korbwurf, Leistungsbereitschaft nicht genau abgrenzen (definieren) und qualitativ unterscheiden, ohne auch andere Gesichtspunkte wie Trainingszustand, Wohlbefinden, Motivation etc. zu berücksichtigen. Gleichwohl wird auch der Sportmediziner nicht umhinkönnen, diese analytische Betrachtungsweise bei der Bestimmung der motorischen Beanspruchungsformen zu wählen. Nur so ist gewährleistet, daß Maßnahmen zur Steigerung der Leistungsfähigkeit und gezielte Trainingsformen beim Basketballspiel optimal gewählt werden.

2 Definitionsgemäß würde man das Basketballspiel als eine *Ausdauersportart mit Intervallcharakter* bezeichnen. Beim Basketballspiel mit seinen komplexen Bewegungsmustern und hohen Anforderungen der ein- und beidhändigen Ballbehandlung wird der Blick zunächst auf *Gewandtheits-* und *Geschicklichkeitsqualitäten* gelenkt. Damit assoziiert der Sportmediziner *geschmeidige* und *ökonomische* Bewegungsabläufe, die in geradlinigen, präzisen, mühelosen und energiesparenden Ballabgaben und Korbwürfen ihren Ausdruck finden. Mit diesen so qualifizierten Eigenschaften ist das koordinative Leistungsvermögen eines Spielers beschrieben.

Man versteht unter *Koordination* das Zusammenwirken von Zentralnervensystem und Skelettmuskulatur innerhalb eines gezielten und geordneten Bewegungsablaufs (Hollmann/Hettinger 1980). In Verbindung mit der Ballbehandlung sprechen wir hier von Technik. In diese Definition münden auch die Begriffe Energieaufwand, Sauerstoffersparnis und Ermüdungsgrad. Je ökonomischer die Bewegungen, je schneller die Anpassung an eine neu eingetretene Situation, desto besser kann umprogrammiert und reagiert werden. Durch entsprechendes Training mit wiederholbaren Bewegungsmustern mit und ohne Ball muß die Wahrnehmung eingeübt und automatisiert werden. Nachweislich erreicht man eine Verbesserung des koordinativen Leistungsvermögens durch ‹Wegbereitung›. Das bedeutet Einübung und Bahnung der Bewegungsmuster auf motorischen Nervenbahnen vom Großhirn über automatische, untergeordnete Zentren im Zwischen-, Mittel- und Kleinhirn über die motorischen Vorderhornzellen im Rückenmark bis zur motorischen Endplatte.

Entscheidend ist auch die Aktionsgeschwindigkeit des Spielers, welche vornehmlich von seiner Spielerfahrung begrenzt wird. Man denke hierbei nur an das Stellungsspiel des Zenters, der die kommende Spielentwicklung voraussieht.

Allerdings ist es schwierig, einmal eingeschliffene, automatisierte Bewegungsmuster wieder zu korrigieren und zu verändern. So sollte der Trainer gerade beim Basketball die Aufgabenstellung immer wieder variieren.
Als Optimum des koordinativen Leistungsvermögens wird die Zeit um das 20. Lebensjahr angesehen; mit einem Abfall der koordinativen Leistungsfähigkeit ist ab dem 30. Lebensjahr zu rechnen.

3 Der Basketballspieler benötigt besonders in den Schulter-, Sprung-, Hand- und Fingergelenken ein überdurchschnittliches Flexibilitätsvermögen. Unter *Flexibilität* oder *Gelenkigkeit* verstehen wir den willkürlich möglichen (aktiven) Bewegungsbereich der jeweiligen Gelenke. Leistungslimitierende Faktoren der Flexibilität sind die Gelenkstruktur, der Umfang der Muskelmasse, die Dehnungsfähigkeit des Muskels, ebenso die Dehnungsfähigkeit der Sehnen, Bänder und Gelenkkapseln.
Die typischen Bewegungsabläufe und Stellungen des Spielers – tiefer Grätschstand, Dribbling, Korbwurf aus der Distanz – verlangen optimales Zusammenspiel der Agonisten (z. B. Beugemuskulatur) und Antagonisten (z. B. Streckmuskulatur). Deshalb sind ständig sich wiederholende gymnastische Übungen mit maximaler Dehnung der Finger-, Hand- und Ellbogengelenke obligater Trainingsinhalt. Eine Verbesserung des Flexibilitätsvermögens erreichen wir durch Streckungen (bis zu fünfmal) der am Bewegungsprozeß beteiligten Muskulatur. Ein gesteigertes Flexibilitätsvermögen ist auf keinen Fall mit Überbeweglichkeit gleichzustellen. Die Überbeweglichkeit (Hypermobilität) grenzt immer an den krankhaften Bereich. Dieses wird besonders bei hypermobilen Gelenken klar, die wir bei den leptosomen jugendlichen Basketballspielern bevorzugt finden. Die Verletzungsanfälligkeit dieser jugendlichen Spieler ist jedem Trainer bekannt. Ein gezieltes Krafttraining zur Stärkung der das Sprunggelenk umgebenden Muskulatur mag hier eine wirksame Verletzungsprophylaxe bewirken.
In diesem Zusammenhang sei darauf verwiesen, daß ständig sich wiederholende Dehnungsübungen vor und während des Spiels bei den äußerlichen Gegebenheiten des Basketballspiels – Hallenfußböden, hohe Umgebungstemperatur, Klimatisation – sehr gut dazu beitragen können, Verletzungen zu verhindern. Weiterhin sei erwähnt, daß hinsichtlich des willkürlichen Bewegungsbereichs in fast sämtlichen Gelenken das weibliche Geschlecht überlegen ist. Das Optimum an Flexibilitätsvermögen erreichen wir schon in der frühen Kindheit, ab dem 30. Lebensjahr ist mit einer Abnahme dieser motorischen Fähigkeit zu rechnen.
Die typische Stellung des Abwehrspielers (gebeugter Seitgrätschstand), die Körperhaltung des Dribblers, der den Ball mit gespreizten Fingern auf den Boden auftippt und führt und über längere Zeit in halbgebückter Stellung verharrt, verlangen – je nach Spielsituation – sowohl statische als auch dy-

namische Muskelbeanspruchungen. Aus der Sicht der Sportmedizin versteht man unter *statischer Kraft* diejenige Muskelanspannung, welche ein Muskel in einer bestimmten Position willkürlich gegen einen bestimmten Widerstand auszuüben vermag. Die halbgebeugte Haltung des Dribblers, die Bereitschaftsposition des Abwehrspielers und die anspielbereite Haltung des Zenters sind vorwiegend statische Bewegungsmomente im Spiel.

Demgegenüber steht die *dynamische Kraft*. Hierunter versteht man diejenige Kraft, welche willkürlich innerhalb eines gezielten Bewegungsablaufs entfaltet werden kann. Die rasch wechselnden Situationen des Spiels, die zahlreichen Sprünge und Läufe mit und ohne Ball, das Verteilen der Bälle durch den Aufbauspieler, das Sprinten der Flügelspieler und der Sprung des Zenters sind vornehmlich dynamische Bewegungsmomente. So definiert sind dynamische und statische Muskelbeanspruchungen beim Basketball gleichermaßen verteilt.

Ein spezieller, sportartspezifischer Gesichtspunkt beim Basketballspiel ist die Entwicklung der Schnellkraft. Der Basketballspieler benötigt diese vornehmlich beim Sprung vor dem Korb mit und ohne Ball und beim Rebound. Definitionsgemäß verstehen wir unter *Schnellkraft* die Entwicklung der Kraft innerhalb einer bestimmten Zeitspanne. Die Antrittsgeschwindigkeit, die Schnelligkeit und Intensität des Sprungs, das Lösen vom Gegner und die Bewegungsgeschwindigkeit – z. B. Ballabgabe – werden von der Schnellkraft im wesentlichen limitiert. Der Vorteil eines gezielten und dosierten Schnellkrafttrainings besteht darin, bestimmte Muskelgruppen selektiv zu trainieren und so einen speziellen Bewegungsablauf eines Spielers zu optimieren. Auch die räumlich-zeitlich identische Wiederholung eines bestimmten Bewegungsmusters («Dynamisch-motorischer Stereotyp») ist an dieser Stelle als Trainingsmittel zu nennen.

Beim Training bestimmter Muskelgruppen gilt abzuwägen, ob nicht durch ein gezieltes Krafttraining eine erhebliche Volumenzunahme der Muskulatur das Koordinations- und Schnelligkeitsvermögen des Spielers beeinträchtigt.

Erst nach dem 50. Lebensjahr erfährt die Kraft erwähnenswerte Einbußen. Als Optimum der Kraftentwicklung gilt die Zeitspanne zwischen dem 18. und 30. Lebensjahr.

4 Daß die Schnelligkeit bei allen Ballsportarten einen nennenswerten limitierenden Faktor darstellt, ist im vorigen Kapitel schon erwähnt worden. Beim Basketballspielen ist dieses in erster Linie die Grundschnelligkeit, oder – auf die Spielpraxis bezogen – das *Antritts- und Beschleunigungsvermögen* innerhalb sehr kurzer Distanzen. Limitierend bei der Schnelligkeit eines Spielers wirken sich abgesehen von der Koordinationsfähigkeit die Kraft der beteiligten Muskulatur, das Flexibilitätsvermögen

und die Verkürzungsgeschwindigkeit der eingesetzten Muskulatur aus. Ebenso sind anthropometrische Meßgrößen des Spielers, z. B. seine Hebelverhältnisse von Armen und Beinen, zu berücksichtigen.
Außerdem spielt die Körpertemperatur, also auch die Kunst des *Aufwärmens* und Warmhaltens während eines Spiels eine bedeutende Rolle; denn eine Erhöhung der Körpertemperatur um zwei Grad beschleunigt die maximale Verkürzungsgeschwindigkeit um 20 Prozent. Insbesondere beim Basketball ist denn auch ständiges Aufwärmen der Reservespieler gefordert.
An dieser Stelle sollte die Reaktionszeit nicht unerwähnt bleiben. Darunter versteht man die Zeitspanne vom Signal bis zum Beginn einer willkürlichen Muskelverkürzung. Wenn Antritts- und Beschleunigungsvermögen bei fast jeder Ballsportart die Leistungsfähigkeit eines Spielers abstecken, dann wird verständlich, wie wichtig es ist, bestimmte Spielzüge und Spielsituationen mit identischen Bewegungsmustern mit dem Ziel einer verringerten Aktionszeit immer wieder zu üben.
Reaktions- und Schnelligkeitsvermögen erreichen bis zum 25. Lebensjahr optimale Werte, nach dem 40. Lebensjahr ist mit einem nennenswerten Abfall dieser beiden Leistungskriterien zu rechnen.

5 Bewertet man die komponente *Ausdauer* für die Spielpraxis, so wird man bei fast allen sportmedizinischen Untersuchungen diese motorische Hauptbeanspruchung in den Mittelpunkt der Beurteilung eines Basketballspielers gestellt sehen. So hat denn beim Basketballspiel das Kriterium der allgemeinen alaktaziden (ohne Milchsäurebildung) anaeroben Leistungsfähigkeit eine herausragende Bedeutung (vgl. dazu bei 3.3).
Allgemein bedeutet hier, daß der größte Teil der Skelettmuskulatur beansprucht wird. Unter allgemeiner anaerober Ausdauer sei die Schnelligkeitsdauer oder das «Stehvermögen» verstanden. Im Basketballspiel sind es vorwiegend Sprints, Sprünge, Korbwürfe, Ballabgaben und das Dribbeln mit dem Ball unter Fingerspitzenführung, welche in erster Linie allgemein anaerob ablaufen. Insgesamt wird man etwa 90 Prozent der Bewegungsabläufe anaerob und etwa 10 Prozent aerob einstufen müssen. So bestimmen die Fähigkeiten des Spielers, energiereiche Phosphate zur Verfügung zu stellen und eine möglichst große Sauerstoffschuld eingehen zu können, vornehmlich seine Leistungsfähigkeit.
Die maximale Sauerstoffaufnahme (allgemeine aerobe Ausdauer) spielt ebenfalls eine bedeutende Rolle. In der sportmedizinischen Praxis wird man auf die Bestimmung der maximalen Sauerstoffaufnahme nicht verzichten wollen; denn die Spielpraxis zeigt immer mehr, daß Reaktionsvermögen und Koordinationsfähigkeit bei zunehmender Spieldauer mit der maximalen aeroben Kapazität verknüpft sind. Unter einer bestimmten Menge maximaler Sauerstoffaufnahme (55 ml/pro kg Körpergewicht) wird wohl kein Spieler Eingang in die internationale Klasse finden können.

6 Bezüglich der Energiebereitstellung erinnern wir uns an folgende Gesetzmäßigkeiten: Bis zu einer Belastung von maximal acht Sekunden wird die benötigte Energie fast ausschließlich von Adenosintriphosphat (ATP) und Creatinphosphat der Muskulatur bereitgestellt. Bei maximalen Beanspruchungen über 8 Sekunden wird die Glykolyse (Fähigkeit, Glykogenreserven bereitzustellen) leistungslimitierend. Mit zunehmender Belastungsdauer ist der aerobe Stoffwechselabbau entscheidend. Dauert die Belastung länger als 30 Minuten bei mindestens 75 Prozent der maximalen Sauerstoffaufnahme – diese Sauerstoffaufnahme dürfen wir durchschnittlich beim Basketballspiel annehmen –, dann wird die Größe der vorhandenen Kohlenhydratdepots zum leistungslimitierenden Moment. Daraus ergeben sich für die Spielpraxis zwei entscheidende Forderungen:

- Die Kohlenhydratdepots müssen vorher normal gefüllt sein.
- Es ist stets für ausreichende intramuskuläre Glykogendepots zu sorgen.

Für eine ausreichende Füllung der vorhandenen Kohlenhydratdepots ist bei einer gemischten Kost in unseren Breiten durchweg gesorgt. Voraussetzung ist allerdings eine optimale prozentuale Zusammensetzung der Bestandteile der Ernährung. Hier gelten folgende Werte: Eiweiß 12 Prozent, Fett 40 Prozent und Kohlenhydrate 49 Prozent (Saltin u. a. 1974). Der mittlere Energiebedarf bei Basketballsportlern der nationalen Klasse ist mit 3500 Kalorien pro Tag anzunehmen.
Für die Trainings- und Wettkampfpraxis des Basketballspielers gelten weiterhin folgende Gesichtspunkte in bezug auf *Ernährung* und *Flüssigkeitszufuhr*.

- *Am Wettkampftag keine größeren Mengen an eiweißhaltigen Nahrungsmitteln* zu sich nehmen, da durch die gesteigerte Eiweißzufuhr eine Acidose (Säuerung) erzeugt wird, welche schon durch die anaerobe Energiebereitstellung (Glykolyse, ohne Sauerstoff) bei den hohen Belastungsmomenten des Basketballspiels gegeben ist (Hollmann/Rost 1978).
- *Am Spieltag umfangreiche Speisen vermeiden*, um den Magen-Darm-Trakt nicht übermäßig zu belasten. Größere Nahrungsaufnahmen beeinflussen negativ die nervale Leistungsfähigkeit (Koordinations- und Reaktionsvermögen). Die letzte Nahrung ist möglichst nicht später als zweieinhalb Stunden vor Spielbeginn einzunehmen.
- *Ausreichende Flüssigkeitsbilanzierung* ist bei intensiven Wettkampfbelastungen unter Hitzebedingungen unbedingt notwendig. Während eines Spiels sondert ein Basketballspieler je nach Einsatz durchschnittlich 3 bis 5 Liter Schweiß ab. Dieser Flüssigkeitsverlust ist auf jeden Fall während des Spiels in den Auszeiten und während der Pause durch Tee mit Glukose und Mineralwasser (möglichst ohne Kohlensäure) zu ersetzen.
- Da Basketball als eine diskontinuierliche, intervallartige Sportart mit

einer Belastungsdauer von mehr als 20 Minuten anzusehen ist, tritt immer wieder das Problem der *Nahrungszufuhr* zwecks Energiebereitstellung *während des Spiels* auf. Nach einschlägigen Untersuchungen und Vorschlägen wird man alle 15 Minuten in den Auszeiten und in der Pause 100–200 ml Flüssigkeit in Form von Tee und zehnprozentiger Glukose (Temperatur 25–30 Grad) und Mineralwasser verabreichen, um damit die notwendige Glukosestabilität im Blut und eine Flüssigkeitsbilanzierung zu erreichen (KONOPKA 1980). Auf keinen Fall sollten während des Spiels konzentrierte Mineralien, Präparate und Vitamine eingenommen werden, weil dadurch eine unnötige Belastung des Verdauungstrakts mit Unverträglichkeitssymptomen verursacht werden kann. Außerdem können solche Präparate ohnehin während des Spiels nicht mehr umgesetzt werden (SCHEELE 1979).

- Bei extrem hohen Außentemperaturen (z. B. in den Tropen) ist selbstverständlich zusätzlich für eine gezielte Bilanzierung (in Form von ausgewählten Mineralienlösungen) zu sorgen. Ebenso wichtig ist die ausreichende Zufuhr von *Vitaminen* (Vitamin A, C und D) und *Eisen*. Untersuchungen haben ergeben, daß gerade jugendliche Hochleistungssportler in Ballsportarten einen höheren Eisenbedarf aufweisen, besonders weibliche Jugendliche zum Zeitpunkt der Menarche (erste Monatsblutung). Da aber die Resorption des Eisens in Form einer eisenhaltigen Nahrung umstritten ist, wird man wohl auf Eisenpräparate in Verbindung mit den Mahlzeiten angewiesen sein. Die anderen genannten Mineralien bedürfen bei einer gemischten mitteleuropäischen Kost keiner besonderen Substitution unmittelbar vor und während des Spiels. Von einer vielerorts genannten gesteigerten Kohlenhydratzufuhr zwei Tage vor entscheidenden Spielen nach vorangegangener Verausgabung darf wohl kaum eine gesteigerte Leistungsfähigkeit des Basketballspielers erwartet werden, auch wenn die Glykogendepots dadurch optimal aufgefüllt werden sollten. Das Basketballspiel wird durch andere Faktoren entschieden, allenfalls können die richtige Ernährung und die gewählte Flüssigkeitszufuhr eine Ergänzung sein.

Merke

- Gezielte und dosierte Trainingsformen lassen sich nur aus der Analyse der motorischen Beanspruchung gewinnen. Nur so können die Schwächen und Stärken eines Spielers berücksichtigt werden.
- Beim Basketballspiel steht das koordinative Leistungsvermögen mit Verbesserung und Automatisierung bestimmter Bewegungsabläufe im zentralen Trainingsgeschehen.

- Die Beugungs- und Dehnungsfähigkeit der Gelenke, das Auftritts- und Sprungvermögen des Spielers limitieren seine Kraft und Schnelligkeit.
- Basketball ist eine diskontinuierlich-intervallartige Sportart mit Anforderungen an sämtliche Ausdauerformen.
- Am Wettkampftag sollten keine größeren Mengen an Eiweiß und/oder umfangreiche Speisen eingenommen werden.
- Für ausreichende Flüssigkeitsbilanzierung während eines Spiels in Form von Tee mit Glukose und Mineralwasser (ohne Kohlensäure) ist zu sorgen.

Literatur

252; **253**; **293**; **310**; **475**; **635**.

Dieter Steinhöfer

3.3 Ausdauerleistung und ihre Meßbarkeit

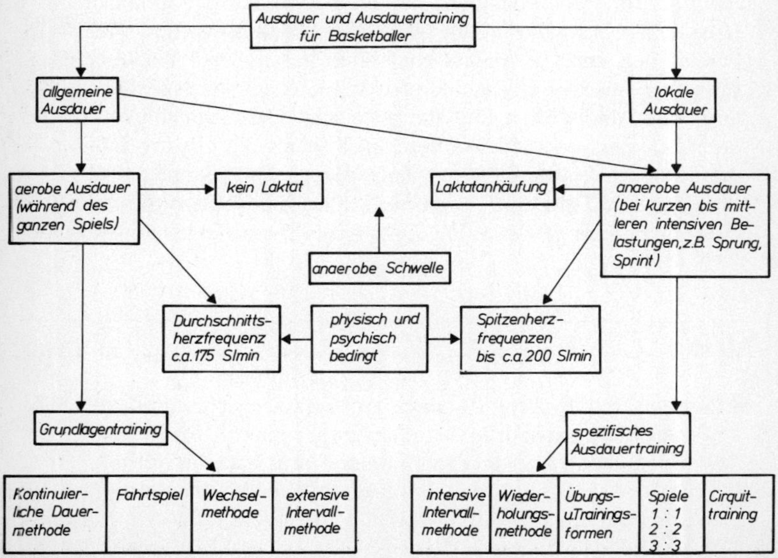

Schlagwörter

[1] Ausdauer für Basketballer: Allgemeine aerobe und anaerobe Ausdauer, Trainingswirkung, Ökonomie der Energiebereitstellung, aerob-anaerobe Schwelle.
[2] Herzfrequenz im Basketballspiel.
[3] Training der Ausdauer für Basketballer: Trainingsmethoden der aeroben Kapazität, Trainingsmethoden der anaeroben Kapazität.
[4] Meßmethoden: 12-Minuten-Lauf, 2-Minuten-Lauf.
[5] Folgerungen für die Praxis.

Erläuterungen

Untersuchungen zum Trainingsverhalten deutscher Bundesliga-Basketballspieler ergaben, daß dem Ausdauertraining nur geringe Beachtung geschenkt wird. Grundlage solcher Vernachlässigung der Ausdauer ist offenbar das alte Motto: Das Spiel selbst ist die beste Ausdauerschulung. Wie wir aus neuen wissenschaftlichen Untersuchungen wissen, ist diese Ansicht falsch. Selbstverständlich schult das Spiel die Ausdauer mit, aber es schult die im Spiel wichtigen spezifischen Ausprägungsformen der Ausdauer keineswegs optimal. Dazu werden im Spiel Trainingsreize viel zu unsystematisch – weil von der Spielsituation abhängig – gesetzt.

[1] Ausdauer ist die Widerstandsfähigkeit des Organismus gegenüber Ermüdung durch Belastung. Sportler benötigen in den jeweiligen Sportarten unterschiedliche Ausdauereigenschaften, z. B. Langstreckenläufer die allgemeine aerobe dynamische Ausdauer oder Sprinter die allgemeine anaerobe dynamische Ausdauer. Statische Ausdauer ist nur für wenige Sportarten wichtig, für Spiele kaum (vgl. Abb. 1).
Von *allgemeiner* Ausdauer spricht man, wenn mehr als ein Sechstel der Gesamtmuskulatur, von *lokaler* Ausdauer, wenn weniger als ein Sechstel

Abb. 1: Strukturmodell der Ausdauer

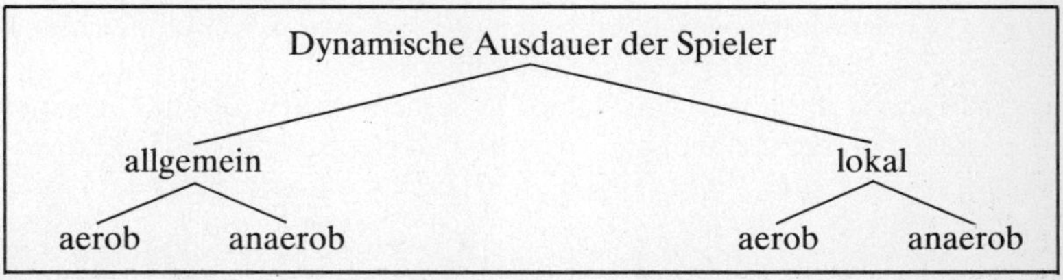

der Gesamtmuskulatur an den Bewegungen beteiligt sind. Die Tatsache, daß im Basketballspiel häufig Ganzkörperbewegungen ausgeführt werden und somit mehr als ein Sechstel der Gesamtmuskulatur beteiligt ist, verdeutlicht die große Bedeutung der allgemeinen dynamischen Ausdauer.
Wie aus Abb. 1 hervorgeht, ist diese allgemeine dynamische Ausdauer noch nach der Art der *Energiebereitstellung* zu unterteilen in aerobe und anaerobe Ausdauer.
Bei der *aeroben* Energiebereitstellung erfolgt die Oxidation der Nährstoffe unter Sauerstoffverbrauch. Die günstigste Voraussetzung ist also eine genügende Sauerstoffzufuhr, so daß Zufuhr und Verbrauch im Gleichgewicht sind («steady state»). Diese Form der Energiegewinnung ist sehr ökonomisch, d. h., es wird aus den Nährstoffen viel Energie gewonnen, und die Verbrennung erfolgt vollständig ohne störende Rückstände. Nachteilig ist jedoch, daß die Energiebereitstellung relativ langsam erfolgt und die pro Zeiteinheit freigesetzte Energiemenge relativ klein ist (DE MAREES 1979, 426, 453).
Das Training der aeroben Kapazität führt – vereinfacht dargestellt – zur Vergrößerung und Kräftigung des Herzens (Sportherz), zur Verbesserung der Versorgungswege der Muskulatur (Kapillarisierung) und zu biochemischen Veränderungen in der Muskelzelle zur Optimierung der Sauerstoffausnutzung.
Anders verhält es sich bei der *anaeroben* Energiebereitstellung. Hier erfolgt die Oxidation der Kohlenhydrate ohne Sauerstoffverbrauch, d. h., die Sauerstoffaufnahme kann den Sauerstoffbedarf nicht decken. Die Energiebereitstellung erfolgt zwar schnell, auch ist die pro Zeiteinheit freigesetzte Energiemenge relativ groß, aber es wird beim Abbau der Kohlenhydrate vergleichsweise wenig Energie gewonnen, d. h., die Energiebereitstellung ist unökonomisch.
In den ersten 6 bis 8 Sekunden der dynamischen Arbeit reichen die energiereichen Phosphate Adenosintriphosphat (ATP) und Kreatinphosphat (KP) zur Energiegewinnung aus (*alaktazide Phase*), sobald es jedoch bei längerdauernden intensiven Belastungen zum anaeroben Abbau der Kohlenhydrate kommt (*laktazide Phase*), bleiben leistungsbeeinträchtigende Milchsäurerückstände zurück. Die Steigerung der Laktatkonzentration führt in der arbeitenden Muskulatur zur Übersäuerung (Abnahme des pH-Wertes) und ab einem gewissen Säuerungsgrad zu rasch einsetzender Muskelermüdung. Bei sehr intensiver Arbeit führt dies in letzter Konsequenz nach spätestens 2 Minuten zur Arbeitseinstellung.
Beim Training der anaeroben Kapazität verbessert sich die Bildung einer Energiemenge pro Zeiteinheit sowie die Fähigkeit, bei hoher Laktatkonzentration noch effektiv zu arbeiten und somit die Energiespeicher besser auszuschöpfen.
Aus der zeitlichen Dauer eines Basketballspiels von 40 Minuten effektiver

Spielzeit und aus den durchschnittlichen Spielereinsatzzeiten von über 20 Minuten pro Spiel geht hervor, daß ein Großteil der Ausdauerleistung aerob erbracht werden muß. Nur in besonders bewegungsintensiven und pausenarmen Spielphasen muß verstärkt auf anaerobe Energiebereitstellung zurückgegriffen werden (Steinhöfer 1981, 117–124).

Für Spieler scheint nach gegenwärtigen Erkenntnissen die alaktazide Form der anaeroben Energiegewinnung vorzuherrschen. An Basketball-, Handball- und Fußballspielern während des Spiels bzw. spieladäquater Übungen vorgenommene Laktatmessungen ergaben durchschnittlich niedrige Milchsäurewerte zwischen 2 und 4 mmol/l, in seltenen Fällen bis zu 6 mmol/l (Haralambie/Eder 1979, 249–253; Hollmann et al. 1981, 115–120).

Die *aerob-anaerobe Schwelle* wird von Physiologen bei 4 mmol/l Blutlaktatkonzentration angesetzt, d. h., oberhalb dieser Schwelle findet verstärkt die *anaerob-laktazide Energiebereitstellung* statt. Da für Basketballspieler die Laktatkonzentrationen mittlere Werte nicht überschreiten, läßt sich schlußfolgern:

- In den meisten Phasen des Spiels überwiegt der aerobe Anteil der Energiebereitstellung.
- Bei kurzen intensiven Belastungen werden zunächst die ATP- und KP-

Abb. 2: Lage der aerob-anaeroben Schwelle beim Untrainierten (UT) und Ausdauertrainierten (AT) (nach de Marees 1979, 453)

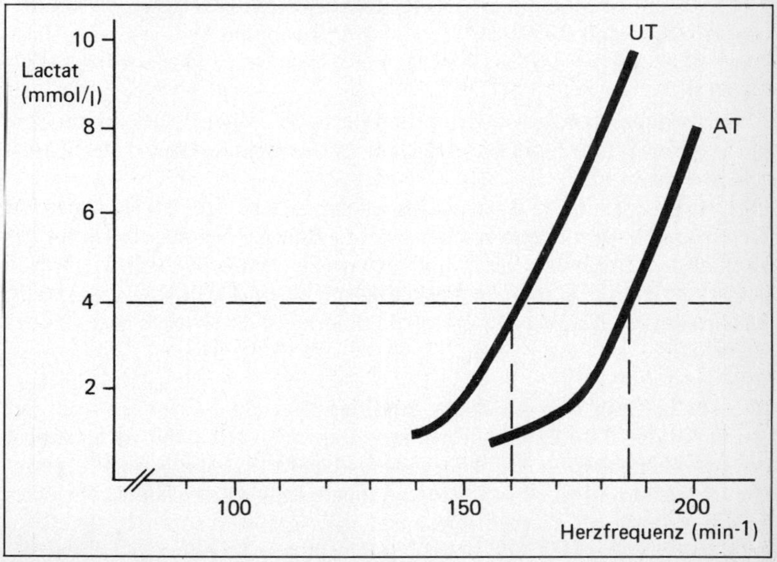

Speicher entleert, und in den Spielpausen oder -phasen mit geringer Belastung erfolgt die Wiederauffüllung dieser Speicher auf oxidativem Wege, d. h. ohne Milchsäurebildung.
- Nur bei seltenen längerdauernden intensiven Beanspruchungen kommt es zum anaeroben Abbau der Kohlenhydrate und somit zu verstärkter Milchsäurebildung, wobei ein Teil des Laktats wahrscheinlich in den Spielpausen schon wieder abgebaut wird.

Zusammenfassend ist festzustellen, daß die aerobe Leistungsfähigkeit für Basketballer von großer Bedeutung ist, und zwar sowohl während leichter bis mittlerer Belastungen im Spiel als auch während der Erholungsphasen in den Spielpausen bei der oxidativen Resynthese der ATP- und KP-Speicher.

2 Die Aussagekraft der *Herzfrequenz* als Maß der motorischen Belastung im Spiel und damit auch der Trainingswirkung wurde lange Zeit überschätzt. Gerade bei Spielern ist die Herzfrequenz von vielen Einflüssen abhängig, die zum Teil mit der Ausdauerbelastung wenig zu tun haben, wie z. B. psychische Einflüsse unterschiedlichster Art.

Radio-telemetrische Herzfrequenzuntersuchungen von Basketballspielern während des Spiels ergaben Durchschnittsherzfrequenzen von 175 Schlägen/Minute, wobei circa 75 Prozent der Herzfrequenzen in einem Bereich zwischen 160 und 200 lagen. Da aber bei vielen Spielern die Höhe der registrierten Herzfrequenzen unabhängig ist von der Intensität und Dauer ihrer motorischen Aktionen, ja sogar in Spielpausen nur geringfügige Veränderungen zeigt, sind die Werte der Herzfrequenzen im Spiel als ausschließliches Maß der körperlichen Belastung unbrauchbar (STEINHÖFER 1981, 98–117).

Hinzu kommt, daß Ausdauertrainierte erst bei höheren Herzfrequenzen die aerob-anaerobe Schwelle erreichen als Untrainierte oder schlecht Ausdauertrainierte.

Der ausdauertrainierte Basketballer ist also in der Lage, bei etwa gleicher Herzfrequenz weit ökonomischer (aerob) Energie bereitzustellen als der nichtausdauertrainierte, der somit auch rascher ermüdet (Abb. 2) und sich langsamer erholt. Ermüdete Basketballspieler sind aber, wie jeder weiß, nicht mehr voll leistungsfähig, sowohl in technischer als auch in taktischer Hinsicht.

3 Das Training der Ausdauer muß den speziellen Erfordernissen der Ausdauer des Basketballers Rechnung tragen. Es gilt somit vornehmlich, die allgemeine aerobe Ausdauer für langdauernde Belastungen von geringer Intensität und die allgemeine und lokale anaerobe Ausdauer für kurzzeitige Belastungen von mittlerer und hoher Intensität zu verbessern. Dies erfolgt in Wettkampf- und Trainingsspielen nur unzureichend.

Trainingsmethoden der allgemeinen aeroben Kapazität sind:

- *Kontinuierliche Dauermethode*
  Sie ist gekennzeichnet durch lange Belastung mit verhältnismäßig niedriger gleichbleibender Intensität ohne Pausen. Intensität und Dauer der Belastung sind – wie bei allen Trainingsmaßnahmen – abhängig vom Geschlecht, Alter und Trainingszustand.
  Empfehlung für Basketballer: Langläufe mit telemetrisch ermittelten Herzfrequenzen von 150–180 Schlägen/Minute über die Dauer von 30–60 Minuten (bei Handmessung 135–170 Schlägen/Minute).
- *Fahrtspiel*
  Das Fahrtspiel zählt wie die Wechselmethode zu den Dauermethoden mit variabler Intensität. Die Veränderungen im Tempo erfolgen willkürlich durch den Sportler und sind teilweise auch geländeabhängig (z. B. Hügel). Die Dauer des Fahrtspiels entspricht der des kontinuierlichen Dauerlaufs bei einer wechselnden Herzfrequenz zwischen 130 und 180 Schlägen/Minute.
- *Wechselmethode*
  Im Gegensatz zum Fahrtspiel erfolgt der Intensitätswechsel hier systematisch, geplant, z. B. eine Runde langsam, die nächste schneller, die nächste langsam usw.
- *Extensive Intervallmethode*
  Das Intervalltraining ist charakterisiert durch einen systematischen Wechsel von Belastung und Erholungspause, wobei die Pause unvollständig bleibt, d. h. die vollständige Erholung nicht abgewartet wird. Man spricht von einer «lohnenden Pause». Die nächste Belastung erfolgt spätestens, wenn der Puls auf einen Wert von 120 abgefallen ist (Abb. 3). Die Dauer der Einzelbelastung beträgt für Basketballer 30 Sekunden bis maximal 3 Minuten. Da bei der extensiven Intervallmethode die Intensität der Belastung relativ gering ist (60–80 Prozent der maximalen Leistungsfähigkeit z. B. über 100 m, 200 m, 400 m), kommt es in den Pausen zu rascher Erholung, und die Pause ist nur kurz (45 bis 90 sec). Der Belastungsumfang ist hoch, d. h., es werden 20 und mehr Wiederholungen ausgeführt.

Abb. 3: Schematische Darstellung der «lohnenden Pause» (nach DE MAREES 1979, 175)

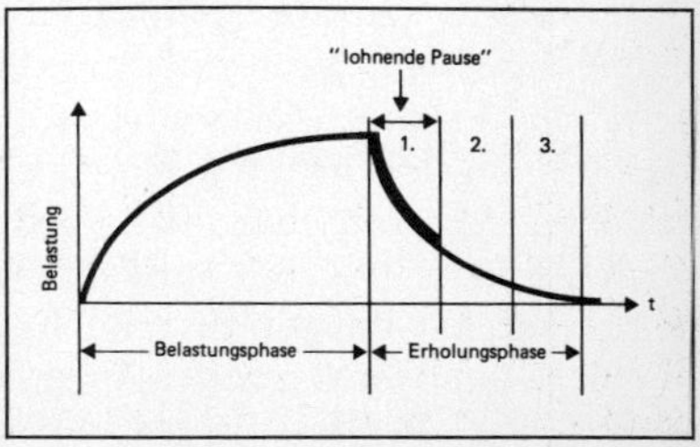

Das Training der aeroben Kapazität ist für Basketballer als Grundlagentraining zu betrachten. Ohne aerobe Leistungsgrundlagen ist ein gezieltes Training der anaeroben Kapazität nicht effektiv, möglicherweise sogar schädlich. Dies gilt in besonderem Maße für Jugendliche. Die beim anaeroben Training wichtige Erholungsfähigkeit ist weitgehend abhängig von der aeroben Leistungsfähigkeit. Ein schlecht durchbluteter Organismus erholt sich nur langsam.

Die wichtigsten *Trainingsmethoden der allgemeinen anaeroben Kapazität* sind solche, bei denen kurzzeitig eine Sauerstoffschuld eingegangen wird, die in der anschließenden Pause nur unvollständig abgetragen wird (Übersäuerungstraining):

- *Intensive Intervallmethode*
  Das Prinzip des Intervalltrainings bleibt gewahrt, nur die Belastungsindizes verändern sich. Die Belastungsdauer beträgt 15 bis 60 Sekunden, die Intensität wird erhöht (80–90 Prozent), die Pausen werden länger, und die Anzahl der Wiederholungen (Umfang) sinkt auf etwa zehn ab.
- *Wiederholungsmethode*
  Im Gegensatz zu den Intervallmethoden liegen zwischen den Belastungen vollständige (zwischen 3 und 45 Minuten) oder nahezu vollständige (2–3 Minuten) Pausen. Die Intensität kann entsprechend hoch sein (90–100 Prozent). Der Belastungsumfang ist gering.

Während für den Basketballer die aufgeführten klassischen Trainingsmethoden der allgemeinen aeroben Ausdauer sehr wichtig sind, weil es für sie keine echten spielspezifischen Alternativen gibt, sind die intensive Intervall- und die Wiederholungsmethode von geringerer Bedeutung (vgl. hierzu die Abb. Seite 54). Die Verbesserung der allgemeinen und lokalen anaeroben Ausdauer läßt sich für Basketballspieler häufig besser mit *basketballspezifischen Trainingsformen* erreichen, wenn nur das Prinzip des intensiven Intervall- oder des Wiederholungstrainings beachtet wird. Geeignet sind vielfältige komplexe Übungsformen mit und ohne Ball, die unter Beachtung von Übungsdauer, Wiederholungszahlen und Pausenzeit mit hoher Intensität bzw. großer Schnelligkeit durchgeführt werden. Auch Spiele 1–1, 2–2, 3–3 über das ganze Feld, Verteidigungsübungen als Ganzfeldverteidigung (Presse) oder Schnellangriffsformen, möglichst als Kontinuumübungen, erfüllen hier ihren Zweck. Der Vorteil solcher Trainingsformen ist ihre Spielnähe, der Nachteil ist die Schwierigkeit der Intensitätsfestlegung und -kontrolle.

Eine weitere wichtige Trainingsform, vor allem für die Schnellkraft und Schnelligkeitsausdauer unterschiedlicher Muskelgruppen, ist das *Circuittraining*. Genaugenommen ist es nur eine besondere Organisationsform des Trainings nach dem Intervallprinzip mit wechselnder Beanspruchung einzelner Körperpartien. Verschiedene für Basketballer wichtige Schnellkraft- und Schnelligkeitsausdauerübungen werden zu einem Rundgang von fünf bis zehn Übungen zusammengestellt und mit individuell festgelegten Wiederholungszahlen (oder Zeiten für die Übungsdauer) in angegebener Reihenfolge bei festgelegten Pausen absolviert. Der Rundgang wird mehrmals wiederholt. Der Trainingseffekt ist nicht allein abhängig von der Art der Übungen, sondern insbesondere von Intensität, Dauer, Dichte und Gesamtumfang der Trainingsreize und kann der Zielsetzung entsprechend variiert werden (Jonath/Krempel 1981, S. 252–254, Jonath 1985).

4 Von den für Basketballer wichtigen Formen der Ausdauer ist die allgemeine aerobe Ausdauer besser zu überprüfen als die spezifischere anaerobe Ausdauer. Als *Meßmethoden* für die aerobe Ausdauerleistungsfähigkeit sind geeignet:

- Ergometrische Testverfahren der Sportmedizin, insbesondere die Laufband-Belastung (de Marees 1979, 456),
- der 12-Minuten-Lauf nach Cooper, bei dem die in 12 Minuten zurückgelegte Strecke gemessen wird.

Da die von Cooper vorgelegten Bewertungstabellen für Untrainierte konzipiert sind, müßten für Basketballpieler und -spielerinnen gesonderte Bewertungsmaßstäbe entwickelt werden.

Bewertungsvorschlag

	Männer	Frauen
sehr gut	über 3200 m	über 2800 m
gut	2801–3200 m	2401–2800 m
mittelmäßig	2401–2800 m	2001–2400 m
schlecht	2000–2400 m	1600–2000 m
sehr schlecht	unter 2000 m	unter 2000 m

Gute Testverfahren für die basketballspezifische anaerobe Ausdauer (z. B. Schnellkraft- und Schnelligkeitsausdauer) sind Testbatterien, bestehend aus mehreren Untertests, 1 Minute «sit ups» (Aufrichten aus der Rückenlage), 1 Minute Pässe gegen die Wand, 30 Sekunden beidbeinige Sprünge ans Brett. Da empirisch abgesicherte Testbatterien bisher nicht vorliegen, schlagen wir als Einzeltest eine Variation des *2-Minuten-Laufs* vor.
Der *2-Minuten-Lauf* erfolgt zwischen den Grundlinien des Basketballfeldes (26 m). Jeweils 1,5 m vor jeder Grundlinie steht ein kleiner Kasten, der am Ende jeder Laufstrecke übersprungen wird. Nach jedem Sprung erfolgt ein Richtungswechsel um 180° usw. Gewertet wird jede halbe zurückgelegte Strecke (bis Mittellinie 1 Punkt usw.) (vgl. Bewertungsvorschlag, Seite 62).

Bewertungsvorschlag (in Punkten)

	Männer	Frauen
sehr gut	über 43	über 39
gut	41–43	37–39
mittelmäßig	38–40	34–36
schlecht	34–37	30–33
sehr schlecht	unter 34	unter 30

5 Folgerungen für die Praxis

Zur praktischen Anwendung aller Formen des Ausdauertrainings für Basketballer ist zu beachten, daß Ausdauertraining nie zu Beginn einer Trainingseinheit (Trainingsstunde) durchgeführt werden sollte, sondern stets am Ende, da sonst alle weiteren Trainingsreize wenig effektiv oder gar nutzlos sind. Am wirkungsvollsten sind sogar gesonderte Trainingseinheiten, in denen nur die Ausdauer geschult wird, auch als Einzeltraining (MARTIN 1979, 60–63; STEINHÖFER 1980, 287–289).

Merke

- Basketballer benötigen allgemeine dynamische Ausdauer, und zwar sowohl aerobe dynamische als auch anaerobe dynamische Ausdauer.
- Die Herzfrequenz im Spiel ist kein exaktes Maß der motorischen Belastung. Bei Trainingsläufen jedoch ist ihre Kontrolle sinnvoll zur Festlegung der Belastungshöhe und der Pausendauer.
- Das Training der allgemeinen aeroben Ausdauer erfolgt durch Dauerläufe, Fahrtspiel, Wechselläufe und extensives Intervalltraining.
- Das Training der allgemeinen und lokalen anaeroben Ausdauer erfolgt vornehmlich durch basketballspezifische Trainingsformen, die mit hoher Intensität und Schnelligkeit durchgeführt werden müssen, sowie durch ein basketball-spezifisches Circuittraining.
- Allgemeine aerobe Leistungsfähigkeit ist die Grundlage für jegliche Form anaeroben Trainings, insbesondere bei Jugendlichen.
- Ausdauertraining sollte am Ende der Trainingseinheiten oder in gesonderten Trainingseinheiten durchgeführt werden.

Literatur

220; **254**; **263**; **264**; **367**; **370**; **537**; **538**.

Hans Uwe Hinrichs

3.4 Unfallverletzungen und Erste Hilfe

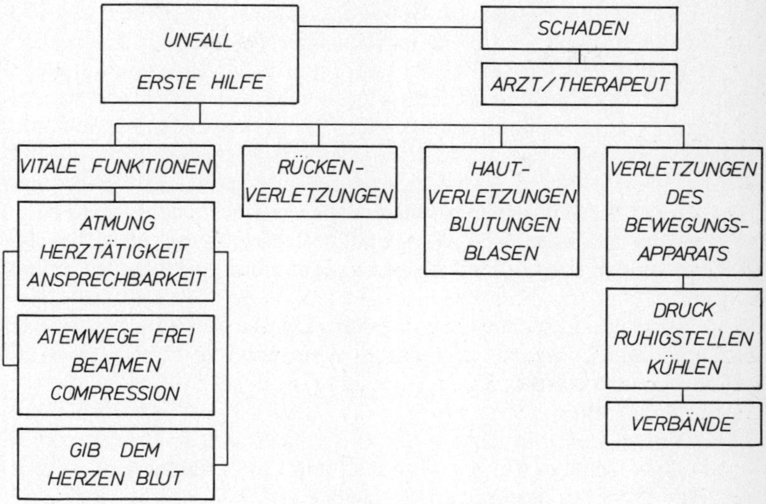

Schlagwörter

1 Verletzung: Unfall/Schaden.
2 Unfallursachen und häufigste Verletzungen.
3 Schadensbehandlung: Arzt; Unfall: Erste Hilfe-Maßnahmen AHA, ABC, DRK.
4 Ohnmacht, Schock, Kreislaufstörungen: Gib dem Herzen Blut!
5 Rückenverletzungen: Nicht bewegen, vitale Funktionen sicherstellen.
6 Risse, Brüche, Verstauchung, Muskel- und Sehnenverletzungen.
7 Gelenkverletzungen: Prellung, Verstauchung, Verrenkung, Knorpel- und Meniskusverletzungen, Kapseldehnungen und -risse.
8 Hautverletzungen steril abdecken: Bei Blutungen Kompressionsverband, Blasen abdecken.
9 Erste Hilfe-Kasten/-Tasche: Verbandsmaterial, Geräte, Medikamente.
10 Erste Hilfe-Verbände: Kopf-, Schulter-, Ellenbogen-, Finger-/Handgelenk, Knie- und Sprunggelenkverbände.
11 Funktionelle Verbände: Pelotte, Schienbeinverband, Sprunggelenkverband, Kniegelenkverband, Fingerverband.

Erläuterungen

1 *Verletzung* ist eine umfassende Bezeichnung für alle Vorgänge, die die Unversehrtheit eines Gewebes verändern oder beschädigen. Dazu zählen krankhafte Veränderungen am Bewegungsapparat, ein Bruch, ein Riß, eine Entzündung und Verschleißerscheinungen. Das trifft für den plötzlich auftretenden *Unfall* und für den sich unter sportlicher Belastung aufbauenden *Schaden* (z. B. Schienbeinperiostitis oder das Kniescheibenspitzensyndrom) zu. Sowohl der Sportunfall als auch der Sportschaden können unter ungünstigen Bedingungen (Mißachtung von Verletzungszeichen, ungenügende Nachbehandlung nach Verletzungen oder schwerer Verletzungsgrad) in einen sekundären Sportschaden mit Verschleiß oder Degeneration münden. Bei optimaler Behandlung und Berücksichtigung von vorbeugenden Maßnahmen können Unfallfolgen und primärer Sportschaden ausheilen.
Beim Basketball sind Unfälle zu unterscheiden, die durch Balltreffer oder Auflaufen eines Gegners und durch Bremswirkung (Umknicken des Sprunggelenkes) entstehen.

2 Basketball liegt hinsichtlich der Gesamtzahl von Sportverletzungen nach Fußball, Skilauf, Turnen, Handball und Leichtathletik erst an sechster Stelle (Statistik der Universität Heidelberg, 1972–1978), nach einer Erhebung des Saarlandes (1968–1976) sogar erst an zehnter Stelle. Bezogen auf eine Zahl von 100 aktiven Spielern dagegen rangiert Basketball mit 3,23 Prozent nach dem Fußball mit 3,93 Prozent bereits an zweiter Stelle.
Weit über die Hälfte der Verletzungen betrifft die unteren Extremitäten, wobei das Sprunggelenk doppelt so häufig wie das Kniegelenk in Mitleidenschaft gezogen wird. Schwere Bandverletzungen stehen hierbei gegenüber Knochenbrüchen im Vordergrund (14,8 zu 9,46 Prozent). In 28 Prozent der Fälle sind die oberen Extremitäten betroffen, insbesondere die Finger, wobei in erster Linie Verstauchungen der Mittelgelenke des Mittel-, Klein- und Ringfingers und des Daumengrundgelenks vorliegen. Fingerbrüche und Sehnenabrisse kommen seltener vor. Hals und Kopf werden beim Basketball in 18,5 Prozent der Fälle verletzt, wobei Zahn- und Weichteilverletzungen im Vordergrund stehen.

3 Die Behandlung der Sportschäden stellt keine Sofortmaßnahme dar, sondern macht eine Behandlung durch den Arzt oder den Physiotherapeuten notwendig (vgl. bei 3.5). Die Behandlung des Sportunfalls dagegen erfordert ein sofortiges Eingreifen nach den Richtlinien der Ersten Hilfe, zu der jedermann, Trainer, Übungsleiter, Lehrer und auch Mit- bzw. Gegenspieler nach Paragraph 330c StGB verpflichtet ist. Lebensbedrohliche Verletzungen sind im Basketball selten, aber denkbar. Deshalb werden im folgenden Grundsätze und die wichtigsten Maßnahmen der Ersten Hilfe erläutert.

Vier Grundsätze sind bei der *Ersten Hilfe* zu beachten:

- Die Erste Hilfe ist eine vorläufige Maßnahme zur Abwendung weiterer Gefahren.
- Genaue Beobachtung des Verletzten geht den Maßnahmen voraus. Die Aufrechterhaltung der Lebensfunktionen hat Vorrang.
- Die vermutlich schwerwiegendere Schädigung bestimmt die durchzuführenden Maßnahmen.
- Ruhe und Besonnenheit bewahren den Verletzten vor einer durch Hektik und Unsicherheit verursachten Schocksituation.

Der Helfer gewinnt Ruhe und Sicherheit durch drei gedankliche Hilfen, die die wichtigsten Maßnahmen charakterisieren:
AHA: Beobachten
ABC: Handeln bei Beeinträchtigung der Vitalfunktion
DRK: Handeln, wenn keine Beeinträchtigung der Vitalfunktionen vorliegt.

- AHA-Beobachtung
  A = Atmung: Bestehen Atembewegungen des Brustkorbes? Sind Bewegungen der Atemluft spürbar? Sind Atemgeräusche hörbar?
  H = Herztätigkeit: Ist ein Puls tastbar (Halsschlagaderpuls)? Ist der Verletzte blaß, fahl, hat er blaue Lippen? Ist er bewußtlos?
  A = Ansprechbarkeit: Ist der Verletzte ansprechbar? Falls nicht, kann einerseits eine Störung der Gehirnfunktion vorliegen, andererseits aber auch ein Atemstillstand oder ein Herzversagen. Es ist weiterhin zu prüfen, wie die Bewußtseinslage ist (benommen, verwirrt), ob eine Erinnerungslücke besteht, ob Übelkeit vorliegt oder erbrochen wurde. Erinnerungslücken, Erbrechen und Bewußtlosigkeit sind Zeichen einer Gehirnerschütterung. Sollte auch nur eine dieser Erscheinungen vorliegen, besteht absolutes Spiel- und Trainingsverbot. Ein Arzt ist umgehend aufzusuchen oder zu rufen. Blut- oder Flüssigkeitsaustritt aus Mund, Nase oder Ohren sowie Fernblutergüsse (Monokelhämatom) sind Zeichen eines Schädelbasisbruches. Auffallend langsamer Puls, Lähmungen, Veränderungen beim Hören, Sehen, Riechen oder Sprechen deuten auf eine Gehirnverletzung hin.

- ABC-Hilfe (bei Atem- und/oder Herzstillstand)
  A = Atemwege frei machen und frei halten: Durch ein Zurücksinken der Zunge und des Unterkiefers auf die Luftröhrenhinterwand werden die Atemwege bei einem liegenden Verletzten verlegt. Wird der Kopf nach hinten überstreckt und der Unterkiefer vorgezogen, gelingt es, die Atemwege wieder frei zu machen. Fremdkörper im Mund- und Rachen-

raum (Blut, Gebißteile, Erbrochenes) sollen sofort bei Seitenlagerung des Kopfes entfernt werden.
B = Beatmen: Sollte die spontane Atmung ausbleiben, so ist die Atemspende dringend und sofort notwendig. Sie stellt eine Druckbeatmung dar und ist entweder als Mund-zu-Mund-Beatmung oder als Mund-zu-Nase-Beatmung durchzuführen. Wichtig ist das Überstrecken des Kopfes nach hinten. Außerdem ist zu beachten, daß bei der Mund-zu-Nase-Technik der Mund des Verletzten geschlossen wird. Die Atemspende ist zunächst viermal nacheinander durchzuführen, dann soll sie in einem Rhythmus von 15 Beatmungen pro Minute fortgesetzt werden. Praktisch ist es, die Beatmung bei Rückenlage des Verletzten durchzuführen.
C = Compression des Herzens oder *Herzmassage*: Bei gleichzeitigem Herzstillstand ist unverzüglich mit der äußeren Herzmassage durch Compression zu beginnen, wobei jedoch ausdrücklich darauf hingewiesen werden muß, daß die Herzmassage nur von einer darin geübten Person durchgeführt werden darf. Der Druckpunkt liegt über dem unteren Brustbeindrittel, von wo der Druck senkrecht auf die Wirbelsäule zu erfolgen hat. Die Frequenz liegt bei 70 Impulsen pro Minute, bei Kindern etwas höher. Die Beatmung ist gleichzeitig durchzuführen.
Praktische Ausführung der *Wiederbelebung* bei zwei Helfern: Initial vier Atemspenden, dann fortlaufend fünf Herzcompressionen und eine Atemspende. Steht nur ein Helfer bereit: Initial vier Atemspenden, dann fortlaufend 15 Herzcompressionen und zwei Atemspenden im Wechsel. Wiederbelebungsversuche sind solange durchzuführen, bis vitale Funktionen wieder einsetzen, bis ein Arzt oder geschultes Rettungspersonal zur Stelle ist. Bei wieder freier Atmung und kräftiger Herzaktion, aber bei noch bestehender Bewußtlosigkeit ist eine stabile Seitenlagerung herbeizuführen, bei der eine Verlegung der Atemwege nicht mehr möglich ist.

- DRK-Prinzip

Unfallverletzungen sind nach dem DRK-Prinzip (Druck, Ruhigstellung, Kühlung) zu behandeln. Generell ist bei Knochenbruch, Gelenkverstauchung oder Muskelriß Kühlung notwendig. Über dem Kühlmaterial ist ein breiter Kompressionsverband (Idealbinde oder Dauerbinde) zirkulär und in Richtung auf das Herz anzulegen (vgl. Abb. 1, Seite 73).
Das Kühlen führt zu einer Schmerzlinderung und damit zur Schockprophylaxe. Ebenfalls wird durch den Kühlvorgang die Blutungsneigung vermindert. Es handelt sich um eine Kälteanwendung oberhalb null Grad, die durch unterschiedliche Verfahren erreicht werden kann. Der Umgang mit Chloräthyl ist nicht unproblematisch, da nach der Anwendung örtliche Erfrierungen beobachtbar sind und der Kontakt mit offe-

nen Wunden zu erheblichen Schmerzen führen kann. Komplikationsloser sind Kühlsprays, wobei jedoch das Sprühen auf Wunden zu vermeiden ist. Hervorragend geeignet ist die Anwendung einer Eisschmelze (Eiswürfel in Wasser schwimmend) mittels eines Schwammes. Bei den Kaltpackungen gibt es wiederverwendbare Kältekissen, die nach längerer Aufbewahrung im Eisfach eines Kühlschrankes problemlos in einer Campingbox zwischen Kühlaggregaten transportiert werden können. Die nur einmal verwendbaren Kältepackungen sind in der Regel für den Trainingsbetrieb zu kostspielig.

4 Kreislauf-Komplikationen treten nicht nur bei Unfällen, sondern auch unter dem Einfluß widriger Umstände (psychische Belastung, Wetterbedingungen, Trainingsintensität, Erkrankungen) auf. Durch psychische Reaktionen (Angst, Schreck) oder durch plötzliche Lageveränderungen des Körpers (plötzliches Aufrichten) kann es zu einer Verteilungsstörung des Blutes im Körper mit einer Minderdurchblutung des Gehirns, somit zur *Ohnmacht* kommen. Beim *Schock* liegt ausgedehntere Blutverteilungsstörung vor. Flüssigkeitsverluste durch starke Blutungen und durch starkes Schwitzen oder Verletzungsreize auf das Blutgefäßsystem (chemisch, thermisch oder mechanisch) führen in einer Selbstschutzaktion des Kreislaufs zu einer Verengung der peripheren Gefäße und zu einer Zentralisierung, wobei das Gehirn, die Lunge und das Herz noch ausreichend durchblutet werden. Andere lebenswichtige Organe wie Leber, Niere und Darm werden nur noch so gering durchblutet, daß eine Zellvergiftung eintreten kann, durch die alle Gefäße spannungslos und weit werden, so daß das Blut aus den lebenswichtigen Organen in die Umgebung absackt. Der Verletzte erscheint blaß, die Haut ist kalt und schweißig, der Puls ist flach und beschleunigt (über 100 Schläge/Minute), Nase, Lippen, Fingernägel sind bläulich verfärbt. Es können psychische Reaktionen wie Unruhe, Angst, Verwirrtheit und Benommenheit auftreten.
Grundsatz der Ersten Hilfe bei allen *Kreislaufstörungen*: *Gebt dem Herzen Blut* und dem Blut Sauerstoff! Die Maßnahmen bestehen im einzelnen in einer spezifischen Lagerung mit Tieflagerung des Kopfes und Hochlagerung der Beine und nötigenfalls auch der Arme über Herzniveau. Die auslösende Ursache ist zu beseitigen, z. B. Blutstillung, Beseitigung kreislaufwirksamer Reize wie Schmerz und Beseitigung psychischer Reize durch Beruhigung. Unterkühlung oder Überwärmung je nach klimatischen Bedingungen sind ebenso zu vermeiden wie die Einnahme von Kreislaufmedikamenten oder Trinkflüssigkeiten. Dagegen wirken Atemreizstoffe wie Heilpflanzenöle anregend und über eine intensivere Atmung kreislaufstabilisierend. Ist der Schock nach großen Flüssigkeitsverlusten eingetreten, so ist ein Flüssigkeitsersatz durch Infusionen erforderlich, wobei verlorene Elektrolyte und Eiweiße ersetzt werden müssen.

5 Einer besonderen Aufmerksamkeit auch beim Basketball bedürfen die *Rückenverletzungen*. Jede heftige Schmerzangabe im Rückenbereich nach einem Sturz oder einem Zusammenprall kann eine schwere Rückenverletzung (z. B. Verletzung des Rückenmarks) signalisieren. Schon eine Erschütterung des Rückenmarks kann zu schweren Folgen wie z. B. Atemlähmung führen. Es ist nach dem Grundsatz der Annahme der höchsten Schädigungsmöglichkeit zu verfahren. Der Verletzte darf deshalb nicht bewegt werden, er ist zunächst transportunfähig. Er ist nach Möglichkeit flach auf dem Rücken zu lagern, wobei jedoch die vitalen Funktionen vorrangig zu sichern sind (stabile Seitenlagerung bei Bewußtlosigkeit). Nur zur Abwendung einer akuten Gefahr darf der Verletzte mit typischen Rettungsgriffen bewegt werden. Hierbei stellen sich mehrere Helfer hintereinander im Grätschschritt über den Verletzten und heben ihn gleichzeitig an. Bei Verdacht einer Schädigung der Halswirbelsäule ist diese gegen Lageveränderung zusätzlich zu sichern.
Zunächst gilt für jede Rückenverletzung Trainings- und Spielverbot. Sollte nach wenigen Minuten wieder eine deutliche Besserung eintreten, so ist eine dosierte Belastung vertretbar. Bei anhaltenden Beschwerden jedoch ist eine ärztliche und röntgenologische Untersuchung dringend erforderlich.

6 Bei Verdacht einer *Rißverletzung* von Sehnen oder Muskeln, eines *Knochenbruchs*, der Eröffnung eines Gelenkes oder eines Gelenkbänderrisses bei *Verstauchung* ist Ruhigstellung mit Hilfe eines Schienenverbandes notwendig. Prinzip des Schienenverbandes ist bei Verletzung von Gelenken die Fixierung der angrenzenden Gliedmaßen und bei Verletzungen der Gliedmaßen die Fixierung der angrenzenden Gelenke. Der Schienenverband muß gut gepolstert sein, um Nervenschädigungen zu vermeiden.
Fast ausnahmslos sind die ersten Folgen einer Verletzung das Auftreten einer Schwellung, einer Rötung bzw. eines Blutergusses und der Schmerz sowie in unterschiedlicher Form auch die Beeinträchtigung der Funktion.
Bei *Muskelverletzungen* lassen sich Muskelprellungen, -überdehnungen und -zerrungen sowie Muskelfaserrisse und Risse unterschiedlicher Ausdehnung unterscheiden. Die Prellung ist gekennzeichnet durch Begrenzung der Veränderungen um den Ort der Gewalteinwirkung. Überdehnung und Zerrung treten nach plötzlicher Muskelanspannung auf, kündigen sich aber im allgemeinen durch einen Muskelschmerz an. Sie können jedoch auch ebenso wie der Muskelriß plötzlich (messerstichartig, schlagähnlich und mit hörbarem Knall) auftreten, so daß die Unterscheidung nicht immer einfach ist. Die Erste Hilfe ist dann nach dem Prinzip der größten Schädigungsmöglichkeit durchzuführen. Der frische Muskelriß zeichnet sich außerdem durch einen erheblichen Anspannungsschmerz und durch eine tastbare Dellenbildung aus.

Auch bei *Sehnenverletzungen* sind je nach Schädigungsgrad eine Überdehnung, eine Zerrung und ein Teil- oder Totalriß zu unterscheiden. Der Sehnenriß ist gekennzeichnet durch den plötzlichen, umschriebenen starken Schmerz, die aufgehobene Funktion (beim Achillessehnenriß z. B. die Unmöglichkeit des Hochzehenstandes), die Dellenbildung im Verletzungsbereich bzw. eine atypische Wulstbildung des zugehörigen Muskels. Die Delle kann bereits nach kurzer Zeit durch Schwellung verstrichen sein. Die Erste Hilfe besteht wiederum in Kühlung, Druckverband und Ruhigstellung. Es können auch sogenannte Sehnenabrißbrüche auftreten, wobei die Sehne unverletzt bleibt, jedoch der Knochenansatzbereich aus dem gesunden Knochenverband ausreißt.
Als sichere Zeichen eines *Bruches* gelten die atypische Verformung, die abnorme Beweglichkeit und das Knochenreiben. Aber auch Schmerz, Schwellung und gestörte Funktion können auf einen Bruch hinweisen. Daher gilt wieder das Prinzip der größten Schädigungsmöglichkeit. Erst bei schmerzfreier Belastung ist der Bruch weitgehend ausgeschlossen. Besonders komplizierend sind Brüche im Gelenkbereich (z. B. Fingergliedbrüche) oder aber offene Brüche, bei denen ein Knochenbruchstück durch die Haut nach außen spießt. Hierbei ist äußerste Sauberkeit (Sterilität) zu wahren, indem der Bruchbereich mit sterilem Verbandsmaterial abgedeckt wird.

7 Bei *Gelenkverletzungen* unterscheidet man zwischen *Gelenkprellung, Verstauchung* mit unterschiedlichem Grad der Mitbeteiligung von Bändern und Kapsel sowie der *Gelenkverrenkung.* Aber auch andere Gelenkbestandteile wie Gelenkflächen*knorpel* oder *Menisken* können mitverletzt werden. Zunächst findet man wieder die bekannten Verletzungszeichen wie Schmerz, Schwellung und gestörte Funktion. Charakteristisch für die Gelenkverletzungen ist das mögliche Auftreten von Schwellungen im Gelenkinneren mit vermehrter Flüssigkeitsabsonderung der Gelenkschleimhaut, dem Gelenkerguß, der je nach Verletzungsart blutig oder wäßrig sein kann.
Die mögliche Mitverletzung insbesondere des Gelenkhalteapparates entscheidet über eine weitere Belastung und die gezielte Behandlung. Bei Verstauchung mit Band-Kapsel-Überdehnung wird der Spieler nach kurzer Pause, Kühlung und Anlegen eines Stützverbandes wieder belastungsfähig sein. Bei Zerrung des Halteapparates wird die gestörte Funktion trotz Erste Hilfe-Maßnahmen anhalten. Die Differenzierung gegenüber einer Rißverletzung des Halteapparates kann erst mit Hilfe der gezielten Röntgendiagnostik erreicht werden.
Die Verrenkung eines Gelenkes ist erkennbar an der atypischen Stellung der gelenkbildenden Knochen und der federnden Bewegungseinschränkung. Auch hierbei erfolgt die Erste Hilfe nach dem DRK-Prinzip. Es muß

ausdrücklich vor der Einrenkung durch Laien gewarnt werden, da hierbei zusätzlich Knochenbruchverletzungen auftreten können. Das bezieht sich ebenfalls auf die beim Basketball oft geübte Praxis des Einrenkens von Fingergelenken durch kräftigen Zug. Gerade die Fingergelenksverletzungen zeigen im hohen Maße Mitverletzungen der Knochen. Eine Röntgenuntersuchung sollte sich jeder Fingerverletzung anschließen, da bei ausbleibender Behandlung langwierige Beschwerden bleiben können.
Beim *Kniegelenk* besteht bei den Verstauchungen eine typische Komplikation, die Meniskusverletzung, in erster Linie hervorgerufen durch kombinierte Dreh- und Beugungsbewegungen. Typische Zeichen der Meniskusverletzung ist die Einklemmung, d. h., das Gelenk kann weder endgradig gestreckt noch gebeugt werden. Weiterhin sind Drehbewegungen des Unterschenkels im Kniegelenk schmerzhaft (zum Beispiel beim Entengang). Bewegungssperre und -einschränkung, Schwellung bzw. Gelenkerguß oder gar Instabilität sprechen für eine schwere Verletzung, die jeden weiteren Spielbetrieb verbietet.
Bei einer Verstauchung des *Schultergelenkes* ist immer an eine Mitverletzung des Schlüsselbeines oder des Schultereckgelenkes (Gelenk zwischen Schulterblatt und Schlüsselbein) zu denken und ein eventueller Riß bzw. Bruch röntgenologisch zu überprüfen. Verstauchungsverletzungen des Sprunggelenkes lassen sich exakt ebenfalls erst nach einer ausreichenden Röntgenuntersuchung einschließlich der sogenannten «gehaltenen Aufnahme» beurteilen. Dabei kann man die Aufklappbarkeit des Gelenkes ausmessen und erst dadurch den Schweregrad der Verletzung exakt diagnostizieren. Deshalb sollte der Verletzte stets darauf bestehen, daß eine solche Aufnahme angefertigt wird.

8 *Hautverletzungen* treten beim Basketball in Form von Prellungen oder Schürfwunden auf. Durch Rutschen über den Hallenboden kann es auch zu Verbrennungen kommen. Kleine offene Wunden werden mit einem Pflasterschnellverband abgedeckt, der zusätzlich fixiert wird. Größere offene Wunden sind streng *keimfrei* mit *sterilem* Verbandsmaterial abzudecken. Das Auswaschen mit Wasser oder z. B. auch das Entfernen von tief sitzenden Splittern ist zu vermeiden, da die Gefahr der Wundinfektion vergrößert wird. Die Desinfektion einer Wunde ist möglich und schmerzfrei mit Merfen (nie Jod!) durchführbar, wobei anschließend ebenfalls das sterile Abdecken notwendig ist. Wunden bei der Ersten Hilfe nicht mit Pudern oder Salben behandeln! Die oft angewandten Sprühverbände stellen nur eine kurzfristige Möglichkeit der Wundversorgung dar, sind aber nicht problemlos. Sie können mit der Wunde verkleben, was bei der Entfernung des Verbandes zu heftigen Schmerzen führt. Sie sind nicht luftdurchlässig, so daß unter dem Verband eine feuchte Kammer entstehen kann, die eine Infektion begünstigt.

Stärker blutende Wunden sind auch steril abzudecken, weiter mit einer Polsterschicht (Watte, Schaumgummi) breitflächig zu überdecken und mit einer Bandage zu *komprimieren*. Sollte ein derartiger dreischichtiger Wundverband durchbluten, ist eine weitere saugfähige Polsterschicht aufzulegen und wieder zu komprimieren. Niemals den ersten Verband entfernen – Infektionsgefahr! Gegen das Verrutschen von Verbänden helfen Fixierungen mit Tapeband. Bei allen Wunden ist an einen ausreichenden Tetanusschutz zu denken, der von Fachkräften durchzuführen ist.
Frische *Hautblasen* nie öffnen! Es besteht Infektionsgefahr. Man kann die Blase mit Tape abdecken oder die Umgebung mit einem Polsterring aus dünnem Schaumstoff umlegen, so daß die Blase ohne Druck im Ringinneren liegt. Nach wenigen Tagen hat sich am Blasengrund neues Gewebe entwikkelt, so daß die Blase nun gefahrlos eröffnet und abgetragen werden darf.

9 Zur Versorgung der genannten Verletzungen ist in den Sporthallen oder am Spielfeldrand ausreichendes Erste Hilfe-Material notwendig. Die Ausstattung eines *Erste Hilfe-Kastens* oder einer *Erste Hilfe-Tasche* muß folgenden Aufgaben gerecht werden können:
- Versorgung von offenen und geschlossenen Wunden,
- Versorgung von Verstauchungen, Verrenkungen und Brüchen,
- Schockbekämpfung und Bekämpfung lebensbedrohlicher Zustände.

Inhalt einer Erste Hilfe-Tasche

Verbandsmaterial
Mullbinden verschiedener Breite (je zwei 4, 6, 8 und 10 cm), Idealbinden (je zwei 6, 8, u. 10 cm),
2 Dreiecktücher (z. B. Herstellen eines Armhängetuches),
2 sterile Verbandspäckchen,
5 sterile Verbandsplatten,
Polsterwatte oder Schaumgummistreifen von 10 cm Breite,
Heftpflaster (4 cm Breite),
Pflasterpackungen verschiedener Größe,
Elastofix (breitflächiges Pflaster, selbstklebend),
Schlauchbinden verschiedener Größe,
Tapeband.

Geräte
Verbandsschere (Knopfschere),
Spitze Schere,
Splitterpinzette,
Anatomische Pinzette,
Sicherheitsnadeln,
Gummikeil oder Holzkeil (Kiefersperre bei ABC zur Vermeidung des Bißreflexes),
Aufblasbare Luftkissenschienen (Arm und Bein, Kinder- und Erwachsenengröße).

Medikamente
Merfen (Desinfektionstinktur),
Schmerzmittel (Tabletten),
Heilpflanzenöl (regt Atmung an bei Ohnmacht),
Kühlmaterial.

10 Die *Verbände*, die bei der Ersten Hilfe angewandt werden, unterscheiden sich wesentlich von Verbänden, die zur Stützung und Stabilisierung eines Gelenkes angelegt werden. Mit Binden oder Tüchern werden Wechselverbände gestaltet, die zur weiteren ärztlichen Versorgung und Diagnostik jederzeit und ohne Umstände entfernt werden können. Grundsätzlich gilt für Erste Hilfe-Verbände:

- sie müssen schnell anzulegen sein;
- sie dürfen nicht so fest angelegt werden, daß Blutstauungen auftreten, und nicht so locker, daß sie verrutschen;
- sie müssen in Richtung auf das Herz gewickelt werden.

Während die funktionellen Stützverbände (vgl. 3.5) in paralleler Richtung zu den Gelenkbändern verlaufen, werden die Erste Hilfe-Verbände zirkulär um Gliedmaßen in Kreisgängen, Schraubengängen oder bei Gelenken in kombiniertem Kreis- und Kreuzgang bzw. Achtergang angelegt, wobei der Schnittpunkt der Kreuzgänge an der Beugeseite liegt.

Bevor einige für den Basketballsport häufiger verwendbare Verbände skizziert werden, muß betont werden, daß das Anlegen von Verbänden nicht durch Wort und Bild, sondern nur in der Praxis und durch wiederholtes Üben erlernt werden kann. Der Besuch eines Verbandskurses ist jedem Trainer und Betreuer, aber auch Spielern dringend zu empfehlen.

Kopfverbände sind mit Binden ausgesprochen schwierig anzulegen und lassen sich heute mit Schlauchbinden oder mit einem Dreiecktuch ebenso wirkungsvoll und einfach durchführen.

Bei den häufig anzuwendenden *Finger-, Daumen- und Handgelenksverbänden* wird eine Kombination von Kreisgängen um das Handgelenk, Kreuzgängen über dem Handrücken oder der Streckseite des Daumens oder der Finger in Form einer Acht durchgeführt. Bei der Versorgung von Extremitäten werden Schraubengänge oder Kreisgänge angewandt, wobei die Richtung herzwärts verlaufen sollte. Verbände am Ellenbogengelenk und am Kniegelenk werden nach ihrem Aussehen Schildkrötenverband genannt und stellen im Prinzip wieder eine Acht dar, wobei die Kreuzung der Gänge beugeseitig liegt.

Bei Verletzungen des *Schultergelenkes*, des *Schultereckgelenkes*, des *Oberarms* und des *Ellenbogengelenkes* bietet sich neben der Armschlinge mit Dreiecktuch ein Verband an, der praktisch eine Schienung des verletzten Armes am Oberkörper darstellt. Dieser Verband wird «ASCHE-Verband» genannt: A = unverletzter Achselbereich, Sch = verletzte Schulter, E = Ellenbogen der verletzten Seite (Verlaufsrichtung).

Die meisten Verstauchungen des *Sprunggelenkes* erfolgen durch ein Umknicken des Fußes nach außen über den Fußaußenrand (Supinationsrichtung). Die Bindengänge des Verbandes sollten so verlaufen, daß sie wieder den Fußaußenrand heben. Der Verband beginnt am Fußaußenrand mit einem Kreisgang, der sich über den Fußrücken mit einem Kreuzgang zum

Innenknöchel um die Ferse, über den Außenknöchel zum Fußinnenrand fortsetzt. Die Bindengänge sind ansteigend nicht über die Basis des fünften Mittelfußknochens zu führen (Abb. 1).

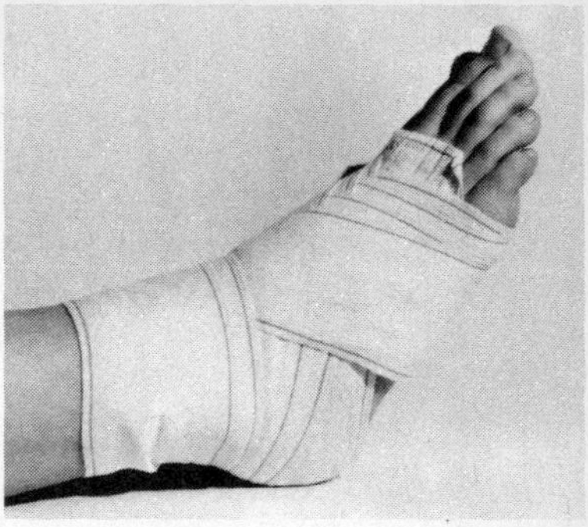

Abb. 1

11 Gegenüber den Erste Hilfe-Verbänden haben die Stütz- oder funktionellen Verbände die Aufgabe, die anatomischen Gegebenheiten des Bewegungsapparates zu unterstützen und damit dem Spieler die Belastungsfähigkeit zu erhalten oder Verletzungen vorzubeugen (vgl. 3.5).
Jeder funktionelle Verband besteht aus vier Elementen:
- Ankerstreifen sollen den Halt für die tragenden und wesentlichen Zügelstreifen darstellen;
- Fixierstreifen wiederum befestigen die Zügel auf den Ankerstreifen;
- Schließstreifen hüllen nicht nur den Verband ein, sondern geben auch den Zügeln Halt untereinander.

Die funktionellen Verbände sind mit unelastischem Pflastermaterial (Leukotape) herzustellen. Zur Vermeidung von Stauungserscheinungen und Schwellungen sollten keine zirkulären, sondern halbkreisförmige Streifengänge angewandt werden.
Schmerzen im Bereich der Zehen-Grundgelenke können auf durchgetretenen Füßen oder auf ausgeprägtem Spreizfuß beruhen. Eine vorübergehende Hilfe kann durch eine *Pelotte* (ein abgeflachtes Schaumgummipolster) unter dem mittleren Vorderfußballen geschaffen werden. Besser sind orthopädische Maßnahmen.
Ein hinderliches Beschwerdebild – meist zu Saisonbeginn und nach Pausen – äußert sich durch Schmerzen entlang der Schienbeinvorderkante. *Schienbeinverband:* Zur Milderung der Beschwerden legt man je einen etwa 20 cm langen und gut 2 cm breiten Schaumgummistreifen rechts und links neben die Schienbeinvorderkante und klebt die Tapestreifen von der Wadenmuskulatur aufsteigend und über dem Schienbein kreuzend. Die Streifen sind dachziegelförmig nach oben fortzusetzen.
Beim *Sprunggelenksverband* wird nach Umpolsterung des Innen- und Außenknöchels (vgl. Abb. 2 und 3, Seite 74) ein U-Zügel mit gleich langen

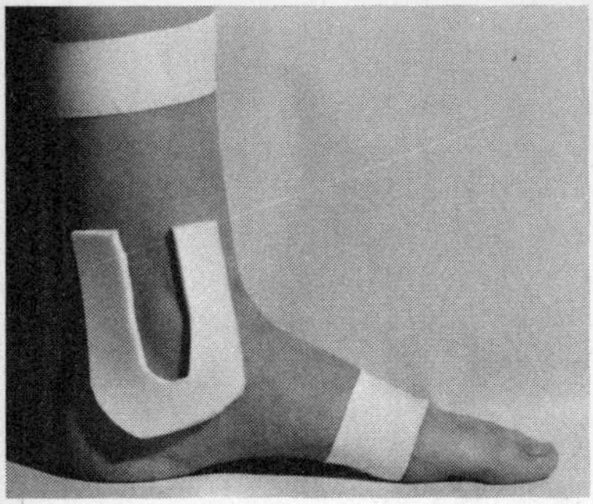

Abb. 2

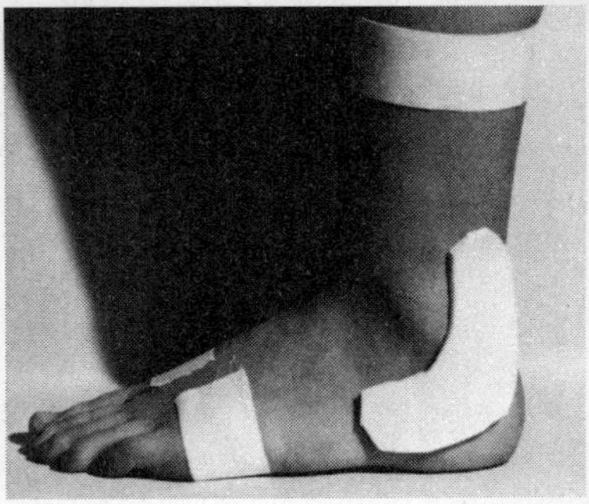

Abb. 3

Abb. 4

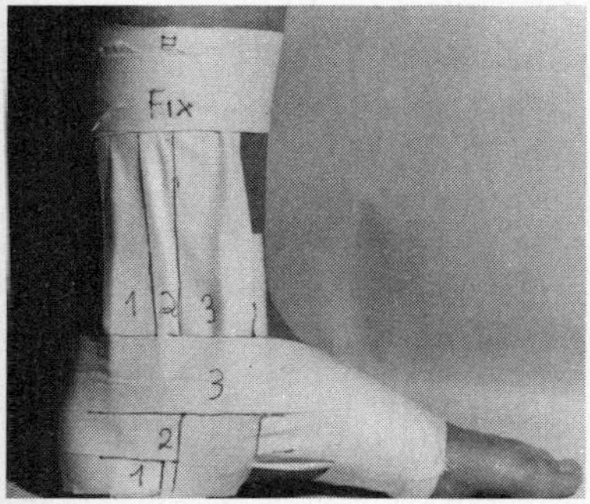

Schenkeln um die Ferse zum Unterschenkelankerstreifen innen und außen gezogen. Diesen Zügel überkreuzend wird ein weiterer U-Zügel um den hinteren Fersenteil zum Vorfußanker gelegt. Nach drei dieser sich überkreuzenden Zügel wird ein Fixierstreifen über die Ankerstreifen gezogen (vgl. Abb. 4).

Abb. 5

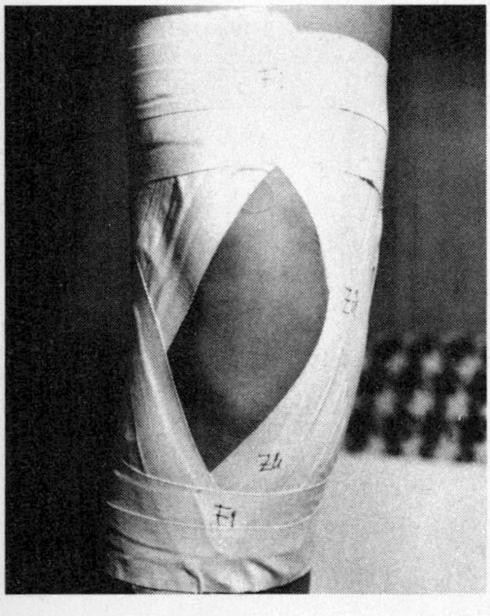

Beim *Kniegelenksverband* werden die Ankerstreifen oberhalb und unterhalb des Kniegelenks gelegt. An beiden Knieseiten kreuzen nun Zügelbahnen (vgl. Abb. 5).

Fingerverbände lassen sich in unterschiedlicher Form anlegen. Zum einen kann ein gefährdeter Finger an den benachbarten Finger durch zirkuläre Streifen fixiert werden. Soll nur ein Fingergelenk getapt werden, bedient man sich zirkulärer Streifen, die mehrfach um das jeweilige Gelenk gelegt werden (vgl. Abb. 6).

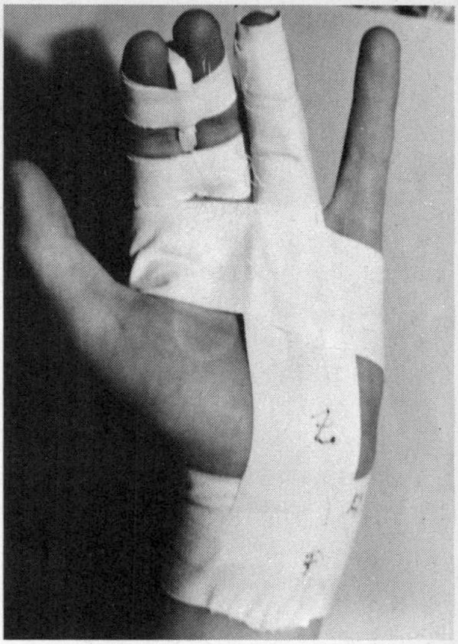

Abb. 6

Abb. 7 zeigt einen Daumengelenksverband.
Nach demselben Prinzip kann auch ein Tapeverband angelegt werden.

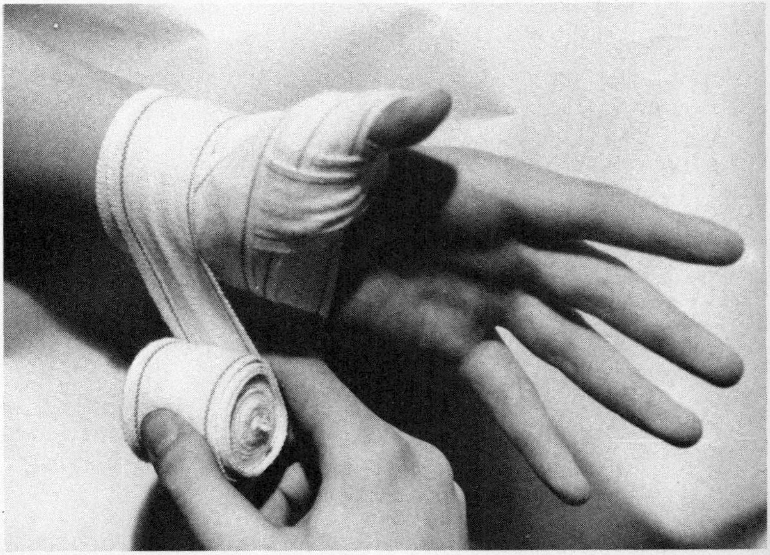

Merke

- Schäden werden vom Arzt/Therapeuten behandelt; Erste Hilfe muß jeder bei Unfall leisten können.
- Bei Unfall zuerst die vitalen Funktionen kontrollieren: Atmung, Herztätigkeit, Ansprechbarkeit (AHA).
- Bei Ohnmacht, Schock und Kreislaufstörungen dem Herzen Blut geben: Beine hoch! Bei Atem- und Herzstillstand: Mundhöhle frei machen, Kopf überstrecken.
- Bei Rückenverletzungen nicht bewegen!
- Bei Verletzungen des Bewegungsapparates Druckverband (zum Herzen hin ansteigend) anlegen; ruhigstellen, kühlen. Z.B. bei Sprunggelenkdistorsionen zuerst Fuß hoch, dann Kompressionsverband, dann kühlen!
- Bei Hautverletzungen, Blutungen und Blasen steril abdecken und fixieren.
- In jeden Erste Hilfe-Kasten gehören Verbandsmaterial, Geräte (Schere etc.) und Medikamente.
- Die wichtigsten Verbände müssen geübt werden; für Basketball vor allem Sprunggelenkverband und Fingerverband.

Literatur

38; **135**; **266**; **307**; **389**; **441**; **443**; **456**; **535**; **536**; **580**.

Bernard Nguyen

3.5 Physiotherapie

Schlagwörter

1 Sportphysiotherapie.
2 Sportmassage: Vorwettkampf-, Pausen-, Entmüdungsmassage.
3 Training und Wettkampf.
4 Vorbeugen: Tapen (funktionelle Verbände).
5 Unfallgefährdung; Einwirkung Gegner, Ball.

6 Muskelaufbautraining; Wiedereingliederung, Muskelatrophie.
7 Muskelkater; Milchsäure, Mikrotraumen.
8 Prophylaxe; Regeneration; Rehabilitation.
9 Medizinische Fußpflege.
10 Wirkungen von Dehnungen; Dehnungsprogramm.
11 Praxis.

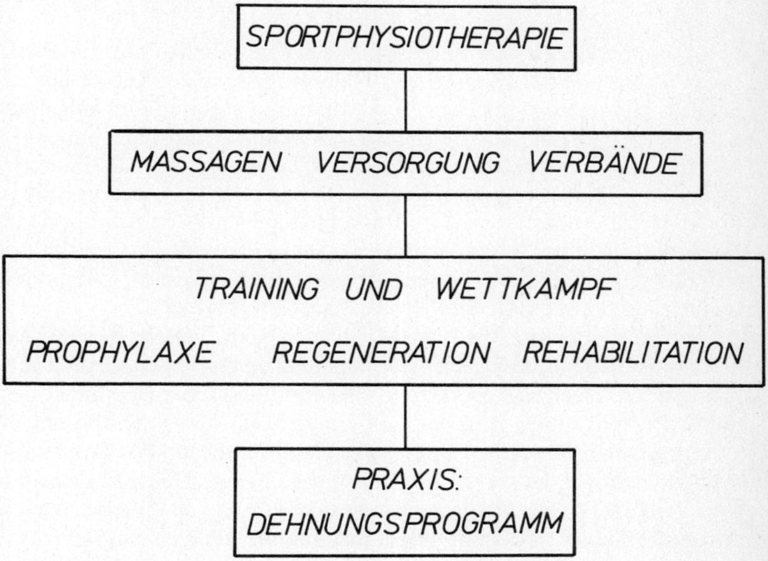

Erläuterungen

1 Die *Sportphysiotherapie* wird von eigens dazu ausgebildeten Masseuren oder Krankengymnasten durchgeführt. Ihre Aufgaben umfassen Massagen, Beweglichkeitsübungen, prophylaktische und therapeutische Maßnahmen, allgemeine Aufbauarbeit, Taping, regenerative und rehabilitative Maßnahmen. Die Sportphysiotherapie verlangt deshalb Kenntnisse in der Verbandstechnik, der Trainingslehre, der Physiologie, der Ernährung, um einige der wichtigsten Bereiche zu nennen. Der Sportphysiotherapeut kann seine Aufgabe nur in enger Zusammenarbeit mit Arzt und Trainer wahrnehmen.

2 Die *Sportmassage* ist in ihrer Dauer und Intensität abhängig vom individuellen Fall, insbesondere von ihrem Zweck.

Wir unterscheiden drei Formen der Sportmassage:

- Die *Vorwettkampfmassage* soll im Organismus optimale psychische und physische Voraussetzungen für den Wettkampf schaffen. Eine Regulation der Muskelspannung und die Herabsetzung der Gleitwiderstände sind z. B. erwünschte Wirkungen. Die Vorwettkampfmassage darf nie zu lange und zu kräftig ausgeführt werden, damit keine Störung der Koordination, keine Ermüdungserscheinungen und keine Detonisierung (Senkung des muskulären Spannungszustandes) hervorgerufen werden.
- Die *Pausenmassage* wird im Basketball für gewöhnlich auf der Bank (nach Spielerwechsel), sonst in der Halbzeitpause in der Kabine durchgeführt. Hier werden die Bein- und Armmuskulatur nur kurz aufgelokkert. Ferner ist das Ausstreichen der Kniekehle, Leiste, Armbeuge, Achselhöhle (Lymphstationen) angezeigt. Dauer etwa 1 bis 2 Minuten.
- Die *Entmüdungsmassage* wird nach Training oder Spiel durchgeführt. Sie konzentriert sich auf die im Basketball am stärksten beanspruchte Muskulatur (Beine, Arme, Schultern). Sie soll bewußt eine psychische Ermüdung herbeiführen, es sei denn, es findet am gleichen Tag oder unmittelbar darauf noch ein weiteres Spiel statt (Turnier).

Die Entmüdungsmassage dient vor allem auch dazu, Verletzungsanfälligkeiten wie Hartspann, Myogelosen, Verspannungen usw. zu erkennen und zu therapieren. Dazu sagt Sarkisow-Serasini (1981), der Begründer des Systems der Sportmassage in der Sowjetunion: «Die Regenerationsmassage (Entmüdungsmassage) ist eines der Hauptmittel zur Wiederherstellung und Steigerung der sportlichen Leistungsfähigkeit. Heute ist sie in der ganzen Welt anerkannt, und in zehn Jahren wird man von ihr sprechen als dem unersetzlichen Mittel zur Wiederherstellung der Leistungsfähigkeit bei beliebiger physischer oder psychischer Belastung.»

[3] Sportphysiotherapeutische Maßnahmen *vor Training oder Spiel*. Beispiel: Spielbeginn 20 Uhr. Von 17.45 bis 18.15 Uhr werden nach Absprache Spieler mit kleineren Beschwerden behandelt (Eismassage, Salbenpackungen, Tapeverbände). Von 18.15 bis 19 Uhr werden Massagen durchgeführt. Von 19 bis 19.25 Uhr folgt ein intensives, konzentriertes Dehnungsprogramm. Von 19.25 bis 19.35 Uhr: Spielbesprechung und anschließend sportartspezifisches Aufwärmen mit dem Ball.

Die Maßnahmen *während des Spiels* beschränken sich zunächst auf die Beobachtung des Spiels. Handtücher und Getränke (Wasser ohne Kohlensäure, Mineraldrinks) sind griffbereit vorhanden, ebenso alle für eine Erste Hilfe notwendigen Mittel (vgl. dazu 3.4). In der Pause werden die beim Spiel aufgetretenen Beschwerden zuerst behandelt, dann erhält jeder Spieler eine kurze muskuläre Auflockerung in Verbindung mit einer Eisabreibung («Weckreize») oder mit einem erfrischenden Fluid.

Nach dem Wettkampf werden die ‹angeschlagenen› Spieler betreut. Bei Verletzung werden die Spieler über entsprechende Verhaltensmaßnahmen zu Hause aufgeklärt. Der Sportphysiotherapeut stellt sicher, daß ein verletzter Spieler unmittelbar dem Arzt vorgeführt wird. Entmüdungsmassagen, Bewegungsbäder, Sauna, Unterwassermassagen sind hervorragende Maßnahmen zur Regeneration nach dem Spiel; denn: Nach dem Spiel ist vor dem Spiel!

4 Vorbeugen ist besser als Heilen! *Tapen* beim Basketball als Prophylaxe? Die Frage wird bei Sportlern und Medizinern kontrovers beantwortet. Tapen scheint dann notwendig zu sein, wenn eine Schwäche z. B. im Sprunggelenkbereich bereits manifest ist. Durch Tapen lassen sich ferner Verletzungen mit hoher Wahrscheinlichkeit verhindern. Wer sich entschließt zu tapen, sollte dieses konsequent vor Training und Spiel durchführen. Damit der betroffene Bewegungsapparat aber nicht passiv geschwächt wird, ist tägliche Gymnastik (bis zu zehn Minuten) empfehlenswert. Die wichtigsten Tape-Verbände sind bei 3.4 beschrieben (funktionelle Verbände).

5 In der Rangfolge der *Unfallgefährdung* ist Basketball in den letzten Jahren allmählich an zweite bis dritte Stelle der Statistik aufgerückt. Nach einer statistischen Erhebung (Hess 1983) wurden bei 1,7 Millionen aktiven Sportlern rund 25000 Sportunfälle gemeldet. Tab. 1 gibt die Rangfolge der Sportarten in der Unfallgefährdung an, Abb. 1, Seite 80 zeigt die topographische Verteilung der Sportverletzungen.

Im Basketball sind Verletzungen durch *Einwirkung des Gegners* und des *Balles* am häufigsten. Die Abb. 2 und 3, Seite 80 verdeutlichen die Belastungen der unteren Extremitäten und die damit verbundenen Gefahren. Weniger auffällig sind kleine mikrotraumatische Verletzungen, die unfallstatistisch nicht aufgenommen werden, allerdings über die Dauer der Belastung zu Spätfolgen im Gelenk führen können.

Tab. 1: Rangfolge der Sportarten in der Unfallgefährdung

Sportart	Unfallquote (Prozent)
Fußball	3,93
Basketball	3,23
Handball	2,75
Eishockey, Hockey	2,71
Judo, Karate	2,30
Volleyball	1,85
Boxen	1,75
Kraftsport	1,56
Radsport	1,28
Badminton	1,09

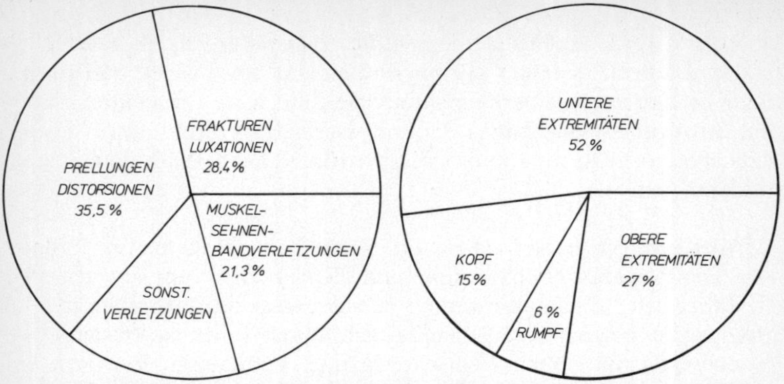

Abb. 1: Topographische Verteilung der Sportverletzungen (Die Angaben erlauben keine Rückschlüsse auf Ursachen und die Schwere der Verletzungen.)

Abb. 2

Abb. 3

6 Das gezielte *Muskelaufbautraining* ist eine der wichtigsten Voraussetzungen zur Wiederaufnahme der sportlichen Tätigkeit nach Verletzung. Die Rehabilitation muß unter der Leitung eines Mediziners bzw. Therapeuten stehen, da eine kontinuierliche Kontrolle des verletzten Bereiches notwendig ist. Die sportartspezifische *Wiedereingliederung* eines Spielers

nach Verletzung sollte deshalb erst dann geschehen, wenn die leistungsgeminderte (atrophierte) Muskulatur wieder voll auftrainiert ist. Andernfalls wird der Kapsel-Bandapparat und andere Anteile des Gelenkes über Gebühr beansprucht, was zu Beschwerden im Gelenk oder in anderen Zonen (durch Schonhaltung) führen kann.
Muskelatrophie (Abnahme) beginnt bei totaler Ruhigstellung (Gips) bereits nach dem ersten Tag. Bei Beanspruchung von etwa 30 bis 40 Prozent der Maximalkraft kann die Muskulatur gehalten werden. Muskelzuwachs (Hypertrophie) setzt erst bei Werten ein, die deutlich über dieser Anforderung liegen. Dabei nimmt die Faserdicke zu. Das Training muß unter Beachtung aller Schutzmaßnahmen (Lendenwirbelsäule!) und langsamer Steigerung durchgeführt werden. Dadurch wird Muskelkater vermieden.

7 Was ist ein *Muskelkater*? Werden Muskeln plötzlich durch neue Übungen, neue Bewegungsabläufe oder vermehrtes Krafttraining sehr intensiv über den Trainingszustand hinaus beansprucht, so kann Muskelkater entstehen. Die Ursachen dafür sind nicht eindeutig geklärt. Es zeigen sich folgende Symptome: Schmerzen, Schwellung, Temperatur, Mehrdurchblutung. Gleichzeitig werden die weißen Blutkörperchen und bestimmte Eiweißkörper vermehrt.
Die Auffassung, Muskelkater stehe im Zusammenhang mit der Milchsäurekonzentration im Muskel, darf als überholt gelten. Die Milchsäure wird schneller ausgeschwemmt, der Kater hält sich über Tage. Nach einer zweiten Auffassung führt die mechanische Beanspruchung des ‹untrainierten› Gewebes zu kleinen *Mikrotraumen* und Rissen im Muskelgewebe. Die dritte Annahme geht von *Kleinstverletzungen* im Gerüsteiweiß der vorhandenen Muskelfasern aus. Demnach wäre Muskelkater eine Vorstufe von Zerrungen und Faserrissen und keinesfalls eine notwendige Folge von gutem Training. Einiges spricht für die vierte Auffassung, nach der eine überstürzte Umstellung im Bau- und Betriebsstoffwechsel zu *entzündlichen Erscheinungen* führt. Die fünfte Theorie geht von der Anhäufung histaminhaltiger Substanzen aus, die zum *Verschluß kleinster Blutgefäße* führen. Da eine anschließende Massage (als bewußte Aktivierung) den Muskelkater schneller zurückgehen läßt, spricht auch einiges für diese Theorie.
Zur Vermeidung des schmerzhaften und störenden Muskelkaters sollte das Training dosiert begonnen und in seinen Anforderungen langsam gesteigert werden.

8 Zur Vorbeugung (*Prophylaxe*) ist zunächst eine regelmäßige orthopädische und internistische Untersuchung (einmal pro Jahr) notwendig. Je nach Belastung sollte die Muskulatur regelmäßig (ein- bis dreimal wöchentlich) durch Massagen gepflegt werden. Gutes Schuhwerk (auch im Alltag)

und Dehnungsübungen vor jedem Training und Spiel sind eine gute Prophylaxe.
Die Wiederherstellung (*Regeneration*) wird aufgrund der immer kürzeren Pausen zwischen Training und Wettkampf auch im Basketball immer bedeutsamer. Sauna, Unterwassermassagen, Entmüdungsmassagen sind Möglichkeiten unter der Woche. Es gibt allerdings auch Regenerationen von zwei bis drei Wochen, z. B. bei Nationalspielern, die auch während der spielfreien Übergangsperiode intensiv weitertrainieren. Hier ist unbedingt eine Regenerationsphase einzuschieben, die frei ist von sportartspezifischen Belastungen. Denn Regeneration bedeutet Erholung von der gewohnten Belastung. Notwendig ist allerdings die aktive Erholung (durch leichte Belastung in anderen Sportbereichen).
Rehabilitation bedeutet die Wiedereingliederung in den Sport. Diese hat folgende Stufen: Erste Hilfe-Maßnahmen, medizinische Versorgung und Weiterbehandlung (physikalische Maßnahmen), Muskelaufbautraining, gezieltes Belastungstraining. Auf diese Weise können die konditionellen Verluste gering gehalten werden, der Spieler ist früher wieder belastbar.

[9] Die *medizinische Fußpflege* gewinnt mit steigender Belastung an Bedeutung. Die regelmäßige Kontrolle bezieht sich auf Fußpilz, eingewachsene Nägel, Hornhaut, Blasen usw., die zu Leistungseinbußen führen können. Feuchtigkeit und Wärme sind die Atmosphäre, in der der Fußpilz gedeiht. Er kann zur Seuche werden und ist übertragbar. Deshalb sollten beim Duschen und in Umkleidekabinen Badeschuhe getragen und vor und nach dem Duschen Desinfektionen vorgenommen werden.
Blasen werden oft durch fehlenden Halt im Sportschuh (reibende Socken) verursacht. Neue Sportschuhe sollte man nicht sofort bei hoher Belastung tragen, vielmehr kurzfristig einlaufen (zur Behandlung von Blasen vgl. bei 3.4).

[10] Die Bedeutung von *Dehnübungen* liegt darin, daß optimale Beweglichkeit der Muskeln und Gelenke als wesentlicher Faktor für maximales Leistungsvermögen angestrebt wird. Es gibt unterschiedliche Ansichten über Art und Zeitpunkt von Dehnübungen. Man unterscheidet
– statisches und/oder dynamisches Dehnen («cold-stretching»; ANDERSON 1982),
– Dehnen vor oder nach Aufwärmprogrammen,
– Einzel- oder Partnerarbeit.

Als *Wirkungen* von aktiven/passiven Dehnungen sind zu nennen:
– Verbesserung der Gelenkmobilität,
– Verbesserung der Elastizität,
– Herabsetzung der mechanischen Widerstände in Gewebeschichten,
– Erreichen einer erleichternden Bewegung,

- Verbesserung der Durchblutung und des Stoffwechsels,
- Optimierung des Muskeltonus,
- Verbesserung der Kontraktionsbereitschaft der Muskulatur,
- Verringerung der Verletzungsgefahr,
- Lösung von Verspannungen und Verklebungen kleinerer muskulärer Art.

11 Praxis: Im folgenden werden einige ausgewählte Dehnübungen vorgestellt, die folgenden *Prinzipien* genügen müssen:
- Der Endanschlag muß unterhalb der Schmerzgrenze liegen,
- die Übungen müssen mit äußerster Konzentration durchgeführt werden, um Verletzungen zu vermeiden,
- die Dehnung von Muskeln und Sehnen muß in der Hauptarbeitsrichtung der Muskeln erfolgen,
- der Dehnung soll eine leichte Vorspannung (Kontraktion) vorausgehen,
- Dehnübungen müssen regelmäßig vor Training und Wettkampf erfolgen. Sie sollen eine halbe Stunde vor dem Wettkampfbeginn abgeschlossen sein und circa 20 Minuten, aber nicht länger als 30 Minuten dauern.

Die sechs ausgewählten Übungen sind Partnerübungen. Der Partner dehnt dabei gegen den aktiven Widerstand des Übenden, allerdings nicht dynamisch, sondern durch langsames, kontinuierliches Heranführen an die Grenze, an der für ungefähr sechs Sekunden gehalten wird. Das Verletzungsrisiko wird bei Partnerübungen durch Bildung fester Paare verringert. Hinsichtlich der individuellen Vorbereitungsdehnung vor dem Wettkampf vgl. 8.3.

Ü 1: Dehnen der *Adduktoren*: Partner drückt die Knie nach außen.

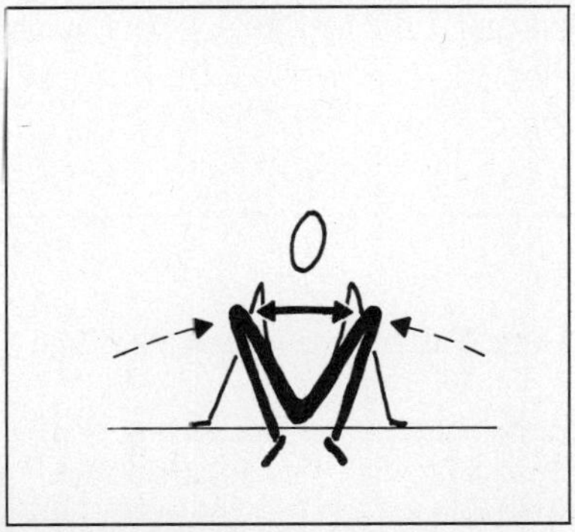

Ü 2: Dehnen der *Abduktoren*: Partner drückt die Knie zusammen.

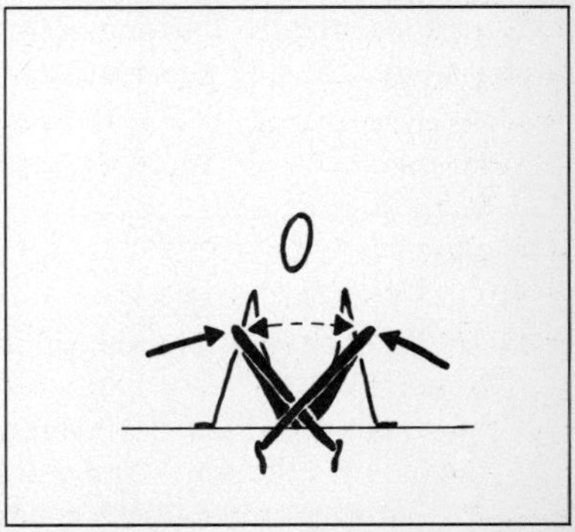

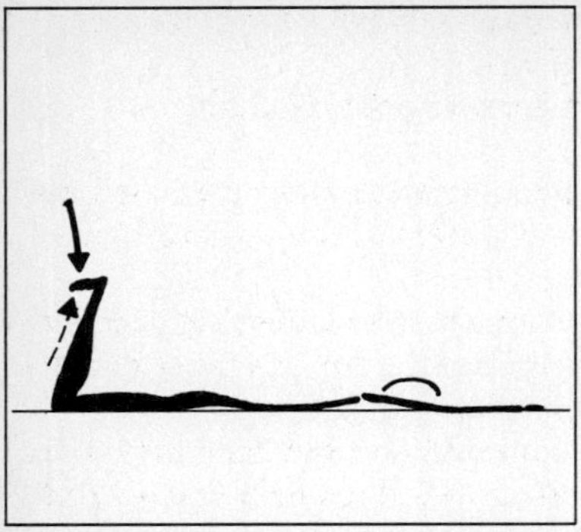

Ü 3: Dehnen der *Wadenmuskulatur* und *Achillessehne*: Partner drückt den Fußballen nach unten.

Ü 4: Dehnen der hinteren *Oberschenkelmuskulatur*: Partner drückt die gestreckten Beine zum Rumpf hin.

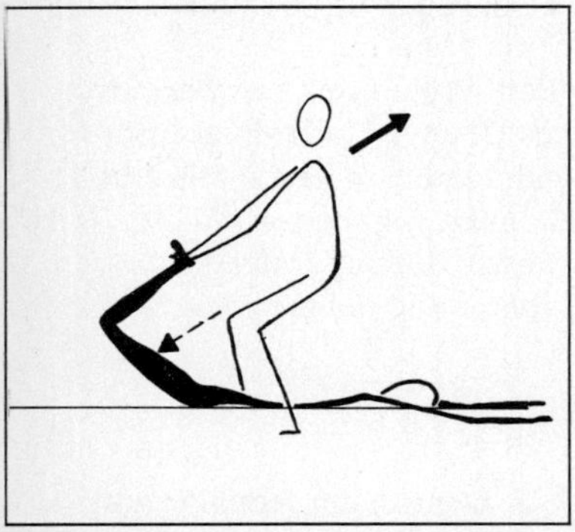

Ü 5: Dehnen der vorderen *Oberschenkelmuskulatur*: Partner zieht oder schiebt Knie weg vom Boden.

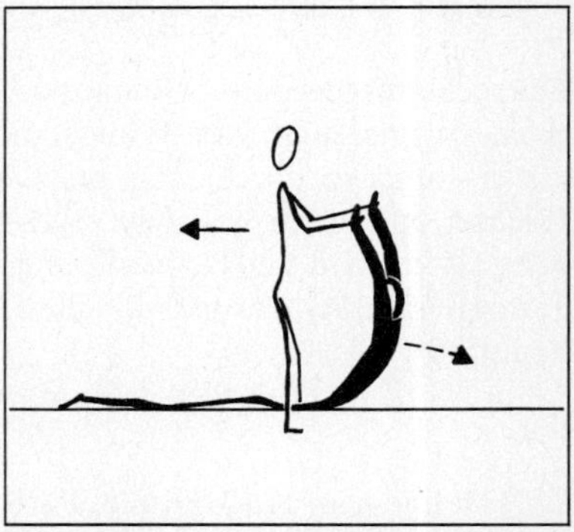

Ü 6: Dehnen der *Brustmuskulatur*: Partner zieht Oberkörper nach oben.

Merke

- Der Sportphysiotherapeut nimmt eine Funktion zwischen Arzt und Trainer ein.
- Sportmassage dient der Wettkampfvorbereitung, Lockerung während des Wettkampfes und der Entmüdung nach Training und Spiel.
- Vor dem Spiel behandelt der Therapeut kleine Beschwerden und

führt Massagen und Dehnungsprogramme durch. Verletzte Spieler betreut er während und nach dem Spiel.
- Bei Gelenkschwächen wird durch Tapeverbände Verletzungen vorgebeugt.
- Verletzungen im Basketball treten am häufigsten durch Einwirkungen des Gegners und Balles auf und betreffen überwiegend Füße und Beine.
- Der Therapeut hilft verletzten Spielern beim Muskelaufbautraining.
- Muskelkater (und damit Kleinstverletzungen) sollte durch systematischen Trainingsaufbau vermieden werden.
- Neben der Prophylaxe (Vorbeugung) sind die Regeneration (Wiederherstellung) und die Rehabilitation (Wiedereingliederung) Aufgaben des Physiotherapeuten.
- Bei steigender Belastung nimmt besonders die medizinische Fußpflege an Bedeutung zu.
- Dehnübungen für Muskeln und Bänder bereiten auf Belastungen vor und beugen Verletzungen vor.
- Beim Dehnen darf nicht die Schmerzgrenze erreicht werden, Vorspannung und Dehnungsrichtung sind zu beachten.

Literatur

9; **243**; **477**; **529**.

Dieter Teipel

3.6 Grundlagen der Bewegungskoordination und des Bewegungslernens

Schlagwörter

[1] Bewegungskoordination:
Informationssysteme (innen: kinästhetisch, vestibulär; außen: taktil, visuell, akustisch), Gedächtnis, Programmierung, Motivation, Verhalten, Störfaktoren in der Umwelt.

[2] Bewegungslernen:
Anfängerstadium: Informationsaufnahme visuell, Gedächtnis mit ähnlichen Programmteilen, große Diskrepanz zwischen Istwert und Sollwert, Verhalten ungenau.
Fortgeschrittenenstadium: Informationsaufnahme allmählich kinästhetisch, Gedächtnis differenziert, Programmierung exakter, Bewegungsvorstellung ausgeprägter, erfolgreiche Ausführungen unter standardisierten Bedingungen.
Könnensstadium: Informationsaufnahme differenziert und komplex, Gedächtnis mit Auswahlprogrammen, Ziel-, Programm- und Situationsantizipation, automatisierte und variable Bewegungen.

Erläuterungen

[1] Bewegungskoordination
Zur Beschreibung der Bewegungskoordination liegen eine Reihe von allgemeinen und spezifischen neurophysiologisch und kybernetisch orientierten Modellen vor, u. a das Steuerungsmodell von Tschaidse (1965), das TOTE-System von Miller/Galanter/Pribram (1973), das Bewegungshandlungs-Modell von Kaminski (1973), das Koordinationsmodell von Meinel/Schnabel (1976) und das Schemakonzept von Schmidt (1982).
Die meisten Modelle der Bewegungskoordination basieren auf den Prinzipien des Regelkreises. Sie sind durch ein Bewegungsprogramm als Führungsgröße, das Zentralnervensystem als Regler, den Bewegungsablauf als Regelgröße, die efferenten Impulse als Stellgröße, die Bewegungsorgane als Regelstrecke, die Einwirkung von Objekten in der Umwelt als Störgrößen und die Prozesse der Rückmeldung (Information von den Bewegungsorganen zu den Zentren = Afferenz, Reafferenz) und Rückkopplung (Information von den Zentren zu den Bewegungsorganen = Efferenz) gekennzeichnet.
Ein allgemeines Modell der Bewegungskoordination findet sich bei Meinel/Schnabel (1976). Dieser Ansatz wird in wesentlichen strukturellen und prozeßbezogenen Aspekten weiterentwickelt. Dies trifft auf die Verdeutlichung der verschiedenen Informationssysteme und den Einbezug motivationaler Einflüsse zu. Auf dieses weiterentwickelte Modell der Bewegungskoordination wird im folgenden näher eingegangen (vgl. Teipel 1979, 46).
Dieses Struktur- und Prozeßmodell der Bewegungskoordination, das auf dem Person-Umwelt-Bezug basiert, ist in Abbildung 1 dargestellt. Hierzu sind bei der Person die auf die Bewegungsausführung bezogenen Funktionseinheiten der *Informationsaufnahme*, des *Gedächtnisses*, der *Programmierung*, der *Motivation* und des sich aus ihrem Zusammenwirken

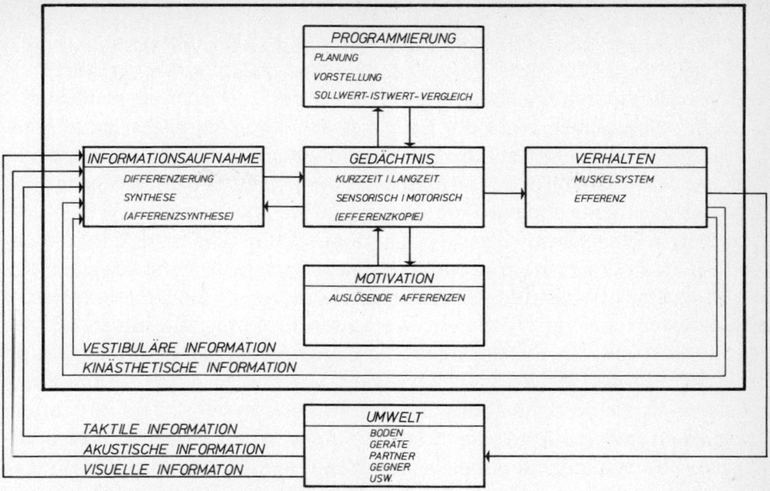

Abb. 1: Modell der Bewegungskoordination

ergebenden *Verhaltens* differenzierbar. Dieses Bewegungsverhalten steht in unmittelbarem Bezug zu den Gegebenheiten in der Umwelt und führt zur erneuten Informationsaufnahme.

Bei der *Informationsaufnahme* können innere und äußere Informationssysteme unterschieden werden. Bei den inneren läuft der Informationsfluß ausschließlich innerhalb der Person ab, während er bei den äußeren auch teilweise außerhalb der Person stattfindet. Wie aus Abbildung 1 deutlich wird, zählen zum inneren Regelkreis das kinästhetische und das vestibuläre Informationssystem, während zum äußeren Regelkreis das taktile, das akustische (und verbale) und das visuelle Informationssystem gehören.

Innerhalb des inneren Regelkreises besteht das *kinästhetische* Informationssystem aus den Muskelspindeln, Sehnenspindeln und Gelenkrezeptoren, die Längen-, Spannungs- und Lageveränderungen und deren Geschwindigkeit aufnehmen und an die Gehirnzentren weiterleiten. Aufgrund der hohen Leitungsgeschwindigkeit (70–130 m/sec) des kinästhetischen Informationssystems können bereits geringfügige Spannungs- und Positionsänderungen der Muskeln, Sehnen und Gelenke zu den betreffenden Gehirnzentren weitergeleitet werden und über die efferenten Nervenfasern in Sekundenbruchteilen zu entsprechenden Bewegungskorrekturen führen. Die Bedeutung des kinästhetischen Informationssystems liegt im Aufbau eines inneren Modells der Bewegung und in der Vermittlung angemessener zeitlicher und räumlicher Komponenten der Bewegung.

Das *vestibuläre* Informationssystem (Gleichgewichtssystem) befindet sich im Innenohr und besteht aus dem Statolithen- und Bogengangsapparat. In Verbindung mit Muskelrezeptoren der Nackenmuskulatur nimmt es Informationen über die Lage des Kopfes in bezug zur Lage der anderen Körperteile und zum Schwerefeld der Erde auf und leitet sie weiter zu den betreffenden Gehirnzentren. Die Leitungsgeschwindigkeit beträgt nur 30 bis 40 m/sec. Das vestibuläre Informationssystem dient zur Aufrechterhaltung des Gleichgewichts und zur Orientierung im Raum.

Der äußere Regelkreis setzt sich aus dem taktilen, visuellen und akustischen Informationssystem zusammen. Das *taktile* Informationssystem, das in unmittelbarer Verbindung mit dem kinästhetischen Informationssystem steht, besteht aus verschiedenen Mechanorezeptoren, die Informationen über Drucktiefe, Erschütterungen und Beschleunigungen aufnehmen und weiterleiten. Die Leitungsgeschwindigkeit liegt mit 30–40 m/sec erheblich niedriger als die des kinästhetischen Informationssystems. Die Bedeutung des taktilen Informationssystems besteht in der Wahrnehmung und Anpassung an unterschiedliche Oberflächenprofile von Objekten (z. B. Bodenbeschaffenheit, Ballbeschaffenheit).

Das *visuelle* Informationssystem, das sich aus den Augen und den sich kreuzenden, weiterleitenden Bahnen zusammensetzt, ist nicht auf einen direkten Kontakt mit Objekten angewiesen. Die Augen stellen Distanzrezeptoren dar, mit denen Informationen von nahen und räumlich entfernten Objekten und Bewegungen aufgenommen werden können. Das visuelle Informationssystem ermöglicht insofern die Aufnahme von Informationen über die zeitlichen und räumlichen Parameter der eigenen Bewegungen, der Bewegungen anderer Personen (Partner, Gegner etc.) und über die Bewegung von Objekten (z. B. Bälle).

Das *akustische* Informationssystem verfügt ebenfalls über Distanzrezeptoren, mit denen Informationen von Vorgängen aus unterschiedlichen Entfernungen aufgenommen werden können. Es besteht aus dem äußeren und inneren Ohr mit dem Cortischen Organ sowie den an die entsprechenden Zentren weiterleitenden Bahnen. Bei der Art der Informationen können mit der Bewegungsausführung verbundene Signale von verbalen Signalen unterschieden werden. Akustische Signale treten z. B. bei der Bodenberührung des Balles während des Dribblings und bei der Handberührung des Balles beim Fangen auf. Verbale Signale stellen alle sprachlich vermittelten Anweisungen, Zurufe und Mitteilungen dar. Sie können auch verkürzte Repräsentationen komplizierter Abläufe (z. B. Dribblings, Verteidigungs- und Angriffsformationen) darstellen.

Das *Gedächtnis*, das morphologisch in einen sensorischen (alle Informationssysteme) und motorischen Bereich aufgegliedert werden kann, umfaßt sowohl die kurzzeitige, mittelzeitige wie langzeitige Speicherung und Reproduktion von auf unterschiedliche Bewegungen bezogenen Informationen. Das Kurzzeitgedächtnis ist allgemein definiert durch die Aufnahme und Speicherung von Informationen in einem Zeitraum von Millisekunden bis circa 1 Minute, das Mittelzeitgedächtnis von 1 Minute bis circa 1 Stunde und das Langzeitgedächtnis von circa 1 Stunde bis zu mehreren Jahrzehnten. Es wird angenommen, daß die sich infolge von interferierenden Tätigkeiten verändernden Innervationsmuster von unterschiedlichen Bewegungen in Form von spezifischen Efferenzkopien in den verschiedenen zeitlichen Gedächtnisarten gespeichert und zur Reproduktion bereitgehalten werden.

Die *Programmierung* beinhaltet die Denk- und Vorstellungsprozesse, die auf eine zeitlich, räumlich und dynamisch differenzierte Planung (Antizipation bzw. Vorwegnahme) der Bewegungsausführung gerichtet sind. Hiermit sind die Prozesse der Ausbildung der Bewegungsvorstellung und des Sollwert-Istwert-Vergleichs gekoppelt, die in der Regel zu erneuten Planungen von Bewegungskorrekturen führen. Diese Prozesse beinhalten u. a. auch situative Problemlösungen im Sinne spielintelligenten Verhaltens.

Die *Motivation* schließt die überdauernden und aktuellen Antriebe ein, die die Gerichtetheit und Intensität des Bewegungsverhaltens bestimmen. Hiermit sind die sich in bestimmten Situationen auswirkenden auslösenden Antriebe zur Bewegungsausführung gemeint.

Das *Verhalten* beinhaltet die konkrete Bewegungsausführung durch das efferente System (Muskel-, Sehnen- und Gelenksystem). Dieses Bewegungsverhalten kann in zeitlichen, räumlichen und dynamischen Parametern (u. a. Bewegungstempo, -weite, -kraft, -kopplung etc.) analysiert werden. Es vollzieht sich in einer festgelegten physikalisch-technischen (u. a. Bodenbeschaffenheit, Ballbeschaffenheit) sowie sozialen Umwelt (u. a. Mitspieler, Gegner). Diese Umweltgegebenheiten können Störgrößen für die Bewegungsausführung beinhalten. Dieses Bewegungsverhalten (z. B. Dribbling, Sprungwurf) kann mittels Film- oder Videoaufnahmen im Sinne eines Istwerts erfaßt und mit einem spezifischen Sollwert verglichen werden.

2 Bewegungslernen

Der Prozeß des Bewegungslernens wird u. a. von Meinel/Schnabel (1976) und Volpert (1981) eingehend erläutert. Im folgenden werden die Stadien des Bewegungslernens in Anlehnung an die weiterentwickelte Beschreibung verdeutlicht (vgl. Teipel 1979). Hierbei wird unter Bewegungslernen der Erwerb, die Verfeinerung und Stabilisierung vor allem von Technikelementen, aber auch einzelnen Taktikelementen verstanden. Grundlegende Technikelemente sind u. a. Ballbehandlung (Fangen, Passen), Fußarbeit, Werfen, Dribbeln, Bewegungskombinationen mit und ohne Ball. Zu taktischen Elementen zählen u. a. Bewegung im Raum, Täuschungen, Brettarbeit, Spiel 1–1, Spiel 2–2, Verteidigungs- und Angriffsspiel. Das Erlernen dieses Bewegungsverhaltens kann in drei aufeinander aufbauenden Stadien beschrieben werden. Diese Stadien dauern in Abhängigkeit von der Lernintensität mehrere Monate bis Jahre und können kaum zeitlich voneinander getrennt werden:

- Anfängerstadium,
- Fortgeschrittenenstadium,
- Könnensstadium.

Das *Anfängerstadium* ist durch den Erwerb der Grobform der Technik- und Taktikelemente gekennzeichnet (vgl. Abbildung 2). Die Informationsaufnahme geschieht insgesamt undifferenziert und vollzieht sich insbesondere in visueller und/oder verbaler Form. Hierbei dominiert das visuelle Informationssystem, vor allem das zentrale Sehen. Die Informationen des kinästhetischen und vestibulären Informationssystems können noch nicht adäquat gefiltert und differenziert weitergeleitet werden. Als Rückinformation überwiegt die *Ergebnisinformation*, während die *Ablaufinformation* noch unzureichend ausgebildet ist. Der Anfänger ist z. B. kaum in der Lage, beim Dribbling den Blick vom Ball auf die Mitspieler zu richten. Im Gedächtnis werden in Abhängigkeit vom Neuigkeitswert der zu lernenden Bewegung grundlegende wie auch zusammengesetzte ähnliche Bewegungselemente aktiviert und zur Reproduktion bereitgehalten.

Abb. 2: Anfängerstadium

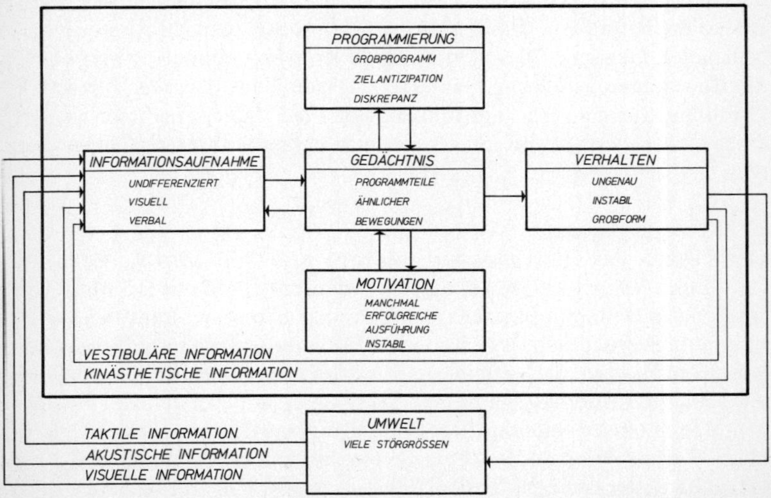

Diese Bewegungselemente können jedoch zunächst nur grob miteinander gekoppelt werden. Beim Dribbling kann auf dem Auftippen des Balles im Stand und in langsamer Vorwärtsbewegung aufgebaut werden. Beim Korbleger können die Anlaufschritte mit anschließendem Positionswurf als Programmelemente gekoppelt werden.
Die Programmierung der Bewegungsausführung wird in starkem Maße durch die unzureichend differenzierte Informationsaufnahme und die mangelhafte Ausprägung der im Gedächtnis gespeicherten Bewegungen beeinträchtigt. Die Bewegungsvorstellung beinhaltet ein Grobprogramm (z. B. des Korblegers, des Sprungwurfs, des Dribblings), das zumeist lediglich aus einem globalen visuellen bzw. verbalen Abbild besteht. Es liegt nur eine globale Antizipation des Bewegungsresultats vor, während die Elemente des Ablaufs noch unzureichend vorweggenommen werden können. Insofern besteht eine große Diskrepanz zwischen Istwert und Sollwert der Bewegung. Die Motivation zur Bewegungsausführung wird durch die ersten erfolgreichen Versuche in starkem Maße gefördert (z. B. nach mangelhaftem Dribbling mit Korberfolg; bei geradem Dribbling über kurze Distanz ohne Ballverlust). Infolge der häufig unzureichenden Bewegungsausführungen unterliegt sie allerdings erheblichen Schwankungen. Die Aufgaben müssen daher derart erleichtert werden, so daß häufige erfolgreiche Ausführungen möglich sind.
Das Verhalten ist vor allem bei Anfängern durch mehrfache ungenaue und mißlungene Versuche gekennzeichnet. Erst im Laufe vielfacher Wiederholungen, z. B. des Fangens und Passens, des geraden und richtungsverändernden Dribblings, der Korbleger von der rechten und linken Seite, bilden sich in zunehmendem Maß Grobformen dieser Bewegungen heraus. Diese Grobformen können allerdings häufig durch die in der Umgebung vorhandenen Störfaktoren (z. B. Geräuschpegel, Trainingspartner, Gegner) erheblich beeinträchtigt werden.
Im *Fortgeschrittenenstadium* werden die Technik- und Taktikelemente zu Fertigkeiten ausgebildet (vgl. Abbildung 3, Seite 92). Die Informationsaufnahme wird in allen Informationssystemen bereits differenzierter und komplexer durchgeführt. Hierbei bahnt sich allmählich eine Dominanzverschiebung vom visuellen auf das kinästhetische Informationssystem an. Innerhalb des visuellen Informationssystems tritt eine Verlagerung vom zentralen auf das periphere Sehen ein. Der Ball muß beim Dribbling nicht mehr fortwährend visuell kontrolliert werden, sondern es reichen bereits einige kurze Blicke zur Kontrolle aus (intermittent checks). Auf diese Weise kann die Aufmerksamkeit verstärkt auf die Aktionen der Mit- und Gegenspieler gerichtet werden. Die Informationen des kinästhetischen Informationssystems können differenzierter analysiert und mit verbalen Signalen gekoppelt werden. Die Rückinformationen über den Bewegungsverlauf können immer differenzierter verarbeitet werden.

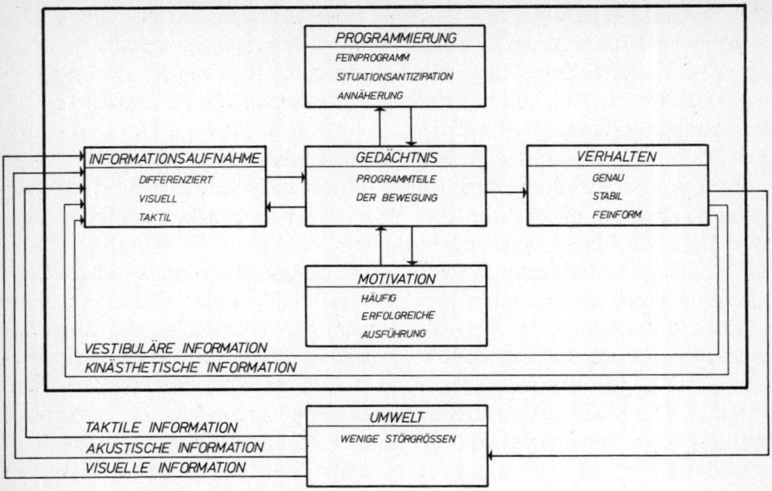

Abb. 3: Fortgeschrittenenstadium

Das Gedächtnis zeichnet sich durch eine zunehmende Differenzierung der Speicherung und Reproduktion einzelner Bewegungselemente aus. Die Programmteile der jeweiligen Bewegungen (z. B. Anlauf, Absprung, Korbleger; Dribbling mit der rechten und linken Hand in unterschiedlicher Richtung; Positionswürfe) entwickeln sich zu relativ standardisierten Komponenten, die auch in unterschiedlichem Tempo adäquat abgerufen werden können.

Die Programmierung der Bewegungen wird wesentlich differenzierter. Zur weiteren Ausbildung der Bewegungsvorstellungen werden in verstärktem Maße verbale Instruktionen (verbales Training), Vorwegnahmen des Bewegungsablaufs (mentales Training) und Beobachtungen guter Ausführungen (observatives Training) verwendet. Hierdurch können auch auf verschiedene Situationen bezogene Bewegungsausführungen geschult werden. Durch die verbesserte Programmierung verringert sich die Diskrepanz zwischen dem Istwert und dem Sollwert eines Technikelements erheblich.

Die Motivation zur Bewegungsausführung wird durch häufige erfolgreiche Versuche unter gewohnten Bedingungen erheblich gestärkt, z. B. bei wiederholtem Korbleger oder Hakenwurf von rechts und links. Obwohl sich manchmal infolge von kurzzeitigen Stagnationen im Lernverlauf leichte Schwankungen ergeben, zeigt sich eine allmähliche Erhöhung des Anspruchsniveaus.

Das Verhalten ist insgesamt durch eine Verringerung der Störanfälligkeit durch sich verändernde Bedingungen in der Umwelt gekennzeichnet. Die Bewegungen können unter einfachen und weitgehend standardisierten Bedingungen zeitlich, räumlich und dynamisch genau ausgeführt, teilweise sogar variiert werden. Der Lernfortschritt verläuft jedoch keinesfalls kontinuierlich. Es treten manchmal Perioden der Stagnation bzw. des leichten Rückgangs ein, an die sich in der Regel wiederum relativ große Verbesserungen anschließen. Der Fortgeschrittene verfügt u. a. über standardisierte Formen von Grundpässen (Brust-, Boden-, Überkopfpässen) und Würfen (Positions-, Sprung-, Hakenwürfen).

Im *Könnensstadium* werden die Fertigkeiten weiter stabilisiert und zugleich flexibel gehalten (vgl. Abbildung 4). Die Informationsaufnahme erreicht das höchste Niveau an Differenzierung und Synthese. Die Dominanzverschiebung vom visuellen auf das kinästhetische Informationssystem wird besonders bei nicht-zielgebundenen Bewegungen (z. B. dem wechselhändigen Dribbeln in unterschiedliche Richtungen bei Gegnereinwirkung) deutlich. Bei den zielgebundenen Bewegungen erfolgt diese Verschiebung allerdings nur teilweise, wobei das periphere Sehen und schnelle Sakkadenbewegungen der Augen (ruckartige seitliche Bewegungen) zur Kontrolle von großer Bedeutung bleiben. Blickbewegungen, die beabsichtigt in Gegenrichtung zum Zuspiel weisen, werden häufig zur Täuschung des Gegners verwendet. Die kinästhetischen Informationen können sehr differenziert wahrgenommen werden. Die Bewegungsausführung nimmt nicht

Abb. 4: Könnensstadium

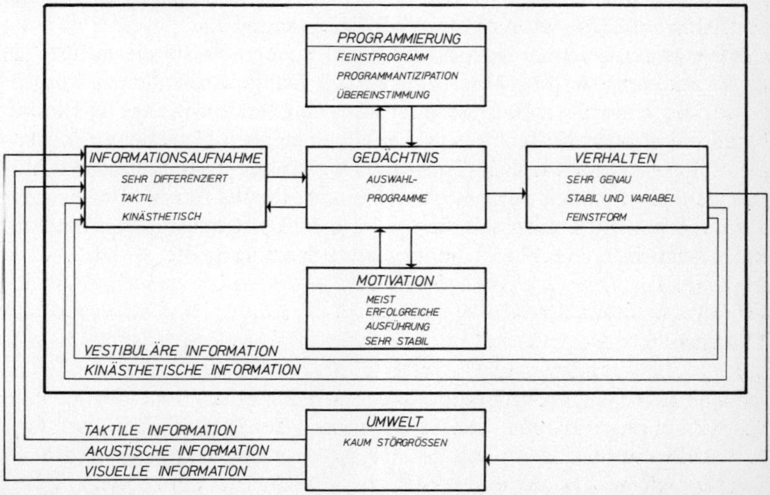

mehr die volle Zuwendung aller Informationssysteme in Anspruch. Nur eine intermittierende (zeitlich variierende) und/oder selektive (auf einzelne Elemente bezogene) Aufmerksamkeit sind notwendig, z. B. auf die ‹brechende› Bewegung des Handgelenks beim einhändigen Freiwurf oder auf die Laufrichtungen der Mitspieler beim organisierten Schnellangriff.
Das Gedächtnis verfügt im Langzeitspeicher über die standardisierten und weitgehend automatisierten Bewegungselemente und Gesamtbewegungen. Aufgrund der in unterschiedlichen Situationen ausgeführten Bewegungen liegen leicht modifizierbare Bewegungsprogramme vor. Es sind Auswahlprogramme z. B. von Korblegern, Sprungwürfen und Verteidigungs-Rebounds verfügbar, die je nach der spezifischen Situation und Position variabel und zumeist erfolgreich abgerufen werden können.
Die Programmierung der Bewegungsausführung ist in höchster Präzision gegeben. Die Bewegungsvorstellung liegt sowohl in Form einer Allgemein- als auch einer Detailvorstellung (Motorik-Superzeichen) vor. Aufgrund der verfügbaren unterschiedlichen Bewegungsausführungen entwickelt sich die Programm- und Situationsantizipation, so daß je nach den situativen Erfordernissen unterschiedliche Bewegungsprogramme in Gang gesetzt und in kürzester Zeit modifiziert werden können. Der Istwert erweist sich als dem Sollwert der Bewegungsausführung angeglichen. In komplexen Trainings- und Spielsituationen treten auch weiterentwickelte Bewegungsprogramme in Form von kreativen Problemlösungen auf.
Die Motivation zur Bewegungsausführung erreicht aufgrund der nahezu in allen Versuchen sowohl unter gewohnten als auch unter ungewohnten situativen Bedingungen erfolgreichen Realisierung ein hohes Maß an Stabilität. Im allgemeinen liegt steigendem Anspruchsniveau eher die Tendenz Hoffnung auf Erfolg als Furcht vor Mißerfolg zugrunde.
Das Verhalten zeichnet sich sowohl durch hochgradig standardisierte als auch variable Bewegungsausführungen aus. Da die vorhandenen Störgrößen in der Umwelt (z. B. Zuschauerlärm, Gegnereinwirkung) an Einfluß verlieren, können die Technik- und Taktikelemente auch in beanspruchenden Spielsituationen realisiert werden. Der Könner verfügt über sehr präzise, zeitlich-räumlich weitgehend automatisierte und flexible Bewegungsausführungen (dynamische Stereotype), z. B. Dribbelformen im Aufbau, Wurfvariationen vom Flügel, improvisierte Schnellangriffe.

Merke

- Die Bewegungskoordination umfaßt die Funktionseinheiten der Informationsaufnahme, des Gedächtnisses, der Programmierung, der Motivation und des Verhaltens im Kontakt mit Gegebenheiten der Umwelt.

- Bei der Informationsaufnahme können äußere (taktil, visuell, akustisch) und innere Informationssysteme (kinästhetisch, vestibulär) unterschieden werden.
- Die kinästhetischen Informationen werden ebenso wie die efferenten Impulse mehr als doppelt so schnell weitergeleitet wie die vestibulären und taktilen Informationen.
- Die Programmierung umfaßt Denk- und Vorstellungsprozesse, Antizipation und den Vergleich zwischen Istwert und Sollwert der Bewegung.
- Im Anfängerstadium ist das Gedächtnis durch einfache und zusammengesetzte Elemente gekennzeichnet, die mit der zu erlernenden Bewegung Ähnlichkeit aufweisen.
- Im Fortgeschrittenenstadium ergibt sich in der Informationsaufnahme eine Dominanzverschiebung vom visuellen auf das kinästhetische Informationssystem.
- Im Könnensstadium ist die Bewegungsvorstellung sowohl in Form einer Allgemein- als auch einer Detailvorstellung (Motorik-Superzeichen) verfügbar. Außerdem sind die Formen der Ziel-, Programm- und Situationsantizipation ausgebildet.
- Im Könnensstadium liegen hochgradig automatisierte und zugleich variable Bewegungen (dynamische Stereotype) vor.

Literatur

267; **377**; **382**; **507**; **554**; **567**; **577**.

Werner Kuhn

3.7 Bedeutung der Informationsverarbeitung für das Spielhandeln

Schlagwörter

[1] Spielhandeln; offene variable Handlung, geschlossene stereotype Handlung; technisch-motorischer, taktisch-motorischer, konditioneller, motivational-emotional-sozialer Aspekt der Spielleistung; sensumotorische, perzeptiv-begriffliche, intellektuelle Regulationsebene.

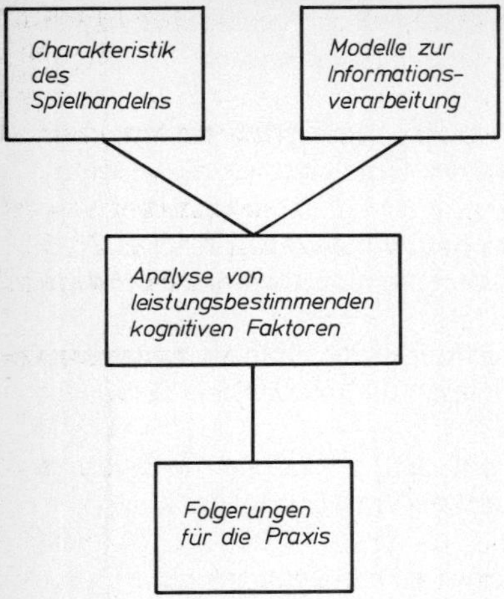

[2] Informationsverarbeitung, Operationen; kognitive Prozesse, Input, Output, Sinnesorgane, Wahrnehmungssystem, Entscheidungssystem, Effektorsystem, Muskelsystem, Ablauf-Feedback, Resultat-Feedback, Propriozeptoren, Exterozeptoren; sensorisches Register, Kurzzeitgedächtnis, Langzeitgedächtnis.

[3] Vokabular von Spielmustern; selektive Aufmerksamkeit, «chunks», parallele Informationsaufnahme, Superzeichen, Situations-, Ziel- und Programmantizipation, Situations-Aktions-Kompatibilität, Automatisierung, Überlernen, Kanalkapazität, Ökonomisierung.

[4] Praxis: Drillmethode, komplexe spielnahe Übungsformen, konditioneller Zustand, «freeze-replay», bewußte Lenkung der Aufmerksamkeit, observatives Training, mentales Training, verbales Training.

Erläuterungen

[1] Anhand der von Poulton (1950; 1957) getroffenen Unterscheidung zwischen *offenen variablen* («open skills») und *geschlossenen stereotypen* Handlungen («closed skills») lassen sich wesentliche Unterschiede zwischen dem Basketballspiel und einer Individualsportart (z. B. dem Turnen) verdeutlichen. In bezug auf die Handlungsrealisierung besteht Gemeinsamkeit zunächst darin, daß bei beiden Sportarten motorische Programme unterschiedlicher Komplexität gelernt, gespeichert und abgerufen werden müssen (*technisch-motorischer* Aspekt). Während jedoch bei der Ausführung einer Turnübung stereotype motorische Programme unter nahezu konstanten Umgebungsbedingungen (d. h. bei räumlich-zeitlicher Gewißheit) abgerufen werden, muß der Basketballspieler sein Handeln ständig den sich ändernden Umweltbedingungen (räumlich-zeitliche Ungewißheit) anpassen. Wegen der Vielzahl von Mit- und Gegenspielern und der Vielfalt ihrer Entscheidungs- und Handlungsmöglichkeiten ergeben sich für ihn komplizierte Entscheidungsprozesse (Konzag/Konzag 1980, 26).
Aus diesem Grunde genügt es nicht, einen bestimmten Bewegungsablauf optimal wiedergeben zu können, sondern die relevanten Signale aus dem Umfeld (Anzahl, Stellung und Abstand der Mit- und Gegenspieler; verfüg-

barer Raum; Korbentfernung usw.) müssen häufig unter starkem Zeitdruck sowie unter hohen physisch-psychischen Belastungen über einen relativ langen Zeitraum wahrgenommen und verarbeitet werden. Erst auf der Basis von *Plänen* und *Strategien* kann ein situationsadäquates Handlungsprogramm zum richtigen Zeitpunkt ausgewählt und realisiert werden (*taktisch-motorischer* Aspekt der Spielleistung). Während beim Abruf von motorischen Programmen die sensumotorische und die perzeptiv-begriffliche Regulationsebene vorrangig beteiligt sind, dominiert bei den taktischen Handlungen neben den perzeptiv-begrifflichen Vorgängen insbesondere die intellektuelle Analyse der Spielsituation (vgl. HACKER 1978, 103ff).
Zwischen einem Sportspiel und einer Individualsportart bestehen Unterschiede bezüglich der Variabilität der Handlungsumgebung. Eine Spielsituation läßt in der Regel mehrere Aktionen zu, wobei eine, manchmal auch zwei Lösungen für optimal gehalten werden.
Das Sportspiel zeichnet sich ferner durch eine hohe Situationsungewißheit aus. Dies erfordert vom Mannschaftsspieler ein beachtliches Maß an Handlungsflexibilität und Umstellungsfähigkeit.
Die Einteilung in geschlossene stereotype Handlungen und offene variable Handlungen bedeutet keine ausschließliche Klassifizierung, alle Handlungen sind vielmehr auf einem Kontinuum räumlich-zeitlicher Gewißheit (geschlossen) bzw. Ungewißheit (offen) anzusiedeln. Das Basketballspiel liefert für diese dynamische Klassifikation beliebig viele Beispiele. So ist eine 5–5-Situation im Vergleich zu einer 3–3-Situation als offener einzustufen, weil die größere Spielerzahl die externen Bedingungen noch stärker in ihrer Zufälligkeit und Unvorhersagbarkeit verändern kann. Damit erhöht sich die Schwierigkeit im Erkennen von Freiheitsgraden (Handlungsspielräumen). Ein Freiwurf im Basketball wiederum kann als relativ geschlossen gelten, da der Spieler während der Planung und Durchführung der Handlung nahezu unbeeinflußt von situativen Bedingungen bleibt. Das Basketballspiel beinhaltet sowohl mehr geschlossene als auch mehr offene Handlungen. Letztere überwiegen und erklären den hohen Stellenwert perzeptiv-begrifflicher und intellektueller Fähigkeiten für überdurchschnittliche Spielleistungen.
Außer den technisch-taktischen sind noch weiter leistungsbestimmende Merkmale für das Spielhandeln von Bedeutung: Die *konditionelle* sowie die *motivational-emotional-soziale* Komponente. Obwohl auch sie einen wesentlichen Einfluß auf die informationsverarbeitenden Prozesse ausüben können, sollen sie im Hintergrund unserer Betrachtungen bleiben. Keine Berücksichtigung erfahren hier die durch das Regelwerk vorgegebenen basketballspezifischen Handlungsmerkmale.

2 Wenn eine Person eine Spielhandlung ausführt, finden eine Reihe von Vorgängen (Operationen) im Zentralnervensystem (ZNS) statt, welche dem Bewegungsvollzug (Aktualisierung) vorausgehen. Bei jeder dieser Operationen werden Informationen nach bestimmten, zum Teil noch unbekannten Regeln verarbeitet. Wir wollen den Begriff Informationsverarbeitung allgemein auf diejenigen kognitiven Prozesse beziehen, die zwischen Aufnahme (Input) und Ausgabe (Output) ablaufen. Das sind die Prozesse des Aufnehmens, des Kodierens, Speicherns und Abrufens. An einem vereinfachten Modell soll dies veranschaulicht werden (vgl. dazu Abb. 1).

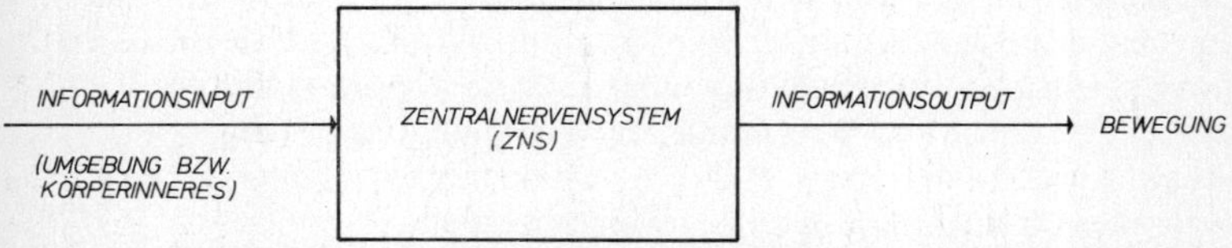

Abb. 1: Vereinfachte Darstellung des Prozesses der Informationsverarbeitung

Ein Spieler nimmt Informationen aus der Umgebung bzw. seinem Körperinneren auf (Input) und verarbeitet sie im ZNS. Nach subjektiven Bewertungs- und Planungsprozessen wird das Ergebnis dieses Prozesses über die Muskulatur in Bewegung umgesetzt.
Ein Modell, das die im ZNS ablaufenden Vorgänge weiter ausdifferenziert, nimmt fünf zwischen Input und Output geschaltete Systemteile an (vgl. Abb. 2). Die *Sinnesorgane* und das *Muskelsystem* repräsentieren dabei

Abb. 2: Erweitertes Modell der Informationsverarbeitung mit Feedbackprozessen

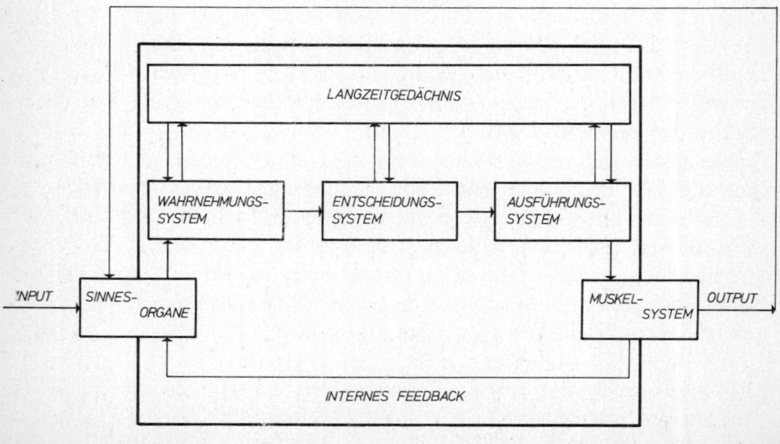

die Nahtstellen des Körpers mit der Umgebung, während das Wahrnehmungs-, das Entscheidungs- und das Effektorsystem die eigentlichen zentralen Verarbeitungsstellen sind. Sie können auch als Kanal, durch den die Informationen fließen, aufgefaßt werden (MARTENIUK 1976, 5). Dieser Kanal verfügt nur über eine begrenzte Fluß-Kapazität, d. h., er ist sowohl zeitlich als auch räumlich begrenzt. Die Vorgänge in den drei zentralen Hauptsystemen werden dabei wesentlich durch die im Langzeitgedächtnis gespeicherten Erfahrungen unterstützt.

Betrachten wir die Funktionen der drei Hauptsysteme etwas näher: Das *Wahrnehmungssystem* trägt dazu bei, die über die Sinnesorgane eintreffenden Signale (u. a. auch von eigenen Bewegungen) zu identifizieren und zu klassifizieren sowie an das *Entscheidungssystem* weiterzuleiten.

Auf der Grundlage der aktuellen Situation werden mehrere Lösungsvarianten gedanklich durchgespielt, eine Entscheidung für ein Handlungsziel getroffen (z. B. Korbwurf) und ein adäquates Handlungsprogramm (z. B. Hakenwurf) ausgewählt. Falls eine Spielsituation als bekannt eingestuft wurde und zu ihrer Bewältigung ein entsprechender Handlungsplan bzw. ein entsprechendes Handlungsprogramm bereits existiert, werden diese sofort dem Effektorsystem zur Verfügung gestellt. Ihm obliegt die eigentliche Realisierung des gewählten Planes bzw. Programmes. Ist das dazu notwendige Bewegungsmuster vorhanden, werden sofort die adäquaten motorischen Befehle an das Muskelsystem ausgesandt. Ist dies nicht der Fall, werden zunächst ähnlich gespeicherte Muster gesammelt und koordiniert. Anschließend werden die entsprechenden Innervationen für das Muskelsystem ausgelöst.

Während und nach Durchführung einer Spielhandlung finden mehrere Feedbackprozesse statt, die an verschiedenen Stellen des Modells ansetzen (vgl. dazu Abb. 2). Da sie sich auf den Ablauf bzw. das Resultat beziehen, bezeichnet man sie auch als Ablauf- bzw. Resultat-Feedback. *Ablauf-Feedback* bedeutet, daß mit Bewegungsbeginn ein fortlaufender Sollwert-Istwert-Vergleich in einem nicht exakt lokalisierbaren Vergleichssystem durchgeführt wird, in dem die durch Propriozeptoren und Exterozeptoren bereitgestellten Rückmeldungen über die Position der Körperglieder kontinuierlich ausgewertet werden und die Ausführung gegebenenfalls korrigiert wird. *Resultat-Feedback* bedeutet, daß nach Ablauf der Bewegung, wenn das Ergebnis in der Umgebung vorliegt (Ziel erreicht/nicht erreicht), über die Exterozeptoren Informationen zur Analyse an ein Vergleichssystem weitergeleitet werden, so daß bei möglichen Abweichungen Korrekturen beim nächsten Versuch vorgenommen werden können.

Innerhalb der genannten drei Hauptsysteme gibt es mehrere Subsysteme, die die Kapazität der Informationsübertragung wesentlich mitbestimmen. Wir wollen uns im folgenden auf das *Kurzzeitgedächtnis* beschränken, weil ihm für das Spielhandeln eine große Bedeutung zukommt. Seine Stellung und Funktion soll zunächst im Rahmen des Gedächtnismodells von ATKINSON/SHIFFRIN (1968; 1971) dargestellt werden (vgl. dazu Abb. 3). Dieses Modell, das insgesamt drei Speicher annimmt, zeigt, daß die aus der Umwelt einlaufenden Informationen zunächst auf das jeweilige modalitätsspezifische *sensorische Register* (auch Ultrakurzzeitgedächtnis genannt) treffen. Es handelt sich um ein äußerst kurzzeitiges Gedächtnis, das eine große Informationsfülle aufnehmen kann. Um Sinneseindrücke über eine längere Zeitspanne (circa 15 bis 30 Sekunden) behalten zu können, ist es notwendig, sie in den Kurzzeitspeicher zu transferieren. Das Kurzzeitgedächtnis stellt ein bewußtes, operatives Gedächtnis dar, aus dem Informationen schnell verlorengehen, wenn ihnen keine Aufmerksamkeit geschenkt wird.

Das KZG, dessen Rolle innerhalb der Gedächtnissysteme von MARTENIUK (1976, 10) treffend mit «Flaschenhals für den Übergang von Informationen aus der Umgebung ins Langzeitgedächtnis» (Übersetzung vom Verfasser) charakterisiert wurde, hat außer der beschränkten Speicherzeit eine weitere Begrenzung: Es verfügt über ein sehr begrenztes simultanes Aufnahmevermögen, so daß der Übergang vom sensorischen Register zum Kurzzeitgedächtnis gleichsam einem Filtersystem entspricht. Die Menge an Inputinformationen wird somit für das Entscheidungssystem verringert und ausgewählt.

Gerade wegen der genannten Begrenzung stellt das KZG eine äußerst sinnvolle Einrichtung im gesamten Gedächtnissystem dar. Das soll anhand der *selektiven Filterfunktion* verdeutlicht werden. Der Akteur im Sportspiel muß zunächst aus der Vielzahl der auf ihn einströmenden Umgebungsreize die weniger wichtigen ausfiltern und die relevanten Sinneseindrücke je-

Abb. 3: Vereinfachte Darstellung eines Gedächtnismodells
(Modifiziert nach ATKINSON/SHIFFRIN 1971)

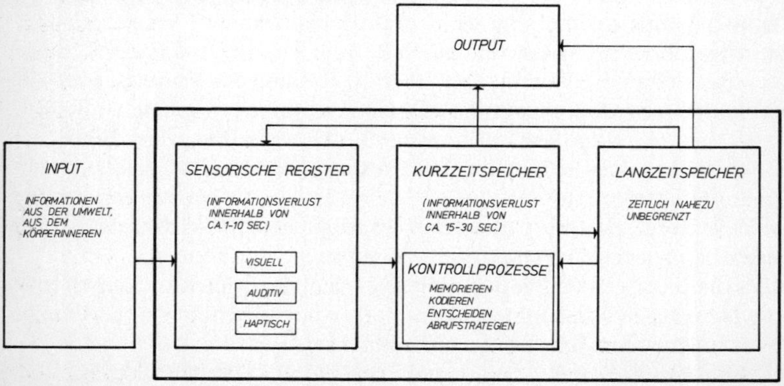

weils für einige Sekunden registrieren, um sie danach sofort wieder zu vergessen (Verdrängung bzw. Tilgung der Reize), da für die nachfolgenden, ebenfalls Aufmerksamkeit beanspruchenden Wahrnehmungen Platz vorhanden sein muß. Würde man durch einen Wiederholungsprozeß die Informationen ins Langzeitgedächtnis transferieren, wäre erstens die fortlaufende Reizaufnahme gestört (was zu permanenten Fehlhandlungen führen würde) und zweitens das Langzeitgedächtnis mit größtenteils nutzlosen Informationen überladen. Der selektive Filtermechanismus schützt den Spieler – wenn auch nicht vollständig – vor einer zu starken Belastung mit Informationen und erleichtert ihm dadurch die Orientierung im Umfeld. Dem Akteur bleibt es jedoch vorbehalten, aufgrund seines Lern- und Erfahrungsprozesses die richtigen Reize auszuwählen und kurzfristig zu verarbeiten. Das Kurzzeitgedächtnis macht es somit überhaupt erst möglich, daß sich der Spieler in komplexen Situationen zurechtfindet.
Bei Langzeitgedächtnis handelt es sich um ein relativ permanentes Gedächtnis mit einer sehr großen Kapazität. Seine Inhalte sind nicht bewußt, aber bewußtseinsfähig. Wie aus Abb. 3 erkennbar ist, besteht zwischen Langzeit- und Kurzzeitgedächtnis ein zweiseitiger (bidirektionaler) Informationsfluß, d. h., Gedächtnisinhalte können sowohl vom Kurzzeit- in das Langzeitgedächtnis gebracht werden als auch umgekehrt. Letzterer Vorgang findet statt, wenn im Langzeitgedächtnis gespeicherte Informationen wiedergegeben werden sollen. Ferner besteht ein direkter (unbewußter) Weg vom Langzeitgedächtnis zur Ausführung einer bestimmten Handlung.

3 Spiel- und wettkampferfahrene Basketballspieler besitzen ein größeres spielspezifisches Vokabular im Langzeitgedächtnis als unerfahrene Spieler (vgl. Allard u. a. 1980). Es zeigt sich in wissenschaftlichen Untersuchungen, daß dieser Mangel sich beim wenig Erfahrenen nachteilig auf die Informationsaufnahme und -verarbeitung sowie seine Handlungsflexibilität und -qualität auswirkt. Der hohe Grad an Ungewißheit (offene variable Handlung, Entscheidungshandeln) bereitet insbesondere dem Anfänger und wenig Geübten Schwierigkeiten. Da für diese Gruppe eine Spielsituation relativ viele gleichwertige Informationen enthält, wird sie viele Handlungsalternativen in Erwägung ziehen, bevor sie eine Entscheidung fällt. Häufig ist dann die gewählte Aktion vom Geschehen bereits überholt, da sich das Spiel zwischenzeitlich weiterentwickelt hat. Für den erfahrenen Spieler hingegen enthält die gleiche Spielsituation verhältnismäßig wenig Ungewißheit. Eine schnelle und spieladäquate Aktion ist für ihn wesentlich leichter, da er nur eine relativ geringe Informationsmenge verarbeitet.
Worin liegt nun die Überlegenheit des erfahrenen Spielers im einzelnen begründet? Vier Phänomene, die in einem engen Zusammenhang miteinander stehen, sollen dazu näher behandelt werden:
1. Der erfahrene Spieler besitzt die Fähigkeit der *selektiven Aufmerksam-*

keit, d. h., er kann in kürzesten Zeiteinheiten die für ihn relevanten Signale aus der Umwelt aussondern und den Rest vergessen. Mit Hilfe dieses Selektionsprozesses kann er die Informationsmenge der Umgebung beträchtlich verringern. Eine weitere Stufe der Ökonomisierung tritt bei der Informationsaufnahme des erfahrenen Spielers im Laufe der Zeit dadurch ein, daß er die relevanten Signale nicht mehr einzeln, sondern als situationstypische Signalgruppierungen («chunks») wahrnimmt. Man spricht in diesem Zusammenhang auch von *paralleler Informationsaufnahme*, da mehrere gleichzeitig auftretende Signale zu einer einzigen Information zusammengefaßt werden. Wird ein solches «Superzeichen» in einem bestimmten Spielkontext identifiziert, so kann, falls erforderlich, das situationstypische Handlungsprogramm sehr schnell abgerufen werden.

2. Das Handeln des erfahrenen Spielers ist an eine ständige *Situationsantizipation* gebunden. Auf der Grundlage der eingehenden sensorischen Informationen und seiner gespeicherten taktisch-motorischen Erfahrungen bzw. Erwartungen kann der Könner laufend die jeweilige Spielsituation in ihrer Gesamtheit analysieren und mit einem gewissen Grad an Genauigkeit ihre mögliche Entwicklung gedanklich vorwegnehmen. Die Situationsvorausnahme gestattet ihm, die Zahl alternativer Ereignisse, denen er Aufmerksamkeit schenken muß, zu reduzieren. Sie erleichtert damit die selektive Aufmerksamkeit und trägt zu einer noch schnelleren Handlungsausführung bei. Die Situationsvorausnahme schließt zwei weitere Erscheinungsformen der Antizipation mit ein: Die Vorausnahme des Handlungszieles (*Zielantizipation*) und die Vorausnahme des Handlungsprogrammes (*Programmantizipation*) sowohl bei sich selbst als auch bei Mit- und Gegenspielern. Unter Zielantizipation von Eigenhandlungen verstehen wir, daß der Akteur das Handlungsziel oder -resultat, z. B. einen erfolgreichen Korbwurf, deutlich vor Augen hat, bevor er mit der Realisierung der Bewegung beginnt. Eng damit verbunden ist die Programmantizipation, die als Bewegungsvorstellung oder als inneres Modell der motorischen Handlung aufzufassen ist (vgl. MEINEL/SCHNABEL 1976, 84ff).

Die Antizipationsbedingungen erhalten ihre hohe Komplexität im Sportspiel dadurch, daß der Akteur für einen koordinierten zielgerichteten Handlungsablauf die Antizipation möglicher Spielhandlungen von Mit- und Gegenspielern und Ballbewegungen mit der Ziel- und Programmantizipation seiner eigenen Handlungen in Übereinstimmung bringen muß (Situationsantizipation). Dem ungeübten Spieler bereitet das schnelle Erfassen und Verarbeiten von Spielsituationen zu erfolgreichen Handlungen erhebliche Schwierigkeiten, weil bei ihm die Fähigkeit der Antizipation nicht oder nur unvollkommen ausgeprägt ist.

3. Der Könner kann – im Gegensatz zum unerfahrenen Spieler – für nahezu jede auftretende Situation auf einen entsprechenden Handlungsplan bzw. auf ein entsprechendes Handlungsprogramm zurückgreifen (= Situations-

Aktions-Kompatibilität). Durch seine langjährigen Trainings- und Wettkampferfahrungen hat er unzählige Pläne und Programme in seinem Langzeitgedächtnis gespeichert, die nicht nur die selektive Aufmerksamkeit und die Antizipation erleichtern, sondern auch wesentlich zu einem schnellen und spieladäquaten Entscheidungsverhalten beitragen.

4. Beim erfahrenen Spieler sind technische Bewegungsabläufe und taktische Handlungen weitgehend automatisiert bzw. überlernt, d. h., der Regulationsschwerpunkt wurde von einer höheren auf eine niedrigere Ebene verlagert. Man spricht in diesem Zusammenhang auch von *Programmsteuerung*. In Analogie zur Steuerung eines Computers durch ein Programm wird ein zentral strukturiertes Handlungsprogramm angenommen, das nach einem Initialimpuls die gesamte Handlung von Anfang bis zum Ende steuert ohne zentrale Auswertung der verlaufsorientierten Daten (KEELE 1973, 124). Dies gilt insbesondere für Spielhandlungen, die unter Zeitdruck ablaufen.

Da Planungen für die einzelnen Handlungsabläufe nicht mehr vorgenommen werden müssen, wird das Bewußtsein sowohl räumlich als auch zeitlich entlastet. Das Entscheidungssystem wird frei für die Bewältigung neuer Aufgaben, u. a. für die Antizipation von Handlungen der Mit- und Gegenspieler sowie eigener Vorausplanungen. Die Automatisierung von Bewegungsabläufen stellt somit zusammen mit den bereits erwähnten Phänomenen der selektiven Aufmerksamkeit und den verschiedenen Erscheinungsformen der Antizipation eine wichtige Entlastungsquelle für den Prozeß der Informationsverarbeitung dar. Sie ist «folglich eine wesentliche Voraussetzung, um in Stress-Situationen handlungsfähig zu bleiben» (NITSCH 1978, 11).

Beim erfahrenen Spieler ist die Ausnutzung der *Kanalkapazität* (= Zahl der Informationen pro Zeiteinheit) relativ groß. Er kann wichtige Informationen parallel aufnehmen, er kann aber auch Entscheidungen für zukünftige Handlungen bereits dann fällen, wenn eine andere Handlung noch andauert. Überlappende Handlungsverkettungen (z. B. Spielzüge mit Partnerhilfen oder Rebound mit antizipiertem Paß), die eine unabdingbare Voraussetzung für die Abwicklung dichter Handlungssequenzen im Sportspiel darstellen, werden dadurch realisierbar (NITSCH 1978, 12). Der unerfahrene Spieler muß seine Aufmerksamkeit vorwiegend auf den Ball konzentrieren und alle anderen spielrelevanten Umgebungsdaten vernachlässigen. Typisch ist die Verhaltensweise eines Anfängers, der von einem Ende des Feldes zum anderen dribbelt, ohne Mit- und Gegenspieler in sein Handeln miteinzubeziehen. Typisch ist auch das ‹Bienenschwarm-Syndrom›, das bei Anfängern häufiger anzutreffen ist. Die fehlende Raumaufteilung ist jedoch nicht nur auf die Auslastung der Kanalkapazität zurückzuführen, sondern auch auf die mangelnde Erfahrungsbildung im räumlich-topographischen Bereich.

Zusammenfassend kann gesagt werden, daß im Laufe des Übungs- und Trainingsprozesses eine Ökonomisierung bei der Informationsverarbeitung eintritt, sowohl was die Verarbeitungszeit als auch die zu verarbeitende Informationsmenge anbetrifft. Der Könner kann daher in einer Spielsituation eine große Informationsmenge relativ gut verkraften, während der unerfahrene Spieler durch die auf ihn einströmende Informationsmenge häufig überfordert wird. Bei ihm bleibt die Auswahl relevanter Signale für eine bewußte Verarbeitung größtenteils dem Zufall überlassen. Beim Könner hingegen entstehen Verarbeitungsprobleme häufig erst unter dem Einfluß starker emotionaler Prozesse oder bei physischen und psychischen Ermüdungserscheinungen, die die kognitiven Funktionen beeinträchtigen.

4 Praxis

Bis zu einem gewissen Grad kann ein Teil der Ausbildung im Selbstlauf durch häufiges Spielen in wettkampfgemäßen Situationen erreicht werden. Mit zunehmender Spielpraxis wird der Akteur dazu gebracht, die Redundanz der Signale aus der Umgebung zu erkennen und auszunützen, d. h., Handlungen von Mit- und Gegenspielern werden für ihn vorhersagbar und können entsprechend beantwortet werden. Dieser Prozeß kann und sollte vom Trainer jedoch durch eine Reihe gezielter Maßnahmen unterstützt werden.

1. Die verfügbare Kanalkapazität ist eine wesentliche Voraussetzung für die Bewältigung von Mehrfachaufgaben (z. B. Dribbeln und Beobachten von Mit- und Gegenspielern). Der Trainer sollte deshalb bestrebt sein, die grundlegenden Techniken so zu automatisieren bzw. überlernen zu lassen, daß sie auch unter variablen Bedingungen in programmgesteuerter Form ablaufen können. Im Training sollten daher die technischen Bewegungsabläufe mit Hilfe von vielseitigen Drills ausgiebig geübt werden, wobei die Informationsmenge durch einen geschickten methodischen Aufbau graduell erhöht werden kann. Erst wenn ein hohes Maß an Aufmerksamkeit von der Kontrolle der Ausführung abgezweigt werden kann, lohnt es sich, komplexere Übungsformen anzubieten. In ähnlicher Weise sollte auch bei taktischen Handlungen vorgegangen werden, damit durch das Einschleifen technisch-taktischer Bewegungsvollzüge die Aufmerksamkeit für andere, höherwertige Aufgaben (z. B. für die Gesamtsituation) frei wird.

2. Zur Ausbildung spielspezifischer *kognitiver* Fähigkeiten muß der Spieler im Training mit komplexen, spielnahen Übungsformen konfrontiert werden, die in hohem Maße die parallelen Verarbeitungskapazitäten beanspruchen. Auf diese Weise kann ein selektives Agieren und Antizipieren geradezu provoziert werden. Während die Spiele 1–1, 2–2 und 3–3 durch die Häufigkeit der Ballkontakte insbesondere an das Entscheidungsverhalten (wenngleich durch die reduzierte Spielerzahl in vereinfachter Form)

und die Handlungsausführung große Anforderungen stellen, wird bei den Überzahlverhältnissen (2–1, 3–2 usw.) für die in der Minderzahl befindliche Mannschaft zusätzlich ein «Overload» im Wahrnehmungsbereich herbeigeführt. Durch eine vorübergehende Regeländerung (z. B. kein Dribbling erlaubt; Handeln unter Zeitzwang usw.) kann der Akzent auf eine noch höhere Handlungsgeschwindigkeit mit noch schnellerem Entscheiden gelegt werden. Das Zielspiel 5–5 sollte auch hier im Mittelpunkt des Trainings stehen.

Der Trainer sollte ferner um eine Verbesserung des konditionellen und motivational-emotionalen Zustandes seiner Mannschaft bemüht sein (nach Möglichkeit unter Einbeziehung der basketballspezifischen Anforderungen), da bei hohen physischen und psychischen Belastungen die gedankliche Arbeit häufig negativ beeinflußt wird. Die spielspezifischen kognitiven Prozesse bedürfen einer ständigen Schulung, da sie nicht frei von Schwankungen sind. Es ist bekannt, daß der erfahrene Spieler, der eine verletzungsbedingte Pause hinter sich hat, eine gewisse Anlaufzeit benötigt. Aus dieser Sicht erscheint es vor einem Wettkampf sinnvoll, das Zielspiel selbst oder wesentliche Elemente des Zielspiels im Rahmen des spezifischen Aufwärmprogrammes mit zu berücksichtigen.

3. Treten bei einem Spieler häufiger Fehler im Wahrnehmungs- oder Entscheidungsbereich auf, so sollte der Trainer auf das methodische Mittel des «freeze-replay» zurückgreifen. Man versteht darunter ein kurzfristiges Unterbrechen des Spiels mit verbalen und/oder visuellen Hinweisen auf die relevanten Signale und einem bewußten Nachvollziehen der ursprünglichen Situation mit den besten Lösungsansätzen. Diese Maßnahme eignet sich besonders zur *bewußten Lenkung der Aufmerksamkeit* auf die Informationen, die für ein erfolgreiches Selegieren und Antizipieren in einer Spielsituation notwendig sind. Dabei kann die gleiche Szene mit demselben Handlungsziel und -programm mehrmals nachvollzogen werden, weil durch den Wiederholungseffekt eine Verankerung im Langzeitgedächtnis wahrscheinlicher ist. Im weiteren Verlauf des Übungsprozesses «muß die bewußte Analyse (Antizipation auf der intellektuell-verbalen Ebene) durch die schnellere (unwillkürliche), nicht bewußtseinspflichtige Informationsverarbeitung auf unterer Ebene ersetzt werden» (Meinel/Schnabel 1976, 92). Der Trainer sollte jedoch wissen, daß bei den Fähigkeiten des Selektierens und Antizipierens zum Teil beträchtliche interindividuelle Unterschiede auftreten können, die durch Trainingsmaßnahmen nur bedingt zu beseitigen sind.

4. Der Trainer sollte seine Spieler instruieren, daß eine nachweisbare Verbesserung der kognitiven Fähigkeiten durch *mentales, observatives* und *verbales* Training angezielt werden kann (vgl. dazu Ulich 1973). Die Wirksamkeit dieser Trainingsarbeiten, bei denen das Schwergewicht auf Denk-, Sprech- und Vorstellungsprozessen liegt, ist dann besonders groß, wenn

bereits ein Mindestmaß an Bewegungserfahrung vorliegt und wenn der Trainingsplan einen angemessenen Wechsel mit aktivem Training vorsieht (vgl. bei 8.3).
Durch ein aufmerksames und intensives ‹Lesen› des Spiels von der Bank oder der Tribüne aus können Wahrnehmungs-, Antizipations- und Entscheidungsprozesse geschult werden. Mentales Training hat sich nicht nur im technischen, sondern auch im taktischen Bereich bewährt, u. a. bei der Automatisierung einer Schnellangriffvariation (vgl. Hagedorn u. a. 1972; Hagedorn 1973b) oder bei der Einstellung auf Eigenarten eines Gegenspielers im Rahmen der Wettkampfvorbereitung. Der Trainer sollte daher seine Spieler mit den Techniken des mentalen Trainings unbedingt vertraut machen (vgl. Schellenberger 1981, 188ff).
5. Erfolgreiches Spielhandeln hängt nicht nur von den kognitiven Fähigkeiten der Spieler, sondern letztlich auch von denen des Trainers ab, da er für die Kontrolle individueller und kollektiver Handlungen eine zentrale Stellung einnimmt. Von ihm wird während eines Wettkampfes ein hohes Maß an Informationsverarbeitung verlangt. So muß er eine Situation schnell und genau analysieren (Diagnose), um eine richtige Entscheidung treffen und ausführen zu können (z. B. Spielerwechsel, Wechsel der Deckungsart usw.). Da sich für den Trainer im kognitiven Bereich ähnliche Probleme wie für den Spieler ergeben können, wie z. B. mangelndes Selektieren und Antizipieren, sollte auch er sein eigenes Verhalten unter dieser Perspektive überprüfen.
Eine der wichtigsten Aufgaben des Trainers ist es, sich ständig im Erkennen und Lokalisieren von Fehlern zu schulen. Er sollte dabei den Spieler als ein informationsverarbeitendes System betrachten und bei der Beurteilung seiner Aktionen nicht nur einseitig die Leistungen im Effektorbereich, sondern auch im Wahrnehmungs- und Entscheidungsbereich miteinbeziehen. Grundsätzlich lassen sich drei Fälle unterscheiden:

- *Fehler im Wahrnehmungsbereich:* Der Spieler hat die relevanten Informationen oder Signale des Umfeldes nicht richtig erkannt oder falsch interpretiert, so daß er eine ihm korrekt erscheinende Aktion auswählt, die in Wirklichkeit der Situation nicht angemessen ist (z. B. Paß anstelle eines Korbwurfes; Verengung des Spielraumes, anstatt ihn für einen Mitspieler zu öffnen).
- *Fehler im Entscheidungsbereich:* Der Spieler hat die relevanten Informationen erkannt, wählt daher auch das korrekte Handlungsziel, entscheidet sich jedoch für ein Handlungsprogramm, das zu einer der Situation nicht angemessenen Aktion führt (z. B. Hakenwurf aus der Distanz).
- *Fehler im Effektorbereich:* Der Spieler nimmt die relevanten Signale wahr, wählt auch das richtige Handlungsprogramm, zeigt aber Mängel bei der Realisierung (z. B. mangelhafte Koordination bei einem Tip-in).

Liegt der Fehler schon sehr früh in der Verarbeitungskette, so kann es zu einer Addition von Fehlern aus mehreren Bereichen kommen. Mit Hilfe dieser Fehlerklassifikation kann der Trainer kontrollierend auf den Spieler einwirken, indem er im Rahmen seiner Trainingsmaßnahmen je nach Bedarf die technisch-motorische (bei Fehlern im Effektorbereich) und/oder die taktisch-motorische Komponente (bei Fehlern im Wahrnehmungs- und Entscheidungsbereich) betont.

Merke

- Das Spielhandeln stellt Anforderungen im technisch-motorischen, taktisch-motorischen, konditionellen und motivational-emotionalen Bereich. Während beim Abrufen von motorischen Programmen die sensumotorische und die perzeptiv-begriffliche Regulationsebene vorrangig beteiligt sind, dominiert bei den taktischen Handlungen neben der perzeptiv-begrifflichen Regulation insbesondere die intellektuelle Analyse.
- Informationen aus der Umgebung bzw. aus dem Körperinneren werden über die Sinnesorgane aufgenommen, durch das Wahrnehmungs-, das Entscheidungs- und das Effektorsystem zentral verarbeitet und über die Muskulatur in Bewegung umgesetzt. Zur Kontrolle der Handlung finden Feedbackprozesse statt: Ablauf-Feedback und Resultat-Feedback.
- An der Speicherung von Informationen sind drei Gedächtnissysteme beteiligt: Sensorisches Register, Kurzzeitgedächtnis, Langzeitgedächtnis. Die Kapazität der Informationsübertragung wird durch die Begrenzung des Kurzzeitgedächtnisses beeinflußt.
- Im Verlauf des Übungs- und Trainingsprozesses wird die Informationsverarbeitung ökonomischer. Die Überlegenheit des erfahrenen Spielers zeigt sich u. a. in der selektiven Aufmerksamkeit, im Antizipationsvermögen, in der Situations-Aktions-Kompatibilität sowie in der Automatisierung von technisch-taktischen Handlungen.
- Zur Entwicklung bzw. Verbesserung basketballspezifischer kognitiver Fähigkeiten können folgende Trainingsmaßnahmen genutzt werden:
  - Automatisieren bzw. Überlernen der grundlegenden technischen und taktischen Verhaltensweisen (u. a. Drillmethode),
  - Anwendung komplexer spielnaher Übungsformen,
  - «freeze-replay» zur bewußten Lenkung der Aufmerksamkeit,
  - mentales, observatives und verbales Training.

- Der Trainer sollte sich bei der Optimierung der informationsverarbeitenden Prozesse mit einschließen, da er für die Kontrolle individueller und kollektiver Handlungen eine zentrale Stellung innehat.

Literatur

5; **17**; **171**; **182**; **212**; **269**; **302**; **369**; **377**; **427**; **444**; **445**; **487**; **569**.

Günter Hagedorn

3.8 Spiel- und Leistungsmotivation

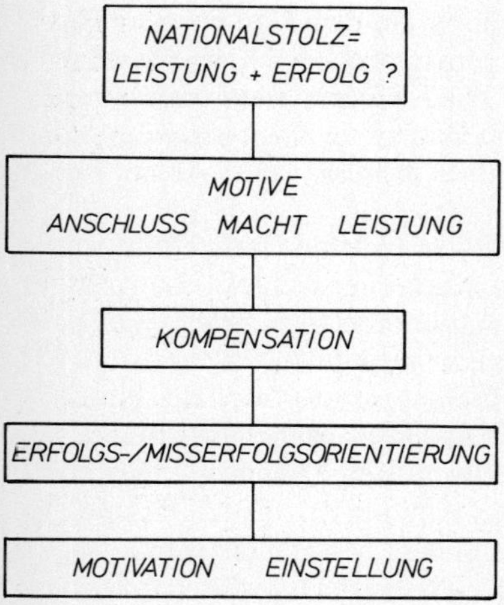

Schlagwörter

[1] Nationalstolz = Leistungs- und Erfolgsmotiv? Wertbindungen in subjektiver Einschätzung: Prestige, Stolz, Sieg, Mannschaftsloyalität, Meisterschaftsgewinn.

[2] Motive, Motivhierarchie, Motivverbindungen.

[3] Spiel- u. Leistungsmotiv; Spielen; weitere Motive: Aggression, Anschluß, Bewegung, Anstrengung, Spannung, Risiko, Leistung, Macht; Kompensation: der Lange, der Versager. Hoffnung auf Erfolg, Furcht vor Mißerfolg; Überforderung, Unterforderung.

[4] Motivation, Motivierung; positives Selbstbild; Erfolgs-, Mißerfolgsorientierung.

[5] Praktische Motivierung; negative Verhaltenstendenzen. Einstellung; Einflußnahme auf Wahrnehmung, Bewertung, Reaktion.

Erläuterungen

[1] Bundestrainer Ralf Klein beklagte schon vor der Olympiade 1984 und später in Los Angeles fehlenden *Nationalstolz* bei den deutschen Spielern. Vor ihm machte schon Bundestrainer Yakovos Bilek die gleiche Beobachtung. Bilek war geradezu empört darüber, zeigte selber als (noch) Ausländer wesentlich mehr ‹deutsche Haltung› bei der Nationalhymne als die Spielerstars und hätte einen Spieler in der Umkleidekabine beinahe verprügelt, als dieser nach einem Länderspiel seine Füße mit dem Trikot abtrocknete. Auf dem Trikot prangte der Bundesadler.
Ist uns Deutschen im letzten Weltkrieg das Nationalgefühl abhanden gekommen (Klein), und fehlt deshalb ein wesentliches *Leistungs-* und *Erfolgsmotiv* bei deutschen Spielern? Wissenschaftler bestätigen und widersprechen zugleich dem Praktiker. Gemäß der gesellschaftskritischen Milieutheorie werden die Spieler vorherrschend von den gesellschaftlichen Verhältnissen in ihren persönlichen Motiven und im Handeln geprägt, denn ‹das Sein bestimmt das Bewußtsein›. Warum besitzen dann aber Polen und Jugoslawen, Italiener, Franzosen und Amerikaner einen größeren Nationalstolz? Untersuchungen von Charnofsky an amerikanischen Baseballspielern (1966), von Lenk an Ruderern (1968), von Kohl an Basketball- und Handballspielern (1974) lassen einen engen Zusammenhang zwischen Nationalbewußtsein (= Prestige) und Spiel- und Leistungsmotiven nicht vermuten (vgl. Kohl 1979). Untersucht wurde die persönliche (subjektive) Einschätzung (Gewichtung) von fünf verschiedenen Werten (‹Motiven›) (vgl. Tabelle 1).

Tab. 1: Vergleich der subjektiven Einschätzung von 5 Wertbindungen in 3 verschiedenen Untersuchungen (nach Kohl 1979, 397) (*Erläuterung:* Der Skalenwert 1 bezeichnet die niedrigste, der Wert 5 die höchste Einschätzung. Die Werte in Klammern geben das relative Gesamtgewicht der Einschätzungen an.)

Probanden	Prestigeinteressen des Vereins und der Heimatstadt	Stolz auf die eigene Fähigkeit	Sieg über einen wichtigen Rivalen	Mannschafts- (Gruppen-) Loyalität	Meisterschaftsgewinn
Basketball N = 29	1 (1,5)	2 (2,6)	3 (3,2)	4 (3,4)	5 (4,3)
Rudern N = 4	1 (1,0)	2 (2,5)	3 (2,75)	5 (5,0)	4 (3,75)
Baseball N = 5	2 (2,2)	3 (3,0)	1 (1,4)	5 (4,8)	4 (3,2)

Die abstrakten Werte Schultradition (CHARNOFSKY) und Vereins- oder Heimatstadt-Prestige werden generell niedrig, die unmittelbar erlebbaren Werte Mannschaftsgeist (Gruppenloyalität) und Meisterschaftsgewinn am höchsten eingeschätzt. Irren demnach die Praktiker Bundestrainer, oder irren die Wissenschaftler? Um diese Frage beantworten zu können, müssen zunächst die zentralen Begriffe wie Wert, Motiv, Motivation, Einstellung geklärt werden. Sonst reden Wissenschaftler und Praktiker aneinander vorbei.

2 Bekanntlich entdecken Wissenschaftler oftmals das, was es in der Praxis längst gibt. Sie geben ihren Entdeckungen dann Namen (Begriffe), ordnen sie nach Zusammenhängen, Abhängigkeiten und Unterschieden und machen so ihre Struktur, Bedeutung und Wirkung bewußt. Wir wollen zur Klärung der Spiel- und Leistungsmotivation von einem praktischen Beispiel ausgehen und die Beobachtungen und Vermutungen handlungspsychologisch deuten:
Aufbauspieler Ottokar spielt im Ersten Fünfer einer Juniorenmannschaft um die Deutsche Meisterschaft mit. Er wurde mit Zenter Paul und Flügel Joe bereits in der ersten Männermannschaft bei Aufbau- und Freundschaftsspielen als Kaderspieler eingesetzt. Ottokar ist ein Kämpfer. Er resigniert nicht, er gibt nie auf. Er verbeißt sich aber auch, sagt Paul, der mit seinen 2,05 m alles etwas von oben und lockerer sieht. Er hält sich aber mit seiner Kritik – auch gegen Joe – zurück; denn er weiß, wie stark seine Spielleistung von ihnen beiden abhängt; er will weiterkommen. Joe lebt von Ottokars Pässen und füttert Paul unterm Korb, wenn er nicht selber durchmarschiert oder von draußen ‹bläst›. Am liebsten spielt er mit ihnen, sehr ungern gegen sie. Dann nämlich ‹fliegen die Fetzen›. Alle drei erhoffen sich eine Einladung zur Junioren-Nationalmannschaft und einen Platz in der ersten Vereinsmannschaft in der nächsten Saison.
Offenbar können wir nicht bei der vergleichbaren Tätigkeit des Basketball-Spielens ein gleiches Verhalten erwarten; wir müssen vielmehr davon ausgehen, daß unterschiedliches Verhalten wahrscheinlich ist. Was hat diese drei aber dazu gebracht, das gleiche zu tun, nämlich
- Sport zu treiben,
- Basketball zu spielen.
- immer häufiger und intensiver zu trainieren,
- um einen Platz in der Junioren-Nationalmannschaft und
- in der ersten Vereinsmannschaft zu kämpfen?

Wir suchen nach Gründen ihres Verhaltens und nennen diese Gründe *Motive.* Alle drei haben vergleichbare Ziele, handeln aber, das zeigt ihr voneinander abweichendes Verhalten, aus unterschiedlichen Motiven. Diese Motive dürften auch ihr außersportliches Verhalten bestimmen; denn:
- Motive sind meist in frühster Kindheit erlernte, Entwicklungsphasen

und Lebensabschnitte *überdauernde Wertvorstellungen*, die das Verhalten und Handeln ausrichten. Sie wurden zwar in bestimmten Situationen erlernt, dann aber auf andere Situationen übertragen (verallgemeinert, generalisiert) (vgl. HECKHAUSEN 1974; EBERSPÄCHER 1982; ERDMANN 1983; GABLER 1983).
Ottokar mußte sich z. B. in der Familie gegen zwei ältere Brüder durchsetzen. Heute kämpft er diesen Kampf in Training und Wettkampf gegen Mit- und Gegenspieler. Sein Hauptmotiv: Selbstbehauptung, Macht- und Einflußstreben.

- Motive sind gemäß ihrer Bedeutung für den einzelnen geordnet (gewichtet). In der *Motivhierarchie* stehen die besonders wichtigen (dominanten) Motive oben, die wichtigen (subdominanten) darunter, gefolgt von den weniger wichtigen (subalternen) Motiven. Für gewöhnlich schlagen die dominanten Motive durch, insbesondere in Situationen, die für den Spieler besonders wichtig sind und den Situationen ähneln, in der die Motive erlernt wurden.
  Paul will seine Rolle in der Mannschaft ausbauen (Einfluß), insbesondere wegen der sozialen Anerkennung (Prestige), aber es dominiert bei ihm der Wunsch, persönlich besser zu werden, seine eigenen Grenzen zu erfahren und zu überwinden (Leistungsmotiv).
- Motive treten selten einzeln (isoliert), meistens in *Verbindung* mit anderen auf. Das kann an einer zu engen Definition des Motivs liegen; das beobachtbare Verhalten ist zu komplex, als daß es auf ein einzelnes Motiv zurückgeführt werden könnte. Andererseits können in Entscheidungssituationen Wertvorstellungen in Konkurrenz treten. Schließlich unterlegt der Spieler seiner Handlung manchmal selber verschiedene Motive.
  Joe steht oft vor der Entscheidung, selber zu ziehen, von draußen zu schießen oder Paul in Korbnähe anzuspielen. In kritischen Spielphasen spielt er Paul häufiger an. Warum? Er sagt, das erhöhe die Erfolgschancen, er spiele somit mannschaftsdienlich. Aber zugleich überträgt er die Verantwortung an Paul und vermindert bei sich das Risiko. Er zieht einem möglichen Prestigegewinn die Selbstentlastung vor.

3 Das ‹Ottokar-Paul-Joe-Beispiel› deutet bereits die Fülle möglicher Motive an. Welche *Spiel-* und *Leistungsmotive* sind aber für Basketballspieler besonders wichtig? Wir wollen einen an der Spielpraxis und der Forschung orientierten Überblick geben und gehen von den allgemeineren Motiven aus.
Die Tätigkeit des *Spielens* wird bestimmt vom angeborenen Motiv der Neugier (= Appetenzverhalten der Tiere), mit der Ich und Umwelt ‹angegangen› werden. Wird die Neugier durch viele anregende Reize und die soziale

Umwelt positiv verstärkt, so kann sich das Erkundungs- bzw. Explorationsverhalten entfalten, verbunden mit systematischem Beobachten und Experimentieren. Damit beginnt das eigentliche kindliche und erwachsene Spiel: Alles Gegenständliche der Umwelt, alle Personen, ihre Beziehungen und Verhaltensweisen, aber auch eigene Zustände, Empfindungen und Gedanken werden der Frage unterworfen «Was kann ich alles damit tun?» So wird die Verwandlung zum zentralen Motiv des Spiels. Spielende erleben sich dabei als Verursacher, Entdecker und Erfinder, bauen Spannungen auf und ab, erleben persönliche und soziale Konflikte und erfahren Möglichkeiten zu ihrer Lösung ‹in einer anderen Welt› (vgl. SUTTON-SMITH 1978; HAGEDORN 1983c).

Sehr früh werden mit dem Spielmotiv andere Motive verknüpft, z. B. das des Fertigkeitenerwerbs (vgl. bei 2.3). Auf diesen mit dem Spiel verbundenen Motiven bauen die im Sport und im Basketballspiel wirksamen Motive auf, das Motiv der *Aggression* (als ‹verletzender› Auseinandersetzung mit Umwelt und sich selbst), das *Anschlußmotiv* (Beziehung, Kontakt), das der *Bewegung*, der körperlichen *Anstrengung*, der *Spannung* und des *Risikos*, das *Leistungs-* und das *Machtmotiv* (Reihenfolge nach GABLER 1983).

Einerseits könnte diese Motivkette fortgesetzt werden; denn Spieler werden auch bestimmt vom

- Motiv der Selbstbehauptung (= Kämpfer Ottokar),
- Motiv der Anerkennung (= Taktiker Paul),
- Motiv der Perfektion (= Ästhet Joe),

andererseits lassen sich die Motive (mit ERDMANN 1983) auch sinnvoll zusammenfassen als

- Anschlußmotiv,
- Macht- bzw. Einflußmotiv,
- Leistungsmotiv.

Diese sind auch im Basketball bei der Motivation wirksam, so daß sie hier kurz diskutiert werden sollen.

Die Suche nach *Anschluß* (= sozialer Kontakt, Beziehung) ist gerade auch im Basketball für viele Spieler ein dominantes Motiv. Das mag zum einen an den Bedingungen des Spiels, z. B. an der unmittelbaren Nähe von Mit- und Gegenspielern und der beinahe beliebigen Kontaktwahl, zum anderen an den Spielern selbst liegen. Sie wollen oft im Sport, insbesondere in den Spielen, die in Familie, Schule, Freizeit und Beruf erlernten positiven Interaktionsmuster nach eigener Wahl wiederholen (Verstärkungstendenz); sie suchen oftmals allerdings auch das Erlebnis der Gruppenzugehörigkeit, das ihnen in anderen Bereichen versagt blieb (Kompensationstendenz).

Die *Kompensation* hat viele Gesichter, gute und böse. Fehlende Zuwendung kann zu einer Suche nach Anerkennung um jeden Preis, bis zur Aufgabe seiner selbst, kann aber auch zur blinden, aggressiven Selbstbehaup-

tung führen. Vielleicht sind der ‹Lange› und der ‹Versager› Beispiele einer sinnvollen Ummotivierung, wenn es gelingt, ihr ‹Defizit› positiv zu wenden. Überlänge fällt aus dem Rahmen, öffentlich und privat. Die Störgröße kann im Basketball zum Auswahlkriterium werden. Wer in Familie und Schule versagt, versagt oftmals, weil es die anderen so brauchen und weil der ‹Versager› sich in seiner Rolle eingerichtet hat. Basketball könnte Rollenneuland für ihn werden, das die Chance bietet, Rollenverkrustungen aufzubrechen; denn Erfolg hat jeder, in Training und Wettkampf, wenn seine Erwartungen ihn nur sehen wollen. Sinnvoller Ausgleich von Defiziten in der sozialen Entwicklung (Sozialisation) sind nur möglich, wenn ein Mindestmaß an Einsichtsfähigkeit (soziale Intelligenz) und an Selbstwertgefühl vorhanden sind. Andernfalls wird der Trainer unkontrollierbar zur Projektionsfigur für unbewältigte Vater- oder Mutterkonflikte, und die Gruppe muß als ‹soziale Bühne› für persönlichste Augenblicks- und Dauerkonflikte herhalten.
Basketballtrainer und -mannschaft als ‹freigewählte Großfamilie› sollten dem einzelnen Spieler ein Zugehörigkeitsgefühl vermitteln, in dem jedem angemessene Aufgaben und formelle Rollen eröffnet und bestätigt werden mit der Chance des Aufstiegs. Die informellen Beziehungen und Rollen entwickeln sich über die auch außersportlichen Kontakte (vgl. dazu bei 3.9).
Das *Macht-* oder *Einflußmotiv* berührt sich dort mit dem Anschlußmotiv, wo die Gruppe oder die persönlichen Beziehungen dazu verzweckt (instrumentalisiert) werden, Macht auszuüben oder Einfluß gegen einzelne oder die Mannschaft zu wenden. Die größte Macht besitzt zunächst der Trainer. Er kann informieren und vorschreiben, belohnen und bestrafen, und das aus den (insbesondere bei Jugendlichen) souveränen Rollen des Verhalten regelnden und normierenden ‹Vaters› (= Über-Ich der Spieler), des (all-) wissenden Experten und des lebendigen Vorbilds. Teile dieser Macht besitzen aber auch Spieler. Playmaker Ottokar ‹belohnt› z. B. den Flügel Joe durch gezielt häufiges Anspiel, wenn dieser ihn anerkennt und auch für ihn punktet; die Danke-schön-Geste Joes nach einem guten Paß signalisiert diese ‹Macht›-Konstellation.
Der eigensinnige Spieler zeigt an, wo sich das *Einflußstreben personalisiert.* Er spielt nicht den günstiger stehenden, den freien Mitspieler an; er schießt auch dann noch, wenn aus taktischen Gründen Ballhalten angemessener wäre selbst als ein erfolgreicher Korbwurf; er hat überhaupt kein Verständnis dafür, daß er gegen einen anderen Mitspieler ausgewechselt wird. Seine soziale Wahrnehmung reicht nur soweit, wie Mitspieler seinen Zielen nützlich sind. Einfluß bedeutet hier: Anteile an der Spielzeit, Punkte, Ballkontakte; Prestige in Verein, Familie, Öffentlichkeit; Kontrolle über den Einfluß anderer Spieler; das Recht auf öffentliche Kritik an Mitspielern, Trainer, Führung; schließlich unterschiedliche materielle Zu-

wendungen. Das sind Indikatoren einer verfeinerten hierarchischen «Alpha-Omega»- oder Hackordnung wie im Reich der Affen und Hühner (vgl. RUCH/ZIMBARDO 1975, 71 ff).
Nach HECKHAUSEN (1963) ist das auf die Mannschaft bezogene positive (sozialisierte) Einflußstreben an das *Erfolgserlebnis* und die *Erfolgszuversicht*, somit an ein positives Selbstbild geknüpft. Das leuchtet ein. Kinder von drei bis fünf Jahren spielen ‹ihren› Ball nicht ab; denn sie haben noch nicht die Gewißheit, daß er ihnen zurückgegeben wird. Es fehlt noch die systematische Erfahrung, daß die Trennung vom Ball und der Befriedigungsaufschub durch einen höheren Wert, durch ein Lob, durch soziale Anerkennung und die Ballrückgabe belohnt werden. Erfolgszuversicht schafft Selbstsicherheit; in dieser Selbstsicherheit gründet das positive Selbstbild; dieses macht einen Spieler frei, sein Bedürfnis nach Einfluß am und im Interesse der Mannschaft zu befriedigen (vgl. dazu ERDMANN 1983).
Für den Sport und das organisierte, auf Wettkampf ausgerichtete Basketballspiel ist das *Leistungsmotiv* dominant. Leistungen erbringen Spieler (und Trainer) zunächst sowohl vor sich selbst als auch in bezug zu anderen. Das Maß für die erbrachte Leistung sind somit subjektive und objektive *Normen*. Für den Erfolg eines Spielers (und Trainers) und seine Zufriedenheit, im weitesten Sinne für sein Glück als Zustand eines inneren Gleichgewichts ist entscheidend, wie die eigenen Normen entwickelt (erlernt), die fremden Normen angenommen wurden und in welchem Verhältnis beide Normsysteme zueinander und zur wirklichen Leistungsfähigkeit des Akteurs stehen (vgl. NITSCH/ALLMER 1976).
Große Leistungen gelingen bei ausgeglichenem, mittlerem Anspruchsniveau und hoher Leistungsfähigkeit. Hier herrscht mit HECKHAUSEN (1963) die sichere *«Hoffnung auf Erfolg»* vor, die Ziele sind realistisch und erreichbar; der Erfolg bestätigt (verstärkt) den Spieler, er bleibt gelöst, er kann sich weiter steigern. Alle anderen Zustände schaffen mehr oder weniger große Probleme. Sie bestätigen und verstärken die *«Furcht vor Mißerfolg»*. Spieler, an die durch sie selbst oder durch die Umwelt überhöhte Anforderungen bei geringerer Leistungsfähigkeit gestellt werden, geraten unter permanenten Leistungsdruck ohne ‹echte Pause›. Sie können ihre psychischen Energien nicht auffüllen. Die beobachtbaren Verhaltenssymptome: ungezielte motorische Unruhe, Konzentrationsstörungen, Schlaflosigkeit, Aggressivität. Letztere richtet sich für gewöhnlich gegen den Anforderer, also gegen sich selbst oder die Umwelt, hier zunächst gegen das schwächste Glied, z. B. gegen einen jugendlichen Mitspieler; aus Furcht vor Sanktionen, später auch ‹in blinder Selbstzerstörung› gegen die mächtige Vaterfigur Trainer. Offenbar setzt die permanente *Überforderung* wichtige Verhaltenskontrollen außer Kraft.
Unterforderung, also hohe Leistungsfähigkeit bei geringen Anforderungen, führt zu vergleichbaren Zuständen der Gereiztheit, der Nörgelei und

Mißerfolgsorientierung
«Wie soll der riesige Ball da hoch oben durch den winzigen Ring gehen? Nie!»

Erfolgsorientierung
«Klar, im Bogen und schwups!»

zu Aggressivität (vgl. auch Nitsch 1976). Hier sind auch die psychischen Kapazitäten nicht ausgelastet; die Spieler stehen unter einem positiven Leistungsdruck und suchen ihn kompensatorisch auszugleichen: Sie werden hyperaktiv, entwickeln Nebentätigkeiten, verlieren ihre Ziel- und Leistungsorientierung. Am Ende wechseln sie demotiviert die Mannschaft, den Verein, die Sportart oder geben ganz auf. Neben den Verletzungsrisiken sind Über- und Unterforderungen ein wesentlicher Grund für den Ausstieg («drop out»).

4 Die Kritik von Bundestrainer Ralf Klein betrifft nicht nur den Nationalstolz der deutschen Spieler. Er vermißt bei ihnen auch die Fähigkeit zum freien Spiel («free play»; Improvisation) und beklagt ihr negatives Selbstbild, ihre geringe situationsbezogene Leistungsmotivation und die für den ganz großen internationalen Erfolg nicht ausreichende persönliche Einstellung: «Sie können nicht improvisieren, es ist nicht ihre Natur. Sie leben nach Regeln, sind nicht flexibel genug. Sie haben mentale Probleme, glauben nicht an sich. Sie spielen ohne Nationalstolz» (M. Gernandt, in: Süddeutsche Zeitung, Nr. 127, 02.08.84, S. 40).
Die Kritik liest sich wie eine kurzgefaßte (negative) Motivationslehre. Motivation als *Motivierung* wird verstanden als eine Wechselwirkung des (der) überdauernden Motivs(e) und des Situationsanreizes (Heckhausen 1977,

nach ERDMANN 1983). Hier werden ältere und dominante Motive aktualisiert. In einer ungewohnten Leistungssituation kann deshalb die ‹Furcht vor Mißerfolg› durchschlagen. So geschieht es fast regelmäßig, wenn die Außenseiter-Mannschaft überraschend führt und plötzlich erkennt, daß sie das Spiel gewinnen kann. Rückerinnernd werden Vergleiche mit ähnlichen Situationen gezogen, die natürlich mit einem Mißerfolg endeten – prompt verliert die Mannschaft ‹ihren Rhythmus› und damit auch das Spiel. Ähnliche Motivationseinbrüche sind bei einer Mannschaft, wie der Nationalmannschaft, zu erwarten, die auf dem Sprung ins (inter-)nationale Oberhaus ist. Vergangene Mißerfolge und das hohe Ansehen des Gegners hängen wie Bleigewichte an den Spielern.
Grundlage von Lernfortschritt, Leistungssteigerung und Spielerfolg sind ein *positives Selbstbild* (‹Ich weiß, daß und was ich kann!›) und die *erfolgsorientierte Leistungsmotivation* (‹Ich werde es schaffen!›). Je stärker das Selbstbild mit dem Bild, das andere sich von ihm machen (= Fremdbild), und mit dem reflektierten Selbstbild (= Bild, das die anderen sich seiner Meinung nach von ihm machen) übereinstimmt, um so eher wird der Spieler positiv verstärkt und in die Mannschaft integriert (vgl. KOHL 1979).
Die Richtung, die die Leistungsmotivation vorrangig bei Spielern (und Trainern) einschlägt, ist daran ablesbar, wer zur Ursache für Sieg oder Niederlage, Erfolg oder Mißerfolg erklärt wird (= Kausalattribuierung). Erfolgsorientierte Spieler schreiben den Erfolg vorrangig sich selber, den Mißerfolg eher äußeren Umständen (Zufall) zu. Mißerfolgsorientierte verfahren umgekehrt.

5 Spieler und Trainer sind keineswegs den negativen Verhaltenstendenzen hilflos ausgeliefert. Sicherlich können überdauernde Motive nicht beseitigt, auch nur bedingt verändert werden. Sie machen einen wesentlichen Teil des Persönlichkeitsprofils eines Spielers aus. Bedenkliche dominante Motive (z. B. extremes Geltungsstreben oder überkritische, negative Selbstsicht) sollten dem Spieler behutsam, aber eindringlich bewußt gemacht werden, damit er ihr Erscheinen (situative Aktualisierung) beobachten und ihre Auswirkungen kontrollieren lernen kann. Andernfalls steht er hilflos in einem Kommunikationsfluß und verwechselt fortgesetzt Ursache (sein eigenes Verhalten) und Wirkung (Reaktion der Umwelt).
Der kritische Umgang mit eigenen *negativen Verhaltenstendenzen* setzt die Fähigkeit zur Einsicht (soziale Wahrnehmung), einen gewissen Leidensdruck und die Bereitschaft zur Veränderung voraus. Manche Spieler haben sich fest in ihren Motiven eingerichtet und lassen nur noch bequeme Gäste ins Haus. Hier lautet die Handlungsalternative: Ertragen oder Trennen.
Ein wichtiges aktuelles Mittel der *Motivierung* ist die *Einstellung*. Wir wollen darunter die beeinflußbare Tendenz der Spieler verstehen, bestimmte

Gegebenheiten (Anforderungen, Rahmenbedingungen, Gegner) wahrzunehmen und auf sie in spezifischer Weise zu reagieren. Sie unterlegen ihnen einen Wert und richten daran ihr eigenes Verhalten aus.
Wahrnehmung, Bewertung und Reaktion sind beeinflußbar durch

- gezielte Information (z. B. über Schwächen des Gegners),
- Veränderung des Leitbildes (der Gegner X trainiert härter),
- Ablenkung (vom Schiedsrichter auf Zuschauer),
- Erregungssteuerung (Aufputschen, Beruhigen),
- Techniken der Wettkampflenkung (vgl. bei 8.4).

Diese *Fremd-* bzw. *Außensteuerung* muß durch selbstveranlaßte, *innere Verhaltenslenkung* der Spieler ergänzt werden, insbesondere in kritischen Situationen (Wettkampf, Konflikt). Die Spieler lernen über Konzentrationsübungen und inneres Sprechen, sich selbst der Beanspruchungssituation angemessen einzustellen und zu kontrollieren (vgl. bei 8.3.2, Methoden der Psychoregulation).

Merke

- Von den Wertbindungen werden bei Spitzenspielern Mannschaftsgeist (Gruppenloyalität) und Erfolg (Meisterschaft) am höchsten eingeschätzt.
- Unterschiedliches Verhalten wird durch früh erlernte Werthaltungen (= Motive) und deren Zusammenspiel bestimmt.
- Für das Sportspiel sind das Anschluß-, das Macht- sowie das Spiel- und Leistungsmotiv besonders wichtig. Das Leistungsmotiv wird insbesondere von der «Hoffnung auf Erfolg» oder der «Furcht vor Mißerfolg» bestimmt.
- Erfolgsorientierte Spieler schreiben den Sieg eher sich selbst, die Niederlage dem Zufall zu; mißerfolgsorientierte Spieler kehren die Ursachen um.
- Wichtig insbesondere für den Wettkampf ist die gezielte Einstellung der Spieler auf situative Anforderungen. Die Techniken des Motivierens und Einstellens sind erlernbar.

Literatur

79; 115; 122; 144; 199; 228; 292; 343; 429; 472; 552; 629.

Günter Hagedorn

3.9 Sozialpsychologie des Mannschaftsspiels

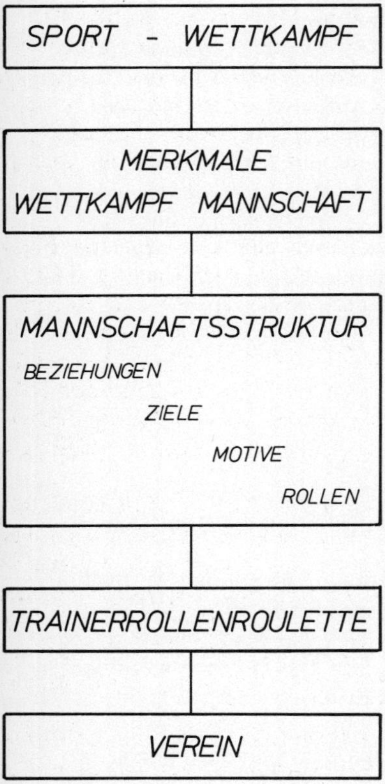

Schlagwörter

1. Sport, geregelter Wettkampf, Risiken.
2. Mannschaftspiele: Rollen, Einfluß, Macht.
3. Merkmale Wettkampf: Revier, sozialer Konflikt; Mannschaft: Horde, Unternehmen, Kooperation, Assoziation.
4. Emotionale, soziale Bindungen; Ziel, Leistung, Erfolg; Personen-, Aufgabenorientierung.
5. Mannschaft als Prozeß; Gesetz der Veränderung; Spielauffassung.
6. Fluktuation und Konstanz; Spielerwechsel.
7. Kooperation, Konkurrenz, Rivalität; Anspielstatus; Eigensinn; Ablösung und Projektion.
8. Persönlichkeit und Rolle; Spielrollen: Zenter, Flügel, Aufbau; Trainerrolle: Widersprüche, Rollenroulette, 12 Rollen.
9. Spiel-Binnenfeld, -Außenfeld; Vereinsstruktur; Spitzenmannschaft.
10. Finanzierung; Werbeagentur.

Erläuterungen

[1] Sport als organisierter und *geregelter Wettkampf* stellt eine Sonderform der menschlichen Auseinandersetzung mit sozialer und physikalischer Umwelt dar. Wer ‹Sport treibt›, der handelt nicht nur, ‹wie er will›, sondern er setzt sich mit sich selbst, mit der Natur, mit anderen immer auch im Rahmen vereinbarter Bedingungen und Regeln und mit vergleichbaren

Hilfsmitteln (Technik) auseinander. Dabei birgt diese Auseinandersetzung verschiedene *Risiken.*
Wir können Sieger oder Verlierer werden; wir gehen dabei das *psychologische Risiko* der Niederlage und des Versagens ein; damit können Enttäuschung (Frustration), Selbstwertverlust und Verlust an Ansehen (Prestige) verbunden sein. Wir steigern aber auch die Risiken körperlicher Unversehrtheit oft bis an die Grenze der Überforderung, der Verletzung und des (orthopädischen) Dauerschadens und darüber hinaus. Manch einer wagt sogar aus purem sportlichen Abenteuertum sein Leben (auf dem Ozean, in der Steilwand, im Bob, beim Abfahrtsrennen oder Boxen). Es scheint, als sei der Sport hier Ersatz für die Lebensrisiken, die wir heute nur noch als exotische, private Sensation erleben können.

2 In den Mannschaftsspielen tritt die Auseinandersetzung mit der physikalischen Natur fast ganz zurück hinter der Auseinandersetzung zwischen Menschen. Spieler als Mit- und Gegenspieler, Trainer und Betreuer, Schiedsrichter und Zuschauer, Arzt, Masseur und Manager sind hier die Akteure in einem vielfältigen sozialen Handlungsfeld. Allen Akteuren fallen unterschiedliche Aufgaben zu; sie besitzen Einfluß (*Macht*) und erfüllen Erwartungen (*Rollen*), die z. T. sehr deutlich voneinander abweichen. Dennoch bilden sie alle zusammen ein gemeinsames Handlungsfeld, das Handlungsfeld Mannschaftsspiel.
Bemerkenswert dabei ist, daß die Rollen nicht beliebig austauschbar sind, sondern sich ergänzen. Ein Spiel artete in Kabarett und Clownerie aus, würden Manager, Betreuer, Schiedsrichter und Spieler einen Ringtausch ihrer Rollen vornehmen. Mitspielende Schiedsrichter – Spieler, die ‹hinter den Kulissen› das Sagen haben – Betreuer mit Trillerpfeife? Ein neues Spiel wäre geboren, bei dem das Lachen solange vorherrschte, bis sich eine neue Ordnung erstellte mit durchschaubaren (vorhersehbaren) Handlungsmustern und Rollen.
Bemerkenswert ist auch, daß Einfluß und Macht keineswegs ein für allemal festgelegt, also unveränderlich sind. Sie wechseln je nach Situation. Der gerade eben noch ‹allmächtige›, punktende Topstar wird ‹ohnmächtig›, wenn er sich verletzt; der Arzt wird für ihn zur zentralen Bezugsperson (Rolle), den zuvor niemand wahrgenommen hat. Und fällt mitten im Spiel plötzlich das Licht aus, dann kann für kurze Augenblicke der Hallenwart zur wichtigsten Person werden aufgrund seiner Orts- und Sachkenntnis. Seine Rolle ist gefragt, nicht seine Persönlichkeit (als Summe von Eigenschaften).
Dennoch gibt es auch in diesem Handlungsfeld Akteure, denen mit großer Wahrscheinlichkeit über längere Zeit mehr Aufmerksamkeit zufällt als anderen, an deren Handlungen und Verhaltensweisen die anderen ihre Handlungen und Verhaltensweisen ausrichten, ja, denen sie sogar zugeordnet

sind. Trainer, Betreuer und Arzt ‹dienen› den Spielern, Anschreiber und Zeitnehmer den Schiedsrichtern, die Schiedsrichter ‹dem Spiel›, und in keinem Falle ist (sollte) es umgekehrt (sein).

3 In erster Linie geht es im Mannschaftsspiel um den Wettkampf zwischen zwei Mannschaften. Was besagen hier die Begriffe Wettkampf und Mannschaft?

Nach Ansicht der Volkskundler (Ethnologen) und der Verhaltensforscher (Ethologen) hat der *sportliche Wettkampf* uralte Ahnen, den mythischen Kampf zwischen Tag und Nacht und Stammesfehden der Vorzeit, sagen die einen; Revierverhalten, Brutpflege und geregelten Kommentkampf, sagen die anderen. Die Vielfalt unseres Handelns und Verhaltens im sportlichen Wettkampf läßt viele Deutungen zu. Es ist affektiv-emotional, manchmal im wahrsten Sinne des Wortes primitiv und wild, zugleich aber regel-rational im Verfolg des eigenen Spielvorteils. Dabei reicht auch hier die Risikoskala vom einfachen Spielfrust (Volleyball) bis zum Risiko für Gesundheit (Fußball, Rugby) und Leben (indianisches Lacrosse, amerikanisches Football).

Ähnlich gemischt sind auch die *Merkmale einer Mannschaft*. Sportspielmannschaften haben etwas von einer vorzeitlichen Menschenhorde und einem perfekt geführten Industrieunternehmen. Sie wechseln oftmals Namen und Sponsor wie die Neandertalhorde ihr Jagdrevier. Zugleich liegen minuziöse Pläne für Training und Wettkampf, für Ernährung, Regeneration und Physiotherapie vor, eingebettet in ein verwirrend-klares Vertragswerk über Ablöse, Grundgehalt, Prämien und Strafen. Das sind auf der Merkmalsskala die Extremfälle. Die Mehrheit der Mannschaften liegt irgendwo dazwischen, die einen vielleicht näher bei der Horde mit ihrem Vereins-, Spieler- und Trainerwechsel (Fluktuation), die anderen näher beim Industriebetrieb mit einem Präsidenten, der die Aktienmehrheit besitzt und einen Schattenvorstand aus honorigen Vizepräsidenten dirigiert.

Manche *Mannschaften entstehen* spontan beim Spiel (Freizeit, Spieltreff, Hochschulsport), um anschließend auf Nimmerwiedersehen auseinanderzufallen. Andere besitzen einen beständigeren Kern mit wechselnden Randzonen, etwa Theken- oder Betriebsmannschaften, während andererseits Mannschaften jede Fluktuation erschweren oder verhindern, wenn die Mannschaft eine über Spiel und Wettkampf hinausgehende Bedeutung als besondere Gemeinschaft hat, z. B. die ‹Jugendbund-› Rolle von Jugendmannschaften, die geschlossen in die Seniorenklasse aufgestiegen sind; oder bei Dorf-, Siedlungs- und Stadtteilmannschaften die Rolle der Selbstbestätigung (als Identitätssuche) durch Traditionen und Rivalitäten; die Wahrung einer Autonomie bei Mannschaften religiöser, nationaler oder politischer Minderheiten.

Wahre Artisten sind sie . . .

Bei allen Spielmannschaften lassen sich zwei Grundformen der sozialen Auseinandersetzung beobachten. Die Mitglieder einer Mannschaft spielen zusammen, um gemeinsam ein Ziel zu erreichen (*Kooperation*); sie bekämpfen gleichzeitig den Versuch der Gegenmannschaft, das zu verhindern oder deren eigene Ziele durchzusetzen. Diese Ziele sind vereinbar (Spannung, Erlebnis) und unvereinbar zugleich (Erfolg, Sieg). Gegnerische Mannschaften sind somit aufeinander bezogen (*Assoziation*), sie brauchen einander, um gerade auch unvereinbare Ziele zu erreichen. Kooperation und Assoziation (Lüschen 1971) bedingen sich gegenseitig, sofern die Spannung um Sieg und Niederlage erhalten bleiben soll. Je größer die Anforderungen der Gegenspieler, um so wirkungsvoller muß das Zusammenspiel der Mitspieler einer Mannschaft sein, und umgekehrt.

4 Mit zunehmender Nähe und steigender Dauer der Kontakte wachsen in der Regel die *emotionalen* und *sozialen Bindungen*. Die Spieler suchen dann nicht nur Spiel, Training und Wettkampf, sondern auch den persönlichen Kontakt (Gespräch, Zusammenspiel, Geborgenheit). Später trifft man sich auch außerhalb der ‹Bannmeile› Mannschaft privat. Sympathie ist eben auch eine Frage der Häufigkeit von Kontakten, also der sozialen Nähe (nach einer Homans-Regel; vgl. Schmidt-Mummendey 1976; Hagedorn 1979a). Während bei Spontanmannschaften vorherrschend nach dem Prinzip sympathisch/unsympathisch eingeteilt wird, unterscheiden Spieler anderer Mannschaften aufgrund vielfältiger sozialer Erfahrung. Der Sympathische zeigt auch Schwächen, der zunächst Unsympathische besitzt Stärken. Es entsteht ein komplexes Beziehungsgeflecht, das aber keinesfalls festgeschrieben wird. Tatsächlich können im Spiel die besten Privat-Freunde aneinandergeraten, sogar zu Konkurrenten werden, während Spieler ohne Privatkontakt oder Rivalen (z. B. bei einer Freundin, einem Freund) im Wettkampf hervorragend kooperieren können.

Offenbar gibt es in Mannschaften etwas, das über dem Sympathie-Antipathie-Schema dominiert. Wir wollen es das *Ziel-Schema* nennen. Ist es das Ziel einer Mannschaft, nur um ‹innerer Harmonie› willen zu spielen, so stellen die Sympathie-Beziehungen ein Auswahlkriterium dar. Aber schon beim ‹Spiel aus Lust am Spiel› verändern sich die Erwartungen der Spieler sich selbst und den anderen gegenüber. Sie wollen einbezogen sein, indem sie anspielen und angespielt werden, Erfolg ermöglichen und selber erfolgreich sind. Sie wollen Mit-Spieler werden.

Werden sportliche *Leistung* und *Erfolg* zum vorherrschenden Ziel, dann treten die sozialen und emotionalen Beziehungen weiter zurück. Das Geschehen in der Mannschaft wird wesentlich mitbestimmt von dem Beitrag, den der einzelne zur Erreichung des Zieles erbringt. Die (eigene und fremde) Leistungserwartung entscheidet dann über die Rolle des Spielers in der Mannschaft. Spieler mit hoher Leistungserwartung nehmen Schlüs-

selrollen in der Mannschaft ein; sie spielen länger als andere, werden häufiger angespielt, erhalten Vorrechte (Privilegien) insbesondere im Hinblick auf das zentrale Mannschaftsziel (z. B. werden Fehler bei ihnen länger toleriert), haben in der Regel größeren Prestigegewinn und bekleiden oft einflußreiche Ämter (z. B. die formelle Rolle des Mannschaftskapitäns). Dabei können wir beobachten, daß in einem Falle der Leistungsrang (Tüchtigkeit) eines Spielers mit seinem Sympathierang (Beliebtheit) innerhalb der Mannschaft konkurriert (sog. Divergenztheorem von HOFSTÄTTER 1957), im anderen Falle Leistungsrang und Beliebtheit einander entsprechen (sog. Konvergenztheorem; LÜSCHEN 1971; NAUL/VOIGT 1972).
Es will einleuchten, daß *personorientierte* Mannschaften eher das spontane Erleben und die zwischenmenschlichen Beziehungen suchen und damit zufriedener sind als Mannschaften, die *aufgabenorientierte* Leistungsziele verfolgen. Das hängt ab vom Aufwand, der zur Erreichung des Ziels notwendig ist. Die einen pflücken ihre Früchte im Stehen und Gehen, die anderen müssen danach springen. Andererseits haben die Leistungsmannschaften insofern eine größere Lebens- und Überlebenschance, als sie, bei erreichbaren (realistischen) Zielvorgaben, unabhängiger sind von den Wechselfällen des Augenblicks (durch Planung) und der Emotionen (durch den höheren Grad an Rationalität ihres Handelns), und Fähigkeiten (Strategien) zur Bewältigung von Konflikten entwickeln (MYERS 1975; RUCH/ZIMBARDO 1975; vgl. auch bei 8.4).

5 Sportspielmannschaften stellen aufgrund des Person-Umwelt-Dialogs einen nur durch Auflösung begrenzbaren Prozeß dar (vgl. SCHARMANN 1966; HAGEDORN 1981; dagegen MARTIN 1979). Ständig ändert sich etwas an ihnen und in ihnen; Spieler sammeln Erfahrungen, werden älter, vertiefen hier die zwischenmenschlichen Beziehungen, lockern oder lösen sie dort; verändern ihre Motive, Wertmaßstäbe, Ziele. Deshalb ist jede Mannschaft ‹im Fluß›. Selbst Mannschaften ohne Fluktuation unterliegen dem *Gesetz der Veränderung*. Es ist ein gefährlicher Trugschluß, wenn Trainer und Vereinsführung glauben, einen erreichten Leistungsstand oder den Geist der Mannschaft einfrieren zu können. Sogleich werden Leistungsträger innerhalb der Mannschaft ‹Erbhöfe› (Dauerabonnements, Pensionsansprüche) einrichten, geht mit dem Zwang zu Selbstkontrolle und Leistungsvergleich Spannung verloren, nehmen Neugier- und Explorationsverhalten auch im Zwischenmenschlichen ab. Die Mannschaft entartet zum Klischee einer Sportspielmannschaft.
Die entwicklungs- und lernbedingten Änderungen der Mannschaft bewirken *Veränderungen im Umfeld*. Fans sehen ihre Mannschaft in der neuen Saison mit anderen Augen, vermutlich weil auch sie lernen und sich entwikkeln. Sie lernen z. B., Veränderungen an Spielern und Mannschaft festzu-

stellen, und verändern damit ihre eigenen Erwartungen, sofern nicht Presse, Vereinsführung und/oder Trainer falsche Erwartungen aufbauen und verstärken. Dennoch erkennen Fans ‹ihre› Mannschaft durch alle Veränderungen hindurch. Das beruht auf den *äußeren* und *inneren Mustern* (Standards). Die Mannschaft hat einen (in den meisten Fällen) gleichbleibenden Namen, hat Vereinsfarben und einen Vereinsbus, einen Schlachtruf, Plakate, Anhängsel, Fähnchen; verfügt über eine bestimmte Halle als ‹Heim-Revier› und ein Stammlokal für gesellige Treffs. Daneben hat sie auch ihre *Spielauffassung* (Stil), die sich oft über Spieler- und Trainergenerationen hält. Der Angriffs-, Verteidigungs- oder Trainingsstil lockt neue Spieler mit vergleichbarer Auffassung an, stößt andere vielleicht ab. Selbst ein neuer Trainer ist gut beraten, wenn er seine Auffassung in die tradierte Auffassung der Mannschaft ‹einbringt› (durch Erweiterung, Ergänzung, Gewichtung). Selbst eine Änderung der Auffassung, die wegen sportlichen Mißerfolgs notwendig wird, stößt an nahezu unüberwindliche Grenzen, wenn der alte Kern der Mannschaft nicht aufgebrochen wird, statt dessen seine Machtpositionen behält. Der vorprogrammierte Konflikt wird normalerweise auf das Konto des Trainers gebucht.

6 Das Verhältnis von *Fluktuation* und *Konstanz* ist ein wichtiges Kennzeichen dafür, ob sich der Mannschaftsprozeß im Fließgleichgewicht (Bertalanffy 1971) befindet. Die Strategien des Vereins und des Trainers müssen deutlichen Abstand haben von den Extremen: Eine Mannschaft kann weder mit dem Knobelbecher zusammengewürfelt (Motto: ‹Wer will, der darf›), noch mit dem Computer zusammengerechnet werden (Motto: ‹Körperlänge mal Wurfleistungsquotient gleich Spielleistung›). Grundsätzlich hat die spannungsreiche Verbindung von Spielübersicht und Spielerfahrung (Routiniers) mit Aggressivität und Dynamik (Jugend), verknüpft mit Konkurrenz auf allen Spielpositionen, bei einer stets für alle Beteiligten durchschaubaren Rollen- und Chancenzuweisung durch den Trainer die größte Erfolgswahrscheinlichkeit für sich.
Dabei ist gerade für Basketball die Taktik des *Spielerwechsels* von großer Bedeutung. Ältere Spieler haben ihre Zukunft hinter, jüngere ihre noch vor sich. Auf Dauer werden ältere als ‹Bankspieler› zur ‹fünften Kolonne›, während jüngere dort in der Regel aufmerksam lernen und ihre Chance abwarten. Ältere übertragen ihre persönliche Unzufriedenheit (auch die ihrer Bräute, Frauen und Familien) auf Mitspieler und Trainer. Sie projizieren ihren Frust auf immer größere Bildschirme: Der Konkurrent (um Spielzeit und Spielposition) spielt zu eigensinnig; der Spielerwechsel ist falsch; die Taktik stimmt nicht; alles könnte, sollte, müßte man ganz anders machen. Deshalb gehören überalterte Spieler, die ihrer Leistung wegen nicht mehr aufs Spielfeld gehören, auch nicht mehr auf die Auswechselbank. Ausnahmen wie der Berater-Spieler bestätigen auch diese Regel.

7 Die Mitglieder einer Mannschaft kooperieren, um ein gemeinsames Ziel zu erreichen. Dieser Satz ist zwar richtig, aber abstrakt und wenig aussagekräftig. Der Praktiker weiß, daß die Spieler einer Mannschaft oft sehr *unterschiedliche Ziele* verfolgen. Im Extremfall hoffen Bankspieler auf eine Niederlage, damit ihre eigenen Spielchancen (wieder) steigen. Ferner können Spieler selbst des ‹Ersten Fünfer› *Konkurrenten* sein um Punkte, Spieleinfluß und Prestige. Dann unterliegt das Zusammenspiel nicht mehr dem Prinzip des mannschaftlichen, sondern dem individuellen Erfolgszuwachs (Erfolgsmaximierung). Problematischer noch für den Zusammenhalt der Mannschaft als diese wettbewerbsorientierte (kompetitive) Einstellung sind *Rivalitäten*. Rivalen sehen ihren höchsten Erfolg darin, den anderen auszustechen, und sei es um den Preis des gemeinsamen Erfolges.

Konkurrierende und rivalisierende Spieler schneiden sich. Sie spielen den Ball häufiger (und lieber) auf ‹erfolgsneutrale› Mitspieler ab oder handeln auf eigene Faust. Der *Anspielstatus* eines Spielers, gemessen nach Zahl der Zuspiele in einer Zeiteinheit, hängt deshalb ab sowohl von der Leistungserwartung, die an den Spieler geknüpft werden, als auch von den konkurrierenden und rivalisierenden Tendenzen innerhalb einer Mannschaft.

Eigensinn eines Spielers (Egozentrik) kann aber noch andere Ursachen haben. Neben situativen (Ermüdung, Erregtheit) und leistungsbedingenden Ursachen (Spielfähigkeit, Technik) sind es insbesondere individualpsychologische, persönlichkeitsbezogene Gründe. Eigensinnige Spieler dribbeln stets einmal zuviel, passen stets einen Bruchteil zu spät, wenn überhaupt, übersehen den freien Mitspieler, verzögern oder beschleunigen das Spiel, wenn sie nur selbst dadurch am Ball bleiben. Der Ball ist ihr Besitz. Dieses Verhalten hat eine auffällige Parallele in der frühkindlichen Beziehung zu sogenannten Übergangsobjekten. Wenn ein Kind (Ur-)Vertrauen entwickelt, also sich emotional angenommen, nicht abgewiesen und verlassen fühlt, lernt es, sich ohne Konflikte vorübergehend von der Bezugsperson, später von Objekten zu trennen; denn es hat erfahren, daß es alles zurückbekommt, oftmals sogar in gesteigerter Form, als physikalisches Objekt (Ball) und soziale Bestätigung (Anerkennung, Lob). Spiel-Egozentrikern fehlt oftmals diese Erfahrung.

Eigensinn kann auch ein Zeichen dafür sein, daß die für eine spätere persönliche Entwicklung (Identität, Ich-Struktur) so notwendige Ablösung von der Bezugsperson nur bedingt erfolgte. Oft verweigert die Bezugsperson die soziale Abnabelung. Auch Väter, Mütter und Trainer möchten manchmal das Kind bleiben, das sie einst waren. Die Opfer sind Kinder und Spieler, die so unselbständig bleiben sollen, wie es jene nicht mehr sind. Die Übertragung (Projektion) unbewußter Sehnsüchte (nach dem ‹verlorenen Paradies›) und Ängste (vor der ‹rauhen Wirklichkeit›) ist deshalb so fatal, weil die Projizierenden Wissen und Macht besitzen, immer auch an-

ders zu sein, was nicht aber auf abhängige Kinder und Spieler zutrifft.
Die Behandlung (‹Therapie›) unerwünschter rivalisierender, konkurrierender (kompetitiver) oder egozentrischer Verhaltenstendenzen bei Spielern beginnt mit einer Ursachenanalyse. Diese endet oftmals – beim Trainer selbst.

8 Aus dem oben Gesagten läßt sich ein Zusammenhang zwischen Persönlichkeit und Rolle folgern. Die *Spielrollen* Aufbau, Flügel und Zenter unterscheiden sich nicht nur durch körperliche (Größe, Athletik), sondern auch durch Eigenschaftsmerkmale. Zenter müssen beim Kampf am Brett, im Wurf und beim Rebound ‹einstecken› können, also trotz intensiver Körperkontakte die emotionale Balance wahren. Flügel müssen entscheidungsfreudig sein und fortgesetzt zwischen dem eigenen Ausstieg (aus Nah- und Mitteldistanz) und Zuspiel auf den Zenter wählen. Der Aufbauspieler ist Spielmacher und wird als ‹Kopf der Mannschaft› bezeichnet. Er baut aus dem Rückfeld heraus das Spiel auf, organisiert es im Vorfeld, bestimmt die Auswahl und auch den Ablauf von Spielsystemen und entscheidet oftmals auch noch durch eigene Punkte ein kritisches Spiel. Das setzt hohe Spielleistung, Härte und Diplomatie, Frustrationstoleranz und Durchsetzungsvermögen, Aggressivität und Einfühlung voraus. Wenn der Zenter der ‹Rücken der Mannschaft› ist, auf den die Gegenspieler eintrommeln und die Mitspieler abladen, wenn der Flügel der ‹lange Arm› der Mannschaft bei Schnellangriffen, Pässen und Distanzwürfen ist, so darf der Aufbauspieler als ihr denkendes und fühlendes ‹Herz-Kopf-System› gelten. Das macht die Talentsuche und -förderung hinsichtlich dieser Spielrolle so schwer. (Vgl. dazu auch bei 8.3.1.)
Der Zusammenhang zwischen Persönlichkeit und Rolle besteht sicherlich auch beim Trainer. Wir wollen hier nur auf die wichtigsten Erwartungen der Spieler eingehen. Aus diesen kann dann indirekt auf die Persönlichkeit rückgeschlossen werden. Hinsichtlich der *Trainerrolle* ergibt sich ein höchst widersprüchliches Bild. Er erscheint als *Herr* (über Spielanteil, Lernfortschritt und Karriere) der Spieler und *Knecht* (in den ‹schmuddeligen› Bereichen der Organisation und der Finanzen) des Managements; er ist ein *Gott*, der den Himmel und die Hölle des Sports mit den Mitteln des Menschen regiert, und ist *Sündenbock* zugleich, den man, wenn es an der Zeit ist, in die Wüste jagt, beladen auch mit fremder Schuld; er ist ein ‹Minipapst› mit Drähten zu allen heiligen Stühlen diesseits und jenseits der Realität und wird doch immer von der Banalität des Alltäglichen bis aufs Blut gepiesackt; viele Spieler wünschen ihn sich als *Ersatz-Vater*, den andere Spieler, seine Sport-Söhne, in einem ödipalen Anfall am liebsten ermorden würden.
Diese bildhaften Widersprüche sind die Rollenrealität des Trainers. Sie leiten sich aus dem Sozialfeld des Sportspiels ab, das immer zugleich ‹Spiel-

wiese› (zweckfreier Spiellust) und ‹Nebenkriegsschauplatz› (persönlicher und sozialer Probleme und Konflikte) werden kann. In der Basketball-Trainerrolle wird dieser Widerspruch vielleicht am deutlichsten. Seine Tätigkeit bedarf der Geduld (mit eigenen und fremden Schwächen und Fehlern) und bewegt sich fortgesetzt zwischen Beharrlichkeit (in der ständigen Wiederholung der das Verhalten und Handeln der Spieler stabilisierenden Maßnahmen), Rastlosigkeit (in der Suche nach sinnvoller Veränderung), Stress (durch den Konflikt zwischen Erfolgsdruck und persönlichen Bedürfnissen der Spieler), Hektik (in kritischen Phasen von Training und Wettkampf).

Zugleich soll der Trainer zur Selbstbesinnung kommen, Zeit zur Innenschau (Introspektion) finden, damit er sich in sich selbst wiederfindet und seine Ich-Identität bewahrt. Das nämlich ist die Voraussetzung für die Selbststeuerung des eigenen Verhaltens. Wir wollen die widersprüchlichen Erwartungen und Tätigkeiten mit Hilfe eines «Trainer-Rollenroulettes» veranschaulichen (Abb. 1).

Abb. 1: Das Trainer-Rollenroulette

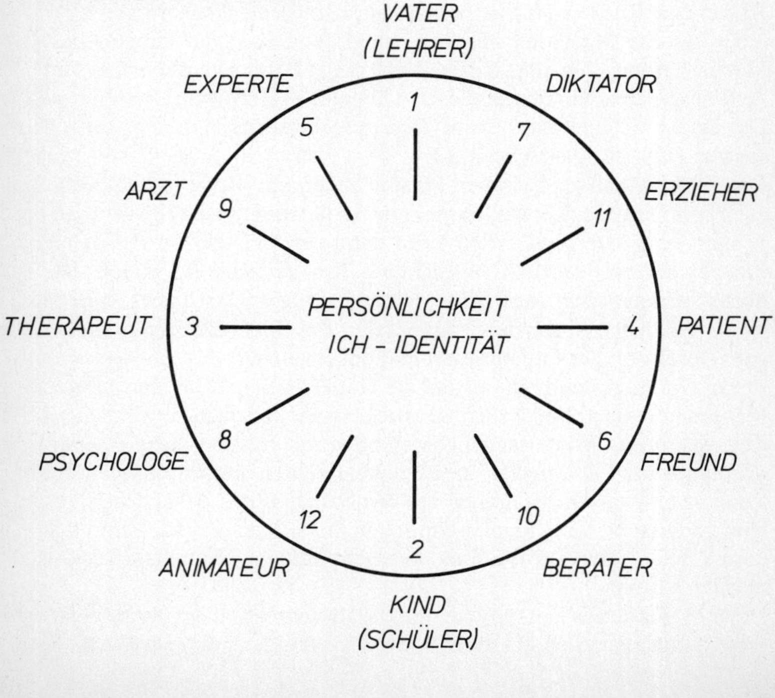

Zur Bedeutung der Rollen:
1 Vater (Lehrer): Gibt Regeln und Normen vor; bewertet Verhalten.
2 Kind (Schüler): Übernimmt Regeln und Normen; lernt.
3 Therapeut: Analysiert und steuert Fehlverhalten anderer.
4 Patient: Erkennt eigenes Fehlverhalten; lernt damit umzugehen.
5 Experte: Ist (überlegener) Fachmann in allen fachlichen Fragen.
6 Berater: Gibt Ratschläge (Tips) auch überfachlicher Art.
7 Diktator: Entscheidet in kritischen Phasen allein.
8 Animateur: Läßt Entdeckungen zu; regt zu neuen Aktivitäten an.
9 Arzt: Diagnostiziert und schreibt Heilungsmaßnahmen vor.
10 Freund: Zeigt emotionale Zuwendung, auch in Krisenzeiten.
11 Erzieher: Zeigt Mittel und Wege für Verhaltensziele.
12 Psychologe: Stimmt Maßnahmen auf die Spielerpersönlichkeit ab.

Zwischenmenschliche Beziehungen veröden, wenn sich einzelne Rollen fixieren. Der Basketball-Trainer muß aber – je nach Situation und in unterschiedlichem Maße – die verschiedenen Rollen annehmen können. Untersuchungen, Befragungen und Gespräche zeigen, daß diese Rollenerwartungen abhängen von Alter, Motivation, Geschlecht und Leistungsklasse der Spieler. Mini-Basketballer suchen noch mehr den Vater, Jugendliche auch den Freund; in Leistungsmannschaften dominieren der Fachmann, der Psychologe und – in kritischen Phasen hoher Belastung und Beanspruchung – der Diktator. Animateur, Berater und Psychologe sind im Freizeit- und Breitensport stärker gefragt als im konkurrenzorientierten Leistungssport.

9 Die Prozesse innerhalb einer Mannschaft und zwischen Mannschaft und Trainer stehen in Zusammenhang mit ihrem Außenfeld. Abb. 2 veranschaulicht den Zusammenhang zwischen Spiel-Binnenfeld und Spiel-Außenfeld.
Mit der wachsenden Zahl von Einflußgrößen nimmt auch die Zahl (und Art) der Beziehungen zu; das Handlungsfeld Sportspielmannschaft wird komplexer (Zahl der Elemente) und komplizierter (Zahl der Beziehungen/Relationen) (vgl. KLAUS 1971). Dafür sorgt neben den bereits erwähnten Einflüssen die *Vereinsstruktur*.

Abb. 2: Regelkreisschema des Zusammenhangs zwischen Spiel-Binnenfeld und Spiel-Außenfeld. Abb. 1 bei 8.1, Seite 325 liefert andere Bezugsgrößen.

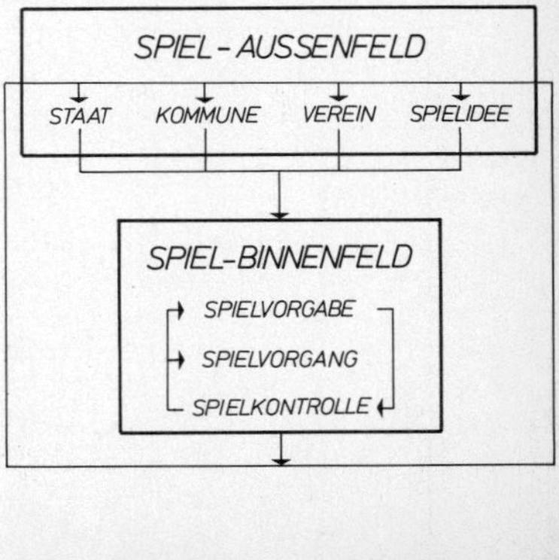

Sie nimmt zunehmend Einfluß auf die Mannschaft, ihre Führung und Dynamik, auf ihren sportlichen Erfolg und ihre Lebensdauer.
Als lebensfähigste, weil zeitgemäße Struktur erweist sich der Verein mit einer Schwerpunkt-Abteilung, die hausintern mit keiner anderen Abteilung in ihren Hauptzielen (z.B. Nachwuchsarbeit, 1. Bundesliga, Zuschauer, Europapokal) konkurriert und ein vielfältiges Sport-, Freizeit- und Geselligkeitsangebot macht. Spieler müssen zur Leistungsspitze aufsteigen und wieder auf die Ebene des spontanen Freizeitspiels hinunter können (Vertikalbewegung), sie müssen aber auch ihre anderen Bedürfnisse nach Ausgleich in der Art der Anforderung (Kraft, Athletik; mit dem Fuß, statt mit der Hand) und in der Art der Kommunikation (auch mal etwas allein, mit Jüngeren / Älteren, als Junge mit Mädchen und umgekehrt tun) erfüllen können (Horizontalbewegung). So entsteht sozialer ‹Humus›, auf dem gesunde sportliche ‹Mischkulturen mit Stammholz› wachsen.
Besondere Probleme macht eine *Spitzenmannschaft*. Sie stellt hohe Anforderungen an Organisation und Finanzkraft. Sie benötigt neben Trainer, Assistenten, Betreuer, Masseur (Physiotherapeut) und Arzt mindestens einen sportlichen Leiter (Sportwart; zur organisatorischen Planung und Durchführung von Training und Wettkampf, über das gesamte Jahr, im In- und Ausland), den Präsidenten (für Öffentlichkeitsarbeit / Public Relations und Außenvertretung / Repräsentation) und den Kassenwart (Finanz-Vize, zur Abwicklung der komplizierten finanziellen Verbindlichkeiten). (Vgl. dazu den Aufbau eines Vereins in Abbildung 3.)

Abb. 3: Strukturmodell des «modernen Vereins»

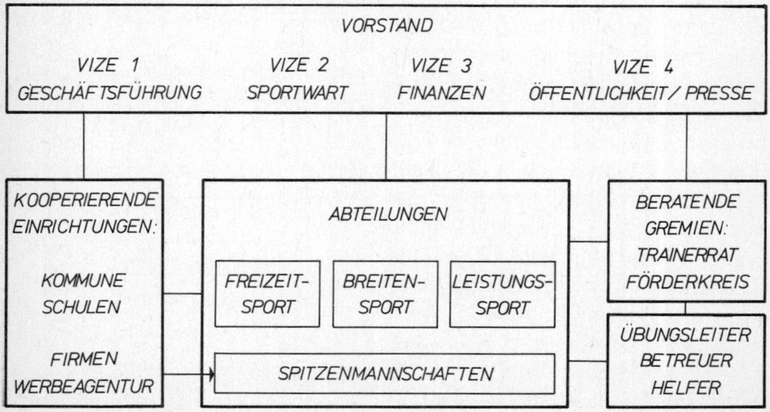

10 Die traditionelle Vereinsstruktur genügt nicht mehr zur Regelung der *Finanzierungsprobleme*. Spitzenspieler kosten (den Verein) zwischen 2000 und 5000 DM monatlich, manche durch Sonderzuwendung (Wohnung, Wagen, Prämien) darüber hinaus. Rechnen wir nur die an den Amateurstatus gebundene Zuwendungssumme von 750 DM, so ergibt das bei zwölf Spielern des Kaders übers Jahr 108000 DM. Hinzu kommen Gehälter der Trainer, Kosten für Physiotherapie und Spielverkehr (Reise-/Flugkosten, Übernachtungen); mancherorts müssen Hallenmieten gezahlt und die Einnahmen versteuert werden. Der Jahresetat einer Spitzenmannschaft klettert recht schnell auf über 300000 DM und mehr.
Diese Mannschaft müßte 30000 Zuschauer anlocken, die bei 15 Heimspielen im Schnitt 10 DM Eintritt zahlen. Leider gibt es weniger Heimspiele pro Saison, so daß entweder der Zuschauerdurchschnitt auf rund 2500 oder der Eintrittspreis auf fast 15 DM hochklettern müßte. Wir können die Zahlen-Astronomie weder durch eine Zuschauer-Utopie noch durch den Kassierer-Würgegriff finanzieren. Deshalb haben allenthalben finanzstarke Anhänger des Spiels oder eines Vereins Förderkreise gebildet, die allerdings aus steuerrechtlichen Gründen nur freiwillige Finanzfeuerwehr in kleineren Notfällen spielen können. So wächst nicht nur dem DBB als drittes Bein die Werbeagentur. Diese kann für Werbemaßnahmen Spieler anstellen und sie für deren oftmals sehr wirksame Werbeaktivitäten honorieren. Die Spieler befinden sich somit in einem legalen Arbeitsverhältnis und zahlen Steuern wie jeder andere Arbeitnehmer auch. Sie haben anderen berufstätigen Spielern gegenüber den Vorteil einer zeitlich flexiblen Tätigkeit; sie stehen nahezu unbegrenzt dem Trainer für Training und Spielverkehr zur Verfügung. Das Problem der Agentur: Sie muß den Firmen, die zahlen und durch sie werben, ihre Werbewirksamkeit durch sportliche Erfolge, Zuschauerzahlen, Auftritte und Sendezeiten in Medien, durch Presseveröffentlichungen nachweisen.
Das erinnert an einen Teufelskreis. Man braucht den Teufel Verbindlichkeit, um den Teufel Abhängigkeit zu vertreiben. Dennoch ist diese Struktur die derzeit sicherste Lösung, wenn wir bei diesem Drahtseilakt Sicherheit unterstellen, bei dem das eine Ende des Seils von den Finanz- und Steuerbehörden, das andere von den Zuschauern, den Werbefirmen und der sportlichen Konkurrenz gemeinsam gehalten wird. Läßt einer los ...

Merke

- Sport bedeutet geregelten Wettkampf mit Sieger und Verlierer, mit psychologischen und körperlichen Risiken.
- In den Mannschaftsspielen ist die Auseinandersetzung zwischen

Menschen zentral; sie spielen verschiedene Rollen und üben Einfluß und Macht aus.

- Das Mannschaftsspiel ist Wettkampf zweier Mannschaften, die aus unterschiedlichen Gründen entstehen: Geselligkeit und Leistung gelten hauptsächlich als Triebfedern. Der Gegner wird bekämpft, aber auch benötigt.
- Durch den Sport entstehen soziale und emotionale Bindungen und ein kompliziertes Beziehungsgeflecht. Das Ziel-Schema bestimmt; Leistung und Erfolg als Hauptziel rücken Leistungsstärke eher in den Mittelpunkt, was sich auch auf der Sympathie-Ebene auswirken kann. Personenorientierte Mannschaften betonen die zwischenmenschlichen Beziehungen, aufgabenorientierte Leistungsmannschaften sind oft unzufriedener, wenn die Ziele nicht erreicht werden.
- Sportspielmannschaften sind ein Prozeß und unterliegen dem Gesetz beständiger Veränderung. Entwicklung und Lernen wirken auch auf das Umfeld und umgekehrt. Trotzdem gibt es stabile Muster, ein Verein hat ein bestimmtes Image, eine Spielauffassung.
- Fluktuation und Konstanz müssen ausgewogen sein; Erfahrung und jugendlicher Tatendrang müssen sich ergänzen. Ältere Spieler sind keine Bankspieler.
- Trotz Kooperation können innerhalb der Mannschaft unterschiedliche Ziele verfolgt werden (Mannschaftserfolg – individueller Erfolg). Konkurrenz und Rivalität können die Zusammenarbeit stören, der Anspielstatus hängt von Können, Rolle und Konkurrenz ab. Eigensinn kann auf Persönlichkeitseigenschaften beruhen. Die Ursachen liegen oft in der kindlichen Entwicklung.
- Persönlichkeit und Rolle bedingen einander. Die Rollen Zenter, Flügel und Aufbauspieler sind weniger vielschichtig als die des Trainers, der 12 Rollen in sich vereint. Das verlangt Geduld und Beharrlichkeit sowie Kontrolle von Rastlosigkeit und Stress durch Selbststeuerung.
- Neben den Beziehungen im Spiel-Binnenfeld (Spieler–Trainer–Gegner etc.) sind auch die Faktoren des Außenfeldes zu beachten: Die Mannschaft ist in die Vereinsstruktur eingebettet, die für eine Spitzenmannschaft personelle, organisatorische und finanzielle Leistungen zu vollbringen hat.
- Finanzierung im Spitzensport ist nicht allein über Eintrittsgelder möglich. Quellen wie Mäzene, Werbung, Förderkreise und Werbeagenturen müssen erschlossen werden.

Literatur

36; **189**; **193**; **251**; **350**; **370**; **401**; **405**; **472**; **486**; **508**.

Günter Hagedorn

3.10 Sportliches Konzept eines Vereins

Schlagwörter

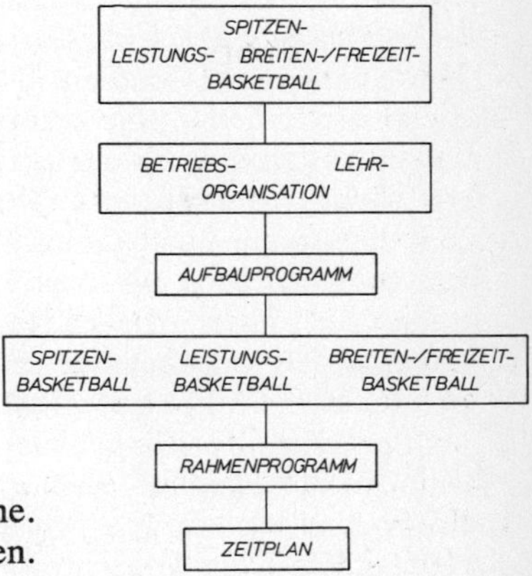

[1] Grundsätzliches zu: Spitzen-, Leistungs-, Breiten- und Freizeitbasketball; Förderung; Öffentlichkeitsarbeit; Organisation.
[2] Sportliche Konzepte für: Spitzensport (Aufbauprogramm für Nachwuchs), Leistungssport (Aufbauprogramm), Breiten-/ Freizeitbasketball.
[3] Acht sportliche Rahmenprogramme.
[4] Zeitplan: 3-, 5- und 8-Jahres-Phasen.

Erläuterungen

Der Verfasser hat in der Vergangenheit an zwei verschiedenen Orten (Leverkusen und Osnabrück) Konzepte entwickelt zum Aufbau von Verein (Abteilung) und Mannschaften. Das ältere Konzept von 1972 wurde einerseits vor Ort von anderen weiterentwickelt (u. a. von Dieter Kuprella, Otto Reintjes, Achim Reiter), wurde andererseits 1983 den örtlichen historischen und organisatorischen Gegebenheiten von Osnabrück angepaßt und hinsichtlich der Entwicklung des nationalen und internationalen Basketballs ausgebaut. Diese ‹Fassung letzter Hand› dient als Vorlage für die nachfolgende Konzeption.

[1] Grundsätzliches

1. Der BC □ ist ein Basketball-Verein, der schwerpunktmäßig Basketball spielt und verbreitet.
2. *Förderung* und *Verbreitung* von Basketball geschieht auf drei Ebenen:
   - Spitzenbasketball,
   - Leistungsbasketball,
   - Breiten- und Freizeitbasketball.
3. Für den *Spitzenbasketball* werden Nachwuchsspieler und Spitzenspieler gefördert und eingeworben, die die Fähigkeit und Bereitschaft (Disposition und Konstitution) zeigen, das nationale und internationale Spitzenniveau zu erreichen.

4. Der *Leistungsbasketball* dient in allen Altersgruppen dazu, das Bedürfnis nach systematischer persönlicher Leistungsverbesserung im Training und Wettkampf abzudecken. Aus diesem Bereich des Leistungsbasketballs sind rechtzeitig jene Talente auszugliedern und zusätzlich zu fördern, die sich als für den Spitzenbasketball geeignet erweisen.
5. Im *Breiten-* und *Freizeitbasketball* soll im wesentlichen die Freude am Spiel in der Gruppe (Mannschaft) gefördert werden. Hier sollten sich die Spieler wiederfinden, die entweder keine größeren persönlichen Leistungen anstreben oder den Leistungs- und Spitzenbasketball (aus Alters-, Berufs- und sonstigen Gründen) wieder aufgeben. Aus dem Bereich des Breiten- und Freizeitbasketballs als sogenanntem ‹sozialem Humus› sollen auch die freiwilligen Mitarbeiter im Verein gewonnen werden. Sie sollten – je nach Qualifikation und Ausbildung – in der Organisation, als Begleiter von Mannschaften, als Übungsleiter und Trainer oder als Schiedsrichter mitwirken.
6. Zur *Förderung* des Basketballs werden im Raum □ Lehrer-Schüler-Aktionen durchgeführt. Ferner sind über den Verein hinaus Fortbildungsmaßnahmen für Nachwuchstrainer geplant.
   Auf eine Phase der Konzentration von Talenten im BC □ aus anderen Vereinen (etwa drei Jahre) wird eine Phase der systematischen Förderung von Nachbarvereinen durch Freigabe von Nachwuchsspielern folgen, die andernorts die Leistungsspitze tragen und fördern können.
7. Zur Erreichung aller dieser Ziele sind die systematische Verflechtung des Vereins mit der Bevölkerung (Schulen, sportlichen Organisationen, öffentlichen Einrichtungen) und eine gezielte Öffentlichkeitsarbeit (Presse, Medien) unerläßlich.
8. Die sportlichen Ziele und die Öffentlichkeitsarbeit nötigen zum Aufbau einer bestimmten *vereinsinternen Organisation.* Die Organisation muß zwei Teile umfassen:
   – Eine *Betriebsorganisation* zum Aufbau von Mannschaften, Durchführung von Training und Wettkämpfen, Planung und Durchführung von Meisterschaftsrunden, Organisation bei Heimspielen, Pressearbeit, Werbung, Planung und Durchführung von Rahmenprogrammen, wie Geselligkeiten, Tanzabenden, Filmabenden, Werbeveranstaltungen, Pressekonferenzen;
   – eine *Lehrorganisation* zur sportlichen und basketballspezifischen Gestaltung von Training und Wettkämpfen, zur Förderung von Talenten, zur Förderung von basketballsportlichen Werbemaßnahmen (‹Tag des Basketballs›, Lehrer-Schüler-Aktion), zur Fortbildung von Übungsleitern und Trainern.

[2] Basketballsportliche Konzeption

Die basketballsportliche Konzeption umfaßt die allgemeine konditionelle und koordinative (Konstitution) und einstellungsmäßige (Disposition) Ausbildung, die persönliche Technik (Individualtechnik, Individualtaktik), ferner die gruppentaktische und mannschaftstaktische Ausbildung.

Spitzenbasketball

Die Ausbildungsziele im Spitzenbasketball werden im wesentlichen durch die Konzeption der ersten Männer-/Frauen-Mannschaft beschrieben. Die dort entwickelten Grundlinien einer Spielauffassung gelten auch für den Leistungssport.

Die *spitzensportliche Förderung* setzt bereits im Jugendalter (etwa ab zwölf Jahren) ein und läuft parallel zur leistungssportlichen Förderung. Sie umfaßt

- die individuelle Förderung besonderer Talente (Zenter, Aufbauspieler),
- die Förderung innerhalb spitzensportlicher Trainingsgruppen,
- die Einbeziehung jüngerer talentierter Spieler in den nächst höheren (älteren) Trainingskader.

Die Spitzensportförderung wird von Spitzentrainern und Spitzenspielern (1. Männer-/Frauen-Mannschaft) übernommen. Die Maßnahmen im Spitzenbasketball werden in fortgesetzter Verbindung mit dem Cheftrainer durchgeführt. Sie unterliegen ferner seiner fortgesetzten Kontrolle.

- Aufbauprogramm für Spitzennachwuchs

12 bis 14 Jahre

- systematische Förderung der individuellen, vielseitigen Technik; die Vermittlung muß biomechanisch korrekt sein, so daß die technomotorische Perfektion möglich wird,
- Betonung des freien Bewegungsspiels mit allen Möglichkeiten des Ausstiegs,
- behutsame Hinführung zur vermuteten späteren Spielposition,
- systematische Förderung der aeroben Ausdauerleistung,
- anaerobe, lokale Muskelausdauer ist nur dort zu fördern, wo konstitutionelle Mängel sichtbar sind oder Defizite durch die Entwicklung (Pubertät, Akzeleration) entstehen könnten.

Im übrigen ist hier, wie in allen anderen Bereichen des Leistungssports, den Jugendlichen ein vielseitiges Sportartenrepertoire neben Basketball anzubieten, das der vielseitigen Entwicklung förderlich ist: Leichtathletik, Tischtennis, Skifahren, Rollerskates, Turnen, Gymnastik, Tanz usw. Der Vielseitigkeit sollten nur zeitliche, keine inhaltlichen Grenzen gesetzt sein.

14 bis 16 Jahre
- Phase der persönlichen technomotorischen Perfektion: Der Spieler muß alle Techniken des Spiels in der wünschenswerten Endform erlernt haben und systematisch stabilisieren,
- die Spieler erlernen alle wesentlichen gruppentaktischen Hilfen in Angriff und Verteidigung,
- die Spieler perfektionieren die Mann-Mann-Verteidigung und die Mann-Mann-Presse über das Halbfeld, Dreiviertelfeld und das Ganzfeld,
- die Spieler können im freien Bewegungsspiel alle Spielpositionen einnehmen, deren Aufgaben übernehmen und jederzeit situativ richtig aussteigen,
- die aerobe Ausdauer wird systematisch weiter verbessert,
- gezielt und auf individuelle Bedürfnisse (Konstitution) abgestimmt, setzt das Kraft- und Schnellkrafttraining ein,
- andere Sportarten treten, insbesondere zeitlich, in den Hintergrund und haben im wesentlichen nur noch stützende, ausgleichende, motivierende und erholende Funktionen.

16 bis 18 Jahre
- Die Perfektion der individuellen Technik muß erreicht werden,
- alle gruppentaktischen Hilfen sind situativ abrufbar,
- es werden alle basketball- und für die 1. Mannschaft typischen mannschaftstaktischen Systeme in Angriff und Verteidigung systematisch vermittelt und beherrscht,
- die konditionellen und koordinativen Grundlagen werden so weit verbessert, daß gegen Ende dieser Altersstufe, spätestens aber zwischen dem 18. und 20. Lebensjahr die altersabhängige persönliche Höchstleistung erreichbar wird.

Leistungssport Basketball
Leistungssport bedeutet die systematisch-planmäßige, altersspezifische und individuelle Förderung des einzelnen Spielers zur Erreichung seines ihm wünschenswerten und möglichen höchsten Spielleistungsniveaus.
Leistungssport in diesem Sinn ist somit bereits bei den Mini-Basketballern (8 bis 12 Jahre) möglich und endet erst mit dem freien Rücktritt des einzelnen Spielers vom Leistungssport. Die Obergrenze ist somit fließend.

● Aufbauprogramm des Leistungssports
8 bis 12 Jahre (Mini-Basketballer)
- vorrangig ist die Einführung der ‹Minis› in das freie Bewegungsspiel Basketball über vereinfachte Spielregeln, erleichterte Rahmenbedingungen, grundlegende Hinweise zur Technik und Taktik,

- zweimaliges wöchentliches Spieltraining, bestehend aus: spielerische Aufwärmung; kleine spielerische Wettkämpfe; ausgewählte grundlegende, sogenannte Kleine Spiele; Spiel in Kleingruppen (2–2, 3–3); freies Überzahlspiel mit einem ungedeckten Zenter (ohne Korbwurfrecht); Ganzfeldspiele 5–5 (ausschließlich Mann-Mann-Verteidigung),
- eingeschoben in Spielphasen Demonstration und kurzzeitiges Üben der Grundtechniken (Korbleger, Dribbeln, Passen),
- kurze Phasen zur konditionellen Verbesserung,
- Wettspiele im Rahmen von Großturnieren, Spielfesten, Jamborees, noch keine Teilnahme an überregionalen Meisterschaften.

12 bis 14 Jahre
- systematische Verbesserung der individuellen Technik im Rahmen des Leistungskaders (12 bis 15 Spieler),
- systematische Einführung der Mann-Mann-Verteidigung und aller ihrer Varianten,
- vorherrschend das freie Bewegungsspiel, auch zur Bekämpfung der Mann-Mann-Verteidigung,
- bei drei- bis viermaligem Training pro Woche (ein bis anderthalb Stunden) sollen auch bereits gruppentaktische Hilfen eingeführt werden in Angriff und Verteidigung,
- der Trainingskader ist systematisch durch schnelles und aggressives Spiel auf die Teilnahme an Meisterschaftsrunden auch überregionaler Art vorzubereiten,
- deshalb sind auch die allgemeine und die spezielle Kondition systematisch zu verbessern.

16 bis 18 Jahre
- die zuvor genannten Aufgaben werden altersgemäß gesteigert; der einzelne Spieler sollte zu seinem erkennbaren Leistungsniveau hingeführt werden,
- der Wettkampfverkehr ist systematisch auszubauen; taktisch werden die wesentlichen Systeme im Angriff und in der Verteidigung vermittelt, systematisch trainiert und im Wettkampf genutzt,
- spätestens beim Übergang in die Seniorenklasse (18 Jahre und älter) ist zu prüfen, welche Spieler unter allen Umständen weiter im Verein zu fördern sind, welche Spieler gegebenenfalls den Verein wechseln zur Verstärkung der Leistungsspitze in einem anderen Verein.

18 bis 20 Jahre und älter
- diese Mannschaft stellt den Nachwuchs der 1. Frauen-/Männer-Mannschaft dar; sie ist zugleich Junioren- und zweite Mannschaft,
- die Spieler sind konditionell, koordinativ, technomotorisch und taktisch

so zu fordern, daß sie nach einer angemessenen Übergangszeit (ein bis zwei Jahre) in die erste Mannschaft eingebaut werden können. Deshalb ist das gesamte Programm an dem der 1. Mannschaft zu orientieren,
- die Spieler werden nach dem Leistungsprinzip individuell und als Mannschaft auf Meisterschaftsrunden vorbereitet und in diesen fachkundig geführt.

20 Jahre und älter
- nach angemessener systematischer Entwicklungsarbeit dürfte sich eine weitere Leistungsmannschaft aufbauen, in die Spieler ohne Ambitionen auf die 1. Mannschaft und solche Spieler aufgenommen werden, die den Spitzensport aufgeben, dem Verein aber treu bleiben möchten. Diese Mannschaft wird als dritte Mannschaft geführt.

Breiten- und Freizeit-Basketball
Breiten- und Freizeit-Basketball bietet solchen Spielern Gelegenheit zu intensiver Trainingsbelastung und zu Wettspielen, die kein unmittelbares Interesse an einer systematischen Leistungssteigerung haben, im Verein aber aktive Mitglieder sein möchten und in der Regel auch in der Organisation oder fachlichen Arbeit des Vereins mitwirken. Diesen Gruppen (15 bis 20 Spielern) sollen zweimal pro Woche Spielzeiten von eineinhalb Stunden reserviert werden.

[3] Sportliche Rahmenprogramme
Sorgsam sind solche sportlichen Rahmenprogramme zu planen und zu organisieren, die dabei helfen, die Ziele des Vereins zu verwirklichen. Solche allgemeinen Rahmenprogramme sind u. a.:
1. Maßnahmen zur Talentsuche und Talentförderung,
2. Maßnahmen zur Aus- und Weiterbildung der Vereinstrainer,
3. Auswahl und Förderung der Vereinsschiedsrichter,
4. Lehrer-Schüler-Aktionen,
5. Mini-Jamborees,
6. ‹Tag des Basketballs› für die Bevölkerung,
7. Camps, zunächst vereinsintern, zur Förderung der Binnenkontakte im Verein und zur individuellen Leistungssteigerung,
8. Geselligkeit zur Entwicklung und Verbesserung der vereinsinternen Kontakte.

[4] Zeitplan
Dieses umfassende Konzept bedarf einer sorgsamen Zeitplanung. Generell benötigen der Aufbau einer Spitzenmannschaft mit nationalem Niveau und der Ausbau eines Vereins mit der oben skizzierten Struktur in der obersten Spielklasse bis zu drei Jahre. Mindestens zwei weitere Jahre sind notwen-

dig, um in die internationale Spitze vorzustoßen. Spieler benötigen zur Erreichung einer ersten Leistungsspitze bis zu acht Jahre intensiver Spiel- und Trainingspraxis. Deshalb kann mit dem im eigenen Verein systematisch ausgewählten und geförderten Nachwuchs für die 1. Mannschaft erst nach etwa acht Jahren gerechnet werden. Sollen diese Planungszeiten verkürzt werden, so bedarf das außerordentlicher Anstrengungen in der Organisation, in der fachlichen Führung von Training und Wettkampf und in den Rahmenbedingungen (Zuschauerzahlen, Hallenkapazität und Trainingszeiten).

Das dargestellte Konzept kann nur als Orientierungshilfe dienen, denn es geht von günstigen Bedingungen aus, die keinesfalls überall gegeben sind. Zudem fußt es in vielem auf der persönlichen Auffassung des Autors, die nicht von jedem Trainer geteilt werden muß. Deshalb verzichten wir hier auf eine Zusammenfassung und auf Lernhilfen. Im einzelnen vgl. man hinsichtlich der Vereins- und Abteilungsstruktur bei 3.9, hinsichtlich des Aufbaus der einzelnen Mannschaft bei 8.4.

15

4 Basketball-Technik – Individualtaktik

Günter Hagedorn

4.1 Begründung

Wer Basketball spielen will, der muß die *Technik* dieses Spiels kennen und können. Das ist eine Binsenweisheit. Dennoch besagt es mehr. Die Techniken aller Spieler, ob im Angriff oder in der Verteidigung, ob mit oder ohne Ball, haben zunächst den einen Sinn, das Spiel zu spielen. Zum Spiel gehören als Rahmenbedingungen das Spielfeld und der Korb, der Mit- und auch der Gegenspieler. Sinnvollerweise wurden Techniken entwickelt, den Raum und den Gegner zu überwinden (Dribbeln, Passen und Fangen), das Ziel zu treffen (Wurf) oder den Ball zurückzugewinnen (Rebound, individuelle Verteidigung). Technik als des Basketballers ‹Kunstfertigkeit› (vgl. griech.: techne = Kunst) bezeichnet sein handwerkliches Können, mit dessen Hilfe er das Kunstwerk Spiel in Szene setzt.
Ein Spiel ist aber stets mehr als nur eine zeitliche Kette von Aktionen der einen und Reaktionen der anderen Spieler. Der Angreifer dribbelt hoch oder tief, weil der Gegner fern oder nah ist; er paßt, weil er bedrängt wird und/oder ein Mitspieler frei steht. Alle Techniken sind somit stets auf konkrete Spielsituationen bezogen. Sie sind nicht ‹abstrakt›, führen kein Eigenleben, stehen nicht ‹für sich›. Mit einer Ausnahme: Wenn Kinder (‹Minis›) dem Ball begegnen, dann wollen sie zunächst ihn entdecken (explorieren). Er allein ist für sie bereits eine Wunderwelt voller Geheimnisse. Erst sehr viel später begreifen sie den abstrakteren und komplizierten Gedanken des Spiels und richten ihren Umgang mit dem Ball darauf aus. Ein anderes Beispiel sind die Artisten unter den Basketballern. Ihnen genügt es nicht mehr, nur einen Korb zu werfen. Der Wurf muß spektakulär sein,

muß eine Show werden. Die Technik wird hier zum Mittel der Selbstdarstellung in Schönheit (Ästhetik) und Perfektion.
Wir sprechen von *Taktik*, wenn das Verhalten und Handeln der Spieler planmäßig auf Spielsituationen hin ausgerichtet wird, sei es, um diese selber zu gestalten, sei es, um sie für sich selbst optimal zu bewältigen. Dabei wird jede Spielsituation, auch die einfachste, bestimmt durch den Spielfeldbereich, innerhalb dessen sie wahrnehmbar wird, und durch den Zeitpunkt, an dem sie geschieht. Ferner gehören zu einer Spielsituation die handelnden Spieler, der Ball und die Schiedsrichter. Spieler können eine Spielsituation aber immer nur aus dem *Spielzusammenhang* bewerten und bewältigen. Insofern muß aus taktischer Sicht immer auch die Bedeutung einer Situation für Spieler und Gegenspieler mitbedacht werden. Die individuelle Technik eines Spielers (Fertigkeiten) ist durch ihre Orientierung an Situationen und deren praktischer Bewältigung deshalb immer auch Spieltechnik und Individualtaktik.
Abbildung 1 soll einen Überblick über das Kapitel der Basketball-Technik geben.

Abb. 1: Basketball-Technik als Individualtaktik von Angreifer und Verteidiger

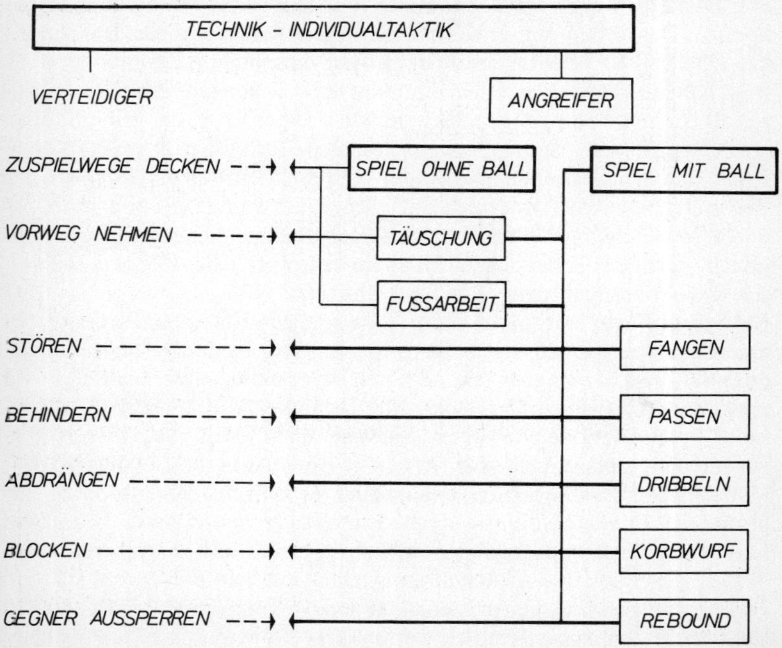

Dieter Niedlich

4.2 Korbwurf

Schlagwörter

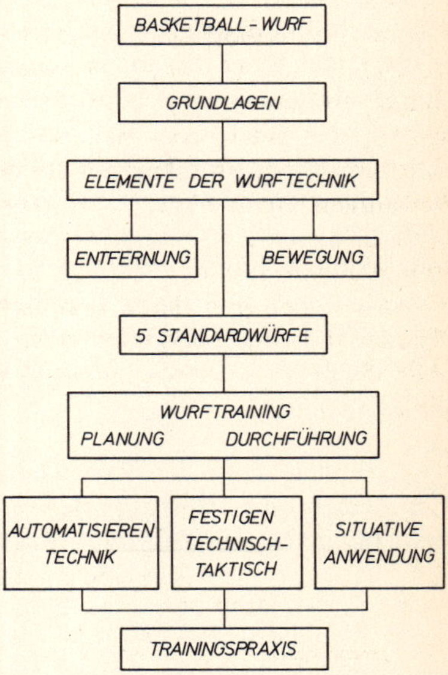

1 Zielhandlung, Geschicklichkeitswurf, horizontales Ziel, Entfernung, Bewegung, Ausführung.

2 Position, Selbstvertrauen, Konzentration, Kontrolle.

3 Grundelemente: Ballführung am Körper, Ziel anschauen, Ellenbogen zum Korb, Ball über der Stirn, Armstreckung, Handgelenk-/Fingereinsatz.

4 Grundwürfe: ein- und beidhändiger Standwurf, Sprungwurf, Korbleger, Hakenwurf.

5 Wurftraining: Orientierung, Bewegungsvorstellung, Umsetzung, methodische Stufung und Aufschaltung vom isolierten Üben über variables und spielnahes Üben zum spielgerechten Trainieren mit Gegner.

6 Praxis: Trainingsformen zum Standwurf, Sprungwurf, Korbleger und Hakenwurf mit methodischen Vorschlägen.

Erläuterungen

1 Den Ball mit den Händen in den Korb zu spielen bzw. zu werfen oder zu schießen, ist das wichtigste Spielziel im Basketball. Im Unterschied zu anderen Sportspielen ist dabei die besondere Essenz des Basketballspiels, den Ball mit einer vertikalen Bewegung (mit *Geschicklichkeit*, nicht Kraft) in den kleinen hohen horizontalen Korb zu werfen.

Die Einteilung der Würfe erfolgt nach ihrer *Entfernung* vom Korb (in Positions- und Schnellangriff): *Nahdistanz* (0–3 m), *Mitteldistanz* (3–6,25 m), *Weitdistanz* (6,25 m und weiter) und nach *Art der Bewegung von Füßen/Beinen*: Stand, Sprung, Lauf und nach *Art der Ausführung von Händen*: ein- und beidhändig.

Werfen gehört zum Teilziel Fertigkeiten auf dem Weg zum Gesamtziel Spielfähigkeit, nämlich Basketball spielen zu können (Spielkönnen).

2 Grundlagen für den Werfer: Jeder Spieler kann entsprechend seinen Anlagen seinen eigenen Wurf entwickeln. Nach Finden der eigenen Wurftechnik sollten Wurfexperimente aufhören. ‹Phantasiewürfe› müssen sich in der realen Spielsituation beweisen; Positions- und Schnellangriff weisen den Spielern bestimmte Wurfpositionen und Wurfarten zu. Besonders von diesen Positionen gilt es, das Werfen zu trainieren. Mehr als bei den anderen Spielfertigkeiten ist erfolgreiches Werfen von *Selbstvertrauen* und *Konzentration* abhängig. Erst vermehrtes Wurftraining (einige Profis trainieren 500–1000 Würfe täglich) schafft Vertrauen in die eigenen Fähigkeiten (WOODEN / SHARMAN 1975, 29). Ein Spieler sollte nie Würfe erzwingen, sondern stets aus sicherem Gleichgewicht und vollkommener *Körperkontrolle* (NIEDLICH / CZWALINA 1979, 21) werfen und seine individuellen Wurffähigkeiten kennen und situationsangemessen einsetzen (z. B. Entfernung, Wurfart).

3 Grundelemente der Wurftechnik:
Ein Spieler sollte erst dann eine Wurfbewegung beginnen, wenn er Gleichgewicht und Körperkontrolle erreicht hat.

Es gibt eine Reihe von technischen Grundelementen, die allen Würfen gemeinsam sind (Sharman 1965, Wooden/Sharman 1975) (vgl. Bildreihe unten):

- Fester Stand, Füße schulterbreit geöffnet mit ganzer Sohle aufsetzen,
- Knie leicht gebeugt,
- Kennen der Lage des Körperschwerpunktes, kinästhetischer Sinn
- Kopf in senkrechter Linie mitten über den Füßen,
- der Ball wird in der Ausgangsstellung mit gespreizten Fingern eng am Körper (Schutz) gehalten und eng (Hebelwirkung) hochgeführt,
- Fingerspitzen und Daumenkuppen kontrollieren druckvoll den Ball: Die Ellenbogen liegen zunächst eng am Körper,
- die Augen visieren den Korbring an; Füße und Ellenbogen zeigen direkt zum Korb,
- über den Ellenbogen zielend (als ‹Korn› in halber Höhe), die Wurfhand erst hinter, dann unter den Ball gebracht und leicht gespannt (wie ein Gewehrhahn) zurückgenommen, wird auf den Korb geschossen,
- durch Armstrecken und schnelles «Brechen» des Handgelenkes wird der Ball abgedrückt und mit Rückwärtsdreh zum Korb geworfen,
- die wesentliche Kraft für den Wurf gewinnt der Werfer durch Beugen und Strecken der Beine, die sich in einer harmonischen Ganzkörperstreckung über Rumpf, Arme bis zum Handgelenk fortsetzt,

– nach der Wurfbewegung sollte die Landung möglichst an der Abwurf-/Absprungstelle in gutem Gleichgewicht erfolgen,
– trotz aller technischen Gesetzmäßigkeiten muß der Wurf locker und mit individueller Leichtigkeit ablaufen.

4 Grundwürfe: Im modernen Basketball werden fünf Grundwürfe unterschieden (Wooden 1980): einhändiger und beidhändiger Standwurf, Sprungwurf, Korbleger und Hakenwurf.

– Der *einhändige Standwurf* ist ein Druckwurf, der in einer Entfernung von 4,6 (Freiwurf) – 7 m Anwendung findet. Er wird in leichter Schrittstellung ausgeführt, wobei der Fuß der Wurfhand vorgestellt und direkt zum Korb gerichtet ist. Aus der Ausgangsposition (beim Rechtswerfer rechte Hand brusthoch hinter dem Ball) wird der Ball senkrecht vor der rechten Körperhälfte über die Halbweg-Position in Überstirnposition (Wurfhand unter, Führungshand seitlich am Ball) gebracht (Sharman 1965, 66) und von dort, nachdem die Führungshand vom Ball gelöst ist, zum Korb geworfen. Der Rechtswerfer zielt über den rechten Ellenbogen auf den Korb.
– Beim *beidhändigen Standwurf* werden, ausgehend von der Ballposition, der beidhändige *Brustwurf* und der beidhändige *Überkopfwurf* unterschieden. Im modernen Basketball finden diese Würfe nur noch als ‹Anfangswürfe› im Mini- und Mädchenbasketball (günstigerer Krafteinsatz) Verwendung. Die technische Ausführung erfolgt gleichmäßig mit beiden Händen; Ellenbogen erst unter, dann vor dem Ball, Handgelenke zurückgenommen.
– In der Entwicklung des Basketballspiels bietet der (einhändige) *Sprungwurf* die (bisher) beste Lösung, die horizontale in eine vertikale Wurfbewegung umzusetzen und die Verteidigung auszuspielen. Er ist ein Wurf für jede Situation und Position, meist eingeleitet durch eine Fintenbewegung. Der Absprung erfolgt beidbeinig aus möglichst paralleler oder leichter Schrittstellung; ihm folgt ein hoher, senkrecht nach oben führender Sprung. Mit dem Absprung wird der Ball eng am Körper, Wurfhand hinter und Führungshand seitlich neben dem Ball, leicht in Überstirnhöhe gebracht; die Wurfhand liegt jetzt unter dem Ball, der Ellenbogen zeigt als Zielorientierung zum Korb. Aus dieser Haltung wird der Ball erst im höchsten Punkt des Sprunges nach einem kurzen Augenblick des Verzögerns und ‹Hängens›, aber trotzdem mit Leichtigkeit (Wooden 1980, 103) zum Korb geworfen. Zum Sprungwurf gehört eine besondere Fußarbeit (Niedlich/Czwalina 1979, 25–27): Sprungwurf aus dem Stand (und mit Fußfinten), nach dem Dribbeln und nach dem Schneiden.
– Der *Korbleger* ist ein einhändiger Wurf, der aus der (horizontalen) Bewegung heraus nach einbeinigem Absprung (vertikal) aus nächster Ent-

fernung (0–1 m) erfolgt, und zwar nach dem Ziehen zum Korb oder am Ende eines Schnellangriffs. Zum Korbleger gehört wie beim Sprungwurf eine besondere Fußarbeit (vgl. 4.4), die durch die Schrittregel (Zweitaktrhythmus) festgelegt ist. Der Rechtswerfer geht in der Schrittfolge links (Absprung und Ballannahme in der Luft) – rechts (erster Bodenkontakt) – links (zweiter Bodenkontakt, Absprung möglichst senkrecht nach oben) zum Korb. Wie beim Standwurf wird der Ball eng am Körper nach oben geführt; erst weit über Kopfhöhe verläßt die Führungshand (Schutz gegen Verteidiger) den Ball.
Man unterscheidet zwei Arten des Wurfes: *Druckwurf-Korbleger*, bei dem der Ball sicher kontrolliert und wie beim Standwurf geworfen wird, und *Unterhand-Korbleger* (Niedlich/Czwalina 1979, 23–25), bei dem die Wurfhand während der Aufwärtsbewegung unter den Ball gebracht wird und die Finger zum Korb zeigen.

– Von allen Würfen ist der *Hakenwurf* am schwersten abzuwehren und kann sehr erfolgreich auch gegen größere Abwehrspieler verwandt werden. Er ist zwar ein typischer Zenterwurf (Korbnähe, Rücken/Seite zum Korb), sollte aber zum Wurfkönnen jedes Spielers gehören. In der Ausgangsstellung steht der Werfer meist mit dem Rücken zum Korb und in paralleler Fußstellung. Der linke Fuß (Rechtswerfer) wird mit einem kraftvollen Stemmschritt vom Verteidiger weggesetzt und der Blick zum Korb gerichtet. Aus Hüfthöhe wird der Ball an der rechten Körperseite vom Körper weg schwungvoll im Bogen nach oben geführt, die Schulterachse zeigt zum Korb (Niedlich/Czwalina 1979, 29–31). Kurz vor dem höchsten Punkt, wenn der Wurfarm fast senkrecht steht, wird der Ball durch einen letzten Impuls aus dem Handgelenk zum Korb geworfen.

5 Die Planung und Durchführung des Wurftrainings läuft in vier Phasen ab. Der Hauptanteil bei Anfängern wie bei Spitzenspielern muß in der Automatisierung und Verfeinerung der technischen Wurfform liegen. Um die Würfe möglichst ökonomisch und intensiv trainieren zu können, müssen folgende personen- und sachgebundene Voraussetzungen beachtet werden:

– Nutzung aller vorhandenen Körbe,
– möglichst viele Bälle verwenden, ein Ball pro Spieler oder Paar,
– nur durch Einer- oder Zweierwurftraining ist intensives Wurftraining möglich,
– Geräte wie Holzfiguren, Stangen, Stühle zum Umspielen und Überwerfen benutzen,
– Markierungspunkte an der Wand (in Korbhöhe) zur Korrektur fehlerhafter Wurfbewegungen verwenden,
– zur Verbesserung von Konzentration und damit Wurfgenauigkeit Wett-

bewerbsformen einzeln oder mit anderen (z. B. von bestimmtem Punkt fünf Treffer in Folge) verwenden,
- besonders das Werfen von ‹seinen› Wurfpositionen trainieren.

- *Orientierung*
  Handlungsplan für Spieler wie Trainer entwerfen:
- Werfen ist die individuelle Beendigung der Angriffshandlung;
- es gehört zum Teilziel Fertigkeiten auf dem Weg zum Ziel Basketball-Spielkönnen (vgl. 2.4: hierarch. Handlungsstruktur);
- Wurftraining im besonderen muß zur Automatisierung der technischen Wurfform (und damit Bereitstellung für das Spielkönnen) führen;
- auf der Ebene des Spielkönnens muß beispielsweise der Werfer bei einem Schnellangriff (abhängig vom Verteidigerverhalten) situativ sich für Sprungwurf oder Korbleger entscheiden können.

- *Bewegungsvorstellung*
  Zur Schaffung einer Bewegungsvorstellung Werfen werden herangezogen:
- Austausch von Bewegungs- bzw. Wurferfahrungen;
- Bewegungsanalyse bzw. Bewegungsbeschreibung des Wurfes besonders sprachlich und visuell durch Text und Bild, Fotos, Fotoreihen, Filme, Arbeitsstreifen, Lernkarten, Lernprogramme u. a.;
- Vormachen des Wurfes durch Spieler, Trainer/Lehrer;
- Aufzeigen von häufigen Fehlern (meist die Grundelemente selbst), Fehlerkorrektur.

- *Sensumotorische Umsetzung* (Erster Schritt)
  Durch Umsetzen der Bewegungsbeschreibungen in ihren
- zeitlichen, räumlichen, dynamischen Dimensionen, wie Entfernung zum Korb, im Stand oder in der Bewegung, Kraft aus Beinen und Händen
- sowie besonders taktilen und kinästhetischen Rückmeldungen, wie Erfühlen des Balles, Bestimmung von Wurfkurve und Rückwärtsdrall, erfolgreicher/nicht erfolgreicher Wurf, entsteht durch diesen Bewegungsentwurf des Wurfes die technische Form als Grund- oder Standardform.

- *Methodische Stufung und Aufschaltung*
  Die technische Wurfform gilt es ohne Gegnereinwirkung zu automatisieren und zu verfeinern, isoliertes Üben, zunächst unter vereinfachten konstanten, dann unter variierenden Bedingungen: durch Hinzunahme dieser variierenden und dann spielnaher Bedingungen und Situationen entsteht ein fließender Übergang zur Taktik und damit eine technisch-taktische Wurfform, die zu festigen ist; unter erschwerten Bedingungen und gegen aktive Verteidiger müssen die Würfe dann in realen Spielsituationen und im Spiel angewandt werden.

Die methodische Aufschaltung erfolgt in folgenden Schritten:

Vereinfachte, konstante Bedingungen

z. T. als Vorübungen, z. B. Sprungwurf an der Wand, Zweierrhythmus ohne Ball; ohne Verteidiger; feste Wurfpositionen, konstante Übungsform.

Variierende Bedingungen

zunächst ohne Verteidiger, Variieren von Wurfentfernung, -tempo; Hinzunahme anderer Fertigkeiten, z. B. Dribbeln–Stoppen–Werfen; Hinzunahme eines passiven Verteidigers, z. B. Wurf über erhobene Arme.

Spielnahe Bedingungen und Situationen

Hinzunahme eines passiven, dann halbaktiven Verteidigers, z. B. Fintieren–Dribbeln–Sprungwurf; Wurf in Zweier-, Dreiergruppen aus den Spielpositionen 2–0, 3–0 (ohne Verteidiger) des Gesamtangriffssystems, z. B. Würfe beim Passen und Schneiden, Wurfschirm, Kreuzen; Würfe in Zweier-, Dreiergruppen aus den Spielpositionen des 2–2, 3–3, also mit Verteidiger (passiv, halbaktiv).

Erschwerte Bedingungen

Würfe gegen aktiven Verteidiger; Würfe unter besonderer Belastung, z. B. nach Sprints und Sprüngen, gegen großen, starken Verteidiger.

Spielgerechte Situationen und Spiel

gegen aktiven Verteidiger im Spiel 2–2, 3–3; z. B. ein Aufbauspieler, ein Flügelspieler und ein Zenter, die nur auf einer Korbseite spielen und werfen; gegen aktive Verteidiger im Spiel 5–5.

6 Praktische Trainingsformen zu den Wurftechniken

- *Standwurf*
- Anfänger beginnt mit Einhandwurf in Korbnähe (1–2 m),
- dann Steigerung bis Freiwurfentfernung (4,6 m), paarweises Üben,
- je fünf Würfe von einer Position, dann Positionen wechseln,
- nach jedem Wurf zwischen zwei, dann zwischen mehreren Positionen wechseln,
- Wettbewerb: Zwei Reihen gegeneinander, wer zuerst 10 Körbe erzielt.

- *Sprungwurf*
- Hochführen des Balles über die Halbweg-Position in Überstirnhöhe (Abwurfposition), im Stand,
- dasselbe im Sprung, ohne zu werfen mehrfach wiederholen (Stabilisierung),
- dasselbe an der Wand (1–2 m Abstand) von der Überstirnposition (Abwurfposition) gegen die Wand werfen,
- dasselbe, Ball jetzt gegen Markierungspunkt an der Wand (Korbhöhe) werfen,
- vollständiger Sprungwurf: Ball mit Brettanspiel in den Korb (1–2 m) werfen,
- dasselbe, Ball direkt in den Korb werfen,
- Entfernung vergrößern (3–5 m): Vollständiger Sprungwurf, direkt in den Korb werfen,

- *Besondere Fußarbeit*
- mittlere Entfernung: Ausfallschritt (Rechtswerfer zunächst rechter Fuß) vorwärts, dann Fuß zurücksetzen und Sprungwurf,
- dasselbe mit dem Fuß der anderen Seite (schwieriger) und Sprungwurf,
- für Fortgeschrittene: dasselbe, Entfernung jetzt von Seitenlinie und ‹Birne›,
- Sprungwurf nach Dribbling: Nach mehrmaligem Dribbling (aus Flügel- und Aufbauposition) vorderen Fuß (bei Rechtsdribbler der linke) aufsetzen, den hinteren (rechter) daneben stellen und aus dem Körpergleichgewicht Sprungwurf anschließen,
- Sprungwurf nach Kreuzschrittfinte: Schritt links (zur linken Seite) – und einmaliges Dribbling und Schrittfolge links–rechts (zur rechten Seite) und Sprungwurf,
- dieselbe Finte um einen Stuhl herum und Sprungwurf,
- mehrmaliges Dribbling auf einen Stuhl zu (mittlere Entfernung): Abstoppen, wie oben: links–rechts oder Sprungstopp und Sprungwurf.
- *Spielnahe Formen*
- Sprungwurf: Über Holzfiguren, Ständer (nahe – mittlere Entfernung) werfen; aber: Vor dem Wurf Korb sehen,
- Zweierwurftraining: Über die erhobenen Arme eines Partners (passives 1–1) werfen, der nach dem Paß zum Werfer läuft,
- Sprungwurf oder Korbleger im Spiel 1–1, Verteidiger passiv, halbaktiv, dann aktiv,
- Sprungwurf nach Doppelpaß (Passen u. Schneiden): Aufbau (Flügel) paßt zu Flügel (Aufbau), der schneidet zum Korb, erhält Rückpaß, stoppt ab (korbnähere Fuß setzt zuerst auf) und wirft,
- Sprungwurf über Wurfschirm: z. B. rechter Flügel nach Paß an Zenter,
- weitere Paß- und Wurfkombinationen zwischen zwei oder drei Spielern (vgl. Spiel 2–2, 3–3).
- *Korbleger*
- Rhythmusschulung: Anlaufen schräg von der rechten Seite (ohne Ball), Absprung links und mit zwei Schritten rechts–links weit und dann hoch zum Korb springen,
- dasselbe, abschließend mit der rechten Hand an Netz, Brett oder Korb fassen,
- mittlere Entfernung, einmaliges Dribbling (linken Fuß und Ball gleichzeitig aufsetzen), Sprung und Schrittfolge rechts–links (wie oben für Rechtswerfer) und einhändiger Wurf,
- Entfernung vergrößern, mehrere Dribblings, Korbleger,
- Stuhl (am Ende der Freiwurflinie rechts) und Kreuzschrittfinte: Schrittfinte mit linkem Fuß nach links, dann rechts am Stuhl mit einmaligem Dribbling Schrittfolge links–rechts–links vorbeisetzen,
- dasselbe, jetzt am passiven, halbaktiven Verteidiger vorbeisetzen,

- zur Rhythmusverbesserung ein- oder zweimal auf dem Freiwurfkreis dribbeln und dann von dort mit einmaligem Dribbling (Zweierrhythmus wird dabei übernommen) zum Korb setzen,
- zur Verbesserung von Rhythmus und Absprung durch die Halle dribbeln und linken Fuß und Ball betont gleichzeitig aufsetzen und abstoppen,
- generell: Ebenso Korbleger mit der anderen Hand üben, Schrittfolge dann entsprechend umgekehrt.
- Korbleger aus dem Lauf nach Ballübernahme: Partner steht schräg rechts etwa 4 Meter vom Korb entfernt, er hält den Ball schulterhoch zur Seite, Mitspieler läuft vorbei, springt links ab, übernimmt den Ball im Sprung und geht rechts–links zum Korb (ohne Dribbling),
- Korbleger aus dem Lauf nach Zuspiel: Spieler läuft zum Korb und bekommt den Ball von vorn seitlich zugepaßt (Anspiel muß 3–4 Meter vor dem Korb erfolgen), springt links–rechts–links und wirft,
- wie beim Sprungwurf können diverse Paß- und Wurfkombinationen zwischen Aufbau-, Flügel- und Zenterspieler zusammengestellt und trainiert werden.

● *Hakenwurf*

- Spieler steht mit dem Rücken zum Korb (0,5–1 m), macht mit dem linken Fuß einen Stemmschritt und wirft mit Brettanspiel auf den Korb,
- dasselbe, Einleitung der Bewegung jetzt durch Schulter- und Kopffinte nach rechts; dieselben Übungen mit der linken Wurfhand,
- Ball hochwerfen, im Sprung fangen, parallele Landung, Finte rechts, Stemmschritt links und Wurf; dasselbe mit der linken Wurfhand,
- ständig wechselnd mit der linken und rechten Hand werfen, zunächst 10, 20, dann 50 Würfe (und mehr) hintereinander,
- Hakenwurf aus dem Korbleger entwickeln, von links andribbeln, unter dem Korb durch und Hakenwurf rechts,
- Flügelspieler zieht zum Korb, setzt kräftigen Stemmschritt vom Korb weg (in Richtung Freiwurflinie) und wirft,
- Aufbauspieler zieht zum Korb, setzt kräftigen Stemmschritt vom Korb weg (in Richtung Seitenlinie) und wirft,
- dasselbe, vor dem Wurf wird ein Drehdribbling mit Kopf- und Schulterfinte gemacht.

Merke

● Werfen gehört zum Teilziel Spielfertigkeiten auf dem Weg zum Gesamtziel Basketball-Spielenkönnen. Die Einteilung der Würfe erfolgt nach der Entfernung (Nah-, Mittel-, Weit-), nach der Bewegung (Stand, Sprung, Lauf) nach der Ausführung (ein- und beidhändig).

- Jeder Spieler kann seinen ‹eigenen› Wurf entwickeln; er sollte seine Wurffähigkeiten kennen und die Würfe situativ richtig einsetzen lernen.
- Gleichgewicht und Körperkontrolle sind die Voraussetzung für einen guten Wurf. Bei allen Würfen wird der Ball in der Ausgangsposition mit gespreizten Fingern druckvoll am Körper gehalten, eng am Körper über die Halbweg-Position in die Abwurfposition hochgeführt und durch schnelles Brechen des Handgelenkes in Richtung Korb beschleunigt und abgedrückt.
- Beim einhändigen Standwurf ist stets der Fuß der Wurfhand vorgestellt; der Rechtswerfer zielt über den rechten Ellenbogen zum Korb. Der beidhändige Standwurf ist ein Anfangswurf im Mini- und Mädchenbasketball.
- Der Sprungwurf ist der wichtigste Wurf im Basketball. Der Ball wird wie beim einhändigen Standwurf hochgeführt, im Unterschied dazu jedoch im Sprung nach einer Phase des ‹Hängens› (aber trotzdem locker) über den Ellenbogen zielend auf den Korb geworfen.
- Der Korbleger erfolgt stets aus einer schnellen Bewegung zum Korb und nach einbeinigem Absprung; er muß im Zweitaktrhythmus (Regel) durchgeführt werden.
- Da der Hakenwurf kaum abzuwehren ist, sollte er zum Wurfkönnen jedes Spielers gehören. Der Ball wird nach Stemmschritt (Schulterachse zwischen Korb/Verteidiger und Ball) schwungvoll im Bogen an der Körperseite hochgeführt und abgeworfen.
- Wurftraining muß im besonderen zur Automatisierung und Verfeinerung der technischen Wurfform führen; in spielnahen Bedingungen wird sie jedoch zur situativ angewandten technisch-taktischen Form, deren reale Anwendung im Spiel (5–5) erfolgt.
- Die praktischen Trainingsformen müssen die methodischen Stufen Automatisierung–Festigung–Anwenden (im Spiel) berücksichtigen und daneben trotzdem möglichst intensiv sein und Wettbewerbscharakter (Konzentration) haben.

Literatur

423 (S. 21, 23–25, 25–27); **520** (S. 66ff); **597** (S. 94ff); **598** (S. 29f, 62–71).

Bernd Schiefler

4.3 Dribbeln

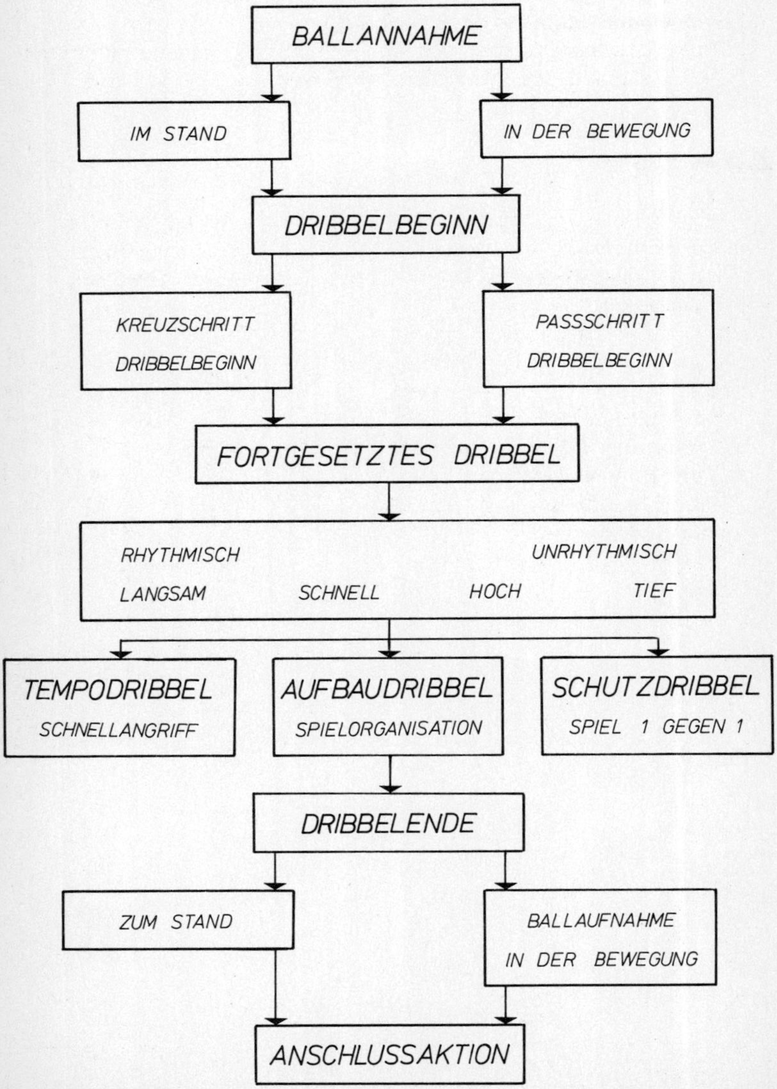

Schlagwörter

1 Dribbeltechnik.
2 Dribbelbeginn: Kreuzschritt, Paßschritt.
3 Fortlaufendes Dribbeln; rhythmisch, unrhythmisch.
4 Dribbelende: Stand, in der Bewegung.
5 Dribbelaktionen: Wechsel von Tempo, Richtung, Hand; Drehdribbel.
6 Praxis: Methodische Stufen; Trainingsformen.

Erläuterungen

1 Unter Dribbeln versteht man das Prellen des Balles mit einer Hand im Stand oder in der Bewegung. Es stellt für den Spieler die einzige Möglichkeit dar, sich mit dem Ball mehr als zwei Schritte fortzubewegen.

Das Dribbeln erfolgt mit *beweglichem Handgelenk*, wobei nur die leicht gespreizten Finger Kontakt mit dem Ball haben (Abb. 1). Der Ball wird nach unten bzw. schräg nach vorn unten durch Einsatz von Hand- und Ellbogengelenk gedrückt (Abb. 2). Das Handgelenk nimmt den vom Boden zurückspringenden Ball mit der gleichen, aber entgegengesetzten Bewegung (‹ansaugend›) wieder auf.

Abb. 1

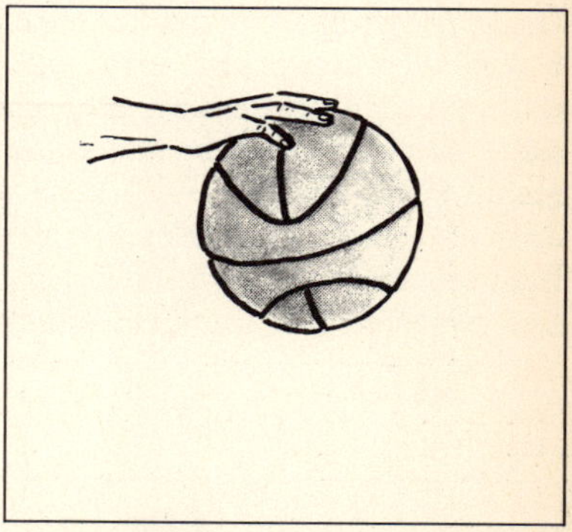

Abb. 2

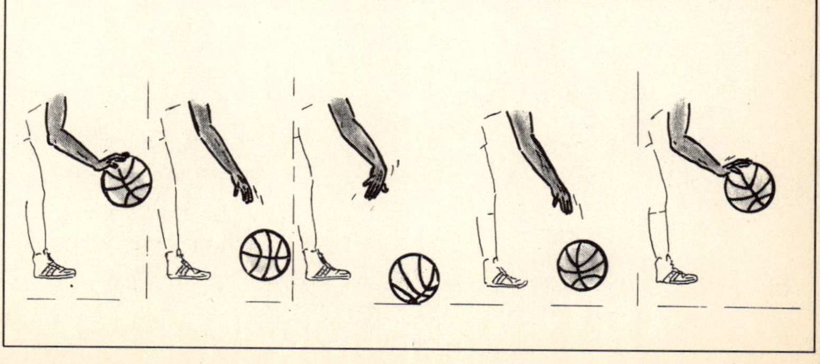

Mit Hilfe dieser Technik hat der Spieler lange Ballkontakt und kann einerseits den Blick vom Ball lösen und andererseits auf Aktionen der Verteidigung schnellstmöglich reagieren. Entscheidend für die Richtung, in die der Ball gedrückt wird, ist die Handstellung. Am Verteidiger wird nach Möglichkeit mit der verteidigerfernen Hand gedribbelt, und zwar um so weiter außen, je enger der Verteidiger deckt (Gegenschulter zwischen Ball und Verteidiger). Bei größeren Laufgeschwindigkeiten erfolgt das Aufsetzen des Balles auf den Boden weiter vor dem Körper.

[2] Das Dribbeln kann aus einer Ballannahme *im Stand* und einer Ballannahme *in der Bewegung* beginnen. In beiden Situationen gilt es, die *Schrittregel* zu beachten. Beim Dribbelbeginn aus dem Stand kann das Standbein gewählt werden. Bei der Ballannahme in der Bewegung mit sofortigem Übergang in das Dribbeln ist das hintere Bein Standbein. In beiden Fällen muß der Ball die Hand verlassen haben, bevor das Standbein aufgehoben wird. Für den Lernenden empfiehlt es sich, Spielbein und Ball zugleich aufzusetzen und bei großen Laufgeschwindigkeiten den Ball nach beidhändigem Fangen schnell abtropfen zu lassen bzw. zu Boden zu drücken.
Beide Möglichkeiten des Dribbelbeginns können mit unterschiedlicher Hand-Fuß-Koordination erfolgen. Auf der einen Seite gibt es die Startmöglichkeit mit *Kreuzschrittkoordination* (z. B. rechte Hand – linker Fuß, siehe Abb. 3), auf der anderen Seite mit *Paßschrittkoordination* (z. B. rechte Hand – rechter Fuß, siehe Abb. 4). Kreuzschritt- und Paßschrittdribbelstart zusammen bieten in allen Standbein-Spielbein-Situationen des Ballbesitzers die Möglichkeit, an beiden Seiten eines Verteidigers mit Dribbling und gleichzeitigem Schritt vorbeizugehen (siehe Abb. 5 und 6).

Abb. 3

Abb. 4

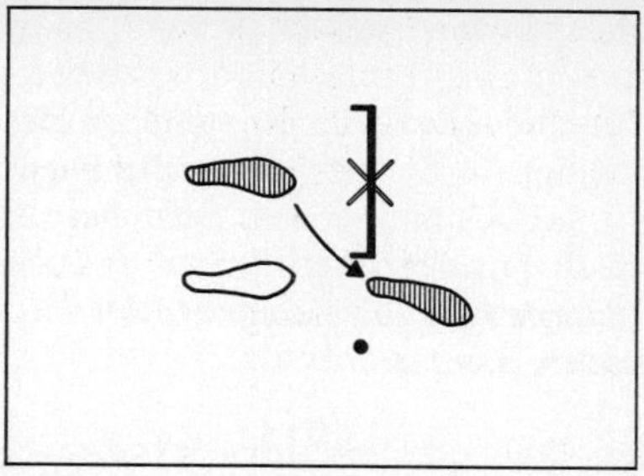

Abb. 5

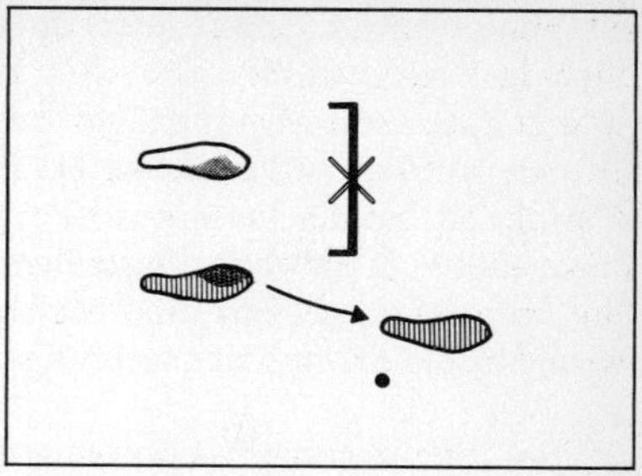

Abb. 6

3 Das *fortlaufende Dribbeln* kann unterschiedlich ausgeführt werden. Es kann rhythmisch und unrhythmisch erfolgen. Das Regelwerk macht bezüglich der Dribbelfrequenz (Verhältnis von Bodenberührungen des Balles zu Bodenberührungen der Füße) keine Einschränkungen. Dennoch wird in den meisten Fällen das *rhythmische Dribbeln* eingesetzt, und zwar im Zweierrhythmus in Kreuzschrittkoordination (z. B. linker Fuß – Dribbling rechts, rechter Fuß, linker Fuß – Dribbling rechts, usw.).
Ein *unrhythmisches Dribbeln* kommt seltener vor. Es kann während des fortlaufenden Dribbelns gewählt werden, wenn es gilt, den Übergang vom Paß- zum Kreuzschrittdribbeln (und umgekehrt) zu gestalten. So zum Beispiel, wenn für eine Anschlußaktion (z. B. Sprungwurf) das letzte Aufsetzen des Balles in Paßschrittkoordination erfolgen soll (Abb. 7) oder wenn nach einem Paßschrittauftakt zum Dribbelbeginn der Übergang zum Kreuzschrittdribbeln beabsichtigt ist (Abb. 8). Weiterhin kann das un-

Abb. 7: Kreuzschritt – Paßschritt – Stoppen *Abb. 8:* Paßschritt – Dribbelbeginn

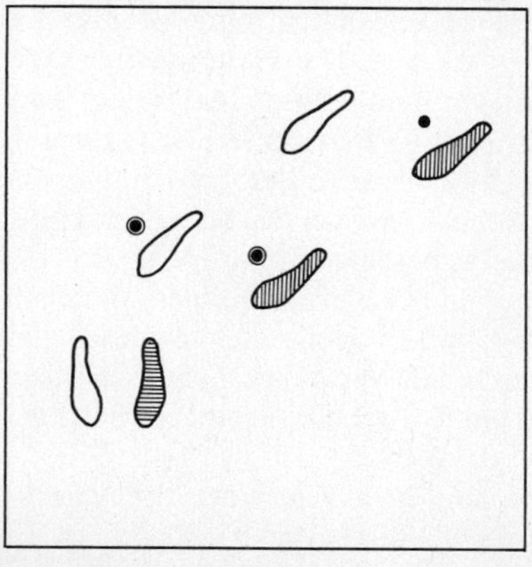

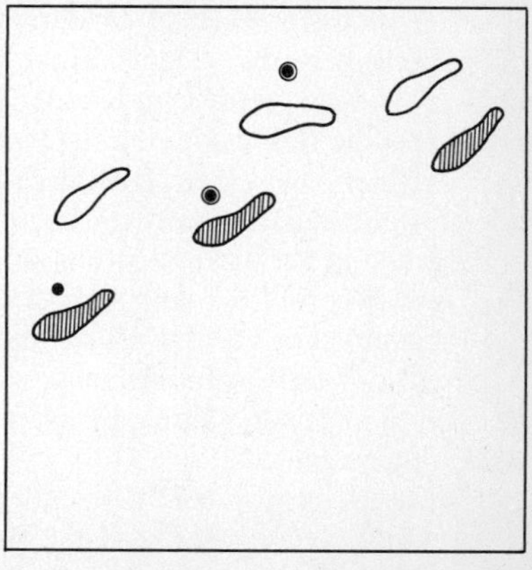

rhythmische Dribbeln in Situationen effektiv sein, in denen es dem Verteidiger erschwert werden soll, Angreiferaktionen frühzeitig vorwegzunehmen (antizipieren). Unabhängig vom Rhythmus kann das Dribbeln variiert werden in bezug auf Höhe und Geschwindigkeit. Zum Zweck des Raumgewinns (z. B. beim Schnellangriff) erfolgt es hoch und schnell. Beim besonnenen Ballvortrag ohne Verteidiger (z. B. Positionsangriff) wird es hoch und langsam ausgeführt, und am Verteidiger (z. B. 1–1-Ballvortrag) wird möglichst tief und mit der verteidigerfernen Hand gedribbelt.

4 Bei Beendigung des fortlaufenden Dribbelns muß die *Schrittregel* beachtet werden. Soll das Dribbelende *zum Stand* führen, so läßt die Regel nach der Ballaufnahme noch zwei Fußkontakte zu (Sprungstopp, Schrittstopp, vgl. bei 4.5). Bei Beendigung des Dribbelns *in der Bewegung* muß der Ball die Hand verlassen haben, bevor es nach erfolgter Ballaufnahme zu einem dritten Bodenkontakt der Füße kommt (z. B. Korbleger). Nach einer Dribbelbeendigung durch erfolgte Ballaufnahme ist kein erneutes Dribbling zugelassen (Doppeldribbling).

5 Das fortlaufende Dribbling kann in vielen Fällen nicht gleichförmig in eine Richtung erfolgen, sondern muß situationsbedingt variiert werden. Variationsmöglichkeiten sind Tempowechsel (Veränderung der Dribbel- und Laufgeschwindigkeit), Richtungswechsel (mit und ohne Dribbelhandwechsel) und angetäuschte Richtungs- und Handwechsel (Abb. 9).
Der *Tempowechsel* hat den Zweck, den Verteidiger in seinem Bemühen, den Angreifer durch gleichbleibend enge Deckung unter Druck zu setzen, zu stören. Verzögern oder Beschleunigen des Dribblings ermöglichen oft ein anschließendes Vorbeiziehen am Verteidiger, ohne daß eine Änderung der Dribbelrichtung erforderlich wird.
In den meisten Fällen ist mit einem tatsächlich ausgeführten *Richtungswechsel* auch ein Wechsel der Dribbelhand verbunden, um weiterhin mit der verteidigerfernen Hand dribbeln zu können. Der *Handwechsel* kann dabei vollzogen werden, indem der Ball vor dem Körper, hinter dem Körper, durch die Beine oder durch Drehdribbling auf die andere Seite gespielt wird. Je mehr bei einem Richtungswechsel die neue Dribbelrichtung von der alten abweicht, desto stärker muß auch vor der Richtungsänderung verzögert und nach der Richtungsänderung beschleunigt werden.
Der *Handwechsel vor dem Körper* empfiehlt sich in Situationen, in denen der Abstand zum Verteidiger so groß ist, daß ein Herausspielen des Balles während des Dribbelhandwechsels durch den Verteidiger ausgeschlossen ist. Dabei muß der Ball möglichst nah am Körper auf die andere Seite gedribbelt werden.
Der *Handwechsel hinter dem Körper* ist zwar eine technisch schwierige Aktion, aber in entsprechend geeigneten Situationen auch eine sichere. Er

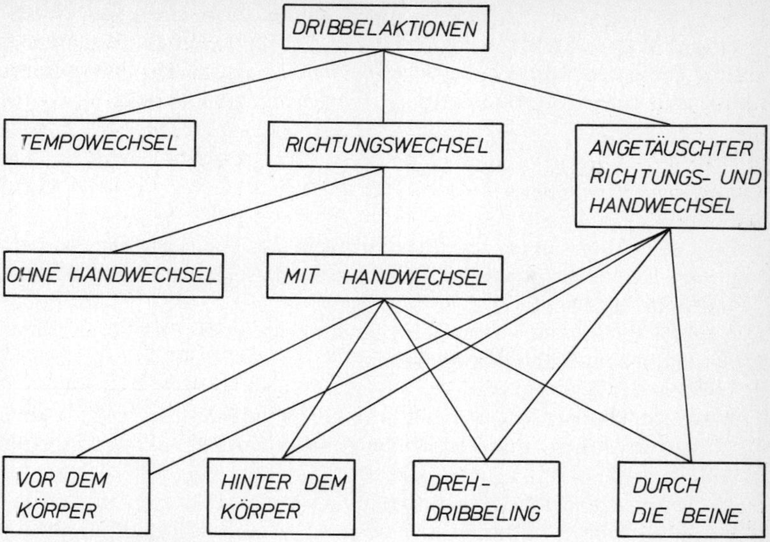

Abb. 9: Dribbelaktionen

empfiehlt sich immer dann, wenn sich der Abstand zu einem Verteidiger sehr schnell verringert (durch großen Geschwindigkeitsunterschied oder durch Angriff des Verteidigers auf den Ball) und ein Richtungs- und Handwechsel vollzogen werden muß. Das *Drehdribbling* wird eingesetzt, wenn der Angreifer in seiner ursprünglichen Dribbelrichtung vom Verteidiger gestoppt wird und der Abstand zu ihm so gering ist, daß ein Handwechsel vor dem Körper nicht mehr gefahrlos durchgeführt werden kann. In dieser Situation besteht die Möglichkeit, den Ball bei gleichzeitigem rückwärtigen Abdrehen am Verteidiger auf die andere Hand zu spielen.
Das Drehdribbling hat den Vorteil, daß der Handwechsel in einem verteidigerfernen Bereich erfolgt. Nachteilig ist, daß man für den Moment der Drehung nicht sehen kann, wie sich der eigene Verteidiger verhält (Gefahr: Angreiferfoul), bzw. wie sich die anderen (ballnahen) Verteidiger verhalten (Doppeln).
Der *Handwechsel durch die Beine* kann in den gleichen Situationen eingesetzt werden wie das Drehdribbling. Allerdings darf nur eine relativ geringe Laufgeschwindigkeit des Dribblers vorliegen, damit ein Wechsel der Dribbelseite durch die in Schrittstellung stehenden Füße möglich wird.
Weitere Möglichkeiten zu Dribbelaktionen sind gegeben, wenn die oben aufgeführten Richtungs- und Handwechsel nicht tatsächlich ausgeführt, sondern nur angetäuscht werden. Diese *Täuschungen* sollen einen zwi-

schenzeitlich durch den Verteidiger geschlossenen Dribbelweg wieder freispielen. Auf den Ansatz des Richtungs- und Handwechsels reagiert der Verteidiger, indem er die weitere Bewegung des Angreifers vorwegnimmt und sich zur neuen (angetäuschten) Dribbelrichtung hin bewegt.

6 Praxis

Übungen zum Dribbeln

Dribbeln am Ort:
Hohes, tiefes, langsames, schnelles Dribbeln, Dribbeln um den Körper, durch die Beine, im Sitzen, mit geschlossenen Augen, mit zwei Bällen.

Dribbeln an der Wand:
Auf einem Punkt, auf einem Kreis, mit wechselnder Amplitude, ohne Blickkontakt zum Ball, mit zwei Bällen.

Dribbeln in der Bewegung:
Dribbeln um Hindernisse, Dribbelstaffeln, rhythmisches Dribbeln in eine Richtung (eventuell mit seitlichen Anstellschritten), Liniendribbeln (s. Abb. 1, S. 375).

Zu zweit: Schattendribbeln (A dribbelt vor, B nach), Nachlaufen (A dribbelt weg, B dribbelt hinterher und versucht, A abzuschlagen), Dribbeln stören (Dribbeln mit Störung durch den Partner durch Ziehen und Schieben).

Dribbeln gegen Verteidigung:
1–1 dribbeln und Ball herausspielen, jeder gegen jeden auf beschränktem Raum dribbeln und Ball herausspielen, dribbeln durch ein von Verteidigern kontrolliertes Feld.

Dribbelaktionen:
Die einzelnen Dribbelaktionen werden geübt:

- frei im Feld,
- an Hindernissen oder auf Linien,
- mit passivem Verteidiger (Hände auf dem Rücken),
- mit teilaktivem Verteidiger,
- mit aktivem Verteidiger.

Anschließend werden die Dribbelaktionen in der Übung 1–1 Ballvortrag (erschwerte Bedingung) wettkampfnah trainiert.

Merke

- Das Dribbeln erfolgt mit beweglichem Handgelenk, wobei nur die leicht gespreizten Finger Kontakt mit dem Ball haben; der Blick ist vom Ball gelöst.

- Aus dem Stand kann der Ballbesitzer mit einem Kreuzschritt- oder Paßschrittdribbling am Verteidiger vorbeigehen.
- Beim fortlaufenden Dribbeln unterscheidet man zwischen dem häufigen rhythmischen und dem unrhythmischen.
- Die Beendigung des Dribblings muß entsprechend der Schrittregel (Zweitaktrhythmus) erfolgen.
- Der Dribbler kann besonders durch Tempo-, Richtungs- und Handwechsel den Verteidiger unter Druck setzen oder umspielen.
- Beim Dribbeltraining sollte die methodische Stufung am Ort, in der Bewegung, gegen Verteidigung beachtet werden.

Literatur

82; **307** (S. 153–156); **347** (S. 148–152); **423** (S. 10–12).

Peter Winkelnkemper

4.4 Fangen und Passen

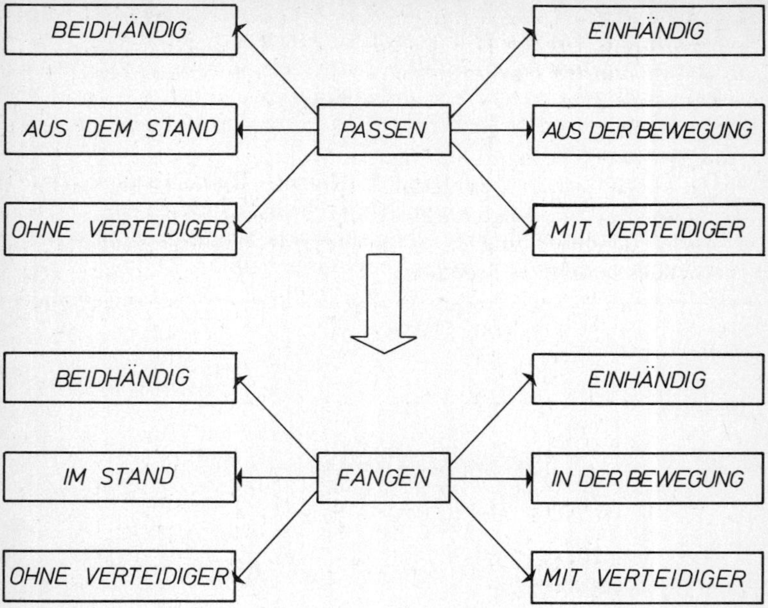

Schlagwörter

1 Mannschaftsspiel: Zielhandlung im Angriff – Zusammenspiel – Erfolg.
2 Individuelle Grundlagen: Ballgefühl – Ballbehandlung – peripheres Sehen – Antizipation.
3 Fangen: Ball sehen – Hand anbieten – Lösen vom Mann – Ballannahme am Verteidiger.
4 Passen: Präzision – Schnelligkeit – Timing – Täuschungen.
5 Folgerungen für die Praxis.

Erläuterungen

1 Basketball ist ein Mannschaftsspiel, bei dem die Realisation der Zielhandlung im Angriff – der Korbwurf – in besonders hohem Maße vom Zusammenspiel aller Spieler abhängt. Nur ein perfektes Passen und Fangen kann den Ball schnell genug in die günstigste Position für einen sicheren Wurf bringen. Da das konsequente Ausnutzen solcher Wurfchancen Erfolg verspricht, wird die Mannschaft mit dem besseren Zusammenspiel in der Regel den Sieg davontragen.

2 Eine optimale Ballkontrolle setzt ein fein entwickeltes *Ballgefühl* des Spielers voraus. Um dies zu erreichen, muß insbesondere der Ballkontakt mit den gespreizten Fingern (ohne Berührung der Handflächen) geschult werden. Eine gute *Ballbehandlung* verlangt außerdem, daß der Ball mit beiden Händen oberhalb der Hüfte und nahe am Körper gehalten wird (Abb. 1). Die Körperhaltung ist hierbei leicht gebeugt, so daß der Spieler jederzeit bereit ist zu passen, zu dribbeln oder zu werfen (Abb. 2). Die Art der Aktion mit Ball hängt vor allem von der Spielsituation ab. Um diese umfassend beurteilen zu können, muß der Basketballspieler über ein entsprechendes *peripheres Sehen* verfügen. Außerdem muß er das mögliche Verhalten von Mitspielern und Verteidigern in seine Handlungen mit einbeziehen. Dies verlangt eine entsprechende *Antizipation*.

Abb. 1: Ballhaltung (frontal)

Abb. 2: Ballhaltung (seitlich)

3 Das sichere ein- oder beidhändige *Fangen* des Balles im Stand oder in der Bewegung ist die wichtigste Grundlage des Zusammenspiels mit dem Ball. *Regeln für den Fänger:*

- «Rechne jederzeit mit einem Paß, den du annehmen mußt!»
- «Achte darauf, immer den Ball zu sehen!»
- «Biete deinem Mitspieler ein deutliches Ziel für einen Paß durch deine ausgestreckte Hand!»
- «Löse dich energisch und im richtigen Moment von deinem Gegenspieler!»
- «Sichere die Ballannahme, indem du deinen Körper zwischen Ball und Gegenspieler bringst!»

Beim Fangen werden in der Grundstellung zur besseren Ballkontrolle die

Abb. 3: Beidhändiges Fangen

Arme dem Ball entgegengestreckt (Abb. 3). Dabei zeigen die Handflächen zum Ball. Diesem ‹Abholen› des Balles folgt ein weiches ‹Ansaugen› zur Vermeidung eines harten Aufpralls, indem die Handgelenke nachgeben. Als letztes erfolgt das ‹Anziehen› des Balles in den Schutz der Körperhöhle durch Beugen der Arme. Kann der Ball nur mit einer Hand ‹abgeholt› werden, so greift die zweite Hand während der Ansaugphase zu. Diese Art des Fangens ist typisch für Zenterspieler, die ihre Position halten müssen (Abb. 4). Aber auch in der Vorwärtsbewegung kann der Ball nicht immer mit beiden Händen zugleich angenommen werden. Ist keine Ballannahme wegen einer aggressiven Verteidigungsstellung zwischen Ball und Mann möglich, so muß sich der Spieler durch eine Bewegung vom Verteidiger lösen. Insbesondere Flügel- und Aufbauspieler müssen hier die Bewegung des Hinein-Heraus anwenden, d. h., sie bewegen sich mit dem Verteidiger in Richtung Korb nach innen («in»), um dann plötzlich nach außen («out») in ihre Flügelposition zu starten. Bei zeitrichtiger Bewegung (Timing) wird der Flügelspieler den Ball auf der dem Verteidiger abgewandten Seite mit der Außenhand annehmen können. Um Zuspielfehler zu vermeiden, darf der Flügelspieler während seiner Bewegung die Hand als Signal nur dann zeigen, wenn er den Ball auch wirklich haben will.

Abb. 4: Hand anbieten

4 Das *Passen* im Basketball kann ein- oder beidhändig, gradlinig, über den Boden oder im Bogen (Lob) erfolgen. Je nach Spielsituation müssen die Pässe aus dem Stand oder aus der Bewegung gespielt und gefangen werden. Das kleine Ziel (Handfläche) und die mögliche Störung durch die Verteidigung verlangen deshalb vom Paßgeber ein Höchstmaß an *Präzision.*

Oft ist der Erfolg eines Passes von seiner Schnelligkeit abhängig, da sonst ein genaues, zeitrichtiges

Zusammenspiel unmöglich wird. Zur Ablenkung der Verteidigung dienen zusätzliche Paß- und Blicktäuschungen.

Regeln für den Paßgeber:

- «Beobachte dein Paßziel genau, aber ‹telegrafiere› den Paß nicht mit den Augen!»
- «Passe blitzschnell und ohne Ansatz aus den Handgelenken!»
- «Sichere deine Pässe durch Täuschungen!»
- «Bewege dich unmittelbar nach deinem Paß, um eventuell ‹give and go› zu spielen!»

Als Standardpaß im Basketball gilt der *beidhändige Brustpaß* (Abb. 5). Hierbei wird der Ball aus der Grundstellung (Körperhöhle) mit beiden Händen zugleich gradlinig und brusthoch dem Partner zugespielt. Der entscheidende Bewegungsimpuls soll hierbei vornehmlich aus dem Handgelenk gegeben werden, zusätzlich klappen die Handgelenke deutlich nach außen. Eine vollständige Armstreckung ist nicht erforderlich. Soll der Paß an einem Verteidiger vorbeigespielt werden, so empfiehlt sich der *Bodenpaß* dicht neben dem Fuß des Verteidigers (Abb. 6). Sieht man während eines Wurfansatzes einen besser stehenden Mitspieler, so kann der Ball auch über den Kopf zugespielt werden, jedoch allein aus den

Abb. 5: Brustpaß

Abb. 6: Bodenpaß

Abb. 7: Überkopfpaß

Handgelenken, ohne Ausholbewegung und hart, schnell, gradlinig, nicht als Bogenpaß (Abb. 7).

Einhandpässe (Baseball- oder Handballpaß) überbrücken in der Regel größere Entfernungen. Durch ihre lange Ausholbewegung können sie nur als Paß ins Vorfeld zu einem freien Mitspieler verwandt werden. Eine Ausnahme bildet hier der einhändige Paß aus dem Dribbling, der ohne Ansatz aus dem Handgelenk über kurze Entfernung gespielt wird (Abb. 8). Ein selten gespielter Paß ist der Paß hinter dem Rücken. Obwohl er im Spiel kaum angewandt wird, ist er bei den Spielern dennoch als «Trick-Paß» besonders beliebt. Seine Schulung dient deshalb mehr der Entwicklung des Ballgefühls und der Motivation.

Abb. 8: Einhändiger Bodenpaß

Wird der Paßgeber von einem Verteidiger gedeckt, so gilt für alle Pässe:

- «Passe so nah wie möglich am Verteidiger!»

Zusätzlich soll der Ballbesitzer Täuschungen anwenden. Kopf-, Schulter- und Blicktäuschungen sind besonders zu empfehlen, da hierbei der Ball in der optimalen Ausgangsposition bleibt (Abb. 9). Soll dennoch eine Paßtäuschung gemacht werden, so darf es sich nur um eine rollende Bewegung im Handgelenk handeln ohne wirkliche Ortsveränderung des Balls.

Abb. 9: Einhändiger Brustpaß nach Bodenpaßtäuschung

5 Praxis

Übungen für das Ballgefühl und die Ballbehandlung sollten am Anfang jeder Stunde stehen. Ziel der folgenden Übungen ist es, den Ball ohne Blickkontakt fortgesetzt mit den Händen zu kontrollieren, ohne ihn fallen zu lassen:

Übungen zur Ballkontrolle

- Ballkreisen rechts–links um die Hüfte,
- Achterkreisen vorwärts–rückwärts durch die gegrätschten Beine,
- Ballkreisen auf und ab, beginnend beim rechten Fuß über das Knie zur Hüfte, um den Kopf und wieder abwärts zum linken Fuß,
- Lockerung der Handgelenke durch schnelles Zuspiel vor dem Körper von einer Hand in die andere,
- Halten des Balles zwischen den Knien und blitzschnelles Umfassen. Dabei fangen beide Hände im Wechsel vorn–hinten oder diagonal den Ball (eventuell Medizinball),
- Ballkreisen mit dem Partner und zwei Bällen. Der Ball wandert von der linken in die rechte Hand und dann zum Partner gegenüber. Steigerung: Ballführung hinter dem Rücken.

Passen und Fangen sind in den meisten Übungsformen eine Einheit. Die folgenden Übungen sind jedoch zur Schulung des Fangens, des peripheren Sehens und der Reaktion gedacht.

Übungen zum Fangen, peripheren Sehen und Reaktion

- Partner oder Lehrer spielen absichtlich z. T. ungenaue und schwer zu fangende Bälle. Der fangende Spieler soll den Ball stets unter Kontrolle bringen und die korrekte Grundstellung einnehmen. Der Ball kann zurückgerollt werden, während ein zweiter Ball unterwegs ist,
- Fänger steht mit dem Rücken zum Ball und dreht sich auf Zuruf zur Ballannahme um,
- Fänger steht mit dem Rücken zum Ball vor einer Wand. Der Paß wird indirekt über die Wand gespielt,
- zwei Spieler stehen hintereinander vor einer Wand. Der Paßgeber wechselt nach Paß an die Wand durch Gleitschritte nach hinten, während der Partner den Ball fängt und wieder an die Wand paßt (Abb. 10),

Abb. 10:
a) Partner-Passen an der Wand
b) Schulung des peripheren Sehens
c) Alle gegen einen

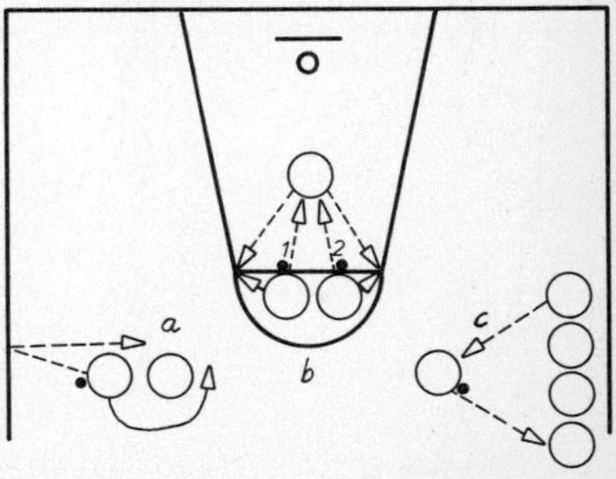

- zur Schulung des peripheren Sehens wird der Fänger mit zwei Bällen aus unterschiedlichen Positionen gefüttert. Der Winkel kann nach jedem Paß um einen Schritt verändert werden (Abb. 10),
- Fangspiel alle gegen einen. Zwei Bälle werden so schnell wie ‹fangbar› von einer Reihe oder einem Halbkreis aus dem Einzelspieler zugepaßt (Abb. 10).
- Einzelne Spieler können ihr peripheres Sehen auch in einer Hallenecke trainieren, indem sie in verschiedenen Grundstellungen den Ball nach rechts oder links über zwei Wände passen.

Einen idealen Trainingspartner für das *Passen* stellt die Hallenwand dar. An ihr können alle Paßarten in beliebiger Reihenfolge und auf verschiedene Ziele intensiv geübt werden. Die Fehlerquelle «Partner» ist hierbei ausgeschaltet. Das Passen im Stand kann in einer Vielzahl von Aufstellungsformen geübt werden. Da es jedoch wenig spielnah ist, sollten so bald wie möglich die Bewegung vom Paßgeber und Fänger und die Verteidigung hinzugenommen werden. Ein solch spielnahe Übungsreihe zum *Passen und Fangen* stellen die folgenden vier Übungen dar. Hierbei wird das Zusammenspiel von Aufbau und Flügel und Anschlußaktion entwickelt.

Übungen zum Passen und Fangen

- Als Partnerübungen beginnen wir in der Regel mit dem beidhändigen Brustpaß. Dieser soll zunächst in einer spieltypischen Spielsituation zwischen Aufbau und Flügel benutzt werden. Auch Boden- und Überkopfpässe sowie Einhandpässe können in dieser Aufgabenstellung geübt werden (Abb. 11 a).
- Eine erste Bewegung soll nun der Flügelspieler machen, indem er ein «Lösen vom Mann» («in and out») durchführt. Da auch Aufbauspieler sich von ihren Gegenspielern lösen müssen, können beide Partner diese Bewegung im Wechsel durchführen (Abb. 11 b). Bei dieser Übung wird der Ball mit der jeweiligen Außenhand angenommen. Es folgt ein Sternschritt vorwärts zum Partner hin. Soll die Übung als Gruppenkontinuum durchgeführt werden, so wechselt man nach jedem Paß zur anderen Gruppe.
- Um das im Timing schwierige Passen in den Lauf zu üben, soll bei der nächsten Übung der Flügelspieler nach seinem Paß zum

Abb. 11:
a) Positionsgebundenes Passen am Ort
b) Lösen-vom-Mann und Passen

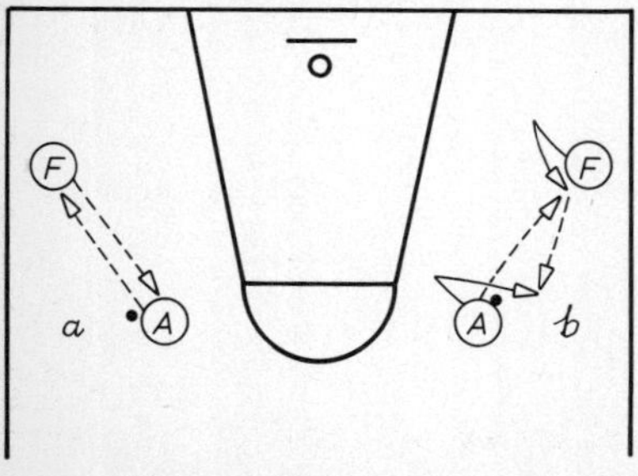

Korb hin starten und dabei deutlich seine Außenhand als Paßziel anbieten (Abb. 12a).

- Die gleiche «Give and go»-Aktion kann auch vom Aufbauspieler ausgehen (Abb. 12b). Nach einer Dribbeltäuschung, um eine freie Paßlinie zu bekommen, spielt der Aufbauspieler den sich lösenden Flügelspieler an und schneidet nach einer Richtungstäuschung zum Korb und erhält in seinen Lauf den Paß von dem sich zu ihm und zum Korb drehenden Flügelspieler.

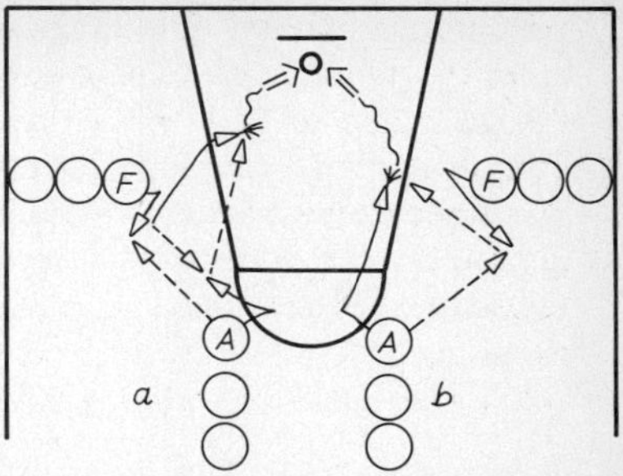

Abb. 12: «Give and go» vom Flügel (a) und Aufbau (b)

Durch die Hinzunahme von zunächst einem, dann zwei teilaktiven Verteidigern werden diese Übungen vervollständigt.
Ein besonderes Problem stellt das *Passen in die Bewegung* dar. Die Paßgeber müssen hierbei lernen, den Ball so zu spielen, daß der Fänger seine Bewegung nicht verändern, also weder stoppen noch beschleunigen muß.

Übungen zum Passen in die Bewegung

- Hierbei soll zunächst im stehenden Innenkreis der Ball genau auf die gestreckte Außenhand des nächsten oder auch des übernächsten Mitspielers gepaßt werden (Abb. 13a).
- Nach einigem Üben beginnt der Kreis während des Passens langsam zu gehen und schließlich zu laufen (Abb. 13b).

Abb. 13: Passen im Innenkreis
a) im Stand
b) in der Bewegung

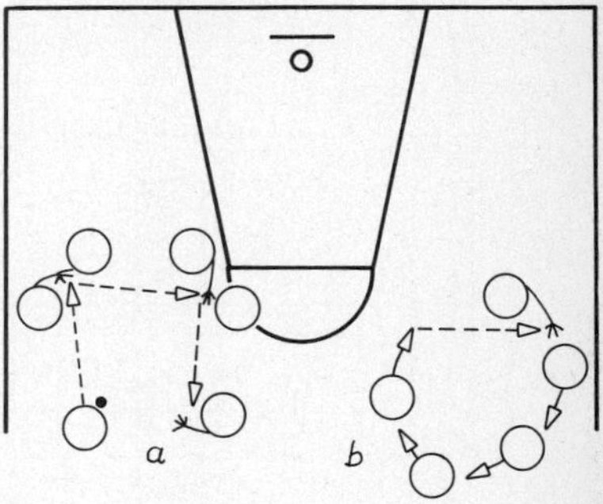

Merke

- Passen und Fangen sind die wichtigsten technischen Elemente für das Zusammenspiel im Basketball.
- Ohne Fangen und Passen läßt sich die Zielhandlung des Spiels, der

Korbwurf, nur schwer durchführen, da ein nur auf sich gestellter Angreifer durch eine kollektive Verteidigung leicht bekämpft werden kann.

- Perfektes Passen und Fangen lassen sich nicht allein auf die technisch saubere Durchführung aufbauen, sondern verlangen zusätzlich die Fähigkeit des peripheren Sehens, der Antizipation und des Timings.

Literatur

81 (S. 38); **82** (S. 65); **118** (S. 58); **307** (S. 179); **347** (S. 141); **424** (S. 85); **539** (S. 53); **582** (S. 44); **597** (S. 70); **598** (S. 55).

Bernd Schiefler

4.5 Fußarbeit

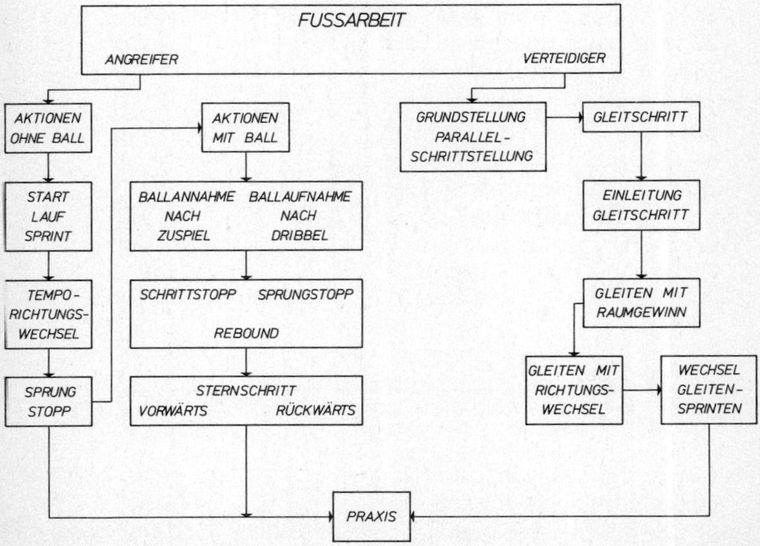

Schlagwörter

1 Fußarbeit Angreifer-ohne-Ball; besonders Richtungswechsel.

2 Angreifer-mit-Ball; Schrittstopp; Sprungstopp; Standbein, Spielbein; Sternschritt vorwärts, rückwärts.

3 Grundstellung des Verteidigers, Parallel- und Schrittstellung.

4 Gleitschritt-Technik, Grätschschritt, Nachstellschritt, Gleichgewicht, Sprinten.

5 Trainingsformen, Richtungswechsel, Schritt- und Sprungstopp, Sternschritt, Grundstellung und Gleitschritt.

Erläuterungen

1 Die Fußarbeit des Angreifers läßt sich unterteilen in Aktionen ohne Ball wie Start, Lauf, Sprint, Tempowechsel, Richtungswechsel und Stopp (aus dem Lauf, Sprint) und Aktionen mit Ballbesitz wie Stoppen (aus der Ballaufnahme oder -annahme) und Sternschritt.
Die Aktionen mit Ball werden von den Dribbel-, Schritt- und Zeitregeln bestimmt.
Während die *Aktionen ohne Ball* Start, Lauf, Sprint, Tempowechsel und Stoppen durchgeführt werden wie in anderen Sportspielen auch, unterliegt der *Richtungswechsel* einer basketballspezifischen Ausführung und soll deshalb eingehender betrachtet werden. Er dient dazu, dem Verteidiger eine enge Deckung zu erschweren und eine gefahrlose Zuspielannahme zu ermöglichen (Abb. 1) oder den eng deckenden Verteidiger zu überlaufen (Abb. 2).

Abb. 1: Richtungswechsel zur Ballannahme (1)

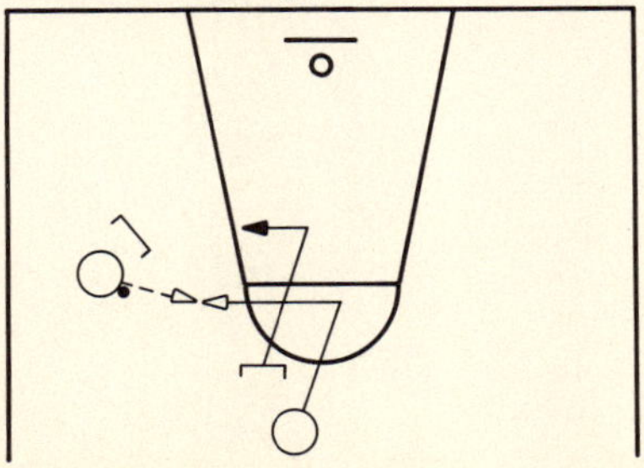

Abb. 2: Richtungswechsel zur Ballannahme (2)

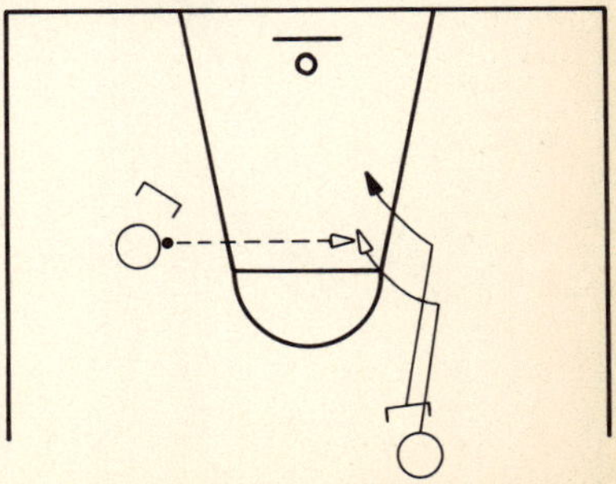

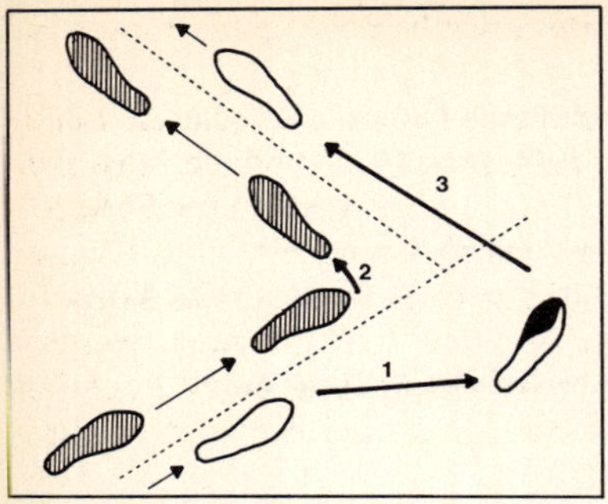

Abb. 3: Fußarbeit beim Richtungswechsel

Die Fußarbeit beim Richtungswechsel soll Abbildung 3 veranschaulichen. Während des Laufens setzt der Angreifer den der neuen Laufrichtung entgegengesetzten Fuß (Außenfuß) etwas weiter außen auf (1). Dabei wird die Innenseite des Fußballens belastet, das Knie stärker gebeugt und damit der Körperschwerpunkt etwas abgesenkt (= Stemmwirkung). Durch diesen ‹*Stemmschritt*› wird die Bewegung in der ursprünglichen Laufrichtung abgefangen; der Spieler startet durch den unmittelbar folgenden schnellkräftigen *Abstoß* vom selben Bein in die neue Richtung (3). Um aus dem Abdruck heraus eine gute *Beschleunigung* zu erreichen, vollzieht das andere Bein (Innenfuß) zunächst nur einen kleinen (2), der Außenfuß hingegen einen großen Schritt.

2 Zu den *Aktionen mit Ball* zählen die Möglichkeiten des Basketballspielers, einen Ball nach Zuspiel oder als Abpraller (Rebound) anzunehmen (Fangen) oder nach dem Dribbeln aufzunehmen (Dribbelende und Ballkontrolle). Die Spielregel erlaubt dabei dem in der Bewegung befindlichen Spieler mit gehaltenem (kontrolliertem) Ball nach dem letzten Dribbling (Ballaufnahme) oder nach Zuspiel (Ballannahme) oder Rebound nur zwei Bodenkontakte, um in den Stand zu kommen. Diese beiden Kontakte

Abb. 4: Schrittstopp mit Ball in zwei Kontakten (schematisch)

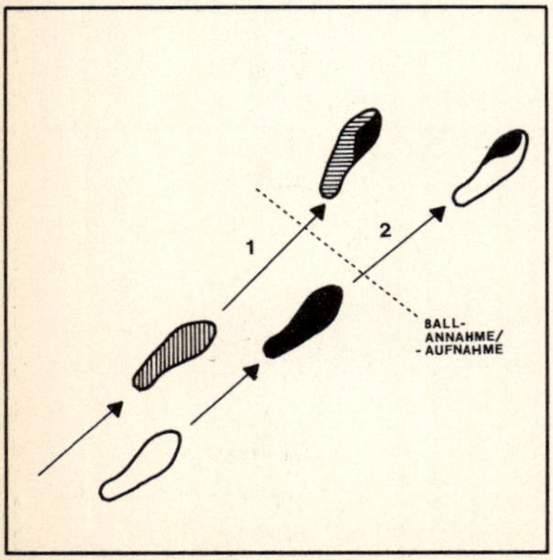

Abb. 5: Schrittstopp mit Ball (figürlich)

können unterschiedlich ausgeführt werden, nämlich als Schrittstopp und als Sprungstopp (vgl. Kozocsa 1979).
Beim *Schrittstopp* werden, wie die Abbildungen 4 und 5 zeigen, die Füße zeitlich nacheinander in Schrittstellung aufgesetzt (1, 2) und die Knie zur Absenkung des Schwerpunktes stärker gebeugt. Der Abstand der Füße ist etwas mehr als schulterbreit und der Fuß des hinteren Beines leicht nach außen gestellt. Um das Gleichgewicht nicht zu verlieren, ruht das Körpergewicht zunächst für kurze Zeit mehr auf dem hinteren Fuß. Nach Beendigung des Schrittstopps werden beide Füße gleichmäßig belastet. Beim Schrittstopp wird der hintere Fuß zum Standbein und der vordere zum Spielbein.
Beim *Sprungstopp* (s. Abb. 6 und 7) erfolgt die Landung beider Füße auf dem Boden gleichzeitig und parallel. Parallel bedeutet, daß die Hüftachse mit der Knie- und der Fußachse parallel ist, daß also bezogen auf die Front des Körpers kein Fuß vor dem anderen steht. Auch beim Sprungstopp werden die Knie stark gebeugt, die Füße befinden sich etwas mehr als schulterbreit auseinander, wobei das Körpergewicht auf beiden Füßen ruht. Der so stoppende Spieler kann Stand- und Spielbein wählen, muß allerdings bei der einmal getroffenen Entscheidung bleiben, solange die Ballkontrolle dauert. Beim Sprungstopp ist die Gefahr, das Gleichgewicht zu verlieren, größer als beim Schrittstopp.
Die Basketballregeln unterscheiden zwischen *Standbein* und *Spielbein*. Sie lassen nach dem Stoppen nur dem Spielbein weitere Bewegungsmöglichkeiten offen. Es kann beliebig oft abgehoben und wieder aufgesetzt werden. Das Standbein hingegen darf prinzipiell nicht vom Ort des Stoppens abgehoben oder weggezogen werden (außer zum Wurf oder Paß im

Abb. 6: Sprungstopp mit Ball in einem Kontakt (schematisch)

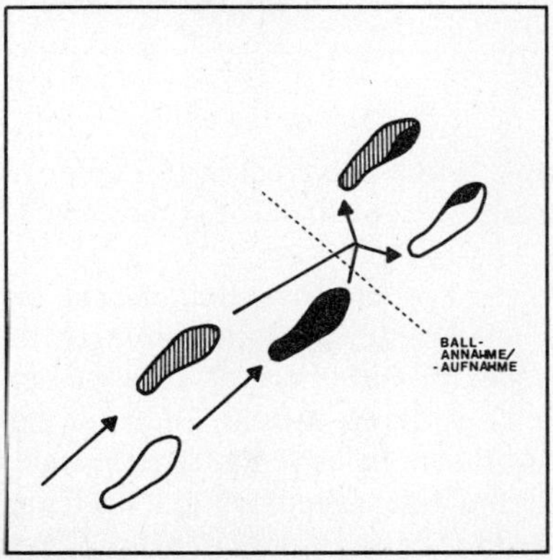

Abb. 7: Sprungstopp mit Ball (figürlich)

Sprung). Nur die Ferse, nicht aber der Ballen darf den Bodenkontakt verlieren. Drehungen auf dem Fußballen des Standbeines sind zulässig. Das wiederholte Aufsetzen des Spielbeines in unterschiedliche Richtungen unter gleichzeitigem Drehen des Standbeines am Ort bezeichnet man als *Sternschritt*. Er kann in Blickrichtung, nach vorn, als Sternschritt vorwärts (Abb. 8) und entgegen der Blickrichtung, nach hinten, als Sternschritt rückwärts (Abb. 9) ausgeführt werden (vgl. KOZOCSA 1979). Bei allen Sternschrittbewegungen erfolgt durch einen kurzen Abdruck vom Spielbein eine Gewichtsverlagerung auf das Standbein. Nach dem erneuten Aufsetzen des Spielbeines wird wieder eine stabile Gleichgewichtssituation hergestellt.
Durch den Sternschritt werden unabhängig von der zunächst vorliegenden Stoppsituation weitere Paß-, Dribbel- und Wurfmöglichkeiten erschlossen und der bessere Schutz des Balles möglich. Der Ballbesitzer deckt dabei den Ball, indem er den Körper zwischen Gegenspieler und Ball bringt.

Abb. 8: Sternschritt vorwärts

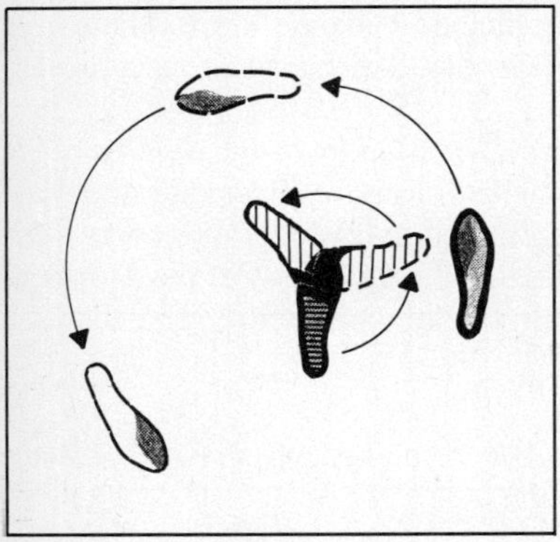

Abb. 9: Sternschritt rückwärts

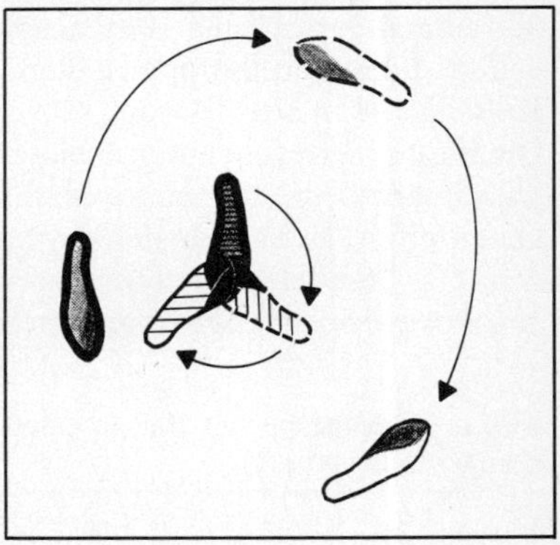

3 Die Möglichkeiten des Verteidigers, durch entsprechende Fußarbeit die Absichten des Angreifers zu vereiteln, veranschaulicht Abbildung 10 auf Seite 173.
Am stehenden Angreifer nimmt der Verteidiger die *Grundstellung* ein. Sie ermöglicht ihm, schnelle Aktionen in alle Richtungen durchzuführen. In dieser Stellung stehen die Füße etwas mehr als schulterbreit auseinander. Das Körpergewicht ist gleichmäßig auf beide Beine verteilt. Die Füße stehen zwar mit der ganzen Sohle auf dem Boden, belastet sind aber in erster Linie die Fußballen und Großzehen der Fußinnenseiten. Die stark gebeugten Knie und der in der Hüfte leicht nach vorn abgewinkelte Oberkörper

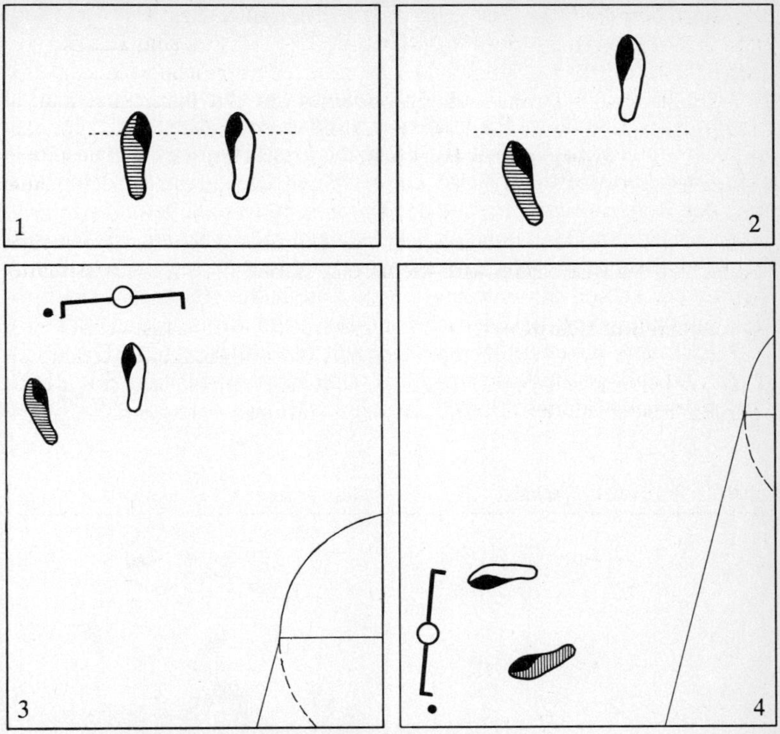

Abb. 10: Die Grundstellung des Basketball-Verteidigers:
(1) parallel; (2) Schrittstellung; (3) Deckung der starken Dribbelseite; (4) Deckung an der Grundlinie.

bewirken eine relativ niedrige Körperschwerpunktlage. Der Kopf ist leicht angehoben und der Blick bodenparallel ausgerichtet (RAMSEY 1963). Bei großer Entfernung zum Korb (keine Wurfgefahr) sind die Arme im Ellenbogengelenk gebeugt, wobei sich die Oberarme nahe am Körper und die Hände mit den Handflächen nach oben etwa in Hüfthöhe befinden (WOODEN/SHARMAN 1975).

Bezüglich der Fußstellung wird zwischen zwei Grundstellungen unterschieden: Der Parallel- und der Schrittstellung (COUSY/POWER 1976). Die Vorteile der *Parallelstellung* liegen in der gleichmäßigen Absicherung beider Verteidigungsseiten und der guten seitlichen Bewegungsmöglichkeit. Die Vorteile der *Schrittstellung* sind die verstärkte Absicherung der gefährdeteren Verteidigungsseite (Seite des zurückstehenden Fußes) und die guten Bewegungsmöglichkeiten nach hinten und nach vorn. Die Schwäche der Schrittstellung ist der vorn stehende Fuß. In Abb. 10 (4) wird mit der Schrittstellung die Grundlinienseite und in Abb. 10 (3) die bevorzugte Dribbelseite des Angreifers besonders gesichert.

4 Am dribbelnden oder laufenden Angreifer wendet der Verteidiger die *Gleitschritt-Technik* an. Er bedient sich dazu einer schnellen Folge von Grätsch- und Nachstellschritten, wobei die Front des Verteidigers ständig dem Angreifer zugewandt bleibt. Die einzelnen Schritte werden dabei flach über den Boden ausgeführt, und der Körperschwerpunkt bewegt sich möglichst auf einer bodenparallelen Linie. Zuerst erfolgt immer ein *Grätschschritt* und dann ein *Nachstellschritt.* Die Füße dürfen nicht gekreuzt werden und sollten immer wenigstens 50 Zentimeter voneinander entfernt sein. Dies gilt sowohl bei Gleitschrittbeginn, beim fortlaufenden Gleiten in eine Richtung, als auch beim Gleiten mit Richtungswechsel. Die Gleitschritt-Technik gewährleistet auch bei schnellster Ausführung eine stabile Gleichgewichtssituation. Sowohl eine unmittelbare Änderung der Bewe-

Abb. 11: Gleitschritt-Technik

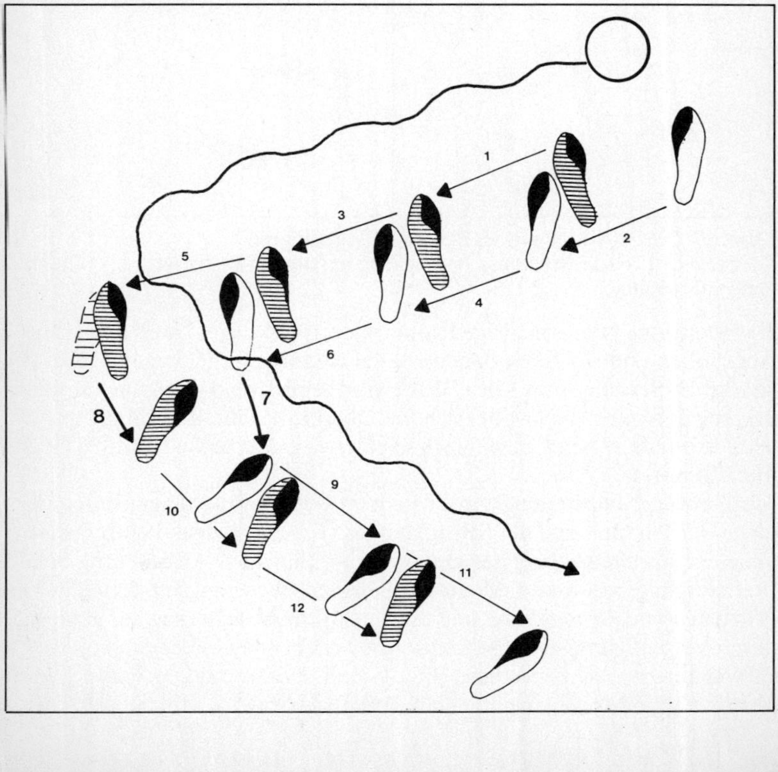

gungsrichtung als auch das schnelle Einnehmen einer Verteidigungsstellung (Grundstellung) ist dadurch jederzeit gegeben (vgl. LINDEBURG 1972). Abb. 11 zeigt die Gleitschritt-Technik mit Gleitschrittbeginn aus der Schrittstellung heraus zur starken Seite hin (1) und anschließend fortlaufendes Gleiten nach links (2–6). Auf den Richtungswechsel des dribbelnden Angreifers reagiert der Verteidiger mit einem Wechsel der Gleitschrittrichtung. Bei diesem Wechsel erfolgt durch einen großen Grätschschritt, in diesem Fall nach hinten rechts (7), der Übergang zum fortlaufenden Gleiten in die neue Bewegungsrichtung des Angreifers.
Kann ein Verteidiger bei einer Rückwärtsbewegung nicht die erforderliche Position mit der Gleitschritt-Technik beibehalten, muß er das Gleiten vorübergehend aufgeben und sprinten. Erst nach Überholen des Angreifers setzt der Verteidiger wieder die Gleitschritt-Technik ein (vgl. Abb. 12).

Abb. 12: Übergang vom Gleiten zum Sprint und erneutes Gleiten

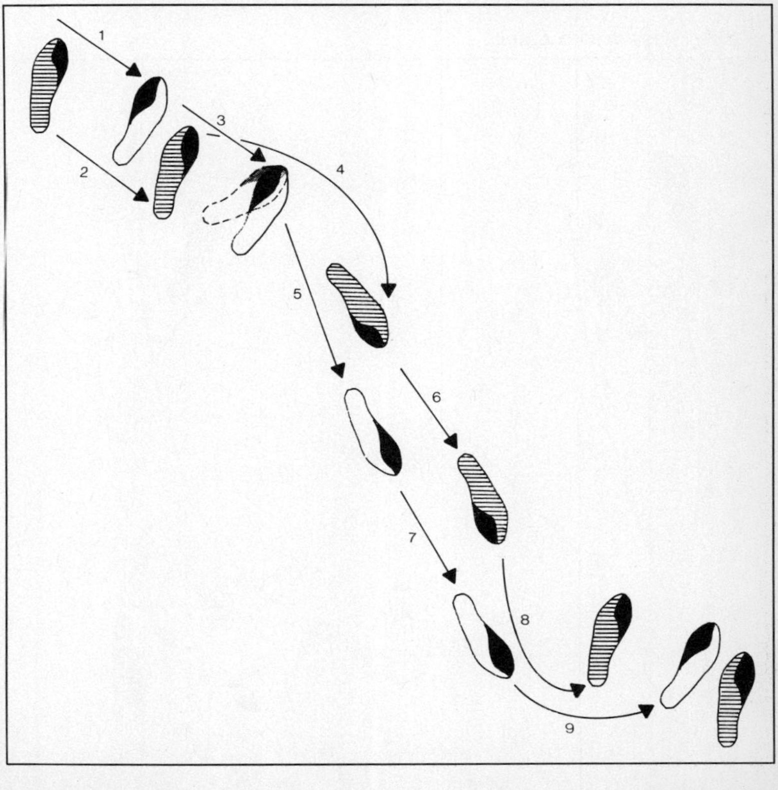

5 Praxis

Übungsformen

Richtungswechsel

- Laufen im Zick-Zack zwischen zwei Linien (Außenfuß auf der Linie),
- Schattenlaufen; einer läuft im unregelmäßigen Zick-Zack-Kurs vor, der (die) andere(n) hinterher,
- 1–1 mit Zuspieler; durch Richtungswechsel trotz enger Deckung Ballannahme ermöglichen (außen oder unter dem Korb).

Schritt- und Sprungstopp

- Stoppen aus dem Laufen (Absprungbetonung, Orientierungshilfen für Absprung und/oder Landung,
- Stoppen nach einem/mehreren Dribblings,
- Stoppen nach Ballannahme eines hingehaltenen oder selbst vorgelegten Balles,
- Übung zu zweit zum Stoppen aus dem Zuspiel.

Abb. 13: Stoppen nach Zuspiel

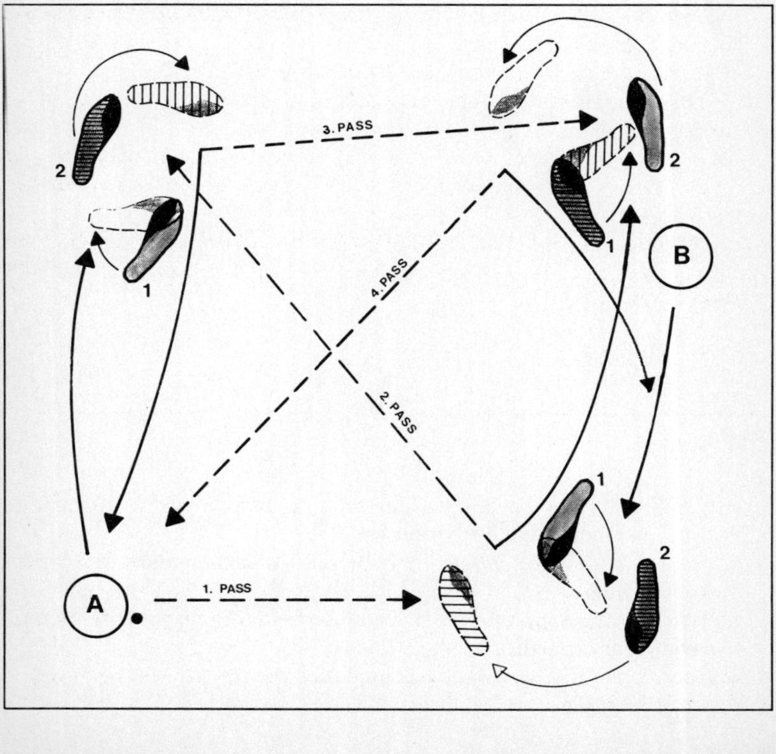

Sternschritt

– wie Übungen zum Stoppen mit Ball, aber mit Anschlußaktionen Sternschritt vorwärts und/oder rückwärts,
– Übungen unter dem besonderen Aspekt Stoppen–Sternschritt–Wurf; Stoppen–Sternschritt–Paß; Stoppen–Sternschritt–Dribbeln; Stoppen–Sternschritt als Täuschung,
– Gruppenübung zum Stoppen (aus dem Dribbeln)–Sternschritt (vorwärts)–Paß,

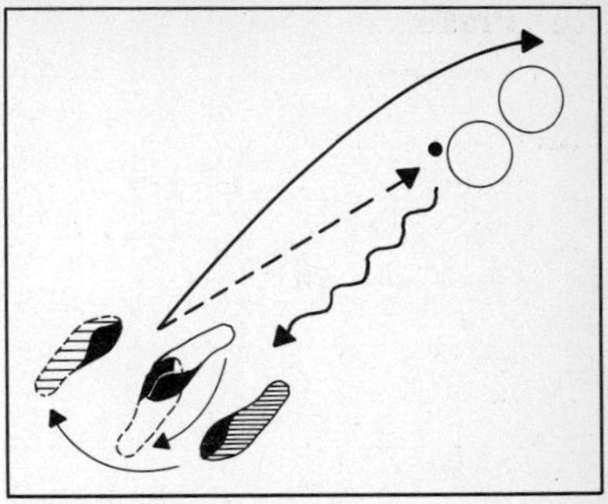

Abb. 14: Gruppenübung zum Dribbelstopp

– 1–1, 1–2, Dribbeln, Stoppen, Schützen des Balles vor dem (den) angreifenden Verteidiger(n).

Grundstellung und *Gleitschritt-Technik*

– freies Laufen im Halbfeld, auf Signal Einnehmen der Grundstellung;
– Beinfechten (1–1; versuchen, mit den Handflächen die Oberschenkel des Partners zu berühren),
– Gleitschritte zur Seite ohne/mit Richtungswechsel,
– Gleiten seitlich rückwärts in regelmäßigen (zwischen zwei Linien) und unregelmäßigen Zick-Zack-Bewegungen,
– Gleiten seitlich vorwärts und rückwärts in der Gruppe entsprechend der Angreifer- (Lehrer-)bewegung, zuerst ohne, später mit Zwischensprints,
– 1–1 (ohne Ball/mit Ball; regelmäßige/unregelmäßige Angreiferbewegungen; mäßiges/hohes Tempo des Angreifers; in schmalem Korridor bis Ganzfeld).

Merke

- Der Richtungswechsel ermöglicht eine gefahrlose Zuspielannahme oder ein Überlaufen des Verteidigers.
- Beim Schrittstopp werden die Füße zeitlich nacheinander in Schrittstellung aufgesetzt, wobei der hintere Fuß zum Standbein wird.
- Beim Sprungstopp erfolgt die Landung beider Füße gleichzeitig und parallel; er ermöglicht deshalb die Wahl des Standbeines.
- Der Sternschritt stellt das erneute, auch mehrmalige Aufsetzen des Spielbeines dar.

- Die Parallelstellung stellt eine ausgewogene Grundstellung dar; die Schrittstellung sichert eine Seite besonders ab.
- Die Gleitschritt-Technik gewährleistet durch die ständige gute Gleichgewichtssituation schnelle Änderungen in der Bewegungsrichtung und das jederzeitige Einnehmen einer Verteidigungsstellung.
- Bei der Gleitschritt-Technik beginnt die Bewegung immer mit einem Grätschschritt, gefolgt von einem Nachstellschritt.

Literatur

82; **95** (S. 26ff); **96**; **307** (S. 105–150); **347** (S. 152–155); **424** (S. 137–152); **448** (S. 109–150); **598** (S. 53–55).

Gerhard J. Schmidt

4.6 Rebound

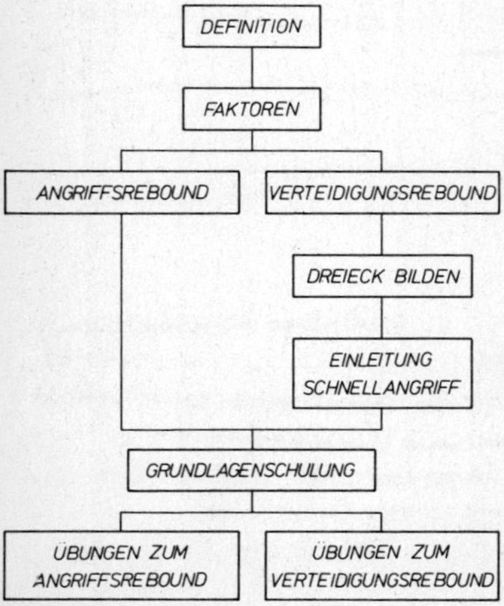

Schlagwörter

1 Ballgewinn nach erfolglosem Wurf, Brettkontrolle, Größe, Sprungkraft, Timing, Stellungsspiel, Antizipation.

2 Angriffsrebound, Tippen, aus der Bewegung zum Brett, Täuschen, Wurfposition und Gewohnheiten der Mitspieler kennen.

3 Verteidigungsrebound, Aussperren am Werfer und am Nichtwerfer, Spreizbuckelsprung, Deckungsdreieck.

4 Schnellangriff einleiten, erster schneller Paß.

5 Folgerungen für die Praxis.

Erläuterungen

1 Rebound bedeutet *Ball(wieder)gewinn nach erfolglosem Wurf.* Dem Rebound kommt große Bedeutung zu, da jeder Wurf ein Fehlwurf sein kann. Damit wird die Bereitschaft, immer und schnell zu handeln, Voraussetzung für Erfolg. Die Mannschaft, die die Bretter kontrolliert, hat auch das Spiel in der Hand (vgl. Wooden 1980, 166, 404). Obwohl die *Körpergröße* ein wichtiger Faktor ist, werden andere Faktoren als entscheidend angesehen: *Sprungkraft, Timing* und *Stellungsspiel.* Cousy/Power (1975) erachten das Timing für wichtiger als die Sprunghöhe. Im Stellungsspiel schlagen sich schließlich die noch wichtigeren Faktoren der Übersicht und des *Antizipationsvermögens* nieder: Wo wird der geworfene Ball herunterkommen? Wie gelange ich rechtzeitig in diese Position? Wie kann ich den Gegner aus dieser Position aussperren?

2 Der *Angriffsrebound* erfolgt meist aus frontaler Stellung zum Korb und ermöglicht sofortiges Nachwerfen oder einen erneuten Spielaufbau. Das flüchtige *Tippen* ist heute weniger zu beobachten, weil das Fangen mit anschließenden Täuschungs- und/oder Wurfaktionen die Ballkontrolle verbessert und das Foulrisiko der Verteidiger erhöht (vgl. Hagedorn/Lorenz/Meseck 1984). Der Angreifer soll nicht aus dem Stand hinter dem Verteidiger springen, sondern *aus der Bewegung* zum Absprung kommen. Um dem Aussperren des Verteidigers zu entgehen, muß er dabei Richtungstäuschungen (kleiner Fintierschritt, langer Schritt aggressiv zur anderen Seite) verwenden und versuchen, in die Innenposition zu gelangen. Der wichtigste Faktor für den Angriffsrebound ist die Antizipation. Diese kann erheblich erleichtert werden, wenn die *Wurfpositionen und -gewohnheiten der Mitspieler* bekannt sind. Bei guten Spielsystemen sind die Reboundmöglichkeiten mit eingeplant. Der Angriffsrebounder sollte kontrolliert, möglichst beidbeinig abspringen und landen.

3 Beim *Verteidigungsrebound* soll der Verteidiger das Eindringen des Angreifers in den korbnahen Bereich verhindern. Dabei muß er sich in der Regel aus einer Stellung mit Rücken zum Korb in den geplanten Weg des Angreifers hineinbewegen und sich dabei so drehen, daß er dem Angreifer den Rücken zuwendet und selbst zum Korb schaut. Dieser Vorgang heißt *Aussperren.* Prinzipiell müssen alle Verteidiger aussperren; denn ein in den korbnahen Bereich eindringender Angreifer kann die gute Deckungsarbeit aller anderen Verteidiger zunichte machen. Insbesondere ist die Nahdistanz abzusichern, indem ein *Deckungsdreieck* gebildet wird (vgl. Abb. 1).
Zu unterscheiden ist das *Aussperren am Werfer* und *am Nichtwerfer.* Am Werfer steht der Verteidiger in den meisten Fällen seitlich, um den Wurf

blockieren oder stören zu können (vgl. WOODEN/SHARMAN 1975). Mit erfolgtem Abwurf bewegt sich der Verteidiger mit ein bis zwei Schritten zum Werfer hin und dreht sich dabei so, daß er mit dem Rücken zu ihm Kontakt herstellt. Dabei hat er die Oberarme waagerecht zur Seite, die Unterarme nach oben gestreckt und die Hände fangbereit zum Korb geöffnet. Die Knie sind absprungbereit gebeugt. Diese Haltung gilt auch für die Endphase des Aussperrens am Nichtwerfer (vgl. Abb. 2). Erst wenn der Aussperrende erkennt, daß der Ball in seinem Bereich herunterkommen wird, bewegt er sich zum Ball in eine absprungbereite Position bzw. springt. Dabei nimmt er die für jeden reboundenden Verteidiger charakteristische Haltung in der Luft ein: Die Hände werden nach vorn–oben zum Ball gestreckt, der Rücken gekrümmt und die Beine leicht gegrätscht nach vorn gebracht. Durch diesen ‹*Spreizbuckelsprung*› (vgl. Abb. 3) kann er den nachsetzenden und vor allem den körperlich überlegenen Angreifer am besten vom Ball fernhalten und am stabilsten (beidbeinig) landen (vgl. HAGEDORN/VOLPERT/SCHMIDT 1972). Bereits in der Luft sollte der Verteidigungsrebounder zur nahen Seitenlinie schauen, um sich einen Überblick über die Spielsituation und mögliche Empfänger des ersten Passens zu verschaffen. Eine leichte Drehung nach außen kann den ersten Paß, insbesondere den Langpaß, erleichtern, wenn

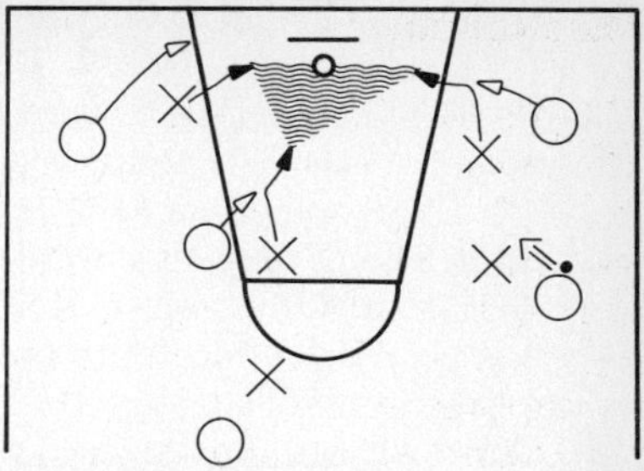

Abb. 1: Deckungsdreieck

Abb. 2: Aussperren

Abb. 3: ‹Spreizbuckelsprung›

die Wurfhand grundliniennah (gegnerfern) ist. Die Landung soll in jedem Fall stabil, also beidbeinig sein. Dabei ist der Ball durch Ausfahren der Ellbogen zur Seite und durch Anziehen in die Körperhöhle vor dem Bauch zu schützen, wenn nicht bereits in der Luft (eventuell in der Drehung) ein schneller Überkopfpaß zur Seite gelingt. Nur in Ausnahmefällen sollte zur entfernten Seitenlinie gepaßt werden, da im Falle eines Ballverlustes die Angreifer kaum noch an einem Korbleger zu hindern sein dürften.

Das Aussperren des Nichtwerfers erfordert außerdem peripheres Sehen und Aufmerksamkeitsteilung. Ball und Gegner müssen kontrolliert werden. Dabei gilt das Gesetz: «Sieh den Ball!» Also muß der Gegner taktil und mit Hilfe des peripheren Sehens beachtet werden. Daraus ergeben sich *zwei Möglichkeiten des Aussperrens:*

– Wenn der direkte Gegner (meist in Mittel- und Weitdistanz) bei einem Wurf von der Gegenseite zur Grundlinie startet, wird durch Tasten mit der gegnernahen Hand Kontakt hergestellt und ein Sternschritt rückwärts zum Mann hin gemacht (Abb. 3).
– Wenn der direkte Gegenspieler (meist in Nahdistanz) innen vorbeizugehen versucht, muß zuerst bei ausreichendem Platz ein Sternschritt vorwärts mit dem gegnernahen Fuß in dessen Bahn hinein gemacht werden, und anschließend wird durch Sternschritt rückwärts Kontakt mit dem Rücken zum Gegner aufgenommen (Abb. 4).

In beiden Fällen gilt es rechtzeitig zu handeln und Fouls zu vermeiden.

Die Hauptgefahr beim Verteidigungsrebound besteht darin, daß der Verteidiger beim Aussperren sich zum Korb hin bewegt, also weg vom Angreifer, wodurch er den Kontakt verliert bzw. nicht herstellt. So läßt er sich leicht unter den Korb drängen. Meistens springen dann die Bälle über den Verteidiger hinweg und sind Geschenke für die Angreifer.

Abb. 3: Sternschritt rückwärts

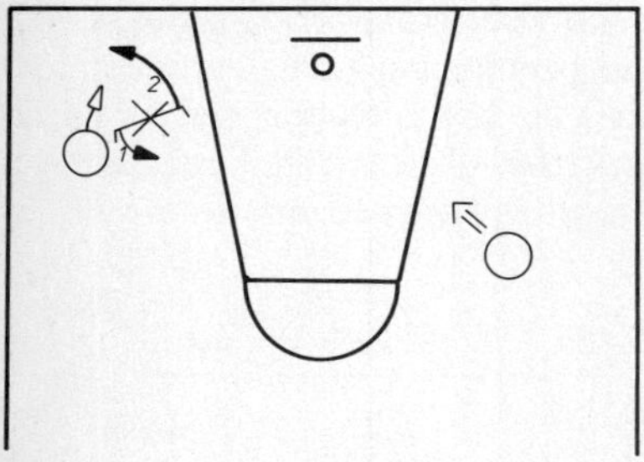

Abb. 4: Sternschritt vorwärts

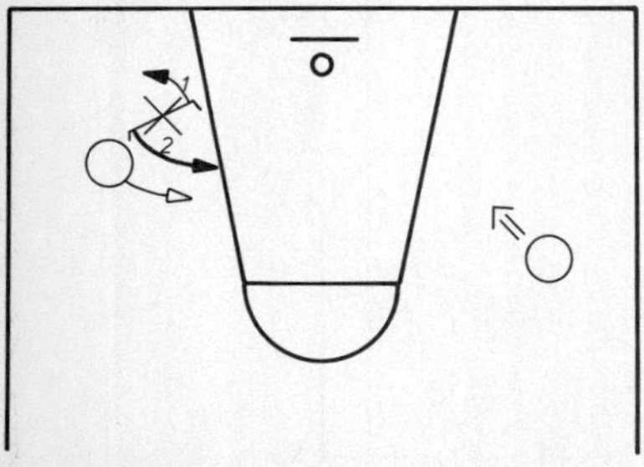

[4] Jeder Verteidigungsrebound ist ein potentieller *Schnellangriff*. Verteidigungsrebound, erster schneller Paß und Einleitung des Schnellangriffs sollten nach der Absicherung der Grundlagen als Einheit trainiert werden. Um den Rebound – nicht den Einwurf an der Grundlinie – häufig trainieren zu können, empfehlen sich Gerätehilfen wie Ringeinsätze (vgl. KOZOCSA 1979) oder Reboundkuppeln, die natürliches Abprallverhalten bei jedem Wurf erzeugen.

[5] **Praxis**
An der Körpergröße kann man nichts ändern, aber Sprungkraft, Timing und Taktik des Rebound kann man trainieren.

Übungen zum Timing
- Sprungballwettkämpfe,
- Ball ans Brett werfen, im höchsten Punkt des Sprunges fangen,
- ständiges Tippen ans Brett mit beiden Händen, mit rechts, links,
- aus dem Stand unter dem Korb mit links von links und mit rechts von rechts über den Korb hinweg den Ball von Seite zu Seite tippen (vgl. WOODEN/SHARMAN 1975),
- in der Vierergruppe am Brett: Tippen und hinten anschließen,
- Dreiergruppen am Korb: zwei Spieler (mit Ball beim Vordermann) auf der einen, ein Spieler auf der anderen Seite; über dem Zielviereck den Ball zur anderen Seite tippen und dort anschließen;
- Reboundwettkampf jeder gegen jeden: Wer dreimal nach Rebound beim Wurf getroffen hat (gegen Störung), scheidet aus.

Übungen zum Spreizbuckelsprung
- Im Sprung Beine nach vorn grätschen, Hände berühren die Füße (vgl. KOZOCSA 1979, 92),
- Ball an die Wand oder ans Brett werfen, im höchsten Punkt im Spreizbuckelsprung annehmen, beidbeinig landen, wieder hochwerfen etc.,
- Dreiergruppen: Ball ans Brett werfen, im Spreizbuckelsprung rebounden und zum Mitspieler an der nahen Seitenlinie passen, von dort wandert der Ball zum dritten Spieler, der am Brett hinter Spieler 1 wartet. Anschlüsse in Paßrichtung;
- wie vorige Übung, aber der Mann hinter dem Werfer springt mit und versucht, den Ball zu spielen.

Abb. 5: Dreier-Gruppendrill

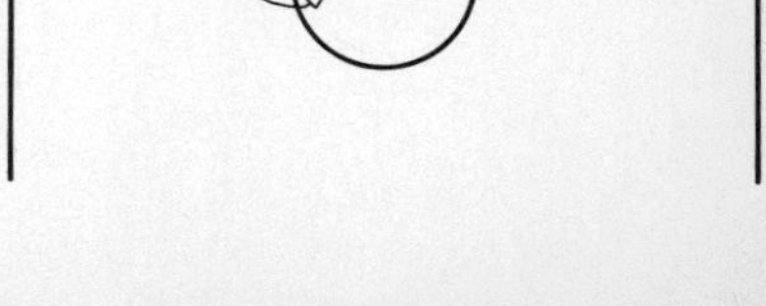

Übungen zum Aussperren

- Gegner durch Fußarbeit mit dem Rücken für 5 bis 10 Sekunden vom Ball fernhalten, der im Kreis liegt (vgl. HAGEDORN 1970),
- Aussperren des Werfers, der versucht nachzusetzen,
- 1–1 mit einem Werfer auf der Gegenseite: Üben der Schrittfolge beim Aussperren, a) wenn der Angreifer zur Grundlinie startet; b) wenn der Angreifer nach innen startet; (vgl. Abb. 3 u. Abb. 4) Seite wechseln und Positionen von Werfer und Rebounder / Angreifer variieren.
- Spiel 3–3 mit Werfer. Die Angreifer müssen die 3-Sekunden-Regel beachten und erst beim Wurf versuchen, zum Korb zu gelangen. Angriffsrebounds dürfen sofort nachgeworfen werden. Bei Verteidigungsrebound bietet sich der Werfer auf der Abprallseite an, indem er dorthin startet und laut «Ball» ruft. Er dribbelt zur Mitte und wirft erneut. Die Verteidiger versuchen, stets ein Deckungsdreieck zu bilden. Nach zehn Würfen die Rollen tauschen (Abb. 6);
- Spiel 3–3 plus 2; Grundidee wie bei voriger Übungsform, jedoch stehen in der Ausgangssituation zwei zusätzliche Spieler als Angreifer / Werfer an der Freiwurflinie. Bei Verteidigungsrebound werden sie durch Anbieten (Starten zur nahen Seitenlinie bzw. Mitte; Ruf «Ball») zu Angreifern, die mit den ehemaligen Verteidigern einen schnellen Angriff zur Mittellinie starten. Mindestens drei Spieler sollen in spätestens drei Sekunden durch Passen die Mittellinie erreicht haben. Dann tauschen die Dreiergruppen die Rollen, die zwei Außen spielen nun mit den neuen Angreifern wieder auf den Korb (Abb. 7).

Abb. 6: 3–3 mit Werfer

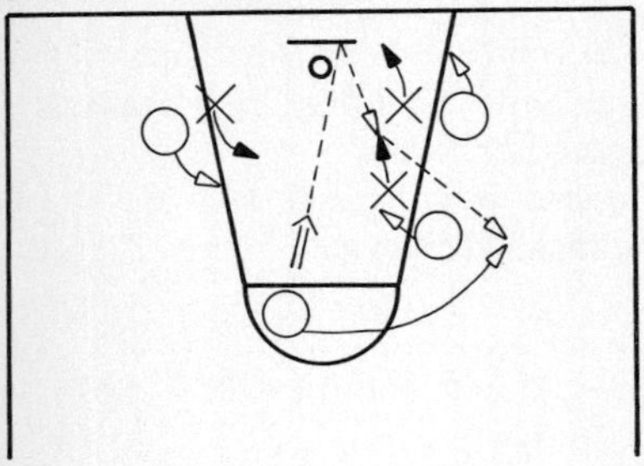

Abb. 7: 3–3 plus 2

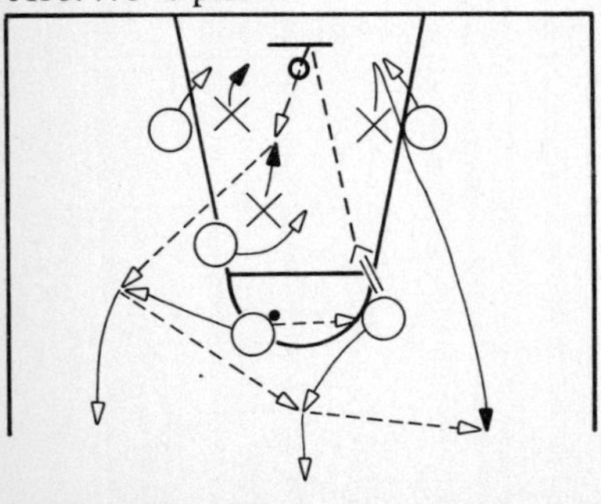

> **Merke**
>
> - Körpergröße und Sprungkraft spielen beim Ballgewinn nach erfolglosem Wurf (Rebound) eine Rolle, wichtiger aber sind ständige Bereitschaft, Timing und Antizipation.
> - Der Angriffsrebound wird aus der Bewegung durch Täuschung und Umgehen der Verteidigung vorbereitet.
> - Der Verteidigungsrebound setzt das Aussperren des Werfers und der anderen Angreifer voraus. Es sollte ein Rebounddreieck in Korbnähe gebildet werden. Dabei nicht zu früh zum Korb starten!
>   Im Rückkehrbereich wird der Ball durch den Spreizbuckelsprung im höchstmöglichen Punkt gesichert. Schon vor der Landung schaut der Rebounder zur nahen Seite, um einen ersten schnellen Paß weg vom Korb spielen zu können.
> - Der erste schnelle Paß ist der Schlüssel zum Schnellangriff.

Literatur

82; **175**; **206**; **213** (S. 21–30, 49–99, 231–255); **307**; **597** (S. 212–216, 404); **598**.

Günter Hagedorn

4.7 Täuschung

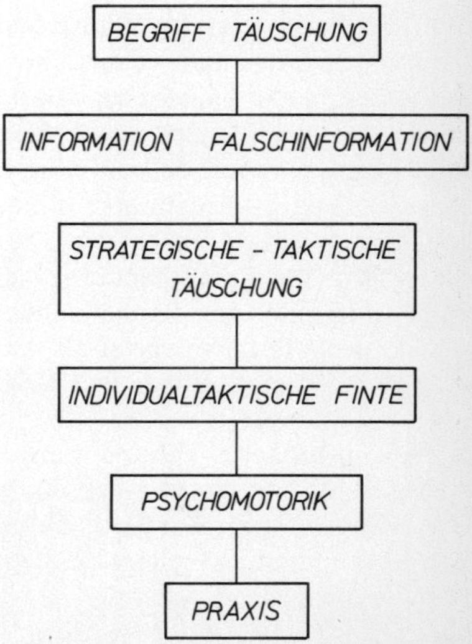

Schlagwörter

1 Begriffe: Täuschung, Finte, Verladen; Information und Täuschung.

2 Täuschung: Falschinformation, Verschleierung, Teilinformation.

3 Verstehen von Täuschung: Täuschung muß möglich, sinnvoll, notwendig sein; das Spiel ‹Was ich denke, daß er denkt ...›; Kunst der Täuschung.

4 Anwendungsbereiche: Strategie, Taktik.
5 Strategische Täuschung.
6 Spieltaktische Täuschung.
7 Individualtaktische Finte: Grundsätze; Angreifer-, Verteidiger-Finten.
8 Psychomotorik: Finte durch Körpersprache, Blick, Mimik.
9 Folgerungen für die Praxis.

Erläuterungen

1 In der Spielpraxis werden die Begriffe *Täuschung, Finte, ‹Verladen›* (engl. fake, feint), manchmal auch *Trick* bedeutungsgleich (synonym) benutzt. Umgangssprachlicher sind ‹jemanden aussteigen lassen› oder ‹hereinlegen›. Bekanntlich sind daran mindestens zwei Personen beteiligt, jemand, der täuscht, und jemand, der ‹hereinfällt› oder – sprachlich hinreichend deftig – ‹verarscht› wird.
Im allgemeinen Sprachgebrauch ist das Wort «Täuschung» negativ besetzt, während «Trick» eher ins Wörterbuch des charmanten Täuschungskünstlers gehört. Die als Täuschung bezeichnete Handlung gilt als verwerflich (das Kleingedruckte in großen Verträgen) oder wird sogar strafrechtlich verfolgt (Autokauf). Im Sport, insbesondere in Kampfsportarten und bei Sportspielen, ist die Täuschung ein legales, sogar unerläßliches Mittel, die eigene Handlung zu ermöglichen und gegen Handlungsabsichten des Gegners durchzusetzen. Offenbar ist dem Sport erlaubt, was dem Alltag verboten wird (vgl. bei 2.3).
Die Täuschung setzt das *Prinzip der Information* außer Kraft. Eine Information soll Auskunft geben über Personen, Sachen, Zustände, über Absichten, und möglichst so, daß der Informierte versteht, was der Informierende sagt. Der Zuruf eines Verteidigers «Block» informiert den Mit-Verteidiger darüber, daß ein Angreifer an ihm einen Block gestellt hat. Diese verbale Information ist offen; denn sie ist Mit- und Gegenspielern zugängig. Sie ist für Eingeweihte zugleich eindeutig, da für dieses Wort in dieser Situation diese Bedeutung ‹vereinbart› wurde. Das gleiche Wort von einem Angreifer gerufen bedeutete hingegen: «Stelle mir einen Block!» Der Informierende erwartet als Antwort auf seinen Ruf eine bestimmte praktische Spielhandlung. Auf diese stellt er seinerseits die eigene Handlungsabsicht ein.
Solche sprachliche Vereinbarung (verbale Kommunikation) scheitert, wenn die Situationen verwechselt, wenn das Wort anders gedeutet, wenn ein anderes Wort gehört wird, schließlich oder besser zunächst, wenn noch keine Vereinbarung vorliegt. Mißverständnis, Konfusion und Aggressivität sind die möglichen Folgen.

2 Die Täuschung hingegen legt es auf *Falschinformation* an (vgl. WATZLAWICK 1982, 57ff). Sie will den Gegner (im weitesten Sinn des Wortes) zu einer Fehldeutung der Spielbedingungen oder Handlungsabsichten des Informierenden verleiten, so daß er falsche Konsequenzen zieht und falsch handelt, falsch hier verstanden als nachteilig für den eigenen Spielerfolg. So könnte der Angreifer «Block» rufen, um den Verteidiger abzulenken. Die kurze Aufmerksamkeitsspaltung gilt es dann für die eigene Handlungsabsicht zu nutzen.

Trainer und Spieler bedienen sich bei der Täuschung der *Verschleierung* oder Geheimhaltung, liefern nur Teilinformationen oder spielen gezielt falsche Informationen zu. Die Geheimhaltung (verdeckte Information) soll dem Gegner solange die eigene Handlungsabsicht vorenthalten, bis ihm nicht mehr genügend Zeit bleibt zu einer erfolgreichen Gegenmaßnahme. Da in einem Spiel fortgesetzt gehandelt wird, werden fortlaufend Informationen kommunikativer und schein-kommunikativer Art ausgetauscht; denn wir können nicht nichtkommunizieren (vgl. WATZLAWICK u. a. 1980, 50), ob wir nun handeln oder ‹nur da so herumstehen›. Deshalb sind Teilinformationen und Fehlinformationen die vielleicht wichtigeren Formen der Spieltäuschung.

Teilinformationen brechen mitten in der Information ab (Angreifer-Zuruf «Da kommt ...»), liefern vielleicht nur ein Zwischenstück («... und jetzt ...») oder das Endglied («Siehste!») und überlassen dem Gegner die hoffentlich falsche Folgerung. Allein gelassen mit einem Informationsfragment, könnte der Gegner in der Qual einer schnellen Wahl genau die für ihn falsche Entscheidung treffen. Die Fehlinformation als gezieltes Zuspielen falscher Information hat gegenüber der Teilinformation den Vorzug, daß der Informierende nicht passiv abwarten muß, sondern die Handlungsmöglichkeiten des Gegners aktiv, wenngleich zum Schein eingrenzt.

3 Solche Information setzt voraus, daß der Gegner die Information zwar versteht, aber nicht als Täuschung erkennt. Der zum Korb ziehende Angreifer streckt sich plötzlich und signalisiert: «Ich steige jetzt und werfe!» Der Verteidiger springt, um den Wurf zu blocken, aber der Angreifer ‹schaukelte› nur und verschaukelt den Verteidiger mit einer Schaukeltäuschung (amerik.: «rocker step»). Was muß andererseits ein Spieler alles schon wissen und können? Anfänger-Verteidiger schauen manchmal erstaunt auf das Zucken eines Angreifers; sie verstehen nicht, daß sie eigentlich springen müßten; denn das Zucken war eine Wurffinte.

Welche Mindestbedingungen müssen erfüllt sein, damit eine Finte nicht durchschaut wird? Die (angetäuschte) Handlung muß *möglich* sein; eine Dribbelfinte nach abgeschlossenem Dribbel ist unmöglich, weil regelwidrig. Die Handlung muß allerdings auch *sinnvoll* sein; eine Wurffinte am

Abb. 1: Wurffinte

eigenen Korb nach Verteidigungsrebound ist allenfalls ein Karnevalsgag, ebenso eine Paßfinte im deckungsleeren Rückfeld. Die vor- oder angetäuschte Spielhandlung muß eine unmittelbare *Bedrohung* des gegnerischen Spiel- oder Handlungszieles darstellen, und sie muß so unmittelbar drohen, daß dem Gegenspieler keine Zeit für Reflexionen und Taktieren bleibt, um das Maß der Bedrohung für den eigenen Spielerfolg zu berechnen.

Das sind notwendige, aber nicht völlig hinreichende Gründe für den Erfolg einer Finte. Letztlich bleibt derjenige Sieger, der das Spiel «Was ich denke, daß er denkt, daß ich denke ...» (Watzlawick 1982, 108) für sich entscheidet. Was besagt dieses Spiel? Der Fintierende gibt eine Information und hofft, daß der andere denkt, er wolle wirklich so handeln. Denkt er das, so trifft er die falsche Gegenmaßnahme. Der erfahrene Verteidiger aber denkt: ‹Der täuscht nur!› Was wiederum der erfahrene Angreifer einkalkuliert, indem er sich sagt: «Er denkt, ich täusche! Also werde ich so tun, als täuschte ich, und werde wirklich so handeln!» So kann paradoxerweise die Fehlinformation zur richtigen Information werden – falls nicht der Verteidiger seinerseits vermutet, der Angreifer denke, er denke, daß jener so handeln wolle, wie er vorgibt, nicht handeln zu wollen ... Wo endet diese Plan-Gegenplan-Strategie? An der Grenze, die letztlich alle Spielvorgänge begrenzt: an der Zeit.

Die Kunst der Täuschung besteht in der (erlernten) Fähigkeit, den gegnerischen Handlungsplan zu lesen und so zeit-raum-gerecht in den eigenen Handlungsplan einzubeziehen, daß der eigene Spielerfolg wahrscheinlicher wird. (Vgl. dazu Hagedorn 1977; Jost 1977; Barth 1980; Konzag/Konzag 1980; Klein/Späte 1981.)

4 Wir benutzen den Begriff der Täuschung auch für größere Spielzusammenhänge, den der Finte ausschließlich für individualtaktische Maßnahmen. Wir stimmen damit weitgehend mit der Praxis überein. Deshalb gehörte die Täuschung eher in die Taktik-Strategie-Kapitel 5, 6 und 7. Um den Zusammenhang zu wahren, wird das Kapitel Täuschung aber hier geschlossen dargestellt. Mit Tabelle 1 geben wir zunächst einen Überblick über Anwendungsbereiche und Maßnahmen.

Art der Information	Anwendungsbereich	Anwendungsbeispiele
Täuschungen	Strategie	Saisonplanung Trainingsaufbau Wettspielverkehr Mannschaftsbildung Verstärkungen
	Mannschaftstaktik	Angriffskonzept Verteidigungskonzept Spieleraufstellung Gegnerbezogene Angriffs-Verteidigungsformen Spielerwechsel
Finten	Gruppentaktik	Interaktionen Hilfen
	Individualtaktik	Spielaktionen Kommunikation

Tab. 1: Anwendungsbereiche und Beispiele von Täuschungen und Finten

5 Zu den *strategischen Täuschungen* gehört z. B. der Versuch, konkurrierende Vereine (Mannschaften) in der Vorsaison im unklaren zu lassen über die eigene Saisonplanung, über den Trainingsaufbau und den Wettspielverkehr, insbesondere aber hinsichtlich der Mannschaftsbildung und Verstärkungen durch Neuerwerbungen.
Manche Trainer und Vereine haben dabei von orientalischen Teppichverkäufern gelernt, die bekanntlich einen Kunden genau beobachten; am Glanz der Augen ermessen sie das Kaufinteresse und bemessen daran den Verkaufspreis. Die konsequente Strategie lautet: Öffentlich Desinteresse äußern – insgeheim (privat) verhandeln, aber dabei – den Gesprächspart-

ner dezent auf ‹Alternativen› verweisend – einen guten Preis erzielen.
Die Glaubwürdigkeit solcher Täuschungsmanöver hat gegenüber der Presse und dem Verein, insbesondere bei den eigenen Spielern ihre Bewährungsprobe zu bestehen. Spieler wollen ihren eigenen ‹Marktwert› kennen; sie wollen nicht über Verstärkungen hinweggetäuscht werden, die ihre eigenen Spielanteile schmälern. Eigeninteresse und Erfolgsaussichten der Mannschaft könnten sich überschneiden. Strategische Täuschung kann deshalb auch zur Selbsttäuschung von Trainer und Verein werden.

6 Größere Unmittelbarkeit und Wirkung zeigen die *spieltaktischen Täuschungen.* Auch hier müssen wir uns auf kurze Hinweise beschränken. Die Ungewißheit der konkurrierenden Mannschaft ist Teil des eigenen Erfolges. Der Gegner soll im unklaren bleiben über:
- die Mannschaftsaufstellung («Spieler X ist krank, aber ...»),
- die Spielvorbereitung («Wir reisen am Spieltag an, aber ...»),
- das Spielkonzept («Wir machen Power, klar, Presse – aber ...»),
- den Spielerwechsel («X hat eine besondere Aufgabe. Aber wann ...»).

Unmittelbarer noch in ihrer Wirksamkeit sind die *mannschafts- und gruppentaktischen Täuschungen.* Maßnahmen der Überlagerung, der Rotation (vgl. bei 6.9), der Mannbindung auf der deckungsstarken Seite, um ein Aushelfen innerhalb der Verteidigung zu verhindern, sind immer auch taktische Täuschungsmanöver. Sie unterliegen den oben aufgestellten Regeln; sie müssen aus Sicht der Gegenmannschaft als sinnvoll und notwendig für den Spielerfolg der Angreifer erscheinen.
Gleiches gilt für die Verteidigung, gilt auch für gruppentaktische Täuschungen. Die Wirkung einer aggressiven Ganzfeld-Verteidigung beruht oft auf ihrer Undurchschaubarkeit. Die Angreifer rätseln («Was sagt dein Lächeln, Sphinx?»), schwanken und lassen sich vom falschen Schein zu langen Dribblings verleiten – gegen eine Zonenpresse. Gruppentaktische Beispiele sind der Schein-Wechsel («fake switch») in der Mann-Mann-Verteidigung, der den Dribbler zum Stoppen veranlassen soll, oder das scheinbare Absinken vom Mann ‹in den Raum›; der Angreifer ist keineswegs ungedeckt, der erhoffte Paß findet den Verteidiger plötzlich mitten im Paß-Strahl, und die Spielbeobachter schreiben ihm einen Ballgewinn an.

7 Die Fachliteratur widmet ihr eigentliches Interesse der *individual-taktischen Finte.* Diese hat den Vorzug, vielleicht am unmittelbarsten Spielverlauf und Spielerfolg zu beeinflussen, sei es auch nur als ‹Steinchen im Mosaik›.
Vor aller Systematik sollten die Regeln (Prinzipien) geklärt sein, von denen Finten (das Fintieren) bestimmt werden:
- Fintieren ist erlernbar, in den Grenzen der Spielbegabung.
- Fintieren ist ein individualtaktisches Element. Es sollte mit anderen

Spieltechniken und im Zusammenhang der Anwendungssituation verbunden erlernt werden.

- Fintieren setzt voraus
  - gute Körperkontrolle (stabiles Gleichgewicht),
  - hohe Aufmerksamkeit (innere Zuwendung),
  - geschärfte Wahrnehmung (Erkennen von Handlungsmustern),
  - intuitives Einfühlen (Erfassen von Antriebsmechanismen),
  - Handlungsvorwegnahme (Antizipation fremder Absichten),
  - technische Grundlagen (grundschulsichere Spielfertigkeiten).
- Finten sind als ein ‹So-tun-als-ob› das sicherste Merkmal für die spielerische Qualität eines Spielers.

Im folgenden sind die Fragen zu untersuchen, wann und wo welche Finten eingesetzt werden können (sollen, müssen). Es gibt nur einen spiellogischen Zeitpunkt, den der *Spielsituation*. Und diese gibt auch zugleich den jeweiligen Ort der Finte an. Die Finte ist eine Handlungshilfe in der unmittelbaren Auseinandersetzung mit dem (den) Gegenspieler(n). Diese kann im Basketball in jedem Spielaugenblick und an jedem Spielfeldplatz stattfinden.

Allerdings gibt es Augenblicke und Plätze, die diese Auseinandersetzung fördern und intensivieren: Augenblicke der Spielentscheidung und der Korbraum. Das wird eine Fintierschulung zu bedenken haben. Welche Finten gibt es nun? Abbildung 2 liefert eine Systematik.

Abb. 2

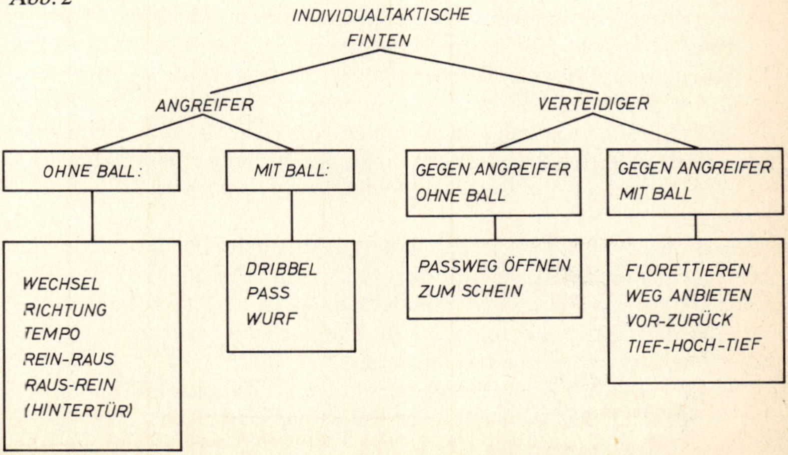

Abb. 3: Spiel 1–1 mit Wurf nach Wurffinte

8 Mit spielerischem Fortschritt verfeinert sich auch die Technik des Fintierens. Perfekte Spieler sind virtuose Fintierer. Wir können schlüssig annehmen, daß auch ihre Fintiertechnik eine Entwicklung durchlaufen hat, und zwar von der langsamen, großräumigen Bewegungsfinte des Anfängers zur schnellen, ökonomischen Finte des Könners. Tatsächlich setzt der Spitzenspieler nicht nur feinere Bewegungsmuster, sondern auch andere Täuschungsmittel ein: Die Körpersprache (Stellung, Haltung, Richtung), den Blick (Richtung, Objekt), das Mienenspiel (gelangweilt, ‹schläfrig›, aggressiv). Perfektion läßt sich auch hier definieren als jene Leichtigkeit, mit der bei geringst-nötigem Aufwand größte Wirkung erreicht wird.

9 **Praxis**

Viele Hinweise zur Lehr-, Trainings- und Wettkampfpraxis der Finte finden sich bei den Beiträgen zum Korbwurf (4.2), dem Dribbeln (4.3), dem Fangen und Passen (4.4), der Fußarbeit (4.5) und dem Rebound (4.6), desgleichen bei der Gruppentaktik (5.2–5.4). Deshalb sollen hier nur einige wenige *Grundsätze* zusammengefaßt werden.

- Im Basketball ist keine Bewegung ohne eine Täuschung denkbar. Mit der beginnenden Festigung eines Bewegungsmusters muß deshalb die Finte einbezogen werden.

- Im Basketball mit seiner Ziel- und Spielraumfreiheit (kein Abseits, kein Wurfkreis, kein Netz) müssen auch die Finten vielseitig, ohne und mit Ball, für alle Angreifer in alle Richtungen und in sämtlichen Standardsituationen erlernt und automatisiert werden.
- Die Finte muß schnörkelfrei sein und dem Angreifer eine Handlungsmöglichkeit eröffnen bei uneingeschränkter, sicherer Ballkontrolle.
- Wirkungsvoller für den Spieler-ohne-Ball als eine Finte ‹in die Leere› ist eine Finte mit Körperkontakt: Hin-zum-Mann und ihn kurz anblocken, dann lösen und sich für den Paß öffnen.
- Je näher Korb und damit Gegner, um so ‹pflichtiger› wird die Finte: In Korbnähe Sternschritt zum Korb (oder weg und wieder hin) – Wurffinte – Wurf.
- Bei allen Finten muß das Gleichgewicht gewahrt bleiben, damit Aktionen in allen Formen und in alle Richtungen möglich bleiben. Deshalb: Körperschwerpunkt tief halten (niemals Knie durchstrecken).
- Die meisten Regeln gelten auch für den Verteidiger: Stabilität, Vielseitigkeit, Aktionsbereitschaft; aber auch: Initiative übernehmen, agieren statt reagieren, um durch eine Finte den Zeitpunkt einer Angreiferhandlung zu bestimmen.
- Der methodische Weg führt über die gezeigte, langsam nachvollzogene und häufig wiederholte Finte allmählich zum immer mehr ‹automatisierten› Fintierverhalten.

Merke

- Die Täuschung ist ein legales, wichtiges Mittel, die eigene Absicht gegen den Gegner besser durchzusetzen.
- Die Täuschung ist Falschinformation und will den Gegner zu einer falschen Handlung verleiten. Es können aber auch Verschleierungen oder Teilinformationen zu denselben Ergebnissen führen.
- Die mit der Täuschung gegebene Information muß verstanden werden; die angetäuschte Handlung muß möglich, glaubhaft und sinnvoll sein und eine unmittelbare Bedrohung darstellen. Die Kunst der Täuschung bezieht den gegnerischen Plan mit ein.
- Es ist zwischen strategischen Täuschungen (z. B. Saisonvorbereitungen), spieltaktischen Täuschungen (Aufstellung, Vorbereitung, Konzept, Wechselmaßnahmen) und individualtaktischen Finten zu unterscheiden.
- Auch die Verteidigung sollte mit Täuschungen arbeiten (Scheinangriff auf Dribbler, «fake switch»).

- Individualtaktisch gehören Finten fast zu jeder Spielsituation. Sie verlangen Körperkontrolle, Aufmerksamkeit, Wahrnehmen, Einfühlen, Antizipation und gute Technik. Situation und Zeitpunkt bestimmen, was sinnvoll ist.
- Perfekte Spieler zeigen immer knappe Finten.

Literatur

26; **187**; **265**; **282**; **302**; **583**; **584**.

5 Gruppentaktik – Partnerhilfen in Angriff und Verteidigung

Günter Hagedorn

5.1 Begründung

Das schwierigste sind die Übergänge. Dieser Satz gilt vielleicht für alle Bereiche des Lebens. Er dürfte auch für den Sport und die Theorie des Spiels gelten. Grenzlinien zwischen der Individual- und der Gruppentaktik sind deshalb in Wahrheit fließend. Ein Paß kann als Korbpaß («Assist») eine echte Partnerhilfe sein. Dennoch wird ‹Fangen und Passen› zur Individualtaktik gezählt; denn es stellt den Normalfall des Zusammenspiels dar, weniger eine beabsichtigte und effektive Hilfe.

Das *Spiel 1–1* kennt keinen Partner, nur Gegner. Ohne Partner keine Partnerhilfe! Dennoch wird dieses Spiel – besser: diese Spielsituation oder -konstellation – unter der Gruppentaktik geführt. Warum? Es gibt – neben dem inhaltsleeren Argument der Kopflastigkeit des Technikkapitels – ein methodisches Argument. Im Spiel 1–1 ‹hilft› der Verteidiger dem Angreifer und umgekehrt, alle Mittel des individuellen Spiels zu erproben, zu verbessern und zu stabilisieren. Diese gesicherten (stabilisierten) individuellen Mittel des Spiels 1–1 bilden die taktische Grundlage aller anderen, komplexeren Formen des Zusammenspiels. Sie verbinden sich mit der Einsicht, daß die eigenen Möglichkeiten begrenzt sind, daß bestimmte Situationen den Mitspieler notwendig machen. Bei vergleichbarem Leistungsstand kann z. B. ein Verteidiger allein nicht den Angreifer mit Ball stoppen. Dennoch: Von der Handlungsstruktur her fehlt die Hilfe des Mitspielers in Angriff und Verteidigung.

Echte Partnerhilfen sind eigentlich erst im *Spiel 2–2* möglich. Die Standardkonstellationen dieses Spiels im Angriff sind:

- 2 Außen (1 Aufbau – 1 Aufbau; 1 Aufbau – 1 Flügel),
- 1 Außen – 1 Zenter (1 Aufbau – 1 Vorzenter; 1 Flügel – 1 Seitzenter/ 1 Brettzenter).

Die Angreifer haben drei Möglichkeiten zur Hilfe, den Korbpaß («Assist») aus dem freien Spiel des Paß-und-Lauf («give and go») oder nach Block, den direkten Block (am Verteidiger des Spieler-mit-Ball oder des Ballbesitzers am Verteidiger des Mann-ohne-Ball) und den Wurfschirm. Die Verteidiger geben sich Hilfen durch Zuruf und über Körperkontakte, ermöglichen das Durchgleiten des Verteidiger-am-Ball, wechseln und übernehmen den anderen Angreifer («Switch») in Korbferne und bei vergleichbarer Körpergröße, täuschen einen Wechsel an oder doppeln den Ballbesitzer.

Beim *Spiel 3–3* werden die direkten Hilfen am (und mit) Ball ergänzt durch die indirekten, ballfernen Hilfen. Die Standardkonstellationen des Dreiecks im Angriff sind:

- 3 Außen (1 Aufbau – 2 Flügel),
- 2 Außen – 1 Zenter (2 Aufbau – 1 Vorzenter; 1 Aufbau – 1 Flügel – 1 Seitzenter).

Ein Angreifer ohne Ball kann hier dem Mitspieler ohne Ball einen Block oder Schirm stellen, damit dieser frei wird für einen Paß des Ballbesitzers. Es ist sogar ein Doppelblock durch zwei Spieler möglich. Den Verteidigern verbleiben die Hilfen des 2–2; die Risiken des Doppelns werden dadurch geringer, daß der dritte Verteidiger ‹in den Raum sinkt› und Paßwege auf die anderen beiden Angreifer deckt.

Mit dem *Spiel 4–4* wird nur die Zahl der Spieler und der Spielpositionen größer, nicht aber das Repertoire der Hilfen. Deshalb kann diese Zwischenform trotz ihrer größeren Komplexität ohne Informationsverlust ausgelassen werden.

Dieter Niedlich

5.2 Spiel 1–1

Schlagwörter

[1] Spiel 1–1: 1 Angreifer gegen 1 Verteidiger; erste Ebene des Spielkönnens.

[2] Angreifer-mit-Ball: Wurf, Dribbling/Durchbruch und Paß.

[3] Verteidiger gegen Angreifer-mit-Ball: Wurf stören/blocken, Dribbling/ Durchbruch stören, verhindern, Paß stören.

4 Angreifer-ohne-Ball: Starten-zum-Ball / Starten-in-den-Raum, Schneiden-zum-Korb / Schneiden-im-Rücken.

5 Verteidiger gegen Angreifer-ohne-Ball: Zwischen Mann-und-Korb, zwischen Ball-und-Mann.

6 Training des Spiels 1–1: Position in der Handlungsstruktur; verschiedene didaktisch-methodische Funktionen; methodische Stufen.

7 Folgerungen für die Praxis.

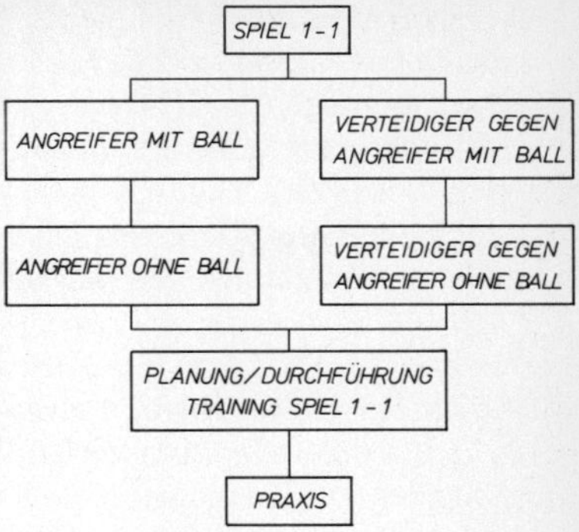

Erläuterungen

1 Die Spielidee der großen Sportspiele macht es deutlich: Alle Spielbewegungen zweier Mannschaften in Angriff und Verteidigung beginnen und enden im Spiel 1–1, d. h. der Auseinandersetzung eines Angreifers und eines Verteidigers. Das Spiel 1–1 ist ein Test über die technischen Fertigkeiten und zugleich grundlegendes taktisches Mittel (Anderson / Albeck 1964); es ist die *erste Ebene des Spielkönnens* (vgl. 2.4). Die Auseinandersetzung 1–1 findet auf dem gesamten Spielfeld statt, schwerpunktmäßig jedoch ab Weitwurfentfernung vor dem verteidigten Korb. Im Basketball bestimmen im besonderen die drei Spielpositionen Aufbau, Flügel und Zenter den genaueren Ort des Spiels 1–1.
Der offensive Charakter der Sportspiele, speziell des Basketballspiels, räumt dem Angreifer generell mehr Handlungsmöglichkeiten (zur Erreichung des Spielziels) ein als dem Verteidiger. Die Angreifer versuchen daher, diese für sie günstigen 1–1-Situationen zu schaffen und auszunutzen, die Verteidiger dagegen, diese zu verhindern (Helfen; z. B. Libero im Fußball) oder aggressiv zu stören.

2 Der *Angreifer-mit-Ball* stellt für den Verteidiger eine dreifache Bedrohung dar: *Wurf*, *Dribbling/Durchbruch* und *Paß*. Diese Aktionen kann der Ballbesitzer durch Wurffinte, Dribbel-/Durchbruchfinte und/oder Paßfinte vorbereiten bzw. einleiten (Niedlich / Czwalina 1979). Beim Ballvortrag aus dem Rück- ins Vorfeld sind die Dribbelfinten – hoch/tief, schnell/langsam, Handwechsel, Drehdribbeln – vorherrschend. Die häufigsten Paßfinten sind Ball- und Blicktäuschungen. Diese öffnen durch eine Richtungstäuschung den Weg für Ball und Spieler in die beabsichtigte Richtung. Vor dem verteidigten Korb sind Wurf und Durchziehen, insbesondere von den drei Spielpositionen (Aufbau, Flügel, Zenter) herausgespielt, die größte Gefahr für die Verteidiger. Durchbruch- und Wurffinten werden daher im ständigen Wechsel angewandt. Ihr Ziel ist es, durch Vor-, Seit- und Zurücksetzen eines Fußes bzw. durch Aufwärtsbewegung von Kopf und Schultern den Deckungsspieler zum Zurückweichen zu verleiten bzw. heranzulocken und so auszuspielen (vgl. bei 4.7; zum Angriffsrebound – vierte Bedrohung durch den Angreifer vgl. bei 4.6).

3 Grundsätzlich nimmt der *Verteidiger* des Angreifer-mit-Ball – im Vor- wie Rückfeld – eine *Position zwischen-Mann-und-Korb* (M–K) ein (vgl. bei 6.2), um dadurch den direkten Weg zum Korb zu verstellen. Stets sind die Attacken des Deckungsspielers auf den Ball gerichtet; seine Grundregel lautet eindeutig: «Spiele den Ball, nicht den Mann!»
Aus einer Schrittstellung heraus attackiert die vordere Hand den Ball, die hintere ist zum Schutz der Seite schräg herausgehalten. Folgt man einem Aktiogramm über das ganze Feld, versucht der Verteidiger den Dribbler zunächst beim Ballvortrag und dann beim Durchbruch zum Korb zu stören und abzudrängen. Um das Durchziehen zum Korb zu verhindern, muß der Verteidiger den Dribbler zur Seitenlinie abdrängen und die Endlinie sperren. Dabei rückt er leicht seitlich von der Linie M–K ab, versperrt mit Armen und Füßen die eine und drängt den Ballbesitzer zur gewünschten Richtung, und zwar dorthin, wo er Hilfe (vom Mitspieler, Auslinie) erwarten kann. Die vordere bzw. Innenhand (in der linken Verteidigungshälfte sind rechter Fuß und rechte Hand innen und vorgestellt; entsprechend umgekehrt) greift den Ball von unten an, die Handfläche zeigt nach oben (Niedlich/Czwalina 1979, 81). Durch tänzelnde Fußarbeit und ständiges Bewegen – der Verteidiger steht nie still – von Händen und Armen versucht der Verteidiger den Passer zu irritieren (Verteidigungsfinten), die Ballkontrolle zu stören und die Paßwege (besonders zu Angreifern in günstiger 1–1-Situation wie Korbnähe, schwache Seite) zu decken.
Zum Stören und Abblocken des Wurfes setzt der Deckungsspieler mit einem schnellen Gleitschritt heran, durch Verteidigungsfinten (Niedlich/Czwalina 1979, 87/88) muß er die Vorbereitung und Ausführung des Wurfes stören und Finten des Angreifers zuvorkommen und so selber initiativ werden. Er muß versuchen, den Werfer durch einen hohen senkrechten Sprung zu einer hohen Wurfkurve oder hastigem Wurf zu zwingen bzw. den Ball abzublocken. Zum Verteidigungsrebound siehe bei 4.6.

4 Ziel des *Angreifer-ohne-Ball* ist es, sich in Positionen freizulaufen: *Starten-zum-Ball*, *Starten-in-den-Raum*, die ein sicheres Zuspiel in den eigenen Reihen und einen Wurf aus günstiger Position durch *Schneiden-zum-Korb*, *Schneiden-im-Rücken* («back door») sowie einen Rebound ermöglichen. Eingeleitet werden diese Aktionen durch die Finten Tempo- und

Richtungswechsel (WOODEN 1980), die durch plötzliches Starten–Stoppen–Starten und durch einen schnellen Abstemmschritt in die eine und Setzen des Fußes in die neue Richtung erfolgen. Während des Laufes wird eine Hand zu der erwarteten Anspielseite angeboten. Das Freiwerden zum Anspiel kann auch durch Wegblocken des Gegenspielers (besonders für Zenterspieler) erreicht werden. Zum Angriffsrebound siehe 4.6.

5 Hauptziel des *Verteidigers* gegen den Angreifer-ohne-Ball ist es, seinen Gegenspieler nicht in Wurfpositionen kommen zu lassen bzw. das Anspiel an diese zu erschweren (WOODEN/SHARMAN 1975, 76). Er kann dies erreichen, indem er sich einmal auf der Linie zwischen-Mann-und-Korb (M–K) und zum anderen zwischen-Ball-und-Mann (B–M) bewegt (HAGEDORN/VOLPERT/SCHMIDT 1972). Durch das *Verhalten M–K* verhindert der Deckungsspieler ein Schneiden des Angreifers zum Korb und damit Anspiel und Korbwurf aus naher Distanz. Spätestens in Korbnähe rückt bei jeder Verteidigungsart der Deckungsspieler an die Seite oder vor den Angreifer in eine *Position B–M.* Auf diese Weise werden die Paßwege gedeckt und das Anspiel verhindert. Die Verteidigungsposition B–M wird bei der Preßverteidigung grundsätzlich gewählt und über das ganze Feld beibehalten (vgl. bei 6.5). In beiden Positionen muß der Verteidiger Mann und Ball spielen (zur Hilfe wird eine Hand zum Gegner und eine zum Ball herausgestreckt), Finten ignorieren, die vom Ball weggerichtet sind, und dabei stets wissen, wo der Korb ist. Zum Verteidigungsrebound siehe bei 4.6.

6 Planung und Durchführung des Trainings Spiel 1–1:

1. *Orientierung:*

- Das Spiel 1–1 hat seine Voraussetzungen in den technischen Fertigkeiten und ist die erste Ebene des Spielkönnens auf dem Weg (2–2, 3–3) zum Spielkönnen 5–5.
- In der Spielpraxis hat das Spiel 1–1 seinen Sinn in den mannschaftstaktischen Handlungen von Angriff (Positions-, Schnellangriff) und Verteidigung (M–M, Zone, Preß).

Abb. 1: Position des Spiels 1–1 in der hierarchischen Handlungsstruktur

Mannschafts-	Spiel 5–5	Taktik
Gruppen-	Spiel 3–3	Taktik
	Spiel 2–2	
Individual-	Spiel 1–1	Taktik
technische	stereotypes Programm ohne Gegner 1–0	Fertigkeiten

– Erst wenn die Grundformen des Spiels 1–1 automatisiert sind, kann ein Spieler bewußt mit anderen zusammenspielen.

2. *Didaktisch-methodische Funktion:* Abhängig von Trainingszustand und Zielsetzung bzw. Defiziten und Fehleranalyse kann das Spiel 1–1 verschiedene didaktisch-methodische Funktionen übernehmen:

Didaktisch-methodische Funktionen des Spiels 1–1	
Zielsetzung	Durchführung
Spiel zur Auflockerung, Spaß	auf 1 Korb von Freiwurflinie, meist ohne zu zählen
Drill/Test für psychomotorische Belastung	auf 1 Korb; über Ganzfeld; großer/kleiner Spieler, starker/schwacher usw.
Drill/Test für Kondition	über Ganzfeld
Drill/Test für technische Fertigkeiten	auf 1 Korb meist von Freiwurflinie; über Ganzfeld
Drill/Test für individualtaktisches Verhalten	auf 1 Korb von best. Positionen; über Ganzfeld
als bewußtes taktisches Mittel im Spiel 2–2, 3–3	auf 1 Korb; über Ganzfeld
als bewußtes taktisches Mittel im Spiel 5–5	auf 1 Korb; über Ganzfeld
selbständiges Wettkampfspiel	auf 1 Korb von Freiwurflinie/-bogen; normale Regeln
neues Wettkampfspiel mit best. (amerikan. 1–1) Schwerpunkten	auf 1 Korb von Freiwurflinie/-bogen; Verteidiger darf Rebound nachwerfen, 5–2-Regel

3. Durch die konkrete Spielpraxis und deren Reflexion erfahren Spieler wie Trainer die verschiedenen 1–1-Standardsituationen und deren Handlungsmöglichkeiten. Der Spieler muß wissen: Wie sehen meine 1–1-Aufgaben und -Möglichkeiten in unserem Angriffs- und Verteidigungssystem aus?

4. *Methodische Stufung:* Erweiternd zu den technischen Fertigkeiten (Bewegungen mit und ohne Ball) kommt beim Spiel 1–1 ein Gegenspieler

dazu. Damit erfordert das Handlungsprogramm ein höheres Regulationsniveau, das sich dem Gegnerverhalten anpassen und somit flexibler sein muß (Hagedorn/Volpert/Schmidt 1972, 18). Anders als bei den Fertigkeiten hat beim Spiel 1–1 und dessen Vermittlung nicht die motorische, sondern die taktische Lösung zentrale Bedeutung (Hercher 1978, 80f), in der es die Spielfertigkeiten situationsentsprechend und variabel einzusetzen gilt. Dieser stetig ansteigenden Komplexität muß auch die methodische Stufung Rechnung tragen.

Automatisierund und Verfeinerung der bedingenden technischen Form 1–0	Automatisierung und Verfeinerung der technisch-didaktischen Grundform 1–1		Erarbeitung und Festigung von Variationen der technisch-taktischen Grundform 1–1		situationsadäquates Anwenden des Spiels 1–1
ohne Gegner	unter vereinfachten Bedingungen	unter variierenden Bedingungen	in spielnahen Bedingungen und Situationen	unter erschwerten Bedingungen	in spielgerechten Situationen und im Spiel
1–0 mit und ohne Ball	1–1 passiver halbaktiver Spieler	1–1 zusätzliche Spielfertigkeiten	1–1 + 1 Helfer (1 Anspieler/1 Verteidiger)	1–1 – aktiv – im 2–2, 3–3	1–1 – im 2–2, 3–3; – im Spiel 5–5

Abb. 2: Methodische Stufen zur Vermittlung des Spiels 1–1

7 Praxis

Die Grundformen sind das zentrale Ausgangsziel beim Erlernen des Spiels 1–1. Abhängig von Strategie und Taktik können diese Grundformen

- auf dem gesamten Spielfeld oder in Nähe eines Korbes,
- in Bewegung und aus dem Stand,
- mit und ohne Ball

erarbeitet werden. Man kann zwei Formen unterscheiden:

Spiel 1–1 mit Ball	Spiel 1–1 ohne Ball
ohne Hilfen	mit einem Helfer

1. Beim Spiel 1–1 ohne Ball findet ein fließender Übergang zum Spiel 2–2 statt; denn das Trainieren ist nur sinnvoll, wenn zusätzlich ein Angreifer oder ein Verteidiger dazukommt. Im einzelnen werden die methodischen Stufen in folgende praktische Schritte umgesetzt:

Vorbedingende technische Form

- Im Spiel 1–0 (ohne Gegner) müssen zunächst die der Grundform entsprechenden und dann alle zum komplexen Spiel 1–1 nötigen Spielfertigkeiten (vgl. bei 4.1–4.7) automatisiert werden;
- das kann mit und ohne Ball (ein zusätzl. Zuspieler) erfolgen.

Vereinfachte Bedingungen

- Das Spiel 1–1 beginnt mit zunächst passivem, dann halbaktivem Gegenspieler;
- Grundformen des Angreifer-mit/ohne-Ball – Grundformen des Verteidigers gegen Angreifer-mit/ohne-Ball.

Variierende Bedingungen

- Variieren von Korbentfernung, Tempo u. a.;
- Hinzunahme weiterer Spielfertigkeiten und ihrer Finten, z. B. verschiedene Durchzieh- und Wurffinten.

Spielnahe Bedingungen und Situationen

- Für das Spiel 1–1 ohne Ball muß ein Mitspieler (Helfer) dazukommen; Paß bzw. Paßfinte, Schneiden u. a. werden dann erst sinnvoll.

Erschwerte Bedingungen

- Spiel 1–1 voll aktiv als Drill und Spiel; besonders physische und psychische Belastungen;
- 1–1 im 2–2, 3–3: Hilfen durch zweiten Angreifer/zweiten Verteidiger.

Spielgerechte Situationen

- Spiel 1–1 in der 2–2-, 3–3-Situation und im Spiel 5–5;
- Erkennen und Lösen der Einzelsituation, z. B. Angreifer zieht nur rechts, aggressiver Verteidiger;
- Erkennen und Lösen der Gesamtsituation, z. B. starke/schwache Seite, Antizipieren von Hilfen.

2. Standard-Trainingsformen

Technische Form (1–0) für Verteidigungs-Gleitschritte

- mit Boxerschritten im Quadrat gleiten, zwei Schritte vorwärts, zwei seitwärts, zwei rückwärts, zwei seitwärts usw., links und rechts herum;
- ein Spieler bewegt sich in Gleitschritten vor der Gruppe, die spiegelgleich die Bewegungen nachmacht;
- rückwärts über das Feld gleiten: Jeweils zwei Schritte setzen, dann bisherigen vorderen Fuß mit großem Schritt zur anderen Seite und schräg nach hinten setzen und wieder zwei Schritte gleiten usw.

Vier Standardformen für 1–1 (besonders für Verteidiger) übers Feld

- 1–1 ohne Ball: Angreifer läuft im Zickzack (ständiger Richtungs- und Tempowechsel) übers Feld, Verteidiger hält Hände auf dem Rücken und bewegt sich in entsprechenden Gleitschritten dazu, beim Abstoppen muß der Verteidiger wieder eng an den Angreifer heransetzen;
- jetzt 1–1 mit Ball: Angreifer dribbelt im Zickzack (mit Handwechsel)

übers Feld, Verteidiger hält weiterhin Hände auf dem Rücken;
- 1–1 mit Ball: Verteidiger gebraucht jetzt aber die Hände und attackiert den Ball von unten (den Rechtsdribbler mit der rechten Hand), ohne den Ball herauszuschlagen oder zu stehlen;
- 1–1 mit Ball: Voller Einsatz, der Angreifer versucht vorbeizudribbeln, der Verteidiger versucht, den Ball wegzunehmen.

Spiel 1–1 (aus dem Stand) für den Positionsangriff
- Aus den Spielpositionen A, F, C (s. Abb.) setzt der Angreifer mit Wurf- und Durchbruchfinte zunächst an einem Stuhl vorbei bzw. wirft über diesen auf den Korb;
- jetzt Spiel 1–1, Verteidiger passiv (z. B. Hände auf dem Rücken), halbaktiv, aktiv; nur ein- bis zweimal dribbeln;
- Spiel 1–1 mit weiteren Angriffs- und Verteidigungsfinten.

Abb. 3: Beispiel 2/1/2 Angriffspositionen

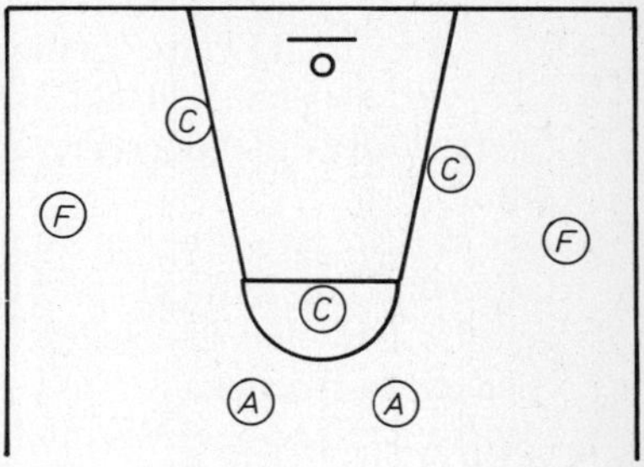

Spiel 1–1 (aus dem Stand) mit 1 zusätzlichen Angreifer
- Angreifer paßt den Ball zum Mitspieler und schneidet zum Korb;
- Angreifer läuft sich frei und bekommt dann den Paß zum Spiel 1–1 mit Ball;
- Verteidiger spielt gegen den freilaufenden bzw. schneidenden Angreifer, beachtet Linie M–K, B–M; dasselbe als Gruppenwettbewerb: vier bis fünf Angreifer stehen im Halbkreis um den Korb; ein Verteidiger spielt nacheinander gegen alle 1–1, zunächst (nach Paß des Angreifers) 1–1 ohne, dann nach Anspiel 1–1 mit Ball.

Intellektuelle Spiel-1–1-Lösungen:
- Spiel 1–1; Trainer unterbricht und fragt Angreifer/Verteidiger, welches besondere Verhalten, Eigenschaften sie am Gegner wahrgenommen haben; wechselnde Paare;
- Spiel 1–1 im 3–3 oder 5–5: Wohin-hätte-ich-passen-können-Drill; Trainer unterbricht und fragt Angreifer, wohin er hätte passen können;
- Spiel 5–5; dabei bewußtes Herausspielen von 1–1-Situationen durch die Angreifer.

Spiel 1–1 als Wettkampf:
- Wettspiel 1–1 von Freiwurflinie oder -bogen; normale Spielregeln, solange der Angreifer in den Korb trifft, kann er weiter angreifen; stets Beginn von derselben Ausgangsposition; Treffer werden gezählt;
- Amerikanisches 1–1 oder 5:2-Wertung: Alle Korbleger – Würfe im

3-Sekunden-Raum – zählen zwei Punkte, alle Treffer von außerhalb fünf Punkte; Siegerergebnis 26 Punkte; alle Regeln beachten, über Fouls usw. entscheiden die Spieler selber; wichtig: Bei einem Fehlwurf kann der Gegner (Verteidiger) sofort nachwerfen; bei Beginn und nach jedem Korb wird das Spiel hinter der Freiwurflinie eröffnet.

Merke

- Das Spiel 1–1 bildet die Grundlage für die genannte Mannschaftstaktik in Angriff und Verteidigung.
- Der Angreifer-mit-Ball muß Wurf-, Dribbel-/Durchbruch- und Paßfinten zur Realisierung seiner Ziele beherrschen und situativ einsetzen.
- Der Verteidiger sollte den Ballbesitzer ständig stören und seine Attacken auf den Ball richten. Seine Hauptaufgaben lauten: Abdrängen des Dribblers zur Seitenlinie und Sperren der Endlinie sowie Blocken des Wurfes.
- Der Angreifer-ohne-Ball muß Tempo- und Richtungswechsel und die dazugehörende Beinarbeit anwenden und stets die Hände weit zum Anspiel herausstrecken.
- Der Verteidiger des Angreifer-ohne-Ball sollte grundsätzlich eine Position auf der Linie M–K (Schneiden zum Korb verhindern) und in Korbnähe (oder bei aggressiver Deckung) eine Position B–M (Paßwege decken) einnehmen.
- Das Spiel 1–1 ist zugleich Drill und Test über verschiedene Anforderungen (u. a. Kondition, Technik, Taktik) und sollte Bestandteil jeden Trainings sein.

Literatur

10 (S. 89–91, 102f, 119f, 197–204); **212** (S. 15–30); **238** (S. 80ff); **417** (S. 62–65, 72–86, 146–151, 248–273); **422** (S. 88–113, 136–157); **423** (S. 39–47, 52–57, 75–105); **597** (1966: S. 67f, 130–134, 215f, 212ff, 236f); **598**.

Gerhard J. Schmidt

5.3 Spiel 2–2

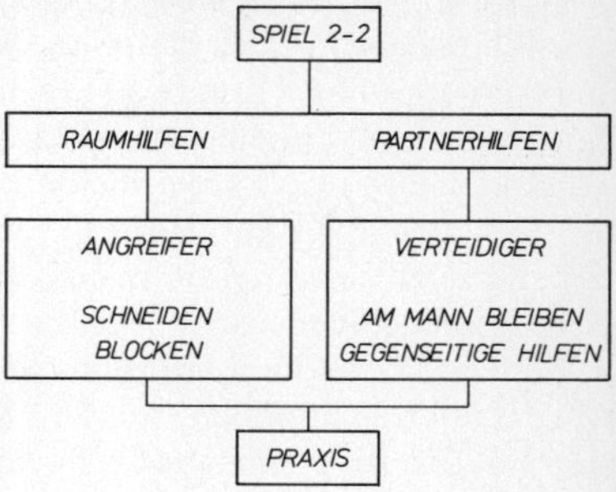

Schlagwörter

1 Erweiterung des Handlungsspielraums Partnerhilfen.
2 Spiel 2–2 mit Grundbewegungen: Passen und Schneiden-zum-Korb, Passen und Schneiden-im-Rücken.
3 Spiel 2–2 mit Partnerhilfen auf engem Raum: Blockformen, Auseinanderscheren, Überzahlspiel 2–1.
4 Angreifer: Direkter Block; Verteidiger: Über-den-Block-gehen, Übernehmen.
5 Angreifer: Abrollen, Auseinanderscheren, Überzahl 2–1; Verteidiger: Durchgleiten, Absinken.
6 Angreifer: Wurfschirm.
7 Verteidiger: Vorzeitiges, angetäuschtes Übernehmen; Doppeln.
8 Angreifer: Abstreifen; Verteidiger: Übernehmen.
9 Praxis; methodische Schritte.

Erläuterungen

1 Beim Spiel 1–1 sind Ballbesitzer und Deckungsspieler auf sich selbst gestellt. Beim Spiel 2–2 wird der Handlungsspielraum durch einen weiteren Angreifer und Deckungsspieler erweitert. Das bedeutet: Es werden *Partnerhilfen* in Angriff und Verteidigung möglich. Für den Angriff ergeben sich zwei Möglichkeiten des Spiels 2–2:
- das freie Spiel 2–2 mit Grundbewegungen des Schneidens (Raumhilfen),
- das Spiel 2–2 auf engem Raum mit Partnerhilfen.

2 Beim freien Spiel 2–2 mit den Grundbewegungen des Schneidens wird ein zweiter Angreifer als Paßempfänger und/oder Paßgeber benötigt. Die eigentliche Entscheidung, ob der Angriff zum Korberfolg führt oder nicht, fällt aber in der Situation 1–1 ohne Ball (vgl. Anderson/Albeck 1964). Zwei Beispiele sollen die *Grundbewegungen* im Angriff verdeutlichen:
- Passen und Schneiden-zum-Korb («give and go») (Abb. 1):
Angreifer macht sich durch die Grundbewegung Lösen-vom-Mann anspiel-

bar, indem er zum Deckungsspieler X1 hin täuscht oder den Deckungsspieler durch seine Stellung blockiert und dann schnell einen Schritt von ihm wegstartet. Dabei bietet er die Hand hin-zum-Ball (vgl. NEWELL/BENINGTON 1962). ① paßt zu ②, täuscht außen und startet nach innen in-den-Raum und schneidet-zum-Korb, erhält den Paß und wirft. Um dieses Schneiden-zum-Korb zu vermeiden, orientiert sich Deckungsspieler X1 sofort nach dem Paß am Gegner ① zum Ball hin (Abb. 2). Dieses Verhalten erfordert von den Angreifern eine andere Form der Grundbewegung:

– Passen und Schneiden-im-Rücken («back door») (Abb. 3):

Einleitende Grundbewegungen und Paß ① auf ② erfolgen wie oben. ① täuscht aber nicht außen, sondern bei ballorientierter Deckung durch X1 zum Ball hin nach innen und schneidet dann plötzlich im-Rücken des Deckungsspielers zum Korb, erhält den Ball und wirft.

3 Beim Spiel 2–2 mit Hilfen auf engem Raum versuchen die Angreifer, mit dem Partner zusammenzukommen, um für einen Deckungsspieler ein plötzliches Hindernis (Block) zu bilden (vgl. NIEDLICH/CZWALINA 1979) und aus dieser engen Blockstellung auseinanderzuscheren und ein Über-

Abb. 1: Passen
und Schneiden-zum-Korb

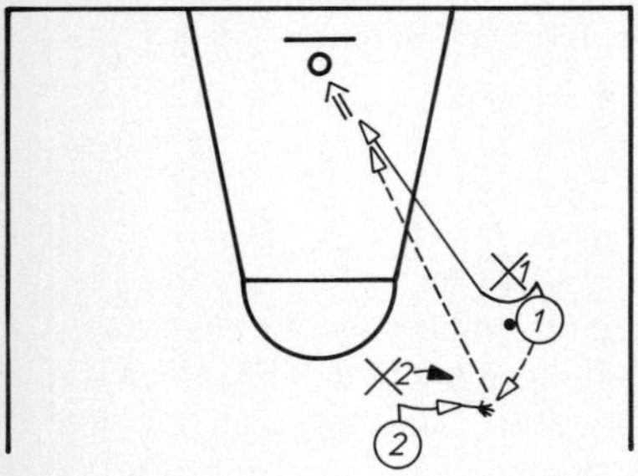

Abb. 2: X1 deckt aggressiv

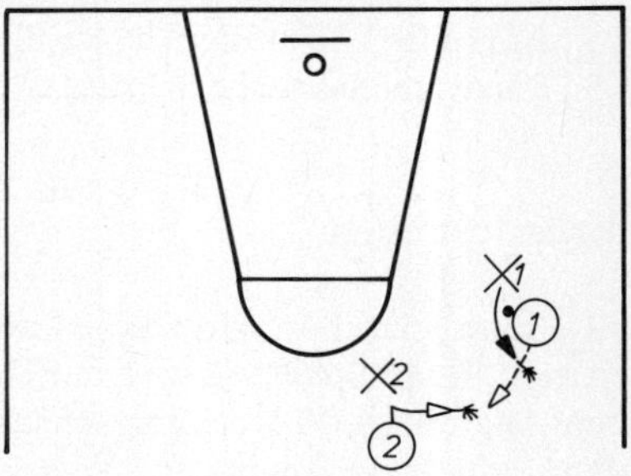

Abb. 3: Schneiden-im-Rücken

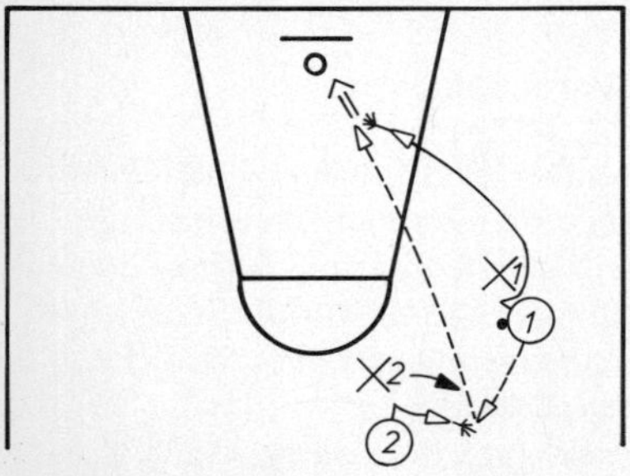

Abb. 4: Direkter Block

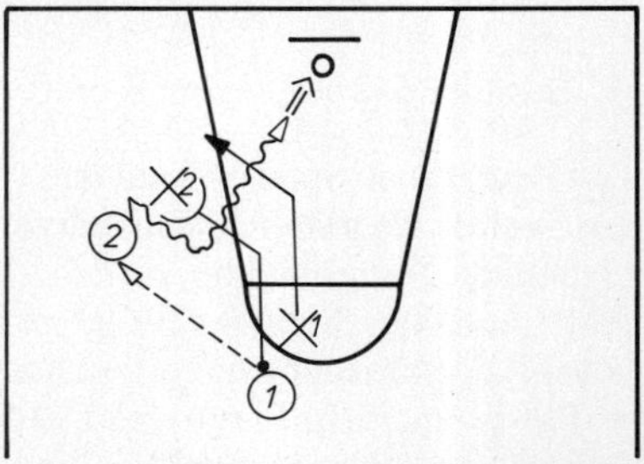

zahlspiel 2–1 zu erreichen. Dabei haben die Verteidiger gute Eingriffsmöglichkeiten, wenn sie die Angreiferhilfen, die durch einen zeitlich-räumlich exakten Ablauf gekennzeichnet sind, rechtzeitig erkennen und stören. Es ergibt sich eine Folge von Aktionen und Reaktionen, deren Grundzüge durch das Beispiel des direkten Blocks erläutert werden sollen.

4 Grundsituation: ① paßt zu ②, startet zu dessen Deckungsspieler X2 und setzt seitlich einen *direkten Block*, d. h., er stoppt in einer breiten tiefen Grundstellung so dicht neben X2, daß dieser nicht sofort seinem Gegner ② folgen kann. ② täuscht außen, dribbelt an der Blockseite zum Korb und wirft (Abb. 4).

Fehlerquellen:

– ② dribbelt zu früh, wodurch ① auf ② aufläuft und ein Foul verursacht, oder aber ② macht nach der Täuschung einen Schrittfehler;
– ① setzt den Block zu weit oder hinter ②, wodurch dieser bei seinem Gegner bleiben kann.

Bekämpfung des direkten Blocks:

Die Deckungsspieler vermeiden das enge Blocksetzen durch das *Über-den-Block-Gehen* (Vorbeigleiten): rechtzeitig beobachten und bewegen und am Mann bleiben (vgl. dazu Primo 1972) (Abb. 5).

Abb. 5: Über-den-Block-gehen

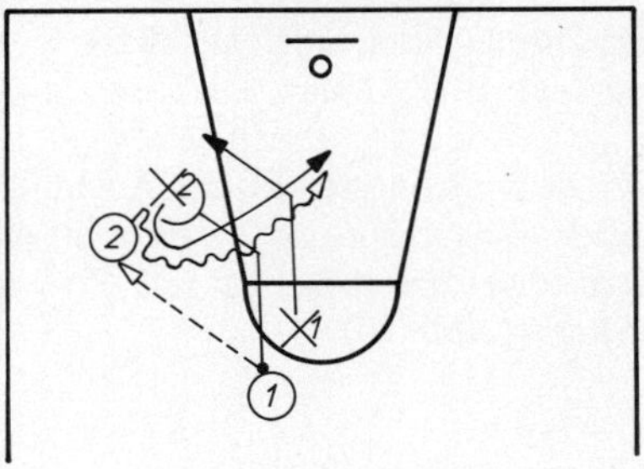

Abb. 6: Übernehmen (switch)

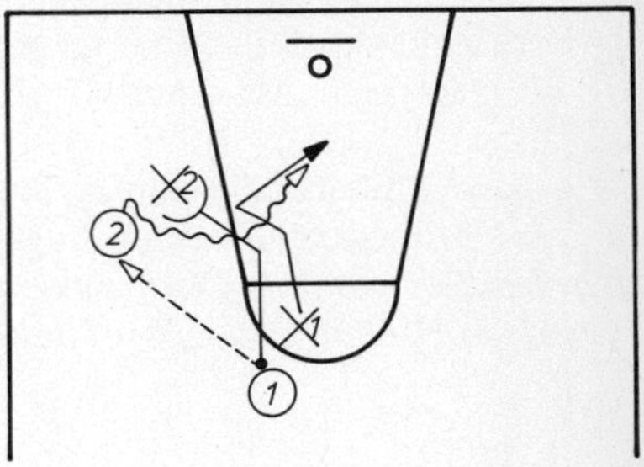

Bei erfolgtem Block versuchen die Deckungsspieler den Vorteil der Angreifer durch *Übernehmen* («switch») auszugleichen, d. h., sie wechseln den Mann (vgl. Bunn 1964; Primo 1972) (Abb. 6).

5 Maßnahmen der Angreifer gegen das Übernehmen: *Abrollen* (vgl. Meyer 1967; Niedlich/Czwalina 1979) (Abb. 7).

Wird ② von X1 übernommen, können die Angreifer trotzdem durch das Abrollen einen Vorteil erreichen: ① dreht sich durch einen Sternschritt rückwärts aus seiner engen Blockstellung zum Ball. Er blockiert dabei X2 mit dem Rücken und startet sofort weiter zum Korb, aber weg vom Ballbesitzer (Auseinanderscheren, Öffnen des Spiels). Es entsteht eine Überzahlsituation 2–1, die ausgespielt wird.

Fehlerquellen:

- Zu spätes Abrollen: Dadurch kann der ausgeblockte Deckungsspieler X2 zum Korb hin absinken, und es bleibt bei der Situation 2–2;
- zu weites Abrollen und Auseinanderscheren: Dadurch kann der ausgeblockte Deckungsspieler X2 zwischen den Ball und ① gelangen und den Paß abfangen;
- zu enges Auseinanderscheren, wodurch der übernehmende Deckungsspieler die Chance erhält, beide Angreifer auf engem Raum gleichzeitig zu decken bzw. zu stören (vgl. COOPER/SIEDENTOP 1975).

Bekämpfung des Überzahlspiels:

Möglichkeiten der Deckungsspieler, das Überzahlspiel der Angreifer zu vermeiden: Durchgleiten und Absinken (vgl. BUNN 1964; PRIMO 1972).

Durchgleiten: X2 täuscht das Über-den-Block-Gehen an, bevor der Block wirksam wird und weicht nach hinten aus. Er gleitet zwischen ① und X1 durch, um weiter ② zu decken (Abb. 8).

Absinken: Wenn zwischen ① und X1 nicht ausreichend Platz zum Durchgleiten ist, besteht die (ungünstige) Möglichkeit, abzusinken und hinter X1 wieder den eigenen Angreifer zu decken (Abb. 9).

6 Maßnahmen der Angreifer gegen Durchgleiten und Absinken: der *Wurfschirm* (vgl. MEYER 1967; LAKFALVI 1971; NIEDLICH/CZWALINA 1979).

Das Durchgleiten und Absinken hat für die Deckungsspieler den Nachteil, daß der Ballbesitzer für einen Augenblick völlig ungedeckt ist, da er durch den Blocker von den Deckungsspielern abgeschirmt ist. Es entsteht ein Wurfschirm, den ② zum Wurf nutzen kann (Abb. 10).

Abb. 7: Abrollen

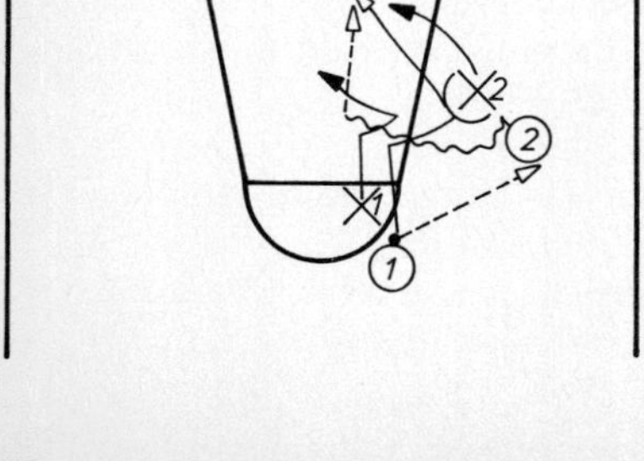

Abb. 8: Durchgleiten

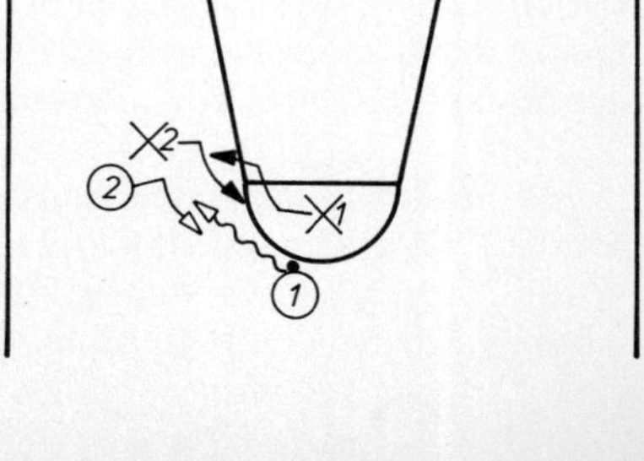

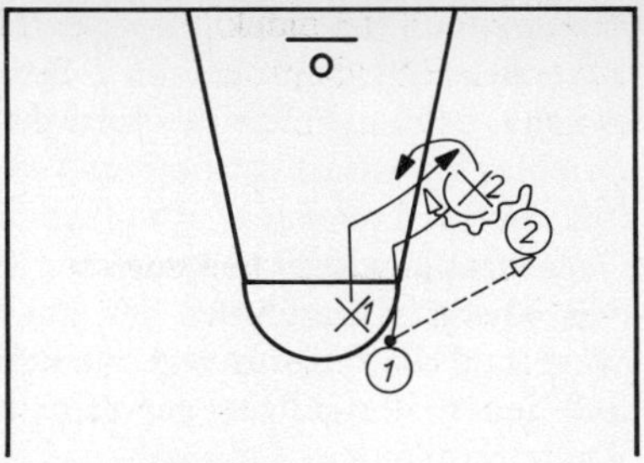

Abb. 9: Absinken

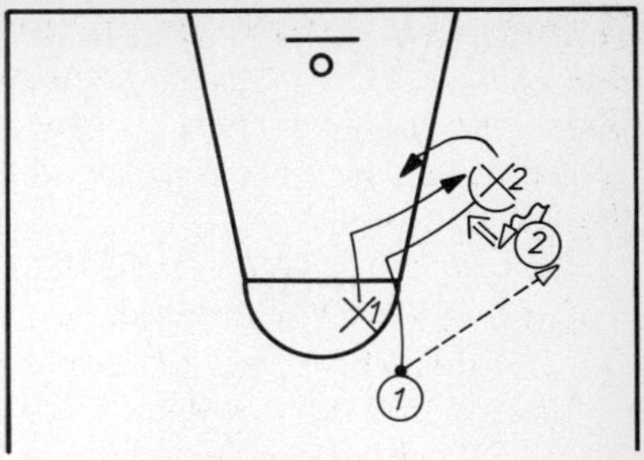

Abb. 10: Wurfschirm

7 Um den Wurfschirm zu bekämpfen, springt der übernehmende Verteidiger sofort nach vorn, wenn der Block ansatzweise ersichtlich ist (vgl. Abb. 11) und *übernimmt vorzeitig* den Ballbesitzer («jump switch»). Rollt der blockende Spieler sofort in Richtung Korb ab, so können die Verteidiger einen Paß durch *Doppeln* verhindern (Abb. 12), oder der geblockte Verteidiger sinkt rechtzeitig in den Paßweg (Abb. 13).

Abb. 11: Vorzeitiges Übernehmen («jump switch»)

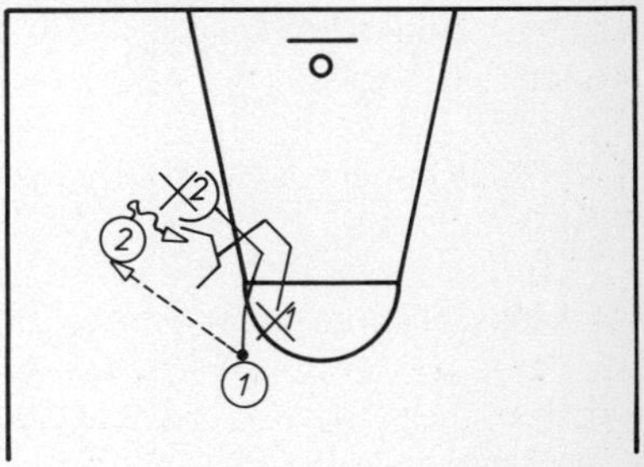

Abb. 13: rechtzeitiges Absinken des geblockten Verteidigers bei vorzeitigem Übernehmen

Abb. 12: Doppeln beim direkten Block

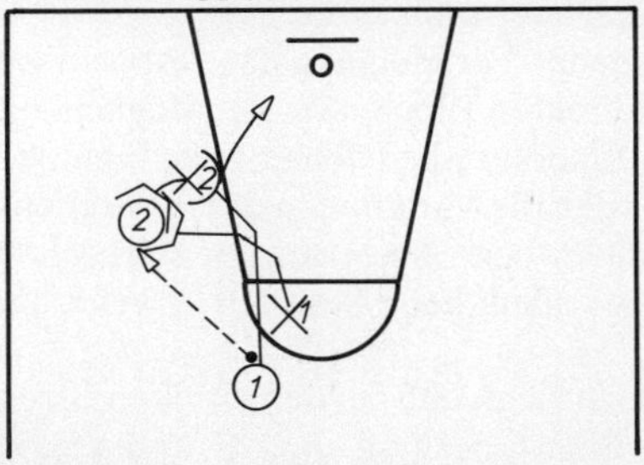

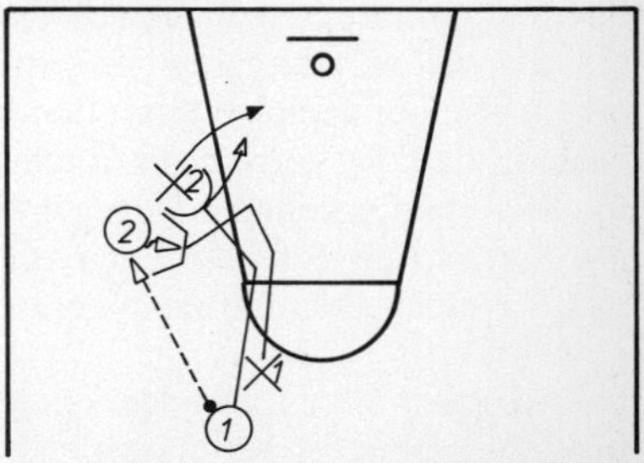

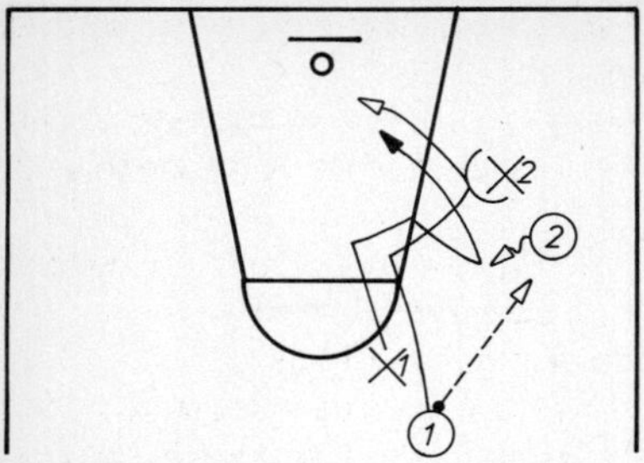

Abb. 14: Angetäuschtes Übernehmen («fake switch»)

Eine weitere Möglichkeit besteht im *angetäuschten Übernehmen* («fake switch», Abb. 14). Dabei wird der Dribbler im Ansatz gestoppt und sofort auf den eigenen abrollenden Gegenspieler wieder abgesunken, so daß sowohl Durchbruch als auch Wurf und Paß verhindert werden und jeder Verteidiger bei seinem Angreifer bleibt.

8 Als Variation des direkten Blocks ist auf der Angreiferseite das *Abstreifen* nach Paß (Abb. 15) und beim Dribbeln (Abb. 16) zu nennen.

Abb. 15: Abstreifen nach Paß

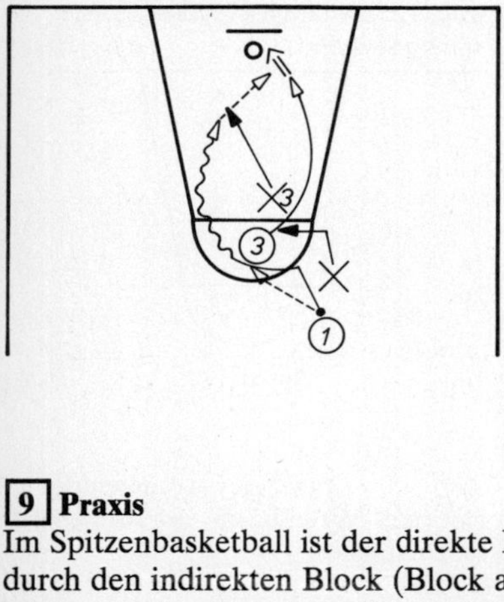

Abb. 16: Abstreifen aus dem Dribbeln

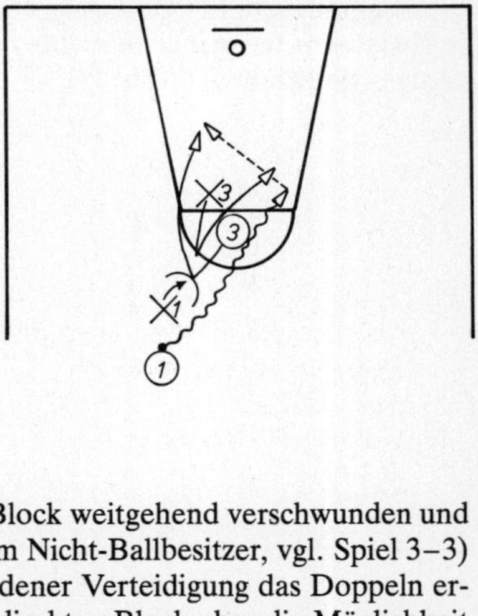

9 **Praxis**

Im Spitzenbasketball ist der direkte Block weitgehend verschwunden und durch den indirekten Block (Block am Nicht-Ballbesitzer, vgl. Spiel 3–3) ersetzt, weil er bei aggressiver gewordener Verteidigung das Doppeln ermöglicht, aber auch, weil mit dem indirekten Block eher die Möglichkeit besteht, daß die Verteidiger durch Aufmerksamkeitsfehler nicht rechtzeitig die Gefahr erkennen. Dagegen werden die Variationen des Abstreifens am Zenter (aus Raumgründen vor allem beim Spiel auf der schwachen Seite) und aus dem Dribbeln heraus vor allem beim Ballvortrag weiterhin gespielt.

Diese Einschränkungen bedeuten jedoch nicht, daß auf den direkten Block in der Schulung verzichtet werden kann; im Gegenteil, er ist Grundlage für

die Schulung des indirekten Blocks, weil er vom Timing her leichter zu lernen ist und eine intensivere Belastung ermöglicht.
Das *methodische Vorgehen* bei der Einführung des Blocks muß wegen des komplexen Gesamtablaufs der elementhaft-synthetischen Methode folgen. Es empfehlen sich folgende Schritte:

- Erläuterung des Gesamtvorgangs Blocken–Übernehmen–Abrollen–Überzahlspiel durch Filmbeispiele und/oder Tafelskizzen,
- Demonstration, Erläuterung der wichtigsten Fehlerquellen,
- Üben des direkten Blocks in Dreier-Gruppen, wobei der Verteidiger des blockenden Spielers weggelassen werden kann (auf korrekte Blockstellung achten!),
- Üben in Vierer-Gruppen, wobei der Verteidiger des blockenden Spielers übernimmt und der blockende Spieler abrollt,
- Erprobung der Verteidigervariationen Durchgleiten und Absinken,
- Beantwortung des Durchgleitens und Absinkens durch den Wurf aus dem Wurfschirm,
- Spiel 2–2 mit voller Handlungsfreiheit.

Die weiteren Variationen werden ebenfalls durch wechselweise Betonung von Angreifer- und Verteidigermaßnahmen bei entsprechend vorgeschriebenem Gegnerverhalten erarbeitet, bis sie mit Wettspiel 2–2 situativ richtig angewendet werden.

Merke

- Beim Spiel 2–2 werden Partnerhilfen in Angriff und Verteidigung möglich. Für die Angreifer gibt es das freie Spiel 2–2 mit Grundbewegungen des Schneidens und das Spiel 2–2 mit Partnerhilfen auf engem Raum.
- Durch die Grundbewegungen Schneiden-zum-Korb und Schneiden-im-Rücken soll ein Angreifer zum Korb hin frei und anspielbar werden.
- Bei den Partnerhilfen der Angreifer auf engem Raum kommen die Angreifer zusammen, um für einen Deckungsspieler ein Hindernis (Block) darzustellen, auseinanderzuscheren und ein Überzahlspiel 2–1 zu erreichen.
- Beim direkten Block hindert der Nichtballbesitzer durch seine Position (Block) den Deckungsspieler des Ballbesitzers daran, diesem zu folgen. Die Deckungsspieler versuchen dem engen Block durch rechtzeitiges Bewegen und Über-den-Block-Gehen auszuweichen. Bei enggesetztem Block wechseln sie ihren Mann (Übernehmen, «switch»).

- Die Angreifer reagieren auf das Übernehmen durch Abrollen und Überzahlspiel 2–1. Die Deckungsspieler können das Überzahlspiel durch Durchgleiten oder Absinken vermeiden bzw. stören.
- Die Angreifer nutzen das Durchgleiten oder Absinken der Deckungsspieler zum Wurfschirm.
- Weitere Möglichkeiten der Deckungsspieler sind das vorzeitige, das angetäuschte Übernehmen und das Doppeln.
- Variationen des direkten Blocks sind das Abstreifen nach Paß und aus dem Dribbeln heraus.
- Auch wenn der direkte Block aus dem Spiel weitgehend verschwunden ist, bleibt er als Voraussetzung für die Schulung der Variationen und des indirekten Blocks wichtiges Ausbildungsmittel.
- Wegen der Komplexität müssen bei der methodischen Einführung die Angreifer- und Verteidigermaßnahmen nacheinander – jeweils als alternative Handlungen – aufgeschaltet werden. Das verlangt vorübergehende Einschränkungen der Handlungsfreiheit.

Literatur

10 (S. 115f, 121–128, 140f); **72** (S. 105–125, 135–137); **81** (S. 91–94); **339** (S. 75f, 99–105); **381** (S. 25f, 63–99); **417** (S. 149–168, 184, 225f); **423** (S. 58–78); **446** (S. 77–101); **597** (1966: S. 253ff).

Peter Winkelnkemper

5.4 Spiel 3–3

Schlagwörter

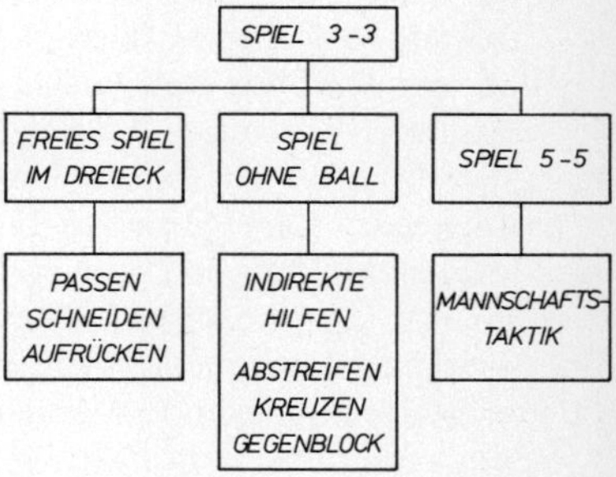

[1] Erweiterung der Handlungsmöglichkeiten durch das Zusammenspiel ohne Ball; Grundaufstellung im Dreieck.
[2] Freies Spiel: Abstreifen – Kreuzen – Gegenblock.
[3] Achterlauf (Weben).
[4] Folgerungen für die Praxis.

Erläuterungen

[1] Das Spiel 3–3 bildet den Abschluß der Gruppentaktik und zugleich einen Übergang zur Taktik; denn in ihm sind alle Grundbewegungen des Angreifers sowie alle Aufgaben der Verteidigung enthalten (Hagedorn 1968). Durch die Hinzunahme eines dritten Angreifer-/Verteidigerpaares werden das Spiel 1–1 und das Spiel 2–2 um die Handlungsmöglichkeiten im Zusammenspiel ohne Ball erweitert. Im modernen Basketball haben die Partnerhilfen im Spiel ohne Ball – *indirekte Hilfen* – zunehmend an Bedeutung gewonnen, da die aggressive Verteidigung die direkten Partnerhilfen (siehe Spiel 2–2) zum Doppeln ausnutzt.
Alle Möglichkeiten des Spiels 3–3 basieren auf der *Grundaufstellung* im Dreieck. Dadurch wird gewährleistet, daß der Ballbesitzer stets zwei Paßmöglichkeiten hat. Außerdem wird die Verteidigung durch die räumliche Ausdehnung erschwert. Angreifer und Verteidiger müssen zusätzlich über peripheres Sehen, Timing und Antizipationsfähigkeit verfügen.
Mögliche Aufstellungen (nach Hagedorn 1968) sind:
- 3 Außen:
  Variation 1: Aufbauspieler (A) – 2 Flügelspieler (F)
  Variation 2: 2 Aufbauspieler (A) – 1 Flügelspieler.
- 2 Außen (A) und 1 Zenter (Z):
  Variation 1: 2 A – 1 Vorzenter (VZ),
  Variation 2: 1 A – 1 VZ und 1 F,
  Variation 3: 1 A – 1 Seitzenter – 1 F.
- 1 Außen und 2 Zenter, wobei der Außenspieler ein Aufbauspieler oder Flügelspieler sein kann.

2 Das freie Spiel 3–3 besteht im wesentlichen aus einer Aneinanderreihung von «Give-and-go»-Aktionen. Aus der *Dreiecks-Grundstellung* (3 Außen oder 2 Außen – 1 Zenter) versuchen die Angreifer durch Schneiden zum Korb und Platzwechsel frei zu werden (vgl. Spiel 2–2). Die Aufgabe des dritten Angreifers besteht darin, die frei werdenden Positionen zu besetzen und zusätzliche Paßmöglichkeiten zu schaffen.

Beim *Abstreifen ohne Ball* versucht der Angreifer ① an seinem Partner ② so eng vorbeizulaufen, daß sein Verteidiger hängenbleibt (vgl. Abb. 1). Mitspieler ③ paßt den Ball zu. Um das Abstreifen von ① zu erleichtern, ist es notwendig, daß ② sich aktiv durch die rechtzeitige Einnahme einer breiten Grundstellung im Laufweg von X1 beteiligt. Ein inaktives ‹Stehenbleiben› von ② als passiver Block würde von X1 mit Über-den-Block-Gehen bekämpft werden können. Bleibt X1 an ② hängen, so ergibt sich die gleiche Handlungskette wie beim direkten Block, d. h., ② rollt zum Korb ab, um eine weitere Paßmöglichkeit zu schaffen bzw. um ein ‹Switchen› zu bekämpfen (vgl. Spiel 2–2).

Versuchen zwei Außenspieler an einem Vor- und Seitzenter kurz hintereinander abzustreifen, so handelt es sich um eine Sonderform, die man als *Kreuzen* bezeichnet. Unmittelbar nach dem Paß zum Zenter versucht zunächst der Paßgeber und dann der zweite Außenspieler, eng an ihm vorbeizuschneiden (vgl. Abb. 2). Die Situation im Moment des Kreuzens (Abb. 3) zeigt, daß drei Angreifer so dicht aneinander vorbeilaufen, daß die Verteidigung bei der anschließenden Auflösung Schwierigkeiten hat, bei ihren Gegenspielern zu bleiben. Das Risiko, daß der ball-

Abb. 1: Abstreifen ohne Ball

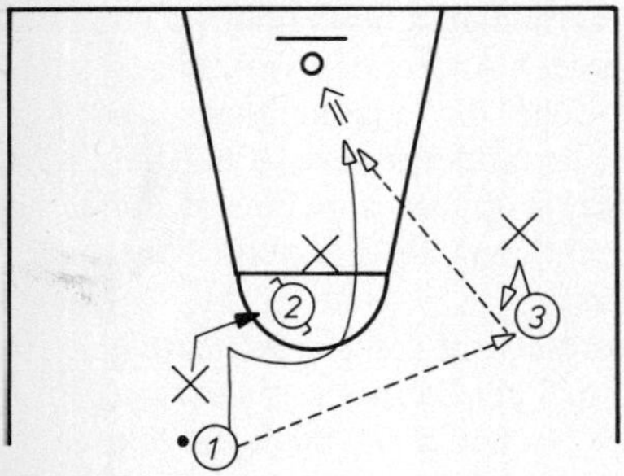

Abb. 2: Kreuzen

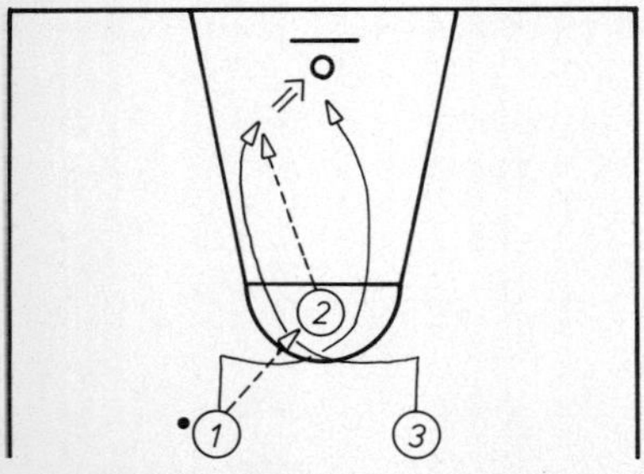

Abb. 3: Situation beim Kreuzen

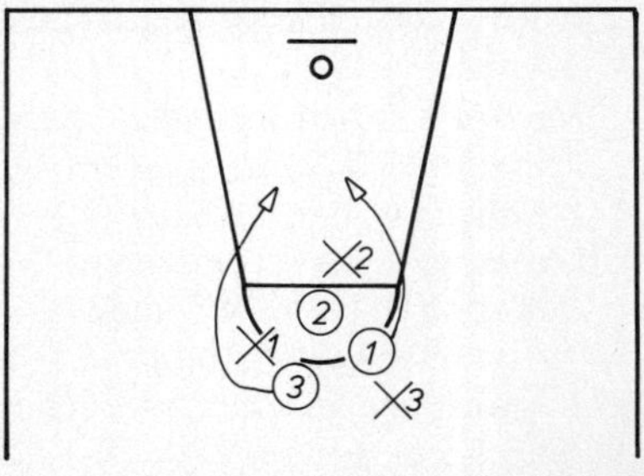

besitzende Zenter in einer solchen Situation gedoppelt wird, ist jedoch andererseits so groß, daß das Kreuzen am Ballbesitzer im Spitzen-Basketball, auch taktisch variiert (Doppelschirm), kaum noch Anwendung findet. Wenn gekreuzt wird, dann ballfern (Spiel 4–4).
Statt zum Ballbesitzer ③ zu laufen, um einen Block zu stellen, kann ① beim Spiel 3–3 auch zur Gegenseite laufen, um einen *Gegenblock* zu stellen, dieser wird jedoch nur dann den Verteidiger wirkungsvoll behindern, wenn Angreifer ② vorher durch individuelles Verhalten, z. B. Schneiden im Rücken antäuschen, seinen Gegenspieler abgelenkt und eng an sich gebunden hat (vgl. Abb. 4).
Durch das weite Absinken von X2 zum Korb, weil der Ball auf der anderen Seite ist, ermöglicht die Aufstellung in Abb. 5 die Ballannahme von ② auf der Freiwurflinie zum Wurf. Ein Übernehmen der Verteidigung könnte wieder durch einen Paß zum abrollenden Blocksteller beantwortet werden (Abb. 5). Da das Timing beim Gegenblock besonders schwierig ist und die Distanz zwischen Ball und Partnerhilfe so groß ist, daß Pässe leicht abgefangen werden können, erscheint es sinnvoller, einen *indirekten Block* aus

Abb. 4: Gegenblock

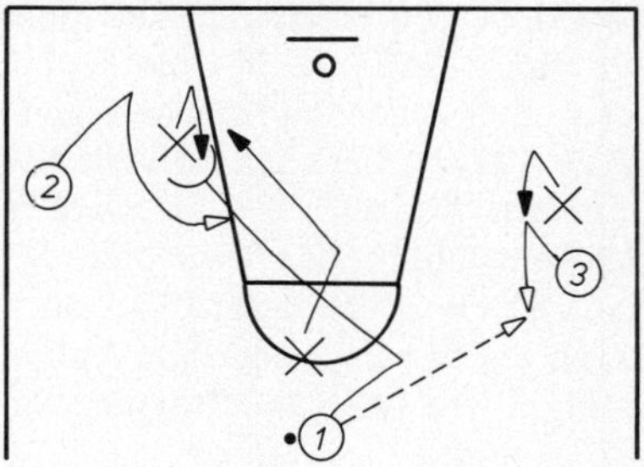

Abb. 5: Gegenblock – Übernehmen – Abrollen

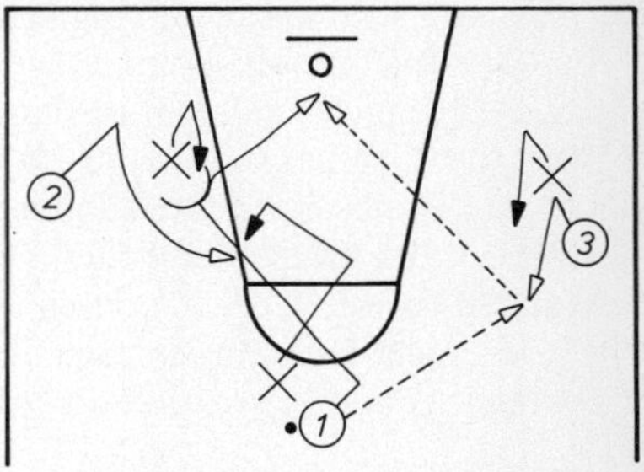

Abb. 6: Zenter-Rückenblock für Flügel

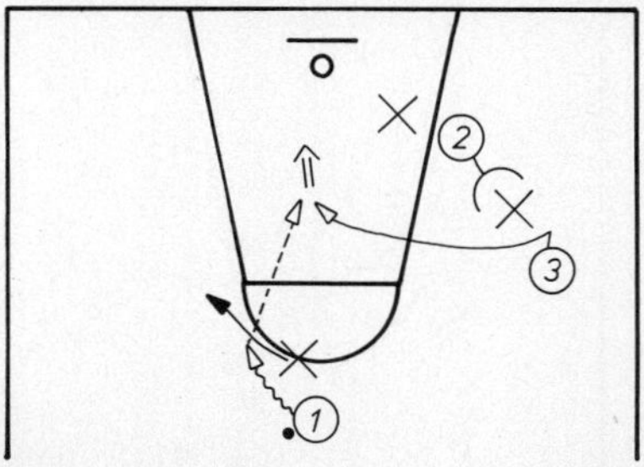

Abb. 7: Zenter-Rückenblock für Aufbau

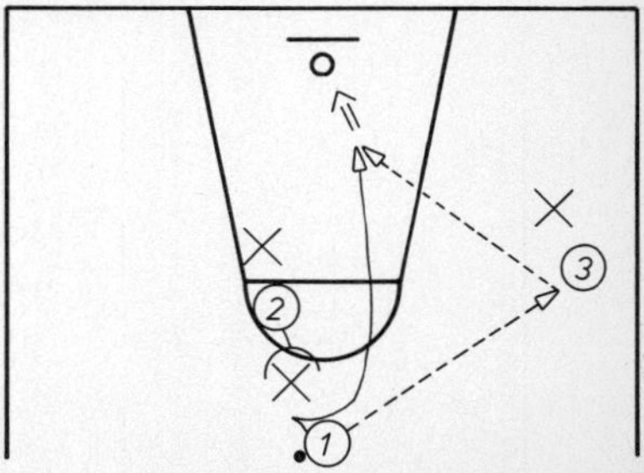

einer Grundstellung mit Zenter zu spielen. Zwei Beispiele davon zeigen die Abbildungen 6 und 7. Der entscheidende Unterschied zum Abstreifen besteht darin, daß die Zenter ihre Position verlassen, um einen Außenspieler ohne Ball freizublocken. Bei einer Grundaufstellung mit zwei Zentern können diese sich untereinander blocken, wie Abb. 8 und 9 zeigen.

Abb. 8: Zentergegenblock an der Freiwurflinie

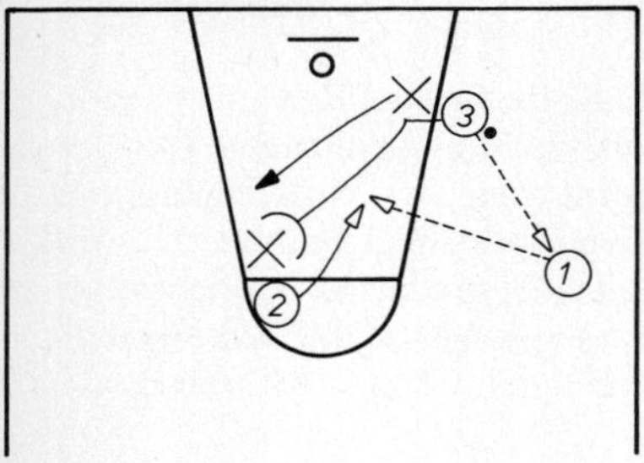

Abb. 9: Zentergegenblock an der Grundlinie

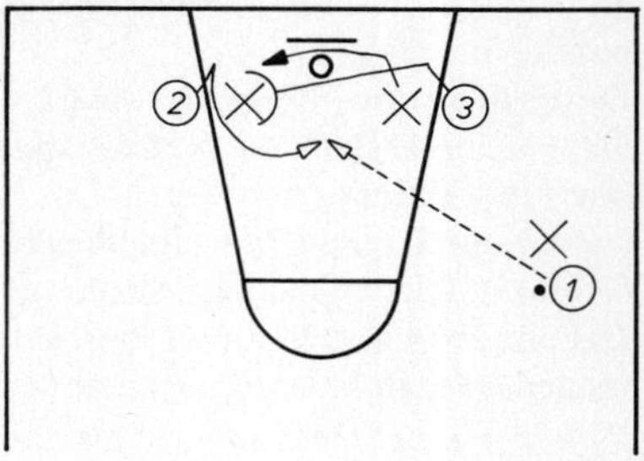

3 Wählt man beim Spiel drei Außenpositionen wie in Abb. 4 und 5, so kann man als gemeinsame Angriffsmaßnahme den *Achterlauf* durchführen. «Der Achterlauf ist eine Folge von Blocks, meist Dribbelblocks, bei der sich die Spieler auf dem Feld in Form einer liegenden Acht bewegen» (NIEDLICH / CZWALINA 1979, 56). Wie Abb. 10 zeigt, bewegen sich Dribbler und Nicht-Ballbesitzer aufeinander zu, um den Ball auf der Außenseite zu übergeben. Im Moment der Ballübergabe entsteht für den Verteidiger X3 des neuen Ballbesitzers ③ durch ① ein Block. Sollte dieser Block noch nicht zu einem Durchbruch zum Korb führen, so wird die gleiche Aktion zwischen ③ und ② wiederholt (Abb. 11). Diese Aneinanderreihung von

Abb. 10: Achtern (1. Phase)

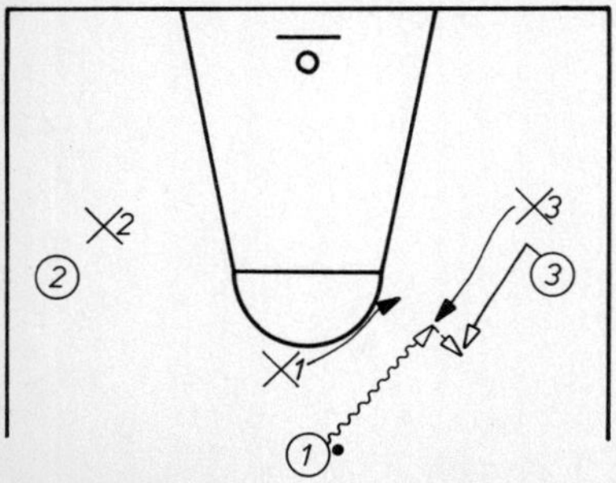

Abb. 11: Achtern (2. Phase) mit Ziehen zum Korb

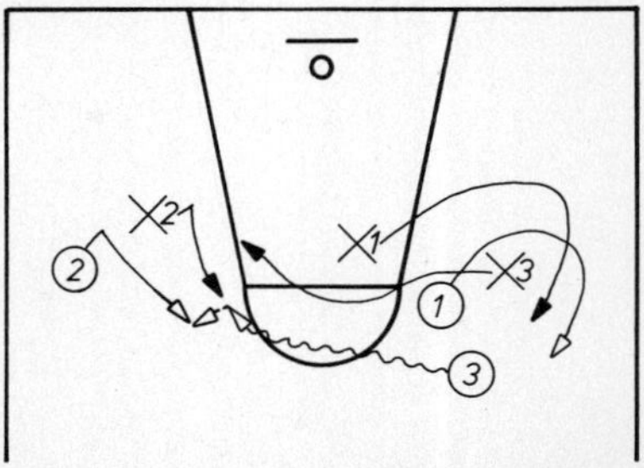

Dribbelblocks soll die Verteidigung so behindern, daß ein Durchbruch oder ein Wurf aus dem Schirm bei absinkendem Verteidiger möglich wird (siehe Verteidiger X3 in Abb. 11).

Da die Anforderungen an die individuelle Technik der Angreifer jedoch sehr groß sind und die Verteidigung durch den «fake switch» oder den «jump switch» (vgl. Spiel 2–2) über sehr gute Gegenmaßnahmen verfügt, findet der Achterlauf kaum noch Anwendung.

4 Praxis

Spielform 1

Beim freien Spiel 3–3 sollen die Spieler zwei Handlungsanweisungen berücksichtigen:

- «Wer paßt, schneidet zum Korb»,
- «wo ein Platz frei geworden ist, wird aufgerückt».

Bei einer Aufstellung mit drei Außen können diese Handlungsanweisungen geübt werden (Abb. 12).

Bei einer aufmerksamen Verteidigung wird der zunächst schneidende Spieler ① selten frei werden. Ein Paß zu ihm wird von Spieler ③ nur angetäuscht, dann aber zum aufrükkenden Spieler ② gegeben. Abb. 13 zeigt die neue Ausgangssituation auf dem rechten Flügel. Der Ballbesitzer ③ spielt nun seinerseits «give and go» mit ②, und ① rückt auf. Es ergibt sich wieder die Ausgangsstellung. Bei dieser Übung sollen die Spieler mit Ball lernen, am Ort 1–1 ohne Dribbling zu spielen, d. h., sie müssen *Paß-*, *Wurf-* und *Durchbruchtäuschungen* anwenden. Die Nicht-Ballbesitzer üben intensiv *Lauf-*, *Tempo-* und *Körpertäuschungen* bzw. *Timing* und *Raumverhalten.*

Abb. 12: Schneiden zum Korb – Aufrücken

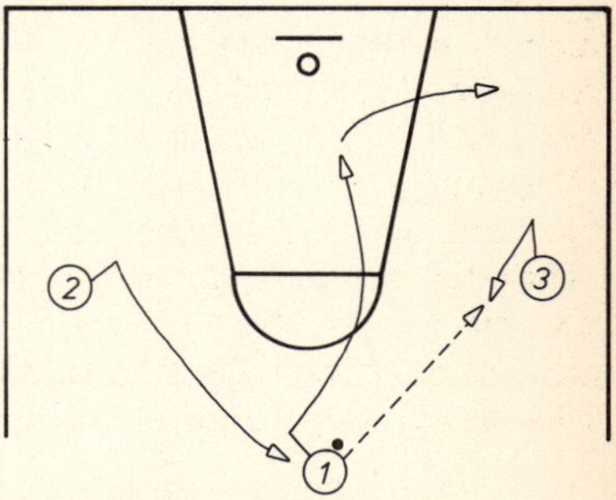

Abb. 13: Schneiden zum Korb vom Flügel mit Seitenwechsel

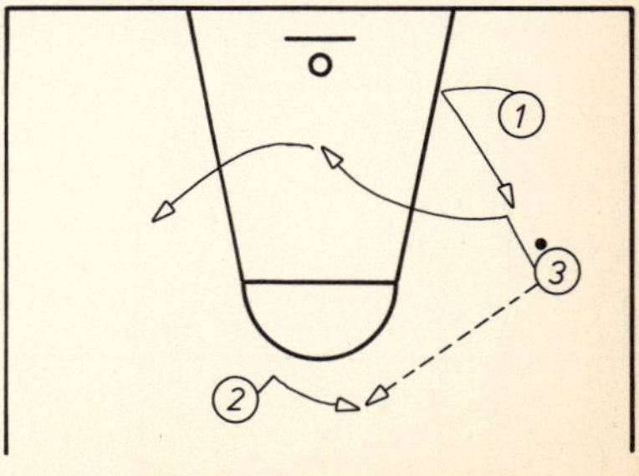

Spielform 2
Beim *Abstreifen* kommt es insbesondere auf das enge Vorbeilaufen des Angreifers an seinem Partner an. In einer Vorübung sollte deshalb zunächst an einem Hindernis (z. B. gepolsterter Kasten, Mattenstapel) geübt werden. Nachdem das Hindernis in verschiedene Positionen gestellt worden ist, kann es durch einen sich aktiv in den Weg des Verteidigers stellenden Mitspieler ersetzt werden. Körperhaltung und Anschlußaktion (Abrollen) dieses Spielers entsprechen der Verhaltensweise beim direkten Block.

Spielform 3
Die Voraussetzungen für ein erfolgreiches *Kreuzen* sind das richtige *Timing* und *Raumverhalten* der beiden abstreifenden Spieler. Um die in Abb. 2 dargestellte Situation zu üben, laufen die Spieler zu gleicher Zeit durch mehrere in der Längslinie aufgestellte Tore (Abb. 14). Nach dieser

Abb. 14: Vorübung zum Kreuzen

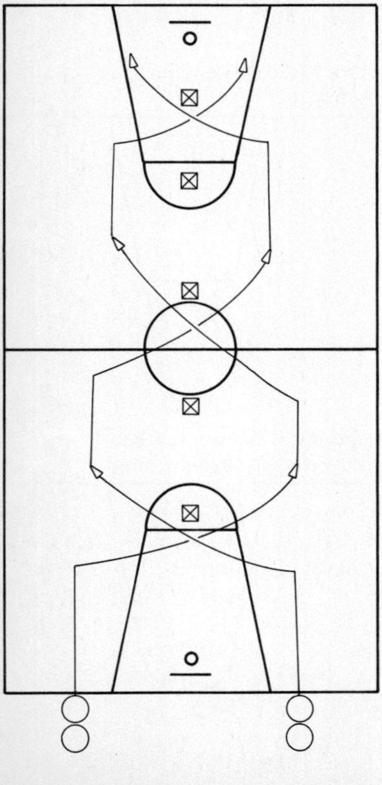

Abb. 15: Kreuzen an der Seitzenterposition

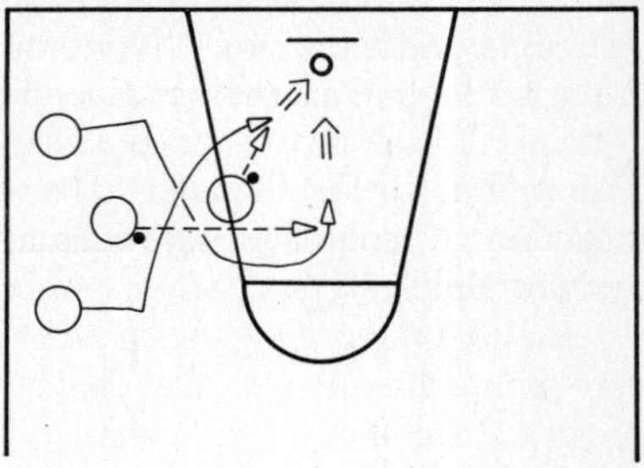

Abb. 16: Vorübung zum Gegenblock

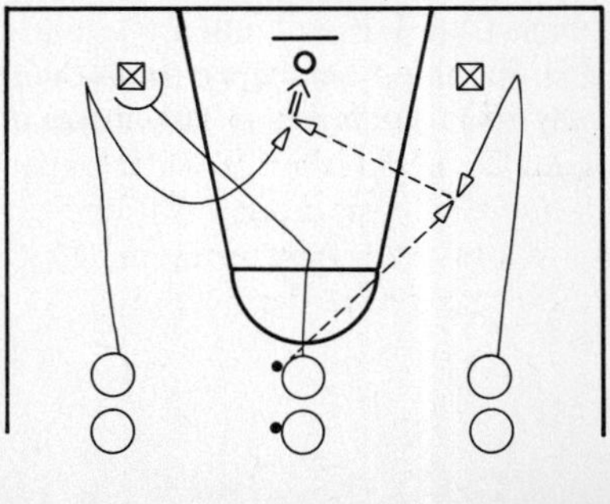

Vorübung wird das Kreuzen am Korb mit abschließendem Wurf geübt (Abb. 15).
Bei dieser Übung kann das Tor durch die beiden Zuspieler gebildet werden. Dadurch wird das Zuspiel so spielnah wie möglich gestaltet. Im Anschluß an diese Vorübung kann das Kreuzen mit Verteidigung wie in Abb. 2 durchgeführt werden.

Spielform 4
Beim *Gegenblock* kommt es vor allem darauf an, daß der zu blockende Spieler seinen Verteidiger eng an sich bindet, da der Blockstellende sonst ins Leere läuft. Als Übungsform hierzu soll ein Dreier-Angriff von der Mittellinie aus dienen (Abb. 16). Bei diesem Angriff sollen die Außenspieler ohne Ball zunächst bis zu ihren Wendemarken sprinten, um sich dann zum Ball anzubieten. Der Ballbesitzer in der Mittelspur folgt der Handlungsanweisung: «Rechts geben – links blocken». Durch die Hinzunahme von Verteidigern wird die Übung fortgesetzt. In einem *Kontinuum* 3–3–3 übers Feld wird der Gegenblock anschließend eingeschliffen. Die verteidigende Mannschaft erwartet die Angreifer dabei jeweils an der Mittellinie (Abb. 17).

Abb. 17: Kontinuum zum Gegenblock

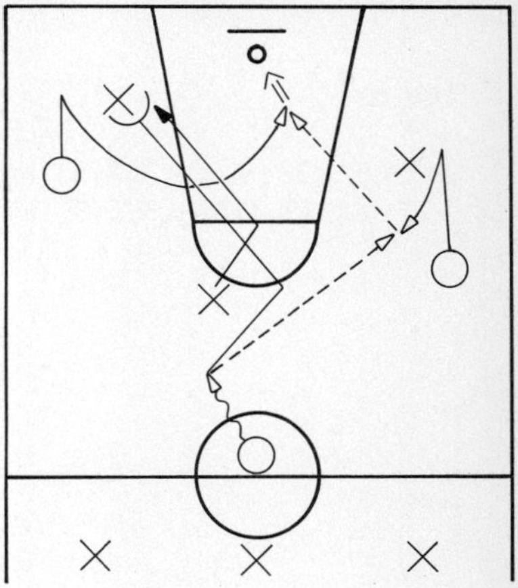

Spielform 5
Zur Schulung der engen *Ballübergabe beim Achterlauf* wird ein Dreier-Angriff in Form des «Criss-cross» über das ganze Feld benutzt. Am Korb kann der Achterlauf mit Verteidigung durch das Aufstellen von Wendemarken auf dem Flügel im Timing unterstützt werden. Die Schulung des Dribbelblocks (Abstreifen mit Ball) kann aus dem Spiel 2–2 (vgl. S. 210) übernommen werden.

Merke

- Das Spiel 3–3 vervollständigt die Angriffsmaßnahmen aus dem Spiel 1–1 und 2–2 mit dem Spiel ohne Ball.
- Die Grundaufstellung des Spiels 3–3 ist das Dreieck. Es ermöglicht im freien Spiel stets zwei Paßwege und bietet die günstigsten Voraussetzungen für eine effektive Angriffsorganisation im Timing und Raumverhalten.
- Da die moderne Verteidigung zunehmend jede Gelegenheit wahrnimmt, den Ballbesitzer zu doppeln, kommt den Hilfen, die sich zwei Angreifer ohne Ball geben, steigende Bedeutung zu: Das Abstreifen am Zenter sowie der Block am Nicht-Ballbesitzer (Gegenblock bzw. indirekter Block) sind vortaktische Maßnahmen, die unmittelbar zur Mannschaftstaktik überleiten.
- Kreuzen und Achterlauf haben an Bedeutung verloren.

Literatur

37 (S. 76ff); **173** (S. 30); **309** (S. 166ff); **339** (S. 98–105); **414** (S. 77ff); **423** (S. 56ff); **422** (S. 118ff); **582** (S. 164ff).

6 Mannschaftstaktik – Systeme in Angriff und Verteidigung

Günter Hagedorn

6.1 Begründung

Der Begriff der Mannschaftstaktik bezeichnet die Möglichkeit, alle Maßnahmen der Angreifer oder der Verteidiger, also Aktionen und Interaktionen, zu ordnen und aufeinander zu beziehen. Wir sprechen in diesem Falle von *Systemen*. Systeme stellen einen für alle Spieler (Angreifer oder Verteidiger) gemeinsamen Handlungsplan (Orientierungsschema) dar, der die individuellen Handlungsabsichten der Spieler einem gemeinsamen (kollektiven) Ziel zuordnet. Je nach Verbindlichkeit der Systeme werden die persönlichen Pläne und Ziele der Spieler ein- oder untergeordnet.
Systeme der Mannschaftstaktik verfolgen zwei Ziele. Einmal findet die Mannschaft über ein System oftmals ‹ihren Rhythmus› wieder. Das besagt konkret: Alle Spieler können in den Spielablauf eingebunden werden, sie können somit ihre besonderen Spielaufgaben wahrnehmen und erhöhen dadurch die Erfolgschance der eigenen Mannschaft. Sie erhöhen im Angriff das Risiko der gegnerischen Verteidigung, in der Verteidigung das Risiko des gegnerischen Angriffs. Systeme können auch über den ‹Mannschaftsrhythmus› jenes kaum meßbare Gefühl der Gemeinsamkeit und Überlegenheit verstärken, das den einzelnen Spieler ‹einen Schritt schneller› als den Gegenspieler macht.
Systeme dienen ferner – ähnlich wie die Hilfen der Gruppentaktik – dazu, den bestmöglichen Ausstieg (amerik.: «option») vorzubereiten. Sie sollen aus Sicht der Angreifer dabei helfen, die Komplexität der Spielkonstellation 5–5 zugunsten des Angriffs zu reduzieren, oder aus Sicht der Verteidigung soll diese Reduktion verhindert werden.

Sinnvollerweise stellen sich Angriffssysteme auf die Pläne der Verteidigung ein, während die Verteidigungssysteme von Ziel und Struktur des Angriffs ausgehen. Dabei muß zwischen den generellen, von den Spielregeln bestimmten und den von einer Mannschaft gewählten, besonderen mannschaftstaktischen Möglichkeiten unterschieden werden. Die generellen Formen der Mannschaftstaktik müssen von jeder Mannschaft erlernt und weitgehend beherrscht werden. Sie bilden die Grundlage eines mannschaftlichen *Taktik-Stils*. So dürfte eine Sonderform der Ganzfeld-Raum-Presse (z. B. 1/2/1/1) nur erfolgreich sein, wenn alle Spieler die Prinzipien der Ball-Raum-Verteidigung und die der Presse in einfachen Grundsystemen anzuwenden verstehen. Aus solchem Basis-Können entwickelt sich dann jene *mannschaftstaktische Flexibilität*, die notwendig wird, um taktischen Überraschungen und Finessen der Gegenmannschaft im Spiel zu begegnen. Abbildung 1 gibt einen Überblick über die generellen Systeme in Angriff und Verteidigung.
Die Entwicklung und die Auswahl von taktischen Schwerpunkten und besonderen Systemen sind gleichermaßen abhängig vom Konzept (‹Philosophie›) des Trainers und von den Fähigkeiten der Spieler, die durch die Konstitution, die Disposition und die Spielerfahrung bestimmt werden (vgl. bei 3.1).

Abb. 1: Mannschaftstaktische Grundsysteme in Angriff und Verteidigung

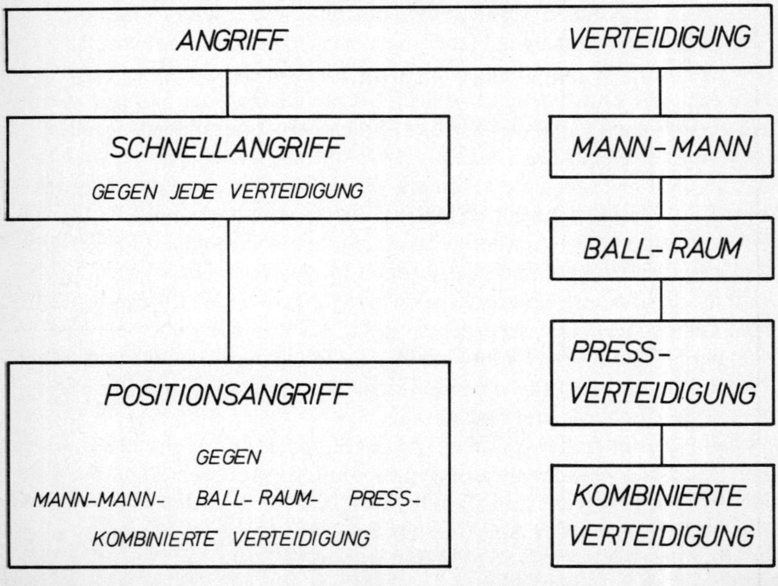

Günter Hagedorn

6.2 Mann-Mann-Verteidigung – Grundlagen und Prinzipien

Schlagwörter

[1] Begründung MMV: Dynamisches, freies Spiel.
[2] Methodisches Grundprogramm: fünf Handlungsanweisungen. Bedeutung der MMV.
[3] Grundprinzipien; Orientierungshilfe; Angriffsmerkmale: Mann-mit-Ball; Mann-ohne-Ball. Besondere Konstellationen: Spielfeld, Angreifer: Korbentfernung, Bewegung mit Ball, Bewegung zum Ball.
[4] Ausgestaltung der Prinzipien, Anwendung, Spielauffassung.

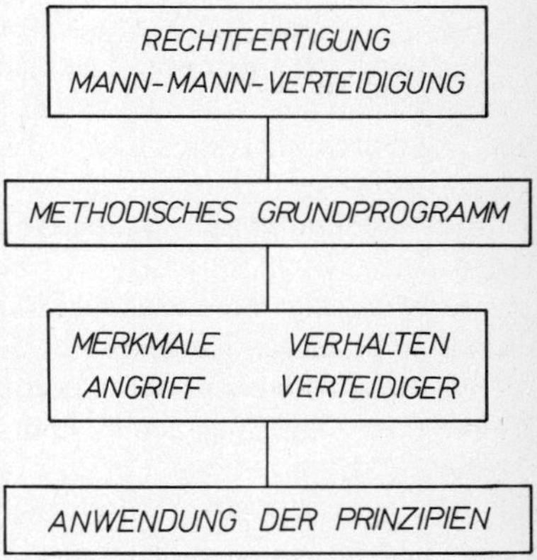

Erläuterungen

[1] Der Deutsche Basketball Bund möchte die Mann-Mann-Verteidigung (MMV) grundsätzlich verbindlich machen für jüngere Nachwuchsmannschaften und hier die Ball-Raum-Verteidigung (BRV) verbieten. Gleiches planen die Verantwortlichen für das Berliner Großturnier «Jugend trainiert für Olympia». Das ist eigentlich ein abgetragener Schuh. In amerikanischen Sommercamps für Jugendliche von 12–17 Jahren wird selbst der Versuch einer kombinierten Verteidigung mit BRV-Anteilen von den Schiris sofort mit einem Technischen Foul bestraft. Bereits bei Jugendlichen solche Vorschriften, Einschränkungen, Sanktionen? Wo bleibt die taktische Freiheit?
Die Antwort: Sie wird zurückgewonnen und mit ihr alle Elemente des *dynamischen, freien Spiels.* Die Vorschrift einer verbindlichen MMV ist ein Schutz gegen den Erfolgsrigorismus einzelner siegfanatischer Trainer. Sie vernageln mit einer ebenso starren wie langweiligen ‹Zone› («Hier stehst du! Hier du! Da du! Und daß ihr mir keinen durchlaßt!») den Weg zum Korb, weil bekanntlich der Nachwuchs noch nicht so sicher von außen

schießt. Sie verhindern damit die spielerische Entwicklung der Kinder und Jugendlichen. Diese werden zu Regelrobotern und spielen Basketball à la Handball: Vorne Mauer – hinten Mauer, dazwischen ein großes, überflüssiges Stück Spielfeld. Wie sagte doch Bundestrainer RALF KLEIN von den deutschen Spielern:
«Sie können nicht improvisieren, es ist nicht ihre Natur. Sie leben nach Regeln, sind nicht flexibel genug ...» (Vgl. bei 3.8)

2 Die Vorschrift der Mann-Mann-Verteidigung ist genauer zu begründen. Jeder Verteidiger erhält zunächst eine überschaubare Aufgabe: Dekkung eines genau bezeichneten, nach Konstitution und Spielstärke vergleichbaren Gegenspielers (vgl. dazu auch bei 6.3). Die ersten *Handlungsanweisungen* lauten:
- «Bewege dich zwischen (deinem) Mann und (dem verteidigten) Korb!» (M/K),
- «Beobachte genau deinen Mann (60 Prozent Aufmerksamkeit), und kontrolliere zugleich den Ball!» (40 Prozent),
- «Dränge den Dribbler zur Seitenlinie ab!»
- «Bewege dich in Korbnähe zwischen Ball und Mann-ohne-Ball!» (B/M),
- «Sperre deinen Mann beim Rebound aus!»

Das ist das *methodische Grundprogramm*. Ihm liegt die Einsicht zugrunde, daß jüngere Spieler zunächst nur die einfachsten Situationen (Konstellationen) wahrnehmen können, primär den Ball beobachten und mit der Teilung der Wahrnehmung (Mann – Ball) bereits an ihre Wahrnehmungsgrenze kommen. Bei der Ball-Raum-Verteidigung wechselt der Ball schneller von Mann zu Mann. Die Spieler müßten eigentlich auch noch ihre vier Mitspieler beobachten, eine für sie nicht zu bewältigende Informationsdichte. Diese Überforderung in Wahrnehmung, Speicherung und praktischem Handeln führt zu motorischer Passivität und verhindert die Ausbildung der Entscheidungsfreude und Eigenverantwortung. Bei der Mann-Mann-Verteidigung wird die hohe Komplexität des 5–5 reduziert auf die einfache Situation des 1–1. Hier können die Spieler ihre individuellen Grundtechniken einsetzen, erproben und verbessern; sie erhalten unmittelbare Rückmeldung über Erfolg und Mißerfolg ihres Handelns und können Ursache mit Wirkung zu verknüpfen lernen. Damit ist die Voraussetzung für eine erfolgsorientierte Motivation geschaffen (Vgl. bei 3.8); eine scheinentlastende Schuldzuweisung an andere ist leicht durchschaubar.

Die Mann-Mann-Verteidigung deckt Schwächen und Lücken in der Grundtechnik auf und verhindert, daß diese durch komplexe taktische Systeme verschleiert werden. Für die langfristige Entwicklung eines Spielers muß deshalb die vielseitige spielerische und technomotorische Ausbildung (Kreativität und Präzision) im Vordergrund stehen. Denken in Augenblickserfolgen verbietet sich aus pädagogischer Verantwortung des Trainers. (Zur methodischen und lernpsychologischen Einführung der Mann-Mann-Verteidigung vgl. 6.2.)

3 Mit fortschreitender Spielstärke können die *Grundprinzipien* der Mann-Mann-Verteidigung systematischer vermittelt und ihre Anwendungsmöglichkeiten ausgestaltet (differenziert) werden. Als Orientierungshilfe dient die Symmetrieachse Korb–Korb (Ballseite = starke, Ballgegenseite = schwache Seite) und folgende *Merkmale des Angriffs*:

Für den *Verteidiger* des *Mann-mit-Ball* (MmB):
- Entfernung des MmB vom Korb (weit, mittel, nah),
- die Position des MmB zum Korb (Mitte, Seite, Grundlinie; Gesicht, Seite, Rücken),
- Aktionsphase des MmB (vor, während, nach Dribbel).

Für den *Verteidiger* des *Mann-ohne-Ball* (MoB):
- Entfernung des MoB vom Korb (weit, mittel, nah),
- Entfernung des MoB vom Ball (nah, weit; 1-Paß-Nähe, 2-Paß-Ferne) (vgl. bei 6.3),
- Position zu Ball und Korb (auf der Linie Ball–Korb; Dreieck Ball–Mann–Korb).

Die Differenzierung bezieht sich einerseits auf besondere Konstellationen (Ball–Mann–Korb), andererseits auf das individualtaktische Verhalten (Fußstellung–Armhaltung–Blickrichtung).

Besondere Konstellationen: *Mann-mit-Ball* (MmB):
- MmB in der Mittelspur – große/mittlere Korbentfernung (Abb. 1): Konsequent schwächere Dribbelseite anbieten, stärkere versperren und zur Seitenlinie abdrängen.
- MmB in der Mittelspur bei Korbwurfentfernung (Abb. 2): Vor Dribbel: Wurfhandseite decken, schwache Dribbelseite frei lassen,

Abb. 1: MmB in der Mittelspur (1)

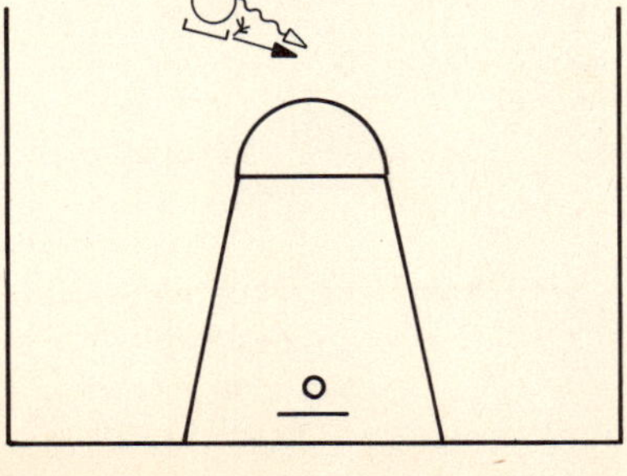

Abb. 2: MmB in der Mittelspur (2)

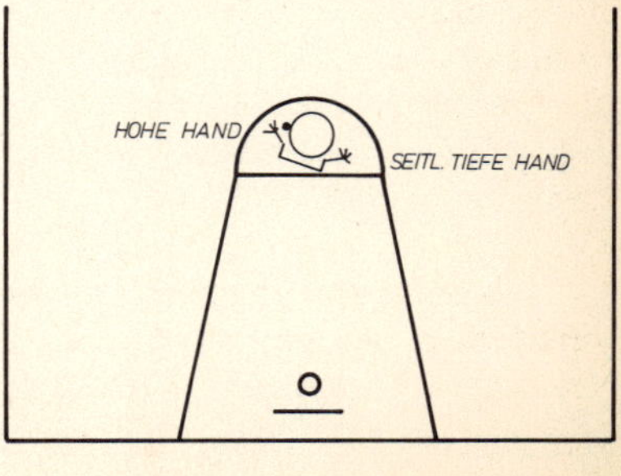

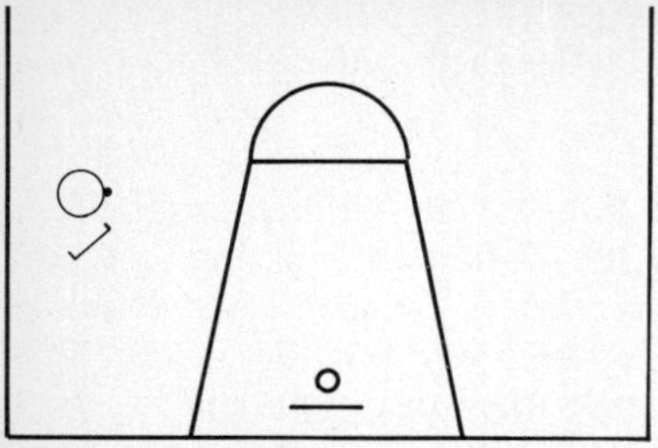

Abb. 3: MmB in der Seitenspur

Abb. 4: MmB zieht zum Korb

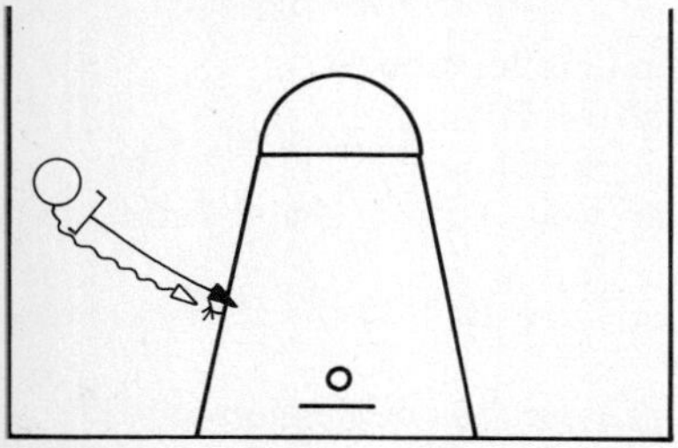

Abb. 5: MmB an der Grundlinie

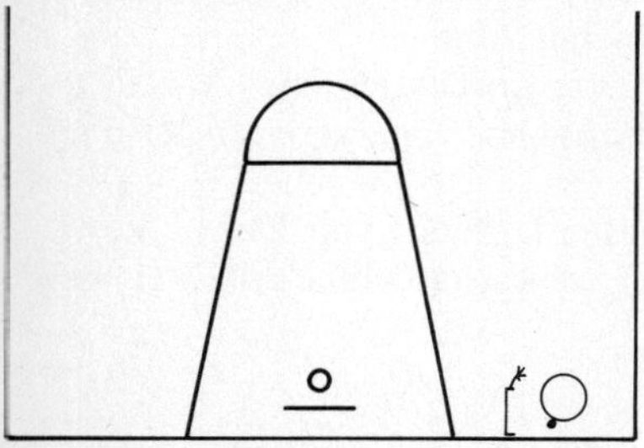

Paß stören. Alternative: eng-tiefe, breite Parallelstellung.

Während Dribbel: Aggressive Deckung auf der Wurfhandseite.

Nach Dribbel: Auf der Wurfhandseite Wurf und Pässe stören.

- MmB in Seitenspur bei mittlerer Entfernung vor Dribbel (Abb. 3):
  Ein Schritt tiefer zur Grundlinie; Außenhand deckt Dribbel-, Innenhand Paßwege Richtung Korb.
- MmB in der Bewegung zum Korb (ziehend) (Abb. 4):
  Innen auf dem kurzen Weg mitgleiten, Vorwärtsbewegung und Rhythmus übernehmen und mit der Außenhand Wurf stören/blocken.
- MmB an der Grundlinie (Abb. 5):
  Tieferer Fuß auf der Grundlinie; Hände stören Paß und Wurf.

Besondere Konstellationen:

Mann-ohne-Ball (MoB):

- MoB korbfern auf der Linie Ball–Korb (Abb. 6):
  Verteidiger zwischen Mann und Korb (M/K).
- MoB korbnah auf der Linie Ball–Korb (Abb. 7):

Abb. 6: MoB korbfern M/K

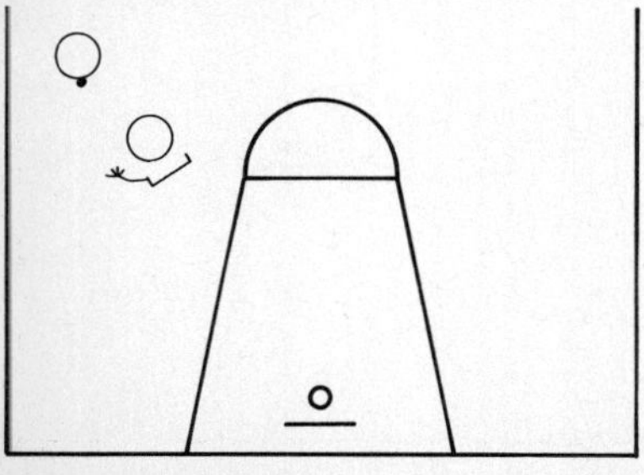

Abb. 7: MoB korbnah B/M

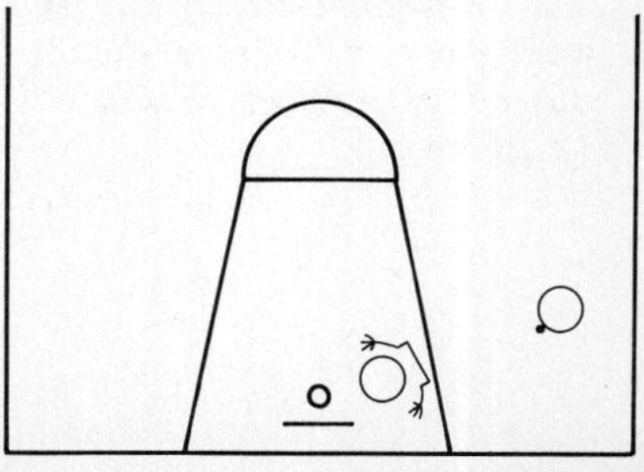

Verteidiger zwischen Ball und Mann (B/M) mit Blick zum Mann und ‹Scheibenwischer-Armarbeit› (‹Hampelmann›). Alternative: Blick zum Ball und Mann-Kontrolle durch (regelgerechte?) Handkontakte rückwärts.

- MoB auf der Ballseite – weg von der Ball–Korb-Linie (Abb. 8): Verteidiger (Anfänger) auf der Linie Mann–Korb; Fortgeschrittener ins Dreieck Ball–Mann–Korb, ein Schritt höher als MoB. Die ausgestreckten Hände/Finger zeigen auf Mann und Ball.
- MoB auf der Ballgegenseite (Hilfsseite) (Abb. 9): Verteidiger ins Dreieck Ball–Mann–Korb unterhalb der Ball–Mann-Linie; Hände/Finger seitlich ausgestreckt zur Blickkontrolle von Mann und Ball.
- MoB in der Bewegung zum Ball auf der Ballseite (Abb. 10): Deckung von vorn mit/unter Annäherung; im 3-Sekunden-Raum mit Blick zum MoB.
- MoB in der Bewegung zum Ball von der Ballgegenseite aus (Abb. 11): Startet MoB tiefer (Richtung Korb) zum Ball, rückwärts absinken unter Annäherung wegen Mann-Ball-Kontrolle; startet MoB höher (in Richtung Mittellinie), mitgehen in den Raum unter Annäherung.

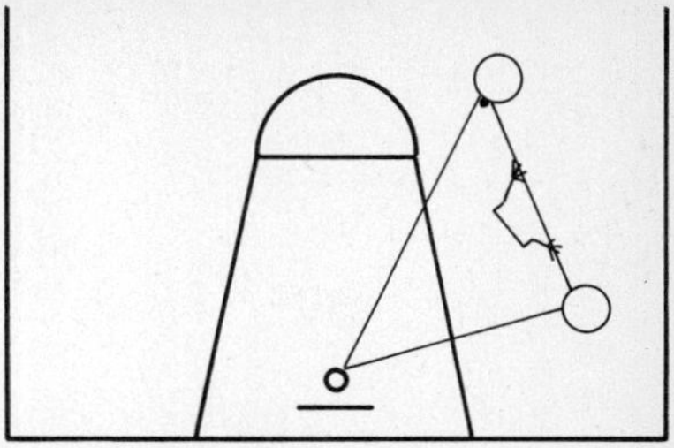

Abb. 8: MoB auf der Ballseite weg von Ball–Korb-Linie

Abb. 9: MoB auf der Ballgegenseite

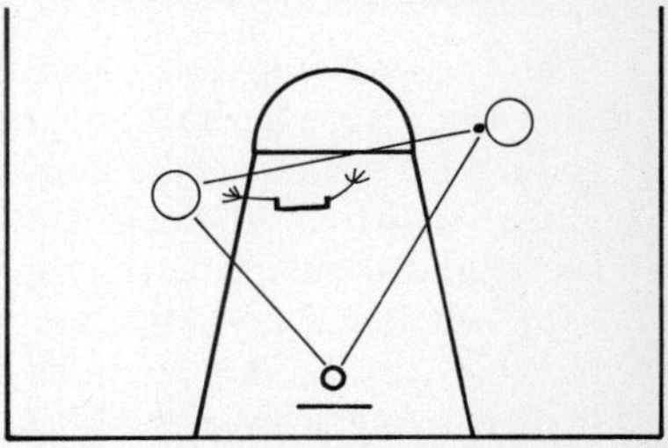

Abb. 10: MoB zum Ball auf der Ballseite

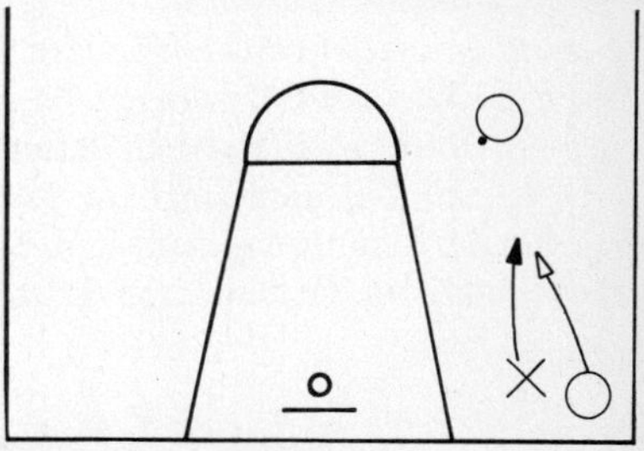

Abb. 11: MoB zum Ball auf der Ballgegenseite

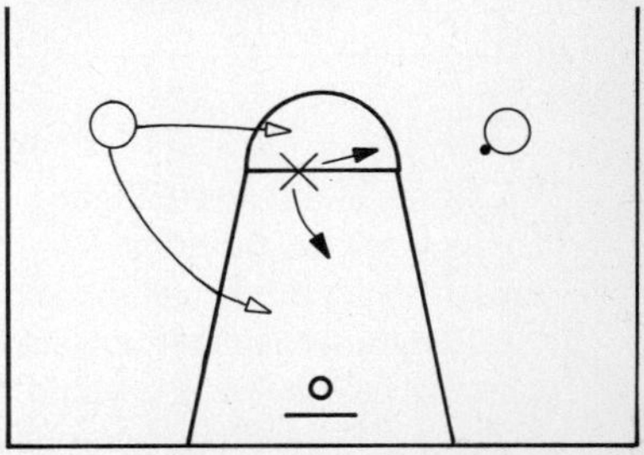

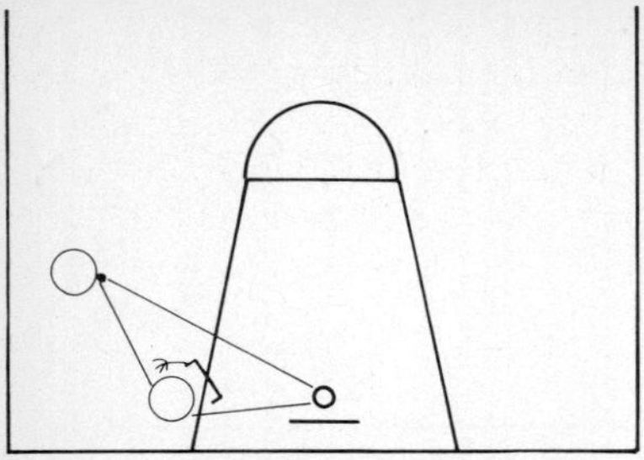

Abb. 12: MoB im korbnahen Dreieck

– Korbnahes Dreieck Ball–Mann–Korb (Abb. 12):
Im Dreieck auf der Ballseite; Außenfuß setzt über, die Außenhand schneidet Paßweg, Innenhand-Rücken hält Körperkontakt.

4 Die *Ausgestaltung der Prinzipien* und ihre Anwendung auf besondere Situationen erfolgt aufgrund gruppen- und mannschaftstaktischer Planung. Im Basketball verhindert die Foulregel, daß ein Verteidiger allein einen technisch versierten Angreifer stoppen kann; er benötigt die Hilfe der nächststehenden Mitspieler (Gruppentaktik). Diese Hilfen werden innerhalb der Verteidigung systematisch organisiert und miteinander verbunden (Mannschaftstaktik), um deren Ausschaltung durch gegnerische Angriffsmaßnahmen zu erschweren oder zu verhindern. Diese Zusammenhänge werden im folgenden Kapitel mit der «Redlands»-Verteidigung beispielhaft erläutert.
Manche Trainer entwickeln andere Prinzipien aufgrund einer anderen, eigenen Auffassung. Oft zwingen die eigene Mannschaft und Auffassung der Gegenmannschaften zu besonderen Maßnahmen. Unabhängig davon besteht jedoch die unabdingbare psychologisch-pädagogische Notwendigkeit, bei der Einführung der Mann-Mann-Verteidigung methodisch zu verfahren nach den Grundsätzen des Lernens (vgl. bei 7.2) und Motivierens (vgl. bei 3.8).

Merke

- Die Mann-Mann-Verteidigung fördert bei Nachwuchsmannschaften das dynamische, freie Spiel.
- Der Anfänger muß eine überschaubare Aufgabe erhalten, die in fünf Handlungsanweisungen zusammengefaßt werden kann: Zwischen Mann und Korb (M/K); Mann und Ball sehen; Dribbler abdrängen; am Korb zwischen Mann und Ball (B/M); beim Rebound aussperren.

- Später werden die Aufgaben immer weiter ausdifferenziert. Grundlage ist dabei die Situation des Angreifers: mit oder ohne Ball, Entfernung und Position zum Korb und zum Ball, Aktionsphase.
- Grundsätzlich sind auch in der Mann-Mann-Verteidigung Hilfen notwendig. Diese verweisen auf die Gruppen- und Mannschaftstaktik.

Literatur

82; **173**; **417**; **423**; **597**.

Peter Callies/Peter Zechmeister

6.3 Anwendung der Mann-Mann-Verteidigung Das Beispiel «Redlands»

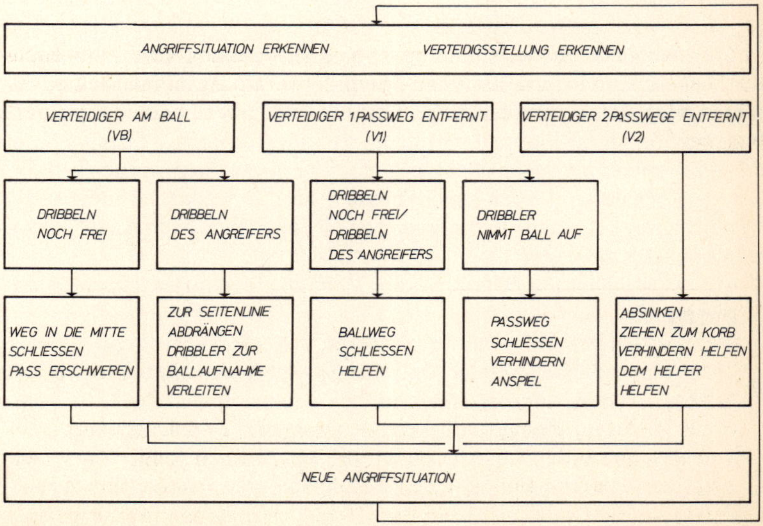

Schlagwörter

1 Prinzipien: Verteidiger am Ball (VB); Verteidiger einen Paßweg entfernt (V1), Ballweg – Paßweg; Verteidiger zwei Paßwege entfernt (V2); System.

2 VB: – in die Mitte drängen, zur Seitenlinie abdrängen, Ballverbotszone, Verteidigungsstellung, Paß erschweren, zum Dribbling verleiten, Partnerhilfen am Ball, zum Korb ziehen, in den Helfer treiben, Dribbler zur Ballaufnahme zwingen, Wurf, ausblocken, Änderung der Angriffs- bzw. Verteidigungssituation.

3 V1: Ballwege schließen, Helfen und zurück, Paßweg schließen, Stellung zwischen Ball und Mann, Ball wechselt Position, Angriffsspieler bewegen sich auf dem Spielfeld vom Ball weg – auf den Ball zu, ansagen.

4 V2: Dreieckstellung: Ball–Ich–Mann, Schneiden zum Korb, von vorn decken, Lobpaß, Vertrauen, Helfen, Ballbesitzer zieht zum Korb, in den Helfer treiben, Helfen, Offensiv-Foul erzwingen, Hilf dem Helfer, Paß nach außen, sich erneut orientieren, entscheidender Mann beim Defensiv-Rebound;
Aufgaben von VB und V2 nicht variierbar, V1 differenzierte Handlungsanweisungen.

5 Folgerungen für die Praxis.

Erläuterungen

1 Die Mann-Mann-Verteidigung ist eine Verteidigungsform, bei der jeder Verteidiger einen bestimmten Mann deckt und diesem bei seinen Bewegungen auf dem Spielfeld folgt. Grundlegend gibt es zwei verschiedene Formen von Mann-Mann-Verteidigung zu unterscheiden, je nachdem, ob der Ballbesitzer zur *Mitte* oder zur *Seitenlinie* abgedrängt werden soll. Bei beiden Formen sind aber gleichermaßen drei verschiedene individuelle Verteidigungsaufgaben als übergeordnete Prinzipien je nach Angriffssituation zu unterscheiden:

- VB: *Verteidiger am Ball*; d. h., der Verteidigungsspieler deckt den Angriffsspieler, der in Ballbesitz ist,
- V1: *Verteidiger einen Paßweg entfernt*; d. h., der Verteidigungsspieler deckt einen Angriffsspieler, der eine Spielposition einen Paßweg vom ballbesitzenden Angriffsspieler entfernt eingenommen hat. Zur weiteren Präzisierung der Verteidigungsaufgaben von V1 soll dabei noch zwischen *Ballweg* (der Angriffsspieler mit Ball dribbelt) und *Paßweg* (der Angriffsspieler mit Ball hat den Ball aufgenommen) unterschieden werden.

– V2: *Verteidiger zwei Paßwege entfernt*; d. h., der Verteidigungsspieler deckt einen Mann, der eine Spielposition zwei Paßwege vom ballbesitzenden Angriffsspieler entfernt eingenommen hat.

Diese drei Prinzipien sollen das bisherige Prinzip der Einteilung nach Ball- und Hilfsseite ersetzen, da mit dieser Einteilung nicht alle Angriffssituationen und damit die entsprechenden Verteidigungsaufgaben hinreichend genau beschrieben werden konnten.

Die Verteidigungsspieler haben nun ihre individuellen Deckungsaufgaben auf immer neue Angriffssituationen auszurichten, um ihre jeweils korrekte Verteidigungsstellung einzunehmen. So wird aus individuellem Deckungsverhalten schließlich ein funktionierendes *System kollektiver Mann-Mann-Verteidigung*. Mann-Mann-Verteidigung in diesem Sinne ist ein logisches System, bei dem alle Spieler ihre Aufgaben und die der anderen genau kennen und alle mit der gleichen Absicht verteidigen müssen; denn die Mann-Mann-Verteidigung ist immer so stark wie ihr schwächster Verteidiger.

2 *VB-Deckungsaufgaben*: Bevor wir nun die Deckungsaufgaben von VB im einzelnen beschreiben, müssen wir auf die eingangs erwähnten zwei Formen der Mann-Mann-Verteidigung zurückkommen, nämlich die Entscheidung, ob der Angriffsspieler mit Ball in die Mitte gedrängt oder ob er zur Seitenlinie abgedrängt werden soll. Beide Möglichkeiten haben ihre Vor- und Nachteile, führen aber in ihrer Konsequenz zu unterschiedlichen Aufgaben für V1 bzw. V2. Aus Vereinfachungsgründen beschränken wir uns im folgenden auf die Darstellung der zweiten Form der Mann-Mann-Verteidigung, wonach der Ballbesitzer zur Seitenlinie abgedrängt werden soll.

Abb. 1: Die Ballverbotszone

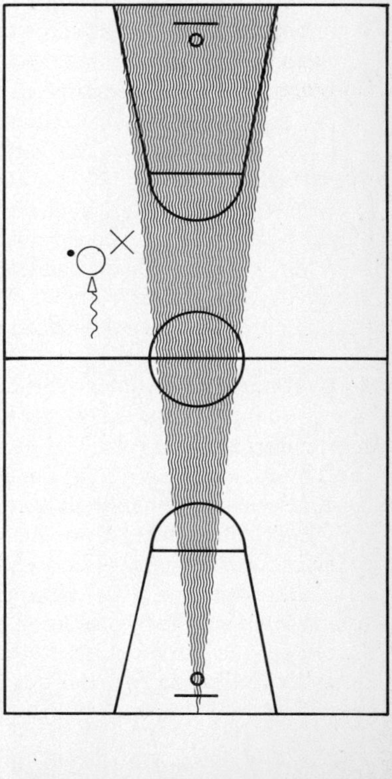

Zur genauen Kennzeichnung der Aufgabe von VB konstruieren wir die «Ballverbotszone» (Abb. 1).

Die Hauptaufgabe von VB ist es, den Angreifer mit Ball nicht in diese «Ballverbotszone» hineinkommen

zu lassen; dadurch ergeben sich für den Angriffsspieler schlechtere Abspiel- und Durchbruchmöglichkeiten, und für V1 und V2 werden die Deckungsaufgaben überschaubarer und eindeutiger. Aus diesem Grund ist die *Verteidigungsstellung* beim Angreifer, der den Ball gerade erhalten und der somit alle Handlungsmöglichkeiten frei hat, so zu wählen, daß der VB nicht überlaufen werden kann.
Abstand 1–2 Meter, so daß dem Angriffsspieler von vornherein der Weg in die Ballverbotszone versperrt wird. Darüber hinaus besteht die Deckungsaufgabe von VB in dieser Verteidigungssituation darin, dem Angriffsspieler einen Paß zu erschweren und ihn zum Dribbling zu verleiten. Dribbelt nun der Angreifer mit Ball, besteht die Deckungsaufgabe darin, ihn zur Seitenlinie abzudrängen und ihn auf keinen Fall in die «Ballverbotszone» zu lassen; besonderer Absprachen bedarf es hier, wenn Partnerhilfen am Ball (z. B. Block) gegeben werden: Die Maßnahmen reichen dabei vom über den Block («over top») gehen, Übernehmen, Durchgleiten oder Doppeln des Dribblers. Gelingt es dem Angreifer, mit Ball zum Korb durchzubrechen, darf er nicht durch die Mitte gelassen werden, sondern VB muß auch in diesem Fall den Angreifer zur Seitenlinie bzw. Grundlinie drängen, um ihn so in den Helfer zu treiben. Kommt es zur Hilfe, muß der VB den Angreifer des Helfers übernehmen.
Die beste Deckungsarbeit hat der VB dann geleistet, wenn es ihm gelingt, den Dribbler zur Ballaufnahme zu zwingen. In diesem Fall geht er ‹hautnah› an seinen Angriffsspieler heran, die Hände folgen jeder Ballbewegung, um zunächst einen einfachen Paß zu verhindern und so die Verteidigungsarbeit von V1 und V2 zu erleichtern. Unternimmt der Angreifer mit Ball eine Wurfaktion, so ist auch diese zu stören, und nach dem Ruf «Wurf» soll der VB den Werfer sofort ausblocken. Je nach Reboundgewinn der Angreifer bzw. Verteidiger ergibt sich eine neue Spielsituation.
Ebenso ändert sich die Angriffs- bzw. Verteidigungssituation, wenn der Angreifer mit Ball paßt; denn dann wird VB zu V1 oder V2.

[3] *V1-Deckungsaufgaben*: Verteidiger V1, dessen Gegenspieler einen Paßweg vom Ballbesitzer entfernt ist, muß seine Entscheidungen für seine Deckungsarbeit auch relativ zu den Möglichkeiten des Ballbesitzers treffen; d. h. er muß wissen, darf der Ballbesitzer noch dribbeln, dribbelt er gerade oder hat er den Ball aufgenommen, um zu passen oder zu werfen.
Ist es dem Ballbesitzer noch möglich zu dribbeln oder dribbelt er gerade, so kommt es für V1 in erster Linie darauf an, die *Ballwege* zu *schließen*. Dies ist vor allem dann von Bedeutung, wenn der Ballbesitzer über die Freiwurflinie oder auf andere Weise durch die Mitte zum Korb ziehen will. Beim Helfen in dieser Situation ist es für V1 besonders wichtig, bei seiner Hilfe darauf vorbereitet zu sein, daß der Ballbesitzer aus dem Durchbrechen zu dem durch die Hilfe freiwerdenden direkten Gegenspieler von V1 paßt.

In diesem Fall muß er schnellstens zu seinem Gegenspieler zurückwechseln, um dann sofort die Verteidigungsaufgabe VB zu übernehmen. Wir sprechen hier von *«Helfen und Zurück»*. Das eigentliche Verteidigungsziel ist dann erreicht, wenn VB den Ballbesitzer zur Ballaufnahme zwingen kann. Jetzt gilt es, den *Paßweg* durch gute Beinarbeit zu *schließen* und eine Stellung zwischen Ball und Mann so einzunehmen, daß V1 den Paß abfangen kann. Kommt es zu einer Wurfsituation des Ballbesitzers, so ist es die Aufgabe von V1, seinen Gegenspieler auszublocken. Darüber hinaus sind für V1 noch verschiedene Wechselmöglichkeiten der Angriffs- und damit der Verteidigungssituation zu beachten: So kann zum einen der Ball seine Position wechseln, wodurch V1 zu VB – sein Gegenspieler bekommt den Paß – oder zu V2 – der Ball wandert auf eine Position zwei Paßwege von seinem direkten Gegenspieler entfernt – werden kann; zum anderen kann sich auch der Angriffsspieler von V1 auf dem Spielfeld bewegen. Bewegt er sich vom Ball weg, entsteht wiederum die Verteidigungssituation V2; bewegt er sich dagegen auf den Ball zu, um z. B. einen Block zu setzen, muß V1 dieses laut ansagen, um dann mit VB die abgesprochenen Gegenmaßnahmen, wie über den Block gehen, Durchgleiten, Übernehmen oder Doppeln, einzusetzen.

4 *V2-Deckungsaufgaben*: V2 – also der Verteidiger, dessen Gegenspieler zwei Paßwege vom Ball entfernt ist – muß zunächst bemüht sein, eine Dreieckstellung auf den Punkten Ball–Ich–Mann einzunehmen und auf die Korb-Korb-Linie abzusinken. Er sollte dabei in der Lage sein, sowohl die Ballaktionen als auch die Aktionen seines Gegenspielers zu verfolgen. Entsprechend diesen Aktionen muß er ständig seine Dreieckstellung korrigieren. Schneidet dann sein direkter Gegenspieler zum Korb bzw. zum Ball, so verlangt dieses Verteidigungskonzept, daß er beim Eintritt in die «Ballverbotszone» von vorn gedeckt wird. Dadurch entsteht die Gefahr, daß der Ballbesitzer versucht, V2 durch einen Lobpaß zu überspielen. Für diesen Fall ist es von entscheidender Bedeutung, daß die Spieler Vertrauen in den anderen V2 haben, der nun helfen muß, bzw. Vertrauen darin, daß Lobpässe leicht abzuwehren sind. So entwickeln wir bei den Spielern die Überzeugung, durch gute Verteidigung die Angreifer zu Lobpässen zu zwingen, weil diese in der Mehrzahl der Fälle zum Ballverlust führen.
Im Prinzip die gleiche Aufgabe stellt sich, wenn der Ballbesitzer zum Korb durchbricht. Auch dies kann zu einem Vorteil für die Verteidigung werden, wenn der VB den Ballbesitzer zur Grundlinie und damit in den Helfer treibt. V2 muß nun dem Ball so weit wie möglich entgegengehen, Hilfe geben und im besten Fall ein Offensiv-Foul erzwingen. Auch dieses Verteidigungsverhalten wird die Spieler nur dann überzeugen, wenn sie sich darauf verlassen können, daß ihnen bei ihrer Hilfe wiederum vom anderen V2

bei einem möglichen Paß auf ihren direkten Gegenspieler geholfen wird. Wir sprechen von «Hilf dem Helfer».
Gelingt es dem Ballbesitzer, aus dem Durchbrechen wieder nach außen zu passen, so wechseln alle Verteidiger auf ihre direkten Gegenspieler zurück und orientieren sich erneut an ihren Aufgaben VB, V1 oder V2. Kommt es zu einer Wurfaktion, so bleibt am Schluß die Aufgabe von V2, seinen direkten Gegenspieler auszublocken; es muß sogar betont werden, daß er der entscheidende Mann für den Defensiv-Rebound ist.
Abschließend bleibt festzuhalten, daß dieses Mann-Verteidigungskonzept den Vorteil bietet, sämtliche Formen der Mann-Verteidigung zu enthalten; denn es gibt im modernen Basketball keine Mann-Verteidigung mehr, bei der die Aufgaben von VB und V2 variierbar wären; lediglich bei V1 ergibt sich die Möglichkeit differenzierter Handlungsweisen, z. B. den Paß außen zuzulassen, was die bisherigen Unterscheidungen wie enge oder sinkende Mann-Verteidigung ersetzen bzw. präzisieren würde.

5 Praxis

Übungen für VB

- 1–1 über das ganze Feld:
  Organisation: Jeweils zwei Spieler haben einen Ball, der angreifende Spieler versucht, von der Endlinie zum gegenüberliegenden Korb zu dribbeln und möglichst mit einem Korbleger abzuschließen.
  Verteidigungsaufgabe: Dribbler nicht in die Ballverbotszone dribbeln lassen, zur Seite abdrängen, den Dribbler auf die ‹schwache› Hand (bei Rechtshändern also die linke) zwingen. Der Verteidiger sollte auch versuchen, ein Angreiferfoul zu provozieren.
- 1–1 von der Flügelposition:
  Organisation: Drei Spieler haben einen Ball, 1–1 plus 1.
  Verteidigungsaufgabe: Anspiel auf den Flügel zulassen, die besondere Deckungsaufgabe besteht nun darin, den angreifenden Flügel auf keinen Fall über die Mitte nach innen zum Korb ziehen zu lassen; den Ballbesitzer also immer zur Seitenlinie in die Ecke abdrängen. Gelingt es dem angreifenden Flügel, über die Mitte zu ziehen, folgt eine Zusatzaufgabe, z. B. fünf Liegestütze für den Verteidiger.

Übung für V1

- 1–1 plus 1: Organisation wie bei voriger Aufgabe. Verteidigungsaufgabe: Anspiel auf den Flügel verhindern! Der Anspieler darf keine Lobpässe geben (Abb. 2).

Abb. 2

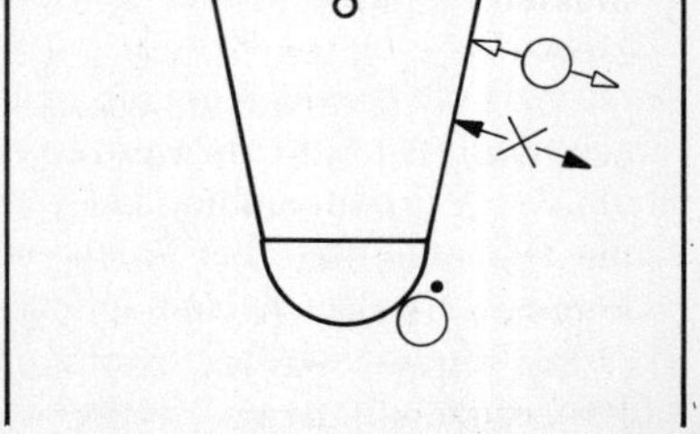

Übung für den Übergang von VB zu V1

- 2–2; helfen und zurück: Organisation: 2–2 in der Angriffsaufstellung Aufbau und Flügelspieler. Die Angreifer dürfen nur nach innen ziehen (in der Abbildung also der Flügel nur nach rechts, der Aufbauspieler nur nach links) oder einen Distanzwurf ausführen (Abb. 3).

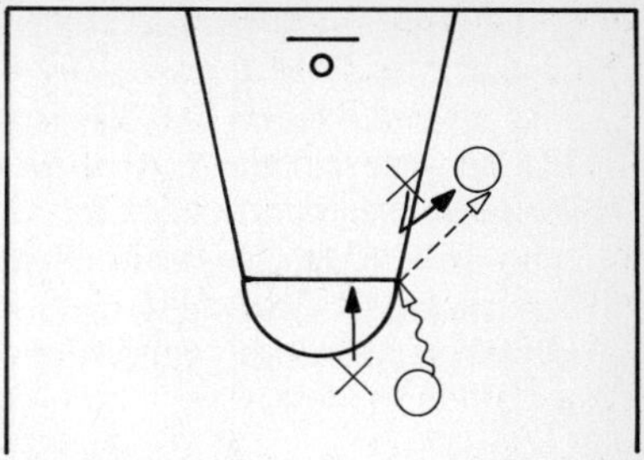

Abb. 3

  Verteidigungsaufgabe: Das Durchziehen des jeweiligen Ballbesitzers durch Absinken und Helfen verhindern, dadurch wird der andere Angreifer zum Distanzwurf frei. Erfolgt der Paß zum freien Angreifer, muß der Verteidiger, der geholfen hat, sofort in die Verteidigungsstellung VB zurückspringen, um den Wurf zu verhindern bzw. mindestens zu stören.

Übungen für den Übergang von V1 zu V2 und V2 zu V1

- Zwei Reihen; Paßweg schließen: zwei Verteidigungsreihen à drei Spieler; zwei Angreifer passen sich den Ball hin und her.
  Verteidigungsaufgabe: Alle Verteidiger «quivern» (d. h. kleine, schnelle Schritte auf den Ballen, Zehenspitzen). Die erste Reihe muß dabei eine Verteidigungsstellung wie V1, also «Paßweg schließen», einnehmen, die zweite Reihe eine Verteidigungsstellung wie V2, also «Dreieck bilden» zwischen Ball und gedachtem direkten Gegenspieler. Wird der Ball nun zur anderen Seite gepaßt, muß die Reihe 2 nach außen rechts in die neue Verteidigungsstellung V1 sprinten und die Reihe 1 in die Verteidigungsstellung V2 in der Mitte, usw. (Dauer eines Durchgangs 30 Sekunden bis 1 Minute).
- *3–2*: Organisation: Drei Angreifer gegen zwei Verteidiger, wobei der angreifende Aufbauspieler nur Zuspieler ist (Abb. 4).
  Verteidigungsaufgabe wie bei voriger Aufgabe, jetzt aber mit realen Angreifern. Die Verteidiger müssen je nach Ballposition die Deckungsaufgaben V1 bzw. dann VB und V2 übernehmen. Besonders wichtig: Zieht ein Angreifer an der Grundlinie durch, so muß die Hilfe von der anderen Seite kommen (siehe Abbildung 4). Dabei kurzes ‹Andoppeln› des Ballbesitzers, dann «switch»,

Abb. 4

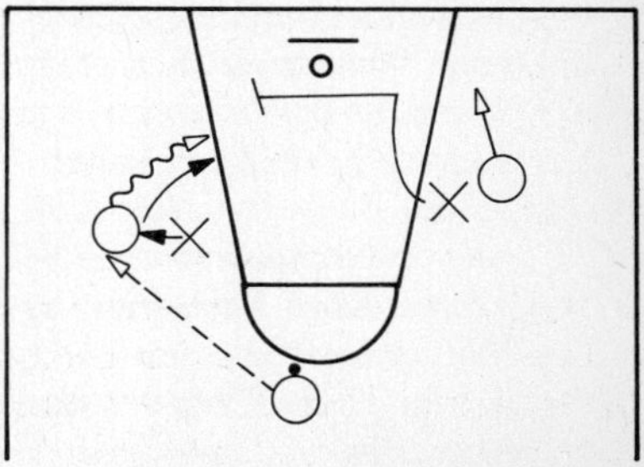

d. h., der Helfer übernimmt den Ballbesitzer, während der bisherige VB durchgleitet und den angreifenden Gegenspieler des Helfers übernimmt.

– *4–4 auf einen Korb*: Das Kernstück der Verteidigungsdrills ist die Aufstellung 4–4 auf einen Korb in der Aufstellung: zwei Aufbauspieler, zwei Flügelspieler. In vielerlei Aufgabenvariationen können dabei noch einmal alle bisherigen Verteidigungsaufgaben vermittelt und geübt werden. Besonders wichtig ist die Situation «Hilf dem Helfer», die hier zum erstenmal zusätzlich geübt werden kann.

Merke

Ein Coach schärft seinen Spielern bei der Mannschaftsbesprechung vor einem Spiel nochmals die wichtigsten Mann-Mann-Verteidigungsprinzipien ein:

- Zu den Aufbauspielern als VB sagt er:
  - Ihr dürft euren Gegenspieler erst gar nicht in die Ballverbotszone reinlassen.
  - Wenn euer Mann den Ball hat, macht ihm den Paß schwer, aber laßt ihm das Dribbling, allerdings nur zur Seitenlinie hin, offen!
  - Den Dribbler müßt ihr unbedingt zur Seitenlinie hin abdrängen, nie in die Mitte lassen! Zwingt ihn zur Ballaufnahme!
  - Nimmt er den Ball auf, müßt ihr hautnah auf ihn ‹drauf›! So eng decken, daß er nur noch einen schlechten Paß geben kann!
- Zu den Flügeln als V1 sagt er:
  - Solange der Ballbesitzer noch dribbeln kann oder wenn er gerade dribbelt, macht die Ballwege zu!
  - Müßt ihr am Ballbesitzer helfen, denkt daran, sofort wieder zurück, wenn der Paß kommt, also helfen und zurück!
  - Hat VB gut gearbeitet und der Ballbesitzer den Ball aufgenommen, dann macht den Paßweg zwischen Ball und Mann zu!
  - Vor allem Block ansagen!
- Zu den Zentern als V2 sagt er:
  - Denkt an die Dreieckstellung: Ball–Ich–Mann! Außerdem Absinken zur Korb-Korb-Linie!
  - In der Ballverbotszone von vorn decken! Laßt euren Mann nicht vor euch kommen!
  - Bis zur Korb-Korb-Linie absinken!
  - Beim Lobpaß helfen!
  - Beim Helfen weit entgegengehen! Möglichst Offensiv-Foul erzwingen!

- Zu den Flügeln als V2 sagt er:
  – Als V2 müßt ihr besonders darauf achten, daß ihr diejenigen seid, die dem Helfer helfen können müssen!

Literatur

226; **284**; **438**; **526**; **527**.

Gerhard J. Schmidt

6.4 Ball-Raum-Verteidigung

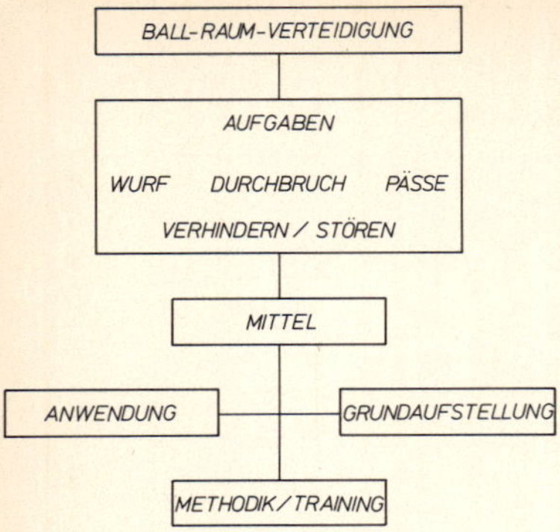

Schlagwörter

1 Gemeinschaftliche Verteidigung zwischen Ball und Korb; Grundaufstellungen.

2 Gegner aktiv bekämpfen, Zusammenarbeit; individuelle Voraussetzungen; Beispiel: 2/1/2.

3 Praxis: Einführung: Spiel 2–3, 3–4, 4–4, 4–5; Training: 5 Außen, Durchbruch, Schneiden, Zenter.

Erläuterungen

1 Während bei der Mann-Mann-Verteidigung jedem Angreifer ein Verteidiger zugeordnet ist, wird bei der Ball-Raum-Verteidigung (Zone) der *Raum zwischen Ball und Korb gemeinsam verteidigt*, um:
- Würfe zu stören und aus Mittel- und Nahdistanz zu verhindern,
- das Dribbling zum Korb (Durchbruch) zu verhindern,
- Pässe in korbnahe Wurfpositionen zu verhindern.

Erleichtert wird dieses Vorhaben durch
- gute individuelle Grundlagen der Verteidigung (Mann-Mann-Verteidigung, Armarbeit),
- eine geordnete Zusammenarbeit (Laufwege, Verständigung),
- Konzentration der Verteidigung im Bereich starker gegnerischer Angreifer oder besonders wichtiger Räume.

Die Deckung wichtiger Räume bzw. die Konzentration im Bereich starker Gegner zeigt sich in der Grundaufstellung (Anordnung der Verteidiger zu Beginn des Positionsangriffs).
Bei den Standardformen der Ball-Raum-Verteidigung unterscheiden wir nach Wilkes (1962), Hagedorn (1968), Cousy/Power (1975), Waldowski (1983), Held/Jarre (1979), Kyriasoglou (1975) u. a. m. die 2/1/2-, 2/3-, 3/2-, 1/2/2-, 2/2/1- und 1/3/1-Grundaufstellung. Jede dieser Formen deckt bestimmte Räume und gegnerische Stärken besser ab, andere dafür schlechter (zu den Schwächen vgl. bei 6.9).

Die *2/1/2-Grundaufstellung* (Abb. 1) ist stark korborientiert und erleichtert durch das formationsgegebene Deckungsdreieck den Verteidigungsrebound. Sie ist zu empfehlen gegen Mannschaften mit schwachen Weit- und Mitteldistanzwerfern und schirmt Brett- und Vorzenter gut ab.

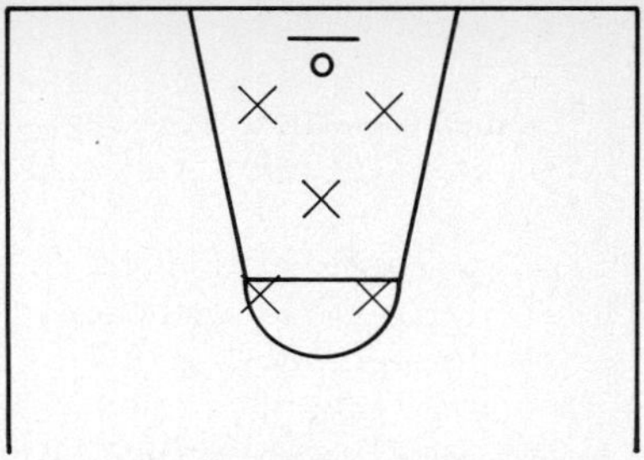

Abb. 1: Die 2/1/2-Grundaufstellung

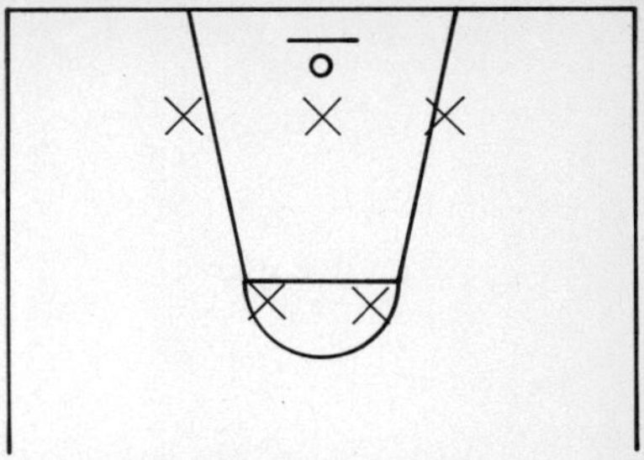

Abb. 2: Die 2/3-Grundaufstellung

Die *2/3-Grundaufstellung* (Abb. 2) ist ähnlich der 2/1/2-Grundaufstellung, betont aber noch mehr die Sicherung der Grundlinie und empfiehlt sich deshalb gegen Mannschaften, die über die Grundlinie angreifen oder tiefe Flügel einsetzen.

Die *3/2-Grundaufstellung* (Abb. 3) stört vor allem das Spiel der Flügel empfindlich bei gleichzeitiger Abschirmung des Raumes an der Freiwurflinie. Die Brettsicherung ist dagegen etwas schwieriger.

Die *1/2/2-Grundaufstellung* (Abb. 4) stört gegenüber der 3/2-Grundaufstellung noch energischer den Angriffsaufbau und das Spiel der Flügel. Sie kann besonders gut gegen Mannschaften eingesetzt werden, die gewohnt sind, mit einem (wurfstarken oder am Verteidiger paßschwachen) Aufbauspieler anzugreifen.

Seltener ist die *2/2/1-Grundaufstellung* (Abb. 5), die den vorderen Freiwurfraum und damit Vor- und Seitzenterposition gut abschirmt, aber auch Aufbau- und Flügelspieler gut zu attackieren zuläßt.

Abb. 3: Die 3/2-Grundaufstellung

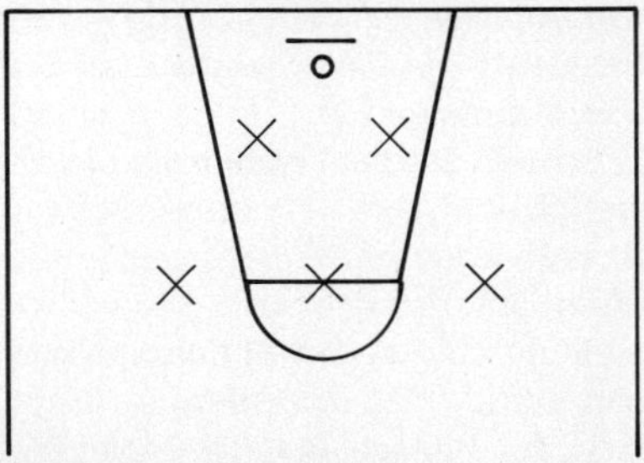

Abb. 4: Die 1/2/2-Grundaufstellung

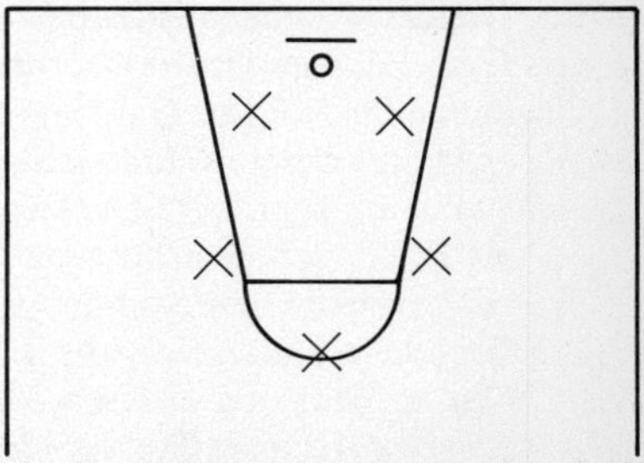

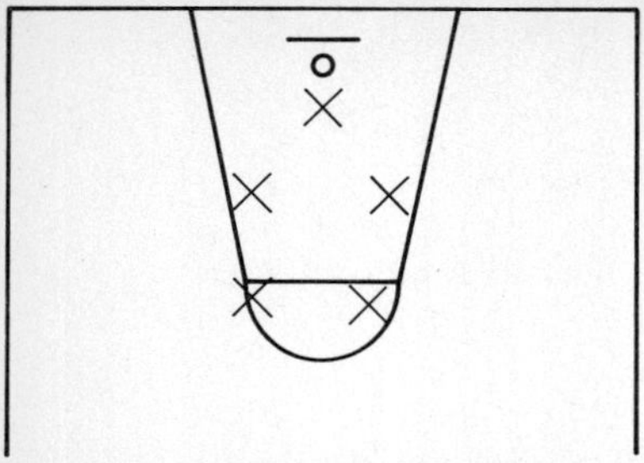

Abb. 5: Die 2/2/1-Grundaufstellung

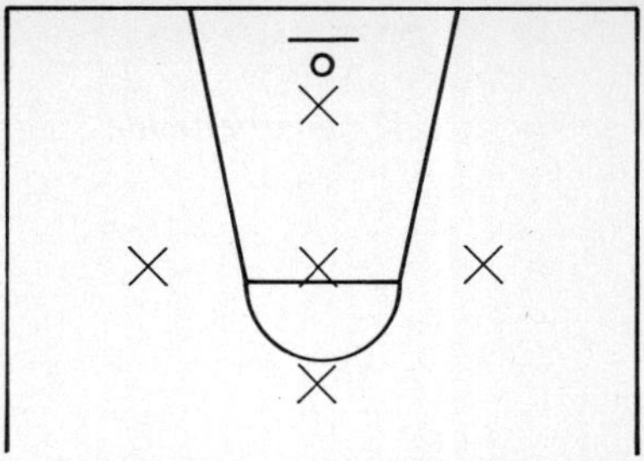

Abb. 6: Die 1/3/1-Grundaufstellung

Die *1/3/1-Grundaufstellung* (Abb. 6) zeigt die am weitesten vom Korb entfernte Abschirmung von Angriffsräumen. Sie läßt eine sehr frühe Bekämpfung von Flügel und Aufbau zu und ermöglicht eine Ausschaltung des Vorzenters. Sie ist besonders effektiv, wenn die Angreifer gewohnt sind, in einer 1/3/1-Formation anzugreifen und gute Weitwerfer auf den Außenpositionen rechtzeitig bekämpft werden müssen.

2 Die Positionen in den Grundaufstellungen sind nicht nur als Verantwortungsbereiche zu sehen (vgl. STÖCKER 1978, 38f und LAKFALVI 1979, 85f), vielmehr führt eine solche Auffassung zu einer statischen Verteidigung, die Mißverständnisse bedingt und den Gegner leichter in ungedeckte Wurfpositionen bringt. Sicher kann man entsprechend den gegnerischen Fähigkeiten jede Form der Ball-Raum-Verteidigung mehr oder weniger aggressiv bzw. weiträumig spielen (vgl. LAKFALVI 1979, 85f; ferner STEINHÖFER 1982). Ebenso kann man einzelne Gegner aus einer bestimmten Grundaufstellung heraus eher angreifen bzw. enger decken, von ungefährlichen Angreifern dagegen weiter absinken, um besser aushelfen zu können. Trotzdem muß hier gegen die – leider immer noch sogar bei Anfängern propagierte – ‹Standzone› energisch Stellung bezogen werden, bei der allenfalls die Vorderspieler laufen. Folgende Gründe sprechen gegen eine solche passive Zone:

- Der Gegner wird nicht aktiv bekämpft, sondern die Verteidigung wartet auf seine Fehlhandlung (= Initiativverlust). Auf Fehlhandlungen des Gegners sollte sich der Trainer aber nicht verlassen.
- Die Verteidigung gewöhnt sich sehr schnell an die Trägheit und kann nicht mehr auf aggressive Deckung umschalten, wenn es erforderlich ist. So ist z. B. oft zu beobachten, daß körperlich kleine Spieler gegen große Verteidiger den Angriffsrebound sichern.
- Das passive Verteidigen wirkt (bedingt durch den Gewöhnungsprozeß im Training) auf den eigenen Angriff zurück: Da die Angreifer nicht gefordert werden, gewöhnen sie sich an, den Ball im Stand anzunehmen,

ohne Finten zu passen etc. Das führt gegen eine aggressive Ball-Raum-Verteidigung leicht zu Fehlpässen.

Eine gut zusammenarbeitende Ball-Raum-Verteidigung ist durch folgende *Merkmale* und *Voraussetzungen* gekennzeichnet:

- peripheres Sehen (alles sehen!),
- intensive Armarbeit (Paß-Stören, besonders zum Korb hin),
- gute Fußarbeit (Gleitschritt, Sprint-Gleitschritt, Kondition),
- Verständigung durch lautes Rufen,
- Begleiten der zum Korb und vom Korb weg schneidenden Angreifer und Übergeben an den nächsten Verteidiger, ggf. Rotation,
- Bewegung aller Verteidiger mit jeder Ballbewegung, Antizipation.

Am Beispiel der 2/1/2-Ball-Raum-Verteidigung soll die Funktionsweise (Zusammenarbeit) erklärt werden (vgl. KYRIASOGLOU 1975; COUSY/POWER 1975).

Der Aufbauspieler bindet einen Vorderspieler, die gesamte Verteidigung schwenkt zum Ball (Abb. 7). Armarbeit!

Paßt der Aufbauspieler zum freien Flügel (Abb. 8), kann der Vorderspieler nicht mehr dem Paß folgen, weil er nicht rechtzeitig einen Wurf verhindern könnte. Dagegen kann der Hinterspieler X5 während des Paßansatzes bereits zu ③ hin starten. X1, X2 und X3 sinken ab, X4 rückt zum Ball unter den Korb, um aushelfen zu können, falls ③ X5 überspielt.

Wandert der Ball über den Aufbauspieler auf die andere Seite zu ②, so verlagert sich die Verteidigung in der in Abb. 9 dargestellten Weise. Dabei ist zu beachten, daß der Brettzenter auf der Ballseite stets so gedeckt

Abb. 7: Schwenken zum Ball

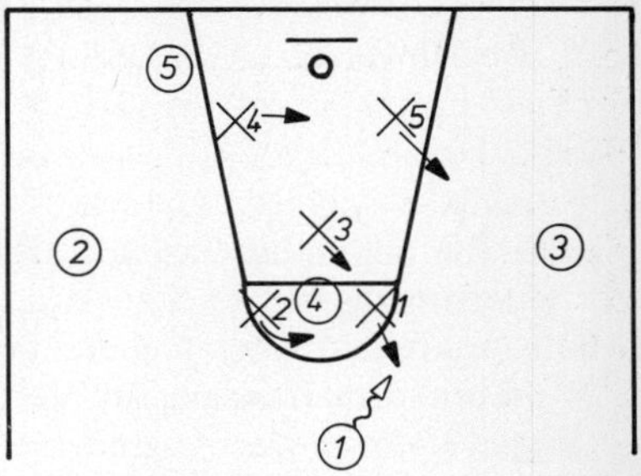

Abb. 8: Aufrücken und Absinken

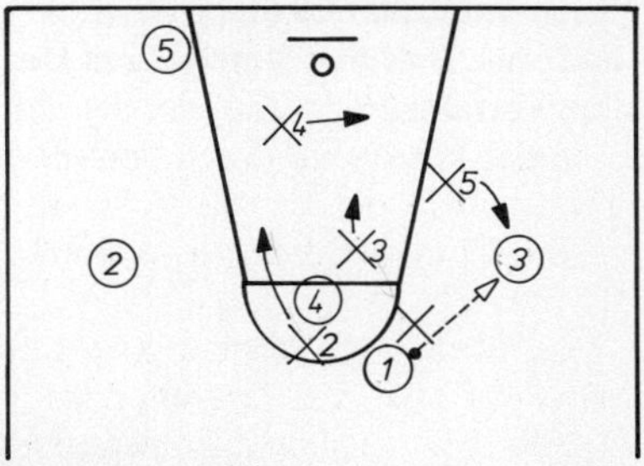

Abb. 9: Verlagerung

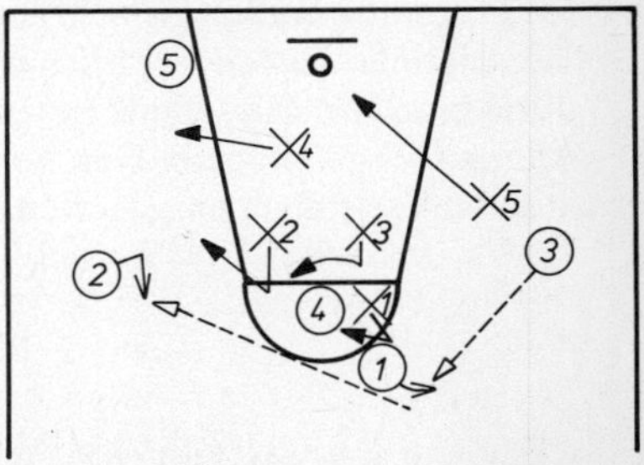

wird, daß er auf seiner Position kein Anspiel erhalten kann (Abb. 9). Überlagern Brett- und/oder Vorzenter (Abb. 10), so gehen die nahen Verteidiger mit: X2 in der Anfangsphase der Überlagerung durch ⑤; er übergibt durch Rufen die Verteidigung gegen ⑤ an X4. X2 darf nicht zu weit mitgehen, damit er einen Querpaß von ③ auf ② rechtzeitig erkennen und darauf reagieren kann (Abb. 10). Man bemerke: X4, der ursprünglich auf der rechten Seite der Verteidigung seine Grundposition hatte, verläßt seinen Bereich ebenso wie X2, der ursprünglich vorn rechts verteidigte: Die Zone rotiert (Abb. 11). Bei der nächsten Gelegenheit rotiert die Verteidigung zurück.

Abb. 10: Mitgehen bei Überlagerung (Rotation)

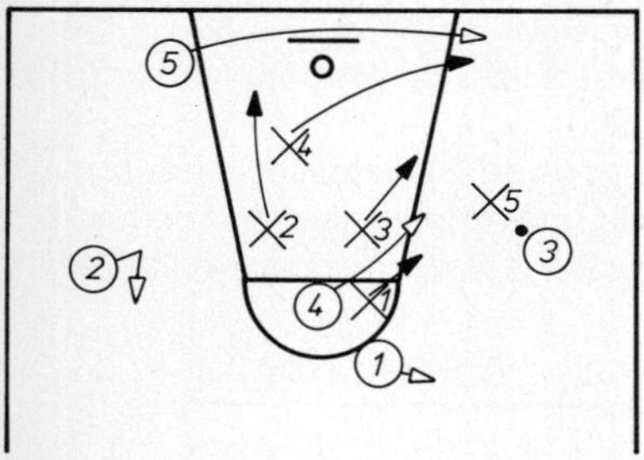

Abb. 11: Rück-Rotation

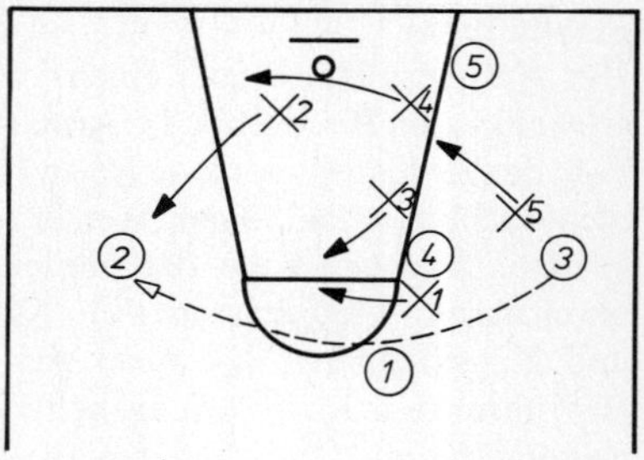

3 Praxis

Zur Einführung in die Trainingsarbeit empfiehlt sich auf jeder Stufe folgende *Schrittfolge*:

1. Die Angreifer dürfen von den festgelegten Positionen aus nur passen, werfen und rebounden. Bei Verteidigungsrebound und Ballverlusten/Regelverstößen der Angreifer erfolgt ein Wechsel (z. B. Werfer wird Verteidiger). Angriffsrebounder werfen sofort nach. Zwischen den Pässen sollen besonders zu Beginn Pausen sein (Ball halten).
2. wie 1., nur das Paßtempo wird gesteigert, Paßfinten kommen dazu.
3. Die Angreifer dürfen zusätzlich mit und ohne Ball zum Korb gehen. Der Durchbruch zur Grundlinie ist von dem Verteidiger zu stoppen, der den Ballbesitzer deckt; beim Durchbruch in der Mitte wird durch den (die) anderen Verteidiger ausgeholfen.

Vier Trainingsstufen

1. Stufe: Spiel 2–3
Gemäß dem Grundsatz «Wurf stören» greift ein Verteidiger den Ballbesitzer an, der andere sichert dahinter (Abb. 12). Hierbei und bei allen folgenden Schritten arbeiten die Verteidiger intensiv mit den Armen.

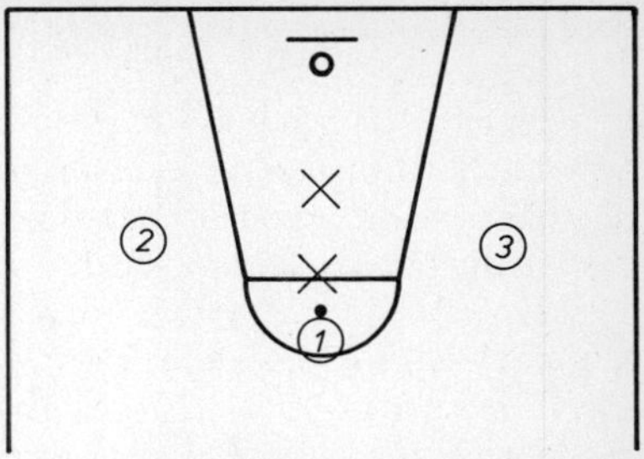

Abb. 12: Spiel 2–3: Ausgangsstellung

Abb. 13: Den neuen Ballbesitzer angreifen, vom alten absinken

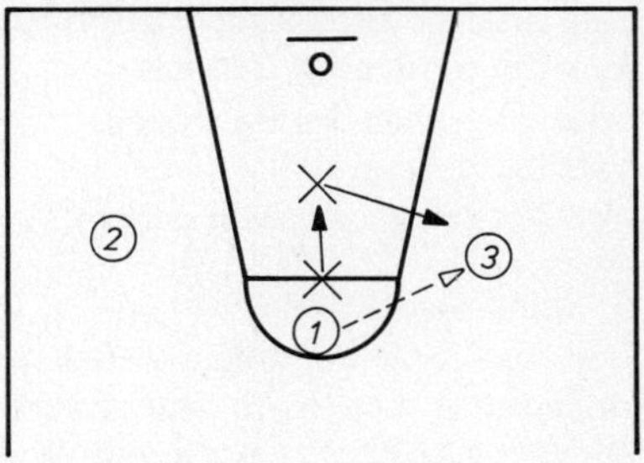

Abb. 14: Spiel 2–3: Querpaß

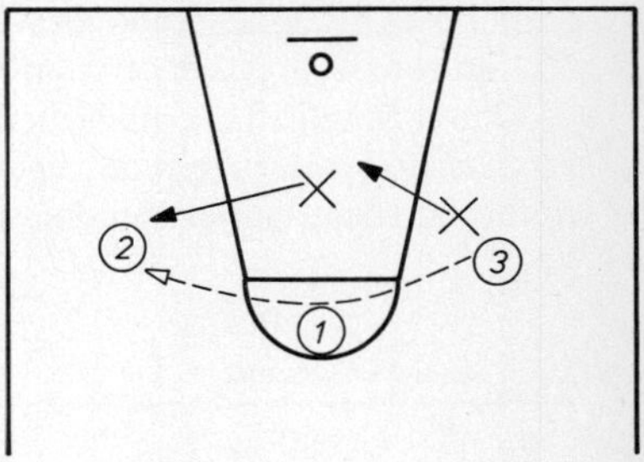

2. Stufe: Spiel 3–4
Ein Verteidiger greift den Ballbesitzer an, die anderen sichern dahinter. Auf der Ballseite wird etwas enger gedeckt (Abb. 15).
Beim Paß von Aufbau- zu Aufbauspieler rotiert die Dreier-Zone (Abb. 16): X1 lernt das Absinken und Aushelfen, wenn der Ball vom ‹eigenen›

Abb. 15: Spiel 3–4: Ball angreifen, dahinter sichern

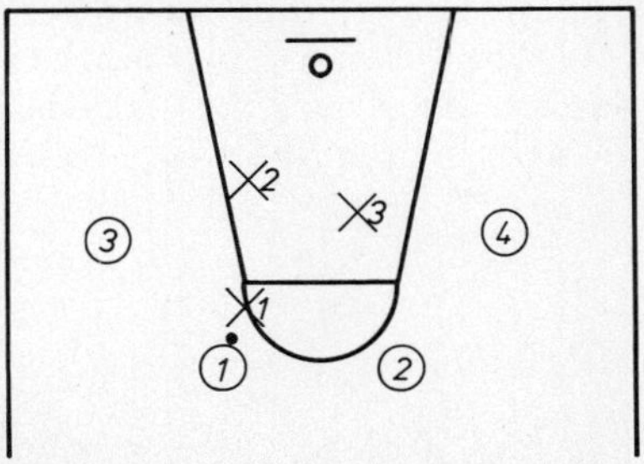

Abb. 16: Spiel 3–4: Rotation

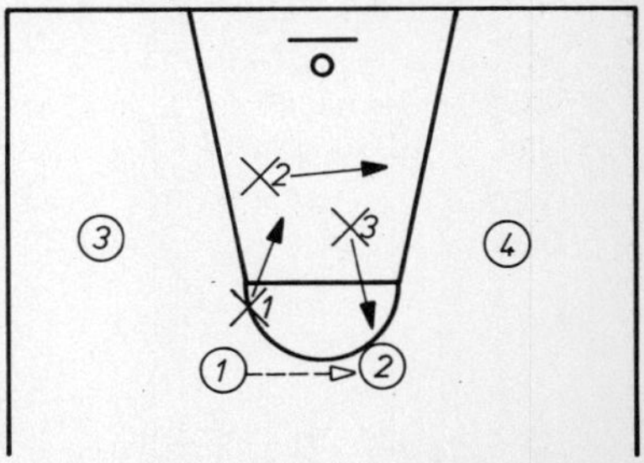

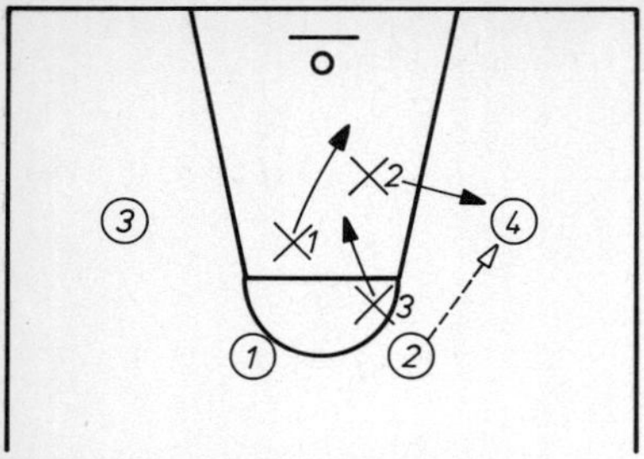

Abb. 17: Spiel 3–4: Schwenken

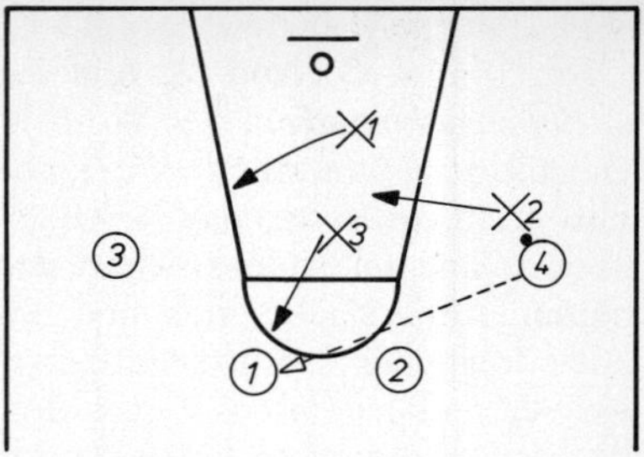

Abb. 18: Spiel 3–4: Verlagern

Angreifer weg ist, X3 lenkt die Bewegung aus dem ursprünglichen Bereich heraus hin zum Ball, X2 übernimmt einen frei werdenden Bereich.

Abb. 17 und 18 zeigen die mögliche Fortsetzung nach den Prinzipien:

- der nächste Spieler greift den neuen Ballbesitzer an,
- hinter dem den Ballbesitzer deckenden Verteidiger zu zweit sichern.

Abb. 19: Spiel 4–4: Raute

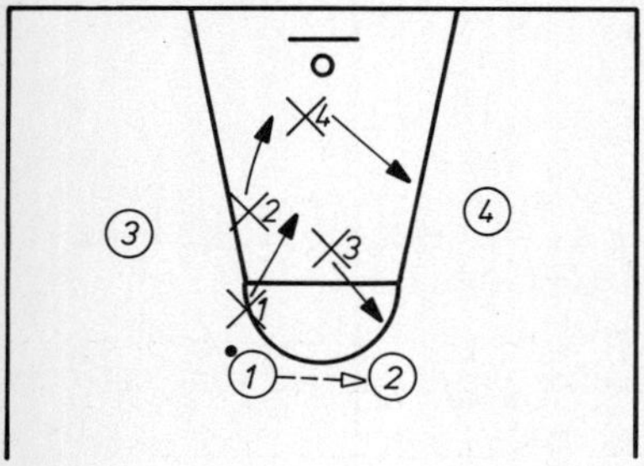

3. Stufe: Spiel 4–4

Die vier Spieler sollen zwischen Ballbesitzer und Korb eine Raute bilden (vgl. Abb. 19), wobei ein Verteidiger den Ballbesitzer angreift, zwei dahinter sichern, um einen Durchbruch und eventuelle Pässe zum Korb zu verhindern, und der vierte Spieler in Korbnähe ist. Auch hier ist die Rotation der Verteidiger charakteristisch, die sich in Abb. 21 als Positionswechsel niederschlägt.

Abb. 20: Spiel 4–4: Rotation

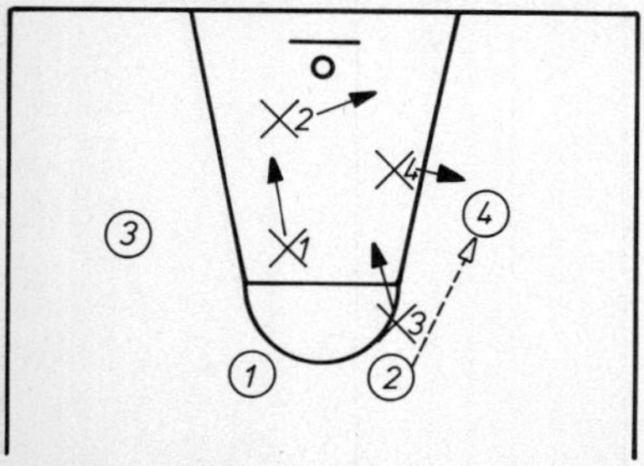

Abb. 21: Spiel 4–4: Verlagern

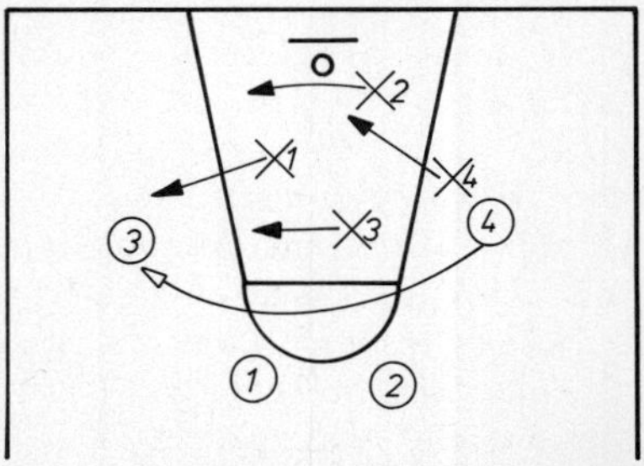

4. Stufe: Spiel 4–5

Beim Spiel 4–5 (Abb. 22 und 23) sind die Bewegungen der Verteidiger prinzipiell wie im Spiel 4–4, nur daß der Vorzenter zusätzlich gedeckt werden muß durch einen der beiden Vorderspieler.

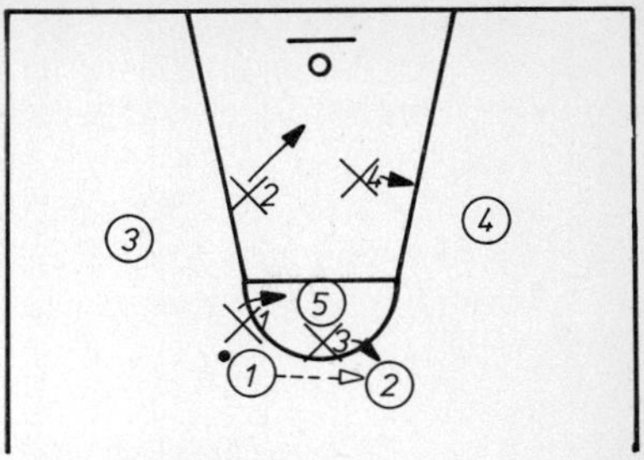

Abb. 22: Spiel 4–5: Raute

Abb. 23: Spiel 4–5: Rotation

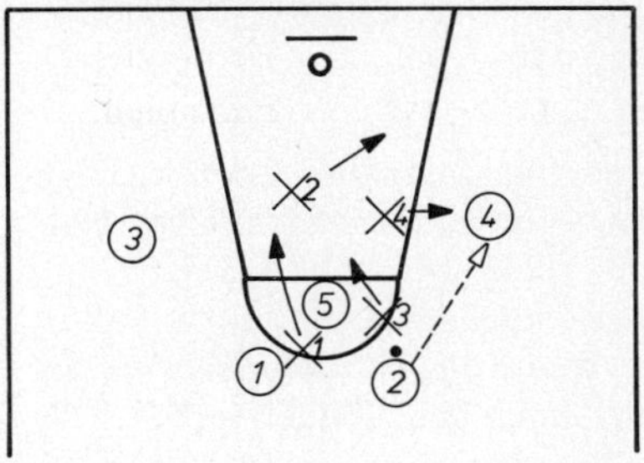

Abb. 24: Spiel 4–5: Decken des schneidenden Zenters

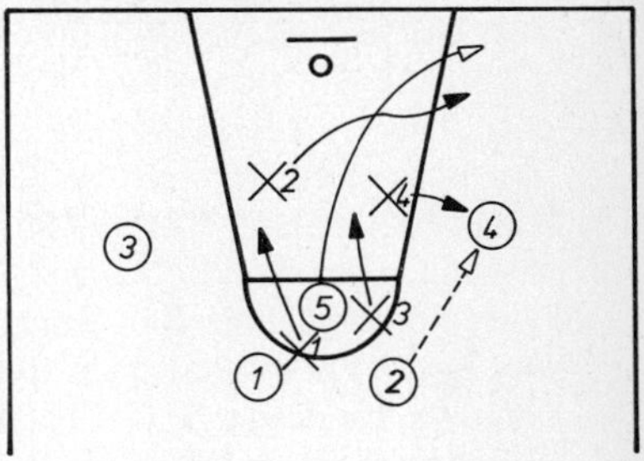

Schneidet der Vorzenter nach den einführenden Schritten schließlich zum Korb (Abb. 24), so muß er von der Ballseite her gedeckt werden (X3; X2).

Die Erarbeitung der Grundlagen sollte im Trainingsprozeß immer wieder wiederholt werden. Sie reicht aber noch nicht aus, um eine *spezielle* Form der Ball-Raum-Verteidigung zu spielen. Deshalb ist eine Einführung 5–5 notwendig (Abb. 25). Dabei ist eine Schrittfolge zu empfehlen, die sich an Kyriasoglou (1975, 27ff) anlehnt, allerdings mit der Ausnahme, daß nicht sieben, sondern fünf Angreifer als Außen aufgestellt werden. Dies hat den Vorteil, daß spielgemäße Paßentfernungen vorliegen und die Spieler nicht aufgrund der bei sieben Angreifern viel kürzeren Entfernungen in Versuchung geraten, dem Ball nachzulaufen.

Abb. 25: Ball-Raum-Verteidigung gegen fünf Außen

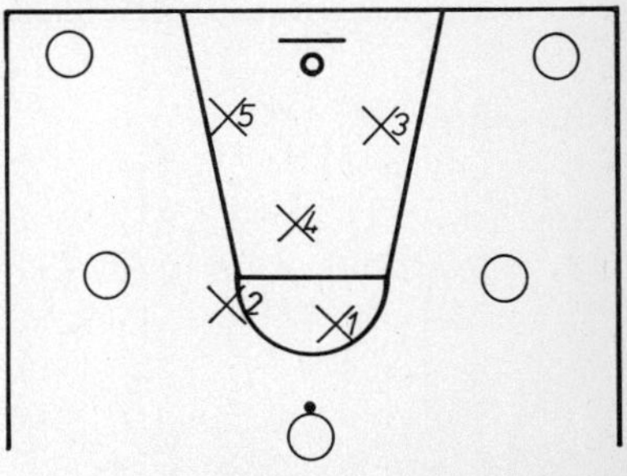

1. Schritt: Aus der Aufstellung der Angreifer als fünf Außen darf langsam gepaßt, geworfen und reboundet werden,
2. Schritt: Es darf schneller gepaßt werden; der Durchbruch (mit Ball) wird erlaubt,
3. Schritt: Ein Angreifer darf zum Korb und durch den Freiwurfraum hindurch schneiden; das Anspiel auf ihn ist zu verhindern.
4. Schritt: Die Zenter werden eingefügt.

Merke

- Die Ball-Raum-Verteidigung ist eine gemeinschaftliche Verteidigung aller Spieler zwischen Ball und Korb.
- Sie soll Würfe stören und Pässe und Dribblings zum Korb verhindern. Das erfordert eine gute Zusammenarbeit und Verständigung.
- Um besondere Stärken des Gegners auszuschalten oder wichtige Räume besser abdecken zu können, werden verschiedene Grundaufstellungen gewählt: 2/1/2, 3/2, 2/3, 1/2/2, 2/2/1 und 1/3/1.
- Die funktionsfähige Ball-Raum-Verteidigung ist mit jedem Paß in Bewegung und wartet nicht unter dem Korb auf den Fehlwurf des Gegners, sondern stört das Paßspiel durch Fuß- und Armarbeit. Das erfordert in vielen Fällen die Rotation, den (vorübergehenden) Positionswechsel der Spieler.
- Eine Erarbeitung der Grundlagen erfolgt methodisch über die Aufgabenreihe 2–3, 3–4, 4–4 und 4–5. Die Einführung einer speziellen Form erfolgt im Spiel 5–5 durch schrittweise Aufschaltung erlaubter Angreifermaßnahmen, wobei von fünf Angreifern in Außenposition ausgegangen wird, die zunächst nur passen und werfen, später auch fintieren und zum Korb schneiden und schließlich auch die Zenterposition besetzen dürfen.

Literatur

81 (S. 148–151); **82** (S. 328–339); **173** (S. 39, 105, 107–109); **235** (S. 98 bis 101); **336**; **339** (S. 85–89); **539** (S. 151–159); **546**; **582** (S. 175–179); **594** (S. 139 bis 147); **597** (Aufl. 1966: S. 279–282).

Peter Winkelnkemper

6.5 Preß-Verteidigung

Schlagwörter

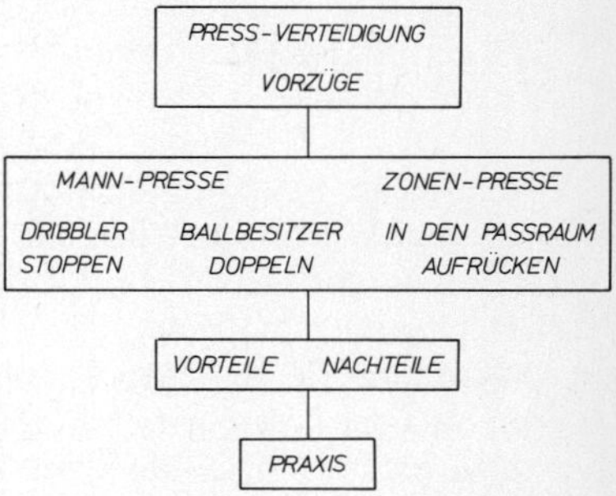

1 Presse: Intensivste Form der Verteidigung – Aufbau stören; improvisierte und organisierte Preß-Verteidigung; räumliche, zeitliche und situative Bedingungen.

2 Mann-Presse: Jeder Spieler deckt seinen Gegenspieler; Grundstellung zwischen Mann und Ball – Doppeln – Aufrükken.

3 Zonen-Presse: Grundaufstellung – Deckungsbereiche – Doppeln – Aufrücken.

4 Druck: Ballabgabe, Ballannahme und Ballvortrag stören, 5-, 10-Sekunden- und Rückspielregel ausnutzen.

5 Doppeln: Ballbesitzer zu zweit angreifen – stoppen – schlechten Paß erzwingen.

6 Kontrolle: Tempo, Position.

7 Stimmung: Mannschaftliche Geschlossenheit anregen, Zuschauer.

8 Vorteile und Nachteile der Preß-Verteidigung.

9 Folgerungen für die Praxis.

Erläuterungen

1 Pressen ist die *intensivste Verteidigungsform*, in der die Offensive des Gegners durch aggressive Deckungsarbeit bereits im Aufbau gestört wird. Bei der *improvisierten Presse* versucht eine Mannschaft, nach dem «Alles-oder-nichts-Prinzip» ein ansonsten verlorenes Spiel noch aus dem Feuer zu reißen. Typische Zeichen für diese Art der Verteidigung ist der Kampfruf «Drauf». Die *organisierte Presse* gehört zum taktischen Repertoire einer guten Mannschaft. Voraussetzung hierfür sind Spieler, die die Grundlagen der Verteidigung vollkommen beherrschen. Darüber hinaus müssen die Spieler über Schnelligkeit, Reaktionsvermögen, Ausdauer, Spielverständnis und Antizipationsvermögen verfügen. Die Wirksamkeit der Presse als Verteidigung wird im besonderen Maße durch die *räumlichen Bedingungen* des Deckungsbereiches erreicht:

- *Ganzfeld-Presse:* Ein- und Abwurf werden gestört,
- *Dreiviertel-Feld-Presse:* Ein- und Abwurf werden zugelassen – Ballvortrag wird gestört,
- *Halbfeld-* und *1-Meter-Presse:* Ein- und Abwürfe sowie Ballvortrag werden zugelassen – Überschreiten der Mittellinie soll verhindert werden.

Bei den *zeitlichen Bedingungen* der Presse müssen die für die Organisation der Presse günstigen und planbaren Spielsituationen berücksichtigt werden:

- Erfolgreicher Feldkorb oder letzter Freiwurf,
- langsamer Einwurf im Rückfeld,
- nach einer Auszeit,
- zu Beginn einer Halbzeit.

Aus taktischen Erwägungen bedingen einige *situative Bedingungen* die Anwendung der Presse ganz besonders:

- um Rückstand aufzuholen, besonders in den letzten Spielminuten,
- um sichere Positionswürfe des Gegners zu stören,
- um individuelle Vorteile voll auszuspielen (Kondition, Schnelligkeit, Aggressivität),
- um durch den ‹Hallo-Wach-Effekt› das eigene Spiel anzukurbeln.

Die Stärke der Presse liegt zum größten Teil in ihrem Überraschungseffekt und in ihrer psychologischen Überlegenheit einer aggressiv deckenden Mannschaft. Schwächen der Presse sind die hohen Anforderungen an Kondition und Konzentration sowie die erhöhte Foulgefahr. Fehler eines Spielers führen zu leichten Körben des Gegners.

2 In der *Mann-Presse* deckt jeder Spieler einen Gegenspieler. Dieses kann in der improvisierten Presse jeweils der ‹nächste Mann› sein oder bei der organisierten Presse ein vorher (Auszeit, Halbzeit) festgelegter Spieler. Grundstellung ist am Nicht-Ballbesitzer zwischen Mann und Ball; wer überspielt ist, muß sofort zurück, um auszuhelfen.

Regeln der Mann-Presse

- Ein Mann, der noch nicht gedribbelt hat, wird locker gedeckt,
- ein Mann, der schon gedribbelt hat, wird hart gedeckt,
- den Ball stets zur Seite zwingen, möglichst auf die schwache Hand des Dribblers,
- den Dribbler in günstiger Position an der Seitenlinie zu zweit angreifen, ihn stoppen und doppeln,
- beim Doppeln durch intensive Armarbeit einen schlechten Paß erzwingen, den die aufgerückten Spieler abfangen müssen; keine Fouls.

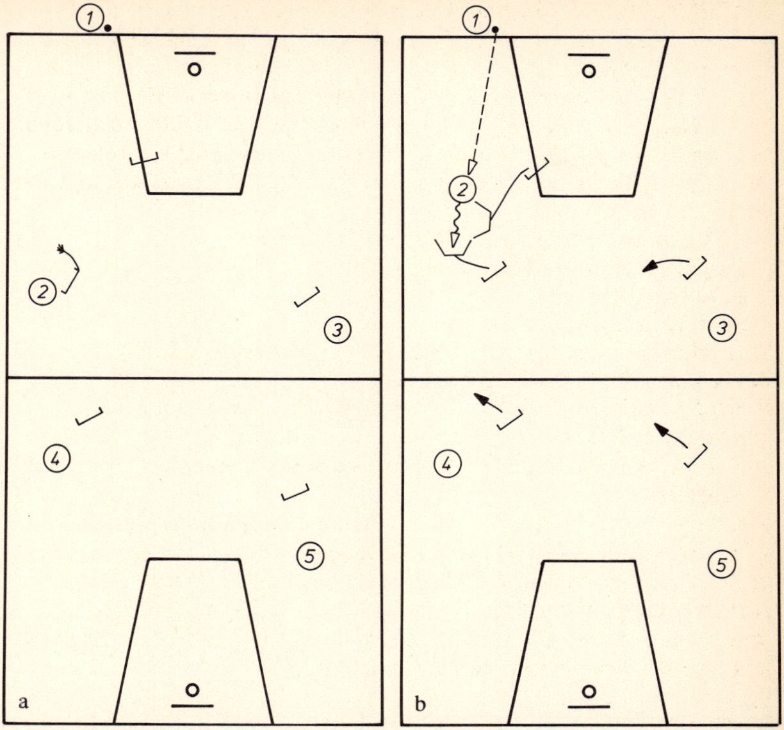

Abb. 1: Doppelsituation (b) nach Einwurf bei einer Dreiviertel-Feld-Mann-Presse (a)

3 Eine *Zonen-Presse* entspricht in ihrer Raumaufteilung den bekannten Grundaufstellungen, wie z. B. 2/1/2 oder 1/2/2. Entsprechend den räumlichen Bedingungen der Presse wird der Gegner innerhalb der persönlichen Deckungsbereiche so von vorn gedeckt, daß mögliche Paßwege geschnitten werden. Gelegenheiten zum Doppeln werden geplant und ausgenutzt. Frei werdende Deckungsbereiche werden durch Aufrücken ausgefüllt. Der längste Paß bleibt frei.

4 Die Presse soll den Gegner einem ständigen *Druck* unterwerfen. Jede Ballabgabe und -annahme und jeder Ballvortrag im gedeckten Raum wird so gestört, daß der Gegner nicht zu ‹seinem› Spiel findet. Folge dieses Drucks sind Fehler, die zum Ballbesitz oder leichten Korberfolgen führen. Der Druck der aggressiven Deckungsarbeit wird durch die 5- und 10-Sekunden-Regel sowie die Rückspielregel wesentlich verstärkt.

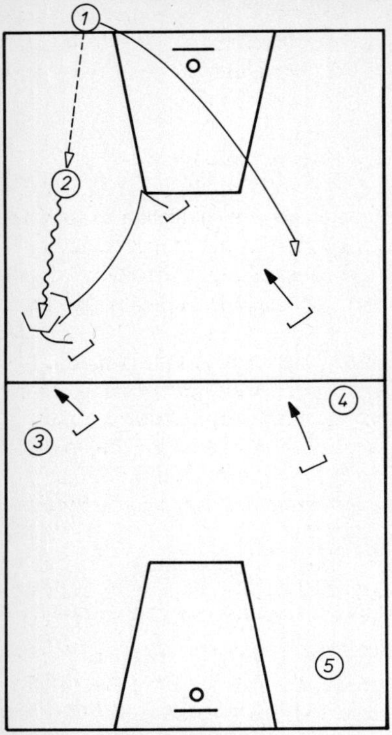

Abb. 2: Geplantes Doppeln und Aufrücken bei einer Dreiviertel-Feld-1/2/2-Zonen-Presse

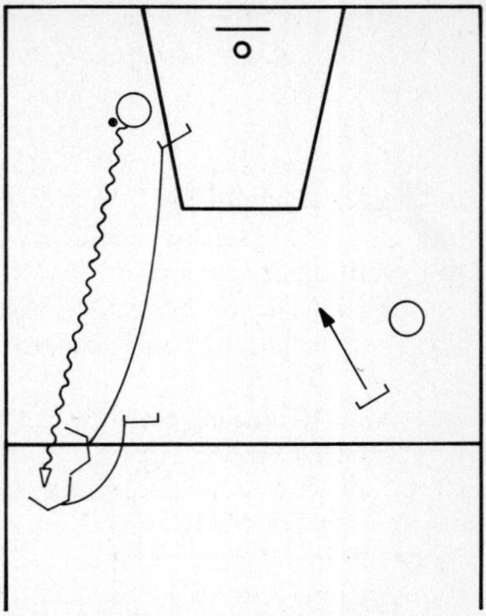

Abb. 3: Doppeln an der Mittellinie

Der Druck der Presse darf nicht zu Foulaktionen führen. Deshalb ist es den Verteidigern beim Abdrängen, Stoppen und Doppeln strikt untersagt, nach dem Ball zu greifen oder zu schlagen. Der Ballgewinn darf nur aus Regelverstößen des Gegners oder abgefangenen Pässen resultieren.

5 Der Dribbler soll stets zur Seitenlinie abgedrängt werden. Um dies zu erreichen, muß ihm die Verteidigung durch ihre Grundstellung die Seitenlinie der schwachen Dribbelhand anbieten. Es entsteht hierbei ein Trichter, dessen Spitze in der Höhe der Mittellinie auf die Seitenlinie trifft. Dieses ist der günstigste Punkt, um den Ballbesitzer zu doppeln, d. h. *zu zweit anzugreifen*, zu stoppen und einen schlechten Paß zu erzwingen.
Zweiter Angreifer beim Doppeln ist immer der nächste Spieler. Durch intensive Armarbeit soll ein guter Paß des gedoppelten Spielers vermieden

oder ein Sprungball erzwungen werden. Wichtig ist, daß die drei Verteidiger die vier anderen Angreifer durch rechtzeitiges Aufrücken so decken, daß jeder kurze Paß direkt abgefangen werden kann; weite Pässe sollen erlaufen werden.

6 Jede Aktion des Gegners unterliegt einer genauen *Kontrolle*. Spielt der Gegner Schnellangriff, so wird bereits der Rebounder gepreßt, um das Tempo zu verlangsamen. Versucht der Gegner dagegen langsam zu spielen, um Kondition zu sparen, so wird er zu ungewohntem Tempospiel gezwungen. Will der Gegner bestimmte Positionen anspielen, so wird der Paß auf diese Position durch Presse (Stellung zwischen Ball und Mann) verhindert.

7 Pressen ist in ganz besonderem Maße geeignet, die *Stimmung* und das *Selbstbewußtsein* der eigenen Mannschaft positiv zu beeinflussen. Mögliche Schwächen, z. B. körperliche Unterlegenheit, können durch eine psychische Überlegenheit erfolgreich ausgeglichen werden. Pressen trägt zu einer mannschaftlichen Geschlossenheit bei und wirkt sich auch auf die Offensive aus. Auch die Zuschauer werden durch das dynamische Spielgeschehen angeregt, ihre Mannschaft zu unterstützen.

8 *Vorteile* der Presse: Gegenüber körperlicher Überlegenheit, exaktem Systemspiel und hervorragender Wurfleistung können Schnelligkeit, Kondition und Kampfkraft ausgleichend eingesetzt werden. Technische Vorteile des Ballbesitzers werden durch das Doppeln eingeschränkt. Permanenter Druck der Verteidigung führt zu Ballverlusten, Regelverstößen und Disharmonie bei den Angreifern.
Nachteile der Presse: Mangelnder Einsatz oder Fehler nur eines Verteidigers führen zu leichten Körben des Gegners und zum Verlust des Selbstvertrauens und Kondition. Beim Doppeln ist immer ein Angreifer frei, und das Risiko «überflüssiger» Fouls ist sehr hoch.

9 **Praxis**
Auch wenn das eigene Spielerpotential die taktische Anwendung der Preß-Verteidigung als nicht sinnvoll erscheinen läßt, so sollte sie doch aus zwei Gründen von jeder Mannschaft geübt werden:
- Durch eigene Anwendung lernen die Spieler am besten die Prinzipien der Presse kennen, um eventuell die Preß-Verteidigung eines Gegners wirkungsvoll bekämpfen zu können.
- Jede Mannschaft kann in die Situation kommen, wo ein Spiel nur noch durch Preß-Verteidigung gewonnen werden kann.

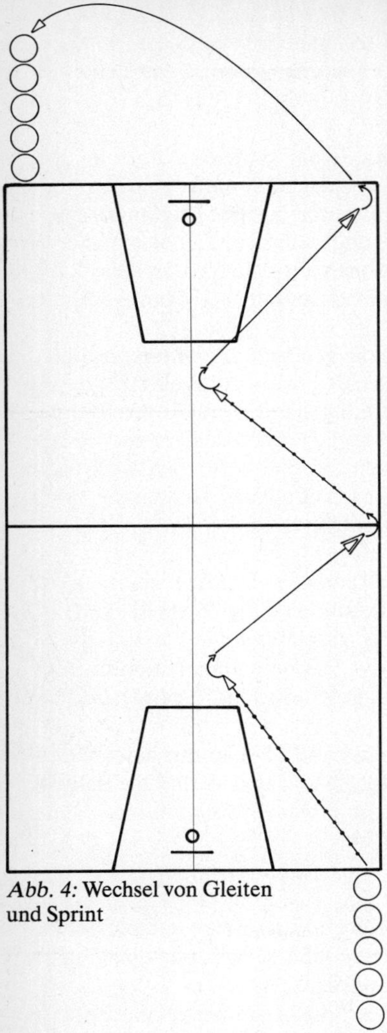

Abb. 4: Wechsel von Gleiten und Sprint

Vorbereitende Übungen

1. Fußarbeit: Wechsel zwischen Gleitschritten und Sprint; Drehungen mit Gesicht zur eigenen Gruppe (Abb. 4).
2. Armarbeit: «Bulle im Ring»; Sprungkreise mit sechs Spielern besetzen; ein Verteidiger versucht, durch intensive Armarbeit den Ball zu berühren; Pässe zu den direkten Nachbarn sind nicht gestattet.
3. Peripheres Sehen: Decken eines Gegenspielers von vorn in begrenztem Raum, z. B. in der Zone:
   - Gegenspieler versucht, sich im Rücken des Verteidigers durch Bewegungen parallel zum Brett anspielbar zu machen; 3-Sekunden-Regel beachten!
   - gleiche Übung, jedoch jetzt Bewegung von der Grundlinie zur Freiwurflinie;

   5 alle Bewegungen sind erlaubt; Voraussetzung: Ballannahme in der Zone.
4. Umschaltverhalten: als Vorübung eignen sich alle Reaktionsspiele wie z. B. «Schwarz-Weiß».

Übungen zur Mann-Presse

Nach dem Üben der individuellen Grundlagen für eine Preß-Verteidigung sollte man zunächst die Mann-Presse schulen, da die Spieler diese schneller lernen als die Zonen-Presse. Die hier erlernten Prinzipien und Verhaltensweisen bilden später die Grundlage für eine erfolgreiche Zonen-Presse.

1. *Ballannahme verhindern:* Abwurfsituation unter dem Korb herstellen. Ziel der Verteidiger durch Stellung zwischen Ball und Mann und durch Ausnutzung der Arme ist es,
   - den Einwurf 5 Sekunden lang zu verhindern,
   - nach gelungenem Einwurf keine 15 Pässe innerhalb des Halbfeldes zuzulassen.
2. *Seite anbieten – Dribbler abdrängen:* «Tür auf – Tür zu» – Verteidiger bieten dem Ballbesitzer durch eine entsprechende Grundstellung eine Seite zum Durchbruch an. Nach Dribbelbeginn soll der Raum ‹trichterförmig› verkleinert werden. Verteidiger muß zunächst sprinten, um wieder in die Position zwischen Ball und Korb zu gelangen (s. Abb. 5).
3. *Zusammenarbeit – Doppeln:* Spiel 1–2; Verteidiger versuchen in gemeinsamer Arbeit aus der Gespann-Stellung auf der Freiwurflinie einen Dribbler 10 Sekunden im Halbfeld zu halten – gestoppter Spieler soll gedoppelt werden (s. Abb. 6 und 7).

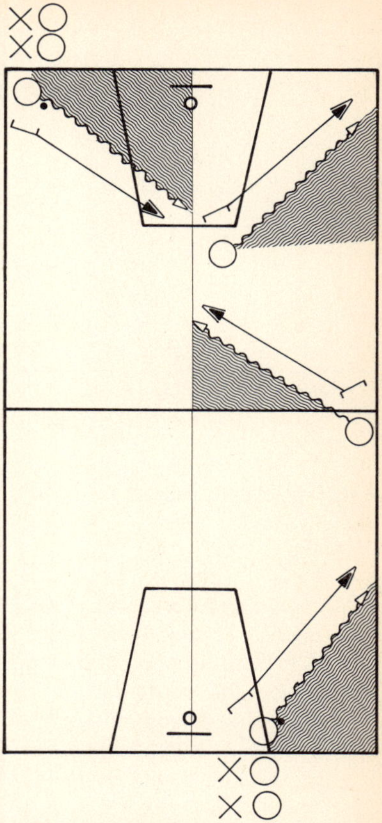

Abb. 5: «Tür auf – Tür zu»

Abb. 6: Zusammenarbeit 2–1

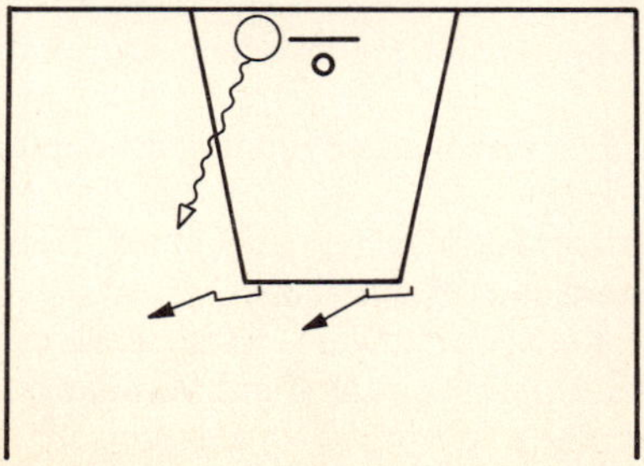

Abb. 7: Korrekte Fußstellung beim Doppeln

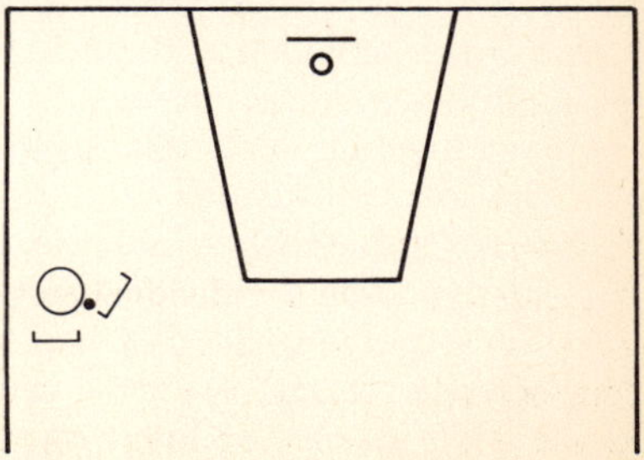

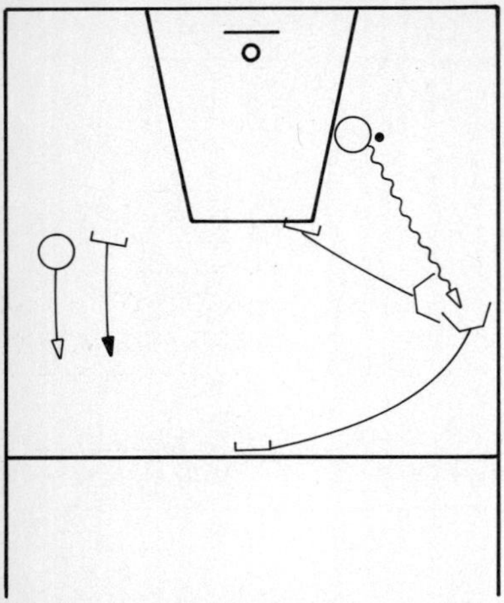

Abb. 8: Spiel 2–3; Doppeln

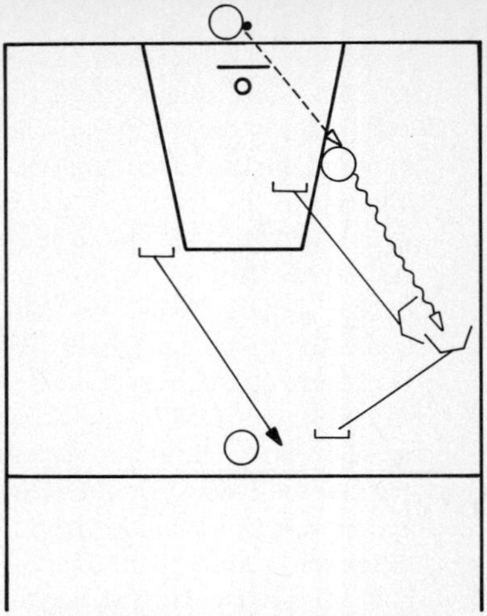

Abb. 9: Spiel 2–3; Aufrücken

4. *Doppeln und Aufrücken:* Spiel 2–3; 3–4; 4–5
   - Spiel 2–3; zusätzlicher freier Verteidiger wartet an der Mittellinie und hilft beim Stoppen und Doppeln des Dribblers. Nach dem Doppeln soll ein Paß verhindert (5-Sekunden-Regel) oder vom dritten Verteidiger abgefangen werden (s. Abb. 8).
   - Spiel 2–3; zusätzlicher freier Verteidiger wartet an der Freiwurflinie und hilft nach dem Doppeln, indem er den frei gewordenen Angreifer deckt (s. Abb. 9).
   - Spiel 3–4; zusätzliches Angreifer/Verteidiger-Paar übernimmt Einwurf bzw. Abwehr an der Grundlinie.
   - Spiel 4–5; das vierte Paar übernimmt eine Position, z. B. Freiwurflinie im Vorfeld; dadurch wird ein langer Paß ermöglicht.
5. *Umschalten:* Spiel 5–5; nach Korberfolg muß der jeweilige Gegenspieler sofort gefunden und die Verteidigungsstellung zwischen Ball und Mann eingenommen werden.
   - Verlängerung der Reaktionszeit durch verzögerte Ballübergabe durch den Lehrer/Trainer,
   - beide Mannschaften laufen im Halbfeld durcheinander; Lehrer/Trainer bestimmt durch Zuruf die abwehrende Mannschaft,
   - Verdeutlichung des Beginns der Preß-Verteidigung nach erfolgreichem Korbwurf während kurzer Trainingsspiele durch akustische Hilfe, z. B. lautes Klingeln u. a.

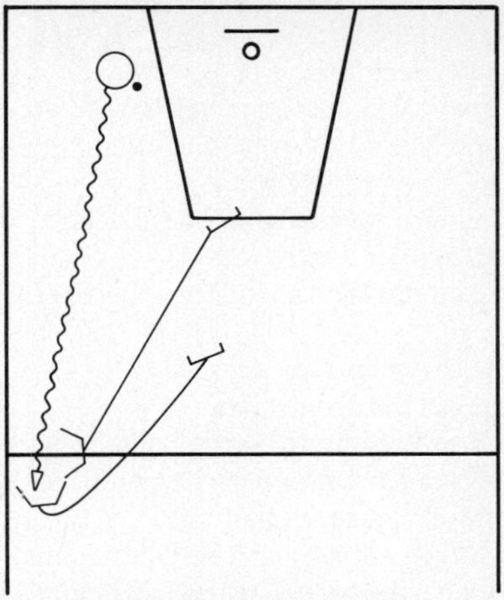

Abb. 10: Spiel 3–2 Trichterbildung

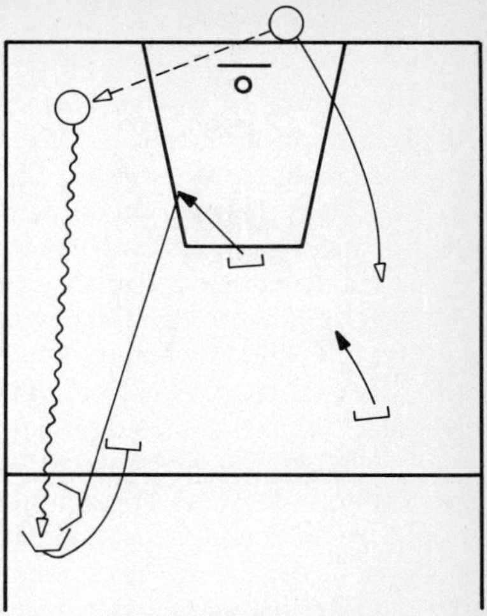

Abb. 11: 3–2 aus Dreiecksaufstellung

Übungen zur Zonen-Presse

Voraussetzung für eine gute Zonen-Presse bilden die individuellen Übungen zur Mann-Presse. Sind diese Grundlagen vorhanden, so muß die mögliche Zusammenarbeit (Antizipation) in einer bestimmten Grundaufstellung geübt werden.

Beispiel: 1/2/2-Dreiviertel-Feld-Zonen-Presse

- *Spiel 1–2;* Verteidiger wählen die Tandemaufstellung, Trichterbildung soll zum Doppeln an der Mittellinie führen.
- *Spiel 2–3;* Verteidigung steht in 1/2-Aufstellung und läßt den Abwurf der Angreifer zu. Dribbler wird wie in voriger Übung gedoppelt; der freie Verteidiger verhindert einen eventuellen Paß zum Einwerfer.
- *Spiel 5–5;* nachdem die Verteidigungspositionen für jeden Spieler festgelegt worden sind, wird das blitzschnelle Einnehmen dieser Position in verschiedenen Situationen, z. B. beim Wurftraining, durch den Zuruf «Presse» geübt.
- Kurze Trainingsspiele gegen schwächere Gegner, z. B. Nachwuchsspieler, zeigen den Spielern den möglichen Erfolg einer Presse, wenn man nur hart genug arbeitet, und bringen das notwendige Selbstvertrauen.

Merke

- Presse ist die intensivste Form der Verteidigung.
- Bei der Mann-Presse hat jeder einen Gegenspieler aggressiv (am Nicht-Ballbesitzer zwischen Ball und Mann) zu decken. Es kann gedoppelt und aufgerückt werden.
- Bei der Zonen-Presse wird von einer Grundstellung aus der Dribbler an der Seitenlinie gedoppelt; die Mitspieler rücken auf.
- Die Deckung soll den Gegner durch einen dauernden Druck belasten und zu Fehlern verleiten.
- Höhepunkt der Belastung stellt das Doppeln dar.
- Alle Aktionen des Gegners unterliegen der Kontrolle.
- Spieler und Zuschauer werden in ihrer Stimmung positiv beeinflußt.
- Nachteile der Presse: Fehler sind leichte Körbe für den Gegner, freier Angreifer beim Doppeln, Gefahr überflüssiger Fouls.
  Vorteile der Presse: Taktisches Mittel gegen körperliche Überlegenheit, Doppeln vermindert technische Überlegenheit beim Gegner, permanenter Druck erzeugt Fehler.

Literatur

82 (S. 349ff); **173** (S. 37); **256** (S. 108ff); **339** (S. 83f); **347** (S. 110–117); **417** (S. 299–317); **448**; **458** (S. 145ff); **557** (S. 159f).

Roland Geggus

6.6 Kombinierte Verteidigung

Schlagwörter

1 Mischformen, wechselnde Verteidigung, unterschiedliche Verteidigungsprinzipien: Elemente der Mann-Mann-Verteidigung und Ball-Raum-Verteidigung.

2 «Kasten-und-1», «Diamant-und-1», gegen Flügel und Aufbau.

3 Verteidigter Raum: reduzierte Spielerzahl, Prinzipien, Sonderformen.

4 Praxis: Grundlagen von MMV und BRV, Aushilfssituationen gesondert vorbereiten, Gegenaufstellungen abwehren lernen.

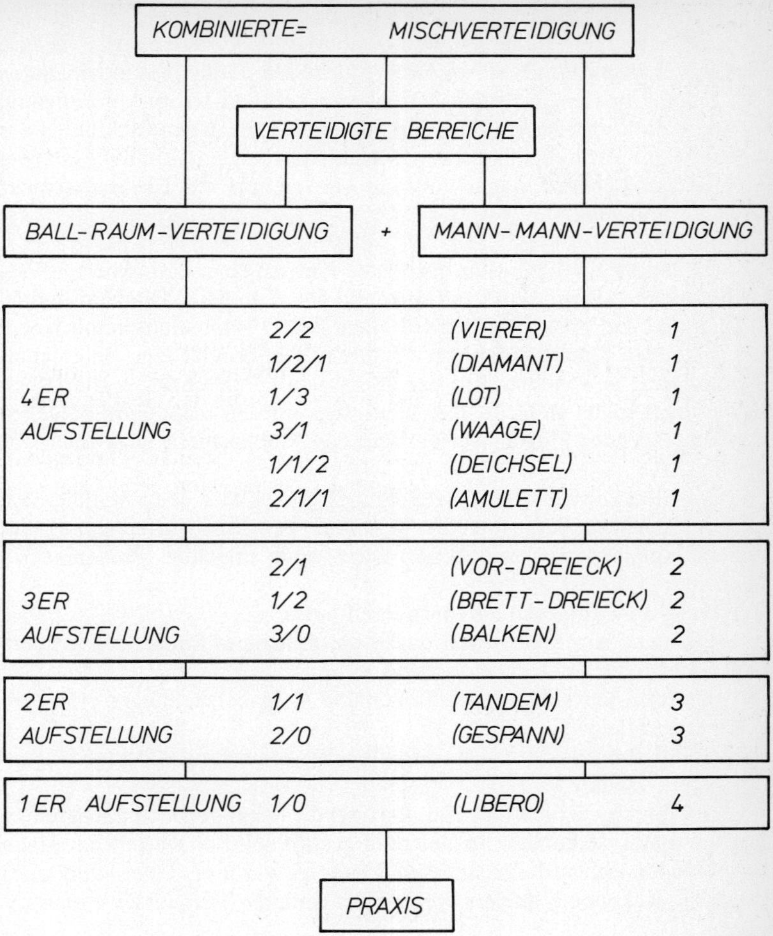

Erläuterungen

1 Synonym zum Begriff «kombinierte Verteidigung» wird häufig der Terminus «Misch-Verteidigung» verwendet. Abzugrenzen von *kombinierten* Verteidigungsformen sind die *wechselnden* Verteidigungen; dabei werden Ball-Raum-Verteidigungen, Mann-Mann-Verteidigungen und Preß-Verteidigungen nacheinander eingesetzt. Preß-Verteidigung nach Korberfolg und Ball-Raum-Verteidigung oder Mann-Mann-Verteidigung nach erfolglosem Wurf oder Ballverlust sind dabei häufig angewandte Formen der «wechselnden Verteidigung». Bei kombinierten Verteidigungen agieren die Spieler gleichzeitig nach unterschiedlichen Verteidigungsprinzipien: 1/4 Spieler spielen nach den Vorgaben einer Ball-Raum-Verteidigung, während die verbleibende Zahl der Spieler (4/1) nach den Richtlinien der Mann-Mann-Verteidigung decken. Variationen bei der Aufteilung auf dem Spielfeld sind ebenso möglich wie die Verwendung von Elementen einer Preß-Verteidigung.

2 Die beiden am häufigsten gespielten Formen einer kombinierten Verteidigung, die «Kasten-und-1» («Box and one») und die «Diamant-und-1» («Diamond and one»), werden vor allem gegen Mannschaften mit einem überragenden Spieler eingesetzt. Während vier Spieler eine Ball-Raum-Verteidigung anwenden, wird der überragende Spieler der gegnerischen Mannschaft mann-gedeckt. Am häufigsten werden diese Formen gegen den überragenden Flügel (Werfer) oder den Aufbauspieler angewendet.

3 Bei allen kombinierten Verteidigungsformen wird es notwendig, den *zu verteidigenden Raum* mit einer gegenüber der Zonenverteidigung reduzierten Spielerzahl abzudecken. Dazu sind folgende *Prinzipien* zu beachten:
- intensivere Laufarbeit durch längere Laufwege,
- intensivere Armarbeit, weil durch die reduzierte Spielerzahl größere Räume in der Zone unbesetzt sind,
- veränderte Verteidigungspositionen und Aufgabenstellungen erfordern flexibles Handeln,
- Vereinbarungen gegen einen durchbrechenden mann-gedeckten Gegenspieler (‹Helfen›),
- Vereinbarungen bei Blocks für den oder die mann-gedeckten Angreifer.

Für die mann-deckenden Spieler muß geklärt sein, ob sie nur am Mann bleiben oder auch aushelfen müssen. Letzteres würde ein Übernehmen des mann-zu-deckenden Spielers durch einen anderen Verteidiger voraussetzen.

Als *Sonderformen* einer kombinierten Verteidigung sind Aufstellungen anzusehen, bei denen ein Gegenspieler von zwei Verteidigern gleichzeitig gedeckt wird und die verbleibenden drei Spieler eine Ball-Raum-Verteidigung spielen.

4 **Praxis**

Das Training von kombinierten Verteidigungsformen setzt bei den Spielern eine genaue Information über die Wirkungsweise einer kombinierten Verteidigung voraus. Außerdem müssen die Spieler die zu kombinierenden Verteidigungen beherrschen.

Vor der Kombination der beiden Verteidigungsformen werden die durch die reduzierte Spielerzahl veränderten *Aufstellungen* der Ball-Raum-Verteidigung getrennt trainiert; dabei können die methodischen Prinzipien der Einführung einer Ball-Raum-Verteidigung angewendet werden.
Der Bereich der Mann-Mann-Verteidigung wird vor allem durch 1–1-, 2–2- und 3–3-Spiele (besonders Verteidigung gegen Blocken–Abrollen) vorbereitet; ein besonderer Schwerpunkt ist dabei auf die *‹Aushilfssituationen›* zu legen.
Nach diesen Vorbereitungen erfolgt die Kombination beider Verteidigungsteile in der gewünschten Form; nach dem methodischen Prinzip «von leichten Schwierigkeiten zu den größeren Problemen» ist es günstig, zuerst mit einer kombinierten Verteidigungsform zu beginnen, bei der nur ein Spieler mann-deckt. Das Üben in Trainingsspielen ist durch Unterbrechungen und Wiederholen von Problemsituationen (Blockabwehr: Übernehmen oder am Mann bleiben) zu effektivieren.

Merke

- Kombinierte Verteidigungen wenden gleichzeitig Prinzipien der Ball-Raum-Verteidigung und der Mann-Mann-Verteidigung an.
- Bei den häufiger gespielten Formen, der «Kasten-und-1» und der «Diamant-und-1», spielen vier Spieler eine Ball-Raum-Verteidigung, während der verbleibende Spieler mann-deckt.

Literatur

82; **336**; **582** (vgl. auch bei 6.11).

Gerhard J. Schmidt

6.7 Schnellangriff

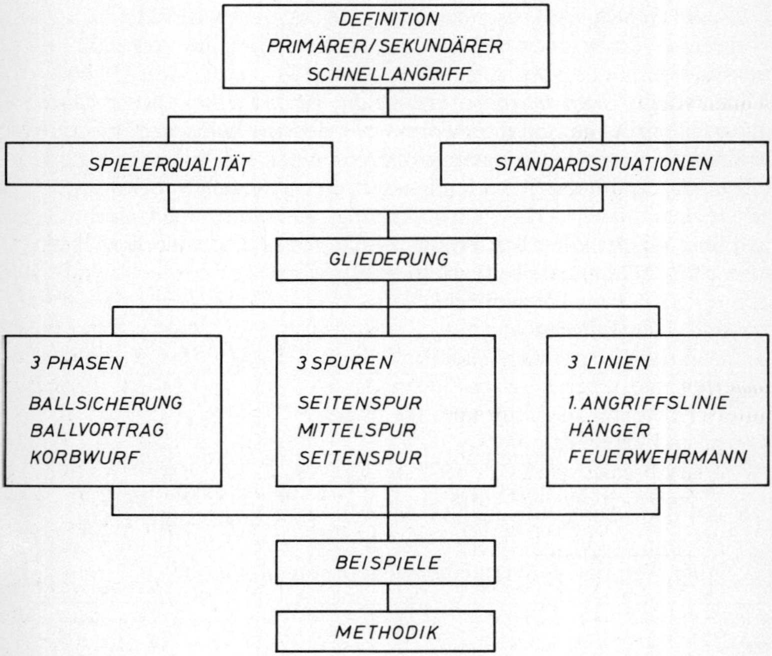

Schlagwörter

1 Schneller Ballvortrag, Überzahl, Bedeutung.

2 Primärer Schnellangriff, erweiterter Schnellangriff, Spielermaterial.

3 Prinzipien; Grundsituationen: Sprungball, Ballgewinn, Einwurf, Verteidigungsrebound; Schulung aus Verteidigungsrebound, Langpaß- und Kurzpaßschnellangriff; Phasen: Ballsicherung, Ballvortrag, Korbwurf; Räume: drei Spuren, drei Linien, Hänger, Feuerwehrmann, Überzahl erzwingen und ausspielen; Muster: innen, außen in Rück- und Vorfeld, gradlinig, kreuzen.

4 Standard-Muster: außen – innen, erste Angriffslinie: drei Spieler, zweite Angriffslinie: Hänger, dritte Angriffslinie: Rebounder; Ausspielen der Überzahl, Erweiterung.

[5] Methodik; Voraussetzungen: Verteidigungsrebound, Umschalten; Übungen zum schnellen Fangen und Passen in der Bewegung; Übungen zum Ausspielen der Überzahl, komplexes Schnellangriffstraining.

Erläuterungen

[1] Beim Schnellangriff wird der Ball durch Passen und/oder Dribbeln so schnell vorgetragen, daß die Verteidigung sich nicht rechtzeitig organisieren kann und es meist durch Spiel-in-der-Überzahl zu einem frühzeitigen Korbwurf kommt. Der Schnellangriff macht das Spiel attraktiver und bestimmt den Erfolg bei Spitzenmannschaften (vgl. 8.6).

[2] Eine Analyse der Fachliteratur bei VOLPERT/HAGEDORN/SCHMIDT (1981, 92–96) zeigt, daß es sehr unterschiedliche Auffassungen und Gliederungsgesichtspunkte zum Schnellangriff gibt, die hier nicht alle darstellbar sind. Die Weiterentwicklung des Spiels hat oft die in der Fachliteratur zu findenden Darstellungen überholt. So ist z. B. die Unterteilung in *organisierten* und *improvisierten* Schnellangriff heute umstritten. Vielmehr unterscheiden die Spitzentrainer heute zwischen einem *primären* Schnellangriff und einem *sekundären, erweiterten* Schnellangriff (zweite Welle, secondary break; vgl. SMITH, 1981). Auch innerhalb dieser Unterteilung gibt es unterschiedliche Auffassungen, die auf die Spieler zugeschnitten sind oder auf dem Trainerkonzept beruhen. Der Zuschnitt auf spezielle Spielerpersönlichkeiten ist z.B. bei HOLZMANN/LEWIN (1973) und COUSY/POWER (1975) deutlich und bei europäischen Spitzenmannschaften wie Real Madrid und Maccabi Tel Aviv zu beobachten gewesen. Eine Einpassung der Spieler in das Konzept des Trainers ist eher bei SMITH (1981) zu finden. WOODEN (1966) und CARTER (1971) drillen bei ihren Spielern für unterschiedliche Ausgangssituationen auch viele unterschiedliche Muster ein.

[3] Weil die Vielfalt der Möglichkeiten hier nicht darstellbar ist, können nur allgemein anerkannte *Prinzipien* genannt und anschließend jeweils anhand eines Beispiels erläutert werden:

- Schnellangriffe können aus folgenden *Grundsituationen* gestartet werden:
  - Sprungball (Mittelkreis, eigener Freiwurfkreis);
  - Ballgewinn im Feld;
  - Einwurf (Seitenlinie–Rückfeld, Grundlinie);
  - Verteidigungsrebound (nach Feldwurf, nach Freiwurf).
- Bei Ballgewinn (und Einwurf von der Seite) sind Muster nicht planbar, weil der Ort vorher nicht festliegt. Schnellangriffe aus diesen Grund-

situationen sind deshalb als Nebenprodukt anderer Schulungsmaßnahmen (Variation, Transfer) erreichbar.

- *Standardausgangssituation* für die Schnellangriffschulung ist der *Verteidigungsrebound*, weil er am häufigsten vorkommt, räumlich eingrenzbar und variierbar ist.
- Weil heute der Langpaß-Schnellangriff auf einen wegstartenden Spieler (Mrazer/Dorby 1962, Lakfalvi 1979) kaum noch möglich ist, werden *Kurzpaß*-Schnellangriffe mit wenigen Dribblings favorisiert. Dabei gliedert sich der Schnellangriff zeitlich in die drei Phasen *Ballsicherung*, *Ballvortrag* und *Korbwurf* durch Spiel-in-der-Überzahl und räumlich durch die Einnahme von drei Spuren in Spielfeld-Längsrichtung und drei Linien in Querrichtung. Ziel fast aller Schnellangriffskonzepte ist dabei, nach Verteidigungsrebound (oder anderen Ausgangssituationen) den Ball so schnell und sicher wie möglich über die Mittellinie zu bringen und dabei in einer ersten Angriffslinie alle Spuren besetzt zu haben. Der Schlüssel zum Schnellangriff ist der schnelle erste Paß. In der zweiten und dritten Angriffslinie folgen dann der vierte (Hänger, Trailer) und fünfte Spieler (Safetyman, Feuerwehrmann) mit etwas Abstand nach, um in den erweiterten Schnellangriff einzugreifen bzw. zum Positionsangriff überzuleiten. Abbildung 1 zeigt die Situation beim Überschreiten der Mittellinie. Im Vorfeld wird schließlich versucht, ein *Überzahlverhältnis* zu erzwingen und auszuspielen, so daß ein Korbleger oder ein Sprungwurf aus der Mitteldistanz mit hoher Trefferwahrscheinlichkeit (Spezialisten) möglich wird.

Abb. 1

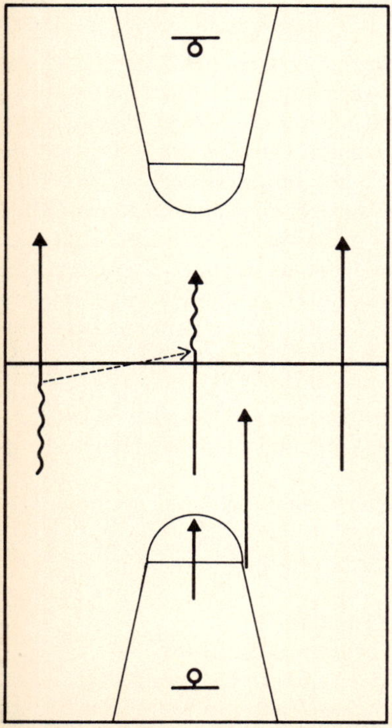

- Mögliche Muster ergeben sich einmal aus der Richtung der Ballbefreiung vom Korb weg in der Mittelspur (*innen*) oder zur nächsten Seitenlinie (*außen*) und zum anderen durch die Ballführung im Mittel- und Vorfeld entweder in der Mitte oder außen. Ferner können die Angriffe relativ *grad-*

linig angelegt sein, wobei die Spieler nach dem ersten, spätestens zweiten Paß ihre Spuren halten oder aber diagonal laufen, wobei sich ihre Spuren *kreuzen*. Dieses durch die längeren Wege scheinbar unökonomische Verhalten kann erfahrungsgemäß die Verteidigung überraschen und zu sicherem Paßspiel führen.

4 Das folgende Beispiel stellt ein *Standardmuster* dar, bei dem der erste Paß nach außen gegeben und der Ball ab Mittellinie in der Mittelspur (innen) vorgetragen wird. Dabei wird die *erste Angriffslinie* jeweils von den beiden Spielern gebildet, die nicht im Deckungsdreieck waren, und dem Spieler im Deckungsdreieck auf der Gegenseite des ersten Passes. Die *zweite Angriffslinie* nimmt ein weiterer Spieler des Deckungsdreiecks ein, die *dritte Angriffslinie* meist der Rebounder. Bei diesem Muster wird davon ausgegangen, daß die beiden Spieler außerhalb des Deckungsdreiecks annähernd gleichwertig im Ballvortrag sind. Die meisten Trainer bevorzu-

Abb. 2: Ausgangssituation: Verteidigungsrebound in Außenposition

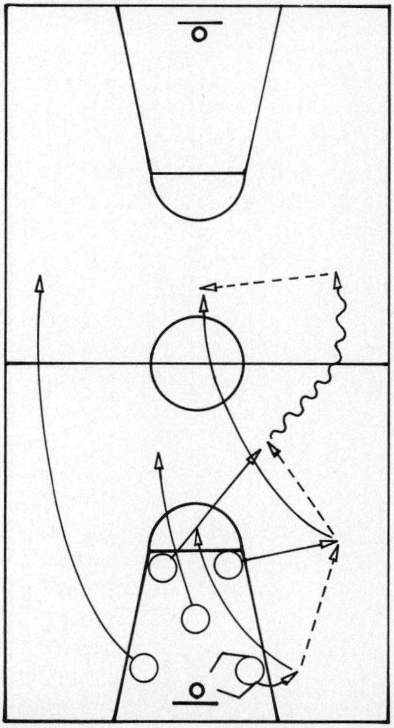

Abb. 3: Ausgangssituation: Verteidigungsrebound in Mittelposition

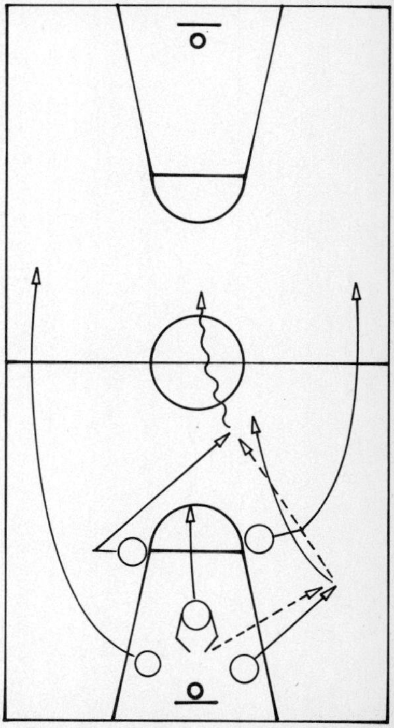

gen aber Muster, bei denen der «playmaker» spätestens den zweiten Paß erhält und den Ball führt, um dann zum erweiterten Schnellangriff überzuleiten, wenn durch die erste und zweite Angriffsphase keine Überzahl ausgespielt werden kann. Das Ausspielen der Überzahlsituationen soll im folgenden mit dargestellt werden. Hier soll noch auf die *Erweiterung* eingegangen werden, die immer dann notwendig wird, wenn die Verteidigung bereits mit drei oder vier Verteidigern zum Stoppen des primären Schnellangriffs zurückgelaufen ist, aber die Deckung noch nicht vollständig organisiert ist. Abbildung 4 und 5 geben Beispiele:
Beide Beispiele zeigen folgendes Prinzip (vgl. auch Smith, 1981): Die Flügel bzw. Zenter passen und/oder laufen bereits wieder weg vom angegriffenen Korb und greifen durch schnelle Pässe und Schneiden-zum-Korb erneut den Korb an, ehe sich die Verteidigung formiert hat. Meist werden dabei Größenvorteile der Angreifer ausgenutzt.

Abb. 4: Erweiterter Schnellangriff über den zurückstartenden Gegenflügel

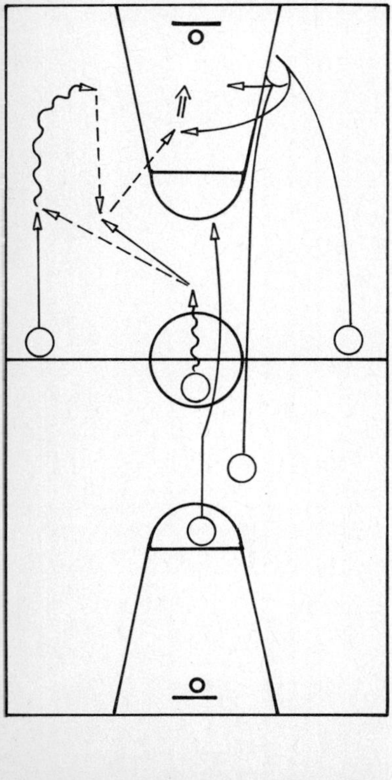

Abb. 5: Erweiterter Schnellangriff über den Zenter in der zweiten Angriffslinie

5 Methodik

Voraussetzungen für den Schnellangriff sind *Verteidigungsrebound*, schnelles Fangen und Passen in der Bewegung und *Umschalten* (Transition) von der Verteidigung in den Angriff. Das Umschalten kann im Spiel auf einen Korb (4–4, 5–5) geübt werden: Nach jedem Verteidigungsrebound müssen drei Spieler der reboundenden Mannschaft mit Ball (Passen, Dribbeln) innerhalb von 3 Sekunden die Mittellinie überschritten haben.

Übungen zum schnellen Fangen und Passen in der Bewegung:

Zweier-Langpaß-Schnellangriff (Abb. 6)

Der hintere Spieler paßt dem Rebounder den Ball gegen das Brett und startet über die Außenspur zum gegenüberliegenden Korb, erhält einen Langpaß, macht einen Korbleger, startet erneut über die Außenspur zum gegenüberliegenden Korb, wird wiederum von dem ihm nachfolgenden Rebounder angespielt usw.

Dreier-Kurz-Diagonalpaßangriff(Abb. 7)

Drei Spieler starten von der Grundlinie aus, von denen sich zwei den Ball bis zur Mitte hin und zurück zuspielen, dann erfolgt ein Langpaß auf den durchgestarteten dritten Mitspieler. Der Spieler der Gegenseite holt den Rebound, spielt den Ball auf den Spieler, der zuvor in der Mittelspur war, jetzt aber in die Außenspur gestartet ist.

Abb. 6

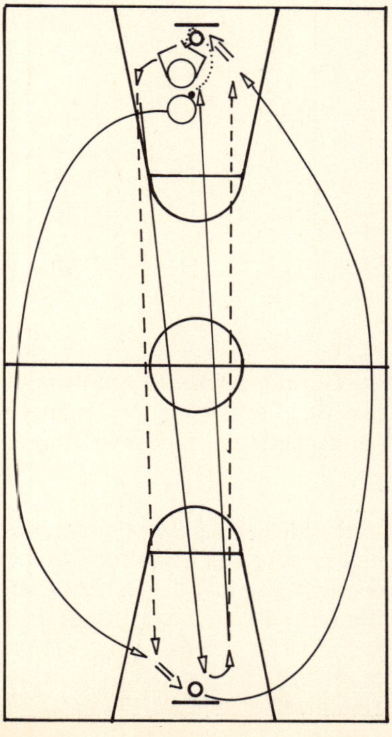

Abb. 7

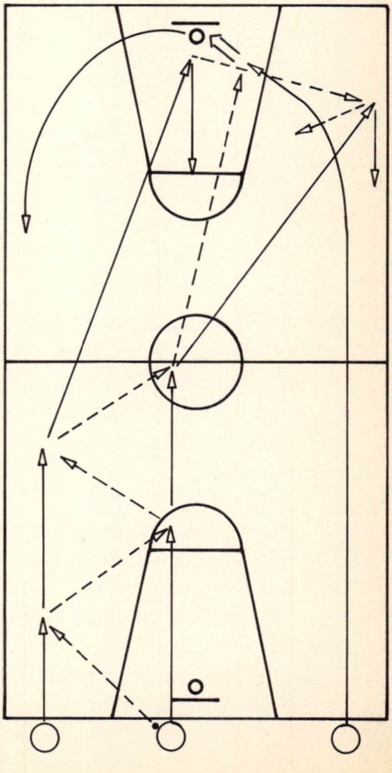

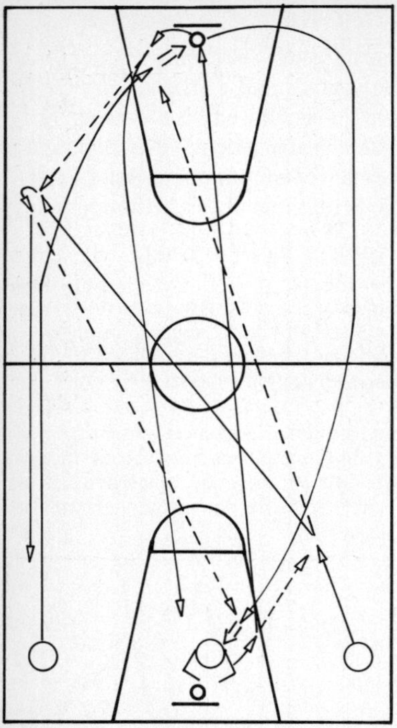

Abb. 8

Dreier-Diagonalpaßangriff (Abb. 8)
Der Rebounder spielt den Ball zu dem ihm nächsten Flügel hinaus, dieser spielt einen Diagonalpaß auf den Gegenflügel, der einen Korbleger durchführt. Der Rebounder geht wieder zum Ball, sichert diesen, spielt ihn erneut auf den ihm nächsten Flügel usw. Später können die Aufgaben gewechselt werden.

5–0
Zu diesem Spiel vergleiche Abbildung 2, S. 263. In Fortsetzung der Ausgangssituation führt der Flügel in der Mittelspur den Ball. Beide Außen schneiden zum Korb, es kann ein Paß auf einen der Flügel erfolgen. Der Mittelspieler in der 2/1/2-Verteidigungsposition folgt als Hänger, der Rebounder als Sicherer.

Übungen zum Ausspielen der Überzahl

– 2–1-Bodenpässe:
  Zwei Angreifer und ein Verteidiger starten auf gleicher Höhe, Verteidiger in der Mitte; Verteidiger soll dem Ball nachlaufen, die Angreifer passen sich vor dem Verteidiger mit Bodenpässen in der Vorwärtsbewegung den Ball zu.
– 2–1-Ganzfeld:
  Verteidiger bewegt sich rückwärts, während die Angreifer sich den Ball ständig in Vorwärtsbewegung unbehindert zupassen. Ab Mittellinie beginnt der Verteidiger aktiv zu werden und erzwingt die Entscheidung Paß oder Dribbling. Später wird der Bereich aktiver Verteidigung ausgedehnt.
  Handlungsanweisung: Passe, solange gefahrlos möglich! Dribble explosiv, um den Verteidiger zu binden oder durchzubrechen!

- 3–2–1 (Abb. 9):
  Der Angriff 3–2 zeigt eine Lösungsmöglichkeit. Der Werfer wird auf dem Rückweg Verteidiger, die ehemaligen Verteidiger greifen 2–1 auf den Gegenkorb an und schließen sich hinter den Wartenden an. Die zwei restlichen Angreifer bleiben als Verteidiger gegen die folgende Dreiergruppe.
- 3–2+1-Wechselübung (Abb. 10):
  Die Spieler werden zu Dreier-Gruppen zusammengestellt. Am angegriffenen Korb verteidigen zwei Spieler einer Dreier-Gruppe, der dritte Spieler wartet an der Mittellinie, bis die Angreifer vorbei sind, dann läuft er in den Mittelkreis und nimmt von dort aus verspätet die Verteidigung auf. Das Beispiel zeigt eine weitere Lösungsmöglichkeit im Spiel 3–2: Nach gegnerischem Wurf werden die Verteidiger Angreifer auf den Gegenkorb, an dem die dritte Dreier-Gruppe sich mit zwei Verteidigern und dem dritten Spieler an der Mittellinie formiert hat.

Abb. 9

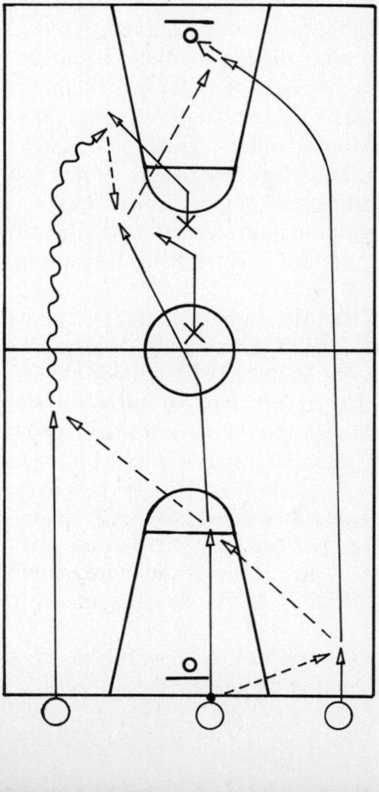

Abb. 10

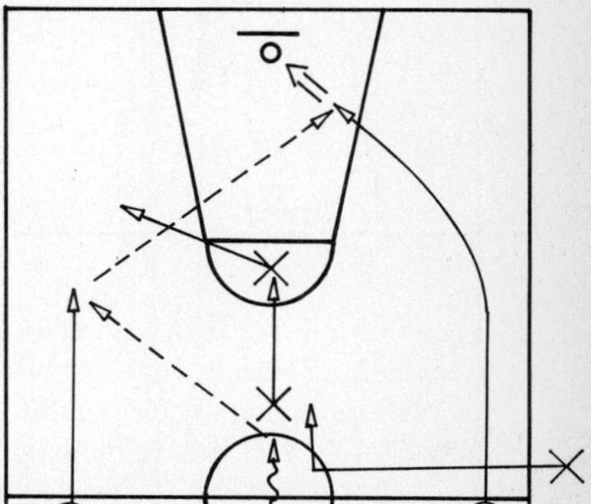

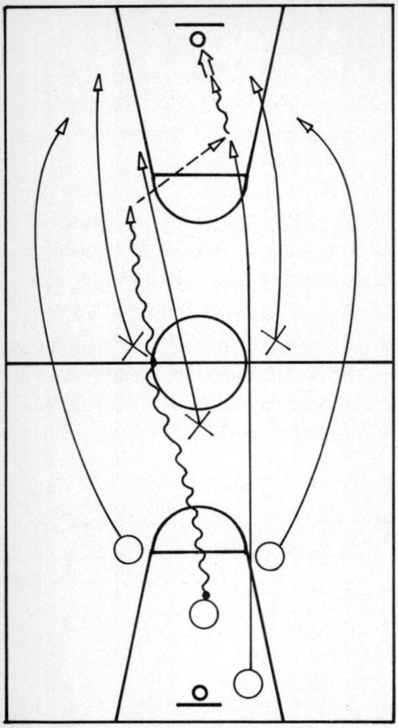

Abb. 11

- 4–3 (Abb. 11):
  Der Mittelspieler der ersten Angriffslinie öffnet dem Hänger eine Gasse.
- 5 gegen wechselnde Verteidigerzahl:
  Die Fünfer-Gruppe soll die Einleitung als Muster ungehindert üben, dann aber nach dem ersten Paß schickt der Coach ein, zwei oder drei Verteidiger in Höhe der Mittellinie ins Feld.

Komplexes Schnellangriffstraining
Zum Schnellangriffstraining gehören Rebounddrills mit anschließendem schnellen ersten Paß ebenso wie Paßübungen in der schnellen Vorwärtsbewegung und Ganzfeld-Überzahl-Spielformen. Zusätzlich jedoch müssen die Muster ohne Gegner und mit Aufschalten der Gegnerzahl und -aktivität trainiert werden. Zwei Möglichkeiten des komplexen Schnellangriffstrainings sollen abschließend dargestellt werden.

- Spiel 5–5 auf zwei Körbe, wobei die Mannschaft, die den Schnellangriff üben soll, an einem Korb verteidigt, der durch einen Ringeinsatz weniger oder gar keine Treffer zuläßt.
- Spiel 5–3–3: Die den Schnellangriff trainierende Mannschaft verteidigt gegen drei Angreifer, die werfen und den Offensivrebound holen sollen. Nach Verteidigungsrebound erfolgt der Ballvortrag bis zur Mittellinie ungehindert, ab Mittellinie schickt der Trainer zwei oder drei Verteidiger ins Feld. Der Angriff muß mit Hänger und ‹Feuerwehrmann› gelaufen werden. Nach Korbwurf trainiert dieselbe Fünfer-Gruppe in Gegenrichtung, wobei die drei Verteidiger Angreifer und Offensivrebounder werden und die drei ehemaligen Offensivrebounder nun vom Trainer als Verteidiger ins Feld geschickt werden.

Merke

- Schnellangriff heißt, den Ball so schnell vorzutragen, daß die Verteidigung sich nicht organisieren kann.
- Es gibt den primären und den erweiterten Schnellangriff.
- Schnellangriffe können gestartet werden nach Ballgewinn, Sprungball, Einwurf und vor allem nach Verteidigungsrebound. Heute dominiert der Kurzpaß-Schnellangriff, bei dem die ganze Mannschaft läuft und drei Spuren und drei Linien besetzt. Außer gradlinigen Mustern gibt es auch solche, bei denen die Spieler die Laufwege kreuzen. Der Schlüssel zum Schnellangriff ist der schnelle erste Paß.
- Ein mögliches Muster könnte sein: Die zwei Spieler außerhalb des Rebounddreiecks bilden mit dem Deckungsdreieckspieler auf der Paßgegenseite die erste Angriffslinie, der Rebounder wird stets letzter Spieler (dritte Angriffslinie, ‹Feuerwehrmann›).
- Neben Reboundtraining und Umschaltübungen muß schnelles Fangen und Passen in der Bewegung und Überzahlangriffe ständig wiederholt werden.

Literatur

82; **123**; **256** (S. 158–162); **339** (S. 128–134); **397** (S. 104–109); **526** (S. 83 bis 93); **578** (S. 58–163); **597** (S. 7f, 140–155, 384–386, 407); **612**.

Peter Winkelnkemper

6.8 Positionsangriff gegen die Mann-Mann-Verteidigung

Schlagwörter

1. Positionsangriff: Angriff im Vorfeld; kontrollierter Spielaufbau; Spielpositionen; Kombinationsmöglichkeiten, Grundaufstellungen.
2. Grundlagen: Rollendifferenzierung; schwache Seite, starke Seite (Überlagerung); Partnerhilfen; Timing.

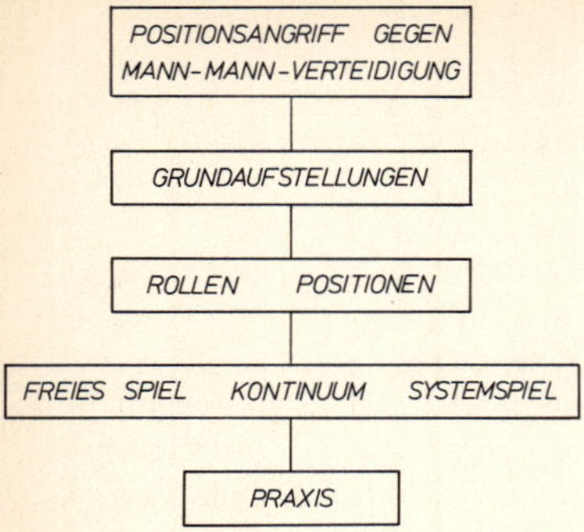

[3] Angriffsbewegungen: Freies Spiel; Kontinuum («shuffle-offense»); Systemspiel.

[4] Folgerungen für die Praxis.

Erläuterungen

[1] Unter einem Positionsangriff versteht man diejenigen *Angriffsmaßnahmen im Vorfeld*, die erst nach der Einnahme von bestimmten Spielpositionen eingeleitet werden. Die Beherrschung des Positionsangriffs ist für jede Mannschaft aus folgenden Gründen notwendig:
- als Fortsetzung des Angriffs bei gestopptem Schnellangriff,
- als grundsätzliche taktische Alternative zum Schnellangriff mit dem Ziel, durch langsamen Spielaufbau größtmögliche Ballkontrolle zu erreichen,
- als Steuerungsmaßnahme für eigenes und gegnerisches Spieltempo.

Die *Spielpositionen* werden unterteilt in:
- ein oder zwei Aufbauspieler,
- Flügelspieler rechts und Flügelspieler links,
- Vorzenter (Post); Seitzenter; Brettzenter.

Die vielfältigen Kombinationsmöglichkeiten der o. a. Spielpositionen ermöglichen eine große Zahl von unterschiedlichen *Grundaufstellungen*. Diese lassen sich nur teilweise durch die Zahlenkombinationen 2/3; 2/1/2; 1/3/1; 1/4 oder 1/2/2 ausdrücken, da im modernen Basketball zunehmend unsymmetrische Aufstellungen angewandt werden.

[2] Das Einnehmen von bestimmten Spielpositionen bedeutet gleichzeitig die Übernahme von Rollen. Diese Rollendifferenzierung muß die unterschiedlichen Qualifikationen der Spieler berücksichtigen. In der Regel ist die Körpergröße das ausschlaggebende Kriterium für Zenter; Flügelspieler müssen gute Distanzwerfer sein, und Aufbauspieler gewinnen ihre Bedeutung dadurch, daß sie als ‹verlängerter Arm des Trainers› die vorgegebene Spieltaktik umsetzen müssen.

Um eine gute Wurf- und Angriffsposition zu erreichen, verwendet der Posi-

tionsangriff gegen Manndeckung nicht selten Grundaufstellungen, die ohne zusätzliche Laufbewegungen eine starke und eine schwache Seite bilden. Ziel der Überlagerung auf der *starken Seite* ist es, den Gegner durch Partnerhilfen (Block, Abstreifen, Wurfschirm) systematisch auszuschalten; Ziel des Spiels auf der *schwachen Seite* ist es, dem besten Angreifer das Spiel 1–1 zu ermöglichen und Hilfen der Verteidigung unmöglich zu machen.
Beide Ziele lassen sich nur dann verwirklichen, wenn Handlungen und Absichten aller Spieler durch gekonntes *Timing* verbunden werden.

3 Ausgehend von einer Grundaufstellung bietet das *freie Spiel* den Angreifern eine einfache Möglichkeit, durch Bewegung mit und ohne Ball die Verteidigung auszuspielen. Insbesondere das Schneiden zum Korb in Verbindung mit einem Paß («give and go») ermöglicht gute Wurfpositionen. Damit nicht planlose Bewegungen anderer Mitspieler das erfolgreiche Schneiden behindert, gelten für alle Spieler zwei Handlungsanweisungen:
- «nur wer paßt, schneidet zum Korb»,
- «frei gewordene Positionen werden durch Nachrücken aufgefüllt».

Die Abbildungen 1 und 2 zeigen am Beispiel der 2/3-Grundaufstellung Möglichkeiten des Zusammenspiels.

Sollte der direkte Paß zum Korb in Abb. 1 und 2 nicht möglich sein, so kann das Zusammenspiel mit einem Paß an die Grundlinie doch noch durchgeführt werden. Die Grundaufstellung verändert sich hierbei zu einer 1/3/1-Aufstellung, aus der sich neue Möglichkeiten zum Schneiden entwickeln. Die Abbildungen 3 und 4 zeigen diese Fortsetzung.

Abb. 1: Zusammenspiel Aufbau/Flügel

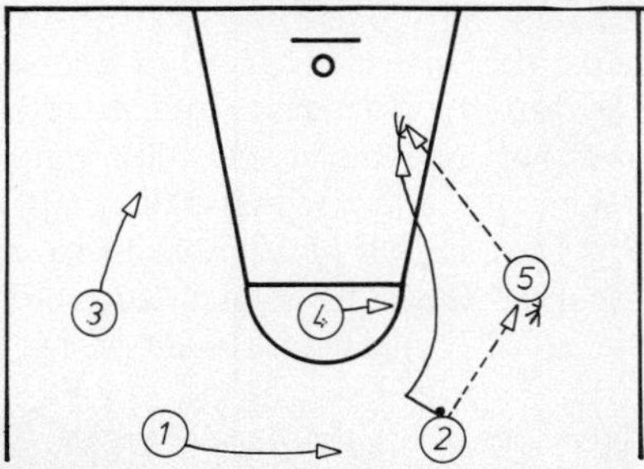

Abb. 2: Zusammenspiel Flügel/Zenter

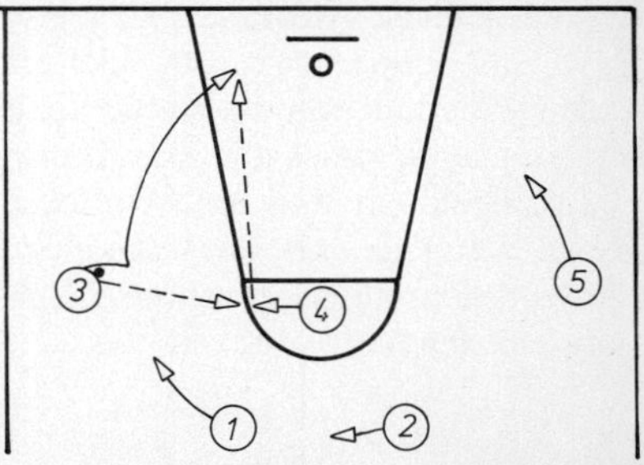

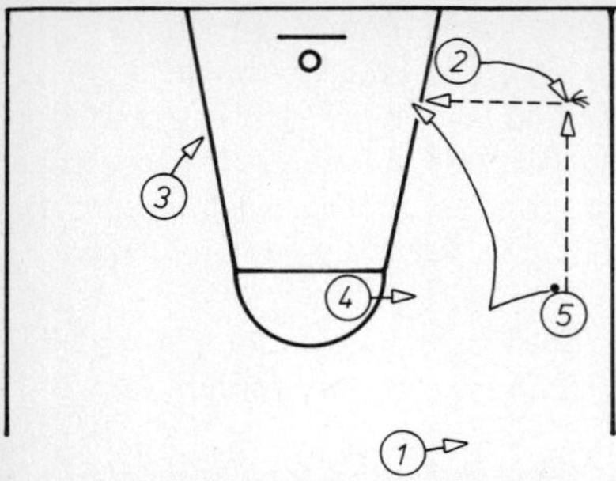

Abb. 3: Schneiden des Flügelspielers

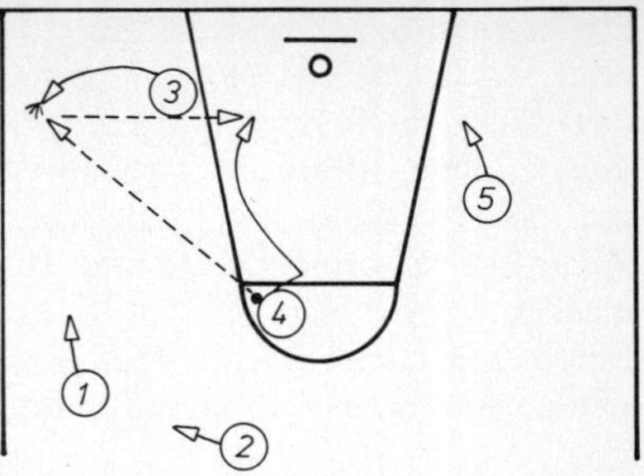

Abb. 4: Schneiden des Zenters

Als Alternative zu den Bewegungen ohne Ball bieten sich dem jeweiligen Ballbesitzer alle Möglichkeiten des Spiels 1–1. Außerdem läßt sich die Bewegung des schneidenden Spielers bei richtigem Timing zu einem bewegten Block ausnutzen. Fortgeschrittene Spieler können nach entsprechender Verständigung Partnerhilfen wie Block, Abstreifen, Kreuzen und Wurfschirm anwenden.

Man spricht von einem *Kontinuum*, wenn die fortlaufenden Aktionen des Angriffs sich zu einem Grundmuster verknüpfen lassen. Ein solches Muster kann von allen Spielern durchlaufen werden oder nur von Mannschaftsteilen. Probleme des Mannschaftskontinuums können dadurch entstehen, daß die Rollendifferenzierung nicht aufrechterhalten werden kann (z. B. Zenter wird Aufbau) und durch ungenügende Rückraumsicherung («balance of defense»). Da die Bewegung von fünf Spielern außerdem größte Timingprobleme aufwirft, schlagen wir an dieser Stelle ein Kontinuum vor, bei dem nur ein Teil der Mannschaft beteiligt ist. Durch die Ausklammerung des Aufbauspielers wird außerdem die Rollendifferenzierung z. T. berücksichtigt und die Rückraumsicherung gewährleistet. Zudem hat der jeweilige Ballbesitzer in kritischen Situationen immer die Möglichkeit zu einem einfachen Rückpaß.
Durch die Position von drei Spielern auf einer Seite wird bereits zu Beginn eine starke und eine schwache Seite hergestellt, die auch zu freiem Spiel ausgenutzt werden kann. Das Kontinuum beginnt mit einem Dribbling und anschließendem Paß des Aufbauspielers ① zum rechten Flügel ②. Gleichzeitig versucht der linke Flügel ③ sich in eine Position zu bringen, die es ihm ermöglicht, seinen Verteidiger am Doppelblock der Mitspieler abzustreifen (Abb. 5).

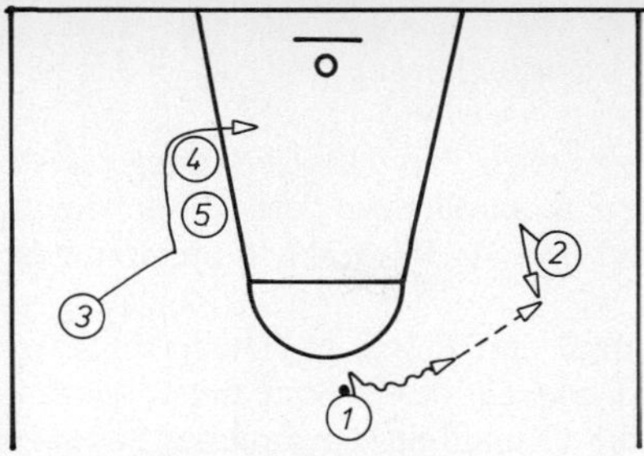

Abb. 5: Abstreifen des Flügels

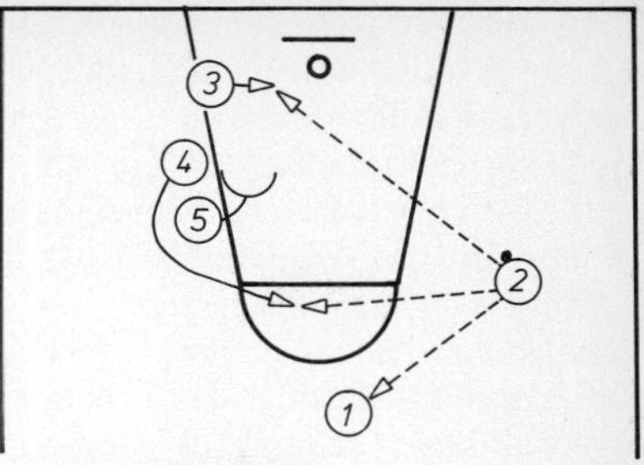

Abb. 6: Zenterblock mit Auseinanderscheren

Abbildung 6 zeigt, wie die beiden Seitzenter unmittelbar nach dem Abstreifen eine weitere Möglichkeit für den Ballbesitzer ② zu einem Paß erarbeiten. Hierbei eröffnet insbesondere der Paß zum Spieler ④ auf der Freiwurflinie dem Angriff gute Möglichkeiten (Abb. 7).
Konnte der Angriff noch keine Möglichkeit ausnutzen, so ergibt sich durch einfache Fortsetzung der natürlichen Laufwege eine neue Grundaufstellung. Nach einem Rückpaß zum Aufbauspieler kann dieser durch einen Seitenwechsel das Kontinuum weiterlaufen lassen (s. Abb. 8).
Eine besondere Stärke des Kontinuums ergibt sich, wenn die Seiten zwei- bis dreimal gewechselt werden. Durch die jeweils unterschiedlichen Angreifermaßnahmen (Abstreifen, Blocken) wird der jeweilige Verteidiger vor immer neue Aufgaben gestellt. Will man aus Zeitgründen jedoch schnell zu einem Wurf kommen, so variiert man innerhalb der Grundaufstellung die Seite, von der man anfängt, und die Positionen der Angreifer.
Die Erweiterung des freien Spiels und des Kontinuums um einige Spielzüge führt zum *Systemspiel*. Systemspiele sind mannschaftstaktische Maßnah-

Abb. 7: Ballbesitzer auf der Freiwurflinie

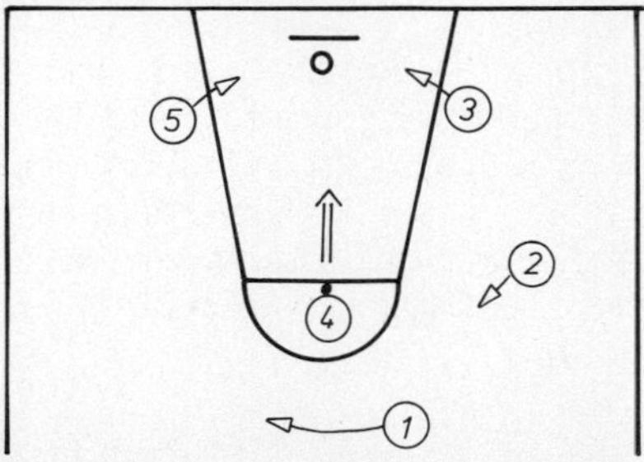

Abb. 8: Erneute Grundaufstellung

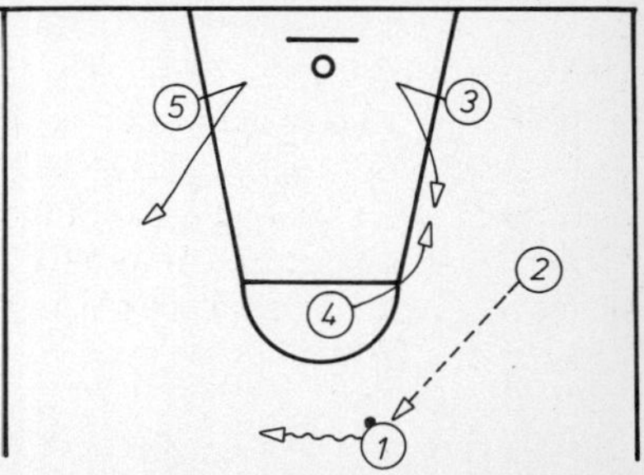

men mit variablem Ausstieg. Am Beispiel unserer Grundaufstellung (Abb. 8) sollen entsprechend der Spielernumerierung vier einfache Spielzüge vorgestellt werden.

Spielzug 1: Aufbauspieler ① schneidet nach Paß und Täuschung («give and go») zum Korb. Ist kein direkter Paß möglich, so versucht er, durch Abstreifen den Doppelblock ④ und ⑤ als Wurfschirm auszunutzen (Abb. 9).

Spielzug 2: Aufbauspieler ① bekommt von Flügel ② einen direkten Block gestellt. Gelingt das Zusammenspiel auf dieser Seite nicht, so wird der Ball durch schnelles Passen an die Grundlinie der anderen Seite zu Spieler ④ gebracht, der den Wurfschirm von ⑤ ausnutzt (Abb. 9).

Abb. 9: «Give and go» mit Wurfschirm

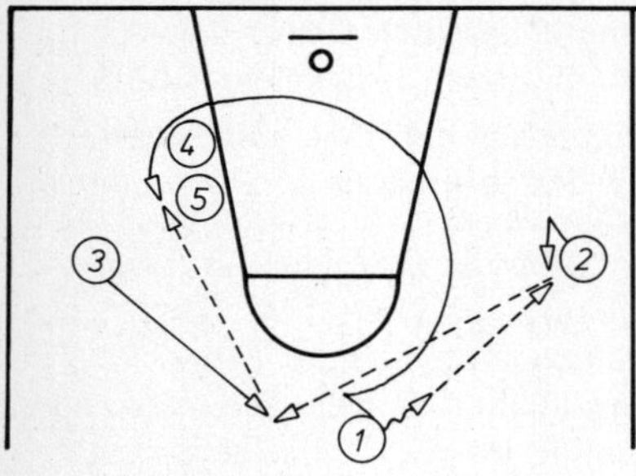

Abb. 10: Block – Abrollen

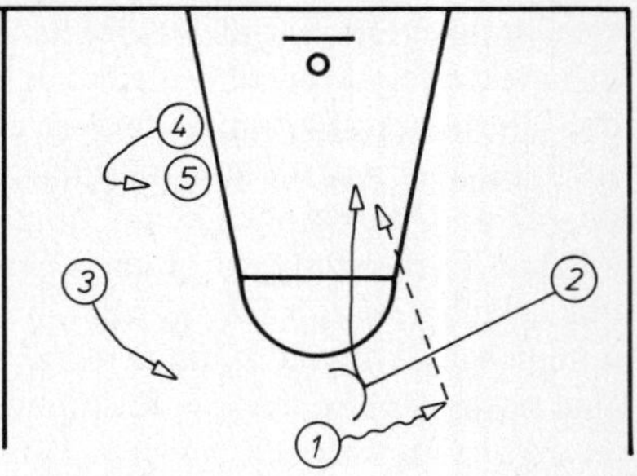

Spielzug 3: Wird der Ball auf die starke Seite zum Flügel ③ gespielt, so stellt der Zenter ⑤ einen direkten Block an ③ und Zenter ④ einen indirekten Block bei Spieler ②. Außer dem direkten Zusammenspiel durch Block/Abrollen erhält dadurch der Ballbesitzer wieder eine gute Paßmöglichkeit zum Korb (Abb. 11).

Abb. 11: Block und Gegenblock

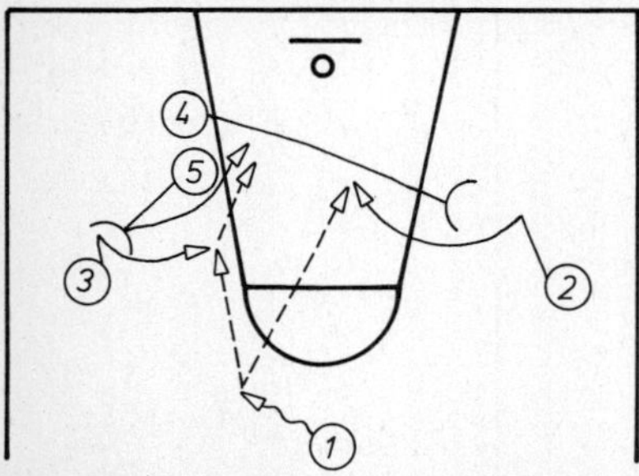

Abb. 12: Zenterblock

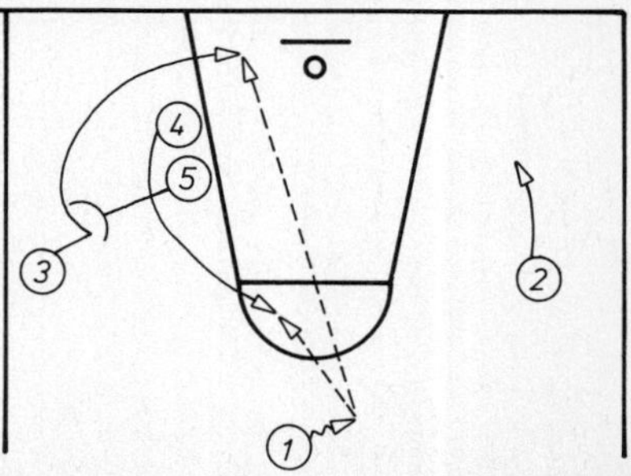

Spielzug 4: Zenter ④ streift seinen Verteidiger am Zenter ⑤ ab und erhält den Ball auf der Freiwurflinie. Unmittelbar nach dem Abstreifen stellt Zenter ⑤ für ③ einen indirekten Block, damit dieser an der Grundlinie frei wird (Abb. 12).

4 Praxis

Das erfolgreiche Zusammenspiel von fünf Spielern erfordert ein Höchstmaß an Präzision. Um dies zu erreichen, sind folgende Voraussetzungen notwendig:

- Grundaufstellung, Spielpositionen und Spielzüge entsprechen dem Spielvermögen der Spieler;
- alle Spieler verfügen über die erforderlichen technischen und individualtaktischen Fertigkeiten und Fähigkeiten.

Sind diese Voraussetzungen gegeben, so beginnt man die Einführung eines Positionsangriffs mit der *theoretischen Erläuterung* (Zielhandlung). Dies sollte so umfangreich und intensiv erfolgen, wie es die vorhandenen Möglichkeiten zulassen (Tafelskizze, Taktikbrett, Arbeitsstreifen, Bilderserien, Video etc.). Zur weiteren Festigung der so erhaltenen Vorstellung der Laufwege sollten die Spieler zu mentalem Training angehalten werden und zusätzlich die Spielzüge als ‹Hausaufgabe› zeichnerisch darstellen.
Die praktischen Übungen beginnen zunächst mit *Drills*, in denen die Grundlagen wie z. B. Schneiden zum Korb, «give and go» oder Block/Abrollen wiederholt werden. Soweit möglich, sollten hier Organisationsformen gewählt werden, die im Ablauf schon weitestgehend der späteren Spielhandlung entsprechen.
Hierzu zwei Beispiele (Abb. 13 und 14).

Abb. 13: Schneiden des Aufbauspielers

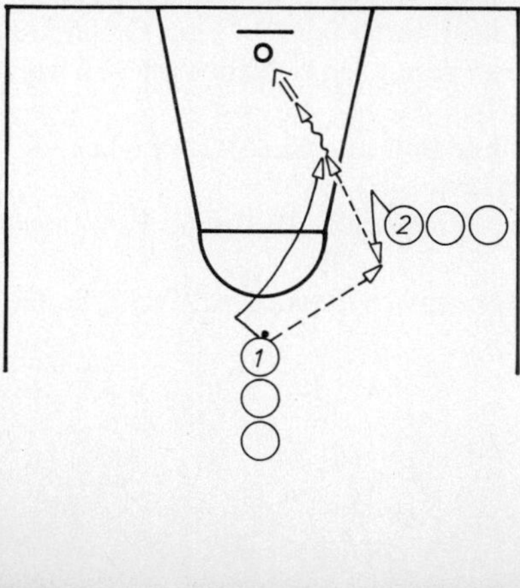

Abb. 14: Block/Abrollen zwischen Aufbau und Flügel

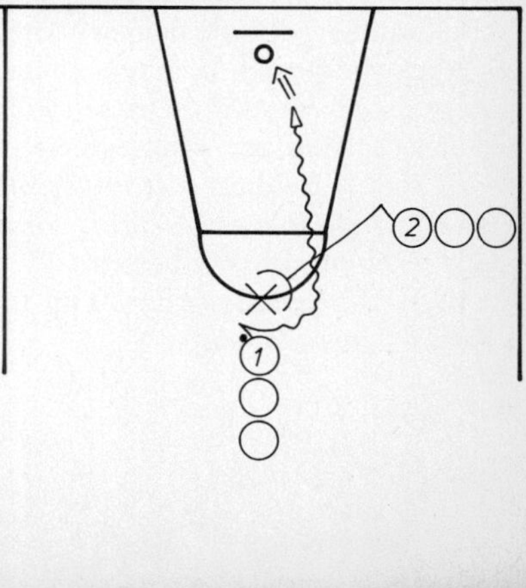

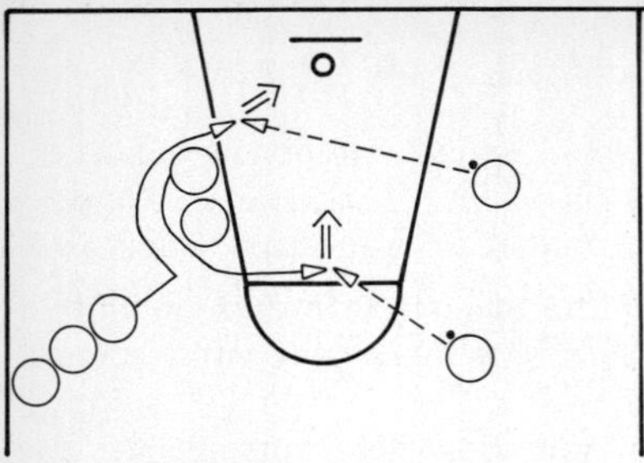

Abb. 15: Üben des Kontinuums

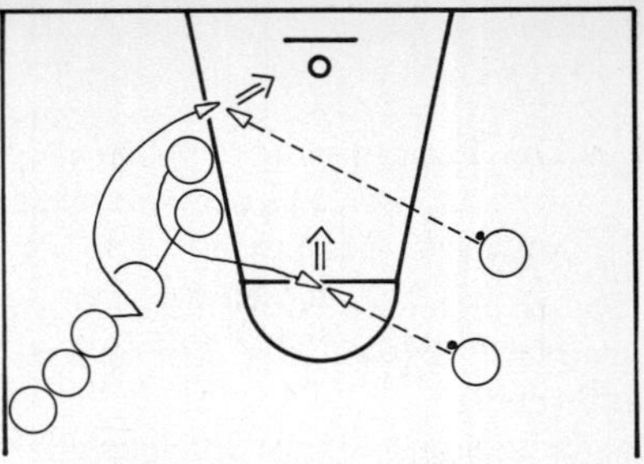

Abb. 16: Spielzug 4; Zenterblock

Nach den allgemeinen Grundlagen müssen als nächstes die *speziellen Voraussetzungen* (Laufwege, Paßwege, Timing), die für das erfolgreiche Spielen einer Grundaufstellung, eines Kontinuums oder eines Systems notwendig sind, eingeschliffen werden. Die Abbildungen 15 und 16 zeigen, wie die hier vorgeschlagenen Spielzüge intensiv geübt werden können.
Damit beide Spieler, die vom rechten Flügel bzw. Aufbau den Paß bekommen könnten, ihre Positionen auch mit einem Wurf abschließen können, wird in beiden Übungen mit zwei Zuspielern gearbeitet. In der ersten Phase sollten der Trainer und sein Assistent dieses Zuspielen übernehmen, damit alle Spieler üben können. In der zweiten Phase müssen dann die für diese Position vorgesehenen Flügelspieler das Anspiel übernehmen. In der dritten Phase bekommen alle aktiven Spieler, die an einer Aktion beteiligt sind, einen Verteidiger zugeordnet. Trotz des Wissens um die Absichten des Angriffs sollen sie versuchen, ihre Verteidigungsaufgaben gemäß den Vorgaben des Trainers (aggressiv, sinkend etc.) so gut wie möglich zu erfüllen. Die Angreifer lernen auf diese Weise, sich spielnah auf unterschiedliche Deckungsweisen einzustellen und die richtigen Ausstiege zu finden.
Folgende *Handlungsanweisungen* sollte der Trainer seinen Spielern geben:
- Ballbesitzer: «Binde deinen Verteidiger durch Spiel 1–1 am Ort! Mach Druck auf den Korb, indem du immer bereit bist zu ziehen oder zu werfen! Zeig nicht, daß du passen willst!»
- Nicht-Ballbesitzer: «Bewege dich ohne Ball so präzise wie möglich, damit dein Verteidiger nicht aushelfen kann!»
- Werfer: «Wähle nur Würfe, die du beherrschst! Wirf nur, wenn auch eine Reboundchance besteht!»
- Alle: «Rücke auf, wenn du im Deckungsschatten stehst! Denk an die Rückraumsicherung!»

Merke

- Der Positionsangriff gegen die Mann-Mann-Verteidigung gehört u zum taktischen Repertoire jeder Mannschaft. Ausgehend vom Spielvermögen der Spieler wird eine Grundaufstellung mit freiem Spiel, ein Kontinuum oder ein System gewählt, bei dem durch Rollendifferenzierung jedem Spieler eine optimale Position zugewiesen wird.
- Die Vielfalt der Kombinationen ergibt sich aus den Möglichkeiten des freien Spiels (z. B. Schneiden, «give and go») und von Partnerhilfen (z. B. Block/Abrollen, Abstreifen).
- Ein präzises Zusammenspiel von fünf Angreifern ist nur möglich, wenn die individuellen Grundlagen (Spiel mit und ohne Ball) beherrscht werden und die einzelnen Mannschaftsteile ihre Aufgaben durch Drills eingeschliffen haben.

Literatur

82 (S. 150ff); **173** (S. 33f); **238** (S. 253ff); **339** (S. 106–115); **347** (S. 163 bis 169); **539** (S. 160ff); **597** (S. 137ff, 155–173).

Gerhard J. Schmidt

6.9 Positionsangriff gegen die Ball-Raum-Verteidigung

Schlagwörter

1. Ball-Raum-Verteidigung kennen; Stärken: massierte Nahdistanzdeckung, Schwächen: empfindlich gegen Weitwürfe; Entstehen deckungsschwacher Räume, Ermüdung, Verantwortungsdelegation.
2. Überblick verschaffen, Grundaufstellung erkennen.
3. Deckungsschwache Räume durch Gegengrundaufstellung besetzen.
4. Starten in deckungsschwache Räume, Grundbewegungen.
5. Schnelles Passen, Weitwürfe; schnelle Paßfolgen, Mitteldistanz, Sprungwurf.

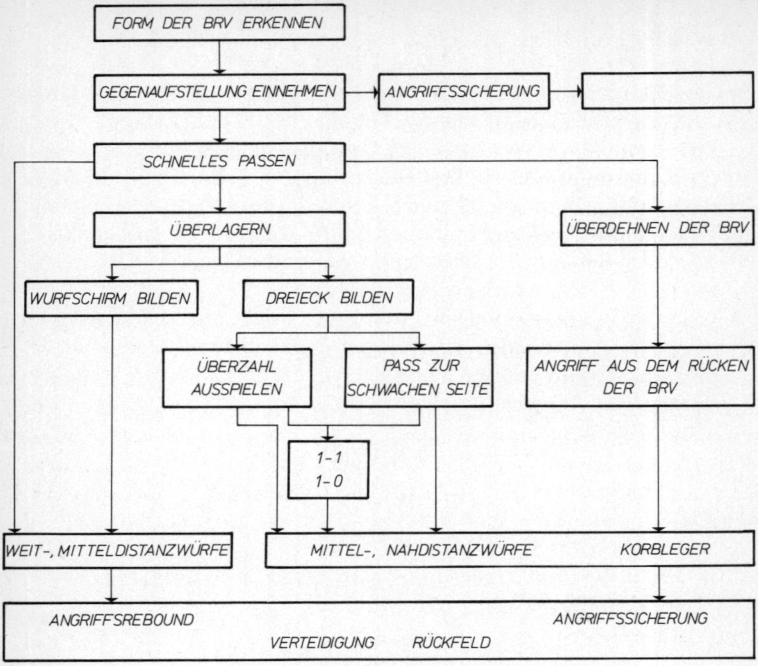

6 Überlagern, Wurfschirm, Überzahl ausspielen, Paß auf Überlagerungsgegenseite, 1–0, 1–1, Angriff aus dem Rücken der Ball-Raum-Verteidigung, Überdehnen.

7 Beispiel des Positionsangriffs gegen 2/1/2-Ball-Raum-Verteidigung.

8 Praxis: Lernprozeß, situationsangemessenes Handeln, Spielreihen, Kontinuumsübungen, überschaubare Grundsituationen, Einsicht, Verteidigung vorgeschrieben – später variabel, Aufschalten von Alternativen, spielerische Erprobung, Wechsel kognitiver Erarbeitung und spielerischer Erprobung, Zerlegung in Kontinuumsübungen.

Erläuterungen

1 Um gegen die Ball-Raum-Verteidigung erfolgreich angreifen zu können, muß man ihre *Funktionsweise* kennen: Die Ball-Raum-Verteidigung ist eine kollektive Verteidigung; der Ballbesitzer wird aggressiv vom nächsten Verteidiger angegriffen, um vor allem den Wurf zu verhindern oder zu

stören, die übrigen Spieler decken den Raum zwischen Ball und Korb, so daß Dribblings und Pässe in diesem Raum abgefangen werden können. Die *Stärken* der Ball-Raum-Verteidigung sind die massierte Deckung der Nahdistanz oder anderer bestimmter Bereiche wie z. B. bei der 1/3/1-Aufstellung, die bei den meisten Formen erleichterte Brettsicherung sowie der kollektive Ausgleich individueller Verteidigungsschwächen. Die *Schwächen* sind die Empfindlichkeit gegen Weitwürfe, das Entstehen deckungsschwacher Räume, die physische Ermüdung durch die große Zahl schneller Verteidigungsbewegungen, die Gefahren der Verantwortungsdelegation und des Initiativverlusts.

2 Ein Positionsangriff beginnt, wenn die angreifende Mannschaft nicht durch einen Schnellangriff zum Wurf kommt. Die erste Aufgabe nach dem Umschalten vom Schnellangriff auf den Positionsangriff besteht darin, sich einen *Überblick* über die gegnerische Verteidigung zu verschaffen. In erster Linie sind es die Aufbauspieler, die diese Aufgabe lösen müssen. Sie müssen auch erkennen, welche *Grundaufstellung* der Gegner einnimmt, wenn eine Ball-Raum-Verteidigung gespielt wird (z. B. 2/1/2 oder 1/3/3).

3 Nach der Grundaufstellung und den Bewegungen des Gegners richten sich die Bewegungen des Angriffs.
Jede Ball-Raum-Verteidigung hat schwache Stellen: die Nahtstellen zwischen den Verteidigern und an der Grundlinie. Am deutlichsten werden die *deckungsschwachen Räume*, wenn man die Grundstellung betrachtet.
Dazu drei Beispiele: Die deckungsschwachen Räume sind schraffiert gekennzeichnet; sie sollen durch die Gegengrundaufstellung besetzt werden:

Abb. 1: 2/1/2-Ball-Raum-Verteidigung

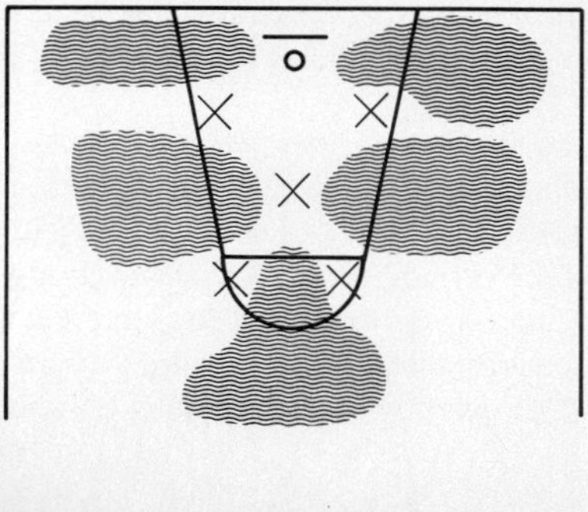

Abb. 2: Grundaufstellung gegen 2/1/2-Ball-Raum-Verteidigung

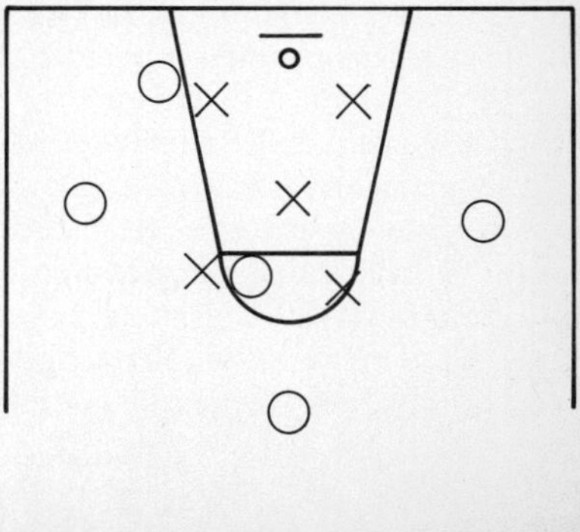

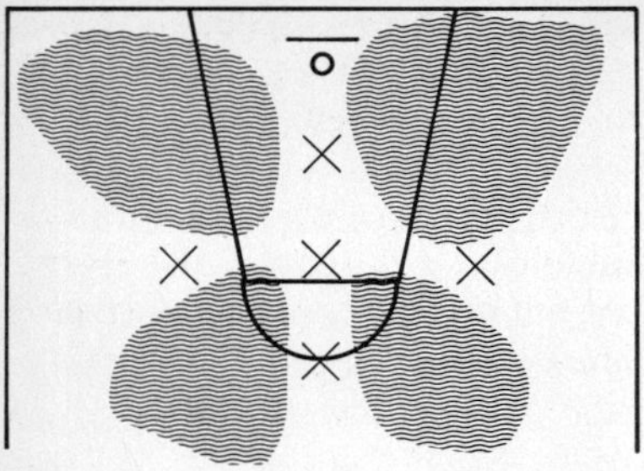

Abb. 3: 1/3/1-Ball-Raum-Verteidigung

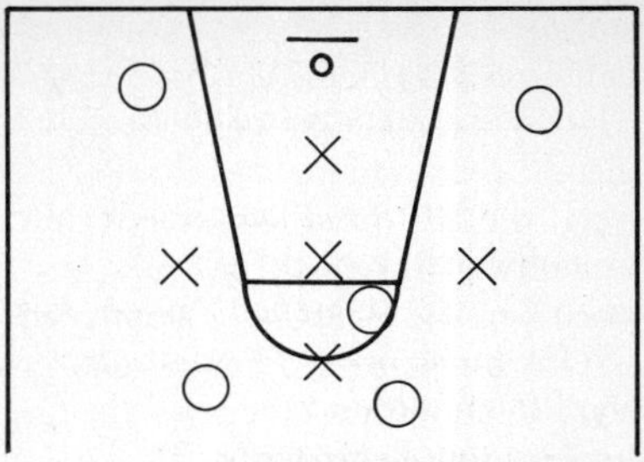

Abb. 4: Grundaufstellung gegen 1/3/1-Ball-Raum-Verteidigung

Abb. 5: 1/2/2-Ball-Raum-Verteidigung

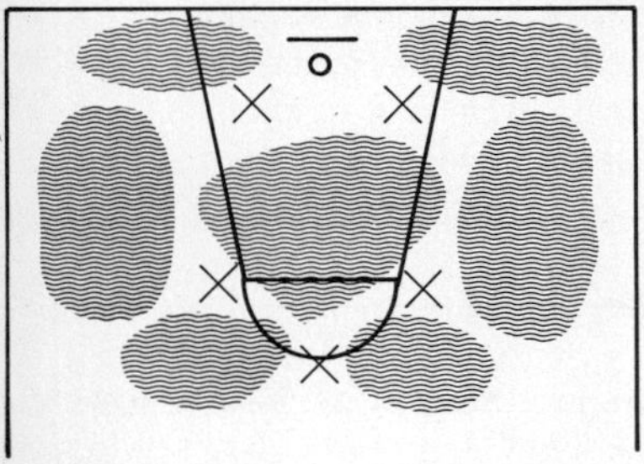

Abb. 6: Grundaufstellung gegen 1/2/2-Ball-Raum-Verteidigung

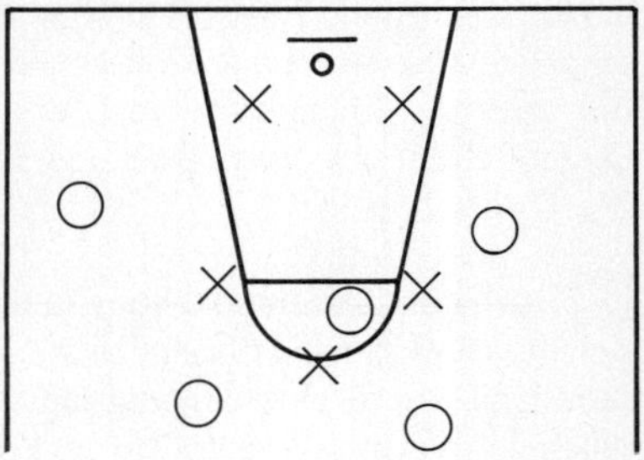

4 Wesentlich wichtiger noch als die Grundaufstellung ist es, das Angriffsspiel immer wieder durch plötzliches *Starten in die deckungsschwachen Räume* hinein in Bewegung zu halten. Das ist gegen eine funktionierende Ball-Raum-Verteidigung auch notwendig; denn diese wehrt zwar alle Würfe und Pässe/Dribblings zum Korb hin ab, versucht aber auch alle Pässe auf die ballnahen Angreifer zu stören. Deshalb muß sich jeder Angreifer immer wieder durch die Grundbewegungen «Hin-zum-Ball», «Starten-in-den-Raum» und «Schneiden-zum-Korb» anspielbar machen.

5 Da bei der Ball-Raum-Verteidigung jeweils nur der Ballbesitzer aggressiv gedeckt wird, die übrigen Spieler aber den Raum zum Korb hin decken, bieten sich zwei Angriffsmittel an: *Schnelles Passen* und *Weitwürfe*. Durch schnelles Passen werden die Verteidiger ständig in Bewegung gehalten (physische Belastung!). Außerdem wird durch die kollektive Verlagerung der Ball-Raum-Verteidigung bei schnellen Pässen so viel Zeit gewonnen, daß der Ballempfänger in Außenposition konzentriert zu einem

Weitwurf ohne sofortige Störung ansetzen kann. Oft gelingt es auch nach schnellen Paßfolgen mit Seitenwechsel durch ein Dribbling bis in die Mitteldistanz zu gelangen und mit Sprungwurf abzuschließen.

6 Darüber hinaus lassen sich weitere Prinzipien anwenden, die wie beim Schnellangriff zum Spiel in der Überzahl führen. Auch hier ist das Hauptangriffsmittel schnelles Passen, das aber mit dem Grundsatz «plötzliches Starten in die deckungsschwachen Räume» verbunden wird.
Die Prinzipien sind:
- Das *Überlagern* mehrerer Angreifer auf eine Seite und das Bilden neuer Dreiecke (Abb. 7),
- das Ausspielen der Überzahlbildung im Bereich der *Dreiecke* (Abb. 8),
- das Überlagern mit *Wurfschirmbildung* (Abb. 9),
- der Paß auf die *Überlagerungsgegenseite* mit anschließendem Spiel 1–0, 1–1 oder Weit- bzw. Mitteldistanzwurf (Abb. 10),

Abb. 7: Überlagern

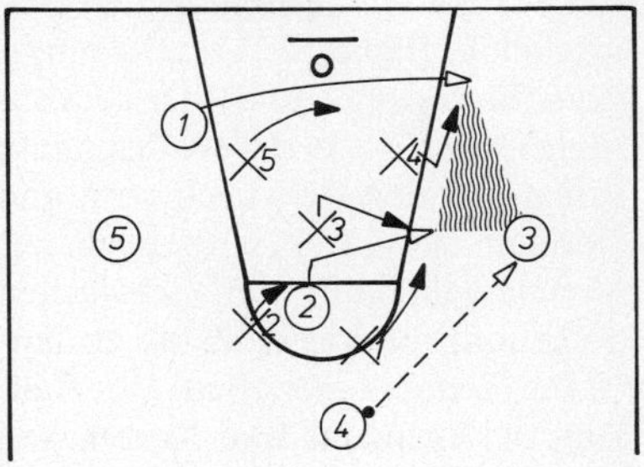

Abb. 8: Dreieckspiel

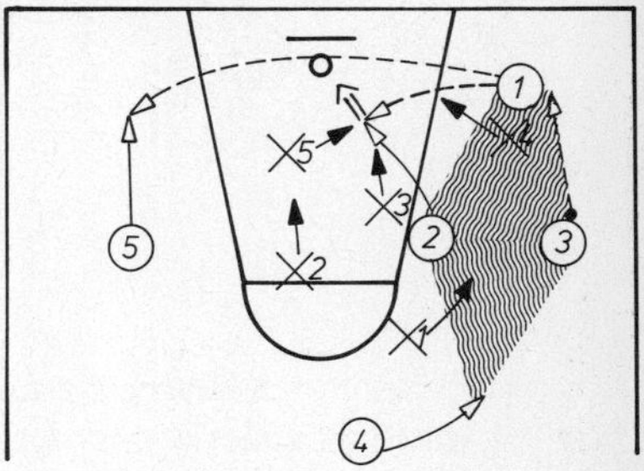

Abb. 9: Wurfschirm

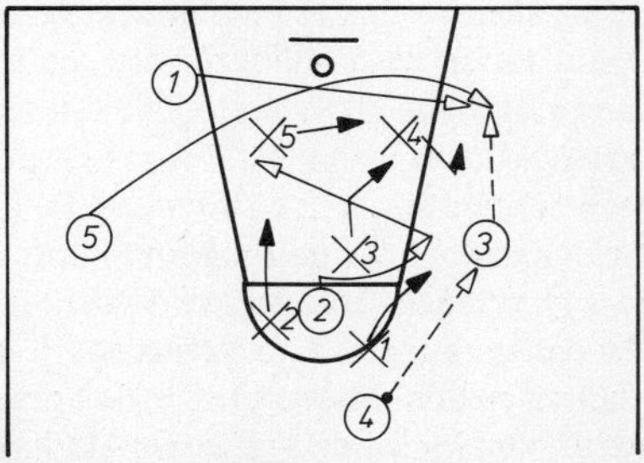

Abb. 10: Paß auf die Überlagerungsgegenseite

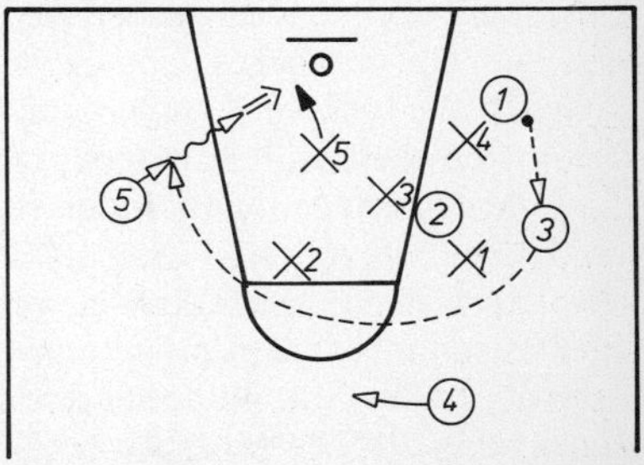

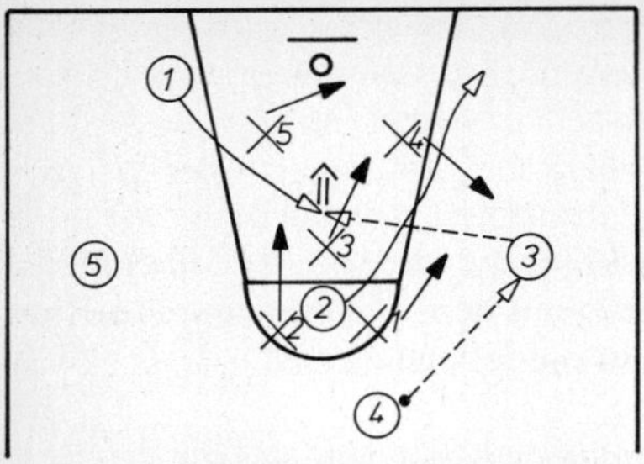

Abb. 11: Überdehnung der Ball-Raum-Verteidigung durch den Brettzenter

die Betonung der Angriffe aus dem *Rücken* der Ball-Raum-Verteidigung von der Grundlinie her (Abb. 11),
Überdehnung der Ball-Raum-Verteidigung und Angriff aus dem Rücken (Abb. 11). Diese Möglichkeit kommt besonders dann in Betracht, wenn mit zwei Brettzentern gespielt wird bzw. der ballferne Brettzenter wartet, bis im Freiwurfraum eine Lücke entsteht.

Abb. 12:

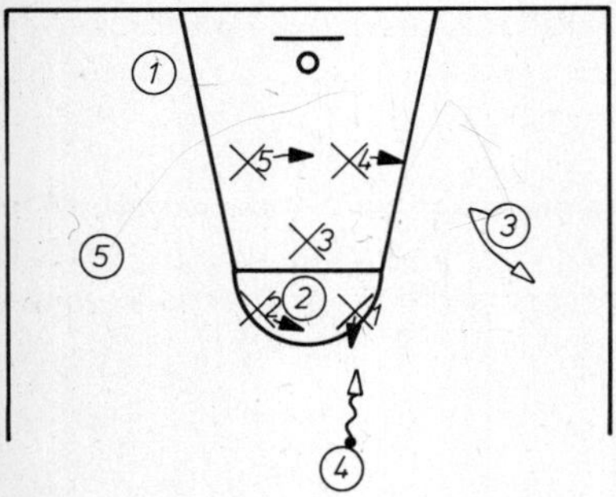

7 Beispiel: Die genannten Prinzipien sollen nun am Beispiel des *Positionsangriffs gegen die 2/1/2-Ball-Raum-Verteidigung* verdeutlicht werden:
Stufe 1: Grundaufstellung, Gegengrundaufstellung, Verteidigungsgrundbewegung und Dreieckbildung (Abb. 12). In der Aufbauphase bringt ④ den Ball nach vorn und stößt in den Deckungsbereich des Verteidigers auf der schwachen Seite, um die Verteidigung zu binden und Platz für den Bewegungsangriff der Zenter zu schaffen. Der Ballbesitzer wird eng gedeckt und der Raum zwischen Ball und Korb gegen Pässe und Dribblings abgeschirmt. Der rechte Flügel wird frei.
Stufe 2a: Überlagern und Bilden neuer Dreiecke:
Nach dem Paß auf den Flügel ③ starten die Zenter ② und ① hin-zum-Ball in die deckungsschwachen Räume und bilden mit ③ ein neues Dreieck und ein deutliches Übergewicht auf einer Seite (Überlagern siehe Abb. 7). ④ rückt nach außen, um eine zusätzliche Anspielmöglichkeit zu bieten und ein weiteres Dreieck zu bilden (Abb. 8).
Stufe 2b: Überlagern und Bilden eines Wurfschirms:
Nach dem Paß auf den Flügel ③ starten Zenter ① und Flügel ⑤ unter dem Korb durch zur Ballseite, wobei ① versucht, möglichst direkt am Freiwurfraum vor den etwa folgenden Verteidiger X5 zu kommen. ⑤ kommt von der Grundlinie her direkt danach in den Wurfschirm, erhält den Ball und wirft. Der Wurfschirm könnte im vorliegenden Fall auch von ③

durch Starten in die Brettzenterposition rechts gebildet werden, was den Vorteil hätte, daß ① noch aus dem Rücken der Ball-Raum-Verteidigung angreifen könnte.

Stufe 3: Das Ausspielen der Überzahlbildung im Bereich des Dreiecks (s. Stufe 2a):

Paßt ③ auf ② oder ① (je nach Situation) rechtzeitig, entsteht eine Überzahlsituation 3–2 im Bereich des Dreiecks, die in Richtung Korb ausgespielt werden kann, indem der nicht-angespielte Zenter zum Korb startet.

Stufe 4: Paß auf die Überlagerungsgegenseite:

Hat die Verteidigung die Überlagerung durch rechtzeitiges Mitstarten abgefangen, so daß keine Überzahl im Bereich des Dreiecks gebildet werden kann, bietet sich ein weiterer Paß zur deckungsschwachen Überlagerungsgegenseite an, wo eine Situation 1–0 oder 1–1 entsteht bzw. ein Mitteldistanzwurf möglich ist.

Betonung der Angriffe aus dem Rücken der Ball-Raum-Verteidigung und von der Grundlinie her: Da sich die Aufmerksamkeit der Ball-Raum-Verteidigung in der Hauptsache auf den Raum zwischen Ball und Korb konzentriert, ist der Angriff aus dem Rücken der Ball-Raum-Verteidigung und von der Grundlinie her eine besondere Gefahr.

Wichtig ist auch, daß bei Überlagerung die Angriffssicherung gewährleistet ist, damit der Schnellangriff des Gegners bei Ballverlusten oder Verteidigungsrebound abgefangen oder verzögert werden kann. Deshalb sollten nach jedem Wurf jeweils drei Spieler zum Angriffsrebound starten, die beiden anderen gestaffelt sichern.

8 Praxis

Die dargestellte Angriffskonzeption setzt eine hohe Flexibilität der Angreifer voraus. Oft ist diese jedoch nicht zu beobachten, sondern eine Fixierung an bestimmte Positionen und Handlungen, die auch dann noch beibehalten werden, wenn die Verteidigung durch eine geänderte Grundaufstellung den Angriff empfindlich stört. Diese mangelnde Flexibilität gründet in einem Lernprozeß, dem ein starres Systemspiel und/oder eine falsche Übungs- und Trainingssteuerung zugrunde liegen. Eine Einführung in *situationsangemessenes Handeln* muß die Prinzipien des Positionsangriffs erschließen. Sie darf nicht als Versuch-und-Irrtum-Lernen im ungeordneten (über-)freien Spiel verschwinden, darf aber auch nicht in der Vorschrift von Lauf- und Paßwegen erstarren, wie sie durch Kontinuumübungen («Give and go»-Übungsformen) ohne Verteidiger und ohne Alternativen festgelegt werden. Situationsangemessenes Handeln wird durch *Spielreihen* und/oder *Kontinuumübungen* (Komplexübungen) geschult, die folgenden Grundsätze genügen:

– Reduktion der Spielwirklichkeit auf überschaubare Grundsituationen,

- Einsicht der Lernenden in diese Reduktion (vgl. SCHALLER 1982),
- anfängliche Vorschrift des Verteidigerverhaltens, später variabel,
- Aufschalten von Alternativen je nach Lernstand der Gruppe.

Da das Ziel eines Positionsangriffs gegen die Ball-Raum-Verteidigung ein möglichst unbehinderter Wurf (Korbleger, Sprung- bzw. Positionswurf aus mittleren bis weiteren Entfernungen) ist, eignen sich alle *Überzahlsituationen* zur Schulung situationsgerechten Handelns (vgl. SCHALLER 1976; SCHMIDT/KLEIN 1982). Besonders günstig sind die Grundsituationen 3–2 und 4–3. Bei der Erörterung ist aus Raumgründen hier eine Beschränkung auf Grundzüge des Spiels 3–2 und 4–3 erforderlich. (Weiterführende und ausführliche Hinweise – vor allem für die Alternativen-Aufschaltung bei Kontinuumübungen – sind bei SCHMIDT/KLEIN [1982] zu finden.)

Grundsituation 3–2

Es ergeben sich zwei klassische Grundbewegungen des Angriffs gegen die Ball-Raum-Verteidigung nach dem Prinzip «give and go» (Abb. 13 und 14): Aufbau- oder Flügelspieler schneidet zum Korb. Ist in beiden Fällen kein Anspiel beim Schneiden zum Korb möglich, besetzt der schneidende Spieler die Brettzenterposition und schließt von dort aus mit Korbleger ab, wenn die Verteidigung es zuläßt (Abb. 15 bis 17).

Abb. 13: Aufbauspieler schneidet

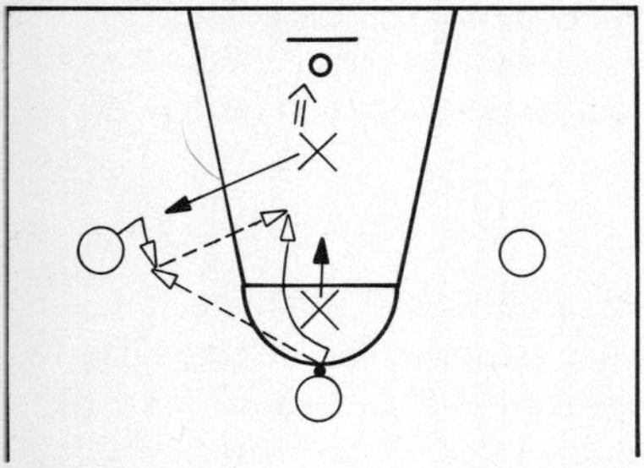

Abb. 14: Flügel schneidet

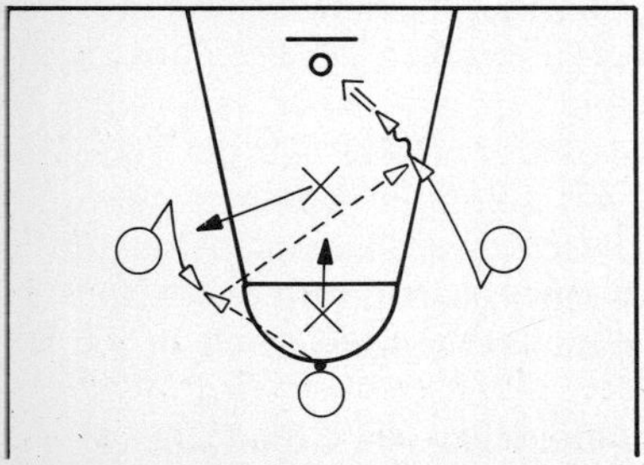

Abb. 15: Aufbauspieler schließt auf der starken Seite ab

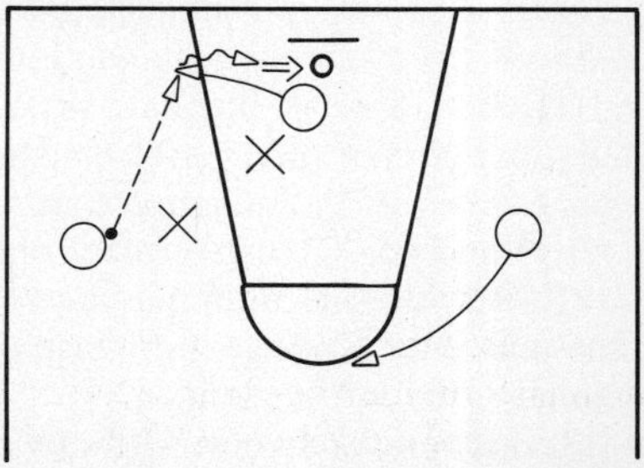

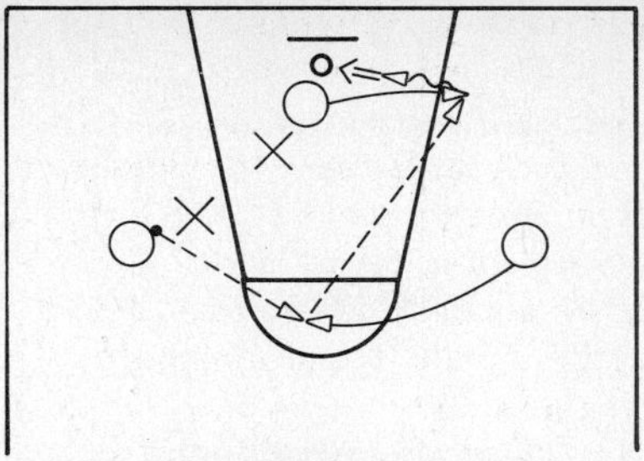

Abb. 16: Aufbauspieler schließt auf der schwachen Seite ab

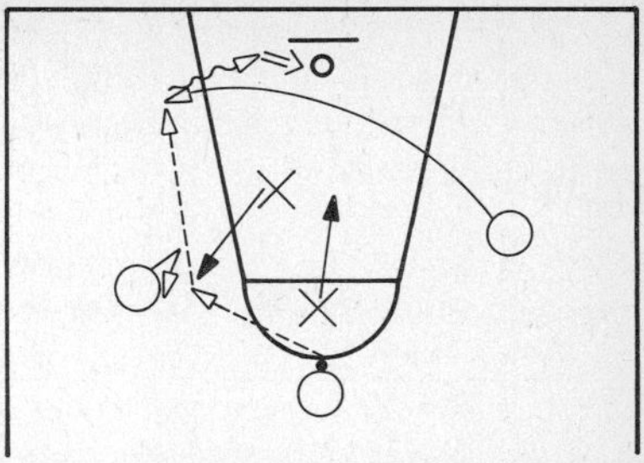

Abb. 17: Flügel schließt auf der starken Seite ab

Verhindert die Verteidigung den Korbleger des Spielers in Brettzenterposition, so bieten sich zwei Möglichkeiten:

- Das Ausspielen der Überzahl auf der starken Seite durch «give and go» (Abb. 18).
- Das Schneiden zum Korb auf der schwachen Seite (Abb. 19), wobei a) aus der Brettzenterposition nur bei einer ausreichenden Lücke zwischen beiden Verteidigern gepaßt werden kann und b) mit zwei sehr schnellen Pässen um die Verteidigung herum der schneidende Spieler angespielt wird.

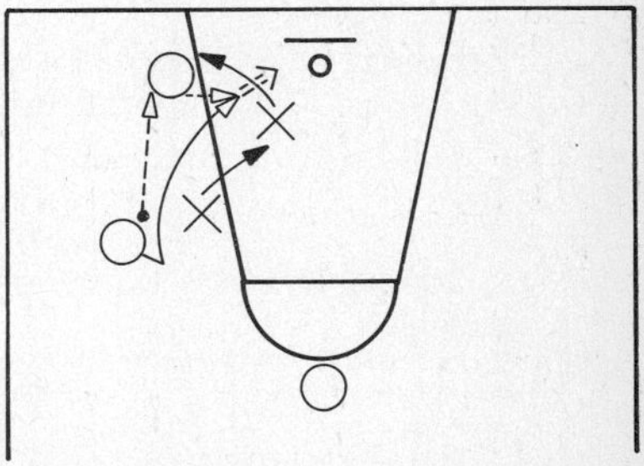

Abb. 18: Ausspielen der Überzahl am Brett

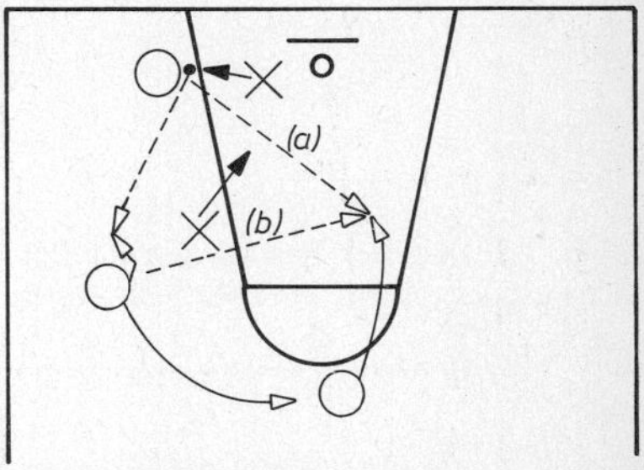

Abb. 19: Schneiden zum Korb auf der schwachen Seite

Grundsituation 4–3

Das Schneiden zum Korb als Grundbewegung durch Aufbau- und Flügelspieler bleibt erhalten, wobei der Ball günstigerweise außen um die Verteidigungsformation herumwandert und das Schneiden auf die Gegenseite erfolgt. Dabei entstehende Überzahlsituationen an der Grundlinie werden durch «give and go» ausgespielt. Gelingt es der Verteidigung, die Überzahl zu verhindern, wandert der Ball – je nach der Verteidigerposition – schnell auf die andere (schwache) Seite, von der meistens der unbehinderte Abschluß möglich ist.

Abb. 20: Aufbauspieler schneidet zur Brettzenterposition

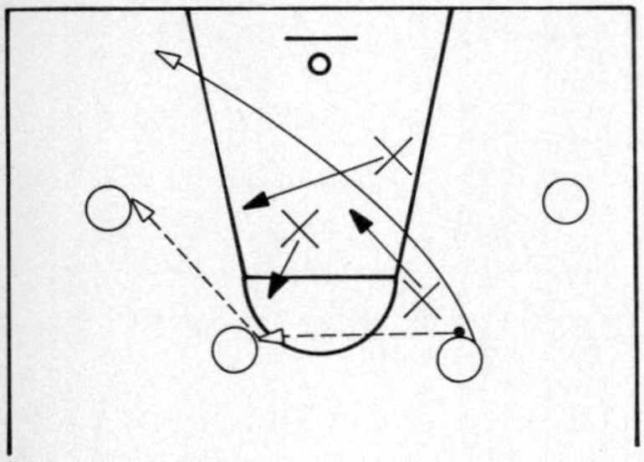

Abb. 21: Flügel schneidet zur Brettzenterposition

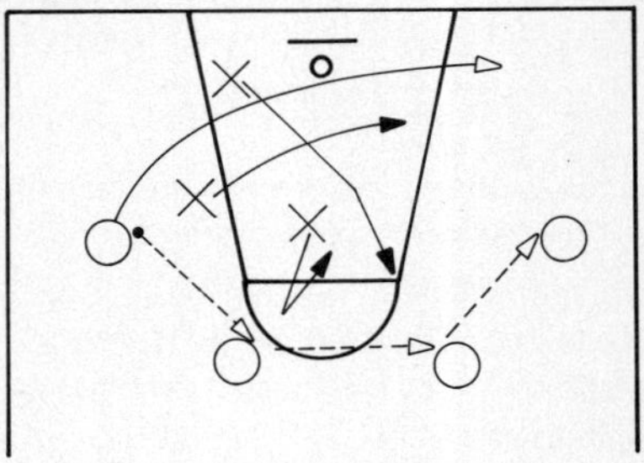

Abb. 22: Direkter Paß zum schneidenden Gegenflügel

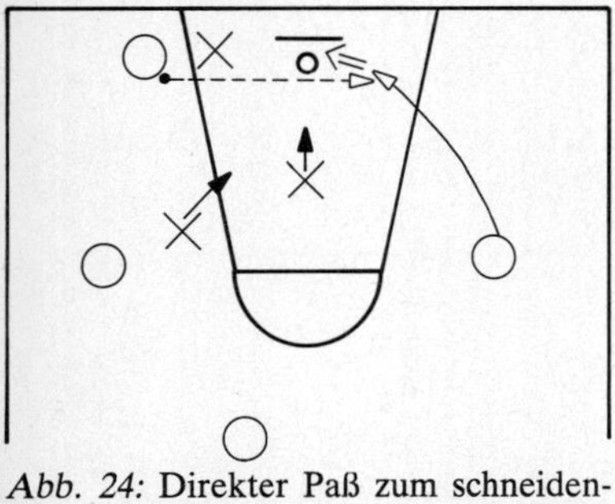

Abb. 23: Indirekter Paß zum schneidenden Aufbauspieler auf der schwachen Seite

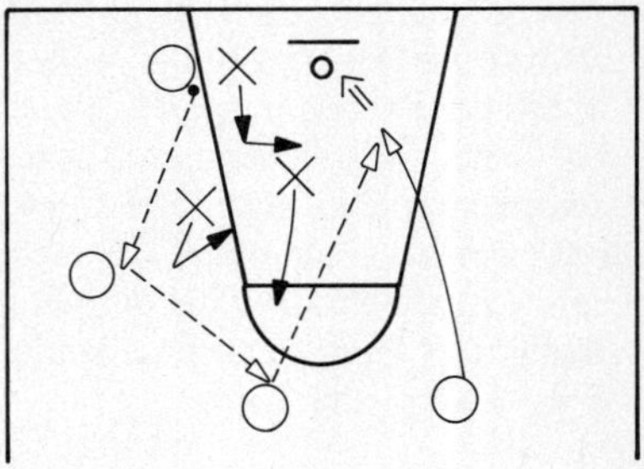

Abb. 24: Direkter Paß zum schneidenden Gegenspieler auf der schwachen Seite

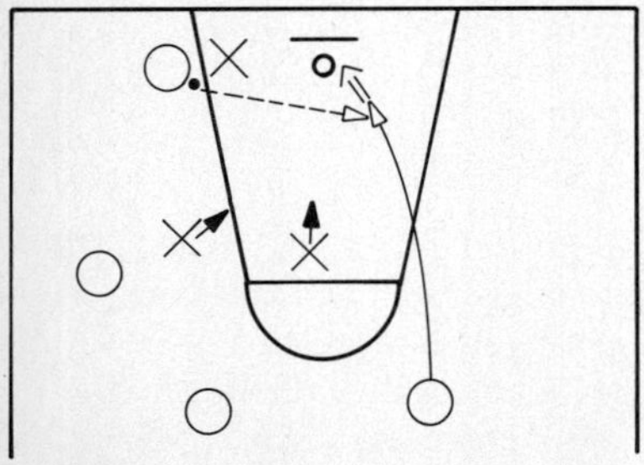

Abb. 25: Indirekter Paß zum schneidenden Gegenflügel

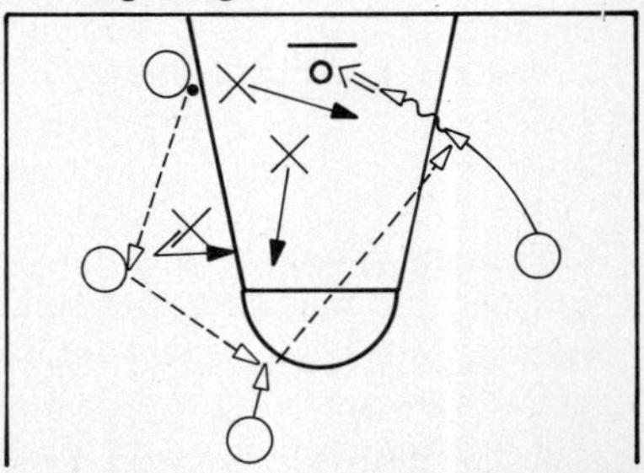

Die praktische Umsetzung der hier skizzierten Spielvorgänge kann auf dreierlei Art geschehen (vgl. SCHMIDT/KLEIN 1981):

- Durch *spielerische Erprobung*, bei der die Reizkonstellation selbst als Auslöser situativ richtigen Handelns angesehen wird. Dieses Vorgehen setzt viel Spielerfahrung und -verstehen voraus und wird nicht bei jeder Gruppe erfolgreich sein,
- durch einen Wechsel zwischen *kognitiver Erarbeitung* der Lösungsmöglichkeiten und deren *spielerischer* (komplexer) *Erprobung*. Dieser Weg wird in der Regel bis zur Erarbeitung einer ‹Grobform› taktisch sinnvollen Verhaltens ausreichen,
- durch eine *Zerlegung* der Spielabläufe *in Kontinuumübungen* (Komplexübungen), die Einzelabläufe exakt einschleifen und sukzessiv Handlungsalternativen erschließen.

Eine so angelegte situative Grundlagenschulung ermöglicht die Einführung spezieller Systeme gegen einzelne Formen der Ball-Raum-Verteidigung einschließlich der Alternativhandlungen – also ohne den vom Gegner durchschaubaren Ablauf mit dem zwanghaften Fehlpaß als Folge. Solche *Angriffssysteme* («pattern») finden sich bei WOODEN 1966, 168–173; LINDEBURG 1967, 208–211; EBERT/CHEATUM 1972, 124–135; ARMSTRONG/CASSIDY 1973, 117–130; COUSY/POWER 1975, 235–249; HARKINS 1976, 41–50, 69–72, 93–98, 128–138, 158–161, 178–181, 202–205; WALDOWSKI 1983, 197–201.

Merke

- Die wichtigsten Schwächen der Ball-Raum-Verteidigung sind die Empfindlichkeit gegen Weitwürfe, das Entstehen deckungsschwacher Räume und die Ermüdung der Verteidiger.
- Die erste Aufgabe beim Beginn des Positionsangriffs lautet: Überblick verschaffen, die gegnerische Grundaufstellung erkennen!
- Die zweite Aufgabe lautet: Die deckungsschwachen Räume (Nahtstellen) durch Gegengrundaufstellung besetzen!
- Der Angriff muß in Bewegung gehalten werden, indem plötzlich in die deckungsschwachen Räume gestartet wird.
- Die einfachsten Angriffsmittel sind: schnelles Passen und Weitwürfe.
- Weitere Angriffsprinzipien sind:
  - Überlagern und Dreieckbildung,
  - Überlagern und Wurfschirmbildung mit Wurf,
  - Überzahlbildung im Dreieckbereich ausspielen,

- Paß auf die deckungsschwache Gegenseite und Spiel 1–0 oder 1–1,
- Angriff aus dem Rücken der Ball-Raum-Verteidigung an der Grundlinie,
- Überdehnen der Ball-Raum-Verteidigung mit Angriff aus dem Rücken.

- Nach dem Wurf muß die Angriffssicherung gewährleistet sein (um Schnellangriffe des Gegners abfangen zu können) und der Angriffsrebound eingeplant werden.
- Die Schulung des situationsgerechten Angreiferverhaltens geht aus von einer Grundlagen-Spielschulung in Überzahlsituationen (3–2; 4–3) und erarbeitet dabei oder durch Zerlegung in Kontinuum-Übungen mit Alternativlösungen die Angriffsprinzipien, die nicht zu einer Fixierung an starre Lauf- und Paßwege führen, sondern zur situationsgerechten Problemlösung.

Literatur

15 (S. 117–130); **82** (S. 235–249); **117** (S. 124–135); **221** (S. 41–50, 69–72, 93–98, 128–138, 158–161, 178–181, 202–205); **347** (S. 208–211); **481**; **505**; **597** (1966: S. 168–173).

Hans-Günther Bracht

6.10 Angriff gegen die Preß-Verteidigung

Schlagwörter

[1] Erfolgreiche Bekämpfung: Prinzipien von Mann-Mann- und Zonen-Presse erkennen.

[2] Positionsangriff: Handlungsinitiative beim Angreifer; Spielzüge.

[3] Positionsangriff gegen Mann-Mann-Presse: Einwurfspielzüge; Ballvortrag durch besten Dribbler; Positionsangriff gegen Zonen-Presse: Grundaufstellung.

[4] Individuelle Regeln gegen Pressen: Gegen Zonen-Presse schnelle, kurze Pässe; Dribbler gegen Mann-Presse.

5 Presse: Physische und psychische Belastung; Gefahr im Training alltäglich machen.

6 Praxis: Bekämpfung der kombinierten Presse und des Doppelns; Individuelle Fertigkeiten/Fähigkeiten gegen Mann-Presse.

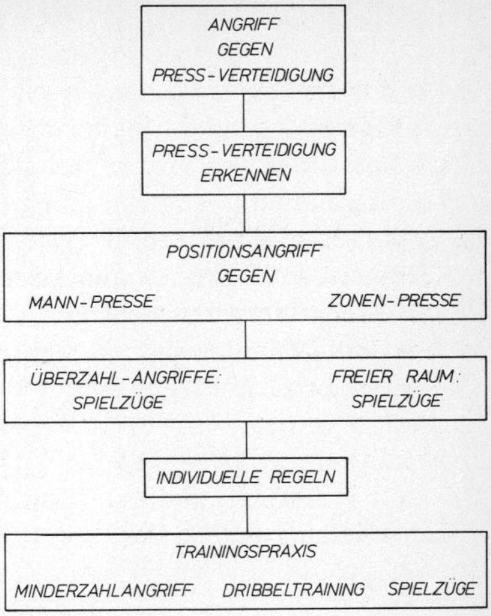

Erläuterungen

1 Als Voraussetzung zur erfolgreichen Bekämpfung einer Verteidigung gilt, die ihr zugrunde liegenden Mechanismen zu erkennen:
Prinzipien der Mann-Presse: Dekkungsspieler bewegen sich zwischen Mann und Ball (Paß-Strahl schneiden), Dribbler wird zur Seitenlinie bzw. in eine Spielfeldecke (auch an der Mittellinie) gedrängt und dort gedoppelt.
Prinzipien der Zonen-Presse: Verteidigungsblock bewegt sich zwischen Ball und Korb, vorn wird der Ballbesitzer zum Dribbeln verleitet, gestoppt und gedoppelt, die übrigen Spieler rücken auf und schneiden aggressiv die nächsten Paß-Wege.
Beide Formen werden als Ganzfeld-, Dreiviertelfeld- und Halbfeld-Presse gespielt. Erkennen läßt sich die Preß-Verteidigung aber nur, wenn die Mannschaft Überblick behält und gelassen bleibt. Diese Komponenten gründen in der Trainings- und Spielerfahrung; die Mannschaft muß auf die Presse vorbereitet sein. Erst dann läßt sich eine Presse aktiv angreifen und gezielt bekämpfen.

2 Gestützt auf das richtige Erkennen der Verteidigung ist ein *Positionsangriff* das beste Mittel, um das Überraschungsmoment der Presse zu überwinden. Gegen die Presse den Ball zu halten, darf nicht zum Selbstzweck werden, sondern ist nur Voraussetzung, um die Verteidigung anzugreifen und durch Ausnutzung der Wurfchancen unter Druck zu setzen. Die *Handlungsinitiative* muß beim Angreifer bleiben. Dies gelingt über *Spielzüge*, die die jeweiligen Schwächen der Presse ausnutzen.

3 Der *Positionsangriff* gegen die Ganzfeld-Mann-Presse wird im allgemeinen der Möglichkeit vorgezogen, die Presse schon in ihrem Vorfeld zu bekämpfen, bevor sie sich organisieren konnte. (Ausnahme: PALLADINO

[1976] und neuerdings SANDERFORD [1981], der durch eine schnelle Ausführung des Einwurfes die Presse in ihrer Aufbauphase schon bekämpft und damit die Chance für einen «verzögerten» Durchbruch erzwingt.) Der Positionsangriff setzt die Beherrschung der Bekämpfung der *Mann-Mann-Deckung* voraus (vgl. 6.2). Der Angriff-in-der-Überzahl wird durch gezielte Aktionen unter Ausnutzung der spezifischen mannschaftlichen Gegebenheiten zu erreichen gesucht. Da Ganzfeld-Mann-Pressen oft schon den Einwurf von Grund- und Seitenlinie bekämpfen, ist ein besonderes Repertoire an *Einwurfspielzügen*, die meistens von den Hinterspielern verbal oder optisch angezeigt werden, notwendig.

Einwurfspielzüge (Beispiele)

Grundaufstellung nach BYKERK

Abb. 1: Paß- und Laufweg-Alternativen

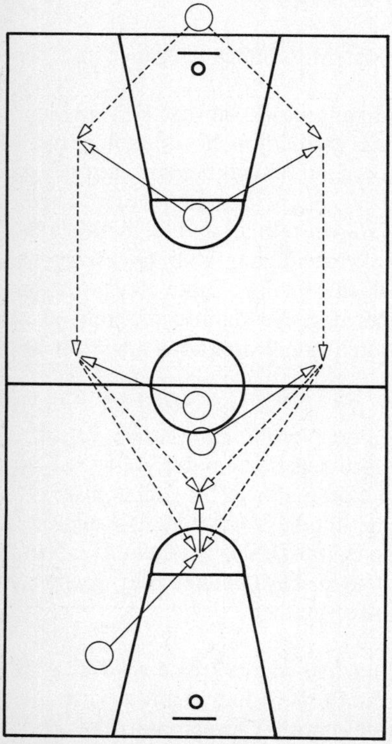

Abb. 2: Spielzug aus der 1/1/2/1-Aufstellung

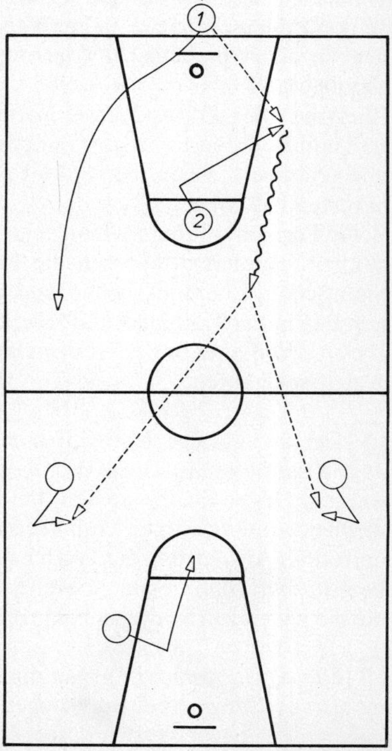

Der in Abbildung 2 dargestellte Spielzug kann nur erfolgreich sein, wenn durch schnelle Veränderung aller Positionen Abspielmöglichkeiten eröffnet werden; Spieler (2) bester Dribbler der Mannschaft.

Bei Aufrechterhaltung der *Grundaufstellung* kann durch Einbeziehung vortaktischer Maßnahmen aus dem Spiel gegen die Mann-Deckung die Handlungsinitiative beim Angreifer bleiben.

Einfach-Spielzug:

Entscheidend ist dabei die überzeugende Täuschung durch den Zenterspieler ⑤ und sein schnelles Zurücklaufen zur Ball-Annahme, während Spieler ③ nach Täuschung zur Mittellinie sprintet und vom Zenter den Ball erhält (Abb. 3).

Einfach-Spielzug mit Block:

Spieler ④ und ⑤ blocken Spieler ② und ③ frei. Spieler ④ rollt ab zur Annahme des Abwurfes, Spieler ③ löst sich, wechselt die Laufrich-

Viereck-Aufstellung nach La Grand

Abb. 3: Einfachspielzug

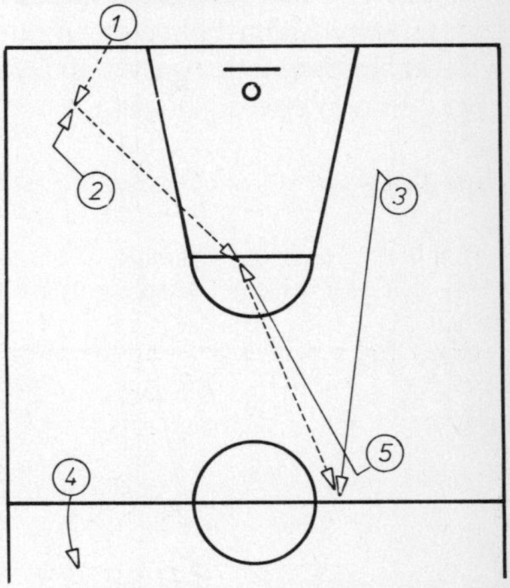

Abb. 4: Einfachspielzug mit Block

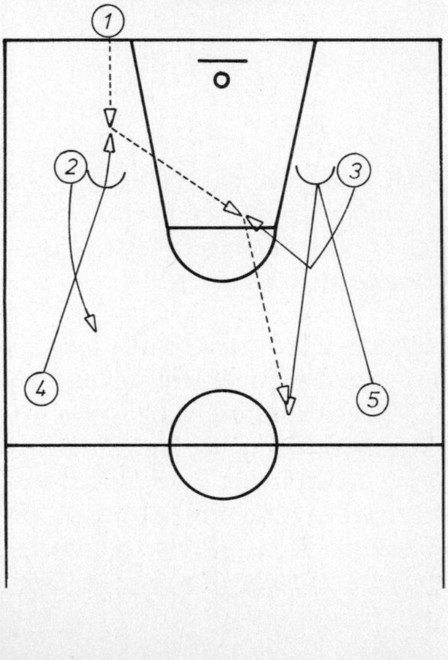

Abb. 5: Einfachspielzug mit Block und Positionswechsel

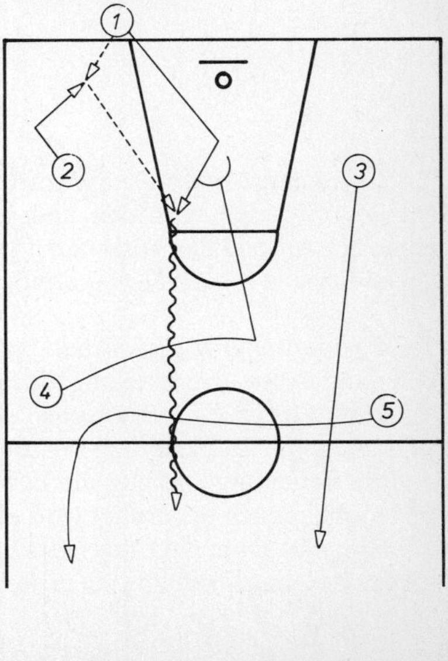

tung, erhält den Ball von ④. Abspielmöglichkeit nach vorn zu ② und ⑤ (Abb. 4).
Während des Positionswechsels zwischen den Spielern ④ und ⑤ erfolgt der Einwurf. Spieler ④ bietet sich für den Paß von ② an, blockt aber den Einwerfer ① frei, so daß dieser den Ball durch Dribbling in der Mittelspur nach vorn bringt. Spieler ③ und ⑤ bleiben in ihren Spuren (Abb. 5).
Grundsätzlich ist auch hier richtig, alle Angriffsbewegungen auf das Spiel 2–1 und 1–0 zu reduzieren, mindestens auf 1–1. Daher sollte besonders bei Halbfeld-Mann-Presse der *Ballvortrag* durch den besten Dribbler ausgeführt werden, und zwar so, daß der Ballbesitzer in der Mittelspur allein gegen einen Verteidiger spielt.

nach ZAMPARDI

Abb. 6: Gleichwertige Anspielmöglichkeiten

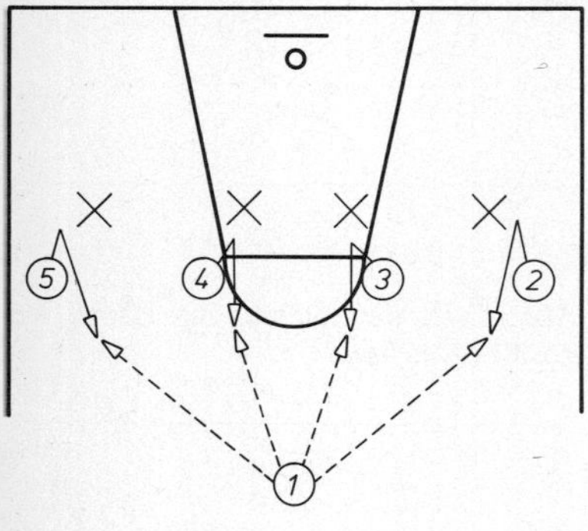

Abb. 7: Anspiel auf Vorzenter – Flügel schneidet im Rücken

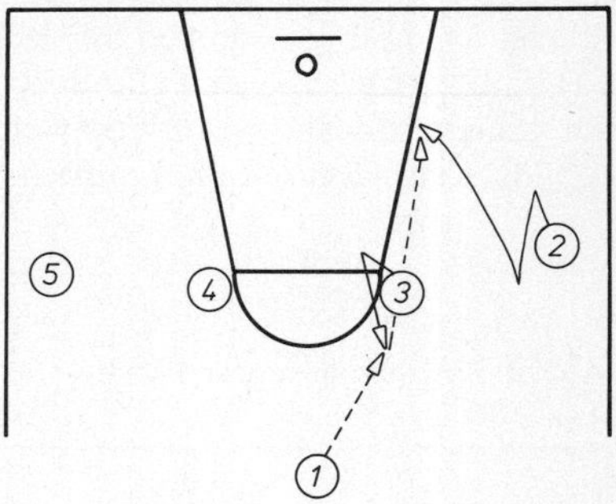

Der 1–4-Angriff bietet für Spieler ① vier Abspielmöglichkeiten, die alle eine 1–1-Situation eröffnen und eine Doppelung erschweren. Zudem würde ein Anspiel der Vorzenter ③ und ④ für die Flügelspieler Schneiden im Rücken («back door») ermöglichen (Abb. 6 und 7).

Der *Positionsangriff gegen die Zonen-Presse* macht sich in den meisten Fällen durch seine Aufstellung die Schwächen der Zonen-Aufstellung der Presse zunutze, z. B. 1/3/1- gegen 2/1/2-Zone. Voraussetzung ist die Beherrschung der Bekämpfung der Ball-Raum-Verteidigung (vgl. 6.4). Besondere Bedeutung hat hier die Bewegung in den freien Raum, die durch das Doppeln noch begünstigt wird und Schnellangriffe ermöglicht. Da ein Dribbling das Doppeln erleichtert, ist gegen die Zonen-Presse grundsätzlich der Paß dem Dribbling vorzuziehen. Pässe sind schneller als jeder Gegner. Die folgenden Einwurfspielzüge zeigen exemplarisch, wie durch die Grundaufstellung das Überraschungsmoment wieder zum Angreifer verlagert und der Ball sicher ins Spiel gebracht werden kann.

Einwurfspielzüge
Spätestens an der Mittellinie müssen sich dem Spieler ③ mehrere offensive Anspielmöglichkeiten bieten. Wichtig: Timing der Spieler ⑤, ④, ⑥ (Abb. 8). Nach dem Sternschritt sollte Spieler ③ nur in Bedrängnis dribbeln, sonst Paß zu ④ oder ②. Der Ball muß in die Mittelspur bis zur Mittellinie gebracht werden (Abb. 9).

Linienaufstellung und Reihenaufstellung nach ANDERSON / ALBECK

Abb. 8: Reihenaufstellung

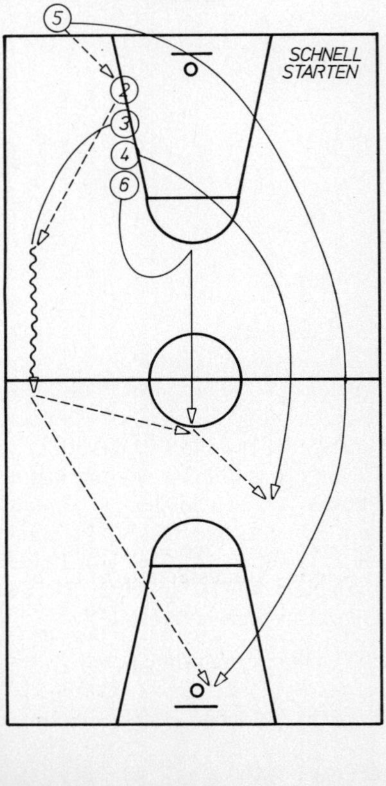

Abb. 9: Linienaufstellung

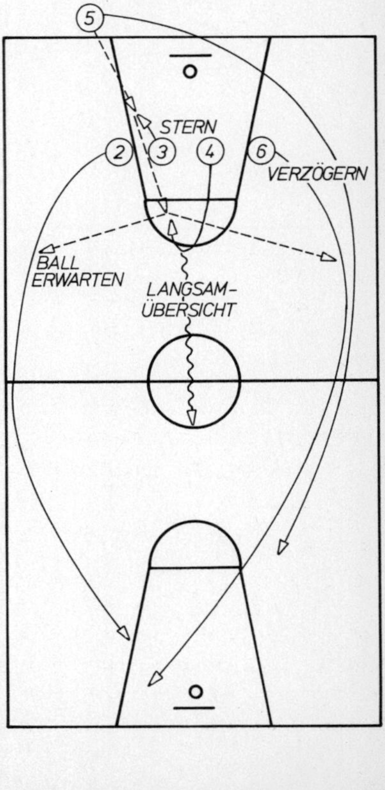

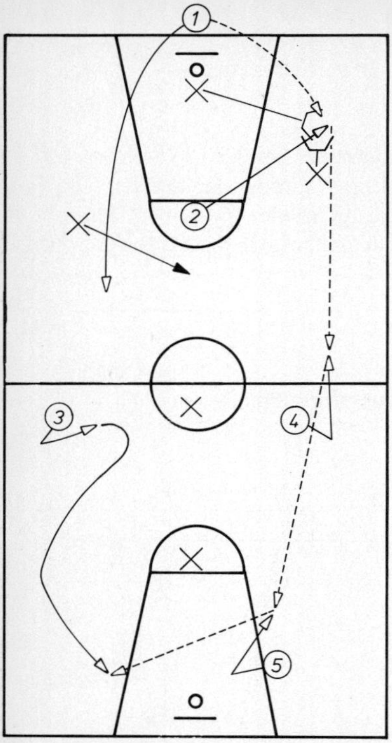

Abb. 10: Bekämpfung der 1/2/1/1-Zone nach Bykerk

Gegen die in den USA häufig gespielte 1/2/1/1-Zonen-Presse (Pfeil-Presse), die den Einwurf nicht behindert, aber dann sofort doppelt, hat sich nebenstehender Spielzug bewährt. Grundlegend für den Erfolg ist das Timing des Vorderspielers ③, um ein sicheres Anspiel von ② zu gewährleisten (Abb. 10).

Spielzug gegen die 3/1/1-Halbfeld-Zonen-Presse nach Ramsey

Abb. 11

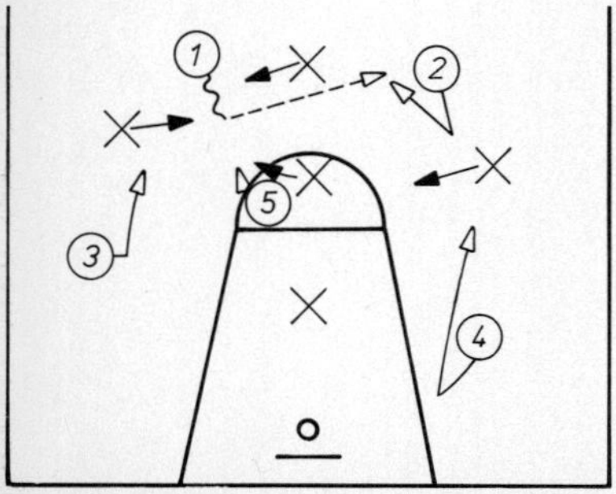

Spielzüge gegen die Halbfeld-Zonen-Presse

Spieler ① dribbelt nicht in die Verteidigungslinie hinein, vor Doppelung schneller Paß zu ② (Abb. 11). Bevor ② gedoppelt werden kann, Paß zu ④, und Spieler ⑤ kommt dem Ball entgegen (Abb. 12). Spieler ④ paßt zu ⑤ oder ③. Beide Varianten führen zu einer klaren Überzahlsituation (Abb. 13).

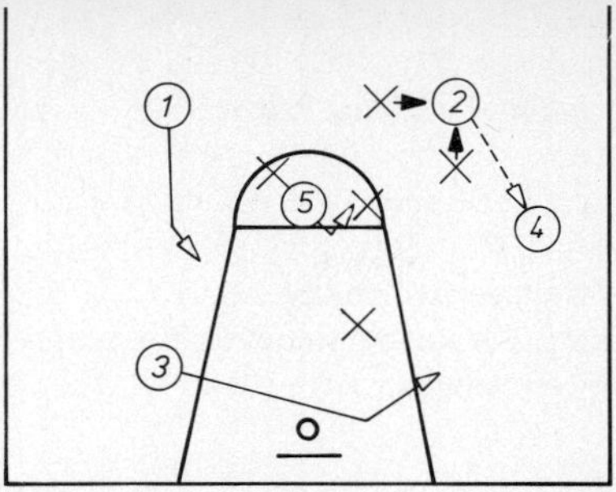

Abb. 12

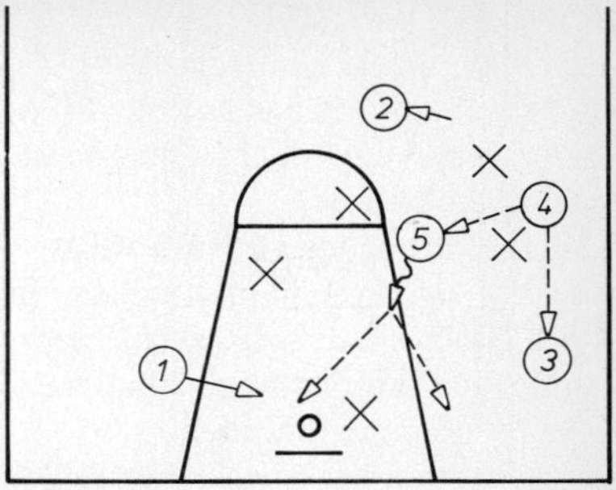

Abb. 13

Spielzug gegen eine 2/1/2-Halbfeld-Zonen-Presse
Hier wird die Grundaufstellung und damit eine Schwäche der Zonen-Presse unberücksichtigt gelassen.

Nach Ballvortrag paßt Spieler ① noch vor der Mittellinie zu ②. Vor der Doppelung kann Spieler ② zu ① zurückpassen, ③ oder sogar ④ anspielen. Falls ② zu ① paßt, ergibt sich eine Überzahlsituation: ① zieht in die Mittelspur oder schneller Paß zu ④ oder ⑤ (Abb. 14).

Abb. 14: Bekämpfung der 2/1/2-Halbfeld-Zone nach MEYER

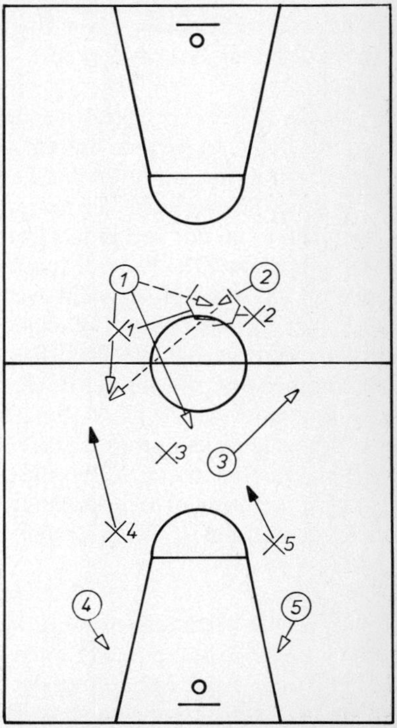

4 Als individuelle Faustregeln gegen die Pressen können gelten:
- *Schnelle kurze Pässe* gegen die Zonen-Presse,
- *Dribbling* durch den besten Dribbler gegen die Mann-Presse,
- Querpässe nur bei absoluter Sicherheit,
- keine Lob-Bälle,
- lieber Sprungball als Ballverlust,
- Mittel- und Seitenlinien stellen einen weiteren Verteidiger dar,
- der Ballbesitzer soll nach Überwindung der vordersten Verteidigungslinie eine Abspielmöglichkeit nach hinten haben,
- Täuschungen anwenden,
- der Ballbesitzer ist nach der Ballabgabe häufig wieder anspielbar,
- Ballbesitzer müssen auch einen Angriff in ihrem Rücken erwarten,
- Spureinteilung beachten,
- erwarte die Doppelung, dann passe,
- überwinde den Rückraum zügig,
- nutze die Chance für einen (verzögerten) Schnellangriff,
- vergiß nicht, Körbe zu erzielen,
- hilf dem Ballbesitzer, wenn er gedribbelt hat oder wenn er gedoppelt wird,
- halte deinen Verteidiger vom Ballbesitzer fern,
- biete dich dem Ballbesitzer an.

5 Da die Presse eine aggressive, den Angreifer angreifende Verteidigung darstellt, bedeutet sie eine extrem starke *physische* und vor allem *psychische Belastung* für den Angreifer. Die sich dadurch ergebende Gefahr einer psychischen Schwächung, die sich in Wurfschwächen und Fehlpässen niederschlägt, kann nur verhindert werden, indem man die Belastung alltäglich werden läßt. Dies bedeutet aber: regelmäßig muß im Training auch die Bekämpfung der Presse geübt werden. Nur so kann das erforderliche Selbstvertrauen und die notwendige Sicherheit einer Mannschaft vermittelt werden. (Meyer hält im Profi-Basketball eine mindestens zweiwöchige Trainingsperiode, die nur der Bekämpfung der Pressen gewidmet wird, für unbedingt erforderlich.) Erklärungen und audio-visuelle Hilfsmittel stellen eine Ergänzung dar, dürfen aber nicht als Ersatz für das Training angesehen werden. Die Bedeutung der psychischen Stärke einer Mannschaft wird einsichtiger, wenn man berücksichtigt, daß eine Mannschaft oft erst (oder schon) geschlagen ist, wenn sie denkt, daß sie verloren hat.

6 **Praxis**

Eine spezielle Methodik zum Erlernen der Bekämpfung einer kombinierten Deckung wie Mann- oder Zonen-Presse erübrigt sich, da nur die methodischen Wege zur Bekämpfung der Mann-Mann-Verteidigung mit denen zur Ball-Raum-Verteidigung verbunden werden müssen. Nach Hagedorn

(1968) verdient jedoch die *Bekämpfung des Doppelns* bei der Presse besonderes methodisches Augenmerk. Um die Schwäche des Doppelns und die Notwendigkeit der Bewegung in den freien Raum zu zeigen, ist der Angriff in der Minderzahl (Spiel 2–3, 3–4, 4–5) nützlich. Um mehr Preß-Situationen zu erzeugen, sollte die verteidigende Mannschaft um einen sechsten Spieler vergrößert werden. (Da das Spiel 1–2 das Dribbling fordert, sollte es nur beim Training gegen die Mann-Presse zur Anwendung kommen.) Abschließend kann mit dem Spiel 5–5 der freie Mann der Presse eingeführt werden.

Cousy/Power empfehlen folgenden kleinschrittigen, aber effektiven Weg zur Erarbeitung einzelner Spielzüge gegen die Presse:

1. Abschreiten der Laufwege mit Erläuterungen der jeweiligen Verantwortlichkeit und Verdeutlichen der Handlungsalternativen,
2. das Grundmuster des Spielzuges mit halber Kraft durchlaufen,
3. Spiel gegen passive Verteidiger,
4. Spiel gegen leicht mitgehende Verteidiger,
5. Spiel gegen Verteidiger, denen nur Fußarbeit erlaubt ist,
6. Spiel gegen leistungsschwächere Gegner, um Timing und Koordination sowie das Selbstvertrauen zu festigen.

Derart vorbereitet, können Cousy/Power ihrer Mannschaft versichern: «... pressing defenses are the weakest defenses in basketball ...» (1975, 250).

Besondere Beachtung sollte der Schulung der individuellen Fertigkeiten/Fähigkeiten des *Dribblings* gegen die Mann-Presse beigemessen werden: Körperbeherrschung, peripheres Sehen, Dribbel-Fertigkeiten. Als Übungsform empfiehlt sich der «Hühnerlauf»: Drei Gruppen an der Grundlinie. Die beiden ersten Spieler jeder Gruppe erhalten einen Ball. Auf Pfiff dribbeln die ersten drei Spieler zur gegenüberliegenden Seitenlinie. Durch mehrmaligen Seitenwechsel entsteht ein Zick-Zack-Effekt. Bei Erreichen der Grundlinie erfolgt nach Sternschritt das

Abb. 15: Hühnerlauf in drei Gruppen

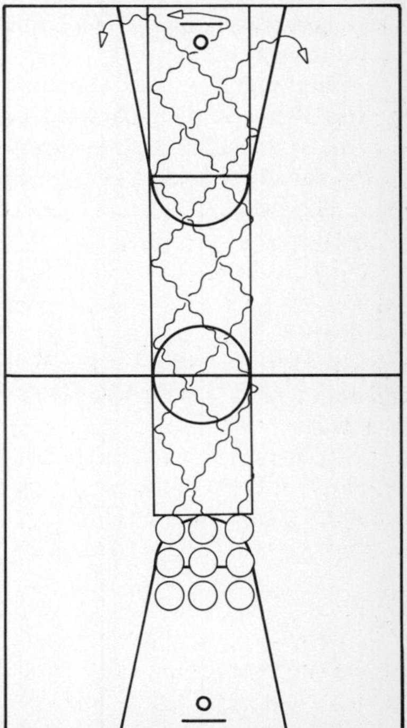

Dribbling zurück. Sobald die ersten drei Spieler zurückdribbeln, starten die nächsten.
Eine andere Möglichkeit bietet das Spiel 1–1, wobei sich der Angreifer nicht zur Seitenlinie abdrängen lassen darf.

Merke

- Grundlage der Bekämpfung einer Presse ist Selbstvertrauen auf der Basis umfangreicher Trainingserfahrung.
- Der Positionsangriff (einschließlich notwendiger Einwurfspielzüge) gegen die Mann-Presse ermöglicht den Angriff-in-der-Überzahl, zumindest aber ein Spiel 1–1 durch den besten Dribbler.
- Vortaktische Maßnahmen lassen den Angreifer die Initiative zurückgewinnen.
- Der Positionsangriff (einschließlich Einwurfspielzügen) gegen die Zonen-Presse nutzt die Schwachstellen der Zonen-Aufstellung und fördert die Bewegung-in-den-freien-Raum.
- Durch Pässe anstelle von Dribblings kann die Gefahr des Doppelns verringert werden.
- Über Angriffe-in-der-Minderzahl im Training können die Schwächen der Presse verdeutlicht werden.
- Es ist unbedingt notwendig, gegen unterschiedliche Preß-Verteidigungen systematisch einzelne Spielzüge zu erarbeiten.

Literatur

10; 55; 74; 82, 173; 381; 432; 476; 597.

Dieter Niedlich

6.11 Angriff gegen die kombinierte Verteidigung

Schlagwörter

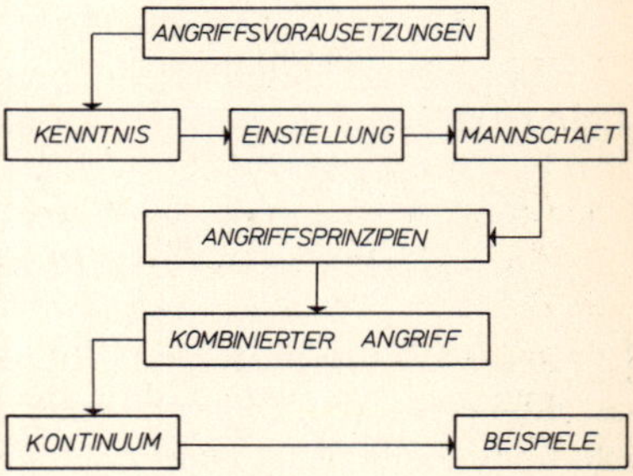

[1] Geistige Einstellung gegen Überraschung; als Mannschaft reagieren.

[2] Aufstellung der kombinierten Verteidigung erkennen; Schwächen kennen.

[3] Suche nach Universalangriff, kombinierte Angriffsstrukturen, Block- und Schneidebewegungen; Beispiel Stack-Angriff.

[4] Prinzipien des Angriffs gegen kombinierte Verteidigung: Gelassenheit, Überlagerung, Kontinuität von Bewegungen (Kontinuum), Block-/Schneidebewegungen, schwache/starke Seite, Spiel 1–1; Paß-Spiel, offensiver Rebound.

[5] Häufigste Form: kombinierte Verteidigung gegen Flügel (Topwerfer) sowie gegen Aufbauspieler.

[6] Praxis, Flügel und Aufbau besonders gegen Kasten-und-1/Diamant-und-1 im Training üben.

Erläuterungen

[1] Ziel der kombinierten Verteidigung ist es, nicht nur den oder die beiden überragenden Angreifer (meist bester Werfer) auszuschalten, sondern durch diese ungewohnte Mischform alle fünf Angreifer zu überraschen und den gewohnten Spielaufbau und die Kontinuität des Mannschaftsangriffes zu stören. Daher bringen einseitige Angriffsaktionen wie a) alle spielen und blocken für den mann-gedeckten Spieler oder b) die anderen Angreifer spielen 4–4 (und beziehen den 1–1 gedeckten Mitspieler nur sporadisch in das Spiel ein) nur eine kurzfristige Lösung dieser Situation. Die Angreifer müssen *geistig* auf eine kombinierte Verteidigung *vorbereitet* sein (abhängig von der Art), Grundaufstellung und Grundsystem(-spielzüge) anwenden und als Mannschaft reagieren.

[2] Es ist im besonderen Aufgabe der Aufbauspieler, die Verteidigungsform (häufigste: Diamant-und-1, Kasten-und-1, Dreieck-und-2) zu ‹lesen› (erkennen) und den Angriff zu lenken. Alle diese Formen stellen eine Kombination von Mann-Mann- und Zonen-Verteidigung dar, und entsprechend ergeben sich die Schwächen dieser Verteidigung:

- schwach gegen Block- und Abrollbewegungen (MMV; Kompetenzschwierigkeiten) (vgl. COUSY/POWER 1970),
- schwach gegen Rebounder (MMV) (HARVEY 1973),
- schwach gegen gute Passer (Zone),
- schwach gegen gute Werfer aus mittlerer und weiter Entfernung (Zone) (vgl. LINDEBURG 1967),
- schwach besonders gegen Überlagerung und ständige Schneidebewegungen (Zone) (vgl. COUSY/POWER 1970).

3 Es ist vorrangiges taktisches Ziel von Spielern und Trainern, den Gegner zu überraschen, aber selber mit allen neuen Situationen in Gelassenheit und ohne Panik fertig zu werden. Dies erklärt auch die Suche nach einem *Universalangriff* gegen alle Formen der Verteidigung (vgl. LINDEBURG 1967, 210). Ein Universalangriff gegen die kombinierte Verteidigung muß *kombinierte Angriffsstrukturen* gegen MM- und Zonenverteidigung beinhalten; im wesentlichen müssen Block-, Schirm- und Schneide-Bewegungen kombiniert werden.
Allgemeines Ziel jedes Angriffs ist es, aus einer guten Aufteilung des Ziel-Spielraumes isolierte 1–1-Situationen (hin zum 1–0) herzustellen, nach Möglichkeit in Korbnähe oder mittlerer Entfernung. Als häufige Angriffsform werden verschiedene Variationen des sogenannten «Stack»-Angriffs (1/2/2-Aufstellung) gegen kombinierte Verteidigung gespielt (vgl. COUSY/POWER 1970, 243–246; SAUERS 1973).

4 In einem Angriffsspiel, in dem der mann-gedeckte Spieler weder außen allein gelassen noch in eine Doppelsituation (z. B. als «Post» oder beim direkten Block) gebracht werden soll, ist als wesentliches Prinzip die *Kontinuität von Bewegungen* mehrerer Spieler zu nennen; dies wird besonders in der Form des Kontinuums (vgl. 6.8) hergestellt, indem die Spieler immer mehrere Spielmöglichkeiten haben. Abhängig von der Verteidigungsform (gegen Aufbau oder Flügel gerichtet) sind die 2/2/1, 1/3/1 und 2/1/2 die häufigsten Aufstellungen.
Folgende *Prinzipien* sind zu beachten:

- ungewohnte Situationen mit Gelassenheit und Geduld angehen,
- Verteidiger durch wechselnde Überlagerung aus den Positionen herausholen,
- mann-gedeckten Spieler in einem Kontinuum durch Block- und Schneidebewegungen freispielen,
- mehr Gegenblock als direkten Block spielen,
- bewußtes Spiel über schwache bzw. starke Seite,

- mann-gedeckten Spieler besonders auf schwacher Seite in 1–1-Situation bringen,
- mann-gedeckten Spieler auf schwacher Seite aus tiefer Seitzenterposition zum Offensivrebound gehen lassen,
- kontrolliertes Paß-Spiel besonders über Dreiecke.

5 Die kombinierte Verteidigung kann gegen herausragende Spieler in allen drei Spielpositionen gespielt werden. Besondere Angriffsmaßnahmen für den Zenter entfallen aber meist, da sich dieser (bedingt durch seine korbnahen Positionen) stets gegen kombinierte Verteidigungsformen durchsetzen muß.
Am häufigsten muß der herausragende *Flügelspieler* (Topwerfer; exzellenter Zieher) damit rechnen, gegen besondere Verteidigungsmaßnahmen spielen zu müssen. Da er den Ball nicht so häufig wie gewohnt bekommen kann, muß er besonders:
- gelassen und geduldig bleiben,
- das Spiel seiner Mitspieler abwarten (Passen, Blocken, Schneiden),
- vor allem auf der schwachen Seite (oft in tiefer Zenterposition) spielen.

Der *Aufbauspieler* hat es leichter (vorausgesetzt er ist ein guter Dribbler und Passer), da er durch seinen häufigeren Ballkontakt und seine technischen und taktischen Möglichkeiten mehr motiviert ist und sich in Szene setzen kann, durch:
- 1–1-Gehen,
- spezielles Zusammenspiel (passiver, indirekter Block) mit dem Postspieler,
- durch Ansagen der Spielzüge.

Es besteht die Gefahr des eigensinnigen Spiels; ein zweiter Aufbauspieler muß zu jeder Zeit Spielmacherfunktionen übernehmen können.

6 Praxis

In der Spielpraxis müssen sich die Angreifer, und insbesondere die überragenden, meistenteils gegen folgende Formen der kombinierten Verteidigung durchsetzen (vgl. Harvey 1973, 154ff):
- 1 Flügel gegen «Kasten-und-1»,
- 1 Aufbau gegen «Kasten-und-1»,
- 1 Flügel gegen «Diamant-und-1»,
- 1 Aufbau gegen «Diamant-und-1»

seltener:
- 2 Aufbau oder 2 Flügel oder 1 Aufbau und 1 Flügel gegen «Dreieck-und-2».

Abhängig von der zu erwartenden Häufigkeit der kombinierten Verteidigung im Spiel muß der Angriff gegen diese einmal pro Woche im Training durchgespielt werden (z. B. zur Aufwärmung), zumindest aber muß die

Mannschaft darauf vorbereitet sein. Im allgemeinen reicht ein variabler Zonenangriff oder ein Kontinuum. Im folgenden werden zwei Beispiele des Angriffs gegen kombinierte Verteidigung erläutert.

Beispiel 1
Flügelspieler gegen «Kasten-und-1» aus einer 1/3/1-Aufstellung

Abb. 1

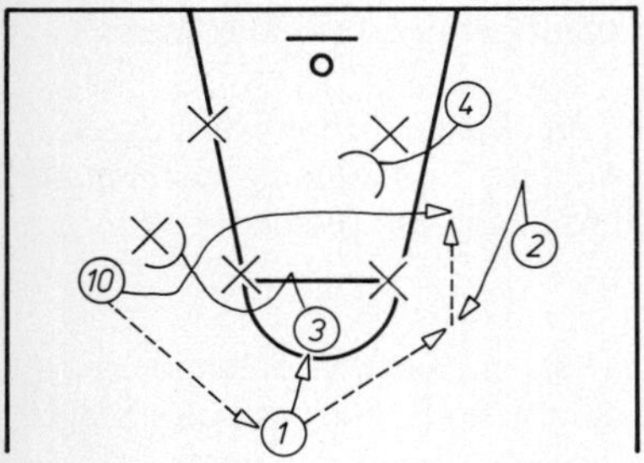

Abb. 2

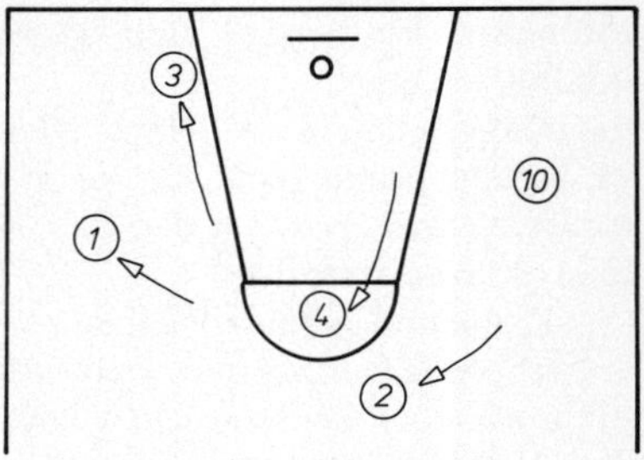

Abbildung 1: Auf der schwachen Seite wird der mann-gedeckte Spieler ⑩ angespielt, kann aber von dort nicht zum Korb ziehen. Er paßt zu ① zurück, von diesem geht der Ball zum anderen Flügel ②, der sich in eine Aufbauposition freigelaufen hat. Flügel ⑩ manövriert seinen mann-dekkenden Verteidiger in den Block von Vorzenter ③ und schneidet weiter zum Korb. Der tief stehende Seitzenter ④ bewegt sich hoch und setzt einen weiteren Block für ⑩, der zur Seite schneidet und seinen Gegner am Block abstreift.
Abbildung 2: ③ rollt aus dem Block in die tiefe Seitzenterposition; ① läuft sich auf der Postposition frei. Es entstehen mehrere Anspiel- und Wurfpositionen. Der Angriff pendelt von einer Seite zur anderen, wobei die beiden Zenter ④ und ③ sowie Flügel und Aufbau ② und ① in ihren Positionen rotieren.

Beispiel 2
Aufbauspieler gegen «Diamant-und-1» aus einer 2/1/2-Aufstellung
Abbildung 3: Aufbauspieler ⑬ bringt den Ball dribbelnd nach vorn und paßt den Ball zum zweiten Aufbauspieler ④, der paßt ihn weiter zu Zenter ②, der sich außen freigelaufen hat. ④ schneidet weiter auf die andere Seite. Postspieler ③ kommt heraus und setzt einen Block gegen den mann-gedeckten Gegenspieler von Aufbauspieler ⑬. Er erhält den Ball von ② und paßt zu ③, der in den freien Raum abgerollt ist. ③ paßt weiter zu ④ in die Ecke, der jetzt werfen oder nach innen passen kann.

Abbildung 4: Ergeben sich keine guten Wurfmöglichkeiten, setzt Postzenter ③ einen weiteren Block für den mann-gedeckten Aufbauspieler ⑬. Zenter ① schneidet hinter dem Korb zur anderen Seite und nutzt ② als Wurfschirm aus; der Ball wird außen herum oder von ③ zu ① gepaßt. ④ rückt wieder in eine Aufbauposition, ①, ② und ③ können die alten Positionen einnehmen oder im Dreieck rotieren, und der Angriff beginnt erneut von der anderen Seite.

Abb. 3

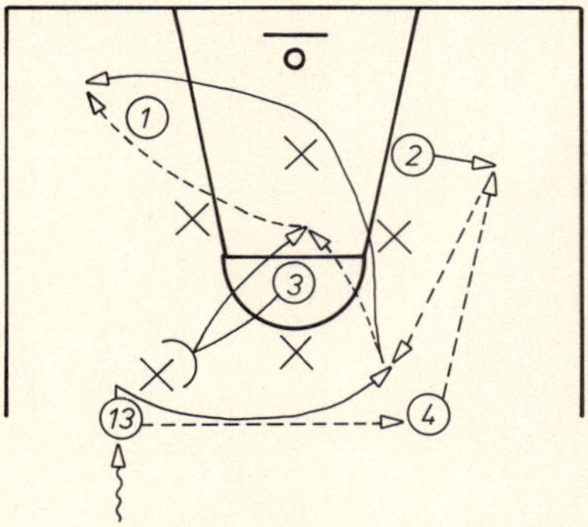

Abb. 4

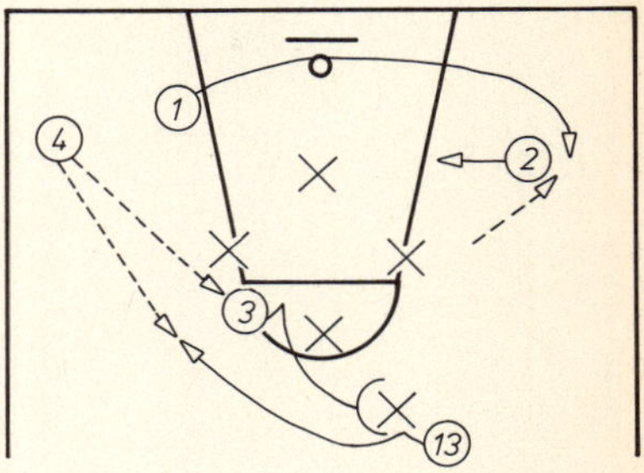

Merke

- Die kombinierte Verteidigung muß besonnen, systematisch und mit mannschaftlichen Maßnahmen bekämpft werden.
- Die vielen Schwachstellen der kombinierten Verteidigung müssen von allen fünf Angreifern ausgenutzt werden.
- Ein universeller Angriff gegen Mann-Mann- wie Zonen-Verteidigung bietet die besten Möglichkeiten für die Angreifer.
- In der Form eines Kontinuums können die Prinzipien kombinierter Angriffsstrukturen am besten umgesetzt werden.
- Flügel besonders und Aufbau müssen am häufigsten mit einer gegen sie gerichteten kombinierten Verteidigung rechnen.
- In der Trainingspraxis sollte ein Kontinuum mit Blockbewegungen geübt werden.

Literatur

82 (1970: S. 246–250, 339–349); **160** (S. 83–89, 102f, 117); **225** (S. 143 bis 162); **347** (S. 109f, 197–212); **447** (S. 85–87, 97–107); **478**.

7 Lernen im Sportspiel

Günter Hagedorn

7.1 «Spielen lernen» oder «ein Spiel erlernen»?

Lernen ist letztlich die Bestimmung des ‹Mängelwesens›, des ‹nicht festgelegten›, des ‹trieb-ungebundenen› Wesens Mensch. Lernen ist der beste Schutz dieses «nackten Affen» (MORRIS 1968) gegenüber einer Umwelt der Überraschungen, der Risiken und Gefahren. Mitten hinein hat er sich seine Welt, seine Welten gebaut: Kulturen, Gesellschaften, den Sport. Basketball ist eine winzig kleine Parzelle in dieser Menschenwelt. Auch Basketball muß, wie jede andere Parzelle, erlernt werden. Aber im Basketball wird immer zugleich auch, so ist zu wünschen, etwas über diese kleine Welt hinaus gelernt für andere Parzellen und größere Welten.

Seit runden 15 Jahren ist die Welt der Spielpädagogen gespalten. Damals wurde man kritisch, auf allen Gebieten, auch auf dem pädagogischen Tummelplatz Spiel. Anlaß der Spaltung war das Sportspiel, seine geschichtliche Entwicklung und Verbreitung, seine Professionalisierung mit allen Nebenerscheinungen. Die Kritik war zunächst Gesellschaftskritik und spürte auf allen ‹Haupt- und Nebenkriegsschauplätzen› den Einfluß der Gesellschaft im allgemeinen und der «entfremdenden» Gesellschaft im besonderen auf. Die Welt zerfiel damals in Gegensätze und Dualismen. Eine Sache war entweder richtig oder falsch, gut oder böse, nützlich oder schädlich. Das Kinderspiel war gut, das Sportspiel schlecht. Warum?
Bereits in jüngeren und älteren Spieltheorien schrieb man dem Kinderspiel eine Reihe positiver Einflüsse auf die Persönlichkeitsbildung und -entfaltung zu (vgl. FLITNER 1980). PIAGET hat in seinem dreistufigen Entwick-

lungsgang des kindlichen Spiels (Übungs-, Symbol-, Regelspiel) die Bedeutung des Spiels für die intellektuelle Entwicklung des Kindes herausgearbeitet. Bei Piaget wird in vielen ‹kritischen› und in didaktisch orientierten Spieltheorien das Spiel zum pädagogischen, psychologischen oder sozialen Mittel. Es wird instrumentalisiert; denn es soll mithelfen, spielend zu lernen (vgl. FROMMBERGER u. a. 1976), die Persönlichkeit und Individualität herauszubilden, es soll Kommunikationsformen erlern- und praktizierbar machen.

Dem steht nach Auffassung der «kritischen Theorie» das Sportspiel entgegen. Hier werden, so diese Theorie, Verhaltensformen der Arbeit wiederholt (vgl. RIGAUER 1969); es werden Abhängigkeitsmechanismen der «kapitalistischen» Gesellschaft (VINNAI 1970) reproduziert; die Dominanz der «sprachlosen» Motorik im Sportspiel steht, so DIETRICH (1972), im schroffen Gegensatz zur verbalen Kommunikation, Strategie verhindert Begegnung.

«Spielen lernen» bedeutet nach dieser Interpretation, sich selber als Person, Persönlichkeit und Sozialwesen aktiv zu entfalten. Der Tätigkeit des Spielens wird Prozeß- oder Vorgangscharakter zugeschrieben, aus dem sich eine Offenheit für die Mannigfalt von Entscheidungen und eine Verhaltensflexibilität ableiten. Demgegenüber bedeutet «ein Spiel erlernen» die Annahme von vorgefertigten Regeln, eine Verhaltensanpassung an Normen und Erfolg. Der Dominanz des Fertigkeitenerwerbs entspricht die Fixierung des Verhaltens. SUTTON-SMITH (1978) hat mit seiner «Dialektik des Spiels» eine Brücke zwischen den Gegensätzen zu schlagen versucht. Für ihn ist das Sportspiel die Fortsetzung der intra- und interpersonellen Konfliktbewältigung auf der Ebene öffentlicher Repräsentanz.

Was bedeutet *Spielen*, und was ist ein *Spiel*? Spielen «bezeichnet eine besondere, freiwillige Form menschlichen Tätigseins und Handelns, die in Wechselbeziehung steht zur jeweiligen Kultur, zum Spielumfeld und zu seinen ökonomischen Bedingungen, im Prinzip unabhängig ist von Alter, Geschlecht und Rasse und durch Erfahrung modifiziert wird» (HAGEDORN 1983, 326). Demgegenüber bezeichnet Spiel «den aktuellen Handlungszusammenhang einer oder mehrerer Personen, dessen Spannungswechsel durch eine Spielidee und den daraus abgeleiteten Spielregeln so geordnet werden, daß dem (den) Spielenden in der Auseinandersetzung mit den Bezugsgrößen der Spielwelt ein definierter Handlungs- und Entscheidungsspielraum zur Auslegung (Regelinterpretation und -konstruktion) verbleibt» (ebenda).

Das eine ist die *Tätigkeit*, das andere ihr ureigenes *Produkt*. Beide werden erlernt. Es gibt keinen Spieltrieb im Sinne FREUDS. Sonst wäre es unerklärlich, daß Menschen, Menschengruppen und Kulturkreise nicht oder in höchst eingeschränktem Maße spielen (SUTTON-SMITH 1978). Wer aber

spielt, weil er in einer anreizenden, zugleich entspannten Welt lebt, der entdeckt und entwickelt sehr bald *Regeln* (durch Wiederholung und Veränderung) und baut sich seine Spielwelt auf. Wer mit ihm in dieser Welt spielen will, muß ihre Regeln annehmen. Die Regeln machen das Mit- und Gegeneinander wiederholbar. Verändern beide Spieler einvernehmlich die Spielregeln, so verändern sie zwar ihre Spielwelt, es entsteht eine neue Welt, ein neues Spiel, aber sie können beide gemeinsam weiterspielen.
Nun hat die Tätigkeit des Spielens keineswegs nur eine «in sich kreisende» Struktur (vgl. SCHEUERL 1973). Kein Spielvorgang gleicht einem früheren oder späteren. Die *Veränderungstendenz* gründet im Lernwesen Mensch und sorgt dafür, daß NAISMITH seine eigene Erfindung Basketball heute nicht mehr wiedererkennen würde. Würde er das heutige Spiel ablehnen? Vielleicht, wie andere Spielpädagogen auch. Dann würde er ein neues Spiel erfinden und dieses Spiel wieder erlernen lassen. Denn wer spielen will, braucht Spiele.

So erweist sich die pädagogische Alternative «Spielen lernen oder ein Spiel erlernen» als ebenso fruchtbar wie falsch. Wer nicht spielen kann, der erlernt auch kein Spiel. Und wer das Spielen erlernte, dem gerät das Spielen alsbald zum Spiel.
Für das Sportspiel Basketball stellt sich die Frage, in welchem Maße die Tätigkeit des Spielens sich mit den Merkmalen des Wettkampfes vereinbaren lassen, ob Konkurrenz- und Leistungsdruck, ökonomische Interessen und Prestige-Denken zu Spiel-Strategien werden müssen.
Die Spielenden selber sind ein Beleg dafür, daß sich eine falsche Einseitigkeit selber wieder aufhebt. Mini-Basketballer wie Spitzenspieler brechen aus bloßem Spielen ohne Lernchancen (‹Spieltändeleien›) ebenso aus wie aus einem Training, dem Spielcharakter fehlt.
Wohin eine einseitige Position führen kann, belegt das Gespräch zweier Kritiker. Hohnlächelt der eine: «Was dem Basketballspiel von heute fehlt? Ein dreieckiger Ball, ein senkrechtes Spielfeld und ein kugelförmiger Korb. Das wäre mal ein Spiel!» Er hielt es mit der Tradition. Lächelt der andere hohn: «Dem Basketballer von morgen werden Heuschreckenbeine und zehn Arme wachsen, zwei für den Computer, zwei für das Videogerät, der Rest für die Bankgeschäfte, und mit dem Ball oben zwischen seinen Schultern denkt er über das Leben nach.» Er hielt es eben mit dem Fortschritt. Aber in welche Richtung führt der?

Literatur

102; **134**; **199** (S. 326–333); **390**; **442**; **552**; **573**; **632**; **636**.

Günter Hagedorn

7.2 Hinführung zum Mannschaftsspiel

Schlagwörter

1. Spielen: ererbtes, erworbenes Verhalten, Entwicklung des Spiellernens.
2. Gesetzmäßigkeit des Spielens, Regelkreismodell, sechs Phasen.
3. Hinführung über fünf Wege: 1. Endform Erwachsenenspiel, 2. Reduzierte Endform, 3. Kleine Spiele – Sportspiele, 4. Mini-, Maxi-Sportspiel. 5. Mannschaftsspiel – Mini-Sportspiel – Sportspiel Basketball.
4. Mannschaftsspiel: Orientierung, Grundspiel, Spielreihen, Wettspiel, Mini-Basketball: Ball-ins-Ziel, Ball-zum-Ziel: Dribbeln, Passen, Gegner stören.
5. Sportspiel: Spiel 1–1, 3–3, 5–5.

Erläuterungen

1 Warum eigentlich sollen oder müssen wir jemanden zum Mannschaftsspiel «hinführen»? Auf diese Frage gibt es zwei Antworten. Antwort 1: Wir können gar nicht hinführen; denn entweder kann einer spielen, oder er lernt es nie. Spielen und das Spielen eines Mannschaftsspiels sind ‹seine Natur›. Antwort 2: Alles ist erlernbar, man muß es nur dürfen und wollen. Somit können wir jeden, der darf und will, zum Mannschaftsspiel hinführen (‹verführen›).

Offenbar ist es mit dieser Frage ähnlich wie mit der Frage, ob der Intelligenzquotient ererbt oder erworben wird (vgl. GRAUMANN u. a. 1976). Der Scheinkampf ist ausgetobt, die Kontroverse «erbbiologisches Schicksal oder milieuerworbenes Verhalten» ist einem neuen Wissensstand gewichen. Wir wissen heute, daß eine gewisse Disposition für die Auseinandersetzung mit der Umwelt ererbt wird. Daneben ist jedes Lebewesen einer natürlichen Entwicklung und Reifung unterworfen. Mit diesen beiden Voraussetzungen geht das Individuum an die Auseinandersetzung mit seiner Umwelt. Es sammelt dabei Erfahrungen, deren systematische Nutzung durch Wiederholung und Einbau in Verhalten als Lernen bezeichnet wird. Die natürliche *Entwicklung* erleichtert und ermöglicht das *Erlernen* bestimmter Techniken, mit deren Hilfe die Auseinandersetzung mit der Umwelt immer besser gelingt. Diese Techniken werden somit in Abhängigkeit von der Entwicklung erlernt. Techniken wie das Sprechen, die Bewegung oder auch die Tätigkeit des Spielens müssen in ganz bestimmten Entwicklungsphasen erlernt werden, andernfalls werden sie nur noch unvollständig ausgebildet. Vieles von dem, was in der früheren Kindheit versäumt wurde, kann niemals mehr im weiteren Lernverlauf nachgeholt werden. Wir müssen annehmen, daß auch das Erlernen einer Tätigkeit wie das Spielen entwicklungsbedingte Voraussetzungen hat. Vermutlich sind es die Lernfähigkeit des Kindes, seine kognitive Plastizität, und damit verbunden die noch fehlenden Orientierungs- und Verhaltensmuster, die Kinder in ‹entspannter› Umwelt zum Spielen bringen (vgl. bei 7.1).
Für das Erlernen eines Sportspiels liegt somit die Folgerung nahe, ein an der natürlichen Entwicklung (Alter, Reifung) und der persönlichen Spielerfahrung ausgerichtetes Angebot zu entwickeln und methodisch aufzubereiten. Das soll mit der ‹Hinführung zum Mannschaftsspiel› versucht werden.

2 Systematische Beobachtungen an spielenden Kindern und Spielexperimente mit Spielgruppen haben so etwas wie eine *Gesetzmäßigkeit* in der Entwicklung des Spielverhaltens aufgedeckt (HAGEDORN 1980a). Diese Ergebnisse stimmen weitgehend überein mit den Erkenntnissen anderer Spielforscher (vgl. die Entwicklung der Spieltätigkeit bei fünf verschiedenen Autoren, zusammengestellt bei HAGEDORN 1983c, 329). Wir wollen diese Gesetzmäßigkeit in Form eines Regelkreises beschreiben. Abb. 1, Seite 310 liefert dazu das Modell.

Erläuterung des Regelkreismodells
Spielen ähnelt anderen Tätigkeiten und unterscheidet sich zugleich von ihnen (vgl. bei 2.3, 7.1). Voraussetzung des Spielens bilden ein innerer Reizzustand (Neugier) und äußere Umweltreize, die die Neugier erregen (Stimulation). Das führt zu einer ersten Orientierung in der Umwelt (Be-

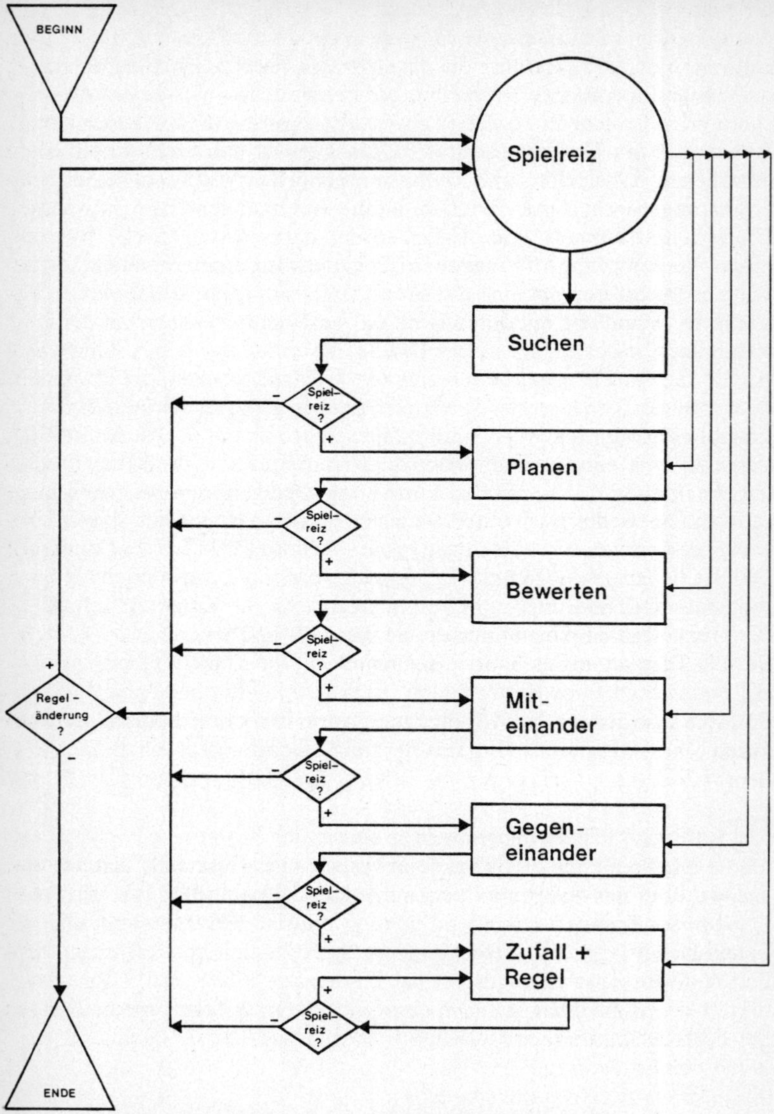

Abb. 1: Regelkreismodell für das Erlernen eines Mannschaftsspiels

obachtung); das Individuum beginnt dann mit den Gegenständen dieser Umwelt zu hantieren und zu experimentieren. Wir können diese Phase 1 mit «Such- und Explorationslernen» umschreiben. Die Spielenden fragen sich (nach PARTEN 1933): «Was tut das mit mir?» Dann beginnt (Phase 2) mit dem individuellen Planen und Handeln eine Art Wahrscheinlichkeitslernen. Die Spielenden fragen sich: «Was kann ich damit tun?» und haben damit den Übergang zum Spielen vollzogen. Sie strukturieren nun (Phase 3) ihre Erfahrungen, indem sie verschiedene Rollen einnehmen und lernen, Entscheidungen zu treffen und zu bewerten. Erst dann (Phase 4) gelingt ein erstes Miteinander in Form des Zusammenspielens. Es beginnt das soziale Lernen (am Modell), auch ohne eigene vorlaufende Trial-and-error-Handlungen. Das Miteinander (Kooperation) wird alsbald ergänzt durch das Gegeneinander (Phase 5); der Wettbewerb (Wettstreit) wird zu einem wichtigen Mittel sozialer Orientierung. Die Spielenden lernen, mit dem Konflikt umzugehen, sie entwickeln Konfliktstrategien.
Die einzelnen Phasen werden nur solange erspielt, wie der Spielreiz währt. Sonst brechen die Spielenden ab oder verschaffen sich durch Regeländerungen neue Spielreize. Vielen «Kleinen Spielen» ergeht es so. Nur wenige erfüllen die Bedingungen der Phase 6. Es haben nur solche Spiele eine ‹Überlebenschance›, bei denen der Spielreiz erhalten bleibt. Dazu müssen Zufall und Regel im Fließgleichgewicht sein, d. h., die Spielregeln müssen jederzeit Überraschungen und Neuerungen, somit einen durch die Spielenden verursachten Spannungsverlauf möglich machen. Die Sportspiele, auch Basketball, erfüllen diese Bedingung.

3 Wie also führen wir Kinder und Jugendliche zum Mannschaftsspiel Basketball? Wenn wir die methodischen Überlegungen (vgl. bei 7.3, 7.4) zugrunde legen, dann werden zur Zeit folgende Lösungen praktiziert:

1. Endform des Erwachsenensportspiels

Diese ‹Methode› hat Tradition; sie gründet in der Auffassung, daß wir das, was wir erlernen wollen, am besten durch dieses selbst erlernen. Jede Änderung des Lerngegenstandes verändert diesen und nötigt dadurch zu neuen Lernvorgängen. Konsequenz: Achtjährige spielen mit dem Riesenball des Vaters auf den unerreichbar hohen Korb auf einem gigantischen Spielfeld und werden immer wieder durch unbegreifliche Entscheidungen des Schiedsrichters verwirrt. Wir könnten diesen Weg sarkastisch als Lernen durch Frustration bezeichnen.

2. Reduzierte Endform des Erwachsenenspiels

Diese didaktische Reduktion (SCHALLER 1982) erleichtert das Erlernen des situativen Spielhandelns, indem die Zahl der zu verarbeitenden Informationen zwar verringert wird, zugleich aber die Einordnung der zu erlernenden (reduzierten) Spielhandlung möglich bleibt. Es bleibt aber auch zweierlei: Die Einsicht der Spielenden, daß sie es halt noch nicht so gut können wie die Erwachsenen, zum anderen fehlt ein wirklicher Entwicklungsbezug.

3. Von Kleinen Spielen zum Sportspiel
Diese Methode wurde von Dietrich (1972) als «spielgemäßes Konzept» anhand des Fußballspiels entwickelt. Es nimmt Grundsituationen des großen Spiels an, die in ‹kleinen Fußballspielen› enthalten sind. Strukturelle Ähnlichkeit garantiert die Möglichkeit der Lernübertragung (Transfer). Was an Ball-, Raum- und Gegenspieler-Verhalten beim einfachen Torwartspiel erlernt wurde, kann ins große Spiel eingebracht werden als Orientierungs-, Bewegungs- und Handlungsgrundmuster. Lernpsychologisch nicht erwiesen ist aber, wie der große Raum mit seinen anderen Gesetzen der Entfernung, der Zeit, der Informationsanordnung (Spielsituationen) im kleinen Raum ‹enthalten› sein soll.

4. Vom Mini- zum Maxi-Sportspiel
Diese Methode wurde durch den Erfinder des Mini-Basketballs zu einer Weltbewegung. Sie hat den ‹Minis› (8–12 Jahre) ihr eigenes Spiel geschaffen, ohne das Leitbild des Erwachsenenbasketballs aufzugeben. Es sind nämlich alle für den Übergang zum großen Spiel wichtigen Spielelemente erhalten geblieben, aber angepaßt an die Möglichkeiten und Fähigkeiten der Kinder (vgl. dazu bei 7.4). Was aber sollen die 5–8jährigen tun? Kinder sollten nicht bis zum achten Lebensjahr warten müssen, um spielen zu dürfen. Andererseits riecht ein Basketballbeginn mit fünf Jahren nach einer bedenklichen Vor-Spezialisierung. Vielmehr bedarf dieses Alter einer breiten spielerischen Betätigung.

5. Mannschaftsspiel – Mini-Sportspiel – Sportspiel Basketball
Wir wollen diesen Weg im folgenden erläutern, weil er alle anderen methodischen Wege zuläßt, zugleich aber deren positive Möglichkeiten in einen methodischen Zusammenhang stellt und unter dem Gesichtspunkt des Lernfortschritts systematisch ordnet.

4 Das Mannschaftsspiel (vgl. Hagedorn/Bisanz/Duell 1979) trägt der oben im Regelkreismodell dargestellten Entwicklung des Spielverhaltens Rechnung, verbindet damit die Einsicht, daß Kinder über einfache Grundeinheiten zu komplexeren Spielvorgängen kommen, um dann im Wettkampf ihre eigenen Fähigkeiten zu überprüfen und mit denen anderer zu messen. Daraus leitet sich ein vierfach gegliedertes Spielmodell ab, dessen einzelne Spielkomplexe (Spielphasen) miteinander verbunden sind und von den Spielenden in einer Art Rückkopplungsverfahren auf einer nächst-

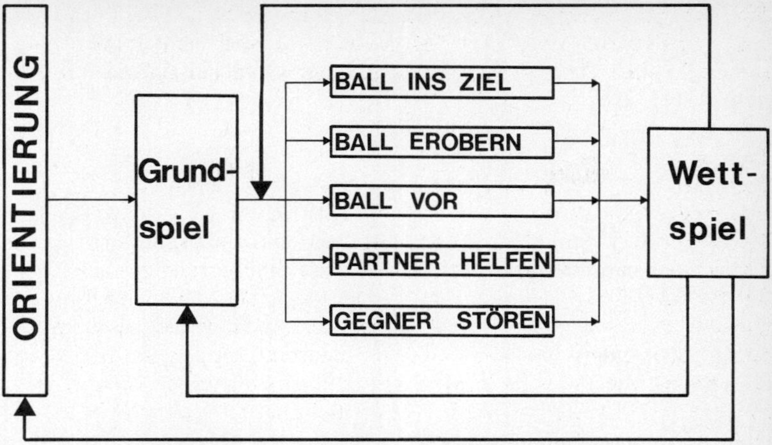

Abb. 2: Modell des Mannschaftsspiels mit vier Spiel-/Lernphasen

höheren Lernstufe wiederholt werden können. Abb. 2 liefert dazu das Modell.

In der *Orientierungsphase* sollten die Kinder die Möglichkeit erhalten, mit vielseitigem Spielgerät in ihrer neuen Spielumwelt zu experimentieren, alle Möglichkeiten zu erkunden und bereits selbständig Formen eines Zielspiels zu entwickeln. Ziel: vertraute Spielwelt. Im *Grundspiel* spielen zwei Gruppen auf zwei beliebig hohe Ziele, zum Beispiel nach der Handlungsanweisung «Haltet euer Feld/euren Kasten/euren Korb frei!» Ziel: Wahrnehmung der eigenen und der fremden Gruppe, Ansätze eines ersten gemeinsamen Handelns. Über fünf in sich selbständige *Spielsituationen*, die in Form von «Kleinen Spielen» (Spielreihen) entfaltet werden können, werden die Spielenden zum Wettspiel geführt. Ziele: Wahrnehmung unterschiedlicher Situationen, verschiedener Spielrollen und Handlungsmöglichkeiten. Im *Wettspiel* sollen allmählich aus den Spielgruppen Mannschaften werden, die gegeneinander spielen. Ziele: Entwicklung eines Mannschaftsgefühls, Einsicht in die Notwendigkeit von verbindlichen Spielregeln, Verhaltenskontrolle.

Die Struktur des *Mini-Sportspiels Basketball* liefert Abb. 3, Seite 314.

Der methodische Weg führt hier über vier in sich geschlossene Spielreihen vom Grundspiel Basketball zum Wettspiel Basketball. In jeder *Spielreihe* wird dabei ein bestimmtes Spielverhalten (Spielrolle) verbunden mit den entsprechenden Techniken als Schwerpunkt. So werden die vier Grundsituationen des Zielspiels Basketball und die zu ihrer Bewältigung notwendigen Techniken vermittelt. Mit anderen Worten, es sollen eine Spielsitua-

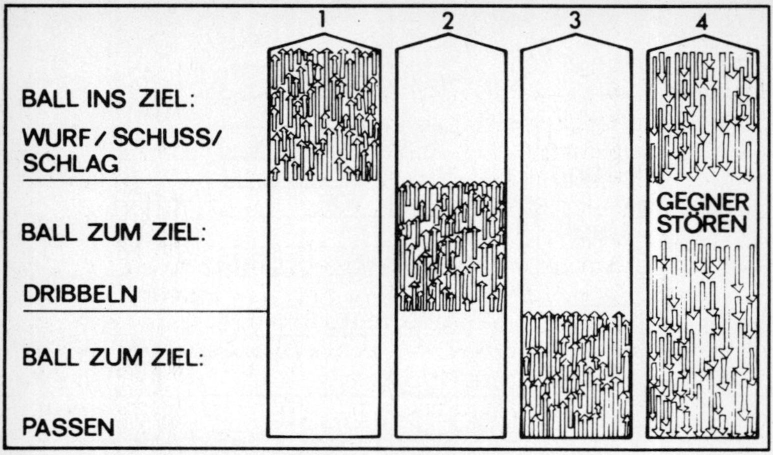

Abb. 3: Modell des Lernwegs Mini-Sportspiel Basketball

tion als Problem gestellt und die zu ihrer Lösung notwendigen Mittel entwickelt werden. Dabei sind diese Techniken situativ (individualtaktisch) und biomechanisch (Hebelverhältnisse, Koordination, Impuls) richtig zu vermitteln. Der Schwerpunkt liegt beim Korbwurf, beim Dribbeln, Fangen und Passen sowie dem Grundverhalten des Verteidigers (vgl. bei 4.5; 5.2; 6.2). Im Zielspiel werden bereits alle wesentlichen Wettkampfelemente (Foulregel und Freiwurfahndung; Punktwertung; zeitliche Begrenzung; Einsatz aller Reservespieler) berücksichtigt.

5 Bei der methodischen Vermittlung des *Sportspiels* stehen dann im Vordergrund die drei Situationen Spiel 1–1 (Entwicklung der wichtigsten Angreifer- und Verteidigertechniken), das Spiel 3–3 (Entwicklung des Angreiferspiels mit und ohne Ball, der Deckung des Angreifers mit und ohne Ball, sämtlicher gruppentaktischer Hilfen), das Spiel 5–5 (Entwicklung eines mannschaftstaktischen Ganzfeldverhaltens in Angriff und Verteidigung). Zur methodischen Ausgestaltung vergleiche 8.3.2; 8.3.6.

Merke

- Spielen ist ein erworbenes Verhalten, das vermutlich im Zusammenhang mit der Entwicklung erlernt wird.
- Es gibt eine Art Gesetzmäßigkeit des Spiellernens, die mit einem Regelkreismodell veranschaulicht werden kann. Der Weg führt über sechs Phasen zum Spiel, das wegen seiner immer neuen Spannung unbegrenzt wiederholbar ist.
- Die Hinführung zum Mannschaftsspiel erfolgt über fünf Wege, die sich zum Teil ergänzen: 1. Endform des Erwachsenenspiels; 2. reduzierte Endform; 3. von den Kleinen Spielen zum Sportspiel; 4. vom Mini- zum Maxi-Sportspiel; 5. vom Mannschaftsspiel über das Mini-Sportspiel zum Sportspiel Basketball.
- Das Mannschaftsspiel umfaßt die Spieleinheiten Orientierung, Grundspiel, fünf Spielreihen, Wettspiel.
  Das Mini-Basketballspiel ist in vier Spielsituationen gegliedert, in denen ein besonderes Angreifer- oder das Verteidigerverhalten im Vordergrund steht.
- Das Sportspiel Basketball wird insbesondere über die Formen des 1–1, 3–3 und 5–5 vermittelt.

Literatur

101; **161**; **191**; **199**; **201**; **434**; **484**.

Volker Getrost/Klaus Wichmann

7.3 Überzahl-Spielreihe

Schlagwörter

[1] Prinzip der Elementarisierung, repräsentative Grundsituationen, Spielidee, Variablen der Spielorganisation, Spielform.

[2] Zielsetzung und Aufbau der Spielreihe, drei Grundsituationen, Überzahlprinzip im Angriff, Grundaufgaben/-bewegungen in Angriff und Verteidigung.

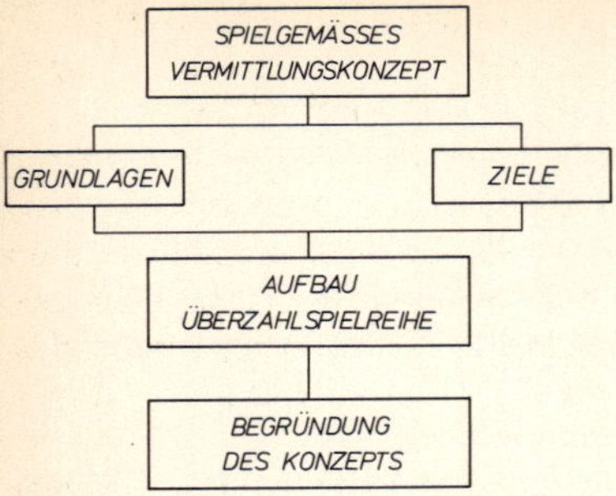

3 Gründe für den Lernweg, Vorgehen in kleinen Lernschritten, Anpassung an wechselnde äußere Bedingungen und Bedürfnisse der Lerngruppe, Einsatz unter unterschiedlichen Zielsetzungen, Förderung des Zusammenspiels.

Erläuterungen

1 Die Überzahl-Spielreihe Basketball baut auf dem Prinzip der *Elementarisierung* auf. Dies bedeutet, daß das Zielspiel Basketball auf repräsentative *Grundsituationen* (DIETRICH 1975) reduziert wird, die Spielidee und Spielstruktur beinhalten. Das Gesamtspiel wird vereinfacht, ohne daß der Grundcharakter des Zielspiels aufgegeben wird. Durch Veränderung der Spielbedingungen (z. B. Spielerzahl, Regeln, Bälle, Korbhöhe, Spielfeldgröße) werden für die Lernenden überschaubare und damit selbständig lösbare Situationen geschaffen. Der Spielgedanke des Basketballspiels – einer versucht den Ball mit der Hand in den Korb zu werfen, und ein anderer versucht, dies zu verhindern – ist in allen angewandten Spielformen enthalten (DIETRICH u. a. 1976). Hierbei stimmen die Spielformen hinsichtlich der Spielidee und der Handlungssituation mit dem Zielspiel überein (SCHALLER 1976b). Diese Spielformen stellen vereinfachte Lernsituationen dar. Anfänger können auf diese Weise sehr schnell mitspielen.
Im Mittelpunkt der Spielreihe steht das *Spielerlebnis.* Die systematische Schulung technischer Elemente tritt zunächst zurück. Die Übungsbereitschaft der Kinder sollte aus dem Spielerlebnis selbst erwachsen.

2 Die in der Spielreihe verwendeten Spielformen basieren auf den drei Grundsituationen des Basketballspiels (GETROST/WICHMANN 1982):
- Grundsituation I: Korbwurf – Stören des Korbwurfs – Rebound,
- Grundsituation II: Herausspielen einer Wurfgelegenheit – Abschirmen des Korbes,
- Grundsituation III: Aufbau eines Angriffs – Stören des Angriffaufbaus.

Die Grundsituationen III und II leiten zu I hin. Die Spielidee des Basketballspiels ist bereits in I enthalten: Ein Angreifer versucht, den Basketball in den Korb zu werfen, der Gegenspieler versucht, dies zu verhindern; bei einem Fehlwurf kämpfen beide um den Rebound.

Basketball-spielen-Lernen heißt hier, daß im Rahmen dieser Grundsituationen in zunehmendem Maße Erfahrungen gesammelt, die Situationen immer besser durchschaut und durch angemessene Spielhandlungen immer besser gelöst werden. Grundsätzlich ist bei einer Einführung des Basketballspiels die Mann-Mann-Verteidigung zu bevorzugen, da hier eine klare, für den Anfänger leicht erfaßbare Aufgabe vorliegt. Zudem erlernen Anfänger am besten im direkten Wettstreit die Spielregeln und ihre Einhaltung. Notwendige Voraussetzung für die Ball-Raum-Verteidigung ist das Beherrschen der Grundaufgaben/-bewegungen der individuellen Mann-Mann-Verteidigung.
Die Spielform 1–1 entspricht der Grundsituation I. Es fehlt jedoch der das Mannschaftsspiel bestimmende Mitspieler. Allerdings sind Anfänger mit der bereits komplexen Spielform 2–2 überfordert. Einen Ausweg bietet die Spielform 1–1+1. Hier spielen die Angreifer in der Überzahl. Der «Ballverteiler» darf sich nur im Freiwurfhalbkreis aufhalten und kann (muß) vom Angreifer angespielt werden. Der Ballverteiler selbst darf keine Körbe erzielen. Im Falle eines Korberfolgs bleibt der Angreifer im Ballbesitz und kann neu aufbauen. Bei Ballverlust erfolgt ein Rollentausch, der Angreifer wird zum Verteidiger. Die Rolle des Ballverteilers wird nach einigen Durchgängen getauscht.

Spielform 1–1+1

Die Spielreihe kann über die Spielformen 2–2+1, 3–3+1, 4–4+1 schließlich zum 5–5 geführt werden. In der Spielform 1–1+1 ist bereits die Grundsituation II enthalten. Grundsituation III kann schon in der Spielform 2–2+1 erfahren werden. Eine schrittweise Erweiterung und Steigerung der Handlungsmöglichkeiten und ein Hineinwachsen in das Zielspiel bieten die übrigen Spielformen.
Die Grundtechniken Fangen, Passen, Dribbeln, Abstoppen, Korbwurf sollten parallel zu den Spielformen 1–1+1 und 2–2+1 eingeführt werden, damit die Schüler bei der Anwendung dieser Techniken einen kleineren, überschaubaren Handlungsrahmen vorfinden. Die Schulung technischer Elemente wird aus den Spielformen abgeleitet und wieder in diese eingebracht, so daß die Lernenden sowohl die Notwendigkeit des Übens als auch die Übungswirkung erfahren können. Ebenso können die Spielregeln nach und nach eingeführt werden.
Die Überzahl-Spielreihe hat folgende Ziele:
- Förderung des allgemeinen Zusammenspiels/Integration der Leistungsschwächeren in das Spielgeschehen/Förderung des Zusammenspiels von Jungen und Mädchen,
- Vermittlung des taktischen Grundverhaltens in Angriff und Verteidigung,
- Vermittlung motorischer Fertigkeiten (Grundschule),

– ansatzweise Entwicklung von Positions- und Aufgabenbewußtsein sowie Rollendifferenzierung.

Die Spielreihe läßt sich durch folgende Spielformen aufbauen:
1–1+1, 2–2+1, 3–3+1 auf einen Korb, 3–3, 4–4+1, 3–3+1, 4–4+1, 5–5 auf zwei Körbe.

Nachstehende *Spielformen* werden zur Aufhebung der in der Anfangsphase erwünschten «Zentrierung» (Grundsituation I) in Korbnähe eingesetzt:
1–1+1+1, 2–2+1+1, 3–3+1+1 auf einen Korb/zwei Körbe.

Diese Spielformen haben folgende Ziele:
– «Öffnen des Spielraumes»,
– Bewußtmachen der gesamten Breite des zur Verfügung stehenden Spielraumes,
– Verlagerung des Spiels zur Seitenlinie,
– Ausführung der Schneidebewegung zum Korb – «Give and go»-Bewegung – Doppelpaßspiel.

Die Aufgaben für *Angreifer* und *Verteidiger* lauten (vgl. 6.2):

Angreifer		Verteidiger (Deckungsspieler)
– Freilaufen als		– den Gegenspieler decken,
– Lösen vom Deckungsspieler	hin zum Ball / weg vom Ball	– Grundstellung zwischen eigenem Korb und Angriffsspieler
– Schneiden zum Korb	vor dem Deckungsspieler / hinter dem Deckungsspieler	– Stellung zwischen Ball und Angreifer
– Korbwürfe versuchen		– Korbwürfe stören
– Ball zuspielen		– Pässe abfangen
– Dribbeln		– Dribbler abdrängen
– Rebound erkämpfen		– Rebound erkämpfen

Die methodische Übungsreihe zur *Grundtechnik* (in Ergänzung zur Spielreihe) lautet:
– Passen und Fangen,
– Korbwurf,
– Dribbling,
– Abstoppen.

Die wichtigsten *Spielregeln* für die Spielreihe:
- Rollentausch bei Ballverlust,
- Ballbesitz bleibt bei Korberfolg,
- «Körperloses Spiel»,
- bei Foul Einwurf von der Seitenlinie,
- Ballgewinn bedeutet Neuaufbau hinter dem Ballverteiler,
- Manndeckung des Angriffsspielers,
- jeder Angreifer muß vor Korbwurf im Ballbesitz gewesen sein,
- Ballverteiler darf keinen Korb erzielen,
- erweiterte Schrittregel,
- Spielfeldbegrenzung ist das Halbfeld.

3 Die Vorteile begründen zugleich die Spielreihe Basketball:
- Das Spiel beginnt sofort; denn die Spielenden erfassen ohne Schwierigkeiten die *Spielidee*;
- das Spiel wird auf *grundlegende Spielhandlungen* reduziert;
- es wird eine Spielreihe durchlaufen, deren einzelne Spielformen die gleiche Spielidee beinhalten; nur *schrittweise* erfolgt eine *Erweiterung* im Hinblick auf die Spielordnung, die Regeln und die Handlungsstrategien sowie Beherrschung der Technik;
- das einfache *Überzahlprinzip* durch einen Ballverteiler erleichtert das Spielverhalten im Angriff; das Deckungsverhalten wird nicht beeinträchtigt, da der Verteiler keine Gefahr für den Korb darstellt;
- die verringerte Spielerzahl erhöht die Zahl der Ballkontakte jedes einzelnen und damit die *Bewegungsintensität*;
- die Spielformen fördern das Zusammenspiel und damit die *Integration* aller, insbesondere der Leistungsschwächeren, in das Spielgeschehen. Dieser Prozeß kann sowohl durch die Übertragung der Ballverteiler-Rolle an die leistungsstärkeren Spieler als auch durch entsprechende Regelabsprachen verstärkt werden;
- das Vorgehen in kleinen Schritten führt zu vielen motivierenden *Erfolgserlebnissen* und kann dem *Lerntempo* der jeweiligen Lerngruppe leicht angepaßt werden. Treten Schwierigkeiten im Lernprozeß auf, so kann jederzeit eine vorangegangene Spielform wiederholt werden;
- das Üben von *Fertigkeiten* erfolgt für die Lernenden einsichtig; denn sie erfahren im Spiel ihre spielerischen Grenzen und werden so zum Üben angeregt;
- Technik und Taktik sind im Lernprozeß nicht voneinander getrennt. Anfänger lernen von Beginn an, technische Elemente in der *Spielsituation* angemessen anzuwenden. Basketballspezifische taktische Handlungen im Angriff (das Schneiden zum Korb, das Doppelpaßspiel, die «give and go»-Bewegung) ergeben sich durch die Spielformen mit «Eckspieler» geradezu zwangsläufig;

- je nach Entwicklungs- und Leistungsstand läßt sich die Überzahl-Spielreihe unterbrechen. Im Rahmen eines Unterrichtsprojekts «Einführung des Basketballspiels mittels Spielreihen» in einer fünften Klasse (koedukativer Sportunterricht) konnte nach sieben Doppelstunden die Überzahlsituation aufgehoben und die Spielform 3–3 auf einen Korb erfolgreich am Ende der Unterrichtseinheit gespielt werden;
- schon die erste Spielform 1–1+1 macht Anfängern von Beginn an – in der ersten Phase des Spiellernprozesses – bewußt, daß Basketballspielen immer bedeutet, mit jemandem *zusammen* zu spielen (schrittweiser Aufbau eines «Wir-Gefühls»);
- die Spielformen erlauben die Entdeckung und das Erleben, Ursache zu sein, und tragen sowohl zu *initiativem* und *kreativem* Verhalten als auch zum Prozeß des gelingenden Miteinander-Spielen-Lernens bei (GETROST/SCHÜNEMANN 1982);
- die Spielformen können leicht wechselnden äußeren Bedingungen und Bedürfnissen angepaßt werden. Deshalb sind sie sowohl für Leistungs- als auch Freizeitsport geeignet. Ihr Einsatz kann demzufolge unter *unterschiedlichen Zielsetzungen* erfolgen (Schulung des systematischen Zusammenspiels, der individuellen Deckungsarbeit, Einführung des Basketballspiels).

Merke

- Das Prinzip der Elementarisierung bedeutet: Reduzierung des Zielspiels auf grundlegende Spielhandlungen sowie Beibehalten der Spielidee in allen aufeinander aufbauenden Spielformen.
- Die Spielidee des Basketballspiels lautet: Einer versucht den Ball mit der Hand in den Korb zu werfen, ein anderer versucht, dies zu verhindern.
- Die Spielformen sind aus den drei Grundsituationen des Zielspiels Basketball abgeleitet:
  Grundsituation I: Korbwurf – Korbwurfabwehr,
  Grundsituation II: Herausspielen von Korbwurfgelegenheiten, Abschirmen des Korbes,
  Grundsituation III: Aufbau eines Angriffs – Stören des Angriffaufbaus.
- Im Mittelpunkt der Vermittlungskonzeption steht das Prinzip des Spielenlernens durch Spielvollzug (spielgemäßes Konzept). Dies wird durch elementarisierte Spielformen des Zielspiels erreicht, wobei das Überzahlprinzip für die Lernenden überschaubare und lösbare Spielsituationen schafft.

- Die Variablen der Spielorganisation (Spielerzahl, Regelwerk, Ballmaterial, Korbniveau, Spielfeldgröße) werden hierbei als methodische Mittel zur Lernerleichterung eingesetzt.
- Die Bereitschaft zum Üben technischer und taktischer Elemente soll aus dem Spielerlebnis selbst erwachsen (Übungsreihen als Ergänzung zur Spielreihe).

Literatur

103; **104**; **154**; **155**; **156**; **482**.

Roland Geggus

7.4 Mini-Basketball

Schlagwörter

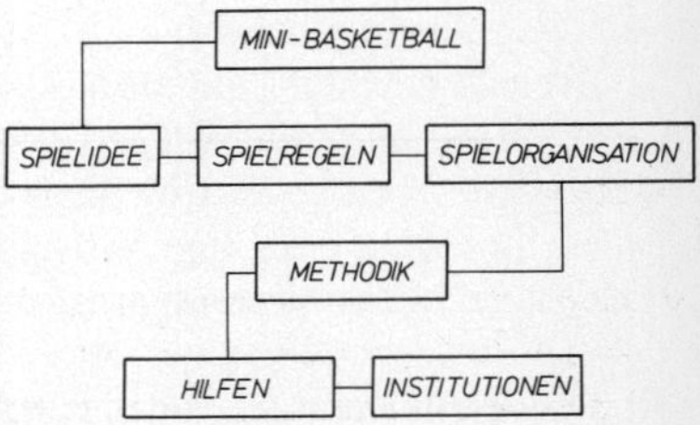

1 Mini-Basketball: vereinfachte, pädagogische Regeln.
2 Spielidee: Wechsel von Angriff und Verteidigung, Gegner ist tabu.
3 Vereinfachte Spielregeln gemäß Spielfähigkeit von Kindern.
4 Spielorganisation: Spielfeste, Festivals, «Jamborees».
5 Methodik altersgemäß, acht methodische Folgerungen.
6 Hilfen: Anschreibeblock, Pässe, Regelhefte, Literatur, Werbepaket.
7 Institutionen: Vereine, Verbände, Referent, Schuleinrichtungen.

Erläuterungen

1 Mini-Basketball ist ein Spiel mit *vereinfachten, pädagogisch* orientierten Basketball-Regeln. Es wird vor allem von Kindern bis zum Alter von elf Jahren als organisiertes Wettspiel durchgeführt. Als ‹Nicht-organisiertes Wettspiel› kann es von Kindern und Erwachsenen gespielt werden; die Regeln lassen sich dabei frei entwickeln und vereinbaren.

2 Die *Spielidee*: Beim organisierten Wettspiel Mini-Basketball versuchen fünf Spieler einer Mannschaft einen Ball in den gegnerischen Korb zu werfen, der von ebenfalls fünf Spielern verteidigt wird. Die Mannschaften wechseln dabei vom Angriff in die Verteidigung, von der Verteidigung in den Angriff. Faires und möglichst berührungsloses Spiel ist dabei in die Spielidee einbezogen. Ein Grundsatz beim Mini-Basketball ‹Spiele den Ball, niemals den Gegenspieler› beschreibt diese Anforderung.
Somit unterscheidet sich in der Spielidee Mini-Basketball nicht vom Basketball-Spiel.

3 Die *Spielregeln*: Gegenüber dem Sportspiel Basketball sind die Regeln des organisierten Wettspiels Mini-Basketball vereinfacht und den speziellen Bedingungen angepaßt:
- Je zehn Kinder bilden eine Mannschaft, von denen fünf Kinder auf dem Feld spielen,
- ein Spiel dauert viermal 10 Minuten,
- der Spielball ist kleiner und leichter,
- die Korbhöhe wird – wenn höhenverstellbare Körbe vorhanden sind – reduziert,
- die Schrittfehler, Doppeldribbel- und Zeitregeln sind verständlich und kindgemäß aufgebaut.

Zwei Regeln machen Mini-Basketball pädagogisch besonders wertvoll:
- Jedes Kind muß als Mitglied einer Mannschaft mindestens ein Viertel der Spielzeit eingesetzt werden; jedes Kind darf höchstens drei Viertel eines Spiels auf dem Spielfeld mitspielen,
- die Mann-Mann-Verteidigung ist vorgeschrieben.

Die *Mindestspielzeit* für jedes Kind garantiert eine Integration auch von schwächeren Spielern in eine Mannschaft; die vorgegebene Maximalspielzeit führt auch für gute Spieler zum Rollentausch und dem damit verbundenen Erlernen von (passiven) Auswechselspielerrollen. Die Mann-Mann-Verteidigung ermöglicht eine Kompensation der im Kindesalter häufig vorhandenen Unterschiede der Körpergröße. Mini-Basketball kann grundsätzlich mit gemischten Mannschaften als organisiertes Wettspiel durchgeführt werden; durch das gemeinsame Spielen von Jungen und Mädchen in einer Mannschaft wird ein wichtiger Beitrag zur Sozialisation und zum Abbau von Rollenklischees von Kindern erreicht. Für den Schulsport bietet sich Mini-Basketball deshalb auch im koedukativ-ausgerichteten Unterricht an.

4 Die *Spielorganisation*: Das organisierte Wettspiel Mini-Basketball ist in der Bundesrepublik Deutschland vor allem in den Vereinen des Deutschen Basketball Bundes und teilweise auch im Schulbereich verbreitet. In vielen anderen Ländern beteiligen sich auch kirchliche, soziale und kommunale Institutionen an der Durchführung von organisierten Wettspielen. Die Spiele in der Bundesrepublik Deutschland werden nur auf Kreis- und Bezirksebene ausgetragen; auf Meisterschaften wird dabei häufig verzichtet. Landes- und bundesweite Festivals und internationale «Jamborees» dienen als Treffpunkt der beteiligten Kinder; Mannschaften werden nach dem Zufallsprinzip gebildet; die implizierten Ziele dieser Maßnahmen sind eine verbesserte Kommunikation der Kinder und eine größere Toleranz.

5 Zur *Methodik*: Die methodischen Maßnahmen bei der Betreuung bzw. beim Aufbau einer Mini-Basketball-Gruppe im Training und im Wettspiel erfordern die Berücksichtigung des jeweiligen motorischen, physischen und psychischen Entwicklungsstandes der Kinder. Die in der Spielidee und in den Spielregeln enthaltenen pädagogischen Ziele sind mit der Grundhaltung der Kinder «Wir wollen gewinnen» in Einklang zu bringen. HAGEDORN / SCHMIDT (1979) haben folgende methodische Forderungen beschrieben:
- Spielen erlernen die Spielenden am besten durch aktives Spielen,
- Spielsituationen sind im Lernprozeß vorrangig einzusetzen,
- Trainings- und Übungssituation sollen sich aus dem Spiel ergeben,
- das Lernangebot an die Spieler muß kindgemäß präsentiert werden,
- spontane Spielerlebnisse dienen zur Motivation der Kinder und sichern eine große Intensität beim Spiel,
- Lernfortschritte stärken das Selbstbewußtsein der Kinder,
- die Spielfreude ist ein wichtiges Kriterium für oder gegen methodische Maßnahmen bzw. Konzeptionen,
- der Grundsatz «vom einfachen zum schwierigen Vorgang» bestimmt die Reihenfolge und Auswahl der Lerninhalte.

Die hier nur kurz angerissenen methodischen Aspekte beinhalten eine wichtige Forderung an den Lehrenden: Erarbeitung von *pädagogischen, psychologischen, sportlichen* und *basketballerischen* Grundkenntnissen ist erforderlich.

6 Die *Hilfen*: Bei der Basketball Werbe- und Ausstattungs GmbH (BWA) (Adresse siehe Anhang) sind einige Hilfsmittel beziehbar, die die Arbeit mit einer Mini-Basketball-Gruppe unterstützen:
- ein spezieller, vereinfachter Anschreibeblock für Mini-Basketball,
- kindgemäß aufgemachte Spielerpässe für die Mini-Basketballspieler,
- ein Regelheft mit allen Mini-Basketballregeln für den organisierten Wettkampf (auch über den Buchhandel),
- ein Bilderbuch ‹Alle spielen Mini-Basketball› (auch über den Buchhandel),
- in bestimmten Zeitabständen ein Werbepaket mit unterschiedlichem Inhalt; z. B. ein Mini-Ball, eine Sporttasche etc.

[7] Die *Institutionen*: In den Vereinen, die dem Deutschen Basketball Bund bzw. seinen Landesverbänden angeschlossen sind, ist für Mini-Basketball häufig der Jugendleiter des Vereins zuständig. Informationen erhält man mit Sicherheit beim Abteilungsleiter für Basketball.
In den Landesverbänden ist der Referent für Mini-Basketball Mitglied im Jugendausschuß. Er wird häufig von einer Kommission für Mini-Basketball unterstützt. Seine Anschrift erhält man bei der Geschäftsstelle des jeweiligen Landesverbandes bzw. bei einem Verein mit Basketball-Abteilung.
Der Referent für Mini-Basketball im Deutschen Basketball Bund ist für alle Mini-Basketball-Probleme zuständig. Auskünfte erhält man auf der Geschäftsstelle des DBB oder im Jugendsekretariat des DBB (Adressen siehe im Anhang).
In den Bereichen der Schulorganisation wendet man sich an die Schulsportbeauftragten für Basketball, die auf Kreis-, Bezirks- und Landesebene eingesetzt sind (Anschriften bei den Schulämtern).

Merke

- Mini-Basketball ist ein organisiertes Wettspiel für Kinder bis zum Alter von elf Jahren nach einfachen, kindgemäßen Regeln.
- Als nichtorganisiertes Wettspiel bestehen keine Altersbegrenzungen; die Spielregeln können frei vereinbart bzw. variiert werden.
- Die Spielorganisation unterscheidet sich durch den Verzicht auf Meisterschaften vom Sportspiel Basketball.
- Bei Turnieren, Festivals und «Jamborees» sind neben dem Wettspiel auch die Begegnungen mit anderen Kindern und die damit verbundenen Anforderungen an Toleranz, Teamgeist und Fairness wichtig.
- Die methodischen Forderungen beim Umgang mit Kindern machen eine intensive Beschäftigung mit den Bereichen Pädagogik, Psychologie, Sportmotorik und Basketball erforderlich.
- Hilfsmittel und die mit Mini-Basketball befaßten Institutionen helfen bei der Bewältigung der Arbeit mit Mini-Basketballspielern.
- Spaß am Spiel, Spielfreude, spontanes Erleben und Lernfortschritte bei Grundfertigkeiten im Basketball sind übergeordnete Aspekte des Mini-Basketballs.

Literatur

4; 69; 93; 94; 99; 105; 149; 193; 201; 210; 285; 297; 457; 509; 514; 532; 539; 604.

8 Training und Wettkampf

Günter Hagedorn

8.1 Begründung

Training und Wettkampf sind gerade auch im Basketball zwei voneinander abhängige und aufeinander bezogene Tätigkeitsbereiche. Sie bilden das eigentliche *Spiel-Binnenfeld.* Sie werden ‹umrahmt› von den Einflußgrößen des *Spiel-Umfeldes.* Abbildung 1 stellt den Zusammenhang im Modell dar.

Abb. 1: Training und Wettkampf als Elemente des Spiel-Binnenfeldes, das mit den Elementen des Spiel-Umfeldes in Wechselbeziehung steht (vgl. dazu das ältere Modell von HAGEDORN 1973a bei 3.9)

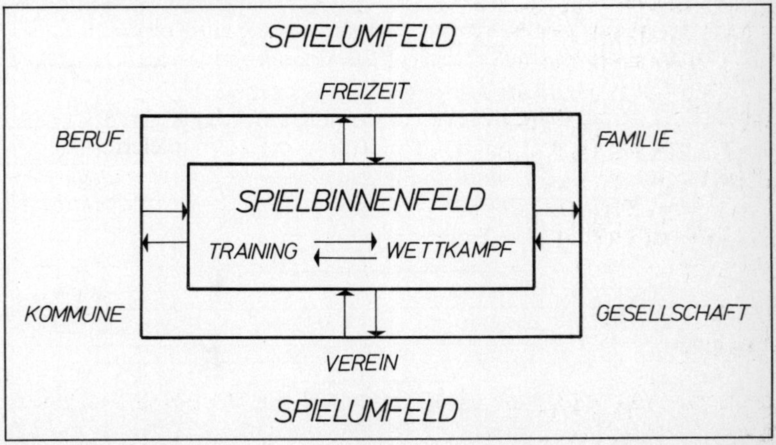

Die Bezugsgrößen des Spiel-Umfeldes haben Einfluß auf Planung und Gestaltung von Training und Wettkampf, allerdings in unterschiedlichem Maße und Umfang. Ihr Einfluß hängt ab einerseits von den Trainierenden und Spielenden, von ihrem Alter (Familie), Sozialstand (Beruf und Freizeit) und ihrer Spielleistung (Verein), andererseits von der Stärke (Einfluß und Macht = Gesellschaft) und Bedeutung der Einflußgrößen für den Basketballsport (Kommune).
Beide Tätigkeitsbereiche – Training und Wettkampf – sind inzwischen jeder eine Wissenschaft für sich im Spitzen- und Leistungssport geworden. Insofern behandelt Teil 8 ein zentrales Problemfeld des Basketballsports. Abbildung 2 soll die Gliederung des Kapitels veranschaulichen.
Wir unterscheiden zwischen *Trainingssteuerung* und *Wettkampflenkung*. Die Vorgänge der Steuerung und Lenkung sind nicht grundsätzlich, sondern in der Gewichtung der ausführenden Instanzen zu unterscheiden. So liegt im Training eine stärker von Planungsgrundsätzen bestimmte Außensteuerung durch den Trainer vor; sie dominiert in Bereichen konditioneller Anforderungen, also immer dann, wenn physische Leistungsschwellen erreicht und überwunden werden sollen; sie tritt in dem Maße zurück, in dem taktische Selbststeuerungsprozesse der Spieler vorherrschen. Die Außensteuerung durch den Trainer ist im Wettkampf grundsätzlich auf wenige

Abb. 2: Aufbau von Kapitel 8 mit den Schwerpunktbereichen Trainingssteuerung und Wettkampflenkung

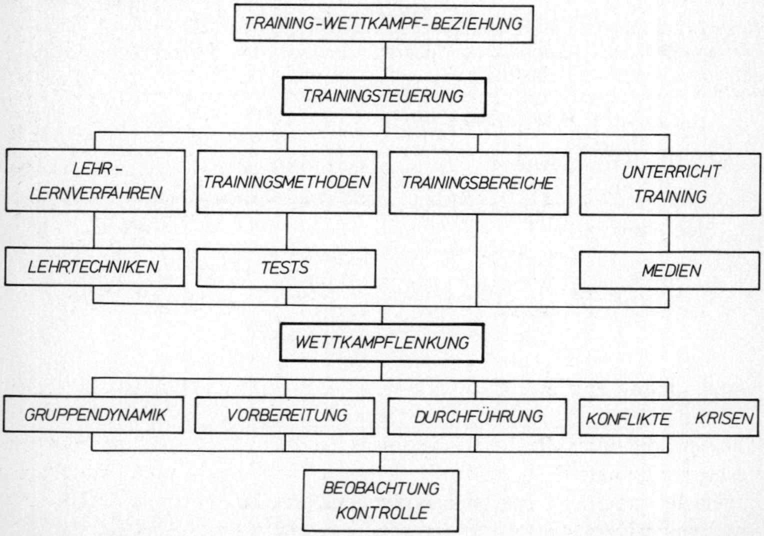

Maßnahmen reduziert, so daß die Selbststeuerung an Bedeutung gewinnt (vgl. bei 8.3.3).
Themen, die unter «Training» behandelt werden, stehen naturgemäß mindestens mit einem Bein im Wettkampf, und Probleme, die dem Wettkampf angelastet werden, finden oftmals ihre Ursache und Erklärung im Training. Training und Wettkampf gehören also (irgendwie) zusammen.

Günter Hagedorn

8.2 Zum Verhältnis von Training und Wettkampf

1 Es gibt viele *Trainingslehren*, aber (noch) keine Wettkampflehre und noch keine Training und Wettkampf verbindende Lehre (vgl. Barth 1980; Friedrich 1980; Hagedorn 1983). Dabei ist die Zahl der allgemeinen Trainingslehren Legion (Harre 1973; Jäger/Oelschlägel 1974; Martin 1977, 1980; Letzelter 1978; Weineck 1980; *Ma*twejew 1981; Mühlfriedel 1983).
Es gibt auch wichtige *Hilfen zum Training*, die «Trainingswissenschaft» (Ballreich u. a. 1982), das Wörterbuch «Training von A bis Z» (Red. Thiess 1980), Kemmlers «Psychologisches Wettkampftraining» (1973), «Training und Trainingslehre in Deutschland» (Carl 1983). Kennzeichnend für die Situation: Im Sportwissenschaftlichen Lexikon (Red. Röthig 1983) taucht der Begriff «Wettkampf» einschließlich Zusammensetzungen viermal, «Training» hingegen 29mal auf.
Dabei gibt es noch *Trainingslehren für Spezialgebiete*, z. B. für konditionelle Grundlagen (Kondition allgemein: Grosser u. a. 1981; Kraft: Ehlenz u. a. 1983; Letzelter 1983) oder für die Technik (Grosser/Neumaier 1982). Auch einzelne Sportarten sind hier bereits erfaßt, z. B. die Leichtathletik (Jonath 1973; Bauersfeld/Schröter 1979), Tennis (Weber 1982), Ski-alpin (Kemmler 1980).
Die *Sportmedizin* ist um die positiven Trainingswirkungen bemüht (Hollmann/Hettinger 1976; de Marees/Mester 1981, 1982, 1984), am Wettkampf interessieren eher die traumatologischen Negativfolgen (Franke 1980; Kuprian 1981; Biener 1982).
Schlecht kommen selbst hier die Spielsportarten, auch Basketball, weg. Art und Umfang der Veröffentlichungen sprechen eine deutliche Sprache. Zwischen der «Wissenschaftlichen Trainingsplanung» (Hagedorn/Volpert/Schmidt 1972) und dem «Training im Mannschaftsspiel» (Volpert/Hagedorn/Schmidt 1981) sowie dem «Training im Sportspiel» (Andresen/Hagedorn 1982) bewegen sich viele Veröffentlichungen, aber meist in den vertrauten Gewässern der Methodik und Didaktik der Sportspiele. Einzelne Beiträge zu Training und auch Wettkampf finden sich in Zeitschriften (insbesondere «Leistungssport»). Aber die Rinnsale machen noch keinen Fluß. War vielleicht das Symposium «Steuerung des Sportspiels in Training und Wettkampf» (Andresen/Hagedorn 1984) ein Versuch in die richtige Richtung?

2 Am Anfang aber war der *Wettkampf*. Frei nach Heraklit ist der Wettkampf ‹der Vater aller Dinge›, sprich all der Dinge, die sich zwischen den

Basketballkörben ereigneten, immer noch ereignen und immer wieder ereignen werden. Er deckte immer schon eine Reihe von Grundbedürfnissen ab, die weder von der Arbeit noch dem ‹wettkampffreien› Spiel erfüllt wurden. Der Wettkampf motiviert zu intensiverer Bewegung durch den Kräftevergleich, liefert ein vom Spieler selbstgestaltetes Spannungserlebnis, schafft soziale Kontakte unter ‹erschwerten Bedingungen›. Er hatte bereits in der Pionierzeit für den Träger (Universität, Club) seine besonderen Aufgaben. Er half, einen Gemeinschaftsgeist zu entwickeln und schien zu Leistungen auch in anderen Bereichen anzuspornen. Der YMCA (CVJM) ‹missionierte› um die Jahrhundertwende mit dem «fairsten» Wettkampfspiel in Europa und Asien. (Zur Rolle des Wettkampfes aus der Sicht der Volkskundler und Verhaltensforscher vgl. bei HAGEDORN 1983, b die dort aufgeführte Literatur.)

Das *Sportspiel-Training* verdankt seine Geburt vermutlich der wachsenden Bedeutung des Wettkampfes für den einzelnen und die Gruppe (Mannschaft, Gemeinschaft, Gesellschaft); wer wollte und will den kommenden Wettkampf nicht besser und möglichst erfolgreich bestehen. Tendenzen der Erfolgsmaximierung unter Bewährungs- und Selbstbestätigungs-, unter Konkurrenz- und Rivalitätsdruck führten beinahe zwangsläufig zu Vorbereitungs- und Freundschaftsspielen, in denen der Ernstfall geprobt wurde. Und damit begann die systematische Zerlegung des Zielereignisses in seine trainierbaren Bestandteile. Am Anfang wurden die Rollen Angriff und Verteidigung getrennt (NEUMANN 1972), dann wurden deren Anforderungen isoliert, und am Ende, also heute, was für die Morgigen der Anfang ist, steht die vom Teufel regierte Teilfrage: Hände tief, seitlich, hoch? Der Mittelfinger letzten Kontakt? Körperschwerpunkt vor, senkrecht über, hinter den Fußballen?

Solche Details entscheiden beim 1–1, einer Situation, die wiederum den Wettkampf entscheidet. Details lassen sich aber im Wettkampf nur sehr schwer erlernen, verbessern und automatisieren; denn im Wettkampf muß der Kopf frei sein für Zusammenhänge. Auch die konditionellen Grundlagen werden im Wettkampf nur begrenzt trainiert und verbessert; die situations- und spielspezifischen Anforderungen werden vom Augenblickserfolg diktiert. Der aber fragt nicht in der Irrationalität des Spannungserlebnisses nach unsichtbaren Ursachen und langfristigen Wirkungen. So wird das Recht auf Training für denjenigen zur Pflicht, der nicht nur Spielspannung erleben, sondern auch mit dieser immer besser umzugehen lernen will.

[3] In der heutigen Spielpraxis haben Training und Wettkampf manchmal die sprichwörtliche Beziehung von zwei Händen. Da weiß die eine nicht, was die andere tut. In dieser Situation wird die höchst praktische Einsicht ‹Eine Hand wäscht die andere› zum trivialen Spott: ‹Eine Hand wäscht – die

nämliche›, nämlich sich selbst. Was bekanntlich mit Schwierigkeiten verbunden ist.
Manchmal leben Training und Wettkampf aber auch als siamesische Zwillinge zusammen. Sie werden aus dem gleichen Motiv mit dem gleichen Mittel zum gleichen Zweck betrieben: Spielen, Spielen, Spielen. Die Tätigkeit des Spielens steht zu Recht im Kindes- und Seniorenalter, im Freizeit- und Breitensport im Mittelpunkt. Dieses Erlebnis genügt aber nicht für den auf Lernzuwachs und Leistungssteigerung angelegten Leistungs- und Spitzensport.
Vielleicht ist die Beziehung zwischen Training und Wettkampf der einer Partnerschaft vergleichbar, in der beide sich aufeinander beziehen, zugleich aber ihre Eigenwelt bewahren, also nicht ihre Eigenständigkeit und Identität zugunsten bloßer Anpassung an den anderen aufgeben. In diesem Sinn haben Training und Wettkampf ein ‹Verhältnis›.

4 Das Training stellt zunächst aus der Sicht des Wettkampfes eine Art *Probehandeln ohne Risiko* dar. Hier werden die Anforderungen des Wettkampfes vorweggenommen (Antizipation) und ‹hautnah› nachgebildet (Simulation), damit die Anforderungsbereiche der Spieler, also Kondition, Technik und Taktik verbessert werden können (Optimierung).
Das geht nicht ohne Neuerungen ab (Innovationen), die zufällig durch Versuch-und-Irrtum oder durch systematisches Experimentieren entdeckt, dann aber, wenn sie Erfolg versprechen, in das Trainings- und Spielrepertoire aufgenommen werden. Damit unterliegen sie wie ältere, bewährte Muster der Wiederholung (Regulation), sie werden in unterschiedlichen Situationen und selbst bei Ermüdung abrufbar (Stabilisation) und geraten damit in einen überprüfbaren Erfolgszwang (Effektivitätskontrolle).
Training und Wettkampf standen anfangs vielleicht in einem *zeitlichen* Verhältnis von 1 : 1. Im Wettkampfsport hat sich dieses Verhältnis einseitig zugunsten des Trainings verschoben. Ein Verhältnis von 10 : 1 ist keine Seltenheit mehr, bedenkt man, daß die reine Spielzeit von maximal 200 Minuten (fünf Spieler je 40 Minuten) eigentlich auf zehn Spieler zu verteilen ist. Für die ‹Bankspieler› ist es oftmals sogar ein Zu-null-Verhältnis; sie wärmen sich auf, werden dann aber nicht eingesetzt. Hier muß das Training zum Ersatz für das verlorene ‹Honorar Spielzeit› (Kompensation), manchmal sogar zum ‹Neben- und Hauptkriegsschauplatz› persönlicher Ambitionen, spielbezogener Konkurrenzen und Rivalitäten werden (Projektion).
Das Training bietet andererseits aber auch die Chance, längerfristig Spieler für ihr eigenes Verhalten und für ihre Rollen innerhalb der Mannschaft, für die Mitspieler und die gemeinsame Sache Basketball einsichtiger und empfänglicher zu machen (Sensibilisieren), vielleicht sogar Fehlverhaltensweisen so bewußt werden zu lassen, daß die Spieler damit immer besser umzugehen lernen (‹Therapie›) (vgl. HARRIS 1981; ROGGE 1981).

5 Aus der Sicht des Trainings ist der Wettkampf das eigentliche *Bewährungs- und Anwendungsfeld.* Die trainierten spielmotorischen und spieltaktischen Muster werden im Wettkampf eingesetzt (Realisieren). Auch die trainierte konditionelle und die psychische Leistungsfähigkeit und -bereitschaft sollen die Spieler befähigen, den Wettkampf immer besser zu bestehen, also seine physischen und psychischen Anforderungen (Kraft, Schnelligkeit, Ausdauer, Stress) zu bewältigen (Adaption).
Dieser verbesserten Bewältigung dienen alle Formen der *Selbststeuerung* der Spieler und der Außenlenkung durch den Trainer. Dazu soll das eigene Spiel (Stil) und der eigene taktische Plan durchgesetzt werden (Organisation). Das Ergebnis dieses fortgesetzt mit dem gleichen Plan der Gegenmannschaft konkurrierenden Versuchs wird an einzelnen Spielsituationen und Zwischenständen, an individuellen und mannschaftlichen Leistungen, schließlich am Spielausgang überprüft (Kontrolle).
Erwartungsgemäß nehmen die Spieler in der Mehrzahl am Wettkampf engagiert Anteil; die vielfältigen Außen- und Innenreize bewirken über die Antriebssteuerung das besondere Wettkampf-Erleben und lösen Emotionen aus. Die *Emotionalisierung* ist wie die gefühlsmäßige Aktivierung in den Grenzen ihrer Kontrollierbarkeit als eine Art ‹Aggressionshygiene› wünschbar. Die unvorhersehbaren Zufälligkeiten jedes Wettkampfes zwingen die Spieler zugleich dazu, fortgesetzt auch anders als geplant zu handeln (Improvisation, Innovation). Beides, Erleben und Erfinden, machen jeden Wettkampf zu einer eigenen Welt und unwiederholbar (Selbstbezug). Hier entzieht sich der Wettkampf dem planenden Zugriff durch das Training.
Abbildung 1 stellt die vielfältigen Aufgaben von Training und Wettkampf und ihre Beziehung im Modell dar.

Abb. 1: Verhältnis und Selbstbezug von Training und Wettkampf

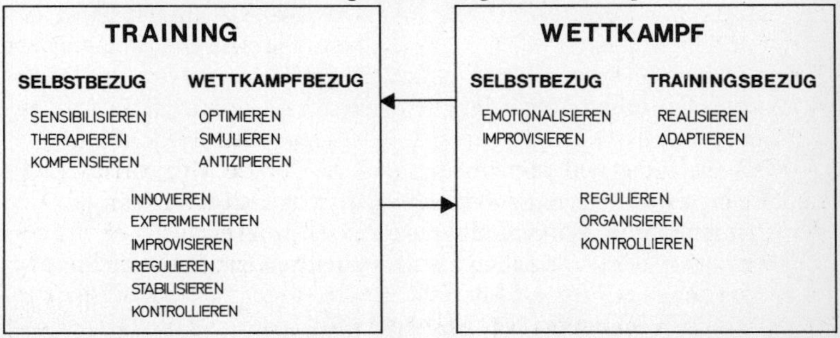

Das Training soll letztlich die Erfolgsaussichten der eigenen Mannschaft im Wettkampf steigern. Der Zuwachs an Erfolgswahrscheinlichkeit wäre genau berechenbar, gäbe es nicht den Gegner, der das gleiche will, die Schiedsrichter, die manchmal ganz anders wollen, und die Zuschauer.

Literatur

12; 13; 29; 38; 119; 135; 144; 164; 169; 181; 198; 212; 253; 260; 262; 270; 271; 329; 345; 368; 370; 372; 559; 578; 585; 586; 607; 610; 627; 633.

Günter Hagedorn

8.3 Trainingssteuerung

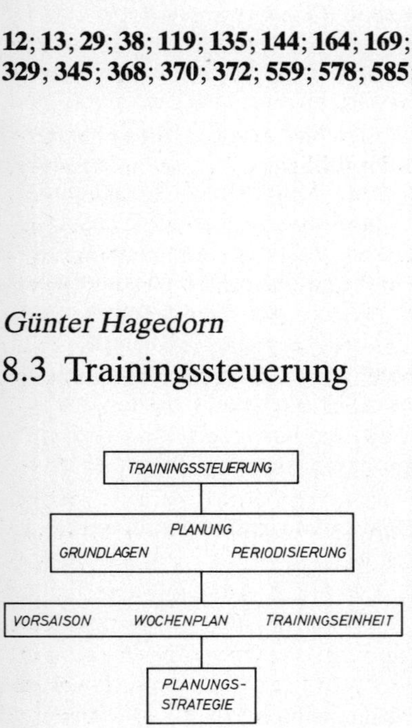

Schlagwörter

[1] Definition Trainingssteuerung.
[2] Grundlagen Trainingsplanung: Biorhythmik, Monats- und Jahresperiodik, Leistungseinbrüche, aktive Erholung.
[3] Periodisierung: Gesamtplan, Mehr-, Teiljahreszyklen, Makro-, Mikrozyklus, Trainingseinheit, Jahrestrainingsplan, Wettkampfplan.
[4] Vorsaison; Rahmenbedingungen, Aufgaben, leichtathletisches Training.
[5] Wochentrainings- und Spielplan.
[6] Trainingseinheit: Rahmenbedingungen, biologische Anpassung, Verhaltenssteuerung, Kommunikation, Phasenstruktur.
[7] Planungsstrategie: objektive Erfolgswahrscheinlichkeit, subjektive Erfolgserwartung, Erfolg, Mißerfolg.
[8] Trainingsplanung: Gesetze, Regeln der Zukunft.

Erläuterungen

1 Wir verstehen unter *Trainingssteuerung* die Abstimmung von Planung, Durchführung und Auswertung des Trainings und aller Maßnahmen, Mittel und Wege, die eingesetzt und genutzt werden, damit Spieler(-innen) einen früheren Leistungsstand wieder erreichen, einen erreichten halten oder verbessern, um so den Anforderungen des Wettkampfes (immer besser) gewachsen zu sein. (Vgl. dazu Carl/Grosser 1983; Wissenschaftlicher Beirat Fernstudium Trainerakademie 1984, unveröffentlicht).
In diesem Hauptkapitel soll die Trainingsplanung behandelt werden. Den anderen Problemen der Trainingssteuerung sind eigene Kapitel gewidmet.

2 Grundlagen der *Trainingsplanung*: Die Notwendigkeit, die sportlichen Aktivitäten (Training und Wettkampf) im zeitlichen Wechsel zu dosieren, gründet u. a. in den rhythmischen Schwankungen der biologischen Vorgänge (Biorhythmik). Diese Rhythmen werden durch innere (endogene) und äußere (exogene) Faktoren hervorgerufen. Die tägliche *physiologische Leistungskurve* hat z. B. zwei Gipfelwerte (gegen 10 Uhr und gegen 19 Uhr) und zwei Tiefstwerte (gegen 15 Uhr und gegen 3 Uhr nachts), Werte, die als Tagesperiodik wiederkehren (Stegemann 1977). Diese Periodik soll durch die Erdumdrehung bedingt sein, die über einen ‹inneren Zeitgeber› das vegetative Nervensystem veranlaßt, die Organtätigkeit und die Körpertemperatur zu regeln.
Es gibt ferner neben diesen wissenschaftlich bereits erforschten tagesrhythmischen Schwankungen solche in größeren Zeitabständen, z. B. Wochenschwankungen mit einem Leistungshoch am Mittwoch (bei mehrtägigen Lehrgängen bringt allerdings der dritte Tag meist ein Leistungstief) oder bei Frauen den monatlichen Menstruationszyklus. Analog zu den Frauen läßt sich auch bei Männern eine Art *Monatsperiodik* beobachten. Dabei wechseln unterschiedliche Leistungsgipfel mit einem oft mehrere Tage währenden Leistungstief. Dieses Tief wird begleitet von Unlustgefühlen, manchmal von allgemeiner Aggressivität, verbunden mit nachlassendem Unternehmungsgeist und gedrosselter Aktivität.
Schließlich ist noch eine *jahreszeitliche Periodik* zu beobachten. Zwischen Leistungstiefs (bezeichnend sind dafür Begriffe wie Frühjahrsmüdigkeit und Winterschlaf) begegnen wir auch hier Leistungshochs (Frühsommer und Herbst) in einem von Einflußgrößen wie Temperatur und Luftfeuchtigkeit bestimmten Wechsel. Auch diese Periodik wird letztlich auf kosmische Einflüsse zurückgeführt.
Die physiologischen Leistungseinbrüche werden von psychischen Prozessen mitbedingt bzw. begleitet. Sie werden auch zu einem sozialen Problem, weil die Ansprüche unseres sozialen und kulturellen Lebens (Ausbildung, Familie, Beruf, Verkehr) den Zeitpunkt ihres Eintretens notwendig durch-

kreuzen. Auch der Sport greift mit seiner verbindlichen Terminplanung massiv in diese individuellen Prozesse ein. Dadurch wird es oftmals notwendig, Spieler gegen die natürliche Periodik aufzubauen bzw. zu sportlicher Höchstleistung zu führen, z. B. bei längeren Turnieren, in einer Pokal- oder Endrunde, bei entscheidenden Spielen.
Auch im Sportspiel Basketball durchkreuzen deshalb oft die Leistungsanforderungen in Wettkampf und Training die natürlichen Erholungsphasen. Die Periodisierung des Trainings sollte deshalb der Natur weitgehend Rechnung tragen. Wir verstehen unter Periodisierung mit Matwejew (1972; 1981) einen jährlichen Trainingszyklus, mit dessen Hilfe die sportliche Leistungsform konditionell, technisch und taktisch aufgebaut, gesteigert und angewandt wird und durch *aktive Erholung* erhalten bleibt. Durch geplanten Wechsel der Belastungsart und -intensität können aber auch die Wochen- und Tagestrainingspläne ‹periodisiert› werden, so daß Erholungsphasen größere Belastungsphasen einschließen. Auf diese Weise wird der durch hohe Trainings- und Wettkampfleistungen bedingte Abbau von Kraftreserven in Leistungspausen wieder ausgeglichen. Im Wettkampf bietet der Spielerwechsel eine Möglichkeit, die leistungsschwachen Phasen eines Spielers zu berücksichtigen. Bis auf den Menstruationszyklus sind alle anderen Zyklen von mehr als Tageslänge wissenschaftlich noch nicht hinreichend erforscht (Matwejew 1972; Rogge 1981).

Abb. 1: Die ‹Planungspistole› zur Periodisierung des Trainings

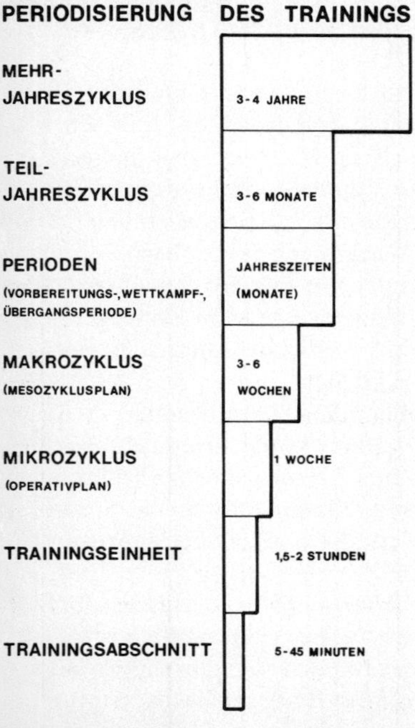

3 *Periodisierung*: Die Planung im Basketball muß neben individuellen auch die objektiven Faktoren, muß organisatorische, didaktische und methodische Gesichtspunkte berücksichtigen. Deshalb ist es notwendig, einen *Gesamtplan* aufzustellen, der es gestattet, alle weiteren Planungsschritte abzuleiten (vgl. Neumann 1973; 1983). Abbildung 1 liefert zunächst einen allgemeinen Plan mit unterschiedlichen Zeiträumen für die einzelnen Planungsphasen.
Am *Mehrjahreszyklus* (3–4 Jahre) orientiert sich der Aufbau einer Mannschaft oder eines Spielers,

z. B. hinsichtlich einer Spielposition. In *Teil-Jahreszyklen* lassen sich die Vorbereitungs-, Wettkampf- und Übergangsperioden einteilen. Ein *Makrozyklus* kann die End- oder eine Aufstiegsrunde sein. Am vertrautesten, weil am überschaubarsten und am häufigsten, dürften der *Mikrozyklus* des Wochenplanes und die *Trainingseinheit* sein.

Der *Jahrestrainings- und Wettkampfplan* läßt sich in folgende Perioden einteilen:

- *Vorsaison*
  Dauer: 6–8 Wochen von Ende Juli bis Anfang September,
  Ziele: Vgl. bei 8.3.2.
- *Wettkampfsaison*
  Dauer: 6–7 Monate. Vorrunde 3 Monate; Zwischenrunde 3 Monate; Endrunde 1 Monat,
  Ziele: ‹Überleben› als Aufsteiger; ‹Zugpferd› für eigene Zuschauer; Teilnahme an der Endrunde; Deutscher Meister; Deutscher Pokalmeister.
- *Nach- und Übergangssaison*
  Dauer: 3–4 Monate von April bis Juli,
  Ziele: Werbespiele; Aufbau der neuen Mannschaft, aktive Erholung zur Erhaltung der sportlichen Form.

Zur Konkretisierung der Trainingssteuerung sollen drei in der Praxis erprobte und bewährte Trainingspläne vorgestellt werden, und zwar ein Trainingsplan für die Vorsaison, ein Wochentrainingsplan und eine besondere, aber übertragbare Trainingseinheit.

4 Training in der *Vorsaison*: Für die Vorsaison gelten im allgemeinen folgende Rahmenbedingungen:

- Die neue Mannschaft der nächsten Saison ‹steht›; die Neuzugänge sind integriert;
- die Spieler hatten in der Übergangsperiode einen mindestens vierwöchigen (aktiven) Urlaub vom Basketball, möglichst mit Orts- und Klimawechsel;
- im aktiven Urlaub wurden andere Sportarten betrieben zur psychischen Entmüdung (Surfen, Segeln, Volleyball, Family-Tennis) und zur Erhaltung der allgemeinen Kondition (Cross-country-Läufe; Radfahren; Bergsteigen; Langläufe);
- der Trainingskader umfaßt nicht mehr als 15–20 Spieler(-innen) der 1. und 2. Nachwuchsmannschaft.

Die Vorsaison hat vier wesentliche Aufgaben: Hier sollen

- die Spieler wieder in den systematischen Trainings-Wettkampfbetrieb eingestimmt werden;
- die allgemeinen konditionellen Grundlagen zeitökonomisch und den Spielanforderungen entsprechend verbessert und stabilisiert werden;

- die spielspezifische Kondition und Technik individuell und positionsbezogen optimiert und stabilisiert werden;
- die taktischen Hilfen und die Spielsysteme in Angriff und Verteidigung der (neuen) Mannschaft entsprechend ausgewählt und trainiert werden.

Bei der Verwirklichung dieser Aufgaben ist insbesondere ihre *zeitliche Anforderung* zu berücksichtigen. Die Ausbildung der allgemeinen (aeroben) Ausdauer benötigt mehr Zeit, hält sich aber um so länger. Die Spiel- und positionsspezifische Technik läßt sich nur über sehr viele, lange Wiederholungen so automatisieren, daß die Spieler ‹kopffrei› über sie verfügen. Gruppentaktische Hilfen und mannschaftstaktische Systeme verlangen dagegen ein geringeres Zeitbudget. Einstellungsänderungen machen übersaisonale Zeitansprüche geltend, wenn sie überhaupt gelingen.

Wir liefern hier das Muster für ein im wesentlichen *leichtathletisches Vorbereitungstraining* zur Verbesserung der allgemeinen Kondition. Jede *Trainingseinheit* sollte (könnte) folgende Phasen umfassen:

1. Einlaufen: 800 m lockeres Traben; Dauer etwa 6 Minuten.
2. Funktionelle Gymnastik; Lockerung, Dehnung, Kräftigung; Dauer etwa 15 Minuten.
3. Intervalläufe: Mehrfache Wiederholung einer kurzen Strecke (40 m); Dauer etwa 5 Minuten.
4. Kräftigung: Rechts- und linksarmige Kugelstöße; Dauer etwa 5 Minuten.
5. Intervalläufe; Mehrfache Wiederholung einer kurzen Strecke (60 m); Dauer etwa 5 Minuten.
6. Weitsprünge: Mehrere Weitsprünge mit systematisch verlängertem Anlauf; Dauer etwa 5 Minuten.
7. Mittelstrecke: Etwa 400 m mit langem Auslaufen; Dauer etwa 5 Minuten.
8. Kräftigung: Gymnastische Übungen in höheren Serien unter gesteigerter Beanspruchung; Dauer etwa 5 Minuten.
9. Langlauf: 3000 m; Dauer zunächst etwa 15 Minuten.
10. Ausklang: Spiel, z. B. Volleyball, Fußball, Family-Tennis; Dauer 15–30 Minuten.

Zur Eröffnung der Vorbereitungsperiode sollte das Training mit etwa 40 bis 50 Prozent der Maximalkraft bzw. der maximalen Schnelligkeit durchgeführt werden. Die Spieler sollen dabei systematisch ein Tempo- und Rhythmusgefühl entwickeln und lernen, Laufgeschwindigkeit, Schrittlänge und -rhythmus zu kontrollieren. Sie sollen ferner daran gewöhnt werden, die Reaktion ihres Organismus zu erfahren, also Herzschlag und Atemfrequenz, Muskelspiel und Ermüdung. Die Anforderungen werden allmählich gesteigert von 50 über 55 bis auf 70 bis 75 Prozent; die Zahl der Intervalläufe wird vermehrt und die Zeit verkürzt; der Langlauf wird von 3000 m allmählich bis auf 6000 m erweitert.

Das Muster eines Trainingsplans im ersten Drittel des *Freiluft-Vorbereitungstrainings* kann folgende (erprobte) Struktur haben:

1. Freies Einlaufen: Etwa 800 m, individuell, locker; Dauer 6 bis 8 Minuten.
2. Funktionelle Gymnastik: Lockerungsübungen für Rumpf, Beine und Arme, Kopf und Nacken; Hüpfen, allgemeines Ausschütteln; Dehnungsübungen für die Muskulatur der Beine, des Rumpfes und der Arme in systematischem Wechsel (Stretching); Wechselhupf und Skipping; Kräftigungsübungen für Beine, Rumpf, Schultergürtel und Arme; aus dem Traben, Wechselhupf, Skipping am Ort, übergehen zum Sprint; Spreizschritte, Armkreisen; Dauer etwa 5 Minuten.
3. Mittelstrecke: etwa 400 m in etwa 80 Sekunden mit langem Auslaufen; Dauer etwa 5 Minuten.
4. Intervalläufe: 6mal 40 m mit etwa 50 bis 60 Prozent, zwischen jedem Lauf etwa 20 Sekunden Pause; Dauer etwa 5 Minuten.
5. Weitsprung: 6 bis 8 Sprünge, beginnend mit 3 Schritten Anlauf und einer Steigerung um je 2 Schritte pro Sprung; Dauer etwa 5 Minuten.
6. Mittelstrecke: 400 m in etwa 80 Sekunden mit langem Auslaufen; Dauer etwa 5 Minuten.
7. Kräftigung: Je 4 bis 5 Stöße rechts und links mit der Kugel (5 kg, 6 kg, 7¼ kg Stein) in Serie; Serien wiederholen; Gewichte langsam steigern; Dauer etwa 5 Minuten.
8. Intervalläufe: 6mal 60 m mit 50 bis 60 Prozent und 20 bis 30 Sekunden Pause zwischen den Läufen; Dauer etwa 5 Minuten.
9. Kräftigung: 20 bis 30 Liegestütze mit hochgestellten Füßen, 20 Klappmesser, 20 Bauchschaukeln, 30 Rumpfdrehbeugen vorlings mit rechtem Ellenbogen zum linken Knie, linkem Ellenbogen zum rechten Knie; Dauer etwa 6 bis 10 Minuten.
10. Langlauf: 3000 m in 16 Minuten mit Auslaufen; Dauer 20 Minuten.
11. Spiel: Sportspiel oder Partnerspiel nach freier Wahl; Dauer 15 bis 20 Minuten.

Die Intervalläufe können auf einer 400 m-Bahn so kombiniert werden, daß jeweils auf einer Geraden eine 40 m bzw. auf der Gegengeraden eine 60 m Strecke gelaufen und die Zwischenstrecken in ganz leichtem Trab zurückgelegt werden. Bei sechs Wiederholungen ergibt das eine Gesamtstrecke von 2400 m.

Besonders günstig für die *allgemeine Kondition* und die organische Anpassung sind Läufe in einem abwechselungsreichen Gelände mit Steigungen (vgl. bei 3.3; 8.3.3). Tunlichst sollten längere Läufe über sehr harte Böden (Asphaltstraßen, Pflasterwege) vermieden werden. Die hohe Stoßbelastung kann zu Reizzuständen in Fuß- und Kniegelenken führen und die Saisonvorbereitung stören. Die federnde (‹puffernde›) Fähigkeit der Schuhe muß der Belastung angemessen sein.

Mit Aufnahme des *basketballspezifischen Trainings* treten die Anteile der allgemeinen Kondition immer stärker in den Hintergrund; die Konditionsarbeit ist nun am Anforderungsprofil des Basketballspiels orientiert. Das Training wird in die Halle verlegt; bei den intervallartigen Trainingsformen wird eher intensiv (170–190 Puls/Min.) als extensiv (Dauer: 30–180 Sek.) belastet; es wird immer am und mit Ball trainiert. Das geschieht aus Gründen der Zeitökonomie (oftmals wird auf diese Weise ein zusätzliches Techniktraining überflüssig) und der besseren Übertragung (Transfer) der wettkampfnah trainierten Bereiche auf die Anwendungssituation.
Je besser die Technik, um so leichter fällt die Bildung der Mannschaft. Nach diesem Grundsatz haben die technischen Elemente und ihre individualtaktische Anwendung zunächst die größten Zeitanteile, gefolgt vom Freien Spiel (insbesondere 3–3) und gruppen- sowie mannschaftstaktischen Mustern. Allerdings muß eine Mannschaft zu Beginn der Saison auch über ein gesichertes Grundrepertoire an taktischen Mustern verfügen. Sie muß im *Angriff*

- ihr Schnellangriff-Konzept umsetzen können,
- mit Hilfe eines organisierten Positionsangriffs Grundformen der Mann-Mann-Verteidigung, der Ball-Raum-Verteidigung, der Presse und der kombinierten Verteidigung bekämpfen können,
- über Systeme zur Lösung von Standardsituationen (Sprungball, Freiwurf, Einwurf) verfügen.

Sie muß in der *Verteidigung*

- die Mann-Mann-Verteidigung und Varianten beherrschen,
- die Ball-Raum-Verteidigung und Varianten beherrschen,
- die Presse und kombinierte Formen beherrschen.

In diese Systeme eingeschlossen sind die sie bestimmenden gruppentaktischen Hilfen in Angriff und Verteidigung. In der Saison werden diese taktischen Mittel dann immer weiter stabilisiert und variiert, so daß sie für den Gegner immer schwerer zu durchschauen und zu bekämpfen sind.
Warum wir solche Hochleistungsanforderungen beschreiben, fragte ein fachkundiger Kritiker, und Rahmenbedingungen voraussetzen, die nur in den seltensten Fällen erfüllbar sind. Gegenfrage: Von wo erkennt man am besten einen Berg? Vom Tal aus. Wen es reizt, der steigt hinauf.

5 Der *Wochentrainingsplan*: Für den Trainingspraktiker hat der Wochentrainingsplan (= Mikrozyklus, Operativplan) mit die größte Bedeutung, da er zugleich auch einen Einblick in den Tagestrainingsplan mit seinen Trainingseinheiten gewährt. Im folgenden wird ein leicht idealisiertes, halbscharf gewürztes Wochenmenü für eine Spitzenmannschaft in der Saison vorgestellt:

- Montag = Tag der Schmerzen

Hier ‹lecken Spieler und Trainer noch ihre Wunden›; die letzten Rückstände an Erfolgseuphorie oder Mißerfolgsdepression werden wegverdaut; kluge Spieler setzen ihre Spielerfahrungen in ‹körpereigene Substanz› um; auch solche Trainer tun dies. Verletzungen werden behandelt, Physiotherapie.

vormittags 10.30–12.00 Uhr

Leichtes, individuelles Balltraining. Trainer hilft der ‹Verdauung› durch ‹Arbeit am Mann› und positive Verstärkung. (Aber wer verstärkt ihn? Die Spieler hoffentlich.)

abends 18.00–20.00 Uhr

- Kraft-, Schnellkraft-Training, auch in Verbindung mit Ausdauer, insbesondere am und mit Gerät (45 Minuten),
- Lockerungsspiel 3–3 (15 Minuten),
- Physiotherapie, Rehabilitation, Entmüdung (60 Minuten) (Massage, Bäder, Bestrahlung, Sauna).

- Dienstag = Tag der Suche

Gesucht werden der Schuldige für die letzte Niederlage (bei Sieg steht er bereits fest: Zur Not ist es der Präsident) und die Mittel, die nächste Niederlage zu verhindern.

vormittags 10.30–12.00 Uhr

- Individualtraining; Fehlerkorrektur,
- Training positionstypischer Anforderungen; Stabilisieren von Standardmustern.

abends 19.30–21.30 Uhr

- Besprechung: Auswertung des letzten Spiels; Wochenplan; nächster Gegner (30 Minuten),
- dynamische Einstimmung (20 Minuten),
  Kleine Spiele: Laufspiele mit Ball; Stretching; wenig Kraft,
- Gruppentaktik: Laufformen (z.B. zum Schnellangriff; Paßvarianten; Dribbel-Paß-Kombinationen) mit submaximaler Belastung (20 Minuten),
- Individualtaktik: Wurftraining, z.B. Spielpositionen in Verbindung mit positionstypischen Bewegungen zum und mit Ball (20 Minuten),
- Mannschaftstaktik; Spiel 5–5 mit besonderer Aufgabenstellung z.B. für den nächsten Wettkampf: eine Verteidigungsform; Schnellangriff (20 Minuten),
- Individualtaktik: Freies Wurftraining; Lockerung und Entspannung oder Training der Konzentration nach mittlerer Belastung (10 Minuten).

- Mittwoch = Tag des Gleichgewichts

Die Erinnerungen an den vergangenen und die Spannungen des neuen

Wettkampfes sind (noch) im Gleichgewicht. Zwischen Erinnerung und Angst lebend sind die Spieler belastbar.

vormittags frei (für Einkäufe, berufliche Ausbildung, Hobbies)

abends 20.00–22.00 Uhr
Entweder ein Trainingsspiel (3mal 20 Minuten) möglichst gegen einen schweren Testgegner, falls die Gesamtbelastung hoch sein soll, oder bei taktischen Experimenten gegen einen mittelschweren bis leichten Gegner, um eine psychologisch problematische Niederlage zu vermeiden;
oder alternativ ein Training mit hoher Belastung von eineinhalb Stunden:
- intervallartiger Wechsel der Aufwärmbelastungen (20 Minuten),
- spielspezifischer Zirkel mit 160–180 Puls/Min. (15 Minuten),
- Wurftraining, insbesondere Freiwurf, mit Sprints und/oder intervallartigen Läufen und/oder Sprung-Lauf-Belastungen zwischen den Wurfserien (15 Minuten),
- Taktiktraining: Abruf bekannter Laufmuster unter mittlerer Belastung Puls um 150/Min. (15 Minuten),
- Spiel 5–5; Anwendung unter hoher Gesamtbelastung, Zusatzbelastungen für Verlierer von Kurzspielen (Tip-Taps, Liegestütze, Linienpendel) (15 Minuten),
- Wurftraining: Ergebniskontrolle und Auswertung (10 Minuten).

● Donnerstag = Tag der Spannung
Die Erinnerung verblaßt, der Druck in der Magengegend wächst. Bei manchen schlägt sich die Belastung als Stuhlgang, bei anderen als Kreuzgang nieder. Aber alle stellen die gleiche Hochrechnung auf: «Wenn der Gegner ..., und wenn wir ..., dann wird ...» Warten auf Samstagabend.

vormittags 10.30–12.00 Uhr
- Kleingruppentraining (Aufbau-Zenter; Flügel-Zenter; Aufbau-Flügel),
- individuelles Wurftraining mit hohen Serien (Freiwürfe!).

abends 19.30–21.00 Uhr
Training mittlerer bis hoher Belastung im Bereich der aeroben Ausdauer und Schnellkraft:
- Standard-Aufwärmprogramm; individuell, mit Partner, in Gruppen, kleine Wettkampfformen (20 Minuten),
- Positionsspezifische Technik: Wiederholung und Stabilisieren unter mittlerer Belastung (30 Minuten),
- Mannschaftstaktik: Wiederholung und Stabilisieren der für den nächsten Wettkampf geplanten Angriffs- und Verteidigungssysteme, insbesondere im Spiel 5–5, unterbrochen von kurzen Wurftrainingsphasen mit Ergebniskontrolle/Auswertung (30 Minuten),
- Konditionsarbeit mit Ball: hohe bis höchste Belastung (10 Minuten).

- Freitag = Tag der Angst(-träume)

Alles in der Woche Versäumte ballt sich an diesem Tag zu dem halluzinatorischen Wach- und Schlaftraum: «Hätten wir doch nur!» In der Nacht stehen die eigenen Spieler wie Wäschepfähle auf dem Spielfeld, die gegnerischen Spieler fliegen dagegen mit kosmischer Geschwindigkeit zwischen den Körben hin und her. Ein Trost: Der gegnerische Trainer hat den gleichen Traum.
vormittags 10.30–12.00 Uhr
- positive Verstärkung beim Individualtraining (Standards),
- positive Verstärkung beim Gruppentraining (Standards).

abends 19.00–21.00 Uhr (möglichst Wettkampfzeit)
- Besprechung: Wiederholung des Samstag-Konzepts, der Spieleraufgaben, des geplanten Spielerwechsels, des Wenn-nichts-mehr-geht (20 Minuten),
- Aufwärmen nach dem Wettkampf-Standardprogramm (30 Minuten),
- Wurftraining individuell mit Trainer-Assistenz (Verstärkung) (20 Minuten),
- Wiederholung gewisser Problemstellen in den Systemen unter spielnahen Bedingungen (aktiver Widerstand, Präzision) (20 Minuten),
- Wurftraining mit wechselndem Partner (20 Minuten).

- Samstag = Tag der Wahrheit

Wahr ist an diesem Tage der Erfolg. Aber ist dann der Erfolglose ‹falsch›? Nein, er liegt falsch, wenn er nur den Sieg als Erfolg wertet. Denn vor jeder erfolgreichen Siegesserie liegt als letztes immer eine Niederlage.
vormittags 11.00–12.00 Uhr
- Wurf- und Bewegungstraining in einer fremden Halle bei Auswärtsspiel,
- bei Heimspiel nur in besonderen Fällen (Entscheidungsspiel).

abends 18.30–22.00 Uhr

– Massage, Tapen, Physiotherapie, Umziehen	18.30–18.59,
– Kurz-Besprechung: Konzept, Aufgaben	19.00–19.14,
– Stretching und physische Aufwärmung	19.15–19.29,
– Aufwärmung mit Ball; einzeln; mannschaftlich	19.30–19.55,
– Spiel (ohne Verlängerung)	20.00–21.29,
– Duschen, Anziehen	21.30–22.00.

- Sonntag = Tag des Müßiggangs

Nur der Trainer arbeitet: Er wertet die Spielstatistik und das Maß seiner eigenen Fehler aus. Aber zugleich arbeitet im Hinter- und Untergrund die Presse. Die bange Frage: Wer wird am Montag ‹liquidiert›?

Wir wollen diesen Wochentrainings- und Spielplan mit einer tabellarischen Übersicht abschließen:

	Woche vom ... bis ...						Dauer in Min.
	Montag	Dienstag	Mittwoch	Donnerstag	Freitag	Samstag	
Physiotherapie	60 Min. 50 bis 100 %	–	10 Min. 40 %	–	–	10 Min. 40 %	80
Kondition	40 Min. 70 bis 90 %	30 Min. 60 bis 80 %	–	20 Min. 60 bis 70 %	–	–	90
Technik – Individualtaktik	–	60 Min. 60 bis 80 %	–	50 Min. 60 %	50 Min. 60 bis 70 %	–	160
Gruppentaktik	–	40 Min. 70 bis 80 %	–	40 Min. 80 %	60 Min. 60 %	–	140
Mannschaftstaktik	–	40 Min. 40 bis 50 %	–	50 Min. 80 %	60 Min. 60 %	–	150
Freies Spiel	20 Min. 60 %	10 Min. 50 %	–	20 Min. 60 %	10 Min. 50 %	–	60
Wettspiele	–	–	3×20 Min. 80–100 %	–	–	2×20 Min. 100 %	100

Tabelle 1: Wochentrainings- und Spielplan einer Mannschaft höherer Spielklasse (Bundesliga)

Die aufgewandte Zeit wird in Minuten, der Grad der Auslastung in Prozentwerten angegeben. Die sinnvolle Verbindung verschiedener Beanspruchungsbereiche, z. B. Technik und basketballspezifische Ausdauer, sollte durch den trainingsmethodisch gesetzten Schwerpunkt erfaßt oder bei den Bereichen hälftig zugerechnet werden. Die Tabelle fußt auf allgemeinen Richtwerten, sie erfaßt keine Sonderfälle, z. B. Verletzungen.

6 Die *Trainingseinheit*: Wir legen hier eine ‹genormte› Einheit zugrunde, d. h., diese Einheit wird den in der Mehrheit der Fälle wirksamen (gültigen) Prinzipien oder Richtwerten unterworfen. Wir unterscheiden dabei
- Richtwerte vorgegebener Rahmenbedingungen,
- Prinzipien der biologischen Anpassung,
- Prinzipien der Verhaltenssteuerung und
- Regeln der Kommunikation.

Das Trainung wird durch die Rahmenbedingungen des tageszeitlichen Biorhythmus, der Wettspielplanung des Verbandes/Bundes und örtlicher

Gegebenheiten bestimmt. Wir gehen von einer abendlichen Einheit von 90 Minuten aus, die in der Wettspielhalle und ungefähr zur Wettspielzeit, etwa von 19.30–21.00 Uhr durchgeführt wird. In unserem Normfall befinden sich Umkleideräume, ein Massage-, ein Besprechungs- und ein Kraftraum in unmittelbarer Nähe der Halle. Die Halle kann über eine zentrale Anlage ‹beschallt› werden, die Anlage ist für den Trainer unmittelbar zugängig. Die Halle ist ferner mit mindestens sechs Körben, mit einer genügenden Anzahl Bälle (je Spieler ein Ball) und allen für das vielseitige Basketball-Training notwendigen Geräten (Seile, Medizinbälle, Slalomstangen, Bänke) ausgerüstet.

Mit Grosser u. a. (1983, 14) können wir bei der *biologischen Anpassung* drei verschiedene Bereiche unterscheiden:
- Bereich der Belastungsprinzipien
- Bereich der Zyklisierungsprinzipien
- Bereich der Spezialisierungsprinzipien (vgl. bei 8.3.2).

Sie bestimmen den Wechsel von Belastung und Erholung, die Art der Belastungssteigerung und den Belastungswechsel; sie regeln Wiederholungen, z. B. von Drill-Serien; sie unterwerfen die Trainingseinheit den Anforderungen des Basketballspiels, aber auch der Differenzierung nach Individualität und Leistung. Faustregeln für die Basketball-Einheit:
- spezielle Basketball-Kondition zeitlich vor allgemeiner Kondition,
- Schnelligkeit zeitlich vor Kraft, und wieder danach,
- Schnellkraft zeitlich vor extensiver Ausdauer,
- Techniktraining zeitlich vor Konditionstraining (Grosser u. a. 1983).

Die *Verhaltenssteuerung* hat zwei Ziele: Die Verhaltensänderung durch Lernen und die Stabilisierung des Verhaltens durch positive Verstärkung. In jeder Trainingseinheit sind immer zugleich beide Verhaltenstendenzen vorhanden, wenngleich mit unterschiedlicher Gewichtung.

Die Prinzipien der Verhaltenssteuerung umfassen externe *Außen-* oder *Fremd-* und die der internen *Innen-* oder *Eigensteuerung* (vgl. bei 3.1; 3.8). Der Trainer plant bei der Konditionsarbeit stärkere Außensteuerung durch sich selbst, die Gruppe und Normvorgaben. Mit zunehmendem Maß der Ausbelastung steigen die Anzeichen wachsender Ermüdung, die zumeist als subjektiv störend empfunden werden. Das Übersteigen höherer Leistungsschwellen bedarf oftmals der Außenverstärkung, zugleich auch des Willenseinsatzes des Spielers selbst. Je mehr sich das Training der Arbeit mit dem Ball und dem Spiel nähert, um so stärker ist die Eigensteuerung der Spieler. Das ist auch im Sinne der Taktik; denn mit zunehmender Komplexität der Anforderungen wächst das Maß, in dem immer komplexere Entscheidungsprozesse von den Spielern vollzogen werden müssen. Hier muß die Innensteuerung des einzelnen Spielers und der Gruppe deshalb vorherrschen (vgl. dazu 3.7). Die Verhaltenssteuerung ist auch abhängig von methodischen Verfahren (vgl. bei 8.3.2), den Lehrtechniken und den Lernvorgängen, verbunden mit den Lehrverfahren und Verstärkungstechniken. Der Basketball-Trainer unterliegt in jeder Trainingseinheit den offenen und verborgenen Prinzipien der menschlichen *Kommunikation*:

- er kommuniziert immer, wo immer er steht, was immer er tut;
- er liefert mit jeder Information, Anordnung oder Äußerung zugleich seine Beziehung zum Angesprochenen mit;
- er vermittelt seine Erwartungen und Absichten manchmal unmittelbar (analog; Körpersprache), manchmal sprachlich kodiert (digital);
- er steht mit den Spielern in einem wechselseitigen (interpunktierenden) Beziehungsprozeß;
- er wechselt je nach Aufgabe (Rolle) zwischen Anordnungen, denen Folge zu leisten ist, und Anregungen, die zu einem Informations- oder Meinungsaustausch führen können. Im ersten Falle liegt eine sich ergänzende, abhängige (komplementäre), im zweiten Fall eine gleichgeordnete (symmetrische) Beziehung (Kommunikation) vor (vgl. WATZLAWICK/BEAVIN/JACKSON 1980).

Wie lassen sich diese verschiedenen Ansprüche in einer Trainingseinheit erfüllen und mit den basketballspezifischen Anforderungen vereinigen? Nur sehr schwer, wird mancher Praktiker sagen. Wir halten entgegen, daß erstens vieles unterhalb der Bewußtseinsschwelle abläuft, so daß es den Trainer nicht belastet, und daß wir zweitens eine Art Idealtypus von Trainingseinheit erstellen, der Abweichungen zuläßt. Generell gilt für jede Trainingseinheit die Dreigliederung Einstieg–Hauptteil–Ausklang. Daraus leitet sich die *Phasenstruktur* unserer systematisch geplanten Einheit ab (vgl. HAGEDORN 1982a, 199):

Phase 1: Einstieg (Dauer 10–20 Minuten)
Umkleiden, Organisation, informelle Kontaktnahme, Plaudern (‹Was macht ... Wie geht ... Stell dir vor ...›), Tapen, Physiotherapie im Einzelfall.

Phase 2: Orientierung (Dauer 10–30 Minuten)
Gespräche, Diskussion, Analyse, Spielauswertung, besondere Probleme (des letzten Trainings, Konflikte), Inhalt und Verlauf des geplanten Trainings.

Phase 3: Aufwärmen (Dauer 10–20 Minuten)
Psycho-physische Vorbereitung, muskulär (Lockern, Dehnen/Stretching, Kräftigen), organisch (Aktivierung von Herz/Kreislauf und Atmung), psychisch (entspannte Heiterkeit, Abschalten), sozial (Kontakte, Partner- und Gruppenaufgaben). Standard-Grundprogramm für alle Beanspruchungsbereiche (= Orientierung, Sicherheit, Stabilität; Gefahr der Routine bekämpfen durch Wechsel).

Phase 4: Aufgaben stellen (Dauer 10–30 Sekunden)
Knappe Information; muß in Phase 5 oftmals wiederholt, variiert, ergänzt werden, z. B. bei unterschiedlichen Schwerpunkten.

Phase 5: Aufgaben lösen (Dauer 50–60 Minuten)
Verbindung aller Beanspruchungsbereiche unter Bildung von Schwerpunkten (Kondition, Technik, Taktik); Variation von Trainingsmethode, -organisation, -prinzipien, von Lern- und Adaptionsvorgängen.
Phase 6: Ergebniskontrolle (Dauer 2–5 Minuten)
Einschätzung durch Trainer, Spieler; Vergleich von Trainingsdaten; Auswertung von Aufzeichnungen; Zwischenergebnisse werden bereits fortgesetzt in Phase 5 kontrolliert und eingeschätzt (vgl. 8.5). Die sachorientierte Rückmeldung über Erfolg (und Mißerfolg) hat Einfluß auf die Motivation (vgl. bei 3.8).
Phase 7: Ausklang (Dauer 10–15 Minuten)
Oftmals freies Spiel zur Entspannung/Motivation, auch aus Gründen des spielerischen Transfers; konditionelles Standardprogramm zum Abschluß (3–5 Minuten) mit hoher Intensität (90–95 Prozent) (Schnellkraft, Schnelligkeitsausdauer, Kraft).

[7] *Planungsstrategie* des Trainers: Wir wollen die Planung mit einer Zusammenfassung abschließen, die Einsichten verschiedener Beiträge benutzt, z. B. von 9.1 (Taktische und strategische Planung) und 8.5 (Erfolgskontrolle in Training und Wettkampf). Wir orientieren uns an einem Fall, der sich Jahr für Jahr wiederholt: Eine Mannschaft schafft den ersehnten Aufstieg in die erste Bundesliga.
Kurz nach dem berechtigten Glücksgefühl stellt sich die nörgelige Redensart ein: «Aufsteiger ist Absteiger.» In ihrem Schlepptau kommt die Statistik: Mehr als die Hälfte der Aufsteiger, nämlich rund 60 Prozent, verlassen die Liga wieder auf dem kürzesten Weg. Der Trainer des Aufsteigers erstellt sich eine Tabelle der *Erfolgswahrscheinlichkeit von Saisonzielen*:

Deutsche Meisterschaft	= äußerst unwahrscheinlich;	Chance 5–10 %
Spitzengruppe der Liga	= höchst unwahrscheinlich;	Chance 10–20 %
Mittelplatz der Liga	= durchaus möglich;	Chance 50–60 %
Letztes Drittel	= möglich;	Chance 30–40 %
Abstieg	= möglich;	Chance 20–30 %

In seine Rechnung sind eingegangen eine Analyse der höheren Anforderungen (stärkere, liga- und international erfahrene Gegner; das größere Zuschauerpotential; Ligabonus bei den Schiedsrichtern) und die Analyse der eigenen Mannschaft (technisch-taktische und konditionelle Leistungsfähigkeit; das Bewußtsein der Spieler und der ‹Geruch des Aufsteigers› bei Schiedsrichtern, Zuschauern, Presse). Bei realistischer Einschätzung der objektiven Erfolgswahrscheinlichkeit, so der Trainer, und der subjektiven Erfolgserwartung von Mannschaft, Trainer und Verein ergeben sich für den

zu erwartenden Saisonerfolg drei Möglichkeiten: Mißerfolg (Abstieg), guter Erfolg (Mittelplatz), optimaler Erfolg (Spitzengruppe).
Der Trainer arbeitet auf den möglichen Mittelplatz als guten Erfolg hin, leitet aus diesem Saisonziel die Anforderungen für Training und Wettkampf ab, modifiziert auch seine ‹Philosophie› entsprechend den Möglichkeiten (‹Mit der Luft für 20 Minuten können wir nicht 30 Minuten lang pressen!›), plant die Saison nach Schwerpunkten (‹Wen können, wen müssen wir schlagen? Wann können/müssen wir wie viele Punkte erreicht haben?) und legt darauf seinen Trainings- und Testspielplan (Aufbau-, Trainingsspiele) an.

8 Planen ist ein Vorgriff auf die Zukunft. Wir erfassen sie um so besser, je mehr wir von den Regeln und Gesetzen wissen, von denen sie bestimmt wird. Training im Sportspiel ist immer ein höchst kommunikativer Vorgang, der wesentlich von den allgemeinen Gesetzen des Lehr-Lern-Verhaltens (8.3.1), insbesondere aber von den spielbezogenen Verfahren und Trainingsformen (8.3.2–8.3.5) gesteuert wird. Erfolg bedeutet hier, diese Regeln und Gesetze zu kennen, um sie im Training gezielt und spontan zugleich zu nutzen zur Selbststeuerung des Trainers und zur Fremdsteuerung der Spieler.

Merke

- Trainingssteuerung ist der umfassende Begriff für alle Maßnahmen des Trainings zur Wiederherstellung, Erhaltung oder Verbesserung eines Leistungszustands.
- Die Trainingsplanung geht von den Einsichten der Biorhythmik und der physiologischen Leistungskurve des Menschen als Grundlagen aus und sieht als Steuerungsmittel gegen Leistungseinbrüche die aktive Erholung, im Spiel den Spielerwechsel vor.
- Die Trainingsplanung als Periodisierung reicht von Mehrjahreszyklen bis zur Trainingseinheit. Sie gliedert den Jahrestrainings- und Wettkampfplan in die Perioden Vorsaison, Wettkampfsaison, Nach- und Übergangssaison.
- Die Vorsaison dient im wesentlichen zur Wiederherstellung und Verbesserung der allgemeinen Kondition. Leichtathletische Freiluft-Trainingsprogramme sollten in basketballspezifische Trainingsformen übergeführt werden, damit Freies Spiel, Technik und die Entwicklung eines taktischen Grundrepertoires angemessen gewichtet werden können.
- Der Wochentrainingsplan orientiert sich an der ‹Psychologie des Ein-

zeltages› und verteilt die Inhalte und ihre Zeitanteile über sechs Trainings- und Wettkampftage (vgl. Tabelle 1 auf Seite 342.)

- Die Trainingseinheit hat ihre eigenen Rahmenbedingungen, von denen ihre Steuerungsziele biologische Adaption, Verhaltenssteuerung und Kommunikation bestimmt werden. Sie ist dreigegliedert und hat sieben Phasen: (1) Einstieg, (2) Orientierung, (3) Aufwärmen, (4) Information, (5) Realisation, (6) Kontrolle, (7) Ausklang.
- Die saisonale Planungsstrategie des Trainers geht von der objektiven Erfolgswahrscheinlichkeit aus und versucht, dieser die subjektive Erfolgserwartung anzugleichen. So können Erfolg und Mißerfolg in Grenzen angesteuert werden.
- Die Regeln und Gesetze der Trainingssteuerung haben es mit den Bereichen des Verhaltens und der Lehrtechnik, mit Kondition, Technik und Taktik zu tun.

Literatur

77; **169**; **194**; **371**; **372**; **412**; **416**; **467**; **534**; **584**.

Volker Getrost/Jürgen Schröder

8.3.1 Lehr-Lern-Verhalten in Training und Wettkampf

Schlagwörter

[1] Lehren und Lernen als wechselseitiger Prozeß, Trainingsprozeß gleichzeitig Erziehungsprozeß, gleichberechtigte Interaktion.

[2] Trainer als Einflußgröße auf den Lehr-Lern-Prozeß, Persönlichkeit, Lernbereitschaft, Fähigkeiten und Fertigkeiten in der Ziel-Inhalts-Ebene, Vermittlungsebene, Beziehungsebene, Rollenerwartungen.

[3] Spieler als Einflußgröße auf den Lehr-Lern-Prozeß, unterschiedliche Sozialisationseinflüsse, erworbene Einstellungen, unterschiedliche Interessen.

[4] Umfeld als Einflußgröße auf den Lehr-Lern-Prozeß, Sport als Subsystem der Gesellschaft.

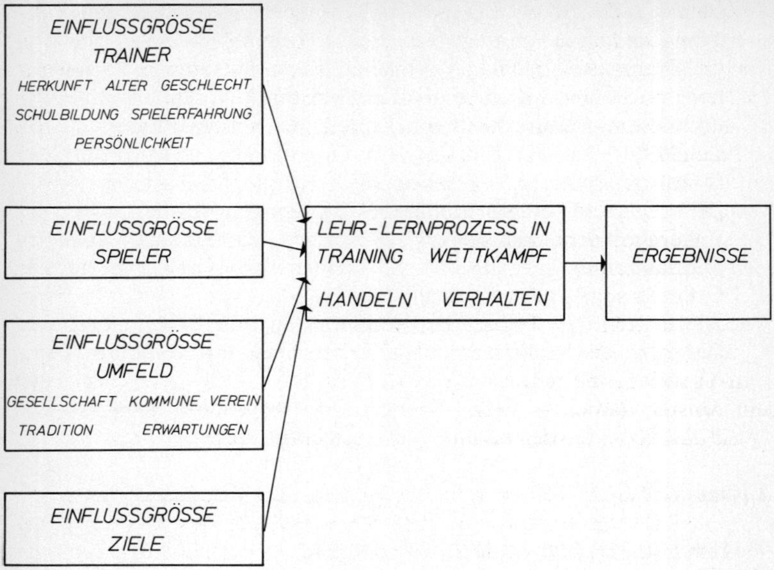

5 Ziele als Einflußgröße auf den Lehr-Lern-Prozeß, hohe Leistung und Zufriedenheit, Mitwirkung bei der Zielfestlegung.

6 Lehr-Lern-Prozesse in Training und Wettkampf, Verhalten von Trainer und Spielern, partnerschaftliches und gleichberechtigtes Verhalten, Mitbestimmung und Mitverantwortung.

7 Ergebnisse der Lehr-Lern-Prozesse, unmittelbare und langfristige, beabsichtigte und unkontrollierte Ergebnisse, Leitidee mündiger Athlet.

Erläuterungen

1 Training und Wettkampf sind soziale Situationen, in denen Spieler und Trainer miteinander handeln, sich gegenseitig beeinflussen und ihr Verhalten verändern oder aber stabilisieren. Vor allem im Training finden – bewußt oder unbewußt – Lehr-Lern-Prozesse statt, die nicht an Alter, Geschlecht oder an das Leistungsniveau der Athleten gebunden sind. Damit wird Training zu einem *allgemeinen Beziehungs- und Erziehungsprozeß.*
Erziehungsprozesse finden stets auf einer theoretischen Grundlage statt. Diese ist nicht unbedingt wissenschaftliche Theorie, sondern vor allem «Alltagstheorie» oder «implizit», d. h., sie ist vorhanden, wenn auch nicht immer bewußt. Die dem Verhalten zugrunde liegende Lehr-Lern-Theorie

sollte aber reflektiert sein, damit alle Beteiligten in Training und Wettkampf ihr Handeln daran ausrichten und es entsprechend einordnen können (vgl. ADAM 1979, 514). Die in jüngster Zeit immer häufiger erhobene Forderung nach dem «mündigen Athleten» stellt die Leitidee für eine derartige Lehr-Lern-Theorie dar (ADAM 1966; LENK 1975, 1979; KLAFKI 1975; FUHRER 1979).
Lehr- und Lern-Prozesse im Training und Wettkampf werden dabei interpretiert als *Interaktions-* oder *Kommunikationsprozesse* zwischen Trainern und Spielern mit dem idealisierten Ziel, eine gleichberechtigte (symmetrische) Interaktion zwischen den Partnern zu erreichen. Lehren und Lernen in Training und Wettkampf sind also Prozesse wechselseitiger Interaktionen, in denen der Trainer das Verhalten der Spieler beeinflußt und die Athleten ihrerseits das Verhalten des Trainers beeinflussen. Andere Lehr-Lern-Theorien, die von einem einseitigen Beeinflussungskonzept nach dem Muster Subjekt–Objekt, Sender–Empfänger oder Stimulus–Response ausgehen, werden als unangemessen eingeschätzt.

2 Das Verhalten des Trainers im Training und Wettkampf hängt von einer Vielzahl von Faktoren ab. Die spezielle Situation im Training und Wettkampf, das gesellschaftliche Umfeld, die Zielperspektiven, die Spieler und schließlich die individuellen Persönlichkeitsmerkmale des Trainers determinieren seine Entscheidungen und Handlungen. Von großem Interesse ist in diesem Zusammenhang die Frage, ob sich «die Persönlichkeitsmerkmale erfolgreicher Trainer von denen weniger erfolgreicher Trainer unterscheiden lassen» (GABLER 1975, 184). Die Ergebnisse entsprechender Untersuchungen sind uneinheitlich: OGILVIE/TUTKO (1980, 5/6) beschreiben die von ihnen untersuchten 64 US-Trainer in den Sportarten Basketball, Leichtathletik, American Football und Baseball als besonders erfolgsorientiert, ordentlich, temperamentvoll, verantwortungsbewußt, dominant, selbstverantwortlich, kontrolliert, geduldig und ausdauernd. Andere Untersuchungen zeigen kaum Unterschiede zwischen erfolgreichen Trainern und der Allgemeinbevölkerung (GABLER 1974, 184ff).
Damit entfällt die Möglichkeit, mit Hilfe von Testverfahren erfolgreiche von weniger erfolgreichen Trainern zu unterscheiden. Es erscheint unerläßlich, das Verhalten des Trainers in Zusammenhang zu sehen mit typischen Situationen im Training und Wettkampf und schließlich davon eine Beurteilung seines Verhaltens abhängig zu machen (FIEDLER 1979, 34–39).
GABLER (1975, 186) geht bei seiner Untersuchung zur Person des Trainers von *Rollenerwartungen* aus, die an diesen gestellt werden und mit denen er sich identifiziert. Der Trainer wird gesehen und sieht sich selbst als «Fachmann, Lehrer, Motivationsvermittler, Betreuer, Motivationsbekräftiger und Funktionär». Diese Beschreibung sozialer Rollen berücksichtigt die situativen Anforderungen an die Trainertätigkeit und verzichtet auf die

Charakterisierung durch abstrakte, überdauernde Persönlichkeitseigenschaften.
Das Verhalten des Trainers im Training und Wettkampf wird aber auch geprägt durch situationsunabhängige Verhaltensmerkmale des Trainers, das sind solche, die die *Persönlichkeit* eines Menschen ausmachen. Seine sportliche Entwicklung (Sozialisation, Biographie) kann Erklärungen für sein Verhalten liefern. So beeinflussen z. B. Vereins-, Wettkampf- und Trainererfahrungen sein Verhalten. Die überdauernden, d. h. die Gesamtpersönlichkeit eines Menschen bestimmenden Verhaltensmerkmale lassen sich kaum verändern. Es ist einsichtig, daß z. B. die pessimistische Grundeinstellung eines angehenden Trainers durch die Trainerausbildung nicht verändert wird. Der Trainer kann sich seine negative Einstellung aber bewußt machen, um dann «über den Kopf» gegenzusteuern.
In seiner Rolle als Lehrer werden von ihm vor allem die folgenden Fähigkeiten verlangt: Er muß das Training als Vorbereitung auf den Wettkampf systematisch und kontinuierlich planen, durchführen und auswerten. Fähigkeiten, über die er dabei verfügen muß, beziehen sich auf drei Ebenen:

- Auf der *Ziel-Inhalts-Ebene* benötigt er vor allem trainings- und bewegungstheoretische Kenntnisse;
- auf der *Vermittlungsebene* ist er auf Kenntnisse im Bereich von Lehrverfahren und Lernvorgängen sowie auf die Fähigkeit zur Bewegungsdemonstration angewiesen; Sachverstand in diesen beiden Bereichen ist unabdingbare Voraussetzung für das Erkennen und Korrigieren von Fehlern;
- auf der *Beziehungsebene* spielen nicht so sehr Kenntnisse eine Rolle, sondern vielmehr seine positive emotionale Beziehung und das tatsächliche Verhalten im Umgang mit den Trainingsteilnehmern, das auch von den vorab aufgestellten Zielen abhängt.

[3] So wenig wie es den typischen Trainer gibt, ebensowenig gibt es auch den typischen Spieler oder eine typische Persönlichkeitsstruktur des Spielers. Das Verhalten von Trainer und Spielern in der Trainings- und Wettkampfsituation beruht auf langfristigen, individuellen Lern- und Entwicklungsprozessen. Die unterschiedlichen Sozialisationseinflüsse führen dazu, daß sich Persönlichkeiten unterschiedlich entwickeln.

[4] Der Sport wird von Soziologen als *«Subsystem» des jeweiligen Gesellschaftssystems* begriffen, d. h., daß sich gesellschaftliche Verhältnisse im Sport wiederfinden. Am Beispiel der Idealvorstellung vom «mündigen Athleten» können diese Zusammenhänge verdeutlicht werden.
Wenn die demokratische Gesellschaft auf mündige, selbstbestimmt handelnde Bürger angewiesen ist, dann müssen möglichst alle Sozialisationsinstanzen dazu beitragen, diese Zielvorstellungen zu verwirklichen. Dazu

gehört selbstverständlich auch der Sportverein. Da Menschen unterschiedliche Rollen spielen, wie z. B. Vater, Basketballspieler, Lehrer, Student, Schüler usw., geraten sie in Konflikte, wenn diese Rollen widersprechende Anforderungen an sie stellen. Demokratisierungsversuche in einem sozialen Bereich (z. B. in der Familie) sind wahrscheinlich weniger erfolgreich, wenn in anderen sozialen Bereichen (z. B. im Sportverein oder Schule) gegen diese verstoßen wird.

5 Das optimale Ziel von Training und Wettkampf dürfte sein: Hohe Leistung und Zufriedenheit (Steinle 1978, 119). Dieses Ziel hat Gültigkeit unabhängig vom Könnensstand und betrifft den Freizeitsport ebenso wie den Hochleistungsbereich. Hohe Leistung ist relativ zum Leistungsvermögen der Gruppe und ihrer Mitglieder, nicht aber absolut zu sehen. Die Zielsetzungen können innerhalb dieses Rahmens allerdings variieren. Der Erhalt oder die Verbesserung eines Tabellenplatzes, der Aufstieg in die höchste Klasse oder die nächsthöhere Klasse sind ebenso möglich wie «bloßes Betreiben von Sport(arten), ggf. mit «wildem» Wettkampfsport, wie er in Breitensportvereinen, Volkssportwettbewerben und beim Betriebssport schon existiert» (Sack 1982, 35).
Das Erreichen des Zieles ist dann wahrscheinlicher, wenn alle Beteiligten bei der Festlegung der Ziele mitwirken. Der Zusammenhalt in der Gruppe (Kohäsion) oder Mannschaft ist dann besonders groß, wenn die Gruppenmitglieder sich auf *gemeinsame Ziele* einigen. Die Mitwirkung von Trainer und Spielern bei der Überlegung, welche Ziele in der Spielsaison erreicht werden sollen, kann dazu führen, daß sich die Spieler mit der gemeinsam verabredeten Aufgabe identifizieren und deren Verwirklichung zu ihrem Anliegen machen. Im Rahmen dieser Zielfestlegung müssen die sich hieraus ergebenden Konsequenzen für das Verhalten des einzelnen und der Mannschaft im Trainingsprozeß (wie z. B. Trainingshäufigkeit, Teilnahme am Training, «Trainingseinstellung» usw.) offengelegt werden. Wird das Saisonziel nicht erreicht, so ist eine (möglichst emotionsfreie) Ursachenanalyse notwendig.

6 Es sollen nun die sich aus der Leitidee des mündigen Athleten und des demokratischen Trainings ergebenden Folgen für das *Verhalten von Trainer und Spielern* im Lehr-Lern-Prozeß beschrieben werden. Als Idealvorstellung gilt sie für alle Trainings- und Wettkampfprozesse. Sie wird als Leitmotiv des Handelns dadurch verwirklicht, daß der Trainer:
- die Spieler über seine Planungen informiert,
- die Leitidee zur Diskussion stellt und für Veränderungen offen ist,
- die Athleten zunehmend an Entscheidungen beteiligt, z. B. an der Auswahl spieltaktischer Maßnahmen, der Aufstellung der Mannschaft usw.,
- für alle einsichtige Entscheidungen trifft,

- alle Athleten gleich behandelt, unabhängig von ihrem Können,
- Kritik an den von ihm getroffenen Maßnahmen zuläßt und darauf eingeht,
- für die Athleten eine Vorbildfunktion übernimmt,
- gegenüber allen Athleten aufrichtig und offen ist,
- an Verhalten und Leistung der Athleten sachliche, nicht persönliche Kritik übt,
- negative Kritik mit konstruktiven Vorschlägen verbindet,
- auf repressive Maßnahmen («Rache») verzichtet,
- langfristig ein partnerschaftliches Verhältnis entwickelt.

Wenn Spieler im Training lernen, mitzudenken und selbstverantwortlich zu handeln, Initiativen zu entwickeln und Entscheidungen zu treffen, werden sie während des Wettkampfes eher in der Lage sein, selbständig zu entscheiden und zu handeln. Das ist für den Wettkampf von großer Bedeutung. Selbständiges Handeln und Beteiligung bei Entscheidungen im Training und Wettkampf müssen ebenso wie Bewegungsfertigkeiten und taktische Verhaltensweisen erlernt werden. Das Training muß die hierzu notwendigen Voraussetzungen bieten.

«Demokratie» in Training und Wettkampf ist der Orientierungsrahmen für Trainer und Athleten; das schließt keineswegs aus, daß in Abhängigkeit von bestimmten situativen Bedingungen zeitlich begrenzte Einschränkungen erfolgen können. Ausgeschlossen ist jedoch der willkürliche Verstoß gegen elementare gemeinsame Regelungen und Absprachen.

7 Der Verzicht des Trainers auf Verhaltensweisen, welche die Handlungsmöglichkeiten der Athleten einschränken, wirkt sich für diese positiv auf die Persönlichkeitsentwicklung aus. Da insbesondere Kinder und Jugendliche durch Imitation bzw. am Modell lernen, ist es wichtig, daß sich Trainer im Sinne des Leitbildes vom «mündigen» Athleten auch tatsächlich modellhaft verhalten.

Sogenanntes autokratisches Verhalten, das sich dadurch auszeichnet, daß der Trainer allein alle Situationen in Training und Wettkampf definiert, macht die Spieler vom Trainer abhängig. Kontrollen, Vorschriften und Befehle führen dazu, daß die aktive und intensive Teilnahme am Training nur noch dann gewährleistet ist, wenn Kontrollen durchgeführt werden und eine ständige Aufsicht vorhanden ist.

Geht man davon aus, daß sportliche Höchstleistungen vor allem durch den «Drang (des Athleten) nach Selbstbestätigung» (Adam 1966, 20) zu erklären sind, dann ist es besonders wichtig, den Athleten darin zu bestärken, daß er selbst Verursacher seiner sportlichen Leistung ist. Dies ist schlechterdings nicht möglich, wenn er lediglich «Objekt» des Trainers ist.

Merke

- Lehren und Lernen sind zwei Seiten eines wechselseitigen Prozesses. Training und Wettkampf sind soziale Situationen, in denen Trainer und Spieler miteinander handeln, sich gegenseitig beeinflussen und ihr Verhalten verändern oder stabilisieren. Damit stellt der Trainingsprozeß gleichzeitig einen Erziehungsprozeß dar.
- Das Verhalten des Trainers wird im wesentlichen durch seine überdauernden Persönlichkeitsmerkmale und seine sportliche Biographie bestimmt sowie durch das gesellschaftliche Umfeld, die spezielle Situation in Training und Wettkampf, die Zielperspektiven und schließlich durch die Spieler beeinflußt.
- Das Verhalten von Spielern in der Trainings- und Wettkampfsituation ist Ausdruck langfristiger Lern- und Entwicklungsprozesse. Die unterschiedlichen Sozialisationseinflüsse führen dazu, daß sich Persönlichkeiten unterschiedlich entwickeln, d. h., es gibt nicht einen typischen Spieler und eine typische Persönlichkeitsstruktur des Spielers.
- Der Sport wird als «Subsystem» des jeweiligen Gesellschaftssystems aufgefaßt, d. h., die gesellschaftlichen Verhältnisse bestimmen auch den Sport (mündiger Bürger – mündiger Athlet). Dies wird auch sichtbar in Training und Wettkampf.
- Bei der Festlegung von Zielen in Training und Wettkampf müssen alle am Trainingsprozeß Beteiligten mitwirken. Gemeinsam entwickelte, formulierte und getragene Ziele führen zu Leistung und Zufriedenheit.
- Die Leitidee vom «mündigen Athleten» und vom «demokratischen Training» hat allgemeine Gültigkeit. Selbständiges Handeln, Initiativen ergreifen und Beteiligung bei Entscheidungen in Training und Wettkampf müssen ebenso wie Bewegungsfertigkeiten erlernt werden. Training muß die dazu notwendigen Voraussetzungen bieten.
- Spieler sollen sich selbst als Verursacher von Leistungen erleben und fühlen. Dies kann vom Trainer durch solche Situationen, die Mitdenken, Mithandeln und Mitbestimmen erfordern, schrittweise in Gang gesetzt werden. Der Spieler darf nicht zum Objekt des Trainers werden.

Literatur

2; 3; 113; 132; 141; 142; 280; 325; 605; 622; 623; 630; 634; 638.

Günter Hagedorn

8.3.2 Trainingsstufen und Trainingsmethoden im Sportspiel

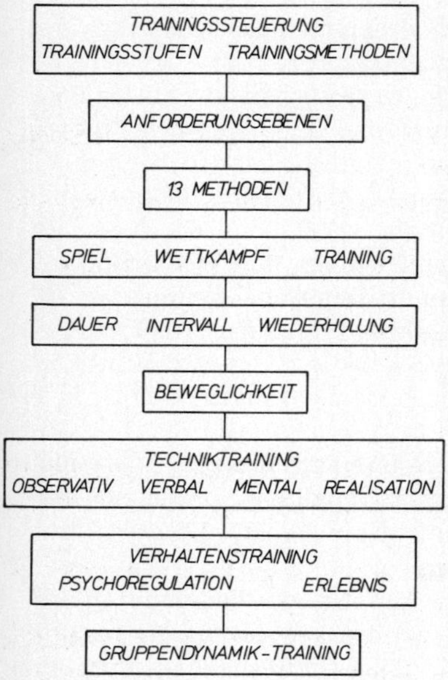

Schlagwörter

[1] Trainingsfortschritt; Trainingsstufen; 1. Grundlagen, 2. Aufbau, 3. Leistung, 4. Hochleistung.

[2] Methoden, Spieltrainingsmethoden, Verfahren der Trainingssteuerung, Regulations- und Anforderungsebenen.

[3] Anforderungen Sportspielwettkampf, Methoden: Spielmethode, Wettkampfmethode, Wettkampf als Prinzip, Trainingsspiel.

[4] Allgemeine Ausdauerleistung, Leistungseinbrüche, physische Leistungsfaktoren, vier Methodentypen: Dauermethode, Intervallmethode, Wiederholungsmethode, Beweglichkeitsmethode.

[5] Techniktraining, Methoden: observative, verbale, mentale, Realisation, Ausführung.

[6] Spielhandeln, Verhalten, Methoden: psychoregulative, Autogenes Training, Sensibilisierung–Desensibilisierung.

[7] Inneres Spiel: Erlebnismethode.

[8] Mannschaftsgefühl: Gruppendynamik-Training, Erkundung, Zusammenarbeit, Rollenfindung, Belastung.

Erläuterungen

[1] Trainingssteuerung ist stets ‹fortschrittsgläubig› und zielorientiert. Trainingsfortschritt wird gemessen an Veränderungen, die zwischen zwei Zeitpunkten eingetreten sind. Ein erwünschter Fortschritt wird mit «höhere Stufe» bildhaft umschrieben. Generell rechtfertigt sich dann der Begriff der Trainingsstufe, wenn der Fortschritt systematisch geplant und «angesteuert» wird.

Trainingsstufen sind alters-, entwicklungs- und leistungsbestimmte Abschnitte im langjährigen Trainingsaufbau mit je eigenen trainingsmethodischen Schwerpunkten und Zielen, die folgerichtig aufeinander aufbauen. Das Spielverhalten wird hier in vier Stufen zusammengefaßt (vgl. ferner 3.10; HARRE 1979; GROSSER/STARISCHKA/ZIMMERMANN 1981; CARL/KIRSCH 1983):

Stufe 1:	*Grundlagentraining*
Alter:	7–12 Jahre (Mini-Basketballer).
Ziele:	Kondition: Gelenkigkeit, Reaktions- und Grundschnelligkeit, aerobe Ausdauer. Technik: Grundtechniken ohne enge Spezialisierung der Spielpositionen. Taktik: Freies Spiel 5–5, Mann-Mann-Verteidigung.
Methoden:	Spiel-, Wettkampf- und Beweglichkeitsmethode.
Umfang:	1,5–3 Stunden wöchentlich.

Stufe 2:	*Aufbautraining*
Alter:	12–15 Jahre (Jugend)
Ziele:	Kondition: aerobe Kapazität, Schnelligkeit, Schnellkraft. Technik: Neben Grundtechniken Beginn der Positionsspezialisierung. Taktik: Gruppentaktik, Schnellangriff, systematische Bekämpfung der Mann-Mann-Verteidigung.
Methoden:	wie Stufe 1; ferner: Dauermethode; in nachpuberaler Phase allmählich auch intensive Intervall- und Wiederholungsmethode
Umfang:	3–6 Stunden wöchentlich.

Stufe 3:	*Leistungstraining*
Alter:	16–19 Jahre (Junioren)
Ziele:	Kondition: aerobe und anaerobe Kapazität. Technik: Perfektion der allgemeinen und positionsspezifischen Technik/Individualtaktik. Taktik: Alle Standardformen der Gruppen- und Mannschaftstaktik.
Methoden:	Alle im Sportspiel relevanten Methoden, insbesondere Spiel-, Wettkampf- und Intervallmethode.
Umfang:	6–9 Stunden wöchentlich.

Stufe 4:	*Hochleistungstraining*
Alter:	20–30 (35 in Ausnahmefällen) Jahre (Spitzenspieler).
Ziele:	Erreichen der persönlichen Höchstleistungsgrenze.

Methoden: Sämtliche Methoden zur Optimierung und Stabilisierung aller Leistungsbereiche und -faktoren.
Umfang: 9–18 Stunden wöchentlich.

Diese Angaben sind Werte, die an den nationalen und internationalen Standards der Gegenwart orientiert sind. Das erklärt z. B. die großen Unterschiede im zeitlichen Umfang der wöchentlichen Trainingszeit. National entsprechen die unteren Werte, in der internationalen Spitze die oberen Werte der Trainingswirklichkeit.

2 Methoden sind Wege, die von einem Punkt (Standort, Ist-Zustand) zu einem anderen, dem Zielpunkt (Zielort, Soll-Zustand) führen. Wir haben Einsicht und Wort von den Griechen übernommen (vgl. griech. methodos: Weg). Jogger und Wandervögel wissen aus Erfahrung, daß sich diese beiden Punkte deutlich unterscheiden müssen, soll der Weg reizen. Sie liegen entweder in größerer Entfernung voneinander, oder der Zielpunkt liegt deutlich höher als der Startpunkt. Schließlich können sich größere, auch unvorhersehbare Hindernisse in den Weg legen, die es zu überwinden gilt.

Abb. 1: Modell der Regulations- oder Anforderungsebenen und ihr hierarchischer Aufbau im Sportspiel Basketball

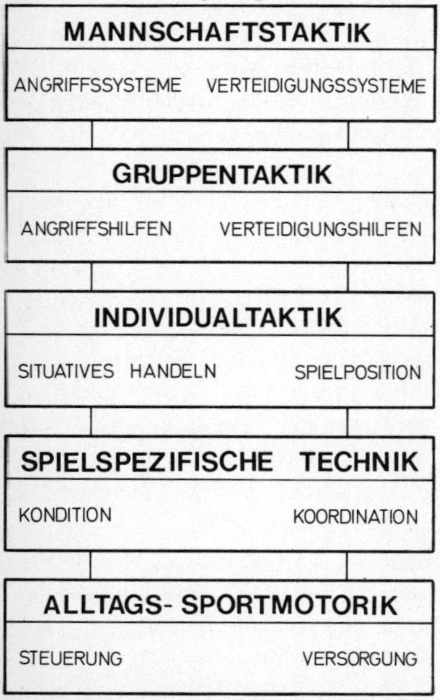

Die *Spieltrainingsmethoden* haben es mit allen drei Anforderungen zu tun. Sie wollen langfristig (extensiv) Entwicklungsziele, kurzfristig (intensiv und reproduktiv) hohe Leistungsziele und fortgesetzt (variabel und stabil) Spielverhalten und Spielhandeln ausbilden und verbessern. Spieltrainingsmethoden sind deshalb Verfahren der *Trainingssteuerung*, die für alle Arten von Weg-Anforderungen Orientierungs- und Bewältigungshilfen bieten. Die Methoden und ihre Nutzung haben somit ihren Ursprung im Anforderungsprofil des Wettspiels (vgl. bei 2; 3.1). Die Anforderungen und ihr Aufbau lassen sich in *Regulations- oder Anforderungsebenen* modellhaft veranschaulichen (vgl. Abb. 1).

3 Diese Anforderungsebenen sind in den komplexen Spielhandlungen natürlich eng miteinander verknüpft. Sie bilden relativ selbständige, aber ‹vermaschte› Regelkreise mit unterschiedlichen Anteilen an Bewußtseinsvorgängen (vgl. bei 3.2; 3.6; 3.7). Diese Anforderungen zwingen dazu, eine an den Individualsportarten orientierte Einteilung der Methoden zu überprüfen; in den Individualsportarten ist oftmals nur ein bestimmter konditioneller Leistungsfaktor ausschlaggebend, der im Sportspiel nur eine Nebenrolle spielt.

Die Methoden sollen die Spieler systematisch an die *Anforderungen des Wettkampfes* heranführen.

Der *Sportspielwettkampf* verlangt

- die Fähigkeit zum komplexen sportmotorischen Spiel (Spielfähigkeit),
- die Fähigkeit zum kooperativ-konkurrierenden Wettkampf (Wettkampffähigkeit),
- die Ausbildung der physischen Spielleistungsfaktoren (Kondition),
- die Ausbildung der spieltechnischen Mittel (Technik/Individualtaktik),
- die Ausbildung des spieltaktischen Denkens (Taktik),
- die Kontrolle und Steuerung von Verhalten und Handeln (Regulation).

Diesen Anforderungen sind die Methoden zuzuordnen.

Spielmethode

Wir unterscheiden je nach Freiheitsgrad der Spieler zwei Formen:

- das sogenannte *Freie Spiel* (free play):
  keine Außensteuerung; Kontrolle der Regelkonformität liegt i. a. bei den Spielern; Ziele: Motivation; Kreativität; allgemeine Spielfähigkeit; Struktur: Spiel 2–2 bis 5–5 im Halb- und Ganzfeld.
- die *Lauf-Rauf-Spielmethode*
  einzige Vorgaben: extreme Bedingungen, z. B. 2–2/3–3 über das Ganzfeld; jeder gegen jeden kontinuierlich auf einen Korb; das Wettkampfende; die Wertung; Zusatzaufgaben für Verlierer. Ziele: Freies Spiel unter hoher bis höchster Spielbelastung; Verhaltenskontrolle und -steuerung.

Wettkampfmethode

Hier dominiert die Auseinandersetzung zwischen Konkurrenten um einen vereinbarten und kontrollierbaren Erfolg (Leistung, Sieg) unter kooperativer Hilfe eines (mehrerer) Partner(s), mit Ausnahme des Wettkampfes 1–1. Auch diese Methode hat zwei Ausprägungen:

- *Wettkampf als Prinzip:*
  Außensteuerung erfolgt durch vorgegebene Leistungs- und Erfolgsnormen und Erfolgskontrolle. Leistungsfaktoren: Sämtliche konditionellen, technischen und taktischen Elemente, die für den Leistungsvergleich geeignet sind. Ziele: Motivation zum Wettkampf; Stimulation zu hoher Belastung. Struktur: Bei 1–0 erfolgt der Wettkampf über kondi-

tionelle und/oder technische Leistungsvorgaben; sonst sind alle Kombinationen von 2–1 bis 5–5 denkbar.

- *Trainingsspiel:*
  Außensteuerung durch taktische Vorgaben. Formen: 2–2, 3–3, 5–5 untereinander oder gegen fremde Mannschaft. Ziele: Kontrolle von Leistungsfähigkeit und -zustand. Gruppendynamische und taktische Experimente.

[4] Wiederholte telemetrische Messungen an Basketballspielern im Wettspiel zeigten Pulswerte zwischen 150 und 170 Schläge/Minute, die längere Zeit aerob toleriert werden müssen (vgl. bei 3.1; 3.3). Diese *allgemeine Ausdauerleistung* wird im Leistungsaufbau des Basketballers entweder vernachlässigt – die Folge: «Unerklärliche» Leistungseinbrüche in der Saison – oder eher zufällig über die Spiel- und Wettkampferfahrung erzielt, zufällig, weil die Kontrolle von Intensität, Extensität und Effekt hinter der erlebnisintensiven Beobachtung von Spielvorgängen und Spielausgang zurücksteht (vgl. 8.3.8). Nur in seltenen Fällen wird in der Vorsaison eine stabile Grundlage für das wettkampfspezifische Training der Saison gelegt (zur Vorsaison vgl. bei 8.3).
Auch im Sportspieltraining sind zur Verbesserung der physischen Leistungsfaktoren je nach Trainingsziel vier Methodentypen einsetzbar, die wegen der Mischanforderungen im Spiel hinsichtlich Reizdauer (Extensität) und Reizstärke (Intensität) ihre saisonale Mischung erhalten müssen. Es handelt sich um die Dauer-, die Intervall-, die Wiederholungs- und die Beweglichkeitsmethode.
Ihre besonderen Merkmale, Eigenschaften und Wirkungen sind in Tabelle 1 (vgl. bei 8.3.3) im Überblick dargestellt. Hier werden sie deshalb nur kurz erläutert.

Dauermethoden
Sie dienen zur Verbesserung der aeroben Kapazität. Diese hat u. a. zur Voraussetzung eine Vermehrung der muskulären Haargefäße (Kapillarisierung). Wir können im Sportspieltraining drei Formen der Dauermethode benutzen:

- den kontinuierlichen Dauerlauf:
  Waldlauf, Cross-country, in der Bahn. Dauer 3–12 km,
- den Tempowechsellauf:
  im Gelände, auf der Bahn; mittellange Strecken werden mit wechselndem Tempo gelaufen,
- das Fahrtspiel:
  in wechselndem Gelände mit Steigungen und Gefälle; Wechsel zwischen Traben, mittelscharfem Tempo und Gehen bei wechselnder Streckenlänge.

Intervallmethoden
Basketball ist ein Spiel des engen Raumes mit eher kurzen, intervallartig wechselnden Belastungen (vgl. bei 3.3; 8.3.8). Die Intervallmethoden nähern deshalb das allgemeine Konditionstraining dem spielspezifischen an. Es ist die gute Trainingspraxis des Alltags, die technischen Elemente, verbunden mit konditionellen Anforderungen, nach den Intervallmethoden zu trainieren (vgl. 8.3.3; 8.3.4). Es sind je nach Art der Belastung zwei Formen zu unterscheiden:

- die *extensive* Intervallmethode:
  drei Ausprägungen: Pyramidensystem, z. B. 10mal 25 m mit 70 Prozent Leistung, 7mal 25 m mit 80 Prozent; 5mal 25 m mit 90 Prozent; 2mal 50 m mit 100 Prozent und wieder abnehmend. Minderungsläufe, z. B. 5, 4, 3, 2, 1 Minute lang oder 1000, 800, 600, 400, 200 m. Intervalldauerlauf, z. B. wechselnde Intervalle von 400 bis 600 m auch in hügeligem Gelände zur Verbesserung der aeroben Kapazität; 40–50prozentige Intensität,
- die *intensive* Intervallmethode:
  Intensität von 50–80 Prozent, geringere Zahl der Wiederholungen, die explosiver gegen größeren Widerstand/mit mehr Gewicht durchgeführt werden.

Wiederholungsmethode
Hier wird von einer 80–100prozentigen Auslastung ausgegangen, d. h., es wird z. B. bis an die Grenze der Kraft (Maximalkraft) oder der Schnelligkeit (Höchstgeschwindigkeit) trainiert. Das ermöglicht nur kleine Wiederholungsserien (1–5mal) und erfordert lange Pausen bis zur völligen Erholung. Je näher und je häufiger an der aerob-anaeroben Schwelle trainiert wird, desto länger müssen die Pausen und um so seltener dürfen diese Trainingsformen gewählt werden; denn Ausbelastung bedeutet Erschöpfung; die Wiederauffüllung der erschöpften Glykogenspeicher benötigt viel Zeit.

Beweglichkeitsmethode
Wir fassen unter diesem Begriff die unterschiedlichen Formen der Zweckgymnastik und des Stretching zusammen. Beide zielen darauf ab, die aktive Nutzung der Gelenke (ihrer Freiheitsgrade) zu verbessern. Die willkürliche Muskulatur von Rumpf, Kopf und Extremitäten wird systematisch gelockert, gedehnt und gekräftigt, und zwar zur allgemeinen Funktionsverbesserung, zur Rehabilitation oder Vorbereitung auf Anforderungen («Aufwärmen», vgl. bei 8.4).

5 Die Methoden zur Verbesserung der konditionellen Leistungsfaktoren (Ausdauer, Kraft, Schnelligkeit, Beweglichkeit) setzen Belastungen, die als Störung des Leistungsgleichgewichts zunächst einen Leistungsabfall, dann aber durch Superkompensation einen Leistungszuwachs bewirken.

Der Leistungszuwachs ist allerdings dann auch der Verbesserung der Koordination anzurechnen, wenn spielspezifische Technikelemente mittrainiert werden. In diesem Falle vermischen sich die Methoden des Konditions- mit denen des Techniktrainings (vgl. bei 3.6; 3.7; 8.3.4).
Das *Techniktraining* wird im wesentlichen von den Methoden bestimmt, die die Wahrnehmung, die Verarbeitung und Speicherung, den Abruf und die Ausführung von Bewegungen verbessern helfen (vgl. HAGEDORN 1982a). Wir unterscheiden hier:

- *Observative Methode* (Lernen und Trainieren durch Beobachten):
  Sie soll die Wahrnehmungs-, Unterscheidungs- und Auswahlfähigkeit hinsichtlich richtiger, ökonomischer, erfolgreicher Bewegungs- und Verhaltensmuster verbessern und die Entscheidungsprozesse im Spiel optimieren. Beobachtet werden: Zielbewegungen an Trainer, Mitspieler; im Film, Arbeitsstreifen, Bildreihe; auf Video zur Kontrolle auch eigener Bewegungen; zur taktischen Schulung auch am Gegenspieler.
- *Verbale Methode* (Lernen und Trainieren durch Sprechen):
  Diese Methode macht sich den Zusammenhang zwischen Sprache und Bewegung zunutze, indem Bewegungen und Bewegungselemente mit Sprache zusammen erlernt werden (Kopplung an Signalworte) und mit Hilfe der Sprache abgerufen werden. Sie hat motivierende, stimulierende Wirkung, wenn Spieler gemeinsam sprechen/rufen, z. B. «Ball!» beim Rebound.
- *Mentale Methode* (Lernen und Trainieren durch Vorstellen und Denken):
  Diese Methode soll den gedanklichen Vollzug einer Bewegung oder Handlung als interne Realisation und Antizipation trainieren und verbessern helfen, so daß Lernen und Stabilisieren, Abruf und Vollzug immer besser gelingen. Diese Methode hat auch positive Rückwirkungen auf Konzentration und Verhaltenssteuerung der Spieler.
- *Realisationsmethoden* (Lernen und Trainieren durch Ausführen):
  Diese Methoden und ihre Variationsformen nehmen den größten Zeitraum in Anspruch; denn Bewegen und Spielen lernen und verbessern Spieler letztlich am besten durch Spielen und Bewegen selbst. (Vgl. dazu Kap. 4–6; 7.)

6 Von besonderer Bedeutung für Trainingsprozesse und Wettkampf ist die Fähigkeit der Spieler, sich selbst zu steuern, und zwar nicht nur ihr technomotorisches und taktisches Spielhandeln, sondern auch ihr soziales und emotionales Verhalten. Die Spieler werden gezielt einem hohen Trainings- und Wettkampfstress ausgesetzt mit dem Ziel, sich immer besser gegen hohe und höchste Reize (Gegner, Zuschauer, Schiedsrichter) zu ‹immunisieren›. Methoden, die diesen Stressoren entgegenwirken, fassen wir als psychoregulative Methoden zusammen.

Psychoregulative Methoden (Verbessern der Selbststeuerung):
Sie werden eingesetzt zur Stabilisierung gegenüber Zuständen der Angst (vor Risiken), der Furcht (vor Mißerfolg), der Labilität (in Konzentration, Leistung, Stimmung), der Hyper- und Hypotonie (Verkrampfung und Spannungslosigkeit). Diese Zustände treten auf bei der Bewertung einer Situation (Aufgabe) z. B. als wichtig oder unwichtig, als lösbar oder nichtlösbar, als nützlich, überflüssig, förderlich, gefährlich (vgl. HAGEDORN 1982a, 194 und die dort zitierte Literatur). Zu diesen Methoden zählen:

- das *autogene Training*: Hier soll der Trainierende sich selbst ruhigstellen und entspannen, indem er sich formelhaft z. B. vorspricht «Ich bin ganz ruhig» und die Stufen des Schwere-, Wärme-, Atmungs- und Herz-Kreislauf-Trainings systematisch durchläuft. Der Endzustand: «Ich bin ein riesiger, grenzenloser, schwerer, warmdurchbluteter Sack mit einer kühlen Stirn.»
- die *Relaxations-Mobilisations-Methode* (Entspannung – Aktivierung): Auf Entspannung folgt Aktivierung, so daß die Gefahr des autogenen Trainings, ‹hängenzubleiben› im entspannten Zustand, vermieden werden kann. Die Mobilisation erfolgt über Sprechen und Bewegen, z. B. Funktionsgymnastik.
- die *Sensibilisierungs-Desensibilisierungs-Methode*: Sensibilisiert wird der apathische, ‹startträge›, desensibilisiert der übersteuerte Starter. Ziel ist stets das einer Anforderung angemessene Erregungs- und Aktivitätsniveau. Muster der Sensibilisierung «Heiß werden – ohne heißzulaufen!», der Desensibilisierung «Der Ball ist immer noch so rund wie gestern und wird es bleiben!».

7 Einer zunehmenden Steuerung des Lernens und Trainierens über den Kopf stellt die *Erlebnismethode* die unmittelbare Erfahrung des eigenen Körpers in der Auseinandersetzung mit materieller Umwelt entgegen. GALLWEY (1977) spricht vom «inneren Spiel». GALLWEY/KRIEGEL (1978) nennen es «Inner Training». An die Stelle einer rationalen Steuerung durch Normen, Regeln, Gesetze (Ich 1: «Du mußt! Du sollst! Du kannst nicht! Sei besser als ...») tritt die Steuerung durch unmittelbare Erfahrung von Schwere (des Balles), Elastizität, Druck, Schwankungen (Ich 2: «Fühlst du dein Gewicht? Wo befindet sich dein Schwerpunkt? Dribble blind im Raum! Laß es geschehen! Laß dich ein! Du bist ganz und gar ok!»).
Gezielte Versuche mit dieser Methode im Basketball-Training führten zu folgenden Ergebnissen (vgl. auch KOHL 1982):

- die Spieler nehmen sich neu, ‹von innen› wahr,
- die Spieler können ihre Selbstkorrektur verbessern durch genauere kinästhetische Wahrnehmung,
- die Bewegungen werden ungewollter, ‹glatter›,
- der Außendruck weicht der intrinsischen Motivation,

- der Konflikt zwischen Ich 1 (der ‹Bestimmer›) und Ich 2 (der ‹Macher›) weicht dem Gefühl einer inneren, harmonischen Einheit.

Die Schwäche der Methode liegt in der Schwierigkeit, sie so zu organisieren, daß daraus eine übertragbare Methode wird. Sie ist weitgehend an die Fähigkeit der Trainer und der Trainierenden gebunden, ‹abzuschalten›, ‹umzupolen›, aus dem falschen Zug der Zwänge ‹auszusteigen›. Mit diesen Begriffen sind einige methodische Vorgaben gemacht. Wir trainieren anders als sonst (dribbeln blind), beobachten anderes von anderswo (Fußstellungen von «innen»), konzentrieren uns in eine andere Richtung (‹sehen hinter uns›, ohne den Kopf zu wenden).

8 Für das Sportspiel Basketball als Mannschaftsspiel bleibt schließlich noch die Fülle der methodischen Maßnahmen, mit deren Hilfe ein Mannschaftsgefühl ausgebildet und die Mannschaft als kooperierende Einheit geschaffen wird.

Wir wollen diese Maßnahmen unter dem Begriff des *Gruppendynamik-Trainings* zusammenfassen (vgl. Hagedorn 1982a, 1982b). Es lassen sich dabei vier methodische Schritte unterscheiden:

- *Erkundung* (Exploration):
  Der Trainer überprüft durch gezielt gestellte Aufgaben die individuelle Einstellung und das Gruppenverhalten,
- *Zusammenarbeit* (Kooperation):
  der Trainer stellt Aufgaben zum Abbau von falscher Rollenkurrenz; jeder mit jedem; zur gegenseitigen Anerkennung: jünger mit älter; zur Entwicklung der Fähigkeit, Hilfen zu geben und anzunehmen: stärker mit schwächer,
- *Rollenfindung* (Integration):
  durch freie Wahl der Aufgabe; durch gleiche Aufgabe für alle, die Leistungs- und Fähigkeitsunterschiede verdeutlichen; durch unterschiedliche Aufgaben zur Entfaltung von Rollenflexibilität und Führungsqualität,
- *Belastung* (Konkurrenz/Wettkampf):
  sie gestattet es, die Rangplatzordnung zu überprüfen und trainiert Frustrationstoleranz und Emotionalbalance: jeder gegen jeden; Position gegen Position; Stammspieler gegen Nachwuchs.

Im allgemeinen werden die Methoden vermischt verwendet je nach Trainingsziel und Belastungsform, mit Ausnahme einiger psychologischer Methoden, die ihren eigenen Freiraum vor, während oder nach Training und Wettkampf beanspruchen.

Merke

- Trainingsfortschritt wird systematisch über Trainingsstufen geplant und kontrolliert. Die Trainingsstufen sind alters-, entwicklungs- und leistungsbestimmt: Grundlagen (7–12 Jahre), Aufbau (12–15), Leistung (16–19), Hochleistung (20–30).
- Die Methoden sind Verfahren der Trainingssteuerung und sind an den Anforderungen orientiert. Diese lassen sich hierarchisch ordnen in Form von Regulations- und Anforderungsebenen.
- Der Sportspielwettkampf hat sechs Anforderungsbereiche: Spielfähigkeit, Wettkampffähigkeit, Kondition, Technik/Individualtaktik, Taktik, Verhaltensregulation. Diesen Bereichen sind die Methoden zugeordnet: Spielmethode: Freies Spiel, Lauf-Rauf-Spiel; Wettkampfmethode: Wettkampf als außensteuerndes Prinzip, Trainingsspiel mit taktischen Vorgaben.
- Die physischen Leistungsfaktoren werden über vier Methodentypen verbessert: Dauermethode; sie umfaßt den kontinuierlichen Dauerlauf, Tempowechselläufe, das Fahrtspiel; Intervallmethoden, bei denen die extensive stärker die allgemeine aerobe, die intensive bereits die anaerobe Ausdauer mittrainiert; Wiederholungsmethode zur Verbesserung der Kraftfaktoren; Beweglichkeitsmethode zur besseren Nutzung der Freiheitsgrade der Gelenke.
- Das Techniktraining wird bestimmt von der Wahrnehmung, der inneren Verarbeitung, dem Abruf und der Ausführung von Bewegungen (Informationen). Zu deren Verbesserung werden vier Methoden eingesetzt: die observative (Beobachtung), die verbale (lautes und inneres Sprechen), die mentale (Vorstellen und Denken), die Realisation (motorische Ausführung).
- Taktisches Handeln und allgemeines Verhalten werden mit psychoregulativen Methoden durch autogenes Training oder die Sensibilisierungs-Desensibilisierungs-Methode trainiert und stabilisiert.
- das «innere Spiel» des Sportlers mit sich selbst wird durch die Erlebnismethode verbessert.
- Das Mannschaftsgefühl wird durch die Verfahren des Gruppendynamik-Trainings entwickelt und verbessert. Es unterscheidet die Verfahren der sozialen Erkundung, der Kooperation, der Integration und der Belastung durch Wettkampf und Konkurrenz.

Literatur

147; **148**; **194**; **195**; **620**.

Günter Hagedorn

8.3.3 Training der konditionellen Grundlagen

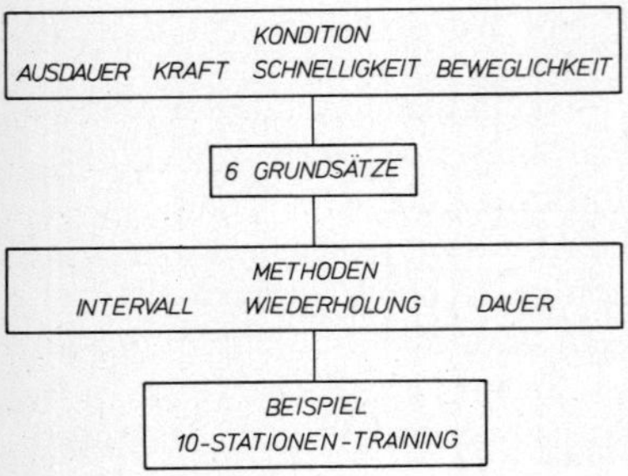

Schlagwörter

[1] Schlechte Kondition, magisches Denken.

[2] Konditionelle Faktoren; Ausdauer, Kraft, Schnelligkeit, Beweglichkeit; aerobe Ausdauer; Schnellkraft; Freiheitsgrade der Gelenke.

[3] Sechs Grundsätze des Konditionstrainings.

[4] Methoden: intensive, extensive Intervall-, Wiederholungs-, Dauermethode.

[5] Anwendung: Stationstraining, Trainingsziele.

Erläuterungen

[1] Wir schleppen vieles aus unserer jahrmillionenalten Vergangenheit in unserem heutigen Verhalten mit. Ein Restbestand ist die Flucht vor ungeklärten Zusammenhängen in Magie und Zauber oder in unbeeinflußbare ‹höhere Gesetze›. Ein solches ‹Gesetz› ist die unabwendbare Wiederkehr einer Leistungskrise jeder Mannschaft im Verlauf einer Saison. Dieses ‹Zwei-Krisen-Gesetz› verliert seine Zwangsläufigkeit angesichts der wahrscheinlich(st)en kritischen Zeitpunkte: Mitte der Hinrunde (November) und Beginn der Endrunde (Januar). Beide Zeitpunkte haben auch mit der Kondition zu tun, der erste, vielleicht weil die angelegten allgemeinen Reserven verbraucht, der zweite, weil (nun auch) die spielspeziellen Reserven im Zeichen von Weihnachtsgans, Silvesterpunsch und Skizirkus nur noch Erinnerung sind. Wenn dazu eine Mannschaft nur aus einer ersten ‹Fünf› und fünf Edelreservisten besteht, dann gilt das ‹Gesetz der Kerze›: An beiden Enden entzündet gibt sie doppeltes Licht – bei halber Brennzeit.

Magisches Denken findet sich aber keinesfalls nur im Leistungssport, wie Vinnai (1970) vermutet, sondern auch im Schul-, Breiten- und Freizeitsport, nämlich immer dann, wenn Spieler(innen) die Ursache für Versagen und Fehlverhalten stets und sofort außerhalb des Verursachers, nämlich ihrer eigenen Person, bei anderen und bei ‹geheimnisvollen Mächten› suchen. Versagen und Enttäuschungen, Verletzungen und Aggressionen signalisieren nicht ‹das Böse›, sondern oftmals nur einen schlechten, den eigenen Erwartungen und den situativen Anforderungen unangemessenen Trainingszustand, oder kürzer: *schlechte Kondition.*

2 Kondition im Sportspiel Basketball umfaßt die physischen Leistungsfaktoren: allgemeine und spielspezifische *Ausdauer*, muskuläre *Kraft, Schnelligkeit* und *Beweglichkeit.* Sie treten im Sportspiel niemals isoliert auf; der ausdauerstarke Verteidiger z. B. benötigt auch muskuläre Kraft und Schnellkraft und beweist große Beweglichkeit im Zusammenspiel von Sprung- und Hüftgelenken. Die Leistungsfaktoren müssen aber beim langfristigen Aufbau eines Spielers oder bei entwicklungs- bzw. verletzungsbedingten Mängeln auch schwerpunktmäßig trainiert werden.
Wenn z. B. fehlende Sprungkraft die weitere Entwicklung eines Spielers begrenzt, dann empfiehlt sich ein gezieltes Krafttraining ohne und mit Gewichten, das Dickenwachstum, Maximalkraft und Schnellkraft spielgerecht mit der Schnelligkeitsausdauer verbindet (koordiniert).
Die Leistungsfaktoren bedingen sich wechselseitig (FREY 1981) und werden durch Koordinationsvorgänge im Zentralnervensystem verbunden und gesteuert. Deshalb werden auch im Technik-, oftmals sogar im Taktiktraining konditionelle Faktoren mit angesprochen, manchmal sogar verbessert. Abbildung 1 stellt diese Faktoren für Basketball zusammen.
Im Basketball dominieren die aerobe Ausdauer im aerob-anaeroben Grenzbereich (vgl. bei 3.3), die dynamische Schnellkraft (bei Start und Sprung) und die Aktionsschnelligkeit, die die schnelle Wahrnehmung von Spielsituationen und eine schnelle motorische Aktion umfaßt. Bei der Beweglichkeit bestimmt die Dehnfähigkeit der Muskulatur weitgehend die aktiv nutzbaren Freiheitsgrade der Gelenke (vgl. das Stretching-Programm bei 3.5). Anaerobes Krafttraining ist mit aerobem Ausdauertraining unvereinbar. Die zeitliche Reihenfolge der vier konditionellen Faktoren in einer

Abb. 1: Schaubild der konditionellen Faktoren im Basketball

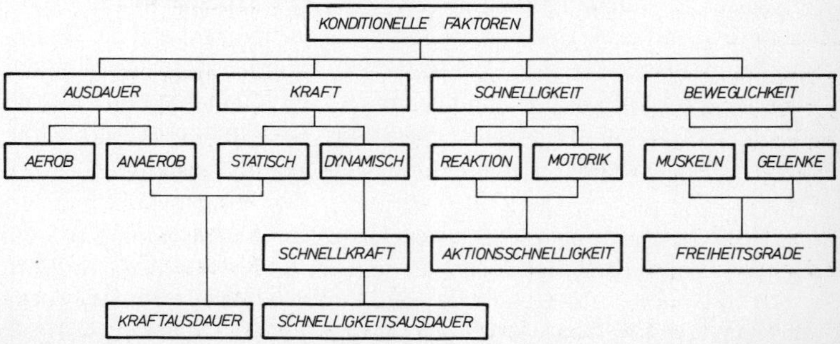

Trainingseinheit sollte deshalb sein: 1. Beweglichkeit (Funktionelle Gymnastik, Stretching; Lockern, Dehnen, Kräftigen) als Aufwärmprogramm; 2. Schnelligkeit (Reaktionsspiele; Starts/Sprints mit und ohne Ball); 3. Schnellkraft (Sprung, Fußarbeit); 4. spielspezifische Ausdauer (intensiv-extensive Intervallarbeit mit und ohne Ball); 5. allgemeine Ausdauer (Dauerlaufmethoden).
Ferner gilt: Wer konditionell ‹sauer› ist, kann nur noch eingeschränkt technomotorisch und taktisch ‹denken›.

3 Für das spielgerechte Konditionstraining gelten folgende *Grundsätze* (Prinzipien):
- Die *allgemeinen konditionellen Grundlagen* werden langfristig in der Übergangsperiode und der Vorsaison erarbeitet (vgl. bei 8.3); ihre Ausbildung benötigt viel Zeit, sie hält aber auch lange;
- die *spielspezifischen konditionellen Grundlagen* werden mit steigendem Umfang in der Vorsaison, dann kontinuierlich weiter trainiert; um Trainings- und Lernzeit (Transfer) zu sparen, sollten sie (fast) immer mit dem Ball erfolgen;
- *konditionelle Anteile* sollten planmäßig über die Woche und innerhalb einer Trainingseinheit verteilt werden (vgl. bei 8.3); ihre Wirksamkeit kann durch Belastungstests immer wieder überprüft werden (vgl. bei 3.3; 8.3.8; 8.5);
- *Vielseitigkeit* geht vor Einseitigkeit (Basketballer sollten weder Muskel-Gorillas noch Ausdauer-Masochisten sein);
- *Spielnähe* erleichtert die Trainingsmotivation (‹verkleidete› Konditionsarbeit schmeckt besser);
- *Dynamik* geht vor Statik (Basketballer müssen sehr viel laufen, um ihre aerobe Ausdauer zu erhalten; sie müssen ständig ‹aus der Bewegung kommen›).

4 Die Merkmale der im Konditionstraining des Sportspiels eingesetzten *Methoden* stellt Tabelle 1 zusammen.
Die intensive und extensive Intervall-, die Wiederholungs- und die Dauermethoden unterscheiden sich nach zeitlicher Dauer und Reizintensität der Belastung. Sie wirken deshalb unterschiedlich auf Muskulatur und Organsystem im Sinne einer Anpassung (Adaption; Superkompensation) an höhere Anforderungen ein.

5 Als Beispiel eines basketballspezifischen Konditionstrainings soll ein *Stationstraining* dargestellt werden, an dem ein Kader von 12–16 Spielern (je nach Hallenausstattung) beteiligt werden kann. Das Programm wurde im Rahmen von TWIP entwickelt (vgl. bei 8.5).

REIZDAUER	5'' 10'' 15'' 20'' 30'' 60'' 2' 3' 4' 5' 8' 10' 15' 20' 30' 45' 60' 120' (SEK; MIN)
REIZINTENSITÄT	100% 90% 80% 60% (IN%)
WIEDERHOLUNGS-ANZAHL PRO SERIE	30 20 15
PAUSENDAUER	VOLLSTÄNDIG UNVOLLSTÄNDIG 'LOHNENDE PAUSE'
PULS VOR FOLGEBELASTUNG	UNTER 100 120-140 150-160 170-190 KONTINUIERLICH
FÄHIGKEIT	ANAEROBE KURZ-, MITTEL- UND LANGZEITAUSDAUER; AEROBE KURZZEITAUSDAUER; AEROBE MITTELZEITAUSDAUER

15'' 60'' 8' 15' 45' 60' 120'

KURZZEIT- MITTELZEIT- LANGZEIT-
INTERVALLMETHODE

INTENSIVE DAUERLAUFMETHODE →
EXTENSIVE DAUERLAUFMETHODE →

Tabelle 1: Merkmale der verschiedenen im Konditionstraining benutzten Methoden (zusammengestellt nach Letzelter 1978; Frey 1981; Grosser/Starischka/Zimmermann 1983; Weineck 1983)

Abb. 2: Organisatorische Verteilung von 10 Stationen über eine Spielhalle

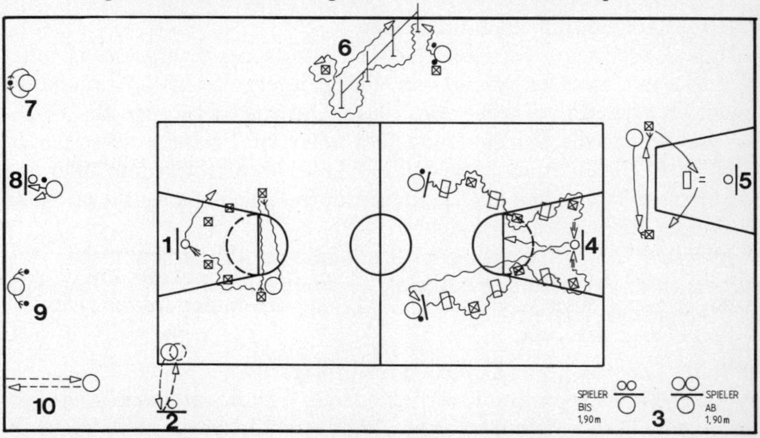

1 GLEITSCHRITT MIT BALL
2 BRETT-PASSEN MIT SITZ-STAND-WECHSEL
3 ACHTENDRIBBELN IN BAUCHLAGE
4 SLALOM-SPRUNG-DRIBBEL MIT KORBLEGER
5 GLEITSCHRITT OHNE BALL MIT SPRUNG NACH AUSSPERREN
6 LIMBODRIBBELN MIT 2 BÄLLEN
7 WANDSCHIEBER IM STAND MIT BALL
8 TIP-TAP-REBOUND AM BRETT
9 SHIT-DRIBBELN MIT 2 BÄLLEN
10 STEHAUF-MÄNNCHEN BEIDHÄNDIG ÜBERKOPF

Beispielhaft werden in Tabelle 2 Normwerte für variable Durchführungszeiten gegeben.

Erläuterungen zu den 10 Stationen
Station 1: Gleitschritt mit Ball
Rechts und links in Verlängerung der Freiwurflinie im Abstand von 1,5 m befinden sich je ein Hindernis und auf der Linie Hindernis – Korb je zwei Hindernisse. Der Spieler startet auf Zeichen von einem Hindernis, das er mit der Außenhand berührt, in kurzen, schnellen Gleitschritten zum anderen Hindernis, berührt dieses, gleitet zum ersten Hindernis zurück, berührt dieses erneut, führt dann ein Slalomdribbel zum Korb durch, schließt mit Korbwurf ab, kehrt auf der Gegenseite zum äußersten Hindernis zurück, startet von dort erneut. Es können vollständige Durchgänge, aber auch Teilstrecken gewertet werden.
Trainingsziel ist die Verbesserung der explosiven Gleitschrittechnik des Verteidigers (hier mit Ball) unter hoher aerober Belastung.

Station 2: Brett-Passen mit Sitz-Stand-Wechsel
Der Trainierende steht mit Ball in einer Entfernung von 3 m frontal vor einem Spielbrett, paßt den Ball bei Startzeichen gegen das Brett, setzt sich, fängt den Ball im Sitz, paßt im Sitz erneut gegen das Brett, steht auf, fängt den Ball im Stand und startet erneut.
Trainingsziel ist die Verbesserung der lokalen Muskelausdauer von Armen und Beinen, verbunden mit der Verbesserung der Koordination zwischen Körper- und Paßbewegung.

Station 3: Achtendribbeln in Bauchlage
Auf dem Boden sind zwei unterschiedlich große Achten aufgeklebt (aufgezeichnet), und zwar für Spieler von einer Körpergröße bis 1,90 m und für Spieler ab einer Körpergröße von 1,90 m. Die Spieler nehmen die Bauchlage ein, so daß die Startlinie ungefähr unter ihrer Schulterachse durchführt. Auf Zeichen dribbeln sie den Ball in der Achterbewegung über den Boden, ohne dabei einen der Ellenbogen aufzustützen. Gewertet wird jede vollständig durchgedribbelte Acht.
Trainingsziel ist die Kräftigung der Rumpfmuskulatur durch statische Haltearbeit unter Verbesserung des feinkoordinativen Dribbelns aus dem Finger-Handgelenk-Einsatz.

Station 4: Slalom-Sprung-Dribbel mit Korbleger
Rechts und links vom Mittelkreis befinden sich zwei Startlinien. Zwischen diesen und dem Korb sind sechs Hindernisse auf Lücke gestellt, und zwar im Wechsel drei Sprunghindernisse (etwa Stuhlhöhe) und drei Slalomhindernisse. Auf Zeichen startet der Spieler mit einem Sprung unter Ballkon-

Stationen	Zeit 30 sec.		Zeit 60 sec.	
	Zahl ($\bar{x}$)	Puls ($\bar{x}$)	Zahl ($\bar{x}$)	Puls ($\bar{x}$)
1 Gleitschritt mit Ball	3	150	6	160
2 Brett-Passen mit Sitz-Stand-Wechsel	12	145	25	160
3 Achtendribbeln in Bauchlage	5	140	9	140
4 Slalom-Sprung-Dribbel mit Korbleger	4	160	7	160
5 Gleitschritt ohne Ball mit Sprung nach Aussperren	4	155	6	160
6 Limbodribbeln mit 2 Bällen	3	150	5	150
7 Wandschieber im Stand mit Ball	1	130	1	130
8 Tipp-Tapp-Rebound am Brett	20	170	35	180
9 Shit-Dribbeln mit 2 Bällen	1	130	1	130
10 Stehauf-Männchen beid-händig über Kopf	20	135	35	150

Tabelle 2: Ermittelte und normierte Aktionshäufigkeiten und Pulsfrequenzen an den Stationen eines Konditionsprogramms bei variabler Belastungsdauer

trolle, dribbelt um das erste Hindernis, überspringt das zweite unter Ballkontrolle, umdribbelt das dritte usw., führt einen Korbleger aus, holt selbst den Rebound, wechselt zur Startlinie der Gegenseite, startet von dort usw. Trainingsziel ist eine wechselnde Sprung-Dribbel-Beanspruchung zur Verbesserung der lokalen Sprungmuskelausdauer und der spielspezifischen aeroben Ausdauer.

Station 5: Gleitschritt ohne Ball mit Sprung nach Aussperren
Der Spieler startet ähnlich wie bei Station 1 von einem Hindernis nach Berührung im Gleitschritt zum gegenüberliegenden Hindernis (in Verlängerung der Freiwurflinie), sprintet dann zwischen Kasten und Korb, nimmt

Druckkontakt mit dem Rücken zum Kasten auf (Schiebekampf wie beim Aussperren) und springt dann beidhändig zum Ring (Netz, Brettunterkante).
Trainingsziel ist eine Verbindung der Verteidiger-Fußarbeit mit der Technik des Aussperrens und Sprung zum Rebound unter hoher Belastung.

Station 6: Limbodribbeln mit zwei Bällen
Die Spieler starten seitlich vor einem Hindernis, durchdribbeln dann im Slalom die drei Felder, und zwar so, daß sie die Hürdenstangen nicht berühren; Ziel ist es, die Stangen unter beidhändigem Dribbeln in Limbohaltung (Gesicht zur Stange) zu unterdribbeln. Auf der Gegenseite des Starthindernisses dribbelt der Spieler um das zweite Hindernis, bevor er die Slalomstrecke erneut durchdribbelt. Die Beanspruchung im Bereich der Bein-Rumpf-Muskulatur und des Gleichgewichts wird durch Veränderung der Hürdenhöhe variiert.
Trainingsziel ist eine völlig unabhängige Dribbelkontrolle von zwei Bällen bei extremer Körperhaltung und -kontrolle.

Station 7: Wandschieber im Stand mit Ball
Der Spieler steht mit einem Ball unmittelbar vor der Wand, preßt den Ball auf Startzeichen gegen die Wand und nimmt mit den Füßen eine Position etwa 1,5 bis 2 m von der Wand entfernt ein. Der Spieler behält diese Stellung unter hohem Druck auf den Ball über die gesamte Zeit bei.
Trainingsziel ist die Kräftigung der im Basketball besonders benötigten Muskulatur im Arm- und Rumpfbereich.

Station 8: Tipp-Tapp-Rebound am Brett
Der Spieler steht in unmittelbarer Nähe des Bretts mit Ball, startet auf Zeichen, indem er den Ball zunächst beidhändig im Sprung gegen das Brett (Tipp), dann beidhändig auf den Boden tippt (Tapp). Ein vollständiger Durchgang besteht aus zwei Berührungen.
Trainingsziel ist die Verbesserung der lokalen Muskelausdauer und der Sprungkoordination mit Ball.

Station 9: Shit-Dribbel mit zwei Bällen
Der Spieler setzt sich so gegen die Wand, daß Unterschenkel und Oberschenkel bzw. Oberschenkel und Oberkörper jeweils einen rechten Winkel bilden. Auf Zeichen dribbelt der Spieler mit zwei Bällen unabhängig voneinander, indem er zur gleichen Zeit die Stellung konsequent beibehält.
Trainingsziel ist der Kraftzuwachs im Oberschenkelbereich bei gleichzeitig unabhängigem Dribbeln (Verbesserung der Dribbelkoordination).

Station 10: Stehauf-Männchen beidhändig über Kopf
Auf der Wand ist eine 1 m breite, bodenparallele Paßzone 1,5 m oberhalb

des Hallenbodens abgeklebt (aufgezeichnet). Der Spieler steht in einer Entfernung von 4 m vor der Paßzone, spielt auf Zeichen den Ball beidhändig über Kopf in die Paßzone, setzt sich, fängt den Ball im Sitz, paßt den Ball beidhändig über Kopf erneut in die Paßzone, steht auf, fängt den Ball im Stand usw. Ein Durchgang besteht aus zwei Pässen.
Trainingsziel ist die Verbesserung der lokalen Muskelausdauer im Bereich der Arme und Beine und die Optimierung des Überkopfpasses unter hoher aerob-anaerober Belastung.

Eine spielnahe Mischform aus Konditions- und Techniktraining stellt das Stationstraining bei 8.3.4 dar.

Merke

- Oftmals ist eine unzulängliche allgemeine oder spielspezifische Kondition die Ursache für Mißerfolge. Magisches Denken ersetzt dann oft eine sachliche Ursachenanalyse.
- Die im Basketball-Training zu verbessernden konditionellen Faktoren sind die allgemeine und spielspezifische Ausdauer, die Kraft, die Schnelligkeit und die Beweglichkeit. Sie hängen einerseits miteinander zusammen und voneinander ab, z. B. als Schnellkraft, sind aber auch zum Teil unvereinbar, wie z. B. anaerobes Kraft- und aerobes Ausdauertraining.
- Für das Konditionstraining lassen sich sechs Grundsätze (Prinzipien) aufstellen. Sie beziehen sich 1. auf die allgemeine, 2. auf die spezifische Ausdauer und umfassen 3. die Rolle der Planung, 4. der Vielseitigkeit, 5. der Motivation und 6. der Dynamik.
- Im Basketball-Training werden die intensive und extensive Intervall-, die Wiederholungs- und die Dauermethoden benutzt. Sie unterscheiden sich nach der zeitlichen Dauer der Belastung, der Reizintensität und ihrer muskulär-organischen Wirkung.
- Ein Stationstraining kann in genau dosierbarer Weise die verschiedenen Trainingsbereiche beeinflussen.

Literatur

137; **169**; **345**; **573**; **586**.

Günter Hagedorn

8.3.4 Techniktraining

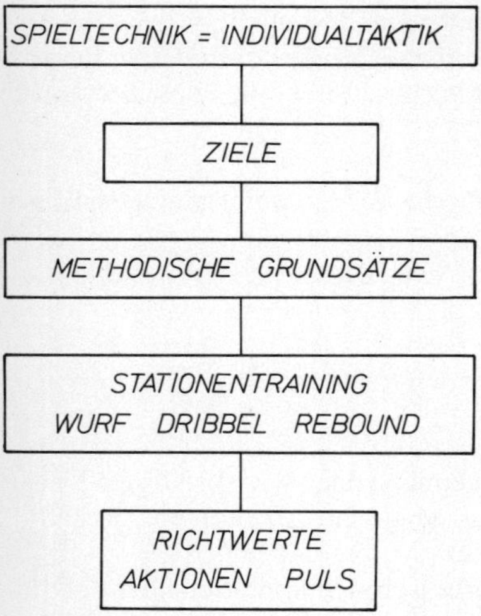

Schlagwörter

1 Perfektion, Spieltechnik, Individualtaktik.

2 Ziele: Wiederholbarkeit, Veränderbarkeit, spieltaktischer Einsatz.

3 Methodische Grundsätze: Bewegungsvorstellung, Bewegungsstabilität, Variabilität, Anwendungsbelastung, Verstärkung, Integration in Trainingsgesamtplan.

4 Stationstraining, Wechsel technischer Anforderungen, Belastung und Erholung, Belastungsdauer, Belastungsintensität.

5 Ausführungsgüte (Qualität), Ausführungshäufigkeit (Quantität), Richtwerte: Aktionen, Puls, Belastung.

Erläuterungen

1 Die Kunst des perfekten Basketballspielers besteht darin, immer wieder die gleichen Bewegungen (Techniken) in unterschiedlichsten Spielsituationen zu benutzen und sich dennoch durchzusetzen. Es ist die Kunst, konstant und variabel zugleich zu sein.

Techniktraining soll alle individuellen Bewegungselemente und Bewegungsverbindungen des Angreifers und Verteidigers (Deckungsspielers) verbessern, stabilisieren, koordinieren und so automatisieren helfen, daß die Spieler den Anforderungen aller Spielsituationen und Spielpositionen immer besser gewachsen sind. Konkret heißt das: Der Kopf wird frei für Spielzusammenhänge und situative Entscheidungen, Arme und Beine unterliegen immer weniger komplexen Bewußtseinsprozessen (kortikal, subkortikal).

Individuelle Technik im Basketballspiel ist immer *Spieltechnik,* die für das Spiel erlernt und trainiert und im Spiel angewandt wird. Sie ist eigentlich immer schon *Individualtaktik* (vgl. 4.1). Deshalb ist die Auswahl spielna-

her Anwendungssituationen im Techniktraining wegen der möglichst störungsfreien Übertragung auf das Spiel (Transfer) unerläßlich. Mit der spielsituativen Anwendbarkeit bereitet das Techniktraining das Taktiktraining vor (vgl. 8.3.5).
Zur Vorbereitung und zum besseren Verständnis des Techniktrainings beachte man die psychologischen und informationstheoretischen Grundlagen (3.6; 3.7), die Individualtaktik (4.) und die Kondition und Technik integrierenden Trainingsmethoden (8.3.2).

2 Bewegungslernen (vgl. bei 7) und Techniktraining haben als gemeinsames Ziel die spielregelgerechte, koordinierte Bewegung als motorisches Element jeder Spielhandlung. Das Techniktraining geht aber darüber hinaus. Es soll den Spieler befähigen,
eine *spielgerechte Bewegung*
- beliebig oft,
- in unterschiedlichen Situationen,
- unter steigender physischer Belastung und
- psychischer Beanspruchung (Stress) zu wiederholen.

Ferner soll er eine *Bewegung* (*Spieltechnik*)
- je nach Situation abändern (variieren),
- ihre Absicht für den Gegenspieler verschleiern,
- sie als Hilfe für einen Mitspieler und
- im Sinn des gemeinsamen Mannschaftszieles einsetzen.

Mit diesen Zielen ist das Techniktraining inhaltlich und methodisch umrissen. Das folgende Kapitel wird sich aber im wesentlichen auf die Ziele der spielgerechten Bewegung beschränken. Angreifer- und Verteidigertechnik sind individualtaktisch aufeinander bezogen. Als Anregung zur weiteren Ausgestaltung des Techniktrainings sei deshalb auf Abbildung 1 bei 4.1 verwiesen.
Der Angreifer hat zwei Möglichkeiten: Spiel-mit-Ball und Spiel-ohne-Ball. Das hat Konsequenzen für das Verhalten des Verteidigers (vgl. dazu 6.2; 6.3). Die Verteidigertechniken sind auf die Spielmöglichkeiten des Angreifers bezogen, ohne die sie sinnlos wären. Die Techniken des Angreifers sind andererseits auch ohne Verteidiger anwendbar, z. B. in der Situation 1–0. Daraus ergeben sich methodische und motivationale Folgerungen. Angreifertechniken (insbesondere mit Ball) lassen sich leichter ‹isoliert› trainieren; ihr Sinn leuchtet den Spielern unmittelbar ein. Verteidigertechniken müssen oft über die Belastung des 1–1 hinaus gesteigert trainiert werden, um die notwendigen adaptiven organischen und muskulären sowie die emotionalen Prozesse auszulösen. Ihr isoliertes Training verlangt deshalb eine zusätzliche Steuerung durch Trainer und Mitspieler, durch Wettkampf und Verstärkungsformen.

3 Für das Techniktraining gelten folgende *methodische Grundsätze* (vgl. bei 3.6):

- Eine *Bewegungsvorstellung* (Grundmuster) wird insbesondere durch große Wiederholungsserien gefestigt (stabilisiert) – (Vorstellung – Wiederholung – Stabilität).
  Beispiel: Das Sprungwurf-Muster dürfte einige zehntausendmal wiederholt werden müssen, bis es situationsgerecht wiederholbar wird.
- Die Bewegungsvorstellung muß gesichert (*stabil*) und in Standardsituationen abrufbar sein, bevor sie systematisch variiert und beansprucht wird – (Stabilität – Variabilität – Belastung).
  Beispiel: Der Wechsel zwischen Korbleger und Sprungwurf wird erst dann sinnvoll in Belastungssituationen trainiert, wenn beide Wurfarten beherrscht werden.
- Zur Entwicklung einer *variablen* Verfügbarkeit über die Grundmuster werden die Anforderungssituationen hinsichtlich der informellen Anforderung (= Komplexität und Kompliziertheit) systematisch verändert und gesteigert – (Variabilität – Komplexität – Kompliziertheit).
  Beispiel: Das Ziehen-am-Mann sollte systematisch erst im Spiel 1–1 rechts und links, dann beim Spiel 2–2 erst ohne, dann mit Angreifer-/Verteidigerhilfen trainiert werden.
- Zur Verbesserung der Stabilität werden die zeitlich-räumlichen *Anforderungen* (Kondition) und die motivationalen Anforderungen (Psychoregulation) über die subjektive Ermüdungsgrenze hinaus systematisch gesteigert – (Stabilität – Kondition – Psychoregulation).
  Beispiel: Vgl. dazu Stationstraining bei 8.3.3 und in diesem Beitrag.
- Die Verbesserung der Variabilität und Belastungsstabilität erfordert die begleitende Rückmeldung über Erfolg und Mißerfolg und die motivierende positive *Verstärkung* (Bestätigung und Ansporn) – (Variabilität – Stabilität – Rückmeldung – Verstärkung).
  Beispiel: Vgl. dazu unten bei ⑤.
- Auch das Techniktraining muß in einen *Gesamttrainingsplan* eingebunden sein, dessen Ziel es ist, die optimale Spielleistung zu ermöglichen, wiederherzustellen oder zu erhalten – (Techniktraining – Trainingsplan – Spielleistung).

4 Zur Veranschaulichung eines nach Dauer und Belastung standardisierbaren Techniktrainings wählen wir ein *Stationentraining*. Es ist variabel nach Spielerzahl, Stationen, Dauer und Belastung. Es kann unter Berücksichtigung eines sinnvollen Wechsels von Belastung und Erholung sowie der Kontrollen jederzeit erweitert oder gekürzt und gruppentaktisch durch Verteidiger ergänzt werden.

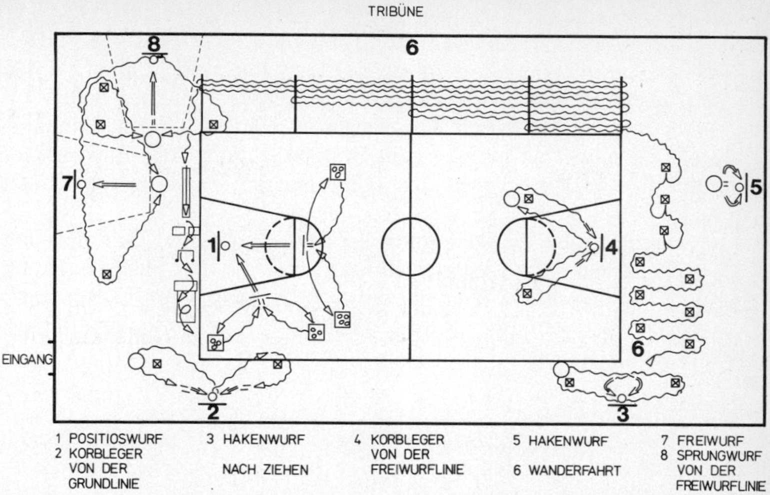

Abb. 1: Grundprogramm eines Technik-Stationentrainings für alle Spielpositionen

Station 1: Positionswurf

Für die Spielpositionen Aufbau, Flügel und Zenter werden Ballkästen so aufgestellt, daß die Spieler von einer positionstypischen Position aus werfen können. Für die Aufbauspieler wird eine Sprungwurfposition 50 cm vor der Freiwurflinie markiert. Die Ballkästen befinden sich jeweils 3 m seitlich und 1 m zur Mittellinie davon entfernt, ungefähr auf den Positionen der Aufbauspieler. Der Trainierende holt sich einen Ball aus dem Kasten, dribbelt unter Balldeckung zur Wurfposition, stoppt und schießt, startet zum anderen Kasten, holt sich einen Ball, dribbelt erneut zur Wurfposition und schießt usw. Ein Helfer unter dem Korb spielt die Bälle wieder heraus, ein Mitspieler legt die Bälle wieder in den jeweiligen Kasten zurück.
Übungsanordnung und Übungsverlauf sind bei Flügel- und Zenterspielern vergleichbar. Die Kästen der Zenterspieler befinden sich in seitlicher Verlängerung der Freiwurflinie, geworfen wird von der Mitte der Freiwurflinie aus. Nach vorab festgelegter Zeit wechseln die Trainierenden die Aufgaben. Das Zuspiel vom Korb aus kann durch einen Helfer erfolgen, der nicht mittrainieren muß.

Station 2: Korbleger an der Grundlinie

Die Station wird von allen Spielern in gleicher Weise durchlaufen, wenngleich sie für Flügel- und Zenterspieler von besonderer Bedeutung ist.
Zwei Hindernisse befinden sich etwa 2 m von der Grundlinie und 3–5 m (je

nach Leistungsvermögen und Körpergröße) seitlich vom Korb. Gestartet wird rechts mit einem Dribbling zur Grundlinie (linkes Bein vorn), dann erfolgt ein Kreuzschritt mit dem rechten Außenbein nach innen (in den Rücken des gedachten Verteidigers) und Korbwurf mit der linken Innenhand nach unmittelbarem Absprung von rechts. Hüft- und Schulterachse sollten möglichst parallel zum Brett sein, damit der Ball mit der gesamten Körperbreite gegen den ausgesperrten Verteidiger geschützt wird.
Entsprechend erfolgt die Bewegung auf der linken Seite: Dribbling mit links, rechtes Bein vorn, Kreuzschritt nach innen mit dem linken Bein und Absprung von diesem bei Wurf mit der rechten Hand innen. Die gesamte Bewegung sollte dynamisch als durchgängige, flüssige Bewegung trainiert werden.

Station 3: Hakenwurf
Die Hakenwurf-Bewegung erfolgt mit Gesicht zum Korb, mit dem Rücken zum Korb oder nach Dribbling. Es sollten dabei jeweils Serien von mindestens je fünf Würfen rechts und links durchgeführt werden.
Erste Serie: Gesicht zum Korb und Wurf im Wechsel mit rechter und linker Hand. Der Werfer fängt selber seinen Ball, macht einen Schritt mit dem Innenfuß schräg-vorwärts zum Korb und wirft mit der Außenhand den Haken.
Zweite Serie: Hakenwurf mit dem Rücken zum Korb, wobei der Trainierende vor jedem Wurf beidfüßig mit dem Rücken 1 m vom Korb aus landet, dann einen Ausfallschritt seitlich zum Korb macht und den Wurf ausführt.
Dritte Serie: Wie Serie zwei mit einfachem Dribbling ohne zusätzliche Kontakte unter Ballkontrolle.
Vierte Serie: Hakenwurf seitlich über Kopf vor einem Hindernis (Abstand 1,5 m vom Korb) nach einmaligem Dribbling.
Die vier Serien sollten mindestens einmal wiederholt werden.

Station 4: Korbleger von der Freiwurflinie
Rechts und links der Freiwurflinie in 1 m Entfernung befinden sich zwei Hindernisse. Der Trainierende dribbelt außen um das Hindernis herum, macht möglichst nach nur einem Dribbling mit der jeweiligen Außenhand einen Korbleger, holt selber den Ball, dribbelt innen, also mit der neuen Außenhand, um das Hindernis herum, und macht erneut, möglichst nach nur einem Dribbling, einen Korbleger. Dabei ist wichtig, daß das eine Dribbling mit einem langen Ausfallschritt zur Überwindung des gedachten Verteidigers eingeleitet wird.

Station 5: Hakenwurf nach Ziehen
Zwei Hindernisse befinden sich 50 cm außerhalb des 3-Sekunden-Raumes

und etwa 2,50 m von der Grundlinie entfernt. Die Trainierenden ziehen vom Korb kommend über außen innen am Hindernis vorbei zur Korbgegenseite und führen dort einen Hakenwurf aus. Auch hier sollte die Überwindung des gedachten Gegners (Hindernis) durch einen langen Ausfallschritt eingeleitet und der Hakenwurf durch ein einmaliges Dribbling vorbereitet werden. Auch diese Bewegung ist fließend im Wechsel rechts und links durchzuführen.

Station 6: Wanderfahrt
Diese Station dient im Unterschied zu den Stationen 1–5 und 7–8 der aeroben Ausdauer, verbunden mit flexiblem Dribbeln (Hand- und Richtungswechsel) und der Überwindung eines Hindernis-Parcours.
Der Trainierende startet von einer Start-Ziel-Linie aus, dribbelt um sechs Hindernisse herum (jeweils 1 m × 3 m gegeneinander verstellt), dreht dann vor drei Hindernissen mit dem Rücken jeweils ab und macht zwischen fünf Linien (den beiden Grundlinien, der Mittellinie und den gedachten Verlängerungen der Freiwurflinien) ein Linienpendel. Er kehrt dabei immer wieder zur Ausgangsgrundlinie zurück. Bei diesen drei ersten Aufgaben der Wanderfahrt wird fortgesetzt der Handwechsel beim Dribbeln erforderlich.
Nach dem Linienpendel folgt das Balancieren über eine Längsbank, das Überspringen von zwei Stühlen, anschließend muß eine Hürde unterkrochen, ein Kasten überklettert und eine Rolle über eine unmittelbar an den Kasten angeschlossene Matte ausgeführt werden. Dabei wird der Ball mitgeführt. Anschließend sprintet der Dribbler an der Längsseite des Spielfeldes wieder zurück zur Ziel-Start-Linie.

Station 7: Freiwurf
Unmittelbar neben oder auf den Seitenlinien in Höhe des 3-Sekunden-Raumes befinden sich zwei Hindernisse. Der Trainierende wirft jeweils zwei Freiwürfe hintereinander, holt selber den Ball, dribbelt nach dem zweiten Freiwurf um eines der beiden Hindernisse mit der Außenhand herum, kehrt zur Freiwurflinie zurück, führt erneut zwei Freiwürfe aus, dribbelt nach dem zweiten Freiwurf mit der anderen Außenhand um das andere Hindernis herum, kehrt erneut zur Freiwurflinie zurück, um wiederum zwei Freiwürfe auszuführen usw.
Der Trainierende soll lernen, nach einer Sprintbelastung unmittelbar eine Konzentrationsphase von 2 bis 3 Sekunden einzuschalten, um das Bewegungsmuster des Freiwurfes möglichst präzise abrufen zu können. Zugleich soll die Belastung des Freiwurfs im Wettkampf simuliert werden.

Station 8: Sprungwurf von der Freiwurflinie
Seitlich von der Freiwurflinie in 1,50 m Entfernung befinden sich zwei Hin-

dernisse. Der Trainierende führt von der Freiwurflinie aus einen Sprungwurf durch, setzt seinem eigenen Ball nach, holt den Rebound, dribbelt mit einer Außenhand um das entsprechende Hindernis außen herum, stoppt an der Freiwurflinie, führt einen Sprungwurf aus, folgt seinem eigenen Ball, dribbelt nun mit der anderen Außenhand um das andere Hindernis herum, kehrt zurück zur Freiwurflinie, stoppt, macht einen Sprungwurf usw.

5 Die Spieler müssen zwei Leistungsnormen erfüllen, die qualitative der *Ausführungsgüte* und die quantitative der *Ausführungshäufigkeit.* Qualitativ muß jede Aufgabe regelrecht, biomechanisch und technomotorisch richtig, ferner situationsangemessen (taktisch richtig) ausgeführt werden. Quantitativ sind die Aufgaben so oft in vorgegebener Zeiteinheit zu erfüllen, daß daraus zwingend muskuläre und organische Anpassung (Superkompensation) sowie koordinative Verbesserung folgen. Das Problem ist die bestmögliche Verbindung des ‹noch-gerade-richtig› (Qualität) mit dem ‹gerade-oft-genug› (Quantität). Sie ist nur erreichbar, wenn die Trainierenden es lernen, auch unabhängig von der Außensteuerung des Trainers sich selbst und auch sich gegenseitig zu beobachten, zu kontrollieren und zu korrigieren. Das gelingt durch wechselnde Paarbildung beim Stationentraining (vgl. die Verfahren der Gruppendynamik bei 8.3.2), durch begleitende Trainingsprotokollierung durch den Partner, durch kontrollierende Rückmeldung unmittelbar nach Ausführung und eine kritische Einschätzung der Trainingsleistungen durch den Trainer, der die Trainingsaufzeichnungen systematisch auswertet.
Um Mißerfolge im Wettkampf zu vermeiden, sind diese Rückmeldungen unerläßlich. Sie signalisieren nämlich die Trainingswirkung als Leistungsrückschritt, als Leistungsstagnation oder -fortschritt. Die Wirkung ist abhängig von der Reizdosierung. Diese ist nur sinnvoll veränderbar durch eine objektive Rückmeldung. Andernfalls trainieren die Spieler auf Frequenz bei miserabler Ausführungsqualität. Der Trainer muß die Widersprüche zwischen angegebener Übungshäufigkeit, Pulsfrequenz und Qualität aufdecken.
Als *Richtwerte* für das Technik-Stationentraining können die mittleren *Aktionshäufigkeiten* pro Station sowie die *Pulswerte* dienen, die unmittelbar nach Ausführung (spätestens 10 Sekunden danach, 10 Sekunden lang) ermittelt werden. Vgl. dazu Tabelle 1.
Zur Belastungsdauer und Pausengestaltung vgl. Tabelle 2 bei 8.3.3. Die Belastungsdauer sollte von 30 Sekunden allmählich bis auf 3 Minuten gesteigert werden. Trainiert wird dann die Technik anwendungsnah mit Hilfe der intensiven Intervallmethode. Die Stationen können ergänzt, ihre Anzahl verringert oder vergrößert werden. Bei jeder Veränderung sind dabei die Belastungs- und die Ausführungsnormen zu bestimmen; es stützt die Motivation, wenn die Spieler daran beteiligt werden.

Zeit	1 Positions-wurf		2 Kl. Grund-linie		3 Haken-wurf		4 Kl. Frei-wurfl.		5 Hakenwurf-kont.		6 Wander-fahrt	
	Zahl	Puls	Zahl	Puls	Zahl	Puls	Zahl	Puls	Zahl	Puls	Zahl	Puls
60 Sek.	14	160 bis 170	15	160 bis 180	12	160 bis 170	12	160 bis 180	30	160 bis 170	1	160 bis 180
90 Sek.	20	160 bis 170	22	160 bis 180	19	160 bis 170	17	160 bis 180	40	160 bis 170	1+	160 bis 180
120 Sek.	26	160 bis 170	29	160 bis 180	25	160 bis 170	22	160 bis 180	50	160 bis 170	1++	160 bis 180

1+ = Eine Runde und Dribbelparcours
1++ = Eine Runde, Dribbelparcours und Linienpendel

Tabelle 1: Normierte Aktionshäufigkeiten und Pulsfrequenzen an sechs Stationen bei variabler Belastungsdauer (für Stationen 7–8 fehlen vergleichbare Werte) für den Bereich Leistungssport.

Schwierig scheint sich die Effektivitätskontrolle der Stationen in komplexeren Spielvorgängen und beim Wettkampf zu gestalten. Sofern aber nicht die wissenschaftlichen Testgütekriterien (vgl. bei 8.3.8), sondern in der Praxis anwendbare Trendanalysen zum Maß genommen werden, gibt es auch hier Lösungen, die für das Beispiel Schnellangriff in 8.6 dargestellt werden. Im Technikbereich könnte es z. B. beim Korbwurf das Verhältnis der durch Distanzwurf und durch Ziehen erzielten Korbpunkte sein. So verdoppelten sich in einer TWIP-Pilotstudie die Zahl der Würfe nach Ziehen-zum-Korb und der Prozentanteil der erzielten Punkte durch Einsatz eines solchen Stationentrainings (Hagedorn/Meseck 1984, 21–25). Ähnliche Kontrollen sind jedem Trainer in vereinfachter Form möglich (vgl. 8.5).

Merke

- Perfektion im Basketballspiel setzt sichere (stabile) Bewegungsmuster voraus, die situationsgerecht eingesetzt (variiert) werden.
- Das Techniktraining soll die Spieler befähigen, über eine Bewegung beliebig, auch unter Belastung zu verfügen und sie gruppentaktisch für die Ziele der eigenen Mannschaft einzusetzen.

- Es gelten sechs methodische Grundsätze. Sie beziehen sich auf die Bewegungsvorstellung, die Bewegungsstabilität, die Variabilität, die Anwendungsbelastung, die motivierende Verstärkung und die Integration des Techniktrainings in einen Gesamttrainingsplan.
- Ein Stationentraining kann systematisch die technischen Anforderungen, den Wechsel von Belastung und Pause, die Belastungsdauer und -intensität variieren.
- Das Hauptproblem des Stationentrainings liegt in der Verbindung von Ausführungsgüte (Qualität) und Ausführungshäufigkeit (Quantität). Die notwendige Selbst- und Fremdkontrolle kann systematisch erlernt werden.

Literatur

84; **164**; **207**; **523**; **631**.

Dieter Niedlich

8.3.5 Taktiktraining

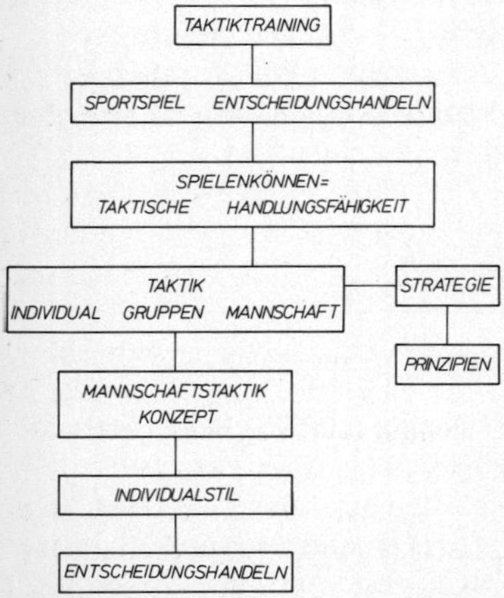

Schlagwörter

1. Definition Sportspiel: situatives Entscheidungshandeln; Primat der Taktik; taktische Handlungsfähigkeit – Spielkönnen, zweckvolle Lösung; Definition Taktik.
2. Drei Ebenen: Individual-, Gruppen- und Mannschaftstaktik; übergeordnet: Strategie; Schwerpunkt kognitive Prozesse.
3. Strategie, Taktik, Mannschaftstaktik, Spieltaktik, Spielsystem, Spielkonzeption, Spielzug, Spiel 1–1.

[4] Ausgangspunkt Taktiktraining: mannschaftstaktisches Konzept; Informationsquellen, drei übergeordnete strategische Prinzipien; Ziel: neue Situationen bestehen, Kenntnisse haben, nicht überrascht werden.
[5] Praxisbeispiel taktisch-strategischer Vorbereitung; eigene Strategie, Gegner-, Gesamtstrategie (flexibel).
[6] Erfolgreiches Spiel durch eigenen Spielstil; jeder Trainer eigenes Konzept, eigene Taktik, eigenes Spielsystem; Erfolg durch Konsequenz; Einstellung und Stimmung erzeugen.
[7] Effizientes Handeln durch Alternativlösungen; zeitlich-räumliche Ordnung (Situation), flexibles Handeln (Spielkonzeption); Entscheidungshandeln: Alternativlösungen; Trainingsbeispiele alternativer Lösungen.
[8] Taktiktraining: verbunden mit Spiel und Wettkampf, mannschaftstaktisches Konzept; Entscheidungshandeln: acht kognitive Vorgänge in Trainingspraxis integrieren; Freeze-replay, kognitiv-taktische Drills.

Erläuterungen

[1] Im Gegensatz zu den Individualsportarten, bei denen die technischen Fertigkeiten dominieren, geht es beim Sportspiel (Basketball) primär um das Lösen von Spielaufgaben, die durch mannschaftsorientierte, technomotorische und technisch-taktische Fertigkeiten und Fähigkeiten realisiert werden. Für das Sportspiel hat im besonderen das *situative Entscheidungshandeln* Bedeutung. Die Art der zur Realisierung nötigen Fertigkeiten ist nicht vorgeschrieben; hieraus ergibt sich das Primat der Taktik vor der Technik. Dem Ziel kommt daher eine größere Bedeutung zu als der Ausführung (vgl. Volpert 1974, 18); die techno-motorischen Fertigkeiten haben also nur Mittel-Zweck-Funktion zum Lösen von Spielaufgaben.
Ziel für Spieler und Trainer/Lehrer ist es, innerhalb dieses komplexen Handlungssystems Sportspiel, *taktische Handlungsfähigkeit* zu erreichen (vgl. Martin 1979^{2}), d. h. im engeren Sinne also Spielfähigkeit bzw. *Spielkönnen*. Optimales Spielkönnen (dieses Spiel-Binnenfeldes) kann aber nur erreicht werden, wenn Umweltbedingungen und Ziele des Spiel-Umfeldes, wie etwa Bewußtheit, Reflexion, Selbständigkeit (vgl. bei 8.3.1) berücksichtigt werden.
Spielkönnen bedeutet, sich in variierenden Situationen entsprechend einem spezifischen Handlungsniveau (z. B. auch Kinder und Jugendliche besitzen ein Spielkönnen) adäquat zu verhalten (vgl. Volpert 1981^{3}). Bei der *zweckvollen Lösung* der Spielsituation geht es zum einen um das Ausnutzen, zum anderen um das Schaffen lösungsreifer Situationen (vgl. Hercher 1978, 205f). Das Spielkönnen, die höchste Form des taktischen Handelns, zeichnet sich durch einen hohen Anteil *kognitiver* Prozesse, durch

selbständiges schöpferisches Denken aus (vgl. Mahlo 1965, 1966). Auf der angestrebten oberen Stufe muß die *gedankliche* Lösung, gemäß eines Taktikplans, in immer kürzerer Zeit erfolgen. Bei taktischem Handeln geht es immer, dem jeweiligen Leistungsstand entsprechend, um das Lösen höherer bzw. komplizierter Aufgaben. Diese Fähigkeit ist abhängig vom Stand der Kenntnisse und den automatisierten elementaren Handlungen (vgl. Rubinstein 1973, 686ff).
Im Sportspiel Basketball sind mit Taktik alle organisierten individual-, gruppen- und mannschaftstaktischen Maßnahmen zur optimalen Lösung einer Spielsituation gemeint.

2 Für das Sportspiel geht es also im besonderen darum, in den sich ständig ändernden Spielsituationen situationsadäquate Entscheidungen zu treffen und Handlungsprogramme zu entwerfen und zu realisieren. Dies ist nur möglich, wenn dem Handeln (bewußtes, zielgerichtetes, rückgemeldetes Verhalten) Pläne und Strategien zugrunde liegen. Die unterschiedlich komplexen Maßnahmen von *Individual-, Gruppen- und Mannschaftstaktik* laufen über ein System von Planungsvorgängen von oben nach unten und umgekehrt.
Die hierarchische Ordnung dieses komplexen Handlungssystems Sportspiel mit der besonderen intellektuellen Orientierung hat selbstverständlich (der Mensch handelt stets als Ganzes) auch eine emotional-motivationale (vgl. Martin 1979[2], 20) Komponente. Schwerpunktmäßig stehen hier aber die *kognitiven Prozesse* im Vordergrund; das bedeutet, daß im Taktiktraining besonders taktisches Denken und Handeln trainiert werden müssen.

3 Ausgangspunkt des taktischen Handelns ist die *Strategie,* ein strategisches Grundkonzept, das alle spiel- und mannschaftsübergreifenden Handlungspläne ordnet.
Darin eingebettet ist die Taktik, im Falle des Sportspiels die *Mannschaftstaktik* bzw. das mannschaftstaktische Konzept, mit dem eine Mannschaft antritt. Dieses Konzept umfaßt alle Maßnahmen von Spielern und Trainer, mit denen eine Mannschaft erfolgreich spielen will (vgl. Thiess / Schnabel / Baumann 1980).
Die *Spieltaktik* ist ein taktischer Entwurf oder Plan für ein (spezielles) Spiel. Das *Spielsystem* bildet den Plan und die Spielform für die konkreten taktischen Handlungen. Mit Spielanlage bzw. *Spielkonzeptionen* sind die schöpferischen Entwürfe zu diesem vorgegebenen Plan gemeint; die Optionen sind die verschiedenen Ausstiegsmöglichkeiten. Das Spielsystem ist unterteilt in verschiedene Spielzüge, Aktionen, an denen zwei oder mehr Spieler (Spiel 2–2, 3–3) beteiligt sind. Das Spiel 1–1 wiederum bildet die Grundlage für komplexere Formen:

Spiel 1–1
|
Spielzüge (2–2, 3–3)
|
Spielsystem – Spielkonzeption/Optionen
|
Spieltaktik
|
Mannschaftstaktik/-konzept
|
Taktik
|
Strategie/Grundkonzept

4 Für das Taktiktraining der Sportspiele ist das *mannschaftstaktische Konzept* der zentrale Ausgangspunkt. Langfristig kann dieses Konzept nur Erfolg haben, wenn spiel- und wettkampfübergreifende Handlungspläne, z. B. auch pädagogische Zielsetzungen (vgl. Wooden 1980, 12ff, «Pyramid of Success») berücksichtigt werden. Des weiteren bedarf die Erarbeitung der gemeinsamen Ziele der Zustimmung aller – Spieler wie Trainer –, auch wenn der Trainer Verantwortlicher und Führer ist. Wie kann nun dieses taktische Konzept im Training geplant und im Wettkampf erfolgreich umgesetzt werden?
Zunächst hat das Taktiktraining für die Planung drei *Informationsquellen* (vgl. Hagedorn/Lorenz/Meseck 1984) heranzuziehen:
- allgemeine Anforderungen des Basketballspiels,
- Fähigkeiten der eigenen Spieler,
- Gegner und Gegnerverhalten.

Um dem Spielziel, dem optimalen Lösen von Spielsituationen nahe zu kommen, werden drei generelle, übergeordnete *strategische Prinzipien* genannt (Bunn 1939, zitiert nach Wooden 1980, 62):
- Den Gegner zwingen, dein Spiel zu spielen!
- Das tun, was der Gegner nicht von dir erwartet!
- Darauf vorbereitet sein, jeder Notsituation zu begegnen!

Im Weltbasketball gibt es etwa vier bis fünf Mannschaften, die in der Lage sind, ihr Spiel dem Gegner aufzuzwingen und durchzusetzen. Die ersten beiden Prinzipien müssen zwar als Ziel angestrebt werden, können aber kontinuierlich selbst im nationalen und regionalen Bereich nur langfristig erreicht werden. Aufgabe des Trainers sollte es aber sein, seine Mannschaft (entsprechend dem Leistungsstand der Spielklasse) so vorzubereiten, daß seine Spieler imstande sind, alle neuen Situationen in Angriff und Verteidigung (erfolgreich) zu bestehen, oder aber zumindest Kenntnisse zu haben, um von diesen nicht überrascht zu werden (vgl. Wooden 1980, 62). Ähnlich wie in Stress-Situationen muß es das Ziel sein, gelassen und mit innerer Ruhe (vgl. Tiwald 1981) zu handeln.

[5] Am Beispiel einer Mannschaft aus der Zweiten Bundesliga soll – entsprechend ihrer Leistungsfähigkeit und dem zu erwartenden Gegnerverhalten – gezeigt werden, worauf sie taktisch-strategisch vorbereitet sein sollte.

Eigene Strategie
- Grundverteidigungssystem: Mann-Mann-Verteidigung (MMV), dazu Mann-Mann-Presse (MMP) über Halb- und Ganzfeld,
- besonders am eigenen Korb kollektives Helfen in der Mitte; Doppeln bei direktem Block,
- Zonen-Presse als Überraschungseffekt,
- bestimmte Aufstellungen bei Sprungball und Einwurf,
- Angriffs-Grundaufstellung: Variationen des 1/4; daneben 1/2/2 und 1/3/1,
- Kombination von Blocken und Schneiden; besonders Blockspiel für gute Werfer,
- Spiel ohne festen Zenter, ohne Brettzenter,
- Schnellangriff bei jeder sich bietenden Gelegenheit,
- Systemspiel gegen Presse.

Gegner-Strategie
- Variierende Verteidigung: häufig 1/2/2- und 3/2-Zone wechselnd mit Mann-Mann-Verteidigung,
- Zonen-Presse als Überraschung,
- kombinierte Verteidigung gegen die besten Werfer,
- Doppeln in Spielfeldecken, an der Mittellinie,
- Stören des Eröffnungspasses zum Schnellangriff,
- Angriffsspiel über die langen Zenter,
- Spiel über die schwache Seite (1/1), «back door»,
- langsames, ballkontrollierendes Spiel,
- Stack- und 1/4-Angriff,
- aus starkem Defensivrebound: Schnellangriffe.

Gesamtstrategie
Ohne Probleme kann die Mannschaft mit ihrem stabil-flexiblen Konzept folgende taktisch-strategischen Pläne des Gegners beantworten: Zonen-Verteidigung, Zonen-Presse, Doppeln, Stören des Schnellangriffs, Spiel über schwache Seite «back door», Stack- und 1/4-Angriff.
Größere Flexibilität ist schon gegen extremes Ballkontrollieren nötig.
Probleme entstehen bei folgenden gegnerischen Handlungen, die eigenen

Pläne sind dann zu revidieren bzw. zu erweitern: ungewohnte kombinierte Verteidigung (z. B. Kasten-und-1), selbst kombinierte Verteidigung gegen überragenden Zenter, eigener Offensivrebound.

6 Im fließenden Übergang vom strategischen zum taktischen Bereich wird deutlich, daß es zum erfolgreichen Spiel einer Mannschaft zwingend gehört, einen eigenen *Spielstil* zu entwickeln. Dieser eigene Taktikstil ist der erste konkrete Schritt, neuen überraschenden Situationen gelassen entgegenzutreten und damit handlungsfähig zu bleiben. Jeder Trainer/Lehrer kann und muß sein eigenes Konzept (‹Philosophie›), seine eigene Taktik, sein eigenes Spielsystem für seine Mannschaft entwickeln. Dieses taktisch-strategische Vorgehen ist im Grunde das Geheimnis und der Erfolg amerikanischer Trainer. Jeder Trainer – und das ist eine große Chance – kann gewissermaßen machen, was er will (selbst Fehler werden mit der Zeit sein ‹System›), wenn er es nur konsequent macht (vgl. den erfolgreichsten amerikanischen Trainer: Wooden 1980, 149 ff). Jeder Trainer kann, wir alle sollten eigene Stile schaffen; so wie früher MTV Gießen (Kontinuum-Angriff), dann TUS 04 Leverkusen (1/2/2-Zonen-Presse), jetzt ASC Göttingen (Ballkontrollspiel) ihren Spielstil entwickelt haben.
Auch im Taktiktraining der Schule bieten sich diese Möglichkeiten. Denn der Lehrer, der die Schüler mit einer aggressiven Mann-Mann-Presse beginnen läßt, entwickelt einen anderen Spiel- und Taktikstil als derjenige, der mit einer Zonenverteidigung anfängt.
Mit der Erarbeitung eines eigenen Spielstils geht eine intellektuell-emotionale Entwicklung einher, wodurch eine besondere Stimmung und Einstellung erzeugt werden.

7 Erfolgreiches Taktiktraining muß in Planung und Durchführung die Prinzipien des *effizienten Handelns* (vgl. Volpert 1974, 41 ff) beachten. Diese sind insbesondere die zeitlich-räumliche Ordnung einer Handlung zur Erreichung des Spielzieles und das flexible Handeln auf der Grundlage dieser vorhandenen (variablen) Grundmuster. Um situationsgerecht und variabel handeln zu können, muß der Spieler auf *Alternativlösungen* zu-

Abb. 1: Prinzipien des effizienten Handelns im Sportspiel

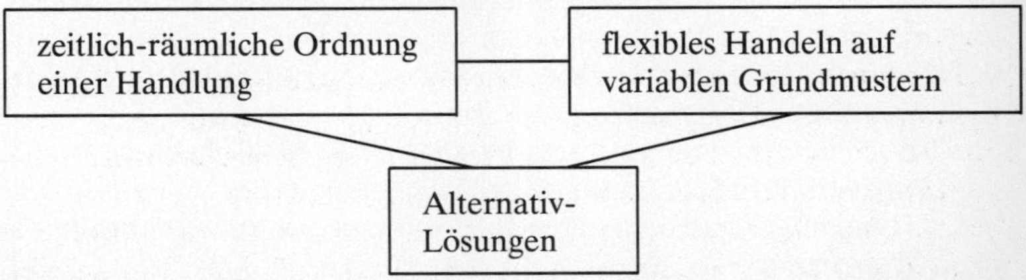

rückgreifen können. Ein wesentliches Kriterium des Taktiktrainings im Sportspiel muß daher lauten: *Sportspiel-Lernen durch Alternativlösungen.* Der zeitlich-räumliche Ablauf einer Spielhandlung wird durch ein Aktio- oder Interaktiogramm festgehalten. Das gedankliche Durchspielen (Antizipieren) der Grundmuster unter Berücksichtigung des Gegnerverhaltens macht deutlich, daß die Taktikpläne eine bestimmte Elastizität besitzen und für Lösungsalternativen offen sein müssen. Dadurch ist der Spieler in der Situation des *Entscheidungshandelns* in der Lage, an taktischen Plänen festzuhalten und dennoch zwischen mindestens zwei Lösungen (Alternative) entscheiden und situationsadäquat handeln zu können.
Für die drei verschiedenen Ebenen der Taktik, angefangen bei den einfachen techno-taktischen bis hin zu den komplexen 5–5-Handlungen, werden nachfolgend für taktische Spielfähigkeiten einige Trainingsbeispiele für alternative Lösungen gegeben. Diese entsprechen sowohl der Spielpraxis wie auch der Sachvermittlungslogik im Trainingsprozeß:

Individualtaktik:
Dribbeln: hoch oder tief; schnell oder langsam;
Passen: Brust- oder Überkopfpaß;
Werfen: Wurf oder Durchbruch;
Spiel 1–1: links oder rechts, innen oder außen vorbeigehen; eng oder sinkend decken.

Gruppentaktik:
Spiel 2–2: Partner- oder Raumhilfen; Schneiden-zum-Korb oder Schneiden-im-Rücken (back door); Abstreifen oder Wurfschirm; Über-den-Block-gehen oder Übernehmen;
Spiel 3–3: Gegenblock oder angetäuschter Gegenblock und Wegschneiden.

Mannschaftstaktik:
Spiel 5–5: Positionsangriff oder Schnellangriff; schnelles Spiel oder Verzögerungsspiel; Schneide-Angriff (Passen-und-Schneiden) oder Block-Angriff (Passen-und-Blocken) u. a.

Die hier beispielhaft gegebenen Spielsituationen und deren Alternativlösungen können von jedem Trainer/Lehrer je nach Spielkonzept und Taktik variiert und systematisiert werden. Alle taktischen Handlungen sollten dabei in Alternativlösungen aufgegliedert sein.
Die *Entscheidung* zwischen (mindestens) zwei Möglichkeiten ist die Grundlage variablen Spiels; um erfolgreich spielen zu können, müssen stets beide *Lösungen* gekannt, gelernt und beherrscht werden und somit alternativ zur Wahl stehen.

8 Sportliche Konzepte, besonders mannschaftstaktische, haben nur dann einen Sinn, wenn sie im Spiel oder Wettkampf angewandt und erprobt werden können. Training, speziell Taktiktraining, ist daher stets im Zusammenhang mit *Spiel* und *Wettkampf* (vgl. HAGEDORN 1981) zu sehen; das allerdings gilt genauso für die Schule und den Breitensport und ist nicht auf den Vereinssport beschränkt. Training im Sportspiel umfaßt alle Maßnahmen zur Optimierung des komplexen Spielkönnens; d. h. den Spieler leistungs- und handlungsfähiger zu machen, mit dem Ziel des optimalen Lösens von Spielsituationen. Ziel des Taktiktrainings im Sportspiel ist es, ein *mannschaftstaktisches Konzept* zu entwickeln, das den Spielern ermöglicht, auf der Grundlage stabiler Grundmuster (z. B. bestimmte Angriffs-, Verteidigungssysteme) flexibel und variabel zu handeln (vgl. HAHN 1984). Bei der Steuerung des Entscheidungshandelns unterscheidet HAGEDORN (vgl. bei 2.3) acht Vorgänge:
Situationen vorwegnehmen, wahrnehmen, schaffen,
Handlungsmöglichkeiten vergleichen,
Entscheidungen treffen, vollziehen,
Ergebnisse prüfen und
gegebenenfalls *Pläne* verändern (vgl. MAHLO 1965, 1966; KONZAG/KONZAG 1980).
Die genannten kognitiven Handlungsvorgänge müssen daher in die Übungs- und Spielformen des Taktiktrainings eingearbeitet und gelernt bzw. abgerufen werden. Neben einer Reihe verschiedener methodischer Mittel gilt es, besonders das Verfahren des «Freeze-replay» heranzuziehen (vgl. bei 3.7), wobei durch Unterbrechen der Übungs- und Spielpraxis verbale und visuelle Informationen über die gerade durchgeführte Spielhandlung ausgetauscht und nachvollzogen werden und nach optimalen Lösungen gesucht wird. Aufbauend auf taktischen Kenntnissen und alternativen Lösungen können die Wahrnehmungs- und Entscheidungsprozesse noch intensiver durch kognitiv-taktische Drills wie «Lesen-der-Verteidigung», «Wohin-hätte-ich-passen-können» oder «Drill-für-Mannschafts- und Raumbewußtsein» geschult werden (NIEDLICH/KRÜGER 1985).

Merke

- Spielkönnen bedeutet taktische Handlungsfähigkeit im Sportspiel; dabei hat das situative Entscheidungshandeln zentrale Bedeutung.
- Mit Taktik im Sportspiel sind alle individual-, gruppen-, und mannschaftstaktischen Maßnahmen zur optimalen Lösung einer Spielsituation gemeint.

- Das strategische Grundkonzept ist der Taktik übergeordnet.
- Das mannschaftstaktische Konzept ist der zentrale Ausgangspunkt für das Taktiktraining im Sportspiel.
- Bei der taktisch-strategischen Vorbereitung im Training muß das Gegnerverhalten einbezogen werden.
- Die Erarbeitung eines eigenen Spiel- bzw. Taktikstils ist der Schlüssel zum erfolgreichen Spiel.
- Situationsgerechtes und variables Handeln wird durch Alternativlösungen möglich.
- Die kognitive Dimension des Sportspiels erfordert es, Sprech-, Denk- und Vorstellungsprozesse in die Trainingspraxis einzubeziehen.

Literatur

193; **206**; **216**; **238**; **302**; **366**; **370**; **425**; **470**; **559**; **561**; **576**; **577**; **597**.

Gerhard J. Schmidt

8.3.6 Spielunterricht – Spieltraining

Schlagwörter

[1] Aufgabe der Schule: Sport erschließen, Erziehungspotenz nutzen: Selbständigkeit, soziales Verhalten; Aufgabe des Trainings: Sportliche Vervollkommnung, Leistungsförderung, Gesundheitserziehung; Leistungsmotiv, Freizeit- und Vitalitätswert, Hobby- und Freizeitsport, Breiten- und Wettkampfsport, Leistungs- und Hochleistungssport.

[2] Planungshilfen: Handlungsstruktur, Taxonomien, Anforderungsprofile, Stoffübersichten, Periodisierung, Curricula, Richtlinien, Stoffverteilungspläne (Lehrpläne).

[3] Planung von Training und Unterricht: Voraussetzungen klären (Gruppe, Lehrer/Trainer, Organisation), Ziele festlegen, Methoden diskutieren und methodische Entscheidungen treffen, Unterrichts- und Trainingsverlaufsplan, Nachbereitung.

[4] Durchführung: Organisation (Material, Arbeits- und Hilfsmittel, Organisationsform) und Leitung (Autoritäts-, Führungs- und Beratungsprinzip).

Erläuterungen

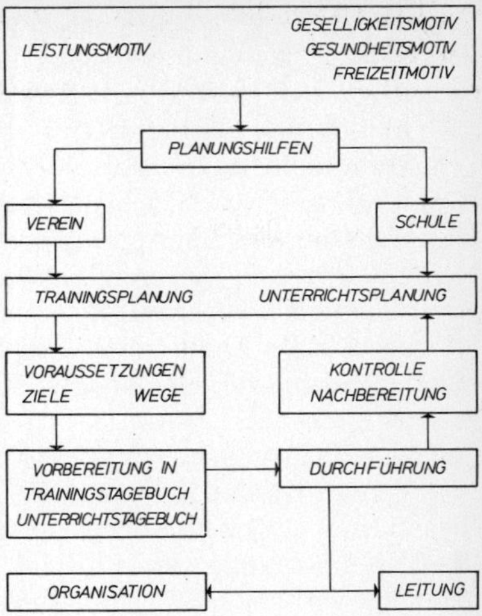

1 Eine Unterscheidung zwischen *Unterricht* und *Training* sollte nicht in einer voreiligen Zuordnung des Unterrichts zur Schule und des Trainings zum Verein bestehen. Die Entwicklungen im Schulsport mit der Einrichtung von Neigungs-, Leistungs- und Talentförderungsgruppen, mit der Einrichtung des Leistungsfachs Sport als viertes Abiturfach sowie das Bemühen, auch im Sportunterricht Trainingsprozesse im Sinne einer wünschenswerten biologischen Anpassung zu realisieren (vgl. Frey 1981), zeigen ebenso eine Wechselwirkung beider Bereiche wie die alte Erkenntnis, daß der Trainer auch Lehrer und Erzieher ist.
Unterschiede ergeben sich jedoch, wenn man die Zielsetzungen und die sich daraus ergebenden Inhalte, Stoffverteilungen und Gestaltungsweisen in Betracht zieht. Nach Hecker ist die erste *Aufgabe des Sportunterrichts,* dem Schüler «das Feld Sport zu erschließen» (Hecker 1979, 51). Die zweite Aufgabe sieht er in der Nutzung der allgemeinen Erziehungspotenz, die Emanzipationsperspektiven einschließt. So soll der Schüler Selbständigkeit, Originalität und Kreativität im Sport ebenso erreichen wie soziales Verhalten.
Aufgabe des Trainings ist «planmäßiges Üben unter leistungsfördernden Bedingungen» (Tscherne 1971, 70). Training wird als der nach wissenschaftlichen, insbesondere pädagogischen Prinzipien gelenkte Prozeß der sportlichen Vervollkommnung definiert, wobei durch «planmäßiges und systematisches Einwirken auf das Leistungsvermögen und die Leistungsbereitschaft» der «Sportler zu hohen und höchsten Leistungen» (Harre 1979, 14) geführt werden soll. Andere Definitionen betonen weniger die individuelle Höchstleistung (Letzelter 1978; Martin 1979), jedoch zeigt die Entwicklung, daß dieser leistungsorientierte Aspekt stärker in der Schule Eingang gefunden hat. Wenn das Feld Sport dem Schüler erschlossen werden soll, so muß auch die früher einmal vornehmlich dem Verein vorbehaltene Orientierung am Leistungssport ebenso möglich sein wie die nicht auf Leistungssport ausgerichtete Gesundheitserziehung, die auch (wenn auch weniger intensive) anders akzentuierte Trainingsprozesse erfordert.
So werden sowohl in der Schule als auch im Verein zwei grundlegende Mo-

tive bedeutsam: «Das eine beinhaltet das Streben nach Höchstleistung. Das andere Motiv bereitet die Schüler im sportpädagogischen Erziehungsfeld darauf vor, den Freizeit- und Vitalitätswert des Sports zu erleben und zu verinnerlichen ... Beide Motive sind gleich wichtig» (HELDT, 1974, 89). Schulsport und Unterricht als eine Organisationsform können also Training auch leistungssportlich orientiert beinhalten. Ebenso sind Verein und Training nicht mit Leistungssport gleichzusetzen. Vielmehr sind in beiden Bereichen Lern- und Anpassungsprozesse (Training), aber auch Ausgleich, Erprobung und zweckfreies Spielen möglich.

Sportspiellernen findet bereits vor der Schulzeit statt. Schule und Verein bemühen sich um systematisches Lernen, wobei als Felder sowohl *Freizeit-, Breiten-* und *Leistungssportbereich* zu gelten haben. Tabelle 1 ordnet die Aufgaben von Schule und Verein zeitlich zu.

In der Regel werden Sportunterricht und Vereinsarbeit in den ersten Jahren ein breit gefächertes spielerisches Angebot beinhalten und erst später (etwa ab 7. Schuljahr bzw. ab 10 Jahren im Verein) die Spezialisierung und die damit verbundene Leistungsbetonung anbieten. Eine zu frühe einseitige Ausrichtung auf Hochleistung birgt – in der Schule und im Verein – die Gefahren des körperlichen und psychischen Verschleißes. Es ist außerdem erwiesen, daß nur bei vielseitig ausgebildeten koordinativen Fähigkeiten später Höchstleistungen erreicht werden (vgl. LUDWIG/HIRTZ 1981). Jugendliche Hochleistungssportler erreichen zwar früher herausragende Leistungen, aber später nicht ihren individuell möglichen Leistungszenit, z. T. weil allgemeine koordinative Defizite weitere Verbesserungen nicht mehr zulassen, z. T. weil sie vorzeitig ihre Laufbahn abbrechen (vgl. FEIGE 1973, 1978).

Die Altersangaben im Modell stellen Erfahrungswerte dar, die für den Leistungssportler über Jahre einen systematischen Aufbau ermöglichen. Aber stets werden die Breiten- und Freizeitaspekte als mögliche Alternativen mitgesehen und angeboten. Außerdem kann – das Modell schließt das nicht

Tab. 1: Modell zum altersspezifischen Sportspieltreiben

Hobby- und Freizeitsportler Breiten- und Wettkampfsportler			
Anfänger	Fortgeschrittene	Leistungssportler	Hochleistungs-/ Spitzensportler
ab 6 Jahre vornehmlich 6–11 Jahre	ab ca. 10 Jahre vornehmlich 12–14 Jahre	ab ca. 15 Jahre vornehmlich 15–30 Jahre	ab ca. 18 Jahre vornehmlich 18–30 Jahre

aus – durchaus in späterem Alter mit dem Sportspiel begonnen werden. Sogar Erwachsene können beispielsweise durch das Mini-Basketball-Programm (vgl. HAGEDORN/SCHMIDT 1979) Spaß am Spiel finden und einen späten, trotzdem systematischen Aufbau erfahren, nur werden sie vermutlich nicht mehr zu Spitzenspielern heranreifen. Dafür sind auf breiter koordinativer Basis auch frühe Spezialerfahrungen erforderlich (vgl. KUHN 1977).

[2] Um konkrete Ziele zu setzen und zu inhaltlichen Zuordnungen zu gelangen, können folgende *Grundlagen* und *Hilfen* für die Planung genutzt werden:
- Handlungsstruktur des Sportspiels;
- Taxonomien oder Anforderungsprofile bzw. tabellarische Übersichten zum Stoffgebiet;
- Grundlagen der Periodisierung.

Diese Bereiche sind z. T. bereits eingeflossen in die im Schulbereich entwickelten Curricula, Richtlinien und Stoffverteilungspläne (Lehrpläne), die hier jedoch nicht näher untersucht werden können. Einige Hinweise sollen lediglich Orientierungshilfen geben:

- Die *Handlungsstruktur* (vgl. 2.3) ordnet die Bereiche Grundlagen, Fertigkeiten und Können übereinander (aufbauend) an. Das hat insbesondere bei der Analyse der Lernvoraussetzungen als Grundlage für die Anordnung der Lernschritte Bedeutung. So können beispielsweise höhere taktische Forderungen nur dann gestellt werden, wenn die Grundlagen und Fertigkeiten vorhanden sind.
- *Taxonomien* (vgl. die grundlegenden Arbeiten von FREY 1971 und KLAUER 1974 sowie für den Sport HECKER 1979 und HECKER/HÖLTER/KUHN 1977) haben den Vorteil, einen umfangreichen Überblick über Faktoren der (Spiel-)Leistung zu geben, die auch psychologische und soziale Phänomene einbeziehen. Sie fehlen noch für Basketball, entsprechen aber etwa den basketballspezifischen Anforderungsprofilen von HERCHER (1978, 142ff) oder Übersichten über das Stoffgebiet wie bei HAGEDORN (1968, 24–40). Die Analyse des Lehrgegenstandes führt hierbei jedoch eher zu einer Aufzählung nebeneinanderstehender Merkmalsgruppen und Inhalte. Im vorliegenden Buch können die Kapitel 4–6 einen Überblick über das Stoffgebiet Basketball geben; im Kapitel 3 werden darüber hinausgehend Grundlagen von Lern- und Trainingsprozessen dargestellt, die bereits Stoffgebiet und Handlungsstruktur verbinden.
- Durch die *Periodisierung* wird eine Stoffverteilung auf einzelne zeitliche Abschnitte vorgenommen (vgl. bei 8.3).

3 Die *Planung von Unterricht und Training* vollzieht sich in drei Stufen:
- Klärung der *Voraussetzungen,*
- Festlegung der *Ziele* (didaktische Ebene) und
- Suche nach den *Lehr- und Lernwegen* (methodische Ebene).

Die Planung wird mitbestimmt von den Ergebnissen der Durchführung, die kontrolliert werden müssen (Nachbesinnung) und zurückwirken auf die Voraussetzungen und die Art und Weise, wie Unterricht und Training durchgeführt werden müssen. Deshalb sollten alle drei Stufen der Planung schriftlich fixiert und mit den Ergebnissen der Kontrolle verglichen werden. Unterrichts- und Trainingsplanung soll die Unterrichts- bzw. Trainingsvoraussetzungen klären, die Zielsetzungen durchdenken und begründen, die Methoden und Wege zum Erreichen der Ziele entwickeln und damit die Zeit optimal nutzen helfen.

Bei der Übernahme einer Gruppe (Mannschaft, Klasse) und bei der Vorbereitung auf die nächste Saison müssen jene Voraussetzungen bedacht werden, die die *Gruppe,* den *Lehrer/Trainer* und *Schule/Verein* betreffen.

Bei der *Gruppe* sind wesentlich:
- Körperliche Voraussetzungen (z. B. Größe, Grundschnelligkeit, Reaktion, Ausdauer, Sprungkraft, allgemeine Konstitution),
- technische Voraussetzungen (z. B. Beidhändigkeit bei Wurf, Dribbel und Paß),
- taktische Voraussetzungen (z. B. Spiel 1–1: mit und ohne Ball, Täuschungen, Fußarbeit, Brettarbeit; Spiel 2–2: Grundbewegungen, Hilfen),

Abb. 1: Modell zur Unterrichts- und Trainingsplanung

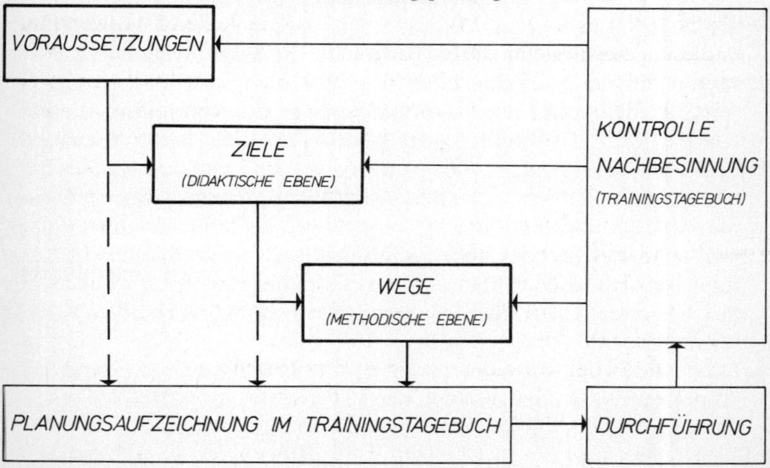

- psychische Voraussetzungen (z. B. Leistungswille, Lern- und Trainingsbereitschaft),
- soziale Voraussetzungen (z. B. Gruppenstruktur, Beruf, soziale Schicht).

Beim *Lehrer/Trainer* sind wesentliche Voraussetzungen:

- Führungsstil (sozial-integrativ oder autoritär),
- Fachkenntnis (Lernpsychologie, Trainingslehre, Stoffgebiet, Methodik),
- Spielkonzept (Angriff und Verteidigung, Wechseltechnik).

Bei *Schule/Verein* sind wesentliche Voraussetzungen:

- Ausstattung (Halle, Geräte, Kleidung),
- Organisation (Mitarbeiterstab, Trainings- und Spielbetrieb),
- Ziele (Ausgleichs-, Freizeit-, Leistungssport).

Die *Voraussetzungen* können sich auch von Trainingseinheit zu Trainingseinheit bzw. Unterrichtsstunde zu Unterrichtsstunde ändern, z. B. durch Lernfortschritte, durch Mißerfolge, durch Motivationsverluste, durch Spielverläufe etc. Diese Änderungen sind dann zu vermerken.

Auf der *didaktischen Ebene* werden konkrete Ziele gesetzt und Fragen der Stoffauswahl und der Zuordnung geklärt: Was soll wann und warum erarbeitet werden? Die didaktische Ebene beinhaltet somit auch Jahres-, Abschnitts- und Wochenplanung, also die Periodisierung des Trainings und Unterrichts. Die Klärung der Voraussetzungen ermöglicht langfristige Zielsetzungen, die sich stofflich aus der Kenntnis der Gruppe ableiten. Dabei lassen sich mit Hilfe der Handlungsstruktur *Teillernziele* entwickeln.

Nehmen wir als Beispiel eine Mannschaft, die in der Verteidigung Mängel zeigt: Hier müßte die langfristige Zielsetzung heißen: Verbesserung der Verteidigungsfertigkeiten und Hinführung zur kollektiven Anwendung. Über diesem Saisonthema dürfen natürlich nicht andere Ziele (z. B. Wurf, Angriff, erzieherische Ziele) vernachlässigt werden. Eine komplexe Tätigkeit wie die Verteidigung muß also anhand der Handlungsstruktur analysiert werden, damit Teilziele entwickelt und Lernschritte zugeordnet werden können.

Die Analyse der Teilziele legt fest und begründet, welche Grundlagen, Fertigkeiten, individuell-taktischen und gruppentaktischen Handlungen zu erarbeiten sind und welche pädagogischen und sozialen Komponenten dabei wirksam werden können (z. B. Selbsterziehung, Aufmerksamkeitsschulung, Partnerverhalten). Es wird damit eine Reihenfolge von Stoff- und Erziehungsschritten festgelegt.

Für das Beispiel der Verteidigungsarbeit könnte sich z. B. ergeben:

- Verbesserung von Grundschnelligkeit, Reaktion, Stoppen etc.,
- Verbesserung der Gleitschritt-Technik,
- Decken des Mann-mit-Ball vor, während und nach dem Dribbling, Er-

ziehung zur Aufmerksamkeit, Reaktionsbereitschaft und vorausplanenden Gegnerbeobachtung,
- Umschalten von Angriff auf die Verteidigung,
- Erarbeitung von Verteidigerhilfen (2–2, 3–3): Sprechen, Ausweichen etc.,
- Übertragung der verbesserten Grundfertigkeiten und Handlungsvoraussetzungen auf kollektive Systeme.

Die Teilziele werden nun zeitgerecht dem Jahres-, Abschnitts- und Wochenplan zugeordnet (vgl. bei 8.3). Als kleinste Zuordnungseinheit gilt die Unterrichts- bzw. Trainingsstunde, die außer den didaktischen Erörterungen vor allem pädagogisch-methodische Überlegungen verlangt.

Ziele sollten möglichst so formuliert sein, daß deutlich wird, wie ihr Erreichen gemessen werden kann (vgl. MAGER 1978). Allgemeine Zielformulierungen wie Kommunikationsfähigkeit, Kooperationsfähigkeit usw. bleiben ohne inhaltliche Präzisierung Leerformeln (vgl. BRODTMANN 1984, 38).

Die Frage nach den *Lehr-/Lernwegen* und *Methoden* lautet: Wie ist der Stoff zu gliedern, anzuordnen, darzubieten und/oder zu erarbeiten, damit die Ziele erreicht werden? Dabei ist zu berücksichtigen, daß Methoden immer auch die Lehrer-Schüler- und Athlet-Trainer-Beziehung beeinflussen, das Interaktionsgeschehen bestimmen, auf Emotionen, Motivation, Lernfähigkeit u. a. wirken und damit auch die Persönlichkeitsentwicklung beeinflussen (vgl. BRODTMANN 1984, 165f; vgl. bei 8.3.1).

Da oft mehrere Wege zum Ziel führen können, muß diese Frage präzisiert werden: Welche Wege gibt es, und warum wähle ich welchen Weg aus? Die Beantwortung setzt bereits voraus, daß der mit der Zielsetzung und -begründung hervorgehobene Stoffbereich hinsichtlich der Inhalte, Abläufe, Zusammenhänge und Fehlerquellen durchdrungen (diskutiert) ist und auch auf physiologische, medizinische, biologische, psychologische und soziale Aspekte hin abgeklärt ist (vgl. HAGEDORN 1968). Weiter ist zu beachten, daß zwischen dem Ziel und der Art der Vermittlung ein Zusammenhang besteht, und zwar dadurch, daß die Zielsetzung bestimmte methodische Maßnahmen zuläßt, andere jedoch ausschließt (vgl. BRETTSCHNEIDER 1975, 1976; BRODTMANN 1984, 37f). Schließlich sind organisatorische Möglichkeiten und Grenzen zu berücksichtigen.

Damit ergibt sich für die Umsetzung aller Überlegungen bis hin zum *Unterrichts-/Trainingsverlaufsplan* eine Reihenfolge von Schritten:

1. Beschreibung der Situation der Gruppe hinsichtlich des Lern-/Leistungsstandes und der psychologischen und sozialen Voraussetzungen und Ziele;
2. Diskussion des durch den Themenbereich umrissenen Stoffgebiets einschließlich der Probleme und Fehlerquellen im Spiel und beim Lernen sowie im pädagogisch-sozialen Bereich;

3. Präzise Formulierung der konkret angestrebten Ziele;
4. Diskussion möglicher Methoden und Begründung der Entscheidung für eine dieser Methoden;
5. Skizzierung der Unterrichts-/Trainingsschritte unter Angabe von: Zeit, Ziele, methodisch gegliederter Inhalt, Organisationsformen, Interaktion/Lehrerverhalten/Kommentar.

Die Unterrichts-/Trainingsplanung sollte schriftlich fixiert werden, ebenso wie die Nachbereitungen, da sonst zu vieles in Vergessenheit gerät. In den Verlaufsplan fließen bereits Überlegungen zur Durchführung ein, die jedoch noch näherer Erläuterungen bedürfen.

[4] Die *Durchführung* umfaßt Maßnahmen der Organisation und der Leitung, damit die zur Verfügung stehende Zeit und der Raum optimal genutzt werden.
Bei der Organisation sind zunächst die örtlichen Gegebenheiten zu berücksichtigen wie Hallengröße, Anzahl der Körbe und Bälle, Hilfsmittel etc. Geräte und Hilfsmittel müssen rechtzeitig in ausreichender Zahl bereitgestellt werden. So sollte für jeden Spieler ein Ball vorhanden sein, wenn individuelle Arbeit auf dem Programm steht. Notfalls sind Fuß-, Volley- oder Gymnastikbälle bei Anfängergruppen mit einzusetzen. Medizinbälle, Sprungseile, Stoppuhr, Zauberschnur und Klebestreifen sind weitere Trainingsgeräte bzw. Hilfsmittel. Um beim Spielen Verwechslungen und damit Uneffektivität zu vermeiden, sind Wechseltrikots oder Parteibänder erforderlich. Je nach Hallen- bzw. Außentemperatur ist auf ausreichend warme Trainingskleidung zu achten, um Verletzungen zu vermeiden. Gelegentlich sollte das Schuhwerk und bei gelenkschwachen Spielern die Bandagierung überprüft werden. Zur normalen Hallenausstattung gehören heute zumindest zwei Korbanlagen. Zusätzliche Übungsmöglichkeiten lassen sich an den Längswänden montieren (Übungsbretter oder höhenverstellbare Korbanlagen, vgl. HAGEDORN 1968).
Auch wenn Halle oder Freiplatz nicht ausreichend ausgestattet sind, kann selbst mit großen Gruppen effektiv gearbeitet werden, wenn Hilfsmittel wie Markierungen an den Hallenwänden als Ersatzziele geschaffen werden oder bei der Übungs- und Spielorganisation durch geeignete Formen der Raum optimal genutzt wird. So können z. B. in jedem Halbfeld 5–5 auf einen Korb spielen. Der Rest der Gruppe nutzt die Wartezeit durch Schiedsrichter- und Auswertungstätigkeiten, die den eigenen Lernprozeß intensivieren können. Das Training der Vereinsmannschaften ist in der Regel organisatorisch leichter zu gestalten, da gegenüber der Schulsituation die Teilnehmerzahl im allgemeinen kleiner ist. Organisation des Unterrichts/Trainings bedeutet, daß die Organisationsformen und Unterrichtsmittel angemessen eingesetzt werden. Es gibt folgende *Organisationsformen:*

- *Frontalarbeit:* Der Lehrende steht frontal vor der Klasse/Gruppe und stellt bestimmte Aufgaben (z. B. Dribbel am Ort, vorwärts, rückwärts) und kontrolliert dabei die gesamte Gruppe.
- *Gruppenarbeit:* Die Spieler werden in Gruppen aufgeteilt und erhalten eine bestimmte Aufgabe, die sie in selbständiger Arbeit zu lösen versuchen (z. B. 1–1 auf den Korb). Der Lehrende geht von Gruppe zu Gruppe, um zu beraten, zu helfen, zu korrigieren. Schließlich versammelt sich wieder die ganze Gruppe, um die Arbeitsergebnisse festzustellen.
- *Kreisbetrieb:* An verschiedenen Stationen sind bestimmte Übungen nach Zeit oder Anzahl durchzuführen. Jeder einzelne oder jede Gruppe durchläuft nacheinander alle Stationen. Die Ergebnisse sollten kontrollierbar sein und kontrolliert werden.
- *Individuelle Arbeit:* Jeder erhält eine bestimmte Aufgabe oder darf seinen Wünschen entsprechend üben und beschäftigt sich selbständig ohne Eingriffe des Lehrenden.

Die *Leitung* des Unterrichts/Trainings betrifft die Art und Weise, in der der Lehrende das Unterrichts-/Trainingsgeschehen steuert und wie er den Kontakt zur Gruppe gestaltet. Dazu muß der Lehrer/Trainer nicht nur mehrere Methoden der Stoffvermittlung beherrschen (vgl. bei 7.2, 7.3, 8.3.1 bis 8.3.5), sondern auch folgende Prinzipien dosiert einsetzen (HAGEDORN 1968):

- *Autoritätsprinzip:* Durch Pfiff, straffe Aufstellungsformen, knappe, klare Anweisungen und strenge Kontrollmaßnahmen beschränkt der Lehrende den organisatorischen und zeitlichen Aufwand auf ein Minimum. Ruhe und Gehorsam werden schnell erreicht. Nachteil ist die pädagogische Unfruchtbarkeit; denn Selbständigkeit, Initiative und offener Gedankenaustausch werden leicht verschüttet. Wenn aber ein Ziel schnell erreicht werden muß, wird der Lehrer/Trainer eher autoritär und straff führen müssen.
- *Führungsprinzip:* Es betont selbständige Arbeit in kleinen Gruppen, die offene Diskussion und strebt die Selbstkontrolle an. Auf gebundene Ordnungsformen wird weitgehend verzichtet.
- *Beratungsprinzip:* Der Lehrer/Trainer versteht sich als Helfer. Die Spieler müssen bereits eine zielbewußte, leistungsbereite und selbständige Arbeitshaltung haben. Sie denken in allen Fragen der Trainings- und Unterrichtsinhalte mit, gestalten und übernehmen Verantwortung. Sie sind notfalls in der Lage, auch ohne Lehrer/Trainer sinnvoll zu arbeiten.

Je nach Unterrichts- und Trainingssituation werden diese drei Prinzipien eingesetzt. Geht es um taktische Fragen, wird der Lehrer hauptsächlich führen, also gezielte Denkanstöße geben und die Diskussion suchen; denn nur durchdachte Taktik läßt sich verwirklichen. Werden Techniken erarbeitet, wird er beraten und führen, indem er Lösungswege suchen läßt und

seine Hilfe anbietet, aber rechtzeitig mit Korrekturen eingreift, um längere Umwege zu vermeiden. Auf längere Sicht wird nur dann eine gute Arbeitshaltung erreicht, wenn die Spieler zum Mitdenken, Vorstellen und selbständigen Arbeiten angeleitet werden. Autoritär oder besser straff und frontal muß der Lehrer/Trainer hauptsächlich leiten, wenn es um das Festigen von Techniken unter organischer Belastung geht oder um Konditionsarbeit. Der Lehrende muß selbst bei intensiver Betreuung von Teilgruppen stets den Überblick über die gesamte Gruppe behalten. Seine Beobachtungen müssen sich vor allem auf den Aktivitätsgrad der Spieler richten und durch rechtzeitigen Wechsel der Belastungsintensität oder Organisationsform Ermüdung und Überlastung einerseits und Langeweile und Leerlauf andererseits vermeiden. Auch die Spieler sollten lernen, sich selbst zu kontrollieren.
HAGEDORN (1968) empfiehlt zu diesem Zweck ein Trainingstagebuch, in dem die Trainingsvorgänge und Leistungen festgehalten werden. So kann z. B. nicht nur die Wurfleistung erfaßt werden, sondern auch das taktische Konzept aus dem Kopf aufgezeichnet und damit mental trainiert werden.

Merke

- Sportunterricht soll dem Schüler Sport erschließen und erzieherische, soziale und gesundheitliche Ziele beinhalten. Training zielt auf die biologische Anpassung und kann Leistungsgesichtspunkte betonen. Es kann somit auch im Sportunterricht stattfinden. Ebenso enthält Vereinstraining immer Lernen und Erziehung. Sportspiellernen als übergreifende Aufgabe soll auf breiter Basis und allgemein sportlicher Tätigkeit nicht zu früh zu einseitiger Spezialisierung und Betonung des Leistungsprinzips führen, aber günstige Reifungs- und Lernstadien nutzen.
- Planungshilfen sind durch die Kenntnis der Handlungsstruktur des Sportspiels sowie Taxonomien, Anforderungsprofile und Stoffübersichten, Curricula, Richtlinien und Stoffverteilungspläne (Lehrpläne) gegeben. Insbesondere für den Verein ergibt sich die Notwendigkeit der stofflichen Zuordnung zu bestimmten Zeitabschnitten (Periodisierung). Dabei werden Jahresplan, Saisonplan, Wochen- und Tagesplan unterschieden. Im schulischen Bereich bestehen durch die Stoffverteilungspläne weniger Möglichkeiten zu periodisieren.
- Planung von Training und Unterricht muß:
  - die Voraussetzungen klären, die durch die Gruppe im körperlich-

technisch-taktischen und psychisch-sozialen Bereich, den Lehrer/Trainer durch Führungsstil, Fachkenntnis und Spielkonzept sowie die organisatorischen Voraussetzungen wie Ausstattung und Helfer gegeben sind;
- lang-, mittel- und kurzfristige Ziele festlegen;
- auf der Basis einer fundierten Stoffanalyse methodische Entscheidungen treffen und begründen, die in die Skizzierung der Unterrichts- und Trainingsfolge einmündet.

- Die Durchführung umfaßt Maßnahmen der Organisation und der Leitung. Raum und Zeit müssen durch Geräte-, Medien- und Hilfsmittelbereitstellung optimal genutzt werden. Die Organisationsformen (Frontalarbeit, Gruppenarbeit, Kreisbetrieb, individuelle Arbeit) sind den Zielen und Inhalten entsprechend einzusetzen. Die Leitung erfolgt dementsprechend nach dem Autoritäts-, dem Führungs- und dem Beratungsprinzip.

Literatur

57; **58**; **66**; **126**; **127**; **137**; **138**; **173**; **210**; **222**; **227**; **236**; **237**; **238**; **249**; **281**; **326**; **345**; **370**; **568**; **621**; **624**.

Gerhard J. Schmidt / Bernd Schiefler

8.3.7 Medieneinsatz – Audiovisuelle Hilfen in Unterricht, Training und Wettkampf

Schlagwörter

[1] Arbeitshilfen, Anschauungsmittel, Einzelbilder, Tafelskizzen, Magnettafel, Bilder- und Zeichenserien, Filme, Arbeitsstreifen, Videorecorder.

[2] Verbale, akustische, visuelle und taktile Informationsvermittlung, audiovisuelle Unterrichtsmittel.

[3] Ziele und Wirkungsweisen: Motivation, Ausbildung der Bewegungsvorstellung, Bewegungskorrektur, Handlungsanalyse.

[4] Vorgabe von Handlungsplänen, Ökonomieprinzip, alles allen Sinnen,

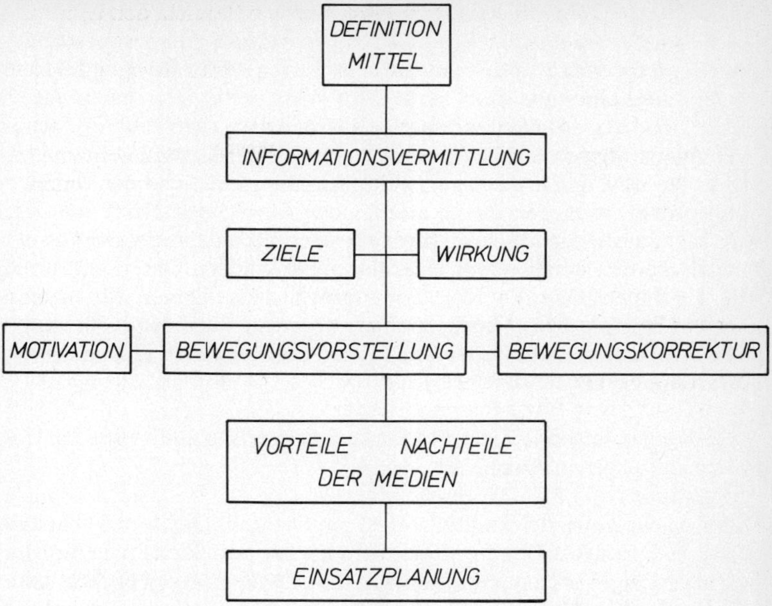

Vor- und Nachteil von Bilder- und Zeichenserien, Film, Ringfilm, Arbeitsstreifen, Videorecorder.

5 Einsatzplanung, Aufwand und Effekt; Vorgabe: Arbeitsstreifen; Rückmeldung: Videorecorder, Präsenzzeit, organisatorische Planung: gezielter Einsatz.

Erläuterungen

1 «Audiovisuelle Unterrichtsmittel sind auf Hören und Sehen bezogene *Arbeitshilfen* ... Sie dienen der methodischen Aufbereitung, der Verlebendigung und Vertiefung oder Erweiterung eines Lerngeschehens» (Brudny 1970, 86). Für Sportunterricht, Training und Wettkampf können Anschauungsmittel wie *Einzelbilder, Tafelskizzen, Magnettafel, Bilder- und Zeichenserien* (Diareihen), *Filme* (Lehr- und Dokumentationsfilme), *Arbeitsstreifen* (Ringfilme) und Fernsehtechniken (Schulfernsehen, *Videorecorder*) und als neueste Entwicklung das *interaktive Video,* eine Kombination aus Kleincomputer und Videorecorder (vgl. Freibichler/Steiner 1983, 6), genannt werden.

2 Es gibt vier Möglichkeiten der *Informationsvermittlung:* Die *verbale* (durch Worte), die *akustische* (durch Töne oder Laute), die *visuelle* (durch Sehen) und die *taktile* (durch Führen oder Fühlen). Obwohl der erfahrene Trainer oder Lehrer alle vier – meist sogar gekoppelt (Methodendusche) – benutzt, wird der visuellen Information allgemein nur durch Lehrer-/Schüler-Demonstration, vielleicht auch noch durch Tafelskizzen Rechnung getragen. Sie wird damit meist als zweitrangig angesehen und der verbalen nachgeordnet, weil z. B. die zu erlernenden Bewegungsabläufe mit dem Auge nicht ausreichend schnell und präzise erfaßt, analysiert und bewußt gemacht werden können. Mit Hilfe der audiovisuellen Unterrichtsmittel (z. B. Zeitlupenstudien) wird es nun möglich, dieses Sehen, Analysieren und Bewußtmachen zu entwickeln und zu verbessern und damit der visuellen Information zu mehr Bedeutung für den Lernprozeß zu verhelfen (vgl. DIETRICH 1972; HAGEDORN 1975).

3 Es können folgende Ziele und Wirkungsweisen der audiovisuellen Unterrichtsmittel genannt werden:

– *Motivation*

Audiovisuelle Unterrichtsmittel wirken motivierend. Die Lernzieldarstellung (z. B. Sprungwurf) sollte nicht unbedingt den perfekten Spitzenspieler für den Anfänger präsentieren, sondern das Ausgangsniveau berücksichtigen, damit der Könnensunterschied überwindbar und anspornend erscheint (vgl. DIETRICH 1971).

– Ausbildung der *Bewegungsvorstellung* und Vorgabe von *Handlungsplänen*

Die Qualität der Bewegungsausführung (Istwert) ist auch abhängig von der Qualität der vorausgegangenen Bewegungsdarstellung (Sollwert). Die visuelle Information (Vorgabe) vermittelt nur Teile der Bewegungsvorstellung, erst der Vollzug macht die Vorstellung verfügbar (DIETRICH 1971 und SCHNABEL 1968). Um so wichtiger ist es, daß bei der Sollwertvorgabe die Aufnahmekapazität des Lernenden nicht überlastet wird, sondern daß wesentliche Phasen und Elemente herausgehoben (z. B. Zeitlupe, Wiederholung) werden. Die visuelle Information in Form der Lehrer-/Schüler-Demonstration vollzieht sich im allgemeinen in der Realzeit der Bewegung und ist zwangsläufig nicht oder nur unzureichend akzentuiert. Viele Bewegungen laufen so schnell ab, daß sich beim Lernenden ein Sehen, Analysieren und Bewußtmachen nicht optimal entwickeln läßt.

Bilderserien, Film, Arbeitsstreifen und Videorecorder lassen sich für die Vorgabe (Darbietung des Lernziels und -wegs) nutzen. Auch in der Phase der Durchführung, die den Bewegungsvollzug des Lernenden verlangt, können die Medien zur Intensivierung eingeschaltet werden, indem zwischen einzelne Durchführungsphasen Anschauungsphasen geschaltet werden (vgl. KIRSCH 1972, 1974).

Im Rahmen der Wettkampfvorbereitung und des taktischen Lernens ist vor allem die Vorinformation über einen zukünftigen Gegner zu nennen. Film- oder Videomaterial kann die Handlungsweise des Gegners verdeutlichen, seine Spielsysteme, individuellen Muster, Stärken und Schwächen aufdekken. Damit wird eine bessere taktische Einstellung möglich.

– *Bewegungskorrektur und Handlungsanalyse*

Um Fehler sehen zu lernen, muß der Lernende eine Vorstellung von der Idealbewegung und der eigenen Ausführung haben und beide vergleichen können. Da die Rückmeldung über die eigene Bewegung durch visuelle (Selbstbeobachtung bei der Ausführung) bzw. kinästhetische Information (vgl. CRATTY 1975) nur unzureichend ist, wird für Korrektur ein Medium notwendig: der Lehrer, die Filmwiedergabe oder optimal der Videorecorder, der den Vollzug der Bewegung am schnellsten und objektivsten wiedergibt (Sofort- oder Direktinformation). Besonders günstig scheint dabei die Verbindung mit dem korrigierenden Lehrerkommentar.

Bei vielen Mannschaften ist die Spielnachbereitung mit Hilfe des Videorecorders (zukünftig vielleicht ‹Interaktives Video›) bereits gebräuchlich. Plan und Ausführung können verglichen, aus den Differenzen und Fehlern können wichtige Hinweise für das Training abgeleitet werden.

4 Für die Praxis der Arbeit mit audiovisuellen Mitteln sollte der Lehrer/Trainer bei der Vorgabe zu lernender Techniken und Handlungen, aber auch beim Korrigieren und Kontrollieren sowie bei der Unterrichts-/Trainingsorganisation nach dem *Ökonomieprinzip*, aber auch nach der alten Regel verfahren: «Alles allen Sinnen» (J. A. COMENIUS). Eine klare Tafelskizze ersetzt nicht, aber erleichtert und verkürzt zeitraubende Erklärungen und Anweisungen beim Probieren. Für Tafelskizzen gelten folgende Grundsätze:

- Sie sollten deutlich, sauber und ausreichend groß sein;
- die Symbole (Angreifer, Verteidiger, Lauf-, Paß- und Dribbelweg usw.) müssen einheitlich, Zusatzinformationen (z. B. Fußstellung) sachadäquat sein;
- räumliche Verhältnisse und Zeitabläufe müssen der Wirklichkeit entsprechen;
- sie dürfen nicht überlastet sein, d. h., lange taktische Abläufe sind in mehrere Tafelskizzen zu zerlegen.

Für die visuellen Unterrichts- und Trainingshilfen im engeren Sinne sind folgende Vor- und Nachteile zu nennen:

Medien	Vorteile	Nachteile
Bilder- und Zeichen- serien	Phasen der Bewegung und Fehlerquellen festhalten, Elemente herausarbeiten.	Gesamtablauf zerstückelt, Bewegungsvorstellung ist Voraussetzung für Verständnis, dynamische Aspekte werden unterschlagen.
Filme (Lehr- und Dokumentarfilme)	Gesamtablauf (Dynamik) erhalten, Einzelaspekte durch Zeitlupen oder Standbildschaltung.	Organisatorischer, zeitlicher Aufwand führt zur Trennung von Vorgabe, Durchführung und Kontrolle. Details erst herausarbeiten.
Ringfilm	Kurzfilm: 1 Bewegungsablauf kann beliebig oft wiederholt werden.	Technisch überholt.
Arbeits- streifen	Geschützt durch Kassettenprinzip, leicht zu bedienen, kurze Dauer, methodische Einheiten, finanziell tragbar, weiter ausbaufähig durch Tonträger (Basaltexte).	Spezielle Tageslichtprojektoren, sonst keine nennenswerten Nachteile.
Video- recorder	Objektive Vorgabe und Kontrolle (Selbstkontrolle), Sofortinformation über Eigentätigkeit, Einzelbild- und Zeitlupenschaltung je nach Gerät, Bänder können gelöscht werden. Unentbehrlich für Hochleistungstraining.	Hohe Kosten, technisch noch nicht ausgereift, empfindlich, großer materieller Aufwand, uneinheitliche Normen; organisatorisch schwieriger Einsatz.
Interaktives Video	Koppelung von Kleincomputer und Videorecorder bei der Aufnahme; auch nachträgliche Informationsgabe auf das Videoband; Auswertungen und gezielte Reproduktionen bestimmter Szenen.	Hohe Kosten, großer materieller Aufwand, spezielle Programmentwicklungen erforderlich, von der Güte des Analysesystems und Betrachterleistung abhängig.

5 Der Einsatz der verschiedenen Medien ist thema- und zielgebunden. Der organisatorische *Aufwand* ist mit dem zu erwartenden *Effekt* abzustimmen. Für die Vorgabe (Zieldarstellung) am günstigsten scheint der Arbeitsstreifen, für die Kontrolle der Videorecorder und eventuell das interaktive Video.

Wenn beim Bewegungslernen die Grobform gesichert ist, wird der Einsatz des Videorecorders zur Rückinformation sinnvoll. Es hat sich herausgestellt, daß mit zunehmender Bewegungserfahrung die Fähigkeit zur Selbstkorrektur steigt und die Bedeutung der Fremdkorrektur nachläßt (MEINEL/SCHNABEL 1976). Wie bei der Einführung ist bei der Korrektur zunächst auf die wichtigsten Bewegungsteile (Merkmale, Sequenzen) zu achten.

Daneben ist jedoch immer noch das Problem des Rückmeldungszeitpunktes zu beachten. Der herkömmliche Einsatz des Videorecorders, bei dem zunächst längere Zeit aufgenommen, dann zurückgespult und abgespielt wird, verstößt gegen die Erkenntnis, daß nur kurzfristige Rückmeldungen mit entsprechenden Bewegungsspuren verglichen werden können (vgl. KUHN 1981). Deshalb sollte der Vorgang zeitlich möglichst eng nach dem Vollzug, innerhalb der psychischen *Präsenzzeit* (vgl. DIETRICH 1971) sichtbar gemacht werden (zwischen 5 und 30 Sekunden nach der Ausführung). Dazu sind jedoch Spezialrecorder oder zwei aneinander gekoppelte Recorder erforderlich (vgl. FECHT/PERNER 1975).

Beim Einsatz eines Videorecorders ist zu bedenken, daß er eine besondere organisatorische *Planung* erfordert. Er kann den Lehrer/Trainer zwar nicht ersetzen, ihn aber bei gezieltem Einsatz in wichtigen Funktionen unterstützen. Unverzichtbar ist die Handlungsanalyse mit Hilfe des Videorecorders heute bereits für die Spitzenmannschaften.

Merke

- Audiovisuelle Unterrichtsmittel sind auf Hören und Sehen bezogene Arbeitshilfen. Dazu gehören einfache Anschauungsmittel (Einzelbilder, Tafelskizze, Magnettafel), Bilder- und Zeichenserien, Film, Arbeitsstreifen und Videorecorder.
- Die visuelle Information wird durch audiovisuelle Unterrichtsmittel wesentlich verbessert und intensiviert damit den Lern- und Trainingsprozeß!
- Die ausiovisuellen Unterrichtsmittel wirken und zielen besonders auf Motivation, Ausbildung der Bewegungsvorstellung und Bewegungskorrektur.

- Audiovisuelle Hilfen einfacher Art (Einzelbilder, Tafelskizzen, Magnettafel) werden für Erklärungen und Anweisungen (Organisation) eingesetzt. Bilder- und Zeichenserien, Filme und Arbeitsstreifen werden bei der Vorgabe eingesetzt, der Videorecorder bei der Kontrolle. Vor- und Nachteile jedes Mediums sind zu beachten. Aufwand und Effekt sind abzustimmen.

Literatur

67; **84**; **100**; **124**; **136**; **185**; **277**; **278**; **377**; **637**.

Dieter Steinhöfer

8.3.8 Tests im Basketball

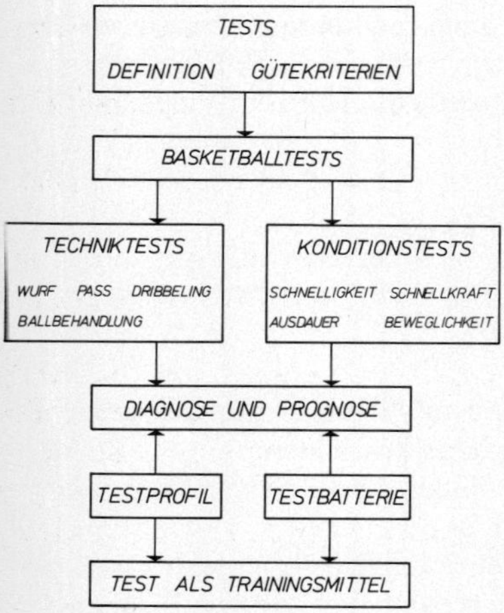

Schlagwörter

1 Bedeutung von Tests: Individuelle Dimension; Tests, Spiel- bzw. Spielerbeobachtung.

2 Definition und Gütekriterien: Standardisierung; Haupt- und Nebengütekriterien.

3 Stand der Forschung: Anforderungen an Gültigkeit und Normierung; Schwerpunkte; Testprofile und Testbatterien.

4 Ausgewählte Basketballtests: Techniktests, Konditionstests.

5 Folgerungen für die Praxis: Leistungsdiagnose und -prognose; Querschnitts- und Längsschnittsuntersuchung; Tests im Training.

Erläuterungen

[1] Die Leistung im Basketballspiel setzt sich aus unterschiedlichen Komponenten zusammen (z. B. Technik, Taktik, Kondition, psychische Einstellung). Basketballtests erfassen Einzelleistungen (*individuelle Dimension*) der Spieler und hier vorwiegend die Komponenten *Technik* und *Kondition,* weniger hingegen Taktik und psychische Einstellung. Die Leistung wird nicht direkt im Spiel ermittelt, sondern indirekt in einer laborähnlichen Übungs- bzw. Trainingssituation.
Tests reichen als alleinige Form der Spielleistungsüberprüfung nicht aus, sie sollten durch systematische *Spiel-* bzw. *Spielerbeobachtung* ergänzt werden.

[2] Umgangssprachlich werden unterschiedlichste Verfahren der Leistungsüberprüfung als *Tests* bezeichnet. Dies ist irreführend. Tatsächlich müssen Tests, d. h. auch Tests im Basketball, genau festgelegten Kriterien entsprechen. In Anlehnung von LIENERT (1969, 7) sind sportmotorische Tests definiert als wissenschaftliche Prüfverfahren zur Untersuchung sportmotorischer Merkmale, die unter standardisierten Bedingungen ablaufen und das Ziel haben, möglichst genaue (quantitative) Aussagen über den relativen Grad der Merkmalsausprägung zu machen.
Diese Definition beinhaltet, daß Tests

- *standardisierten,* d. h. exakt festgelegten und reproduzierbaren Bedingungen genügen müssen (z. B. genaue Testbeschreibung, gleicher Testaufbau);
- *abgrenzbare Merkmale* erfassen (z. B. Sprungkraft, Wurfgenauigkeit oder Dribbelfähigkeit);
- möglichst *quantitative Meßergebnisse* gewährleisten sollen (z. B. Häufigkeiten, Entfernungs- und Zeitangaben);
- eine *Einordnung* der individuellen Testresultate in die Ergebnisse von Bezugsgruppen ermöglichen sollen (Vergleich mit anderen Testgruppen oder Testpersonen).

Weitere wissenschaftliche Kriterien für die Brauchbarkeit von Tests sind die Hauptgütekriterien *Objektivität, Reliabilität* und *Validität* sowie die Nebengütekriterien Normierung, Vergleichbarkeit, Ökonomie und Nützlichkeit (LIENERT 1969, 11–21).
Objektivität: Grad der Unabhängigkeit der Meßergebnisse vom Untersucher und von den Testbedingungen.
Reliabilität: Genauigkeit, mit der ein Merkmal gemessen wird, und zwar unabhängig davon, ob man dieses Merkmal zu messen beansprucht.
Validität: Gültigkeit einer Leistungsmessung, d. h. die Genauigkeit, mit der ein Merkmal oder eine Verhaltensweise gemessen wird, die das Meßverfahren zu messen beansprucht.

Normierung: Vorhandensein von Angaben über die Leistungsmessung, die es ermöglichen, die Ergebnisse in ein Bezugssystem (z. B. Punktwerttabelle) einzuordnen.

3 In den vergangenen 50 Jahren und verstärkt in den letzten 15 Jahren wurden ausgehend von den USA Testverfahren für die Leistungsmessung im Basketball entwickelt. Leider genügten diese Basketballtests in den seltensten Fällen den wissenschaftlichen Anforderungen und waren somit nur bedingt aussagekräftig. Insbesondere die Gültigkeit (Validität) der Testverfahren wurde nur selten empirisch nachgewiesen (z. B. bei FREYTAG/MITTERBAUER 1980).
Normierte Basketballtests, bei denen die Normwerte (Punktwerte) für die jeweilige Testleistung experimentell ermittelt wurden, liegen in der deutschsprachigen Literatur bisher nur bei STEINHÖFER (1981; 1983) vor.
Nach kritischer Durchsicht der bisher veröffentlichten Basketballtests stellen wir hier einige typische Tests zusammen, die sich in der Praxis bewährt haben. Als Schwerpunkte werden *Technik* und *Kondition* herausgegriffen.
Genaue Testbeschreibungen und Standardisierungsbedingungen können aus Platzgründen nicht angegeben werden; sie sollten – soweit vorhanden – z. B. aus STÜBLER (1966, 502–505), HAGEDORN (1968b, 125–127), KYRIASOGLOU (1971, 108–115), KUHN/HEINY (1974, 111–118), SIEBENHAAR (in RAPP/SCHODER 1977, 105–113), DELTOW/HERCHER/KONZAG (1978, 168 bis 173), FREYTAG/MITTERBAUER (1980, 257–263), STEINHÖFER (1981, 125 bis 256 und 1983, 31–69), PAUWELS (1979, 183–216) und BÖS (1982) übernommen werden.
Techniktests überprüfen wesentliche technomotorische Komponenten des Basketballspiels in Angriff und Verteidigung, d. h. die in der Spielpraxis erprobten und bewährten Lösungen der basketballspezifischen Bewegungsaufgaben.
Konditionstests in unserem Sinn überprüfen sowohl allgemeine als auch spezielle konditionelle Grundlagen, die für Basketballer wichtig sind, z. B. allgemeine Ausdauer, spezielle Ausdauer, Sprungkraft, Antrittsschnelligkeit, Reaktionsschnelligkeit und Gewandtheit.
Da einzelne Tests stets nur begrenzte Faktoren der komplexen Spielleistung erfassen, werden meist mehrere Tests zu einem *Testprofil* (Kombination selbständiger Einzeltests) oder einer *Testbatterie* (additive Zusammenstellung von Einzeltests zu einem neuen Merkmal oder Merkmalskomplex) zusammengefaßt (LIENERT 1969, 366–382).

4 Ausgewählte Basketballtests
Im folgenden werden einige Tests zur Technik- und Konditionsschulung vorgestellt.

Techniktests

Testübung	Wertung	Hauptkriterien
1. Korbleger von rechts und links nach Dribbling um Wendemarken (Abb. 1 [4], S. 375)	Anzahl der Treffer in 1 Minute	schnelles Dribbeln und sicherer Korbleger
2. Stand- bzw. Sprungwürfe aus unmittelbarer Korbnähe im Wechsel von rechts und links	Anzahl der Treffer in 30 Sekunden	Treffsicherheit aus Nahdistanz
3. Stand- bzw. Sprungwürfe außerhalb der Zone (evtl. verkürzte Zone)	Anzahl der Treffer in 1 Minute	Treffsicherheit aus mittlerer Distanz
4. 20 Freiwürfe (ohne Zeitbegrenzung)	Anzahl der Treffer (evtl. auch der Ringberührungen)	Treffsicherheit aus Freiwurfdistanz
5. Brust- und Überkopfpässe gegen die Wand in Zielquadrate (Abstand: 2,50 m Ziele: 40 × 40 cm)	Anzahl der Pässe im Ziel in 30 Sekunden	Schnelligkeit und Genauigkeit beim Passen
6. 20 Brustpässe in Zielkreise (Abstand: 5 m)	Anzahl der erzielten Punkte	Paßgenauigkeit aus mittlerer Entfernung
7. Slalomdribbeln um 5 Stangen mit Handwechsel (Abstand: 2,50 m)	Anzahl der umdribbelten Stangen in 1 Minute	Schnelligkeit und Sicherheit beim Dribbeln mit Richtungsänderungen
8. Dribbeln mit Handwechsel um Hindernisse bei vorgegebener Strecke	Zeit in Sekunden	komplexe Ballbeherrschung beim schnellen Dribbeln
9. Achterkreisen mit Ball um und durch die gespreizten Beine	Anzahl der Handumsetzungen in 1 Minute	Ballbehandlung
10. Dribbeln um den Körper auf der Stelle	Anzahl der Umkreisungen in 30 Sekunden	Dribbelfertigkeit, Ballbehandlung

Konditionstests

Testübung	Wertung	Hauptkriterien
1. Beidbeiniger Hochsprung aus dem Stand (jump and reach)	Differenz zwischen Sprunghöhe und Reichhöhe	vertikale Sprungkraft
2. Dreierhopp bzw. Fünferhopp mit rechts und links (aneinandergereihte Hüpfsprünge)	Sprungweite rechts und links	horizontale Sprungkraft
3. Zick-Zack-Lauf	Zeit in Zehntelsekunden	Beschleunigungs- und Sprintschnelligkeit
4. Linienlauf mit Richtungswechsel (Pendellauf Abb. 1 [6], S. 375)	Zeit in Zehntelsekunden	s. 3 und Sprintausdauer
5. Gleiten in Verteidigungsgrundhaltung zwischen 3 kleinen Kästen im Dreieck (Abstand 4 m)	Anzahl der Kastenberührungen in 30 Sekunden	Schnelligkeit bei Gleitschritten
6. Aufrichten aus der Rückenlage (sit ups)	Anzahl der Wiederholungen in 30 Sekunden	Schnellkraft der Rumpfmuskulatur, Beweglichkeit
7. Liegestütze (nur bei richtiger Ausführung sinnvoll)	Anzahl der Liegestütze in 20 Sekunden	Schnellkraft der Arme
8. 1-Minuten-Lauf zwischen den Grundlinien des Basketballfeldes	zurückgelegte Strecke in 2 Minuten	allgemeine aerobe und anaerobe Ausdauer
9. 12-Minuten-Lauf auf der Laufbahn (Cooper-Test)	zurückgelegte Strecke in 12 Minuten	allgemeine aerobe Ausdauer

5 Folgerungen für die Praxis

Die aufgeführten Testübungen haben einen verhältnismäßig großen Geltungsbereich, d. h., sie sind für mittelmäßige und gute Basketballspieler und -spielerinnen unterschiedlichen Alters anwendbar. Für Anfänger allerdings sind einige Tests – vornehmlich Techniktests – ungeeignet, weil sie zu schwierig sind.
Alle Tests können zur Bestimmung des gegenwärtigen Leistungszustandes (*Leistungsdiagnose*) eingesetzt werden, und zwar sowohl in einmaligen Querschnittsuntersuchungen als auch in wiederholten Längsschnittsuntersuchungen. Besonders aussagekräftig sind Tests, wenn sie trainingsbegleitend in festgelegten Abständen (z. B. vierteljährlich) zur Ermittlung der Leistungsentwicklung durchgeführt werden. Umstritten ist bis heute die Aussagekraft von Basketballtests zur Leistungsvoraussage (*Prognose*) z. B. zur Bestimmung der Eignung oder des sportlichen Talents.
Viele Testübungen lassen sich zusätzlich auch als Trainingsübungen zur Verbesserung technischer oder konditioneller Leistungsmerkmale einsetzen. Hier bietet sich z. B. die Anwendung in der Organisationsform des Circuittrainings an (vgl. bei 8.3.4).

Merke

- Basketballtests überprüfen nur individuelle Komponenten der Spielleistung.
- Erfaßt werden vornehmlich basketballspezifische technomotorische und konditionelle Leistungsfaktoren.
- Aussagekräftige Testverfahren müssen wissenschaftlichen Ansprüchen genügen.
- Basketballtests dienen vorwiegend der Leistungsdiagnose, weniger der Prognose.
- Im Basketball ist die Aussagekraft einer Testbatterie größer als die von Einzeltests.
- Basketballtests können zusätzlich als Trainingsmittel eingesetzt werden.

Literatur

44; 97; 139; 173; 327; 332; 346; 436; 449; 538; 540; 548.

Günter Hagedorn

8.4 Wettkampflenkung

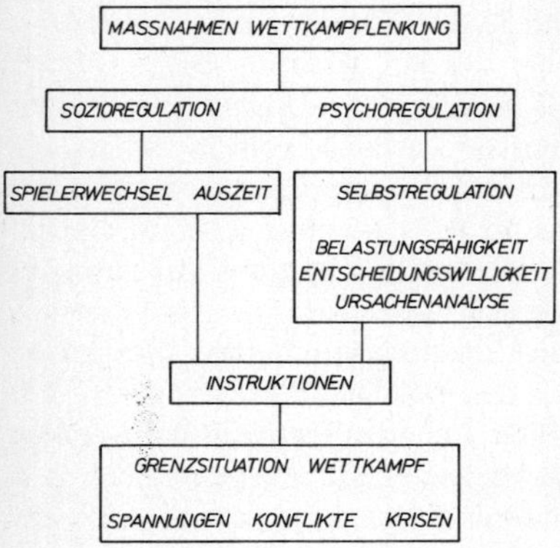

Schlagwörter

1 Wettkampflenkung: Stabilisierung, Destabilisierung; Maßnahmen: Sozioregulation/-Desorganisation, Psychoregulation/-Irritation.

2 Gruppenprozesse, Einzelspieler-Verhalten; sozioregulative Maßnahmen; Spielerwechsel, Auszeit.

3 Spielerwechsel: Zeitpunkt, Begründung, Spielposition, Häufigkeit, Zahl, Folgen, Zufriedenheit.

4 Auszeiten: Spielfluß, Ritus.

5 Psychoregulation; Psycho-Puls; Selbstregulation; Übertragung/Projektion; Belastungsfähigkeit, Entscheidungswilligkeit, Ursachenanalyse.

6 Zeitstruktur; Instruktionen, Lob, Tadel; Eigenlenkung, Selbstbefehle, mentales Training.

7 Grenzsituation Wettkampf: Spannungen (muskulär, psychisch, sozial), Konflikte (Erwartungshaltung, Spielerfolg), Krisen.

Erläuterungen

1 Basketball bietet dem Trainer (Coach) und den Spielern unterschiedliche Möglichkeiten zur Lenkung des Wettkampfes. Der gegnerische Widerstand im Wettkampf zwingt oft zu unfreiwilligen Änderungen des taktischen Spielkonzepts. Wettkampflenkung stellt somit den fortgesetzten, planmäßigen Versuch von Trainern und Spielern dar, Spielverhalten und -handeln gezielt im Sinne der eigenen Spielerwartung (Erfolgsgewißheit, Leistungsoptimierung) zu beeinflussen. Beeinflußt werden deshalb sowohl das eigene Verhalten und Handeln im Sinne einer Stabilisierung (gegenüber Störungen und unvorhersehbaren Zufällen) als auch das gegnerische Verhalten und Handeln im Sinne einer Destabilisierung (durch erlaubte Störungen und Überraschungen). Diese Maßnahmen sind zwar gegenläufig, bedingen sich aber zugleich auch wechselseitig.
Dies unterscheidet letztlich die *Wettkampflenkung* von der *Trainingssteuerung*. Zudem müssen Teile der Außensteuerung des Trainers auf die Spieler

übertragen werden, damit sie ihr eigenes Verhalten kontrollieren und eigenverantwortlich spieltaktisch entscheiden und handeln können. Die Lenkungsmittel und Lenkungshilfen beziehen sich (positiv) auf die eigene Mannschaft und (negativ) auf die Gegenmannschaft. Sie sind ferner an der Gruppenstruktur und am einzelnen orientiert, deren positive Maßnahmen als *Sozio- und Psychoregulation,* deren störend-negative als *Sozio-Desorganisation* und *Psycho-Irritation* bezeichnet werden können. Abbildung 1 liefert dazu ein Schaubild.
Im Schaubild nicht erfaßt wurden Lenkungsmaßnahmen für oder gegen die Schiedsrichter, das Kampfgericht, die Zuschauer (hinsichtlich der Schiedsrichter vgl. bei 9.2; 9.3). Die Zuschauer werden als eigener Anhang durch eine dynamische Spielauffassung, durch gemeinsame Gesänge/‹Schlachtruf›, durch gezielte Gesten von Spielern und Trainer stimuliert (vgl. bei 3.9). Gegnerische Zuschauer werden ‹ausgekühlt› durch freundschaftliche Gesten und ein Spiel, das die Stärken der Gegenmannschaft nicht zur Entfaltung kommen läßt. Manchmal demoralisieren Zuschauer gezielt einen Spieler oder eine Mannschaft. Hier könnte dann der Trainer provokativ eine Übertragung der aggressiven Spannung auf sich herbeiführen und damit Spieler und Mannschaft zumindest teilweise vom Druck entlasten. Sein Mittel ist hier die Körpersprache.

2 Wir wollen zunächst die positive Wettkampflenkung der eigenen Mannschaft diskutieren. Grundsätzlich beeinflussen *Gruppenprozesse* auch im Wettkampf das *Einzelspieler-Verhalten*; mannschaftliche Desorganisation kann einzelne Spieler verunsichern, bis hin zur Spiel- und Leistungsunfähigkeit. Andererseits verbreitet manchmal ein einziger Spieler, zur falschen Zeit eingewechselt, den Bazillus Desorganisation. Deshalb

Abb. 1: Maßnahmen der Wettkampflenkung durch Trainer und Spieler einer Mannschaft

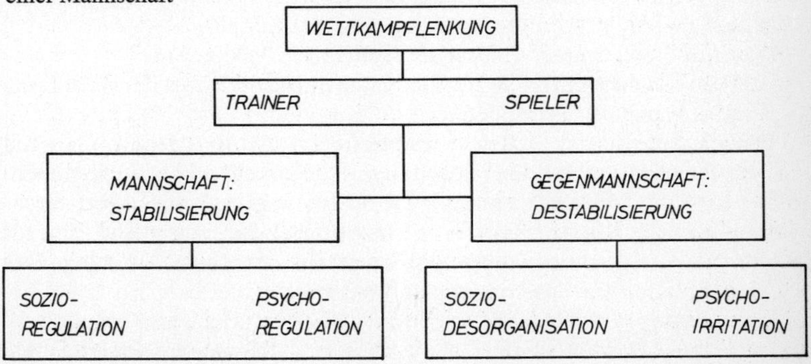

wirken Maßnahmen der Sozioregulation auch psychoregulativ und umgekehrt.
Grundlagen der Gruppendynamik werden bei 3.9 erarbeitet. Sie verweisen auf die *sozioregulativen Lenkungsmaßnahmen* im Wettkampf. Sie beginnen im Vorfeld des Wettkampfes mit der Entwicklung von Standards hinsichtlich

- der Aufgaben- und Rollenverteilung (vgl. bei 3.8),
- der startenden ersten Fünf und des (geplanten) Spielerwechsels,
- dem zeitlichen und organisatorischen Ablauf der Vorbereitungen und der Anreise (vgl. bei 8.3);
- der gemeinsamen Aufwärmung (vgl. bei 3.5; 8.3);
- der Vorstellung, der letzten Begrüßung, der Vorbereitung der startenden ersten Fünf,
- der Einstimmung der ersten Fünf durch die Bank (Auswechselspieler) und Trainer.

Diesen planmäßigen Abläufen stehen Maßnahmen gegenüber, die stärker vom Spielverlauf und situativen Ereignissen bestimmt werden. Die bedeutsamsten sind der *Spielerwechsel* und die *Auszeit*. An diesen Maßnahmen erweist sich in der Regel die Fähigkeit des Trainers (Betreuers, Coachs), die eigene Mannschaft gruppendynamisch richtig einzuschätzen und die Absichten der Gegenmannschaft rechtzeitig zu durchkreuzen.

3 Die insgesamt schwierigste und taktisch bedeutsamste Maßnahme des Trainers dürfte der Spielerwechsel sein. Sie ist auch wohl deshalb vielfach untersucht worden (Hagedorn 1972b, 1973b; Bergmann 1978; Herrig 1978; Eberstadt 1980; Hesse 1980; Wagner 1984; Zehl 1980). Dabei wurden folgende Fragen gestellt:

- Wann wechselt der Trainer am besten? (Zeitpunkt)
- Warum wechselt der Trainer aus? (Begründung)
- Wen wechselt er gegen wen? (Person; Spielposition)
- Wie oft wird gewechselt? (Häufigkeit)
- Wie viele Spieler werden zugleich gewechselt? (Zahl)
- Beeinflußt der Spielerwechsel den Spielerfolg? (Folgen)
- Wirken Spielerwechsel auf Gruppendynamik und Einstellung der Spieler/Bankspieler? (Zufriedenheit)

Wir wollen einige der vielleicht wichtigsten Antworten geben. Generell neigen Trainer dazu, beide Halbzeiten mit der gleichen Fünf zu beginnen. Selten sind die Wechsel-Hektiker – sie dürften eigene Spannungen abreagieren – und die Wechsel-Statiker; sie favorisieren die eingespielte Fünf auf Kosten der Bankspieler oder leiden unter Entscheidungshemmung. Das Gros nationaler und internationaler Trainer zeigt bei den drei Spiel-Erfolgstendenzen (Gleichstand, Vorsprung, Rückstand) ein ähnliches Wechselverhalten. Das Gros neigt am stärksten zu Wechselmaßnahmen bei

Rückstand-Tendenz, obwohl Wechselmaßnahmen die jeweilige Spieltendenz eher zu verstärken scheinen. Offenbar hat die Wechselstrategie «Never change a winning team» viele Anhänger unter den Trainern.
Trainer scheinen oftmals eher psychoregulativ eigene Spannungen durch Wechsel abzubauen als die Gruppenprozesse sozioregulativ zu optimieren. Daneben gelten Ermüdung, Störung der mannschaftlichen Harmonie und taktische Maßnahmen als Gründe.
Dabei wird generell nach Spielpositionen (Aufbau–Aufbau, Flügel–Flügel, Zenter–Zenter), manchmal auch aufgrund eines neuen taktischen Konzeptes (aggressive Verteidigung = kleinere, schnelle Spieler) gewechselt.
Pro Spiel wird 7–16mal, in der ersten Halbzeit häufiger als in der zweiten und generell am häufigsten in einem zeitlichen Abstand von drei Minuten ein Spieler durch einen anderen ersetzt.
Die überwältigende Mehrheit sind Einer-Wechsel (85 Prozent), gefolgt von erheblich selteneren Zweier-Wechseln (12 Prozent). Alle anderen Wechsel sind nur in besonderen Spielsituationen (hohe Führung, extremer Rückstand) beobachtbar oder stellen Wechselexperimente dar.
Dabei muß insgesamt vermutet werden, daß weder die Wechselhäufigkeit oder die Spieltendenz noch der zeitliche Abstand der Wechsel einen nachweisbaren Einfluß auf den Spielerfolg haben. Wichtiger als alle Statistik scheinen die Übereinstimmung zwischen Spielkonzept und Wechselstrategie und die Konsequenz zu sein, mit der die Wechselstrategie durchgesetzt und durchgehalten wird. Aggressive Verteidigung geht ein erhöhtes Foul- und Ermüdungsrisiko ein; hier wird häufiger zu wechseln sein als bei defensiver Auffassung.
Zufriedenheit mit dem Spielerwechsel ist sicherlich auch abhängig von solcher Konsequenz; Spielerinnen und Spieler stellen ihre eigenen Erwartungen allmählich auf diese Erfahrung ab. Zufriedenheit hängt aber stets auch mit der Motivationstendenz und der Fähigkeit zusammen, aus Spielersicht die eigene, aus Sicht des Trainers die fremde Leistungsfähigkeit angemessen einzuschätzen (vgl. bei 3.8).
Alles in allem stellt der Spielerwechsel die wichtigste Lenkungsmaßnahme des Trainers dar. Denn er verteilt mit ihr das ‹Honorar› Spielzeit, das Erlebnis Wettkampf und das ‹Handgeld› öffentliche Präsentation. Dahinter drängen sich, zumindest im Spitzensport, die Vettern und Basen Sympathie, Prestige, Marktwert und Handfesteres.

4 Der Einfluß der *Auszeiten* (zwei pro Halbzeit) nimmt sich eher bescheiden aus. Sie dienen im allgemeinen dazu, den gegnerischen *Spielfluß* zu unterbrechen oder den eigenen, verlorenen Spielfluß wiederzufinden. Die Trainermaßnahmen während einer Auszeit reichen von

- allgemeiner Beruhigung (Handtücher, Getränk, Trost),
- kurzer, präziser, positiver Verstärkung (verbal, mimisch),

- knappsten Informationen zur (neuen) Taktik (verbal, visuell durch Magnettafel) bis
- zur erneuten (rituellen) Kontaktnahme (Hände).

Der *Ritus* ist alt. Seine Wurzeln reichen vielleicht bis in die archaische Urzeit der Menschheit zurück. Verwandte Formen lassen sich auch beim tierischen Verhalten beobachten: Schutzkreis (der Pferde) gegen Feinde von außen oder das Zusammenrotten einer Affenherde mit Drohgebärden gegen die Bedrohung. Der Glaube, durch den Handkontakt würden Kräfte übertragen und ein ‹Wir-Gefühl› verstärkt, ist erlebbar und keineswegs bloßer parapsychologischer Irrglaube. Voraussetzung ist die intensive Zuwendung zum Handkontakt. Dann können die (Wärme-)Strahlen der fremden Hand unmittelbar wahrgenommen werden.
Im Märchen von den drei Wünschen sprechen der Fischer und seine Frau allzu eilig ihre Wünsche aus; sie verlieren sie und bleiben, was sie waren: arm. Kluge Trainer warten mit ihrer Auszeit; sie wissen, daß eine Auszeit am Ende ein Spiel bei ausgeglichenem Spielstand entscheiden kann. Jeder Trainer sollte in diesem Sinn immer noch ‹einen Wunsch offen› haben.

5 Die *psychoregulativen Maßnahmen* sind für Trainer wie Spieler gut. Wenn bei Trainern auf der Bank Pulswerte zwischen 80 (Ruhepuls) und 150 (Arbeitspuls) bei motorischer Inaktivität gemessen werden, dann verweist das auf einen extrem hohen *Psycho-Puls* (HUSMAN/HANSON/WALKER 1970; HAGEDORN 1973b). Er signalisiert eine Stressbeanspruchung, die sicherlich mobilisierend, aber auch irritierend und blockierend wirken kann; zu hohe Adrenalinausschüttung ins Blut beeinträchtigt die Prozesse von Informationsaufnahme, -speicherung und -abruf im Großhirn (vgl. RUCH/ZIMBARDO 1975; REIN/SCHNEIDER 1976; ROGGE 1981). Trainer wie Spieler müssen deshalb Techniken erlernen, dieser oftmals spielentscheidenden Beeinträchtigung entgegenzuwirken.
Die bei 8.3.2 aufgeführten Techniken stellen nur einen schmalen Ausschnitt aus der Fülle psychoregulativer Methoden dar (vgl. EBERSPÄCHER 1979; NITSCH/HACKFORT 1979). Generell werden sie unter dem Begriff der *Selbstregulation* geführt (HAHN/RIEDER 1983) und sollen dem Athleten (wie Trainer) helfen, eine Spannung (z. B. beim Vorstart-Zustand) sinnvoll aufzubauen oder eine Über-Spannung (Übersteuerung) abzubauen. Letzteres gilt insbesondere für die Wettkampfsituation. Die Techniken helfen zugleich mit, alle jene individual- wie sozialpsychologisch gleichermaßen bedenklichen Techniken der Selbstentlastung durch *Übertragung* (Projektion) abzubauen. Von Spielern und Trainern werden oftmals auf andere übertragen

- der Belastungsdruck (bei niedriger Belastungsschwelle und geringer Belastungstoleranz werden Aggressionen ausgelöst, die zum Teil willkürlich projiziert werden)

– Entscheidungsdruck und Verantwortung (Angst vor falschen Entscheidungen und vor Versagen beschleunigt jene Blockaden, die ‹richtige› Entscheidungen verhindern; die Entscheidung wird vorzeitig an den delegiert, ‹der es besser kann›, beim unterlassenen Spielerwechsel z. B. die erste Fünf)
– die Schuld (zur Sündenbock-Strategie gehört z. B. das Schiedsrichter-Syndrom der Trainer [vgl. bei 1.1]).

Diese Übertragungstechniken entlasten zwar kurzfristig, führen aber zu Gegenreaktionen der Projektionsträger; sie beantworten Aggressionen direkt mit Aggressionen, wenn die Personen sich stark genug fühlen, oder wenn sie in eine Grenzsituation geraten («Jetzt ist mir alles egal!»). Sie weichen der Übermacht (des Trainers, des Managers, des Topstars) aus und projizieren auf Randfiguren, im schlimmsten Falle auf sich selbst. Der andere kann sich wehren, das eigene Ich verfällt über die Selbstbezichtungen allmählich einem leistungshemmenden (depressiven) Versager-Bewußtsein.

Die Psychoregulation soll demgegenüber positiv die *Belastungsfähigkeit* verbessern (oder wiederherstellen), die *Entscheidungswilligkeit* steigern und die Fähigkeit zur *Ursachenanalyse* offenhalten. Spannungs-Entspannungs-Übungen bilden dafür die Voraussetzung, reichen aber nicht aus. Wichtig ist hier der gezielte Aufbau eines realistischen Selbst- und Leistungsbewußtseins durch

– Abbau falscher (übersteuernder) Leistungs-, Erfolgs-, Geltungszwänge (beginnt bereits im Training, insbesondere beim ‹Trainingsweltmeister›; ‹Such den kurzen Weg!› ‹Mache den leichten Korb!› ‹Zähle jeden erfolgreichen Korb im Training halb, im Wettkampf doppelt!›),
– sachliche Analyse der Belastungssituationen und der Belastungsgrößen (‹Worin besteht für dich die Belastung?› ‹Wie spürst du organisch/muskulär deine Grenzen?› Lösungs-, Erholungsmöglichkeiten ...),
– Bewältigung von subjektiv als mittelschwer empfundenen Anforderungen (‹Suche dir Aufgaben, die dich reizen/anspornen/geistig-körperlich fordern!› ‹Bewege dich in der Mitte zwischen Langeweile und Angst!›),
– Bestätigung von Leistungen und Erfolgen (‹Auch deine Leistung hängt immer von Gegnern, Mitspielern, Umständen ab.› ‹Dich selbst anzuerkennen ist deine wichtigste Pflicht!›),
– Ansporn zur sachlichen Selbstkritik (‹Wie schätzt du deine Leistung ein?› ‹Was glaubst du, denkt der Trainer / denken die Spieler, denken deine Mit-/Gegenspieler, denken die Zuschauer?› ‹Hast du dein Bestes als Trainer/Spieler gegeben?›).

6 Der Wettkampf erfordert schnelle Entschlüsse. Alle Lenkung muß somit in die Zeitstruktur passen. Spitzentrainer wählen deshalb in der Hauptsache knappe sprachliche und gestische Mittel. John Wooden, der berühmte Coach von UCLA (Los Angeles, Kalifornien) gab 50,3 Prozent seiner *Instruktionen* mit Äußerungen von nur 5 Sekunden Dauer im Mittel (Tharp/Gallimore 1976). Ähnlich verhalten sich Bundesliga-Trainer (vgl. Schmidt/Lüttke 1983). Allerdings treten hier auch Abweichungen in der Verteilung von Ansporn, Lob und Tadel auf. Generell sind kurze, handlungsanweisende Instruktionen, bestätigende Rückmeldungen und stimulierender Ansporn gefordert. Herrscht Tadel vor Lob, dann signalisiert das Spannungen, eventuell sogar Konflikte, die aggressiv und projektiv entladen werden.

Entscheidend im Wettkampf ist die *Eigenlenkung* der Spieler. Die kürzeste Form sind *Selbstbefehle*. Sie lenken wie Signalworte die Aufmerksamkeit der Spieler auf den entscheidenden Punkt (‹Ball!› ‹Aussperren – Ball!› ‹Ganz weich –› ‹Zupacken!›) und schirmen ihn zugleich gegen Störungen von außen ab. Selbstbefehle steuern insbesondere in kritischen Situationen den Willenseinsatz und helfen, die subjektive Ermüdungsgrenze hinauszuschieben (‹Weiter – noch einmal!› ‹Ball halten – Erholen!› ‹Du schaffst das!›). Formen des *mentalen Trainings* helfen auch dabei, immer wieder die idealtypische (optimale) Bewegungsform zu finden, z. B. beim Freiwurf den Körper-Arm-Handgelenk-Finger-Einsatz. Auch diese Techniken sind von jedem Spieler erlernbar, sofern sie im Training systematisch geübt und im Wettkampf langfristig erprobt und wiederholt, somit zu Gewohnheiten werden.

7 Die *Grenzsituation* Wettkampf belastet und beansprucht oftmals bis über die Grenze des Erträglichen hinaus. Aus natürlichen Spannungen können sich Konflikte, aus diesen Krisen entwickeln.

Spannung bildet die notwendige Voraussetzung sowohl für jede aktive Muskeltätigkeit als auch für die psychischen und sozialen Prozesse. Dort spricht man vom Muskeltonus, hier von Aufmerksamkeit, Motivation und Interesse. Übersteigt diese Spannung ein bestimmtes, als natürlich empfundenes Maß, so führt das zu Muskelverkrampfung einerseits, andererseits zu Spannungszuständen, die das psychische wie soziale Gleichgewicht stören können: Aus den Spannungen entwickeln sich *Konflikte* und *Krisen*. Die Folge: Einschränkung der Handlungsfähigkeit durch Fixierungen. Die sportliche Konkurrenz ist eine besondere zwischenmenschliche Situation, in der Spannungen in gesteigertem Maße auftreten. Sie stellt eine Grenzsituation dar, in der das Risiko der Überspannung größer als in alltäglichen Situationen ist. Die sportliche Konkurrenz wird deshalb – besonders im Basketballspiel – durch zum Teil strenge Regeln gelenkt. Der Wettkampf darf somit verstanden werden als eine bewußt (Trainer, Schiedsrichter) und unbewußt (Spieler, Zuschauer) kontrollierte Spannung von gegensätzlichen Zielvorstellungen (Elias/Dunning in: Lüschen 1966).

Aus dem Spannungsverhältnis von gegensätzlichen (Wettkampf), aber

auch von unterschiedlich konkurrierenden Zielvorstellungen innerhalb einer Mannschaft entwickeln sich Zielkonflikte. Es entwickeln sich Krisen, wenn die konkurrierenden Interessen sich mit anderen Konfliktstoffen bündeln.
Das Wettspiel lebt aus einem dynamischen Gleichgewicht der Spannungen. Übergroße Spannungen (Stress), aber auch fehlende Spannungen (große Leistungsunterschiede, einseitige Vorteile) führen oft zu Un-Gleichheit (Handlungsunfähigkeit bzw. Langeweile). Der Konflikt kann die Konsequenz einer Spannungsverschärfung sein. Ein Beispiel: Wenn ein Nachwuchsspieler aufgrund einer neuen Zielmotivation (Eintritt in eine klassenhöhere Mannschaft) härter und häufiger trainiert, so können Spannungen innerhalb der alten Mannschaft, in Familie oder Beruf zu Konflikten werden; das Gleichgewicht der Ziele ist gestört. Konflikte werden zu Krisen, wenn die konkurrierenden Zielvorstellungen nicht mehr ausgeglichen werden können. Die Krise wird manifest, wenn sich z. B. Konfliktstoffe unterschiedlichster Art bündeln.
In spontanen Spielmannschaften entwickeln sich Konflikte durch ungleiche Spielanteile; die Spielenden wollen mitagieren und mitentscheiden. Sie reagieren oftmals aggressiv auf Solisten. In Leistungsmannschaften dominiert zumeist der Spielerfolg; solche Mannschaften sind eher aufgaben- als personenorientiert (vgl. bei 3.9). Fehlender Erfolg wird dann zum Konflikt, wenn die Erwartungen der Spieler/des Trainers sich der neuen Situation nicht anpassen können. Die Folge: Schuldzuweisungen mit aggressiver Rückantwort. Konflikt und Krisen der Mannschaft lassen sich deshalb über die Maßnahmen der Motivation und Gruppendynamik sowie der Sozioregulation vermeiden oder aussteuern. Hier ist mit der Wettkampflenkung auch die Trainingssteuerung angesprochen.

Merke

- Maßnahmen der Wettkampflenkung sollen die eigene Mannschaft stabilisieren, die Gegenmannschaft destabilisieren.
- Spieler und Gruppe beeinflussen sich wechselseitig. Der Prozeß wird durch sozioregulative Maßnahmen und die situativen Maßnahmen Spielerwechsel und Auszeit beeinflußt.
- Spielerwechsel wird am häufigsten bei Rückstand durchgeführt und scheint nicht selten der psychischen Entlastung des Trainers zu dienen.
- Auszeiten sollen den eigenen Spielfluß sichern, den des Gegners dagegen stören.
- Psychoregulative Techniken dienen der Selbstregulation bei Spielern

und Trainer. Sie sollen helfen, problematische Schuldprojektionen zu vermeiden, statt dessen die Belastungsfähigkeit verbessern, die Entscheidungswilligkeit fördern und eine sachliche Ursachenanalyse ermöglichen.

- Alle Maßnahmen müssen in die Zeitstruktur des Wettkampfes passen. Deshalb sind knappe Informationen und positive Verstärkungen (Lob) besonders wichtig. Spieler verbessern ihre Eigenlenkung durch Selbstbefehle.
- Spannung gehört zum Wettkampf. Sie kann allerdings zu Konflikten und Krisen führen. Diese sind durch Maßnahmen der Motivation, Gruppendynamik und Sozioregulation vermeidbar oder lösbar.

Literatur

34; **114**; **116**; **121**; **179**; **182**; **217**; **244**; **259**; **351**; **430**; **454**; **467**; **471**; **506**; **616**; **639**; **640**; **642**.

Gerhard J. Schmidt

8.5 Erfolgskontrolle in Training und Wettkampf

Schlagwörter

[1] Erfolg als Ziel: Kontrollmaßnahmen, Ursachen von Erfolg und Mißerfolg, Lernprozesse initiieren, Grundlagen für Trainings- und Unterrichtsplanung.

[2] Erfolgskontrolle im Training: Fehler in Planung und Durchführung erkennen, Anforderungen und Belastung kontrollieren.

[3] Meßverfahren: Tests zu Kondition, Technik und Spielfähigkeit; diagnostisches Mittel, Trainingsmittel; Beurteilungsverfahren: Urteil, technisch-taktische Kontrollen, Film, Videorecorder, Experten.

[4] Spielbeobachtung: Erkundung, Spielsteuerung, nachträgliche Analyse.

[5] ‹Objektive› Spielbeobachtung: spielbestimmende Häufigkeiten, schriftliche Fixierung, Spielverlaufsmitschnitt (Tonband, Stenogramm), Film- und Videorecorderaufzeichnung; fachkundiges Urteil,

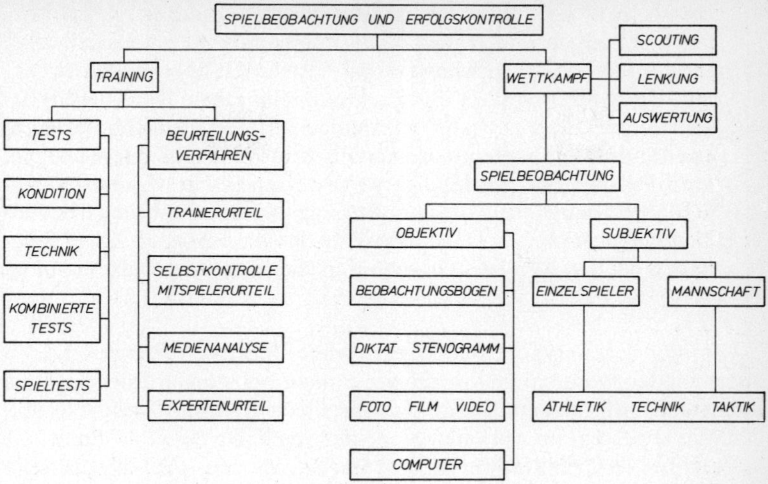

Spielsysteme, Gewohnheiten, Stärken, Schwächen, computergestützte Verfahren; interaktives Video.

6 Minimum: schriftliche Fixierung von Würfen, Spielaktionen und Spielerwechseln.

Erläuterungen

1 Sobald das Spielen nicht mehr nur um seiner selbst willen geschieht, sondern der Erfolg zum Ziel wird, müssen *Kontrollmaßnahmen* eingeschaltet werden. Die einfachsten Formen der Kontrolle, das Ausnutzen der Erfahrung durch Trainer und Spieler sowie das Spielergebnis selbst, reichen dann nicht mehr aus, um etwas über die *Ursachen* von Erfolg und Mißerfolg auszusagen (Hahn 1973). Da das subjektive Empfinden und Erleben oft die Erinnerung an den Spielverlauf und die Ursachenbegründung (vgl. Rieder 1973) verfälschen, sind Lehrer, Trainer und Spieler gezwungen, ihre subjektive Meinung durch objektiv feststellbare Daten des Spiels zu überprüfen. So werden die Ursachen für Erfolg und Mißerfolg durchleuchtet, *Lernprozesse* initiiert und überprüft und *Grundlagen* für Trainings- und Unterrichtsplanung geschaffen. Unterricht und Training ihrerseits werden wiederum zusätzlich mit gesonderten Verfahren hinsichtlich ihrer Effektivität überprüfbar (vgl. Schmidt 1976a, 119–150).

2 Die Notwendigkeit einer Erfolgskontrolle des Trainings und im Training ergibt sich aus der Tatsache, daß bereits im Training Fehler auftauchen können, die durch falsche *Planung* (z. B. Überforderung) oder durch Fehler in der *Durchführung* (z. B. Beobachtungsfehler beim Korrigieren) bedingt sein können, aber auch, um *konstante* Anforderungen und Belastungen zu gewährleisten. Von enttäuschten Erwartungen und Fehlern im Spiel kann man dagegen nicht notwendigerweise auf ein falsches Training schließen. Vielmehr können trotz richtiger Planung und Durchführung des Trainings durch überraschende Umstände wie z. B. Verletzung wichtiger Spieler, Pannen bei der Anreise usw. schlechte Wettkampfergebnisse bedingt sein.

3 Bei der Trainingskontrolle können Meß- und Beurteilungsverfahren unterschieden werden. *Meßverfahren* können bei standardisierten Tests durchgeführt werden, die Kondition, Einzeltechniken und Technikkombinationen abprüfen, im weitesten Sinne auf Spielfähigkeit (z. B. Spiel 1–1 als Test über Fertigkeitsanwendung in Spielsituationen). Auf die generelle Problematik von Tests hat HAGEDORN (1970) hingewiesen. Tests eignen sich unter bestimmten Gesichtspunkten als diagnostisches Mittel, sind aber vor allem als Trainingsmittel gut einsetzbar (vgl. 8.3.8). *Beurteilungsverfahren* richten sich auf Bewegungsqualitäten, Lernvorgänge und Spielhandlungen. Sie können vorgenommen werden: durch den Trainer/Lehrer, durch Selbstkontrolle oder Mitspieler, durch Analyse von Film-, Bild- und Videoaufzeichnungen und durch Experten.

Wenn technische oder taktische Inhalte im Training kontrolliert werden sollen, genügt oftmals das Urteil von Trainer und Spielern nicht, da sie zu sehr im Geschehen selbst stehen. Auf die Probleme der Selbstbeurteilung hat RIEDER (1973) verwiesen: Besonders beim Erlernen fehlt Selbstbeurteilungsvermögen, das erst durch einen langen Trainingsprozeß mit zunehmender Bewegungserfahrung ausgebildet wird. Dasselbe gilt auch für die Leistungseinschätzung im taktischen Bereich, besonders wenn Ermüdung und Erregung hinzukommen. Eine Hilfe bieten Film bzw. Videorecorder, die eine mehrfache Wiedergabe der Bewegungsabläufe ermöglichen und objektiv die Fehler darlegen. Zusätzlich können Experten herangezogen werden, die nach exakt definierten Kriterien beurteilen (HAGEDORN/VOLPERT/SCHMIDT 1972a; HAGEDORN 1981). Mit Hilfe der Expertenurteile lassen sich sowohl der Lernverlauf ermitteln und in Lernkurven darstellen als auch die Fehler teilweise analysieren.

4 Wettkampforientierte Erfolgskontrolle beinhaltet die Spielbeobachtung. Diese kann zu drei Zeitpunkten betrieben werden:
- zur *Erkundung* eines späteren Gegners (scouting report),
- zur *Spielsteuerung* während des Spiels (Lenkung),

– zur nachträglichen *Analyse* (Auswertung) des (eigenen) Spiels (vgl. Schmidt 1976a).

In diesen drei Fällen sind jeweils zwei sich grundsätzlich unterscheidende Analyseverfahren anwendbar:

– die *objektive* Spielbeobachtung (spielbestimmende Häufigkeiten),
– die *subjektive* Spielbeobachtung (Selbst- und Fremdbeurteilung).

5 Verschiedene *objektive Spielbeobachtungsverfahren* unterscheiden sich sowohl inhaltlich als auch in der Form der Fixierung und der direkten Brauchbarkeit sowie des Kosten- und Aufwandfaktors. Gemeinsam ist die Grundidee, aus dem Spielgeschehen die spielbestimmenden Häufigkeiten bzw. Abläufe herauszufiltern.

- Das einfachste, unverzichtbare Verfahren ist das der *schriftlichen Fixierung* von Häufigkeiten (Würfe mit und ohne Erfolg in Form der Wurfskizze, Spielerwechselstatistiken mit Spielstands- und Zeitangaben. Auszählung von Rebounds, Ballgewinnen, Ballverlusten, Assists und besonderen Verteidigeraktionen (vgl. Schmidt/Hagedorn 1972; Schmidt 1976).
- Etwas aufwendiger ist der sog. *Spielverlaufsmitschnitt,* bei dem alle Aktionen am Ball mitstenografiert oder auf Tonband gesprochen werden.

Abb. 1: Muster eines Beobachtungsbogens für Korbwürfe

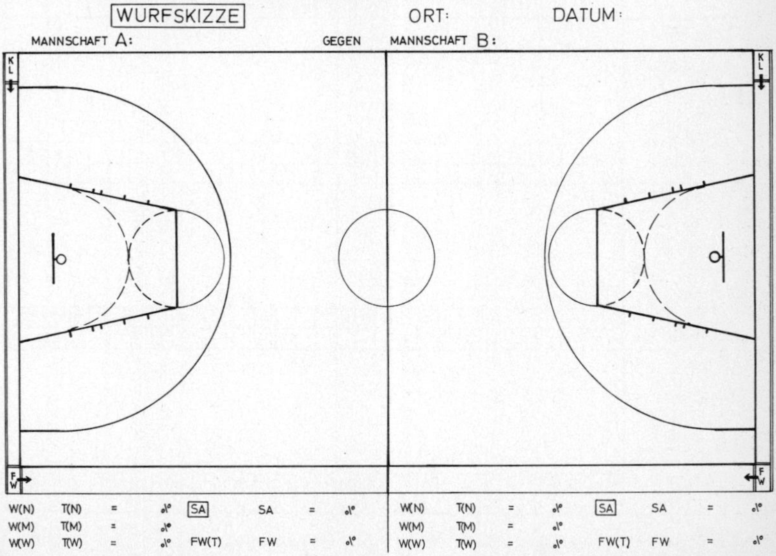

SPIELAKTIONEN FÜR MANNSCHAFT:

DATUM: ORT: A: B:

	1. HALBZEIT														2. HALBZEIT														
ANGRIFFS-REBOUND	Nr	4	5	6	7	8	9	10	11	12	13	14	15	Σ	Nr	4	5	6	7	8	9	10	11	12	13	14	15	Σ	Σ
	n														n														
VERTEIDIGUNGS-REBOUND	Nr	4	5	6	7	8	9	10	11	12	13	14	15	Σ	Nr	4	5	6	7	8	9	10	11	12	13	14	15	Σ	Σ
	n														n														
ASSIST	Nr	4	5	6	7	8	9	10	11	12	13	14	15	Σ	Nr	4	5	6	7	8	9	10	11	12	13	14	15	Σ	Σ
	n														n														
BALLGEWINN 4 = SPRUNGBALL (5) = PASS abgefangen 6^D = BALLGEWINN am DRIBBLER 7^S = sonstige BG.	Nr	4	5	6	7	8	9	10	11	12	13	14	15	Σ	Nr	4	5	6	7	8	9	10	11	12	13	14	15	Σ	Σ
	n														n														
BALLVERLUST 4 = ZEITREGEL 5^D = DRIBBELFEHLER 6^S = SCHRITTFEHLER 7 = FEHLPASS zum GEGNER 8 = FEHLPASS ins AUS	Nr	4	5	6	7	8	9	10	11	12	13	14	15	Σ	Nr	4	5	6	7	8	9	10	11	12	13	14	15	Σ	Σ
	n														n														
STÖREN 4 = PASSBLOCK 5^W = WURFBLOCK 6^D = DRIBBELBLOCK 7^S = sonstige	Nr	4	5	6	7	8	9	10	11	12	13	14	15	Σ	Nr	4	5	6	7	8	9	10	11	12	13	14	15	Σ	Σ
	n														n														

Abb. 2: Muster eines Beobachtungsbogens für Spielaktionen

Anschließend können alle wichtigen Spielaktionen herausgefiltert werden. Außerdem gibt die Ballverlaufsanalyse wertvolle zusätzliche Informationen über Verteilungen von Ballkontakten auf einzelne Spieler und deren Effektivität (vgl. SCHMIDT/HAGEDORN 1972) oder über bestimmte Angriffsmuster.

- *Film-* und *Videorecorderaufzeichnung* und *-auswertung* (vgl. STIEHLER 1962d, HAGEDORN 1968b). Die filmische Aufzeichnung gilt als das sicherste Mittel für Aufnahme und Wiedergabe des Spielgeschehens. Der Videorecorder löst den Film mehr und mehr ab, insbesondere wegen der Möglichkeit der Sofortinformation. Film- und Video-Aufzeichnungen können zunächst zwei zeitpunktgebundenen Zwecken dienen: der Erkundung eines zukünftigen Gegners und der nachträglichen Analyse des Spiels.

Es empfiehlt sich, einen Film mehrfach unter unterschiedlichen Gesichtspunkten zu analysieren:

- Häufigkeitsanalyse (wenn erforderlich),
- Taktikanalyse (Deckungs- und Angriffskonzeption skizzieren),
- Einzelspieleranalysen (technisch-taktische Qualitäten, Gewohnheiten).

«Über die dritte Möglichkeit, den Einsatz des Videorecorders als Kontroll- und Anschauungsmittel während des Spiels, liegt ein Beitrag aus den USA vor: Der Football-Coach F. ROBINSON ließ eine Videoanlage so installieren, daß er während des Spiels neben der Bank auf einem Monitor soeben gelaufene Spielzüge wieder abrufen lassen konnte. Der Videorecorder war hier also direkte Spielsteuerungshilfe» (SCHMIDT 1976).

- Bei der *computergestützten Spielanalyse* werden die Vorteile der elektronischen Datenverarbeitung auf die Sportspielanalyse angewendet. Das bedeutet eine schnelle, rechnerisch sichere (irrtumsfreie) Verarbeitung der Rohdaten mit der Möglichkeit einer umfassenden Sofortinformation (Halbzeit- und Endauswertung) und der Anlage und Auswertung genauer Dateien (z. B. Saisonanalyse, Turnieranalyse).

Die Probleme sind die Aussagekraft der analysierten Daten, der menschlichen Beobachter, die Kostenfrage.

Nach ersten Versuchen (vgl. ALLENDORF/BRETTSCHNEIDER 1976; HAGEDORN/SCHMIDT 1980) hat sich herausgestellt, daß eine Eingabe der zu beobachtenden Spielvorgänge über eine Tastatur am sinnvollsten ist. Außer der Entwicklung der Technologie und der entsprechenden Programme war eine Neubearbeitung bislang eingesetzter deskriptiver Beobachtungsinstrumente erforderlich. So entstand ein sehr genaues Beschreibungsinstrument, das bei entsprechender Beobachterschulung ein bisher für unerreichbar gehaltenes Maß an Objektivität ermöglichte (vgl. SCHMIDT 1980 und HAGEDORN/EHRICH/SCHMIDT 1980; ZEHLEN 1983). Dieses System genauer Definitionen kann auch ohne weiteres Grundlage jeder Auswertung mit schriftlicher Fixierung sein.

Bei der heutigen Taktik wird noch stärker das fachkundige Urteil des Beob-

achters vorausgesetzt. Diese Beobachtungen beinhalten dann in erster Linie Spielsysteme, Gewohnheiten, Stärken und Schwächen der Mannschaft und des Einzelspielers.
In der amerikanischen Literatur gibt es umfangreiche Fragenkataloge zur qualitativen Spielbeobachtung, die vor allem zur Erkundung des Gegners eingesetzt werden (vgl. ANDERSON/ALBECK 1964, BREYVOGLE 1967, BUNN 1961, COUSY/POWER 1975, HANDLER 1963/64, HOBSON 1955, HUNTER 1965/66, LINDEBURG 1963, NEWELL/BENINGTON 1962, RAMSEY 1967, WILKES 1962, WOODEN 1966).
Die folgenden sinngemäß übertragenen Fragen aus einem «scouting-report» (vgl. COUSY/POWER 1975) zum Mannschaftsangriff verdeutlichen das Verfahren: Mit welcher Angriffsgrundaufstellung beginnt die Mannschaft? Spielen sie den Vorzenter an? Versuchen sie durch die Außenspieler (Aufbau, Flügel) Weitwürfe? Versuchen sie, über die Mitte zu spielen? Ist der Angriffsrückraum gesichert? usw.
Die neuere Entwicklung zeigt, daß auch solche Analysen mit Hilfe der *Computertechnik* verbessert werden können. Die von HAGEDORN, LORENZ und MESECK (1981, 1982, 1983) und HAGEDORN und MESECK (1984) vorgestellten Verfahren zur Analyse der Individual-, Gruppen- und Mannschaftstaktik erfassen mit Hilfe des Rechners außer den herkömmlichen statistischen Einzeldaten auch individuelle und gruppentaktische Verteidigungs- und Angriffsleistungen wie Übernehmen, Nicht-Übernehmen, Aussperren, Deckungsdreieck bilden, Block stellen, Block nutzen usw. sowie mannschaftstaktische Informationen wie Verteidigungsformen und -bereiche, Angriffssysteme (Schnellangriff, Positionsangriffsgrundaufstellungen), Ausstiege über bestimmte Positionen usw. So stellte sich beispielsweise als einer der wesentlichen Unterschiede zwischen den bundesdeutschen und ausländischen Spitzenmannschaften heraus, daß die ausländischen Teams die Gelegenheiten zum Schnellangriff bedeutend besser nutzten (vgl. bei 8.6).

- Die neueste Entwicklung verläuft in Richtung auf eine Kopplung von Videoaufzeichnung und Kleinrechner zum interaktiven Video. So können direkt oder später neben der Bildspur über eine Tastatur Daten auf das Videoband aufgespeichert werden, die eine sofortige Auswertung z. B. als Häufigkeitsverteilung oder die ökonomische Suche aller Spielszenen ermöglichen. Anwendungsbereiche sind Lernen, Wettkampfvorbereitung, Wettkampfdokumentation und -beobachtung, Fehleranalysen und Analysen zur Leistungsentwicklung, zum interindividuellen Vergleich, zur Trainer- und Beobachterausbildung und -prüfung (vgl. FREIBICHLER/STEINER 1983).

Die rasante Entwicklung sollte jedoch nicht den Blick für Möglichkeiten und Grenzen verstellen. Eine unkritische Übernahme teurer Apparate und Programme wäre ebenso riskant wie die Ablehnung des ‹Neuen› falsch, weil man der Meinung ist, die Beobachtungsmethodologie könne dem hohen technischen Standard zur Zeit nicht folgen (vgl. zu diesem Problem ALPHEIS 1984, 32). Oft führen technische Fortschritte auch zu Verbesserungen der Methodologie. Letztlich ist jeder Lehrer und Trainer aufgerufen, seinen Weg der Erfolgskontrolle ständig zu überprüfen und zu optimieren.

[6] Unverzichtbares *Minimum der Spielanalyse* ist die Erfassung von Würfen, Spielaktionen und Spielerwechseln (mit Spielstand und -zeit) mittels der schriftlichen Fixierung.
Die Wurfskizze deckt Stärken und Schwächen des Gegners auf, zeigt bevorzugte Positionen und die Effektivität einzelner Spieler und ermöglicht taktische Rückschlüsse.
Die Spielaktions- und die Spielerwechselstatistiken dienen vor allem der Kontrolle für Trainer und Spieler.

Merke

- Die Erfolgskontrolle von Training und Wettkampf soll die Effektivität der Trainingsmaßnahmen überprüfen und Ursache-Wirkungs-Zusammenhänge erklären helfen. Sie wird damit auch zu einer Grundlage der Trainingssteuerung (vgl. bei 8.3).
- Erfolgskontrolle im Training hilft, Fehler zu erkennen und zu vermeiden, ist aber keine Garantie für Erfolg im Spiel.
- Trainingskontrolle umfaßt Tests sowie Beurteilungsverfahren durch Trainer/Lehrer, Selbst- und Mitspielerkontrolle, Film-, Bild- und Videoaufzeichnung und Expertenurteil.
- Spielbeobachtung kann durchgeführt werden zur Erkundung eines späteren Gegners, zur Spielsteuerung während des Spiels und zur nachträglichen Analyse.
- Objektive Spielbeobachtung umfaßt:
  - Verfahren mit schriftlicher Fixierung (z. B. Wurfskizzen, Spielerwechselstatistiken),
  - Verfahren zum Spielverlaufsmitschnitt wie Stenogramm oder Tonbandkommentar zum Spielverlauf,
  - Film- oder Videorecorderaufzeichnungen und -auswertungen,
  - die computergestützte Spielanalyse.

  Auch die neuere Entwicklung zeigt, daß Spielsysteme in Angriff und Abwehr, gruppen- und individualtaktische Abläufe sowie Stärken und Schwächen der Mannschaft und des Einzelspielers quantifizierbar sind.

- Unverzichtbar sind Wurfskizze, Spielaktions- und Spielerwechselstatistik.

Literatur

7; 8; 10; 64; 72; 82; 136; 173; 174; 185; 193; 202; 204; 205; 206; 207; 211; 212; 215; 219; 247; 258; 347; 417; 448; 459; 497; 500; 504; 542–545; 594; 597; 601.

Günter Hagedorn / Ulrich Meseck

8.6 Training-Wettkampf-Integrationsprogramm (TWIP)

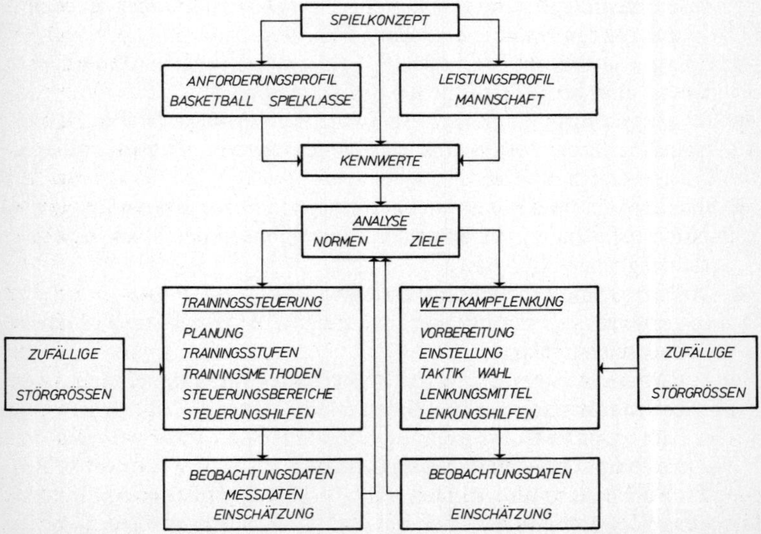

Schlagwörter

1 Training-Wettkampf-Integrationsprogramm.
2 Trainingssteuerung: Planung, Trainingsstufen, Trainingsmethoden, Steuerungsbereiche, Steuerungshilfen.
3 Wettkampflenkung: Vorbereitung, Einstellung, Taktik-Wahl, Lenkungsmittel, Lenkungshilfen.
4 Leistungsoptimierung: gezielte Überprüfung der Kennwerte, Maßnahmen der Trainingssteuerung und Wettkampflenkung.
5 Beobachtungs-/Meßdaten, Einschätzungsdaten.

Erläuterungen

1 In Kapitel 8 sind viele Gesichtspunkte zur Trainingssteuerung und Wettkampflenkung zusammengetragen worden. Manche stehen recht unverbunden nebeneinander, andere wiederholen da und dort, was anderswo zumindest angedeutet wurde. Wir wollen mit TWIP den Versuch machen, alles wenn nicht ‹unter einen Hut›, so doch in einen Gesamtzusammenhang zu bringen. Das dürfte es dem Leser erleichtern, die Einzelaspekte einander zuzuordnen und ihre Bedeutung für seine Denk- und Sportpraxis richtig einzuschätzen.
Die *Trainingssteuerung* (8.3) versucht bereits eine Gesamtplanungsstrategie. Sie liefert Hinweise auf den Zusammenhang zwischen Planung (Periodisierung) und Durchführung. Die Trainingsdurchführung konkretisiert sich an den Trainingsstufen und Methoden, die adressatenspezifisch und situativ ausgewählt und auf die drei Beanspruchungs- bzw. Steuerungsbereiche der Kondition, Technik und Taktik übertragen werden. Unterstützt wird dieser Trainingsvollzug durch die wichtigen Hilfen der Medien und Tests; letztere haben zugleich eine Kontrollaufgabe zumindest in den Bereichen der Kondition und Technomotorik. Für den schulischen Spielunterricht wird der ‹innere Steuerungskreis› des Trainings noch einmal vertieft, weil auch für den Schulsport das Training kein ‹Feindesland› mehr ist.

2 Wir haben oben (8.2) die Training-Wettkampf-Beziehung beschrieben. Das war notwendig, blieb aber noch blutleer und abstrakt. Jetzt dürfen wir mit sehr viel mehr Recht ein Modell der Beziehung (Integration) von Training und Wettkampf darstellen, weil wir es inhaltlich füllen können. Dieses Modell wurde im Rahmen eines (vom Bundesinstitut für Sportwissenschaft, Köln, unterstützten) Forschungsvorhabens entwickelt. Es heißt TWIP und stellt den Versuch dar, das Training im Hinblick auf die Anforderungen des Wettkampfes zu steuern, den Wettkampf wiederum auf der Grundlage der erreichten Trainingsleistung zu lenken und beide, Training und Wettkampf, durch Beobachtungsdaten systematisch aufeinander zu beziehen im Sinne einer Leistungsoptimierung (HAGEDORN/MESECK 1984). Das Modell wurde an je einer Männermannschaft der zweiten und ersten Bundesliga erprobt. Wir wollen Gedankengang und Ergebnisse an einem ausgewählten Beispiel, am mannschaftstaktischen System des Schnellangriffs, zu veranschaulichen versuchen. Es dürfte leichter sein, das an einem schwierigeren (komplexeren und komplizierteren) Beispiel entwickelte Verfahren auf weniger komplexe Gegenstände (z. B. auf den Korbwurf) zu übertragen als umgekehrt.

Jeder Trainer hat sein persönliches Spielkonzept (vgl. bei 1), von dem aus er das Training steuert und den Wettkampf lenkt: Beläßt er es bei dieser Konstellation, so wird sein Handeln zum Geschäft des Augenblicks. Die Rückmeldungen sind zufällig, seine Folgerungen für das Handeln auch. Im Extremfall könnte sein Konzept völlig an der Realität vorbeizielen, ohne daß er die daraus konsequent folgenden Mißerfolge und Konflikte lokalisieren könnte. Am Ende droht die Chaostitis (HAGEDORN 1979b); er trainiert einmal diese, ein anderes Mal jene Form des Schnellangriffs, weiß aber nicht zu sagen, warum seine Mannschaft ausschließlich nur Positionsangriffe spielt.

Will er sinnvoll trainieren, so muß er die Anforderungen des Basketballspiels und der Spielklasse, muß er auch die Leistungsfähigkeit seiner Mannschaft kennen. Er muß sich ein *Anforderungsprofil* und ein *Leistungsprofil* machen. Das geschieht durch systematische Beobachtung, deren Daten zu *Kennwerten* zusammengefaßt werden. Daten und Kennwerte anderer Mannschaften kann der Trainer der Literatur (Forschung) entnehmen, für die eigene Mannschaft muß er das selbst besorgen. In unserem Fall wurden solche Kennwerte an nationalen und internationalen Spitzenmannschaften im Hinblick auf den Schnellangriff (SA) ermittelt. An ihnen erkennen wir den derzeit national und international erreichten Leistungsstand, und an diesem kann der Trainer seine Mannschaft messen.

Nach den ermittelten Werten (vgl. Tab. 1) sind die internationalen Spitzenmannschaften gerade in ihrem Schnellangriff-Verhalten den deutschen Spitzenmannschaften überlegen (HAGEDORN/LORENZ/MESECK 1984).

Der Unterschied ist deutlich. Er besagt, daß die internationale Spitze in allen drei Phasen ‹häufiger› ist. Ist sie deshalb aber auch erfolgreicher? Wenn eine Mannschaft im Spiel eine bestimmte Aktion häufiger als eine andere zeigt, so muß sie deshalb noch nicht erfolgreicher und effektiver sein, mit Ausnahme des erfolgreichen Korbwurfs. Für unseren Trainer sind deshalb weitere Kennwerte notwendig. Wir schlüsseln die Schnellangriffe weiter auf und vergleichen sie mit den Positionsangriffen, überprüfen zugleich ihre Effektivität und Erfolgstendenz (vgl. Tab. 2).

Unser Trainer stellt fest, daß Schnellangriffe sich offenbar lohnen. Er wird es, falls er eine in die erste Bundesliga aufgestiegene Mannschaft betreut,

SA-Phase / Mannschaften	Ball-sicherung	Ball-vortrag	Angriff-in-der-Überzahl
Nationale	13,9	14,9	5,7
Internationale	18,4	22,2	8,2

Tab. 1: Mit Hilfe der systematischen computergestützten Spielbeobachtung an nationalen und internationalen Spitzenmannschaften ermittelte durchschnittliche, absolute Häufigkeiten für die drei Phasen des Schnellangriffs

Tab. 2: Ermittlung des Erfolgs von Schnellangriffen, unterschieden nach improvisierten und organisierten Schnellangriffen und Positionsangriffen

	Schnellangriffe											Positionsangriffe				
Angriffe	Dauer: 1–5 Sek. Zahl der Pässe: 5–3 Zahl der Dribbel: 0–3											Dauer: 6–30 Sek. Zahl der Pässe: beliebig Zahl der Dribbel: beliebig				
		Improvisiert (ISA)					Organisiert (OSA)									
Leistungsklassen	Ges. SA	Ges. ISA	mit KW	KW mE	E %	BV	Ges. OSA	mit KW	KW mE	E %	BV	Ges. POSI	mit KW	KW mE	E %	BV
Internationale Spitze	30	12	9	6	66 %	3	18	14	9	64 %	4	80	65	30	46 %	15
Nationale Spitze	15	8	4	2	50 %	4	7	4	3	75 %	3	85	68	30	44 %	17

KW = Korbwurf (ausgeführter Versuch, einen Korb zu erzielen)
mE = mit Erfolg
E % = Erfolg in Prozent (Prozentsatz erfolgreicher Korbwürfe)
BV = Ballverluste (ermittelt aus der Differenz Gesamtsumme–Summe Korbwürfe; der Unterschied der beiden Leistungsklassen stimmt mit den Beobachtungswerten insgesamt überein).

Die Begriffe improvisierter und organisierter Schnellangriffe (OSA, ISA) wurden von Hagedorn/Volpert/Schmidt 1972 (erneut 1981) eingeführt.
Mit OSA werden alle Schnellangriffe charakterisiert, die mit einem Rebound eingeleitet werden und folgende Grundstrukturen haben: 3 Angriffslinien, Ballführung in der Mittelspur der Mittellinie, Flügel schneiden in Höhe der Freifluglinie scharf zum Korb.
Alle Abweichungen von dieser Struktur werden als ‹improvisierte› Schnellangriffe bezeichnet.
Die Begriffe OSA und ISA werden zum Teil in der Fachwelt als Bewertungen mißverstanden; so wird der Begriff ISA als ‹unstrukturiert› fehlgedeutet. Das ist der Grund dafür, daß diese Begriffe nur noch bedingt Verwendung finden.

mit der nationalen Spitze zu tun haben. Er muß Schnellangriff spielen, wenn seine Mannschaft ‹klein› ist. Sofern er vergleichbare Kennwerte seiner Mannschaft erhoben hat, könnte er den Abstand zur Spitze ermitteln und – ähnlich wie der Trainer bei 8.3 – die Erfolgsaussichten seiner Mannschaft (Meisterschaft – Tabellenmitte – Abstieg) ‹errechnen›.

3 Wir nehmen an, daß unser Trainer Realist ist und die Tabellenmitte zum Saisonziel erklärt. Er setzt ein Ziel, das über Teilziele erreicht werden muß (Mitspielen bei starken Gegnern – schwache Gegner unbedingt mindestens einmal schlagen – bestimmte Punktzwischenstände erreichen). Um diese Ziele und Teilziele zu erreichen, muß er Leistungsnormen setzen. Diese leitet er aus den Kennwerten ab. Seine Normen müssen über denen der schwächeren Gegner liegen. Sie dürfen unterhalb derer der Spitze liegen; aus Gründen der Motivation (vgl. 3.8) müssen sie es oftmals sogar, soll sich nicht zwischen Erwartung und Ergebnis auf Dauer das Mißerfolgserlebnis einnisten.
Unser Trainer hat folgenden (graphisch veranschaulichten) Stand bei seiner Analyse erreicht:

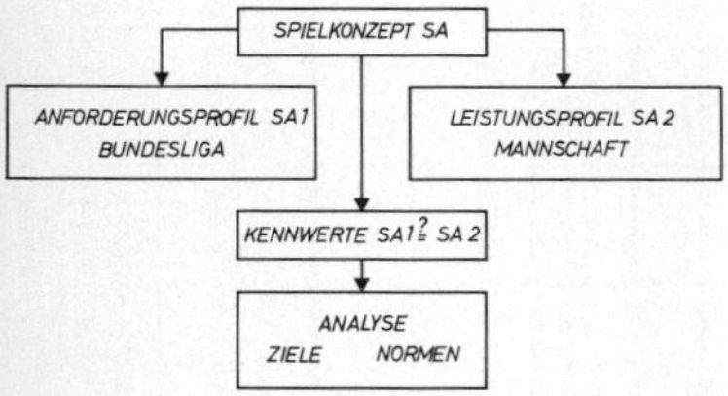

Der Trainer wird am Ende der Saison den erreichten Tabellenplatz als unveränderlich hinnehmen müssen. Auf dem Weg dahin hat er aber die Möglichkeit fortgesetzter Einflußnahme. Diese Möglichkeiten heißen: *Trainingssteuerung* und *Wettkampflenkung*. Nach Lage der Dinge wird unser Trainer die Unterlegenheit seiner Mannschaft beim Rebound durch aggressive Verteidigung und Schnellangriff ausgleichen. Er wird allen Elementen des Schnellangriffs Vorrang einräumen. Sein Trainingsprogramm ist dynamisch-aggressiv mit vielseitigen klein- und großräumigen Reaktions- und Bewegungsanteilen bei hoher aerober Ausbelastung.
Zur Kontrolle ermittelt er die Trainingsleistung seiner Mannschaft. Zunächst kontrolliert er seinen Wochentrainingsplan hinsichtlich zeitlicher Anteile und kontrolliert die Trainingseinheiten im Hinblick auf die Belastungsintensität. Dazu erhebt er während eingeschobener Spielkontrollphasen Daten, die anfänglich recht allgemein (global), später immer genauer (differenzierter) sein sollten. Die Tabellen 3 und 4 liefern ein solches Kontrollprogramm.

SCHNELLANGRIFF-PROGRAMM KONTROLLE 1: Spiel 3-3 (Dauer max. 10 Sek.)													Sonstige (POSI) 11 - 15 Sek.	
ANGRIFFSFORMEN / MANN-SCHAFTEN	1 - 0		1 - 1		2 - 1		3 - 1		3 - 2		3 - 3			
	oE	mE	oE	mE	oE	mE	oE	mE	oE	mE	oE	mE	oE	mE
1 (gegen 2)														
2 (gegen 1)														
3 (gegen 4)														
4 (gegen 3)														
1 (gegen 3)														
3 (gegen 1)														
2 (gegen 4)														
4 (gegen 2)														
1 (gegen 4)														
4 (gegen 1)														
2 (gegen 3)														
3 (gegen 2)														

Tab. 3: Schnellangriff-Kontrolle 1, Spiel 3–3

Erklärung: Es werden vier etwa gleich starke Dreiergruppen mit Aufbau, Flügel und Zenter gebildet, die jede gegen jede 10 Minuten lang über ein Ganzfeld von Korb zu Korb spielen. Ein Korb aus dem Positionsangriff könnte mit 1 Punkt, aus dem Schnellangriff mit 2 Punkten bewertet werden. Die Verlierer müssen Zusatzaufgaben lösen. Die Kombinationen werden später durchgewechselt.

SCHNELLANGRIFF-PROGRAMM KONTROLLE 2: Überzahlangriff 4-3												
	1 - 0		2 - 1		3 - 2		4 - 3		Sonst.		4 - 4	
	oE	mE	oE	mE	oE	mE	oE	mE	oE	mE	oE	mE
1 (gegen 2)												
2 (gegen 1)												
3 (gegen 4)												
4 (gegen 3)												
1 (gegen 3)												
3 (gegen 1)												
2 (gegen 4)												
4 (gegen 2)												
1 (gegen 4)												
4 (gegen 1)												
2 (gegen 3)												
3 (gegen 2)												

Tab. 4: Schnellangriff-Kontrolle 2, Überzahlangriff 4–3

Erklärung: Zwei Vierer-Kombinationen spielen kontinuierlich über das Ganzfeld (in ständigem Wechsel) gegeneinander. Dabei folgt der vierte Verteidiger von der Grundlinie aus, wenn der Ball die Mittellinie/Freiwurflinie passiert.

Das gesamte Angriffsverhalten kann je nach Fragestellung gestuft beobachtet und ausgewertet werden. Diese Stufung (Ausprägungen, Differenzierungen) stellt sich folgendermaßen dar:

1. Stufe: Unterscheidung bei Schnell- und Positionsangriff;
2. Stufe: Unterscheidung bei Schnellangriff in improvisiert und organisiert (ISA, OSA), bei Positionsangriff gegen Mann-Mann-Verteidigung, Ball-Raum-Verteidigung, Presse;
3. Stufe: Unterscheidung bei ISA nach Kurzpaß-, Langpaß- und 5-Mann-ISA; bei OSA nach Mittel- oder Seitenspur-OSA;
4. Stufe: Unterscheidung bei ISA und OSA danach, ob sie in der Korbwurfphase zum Gleichzahlangriff oder Angriff-in-der-Überzahl kommen (das Zahlenverhältnis kann mit dem Erfolg im Minutenraster eingetragen werden).

Der beobachtete Vorgang wird in einem Minutenraster festgehalten. Beim Erfolg kann unterschieden werden nach Angriffsabbruch, z. B. durch Ballverlust (/), Korbwurf ohne (–), Korbwurf mit Erfolg (+). Beim Angriff-in-der-Überzahl bedeutet z. B. 2–1:2 Angreifer gegen 1 Verteidiger. Der

Trainer kann am Ende neben der Sach- auch eine Zeitreihen-/Häufigkeitsanalyse vornehmen.
Der Trainer muß dieses Auswertungsmuster auf seine Mannschaft zuschneiden und vorübergehend (oder generell) Teile auslassen, andere weiter untergliedern. So wird er beispielsweise die Korbwurfphase diffenzieren müssen (rechts–links; Außen-/Innenhand; Haken–Korbleger–Sprungwurf), wenn die Wurferfolgsquote deutlich unter der Norm liegt.
Zur Auswertung gehört neben der *quantitativen* (Meß- und Beobachtungsdaten) auch die *qualitative* Analyse (Meinungsäußerungen), etwa in Form der subjektiven Eindrucksanalyse durch Experten, Zuschauer und Spieler. Denn Beobachtungsdaten vermitteln nur verschlüsselte Hinweise darauf, ob die Spieler (noch) an des Trainers Konzept glauben, ob sie sich im Training richtig ausgelastet oder sinnvoll beansprucht und berücksichtigt fühlen. Abweichungen vom Erwartungswert sollten zur Überprüfung auch der Trainingsmethoden und Anforderungsbereiche führen.

4 Bei der *Wettkampflenkung* nimmt der Trainer Einfluß darauf, in welchem Maße und Tempo Wettkampfnormen und -ziele erreicht werden. Er gestaltet entsprechend die Vorbereitungsphase, stellt und stimmt die Mannschaft auf die besondere Aufgabe ein, bestimmt, wiederholt oder verändert die trainierte Taktik und setzt seine Mittel zur Lenkung des Spielverlaufs (Auszeiten, Spielerwechsel) ein. Zur Ermittlung der Spielleistung seiner Mannschaft setzt er dasselbe Beobachtungsinstrument (Bögen) ein, das er auch zur Auswertung von Trainingswettspielphasen des 5–5 benutzt. Auf diese Weise fällt der Vergleich mit den allgemeinen Kennwerten (erste Bundesliga) und mit denen des Trainings leicht.
Natürlich muß der Trainer je nach Anforderung des Wettkampfes (zur Erfolgsaussicht vgl. bei 8.3) die Normwerte, also die Leistungsansprüche modifizieren, damit auch die Auswertung des Wettkampfes von einer realistischen Erfolgserwartung ausgeht. Damit ergibt sich für die TWIP-Tätigkeit des Trainers das auf Seite 434 abgebildete Modell.

5 Abweichungen der Trainings- und/oder der Wettkampfbeobachtungsdaten von den Normwerten, Abweichungen des Spielverlaufs und Spielerfolgs von Normen und Zielen werden auf ihre Gründe hin befragt. Es gibt vier *Ursachenfelder:*
- die Orientierung, deren Normen oder Ziele unrealistisch sein können; sie entsprechen objektiv nicht der subjektiven Erfolgswahrscheinlichkeit der Mannschaft;
- die vorbereitende Trainingssteuerung in Teilen oder insgesamt entsprach nicht den Anforderungen des Wettkampfes;
- die Wettkampflenkung war den situativen Anforderungen nicht angemessen;

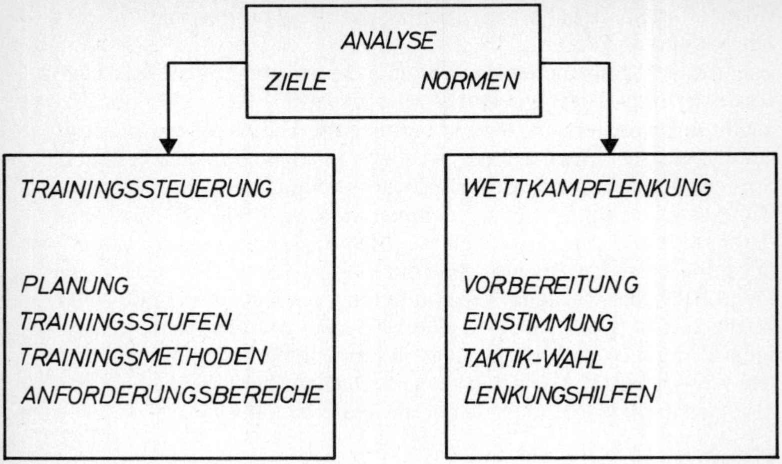

- störende Einflüsse wurden falsch eingeschätzt oder waren als zufällige Störgrößen weder plan- noch beeinflußbar.

Weicht die Zahl der eingeleiteten, vorgetragenen und abgeschlossenen Schnellangriffe vom Normwert ab, können zur Ursachenanalyse auch Videoaufzeichnungen eingesetzt werden (vgl. bei 8.3.7; 8.5): Es werden zu wenig Rebounds gewonnen, weil

- der Gegner zu gut schießt; offensiv zum Rebound geht;
- das Aussperren nicht gelingt.

Die Einleitung ist zu langsam, weil

- der erste Paß zu spät kommt/oft erst gedribbelt wird;
- Außenspieler sich zu spät freimachen zum Paß.

Es gelingen zu wenige Schnellangriffe, weil

- Einwurfsituationen nicht genutzt werden;
- das Umschalten von Verteidigung auf Angriff verzögert erfolgt;
- der Gegner erfolgreich (den ersten Paß) stören kann.

Damit sind wir bereits in einer Analyse (Sollwert-Istwert-Vergleich), die ein höchst differenziertes Beobachtungsvermögen und -verfahren verlangt. Die Analyse führt zu Folgerungen in der Trainingspraxis. Sie reichen konsequent von der Reaktionsschulung über die Verteidigungsarbeit (Aussperren) bis zum mannschaftlichen Grundmuster und seinen Ausstiegsmöglichkeiten (vgl. bei 6.7). Mit einer so gesteigerten Trainingsleistung wird der nächste Wettkampf dann angegangen, und beide Bezugsgrößen werden erneut mit Hilfe der standardisierten Beobachtungs- und Auswertungsbögen gemessen. (Zu den anderen Auswertungsverfahren vgl. bei 8.5.)

Wer ist der Trainer, und wo lebt er, der dieses Verfahren in der dargestellten Form konsequent durchführen könnte? Wir können die Frage beantworten. Unser Trainer ist ein ‹theoretischer› Trainer. Er ist der Idealquerschnitt aus einer nicht existenten Trainerpopulation. Er ist eine in unserer Hoffnung ‹real existierende Utopie›, die sich wohl nie ganz, sondern nur in Teilen verwirklichen läßt. TWIP sollte dabei helfen.

Merke

- Trainingssteuerung und Wettkampflenkung müssen integriert, Training und Wettkampf durch Beobachtungsdaten systematisch aufeinander bezogen sein.
- Jeder Trainer benötigt das Anforderungsprofil ‹seiner› Spielklasse und das Leistungsprofil ‹seiner› Mannschaft.
- Die Interpretation von Beobachtungsdaten erfolgt immer im Zusammenhang von Kennwerten.
- Der Trainer soll sein Saisonziel so realistisch formulieren, daß Erwartung und Ergebnis auf Dauer nicht voneinander abweichen. Andernfalls verfestigt sich das Mißerfolgserlebnis.
- Die Komplexität und Differenzierung der Beobachtung von Training / Wettkampf soll immer der eigenen Fragestellung angepaßt sein.
- Der Trainer benutzt quantitative und qualitative Analysen zur Prüfung seines Konzeptes.

Literatur

77; **169**; **190**; **206**; **207**.

HANSA
FOTO
BSC
SATURN
14
KÖLN
10
BSC
SATURN
KÖLN

9 Taktik und Strategie

Günter Hagedorn

9.1 Begründung

Bereits bei der «Handlungsstruktur des Sportspiels» (vgl. bei 2.3) wurde zwischen Taktik und Strategie unterschieden. Das hat in der Basketball-Literatur bereits Tradition (vgl. HAGEDORN/VOLPERT/SCHMIDT 1972a; HAGEDORN/NIEDLICH/SCHMIDT 1980). Wohl unter dem Einfluß der mathematischen Spieltheorie (v. NEUMANN/MORGENSTERN 1943) wurden andernorts die Begriffe beinahe beliebig ausgetauscht, so daß oftmals von Strategien gesprochen wird, wo wir zur Unterscheidung offenbar verschiedener Phänomene den Begriff der Taktik bevorzugen (vgl. MIETHLING/PERL 1981).
Inzwischen haben beide Begriffe Eingang in das Sportwissenschaftliche Lexikon (RÖTHIG 1983) gefunden. Allerdings werden sie in der Fachliteratur noch diskutiert (vgl. HAHN 1984). Was wird mit den Begriffen bezeichnet?
Taktik bezeichnet «ein System von Handlungsplänen und Entscheidungsalternativen, das unter begrenzter Zielvorstellung einen kurzfristigen Handlungszusammenhang so zu regeln gestattet, daß ein optimaler sportlicher Erfolg gegenüber dem (den) Gegner(n) möglich wird» (HAGEDORN 1983d, 397). Ein *kurzfristiger Handlungszusammenhang* ist z. B. ein Wettkampf, auf dessen unterschiedliche Rahmenbedingungen (z. B. Heimvorteil, Zuschauer, Schiedsrichter), Gegner und Situationen sich Spieler und Mannschaft taktisch einstellen. Sie tun das im Vorgriff (Antizipation) und im Spielverlauf (Ad-hoc-Modifikation). Dabei rufen sie die für die jeweilige Anforderungssituation angemessenen Planebenen des allgemeinen (vgl.

bei 2.3) oder des spieltaktischen Verhaltens ab (vgl. Kap. 4–6). Als begrenzte *Zielvorstellung* sind dabei das geplante Wettkampfresultat anzusehen, also der (hohe, knappe) Sieg oder die erträgliche Niederlage, aber auch abgeleitete Teilziele, z. B. die Durchsetzung eines Spielsystems, das Ausschalten eines überragenden Gegenspielers, die erfolgreiche Bekämpfung des gegnerischen Spielkonzepts.
Der Erfolg des taktischen Verhaltens hat dabei zwei Seiten. Die eine Seite bilden die subjektive Erfolgserwartung und die Erfolgsgewißheit; hier spielt die Leistungsmotivation hinein als Hoffnung auf Erfolg oder Furcht vor Mißerfolg (vgl. bei 3.8). Die andere Seite der gleichen Münze ist die objektive Erfolgswahrscheinlichkeit, die sich aus dem Zusammenspiel von vorgegebenen, unmittelbar nicht beeinflußbaren Einflußgrößen ergibt. Dazu zählt u. a. die Spielstärke des Gegners. Aus taktischer Sicht liegt dann ein Erfolg vor, wenn die Erfolgsvoraussage (Prognose) und das Wettkampfergebnis (Resultat) weitgehend übereinstimmen. Bei optimalem Erfolg übersteigt das Resultat deutlich die Prognose (vgl. auch bei 8.3; 8.6).
Im Taktiktraining (vgl. bei 8.3.5) werden taktisches Denken, Verhalten und Handeln wettkampfbezogen trainiert.
Auch bei der *Strategie* sprechen wir von einem geregelten System von Handlungsplänen und Entscheidungsalternativen, das allerdings «mittel- und langfristig auch (Spiel- und Wettkampf-)übergreifende Einflußgrößen ... in die Planung einbezieht, so daß neben den sportlichen Erfolgen auch längerfristige Entwicklungsziele verwirklicht werden können» (HAGEDORN 1983e, 390). So verfolgen Schulen und Vereine, Verbände und der Bund ihre eigenen Strategien, z. B. hinsichtlich Talentsuche und -förderung, bezüglich ihrer sportlichen Organisation, Repräsentation und Werbung für Basketball, schließlich der Rekrutierung von Spielmannschaften unterschiedlicher Leistungsstärke. Das oben (3.10) entwickelte «Sportliche Konzept eines Vereins» darf als eine solche Strategie gelten.
Strategien haben es mit unterschiedlichen *Einflußgrößen* sportlicher und außersportlicher Art zu tun. Hier spielen letztlich alle Einflüsse hinein, die in unserer technisierten Industriegesellschaft maßgeblich sind: Ökonomische und ökologische (Wo kann ein Freiplatz für Breitensport gebaut werden? Was darf er kosten?), organisatorische (Wer plant was; wer kontrolliert Durchführung und Nutzung?) und politische (Welchen Stellenwert haben kreative Freizeit und Gesundheit? Dürfen Freiplätze ‹laut› sein?). Diese ‹Öropol-Regulation› ist Gegenstand der Strategie (vgl. auch bei 2.3; 3.9; 8.1).
Strategisches Denken reicht somit über Basketball hinaus; es wird nicht im sportlichen Training vermittelt. Strategen des Basketball wissen, wie eine Abteilung aufgebaut, ein Verein geführt und die Leistungsspitze langfristig gefördert wird. Aber woher wissen sie das? Hier dürften gesunder Menschenverstand (als Lebenserfahrung?), Intuition und eine einschlägige be-

rufliche Ausbildung zusammenwirken. Deshalb gehören Manager, Wirtschaftler und Juristen in die strategische Planung und Führung des Sports. Ob sie gute Strategen werden, das erweist sich in der Strategie-Praxis.

In den nachfolgenden Kapiteln werden folgende für die Praxis im Basketball besonders wichtige Themen behandelt: der Umgang mit den Spielregeln aus taktischer Sicht, hier belegt an der Foulregel, und die an sich bereits spannungsgeladene Rollenbeziehung Spieler–Trainer–Schiedsrichter.

Literatur

209; **212**; **216**; **614**; **615**; **626**; **628**.

Günter Hagedorn

9.2 Spielregeln und Taktik

Schlagwörter

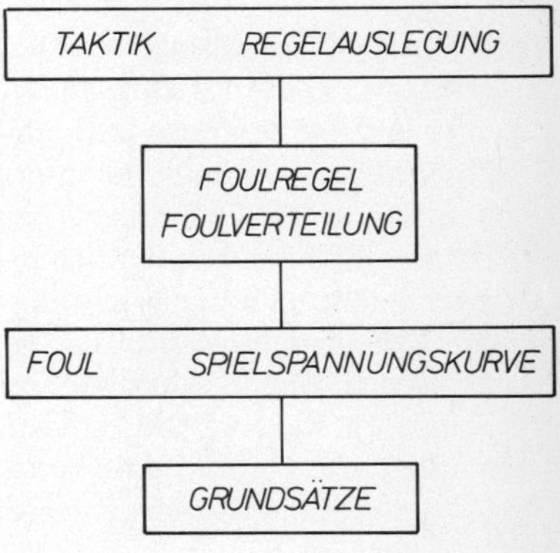

1 Taktik als Kunst der Regelauslegung; Konstitutiv-, Regulativ-Regeln, Spielraum der Regeln, Spielregeln als Vereinbarungen.
2 Taktik = Handlungsmöglichkeiten, Umgang mit Regeln (Placet-, Veto-, Sanktionen-Regeln).
3 Foulregel; Foulverteilung über die Spielzeit; Unterschiede bei nationalen, internationalen, Heim- und Gastmannschaften; Gipfel-, Sattelpunkte (Extremwerte).
4 Spannungsverlauf, beeinflußt durch Spieler, Schiedsrichter, Zuschauer, Trainer.
5 Grundsätze: Stabilität, Bonus, Einstellung, Verhaltenskontrolle.

Erläuterungen

1 Ohne Spielregeln gibt es keine Taktik; denn Taktik ist immer auch die ‹*Kunst der Regelauslegung*›, letztlich zugunsten des eigenen Spielerfolgs. Gemeint sind hier die Regeln, die das Basketballspiel seit Naismith ausmachen. Wir müssen dabei zwei verschiedene Regelbereiche unterscheiden:

– *Konstitutiv-Regeln:*
  Sie legen die Rahmenbedingungen (Spielfeld, Ball, Mannschaften), die Handlungsmöglichkeiten der Spieler (Dribbeln, Körperkontakte) und die Wertung (Korbwurf, Freiwurf, Sieger) fest;
– *Regulativ-Regeln:*
  Diese sagen, was erlaubt ist (Placet-Regeln: «Der Ball kann ...»), was verboten ist (Veto-Regeln: «Der Ball darf nicht ...») und wie Verstöße gegen Verbote geahndet werden (Sanktionen-Regeln: «Ein Foul wird mit ... bestraft.»)

Spieler, Schiedsrichter und Trainer bewegen sich fortgesetzt im Rahmen dieser Regeln. Diese haben ihren Ursprung in der Grundidee ihres Erfinders Naismith, haben sich aber im Verlauf der Entwicklung des Basketballspiels z. T. erheblich geändert (vgl. bei 2.2). Die fortgesetzte Überarbeitung der Regeln ist deshalb im Basketball notwendig, weil sie Handlungsmöglichkeiten offenhält, zum anderen weil die Regeln selbst zum Gegenstand taktischer Spekulationen werden. Das betrifft alle am Spiel Beteiligten, die Spieler («Was steckt denn noch drin?»), die Schiedsrichter («Ich bin unparteiisch, aber der soll sich vorsehen!») und die Trainer («Spielregeln? Das sind die Schiedsrichter.»).
Physikalische Naturgesetze beruhen auf dem Zusammenspiel von Materie und Energie. Diese Gesetze galten schon zu Zeiten der Babylonier und Ägypter und werden noch nach uns gelten. Die Regeln des menschlichen Spiels wurden vereinbart und unterliegen allen Mißverständnissen wie alle menschlichen *Vereinbarungen*. Regeln haben einen *Spielraum*, der Freiheiten gewährt. Sie können behutsam oder radikal genutzt werden. Die gesamte Spielsituation, das jeweilige ‹Spielklima›, also Spieler und Gegenspieler, Schiedsrichter und Trainer, Zuschauer und der ‹Marktwert› des Spiels, entscheiden darüber, wie weit oder wie eng die Spielräume der Regeln ausgelegt werden. Dieses Klima ist nur in Teilen voraussagbar. Es gehört deshalb zur Regel-Taktik von Spielern und Trainer, dieses Klima zum Zweck des eigenen Erfolges zu gestalten.

2 Im Hinblick auf die Spielregeln hat Taktik zwei Seiten. Die eine wird beschrieben durch die taktischen *Handlungsmöglichkeiten* der Spieler, also ihre Individual-, Gruppen- und Mannschaftstaktik. Einige Beispiele, die das erläutern sollen:

– Mit welcher Täuschung kann der Angreifer seinen Gegenspieler ‹verladen›?

- Wie kann die körperliche Überlegenheit des eigenen Zenters am besten für den Angriffsrebound genutzt werden?
- Mit welchem Verteidigungssystem hat der Gegner die größten Schwierigkeiten?

Die andere Seite der Taktik ist der *Umgang mit den Regeln*, die das Spielhandeln regulieren; sie erlauben, sie verbieten, sie bestrafen. Aber diese Formulierung ist falsch. Die Regeln sind eine Art Maß, mit dessen Hilfe die Schiedsrichter Verhalten und Handeln von Spielern und Trainern auf Regelübereinstimmung hin überprüfen. Somit erlauben, verbieten und bestrafen letztlich die Schiedsrichter. Aber auch das ist nur in den Grenzen richtig, die die Manipulierbarkeit der Schiedsrichter setzen. Der ‹Heimschiedsrichter› erlaubt, verbietet und bestraft, was das heimische Publikum, Heimmannschaft und Heimtrainer fordern, erlauben und belohnen.

3 Wir wollen an dieser Stelle die *Foulregel* zum Gegenstand unserer taktischen Überlegungen und Handlungen machen. Dies hat eine Reihe einleuchtender Gründe:

- Die Foulregel verdeutlicht am besten die Grundidee des Basketballspiels: ‹Spiele den Ball, niemals den Mann!›; der Gegenspieler ist tabu gegenüber allen körperlichen Attacken;
- die Foulregel beschneidet deshalb in radikaler Weise die Spielzeit der Spieler, die gegen diese Regel verstoßen: Nach fünf Fouls folgt das endgültige Aus;
- die Foulregel gibt den Schiedsrichtern eine fast unbegrenzte Macht über die Spielerwartungen der Spieler;
- über das Foul im Basketball liegen Untersuchungen vor.

Wir wollen diese Untersuchungen und ihre wichtigsten Ergebnisse kurz darstellen. Wir zitieren NABER (1972), der an einer ungenannten Stichprobe zum erstenmal die *Verteilung von Fouls* untersuchte. Er bildete Minuten-Intervalle und kam zu einer dramatischen Verteilung (siehe Abbildung 1). Er führte den sprunghaften Anstieg der Foulhäufigkeit gegen Ende jeder Halbzeit zurück auf ein «Nachlassen der Körperbeherrschung auf Grund der Ermüdung, erhöhte Spannung im Hinblick auf das Spielende sowie veränderte taktische Einstellung» (1972, 69). Eine andere Untersuchung (U 2) an nationalen und internationalen Spitzenmannschaften von 1964–1974 (HAGEDORN 1976) erbrachte eine zum Teil erheblich andere Foulverteilung (siehe Abbildung 2). Hier wurde nicht mehr ‹spielerimmanent› gedeutet, sondern die foulentscheidende Instanz Schiedsrichter mit einbezogen. Sicherlich steigt ‹objektiv› gegen Ende der zweiten Halbzeit die Foulzeit, und sie zeigt zu Beginn der zweiten Halbzeit den tiefsten Stand. Aber Ursache dieser Verteilungsschiefe beim regelwidrigen Foul können Spieler und Schiedsrichter sein; denn unter Entscheidungsdruck stehen beide.

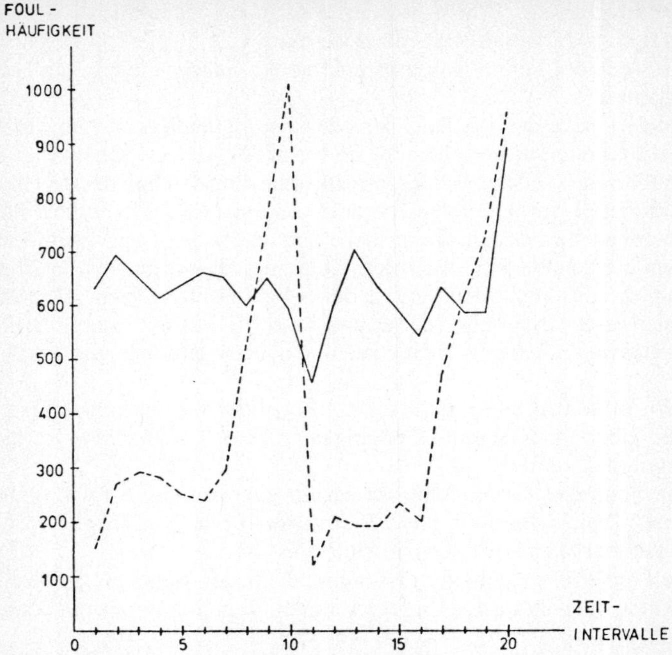

Abb. 1: Häufigkeitsverteilung von Foulentscheidungen im Basketball bei zwei Untersuchungen über 2-Minuten-Intervalle (NABER = unterbrochene, U 1 = geschlossene Linie)

Zwei Einsichten sind in diesem Zusammenhang bedeutsam. Untersuchung 2 erbrachte Unterschiede zwischen nationalen und internationalen Spielen und zwischen Heim- und Gastmannschaften:
National fallen zunächst mehr Foulentscheidungen gegen den Gast; diese werden zudem häufiger mit Freiwurf als beim Gastgeber geahndet; erst gegen Ende der zweiten Halbzeit kehrt sich das Verhältnis um; nun fallen mehr Foulentscheidungen gegen die Heimmannschaft. Dies ist international tendenziell eher ‹seitenverkehrt›: Erst werden beim Gastgeber (erste Halbzeit), dann beim Gast (zweite Halbzeit) mehr Fouls gepfiffen.
Eine Folgeuntersuchung (HAGEDORN 1980b) anhand von 100 Bundesligaspielen aus den Jahren 1974–1976 (U 2) bestätigte in der Grundtendenz folgende Foulverteilung. Es darf als gesichert gelten, daß
– zu Spielbeginn sehr bald die Foulzahl steigt;
– die Foulzahl zu Beginn der zweiten Halbzeit einen Tiefpunkt hat;

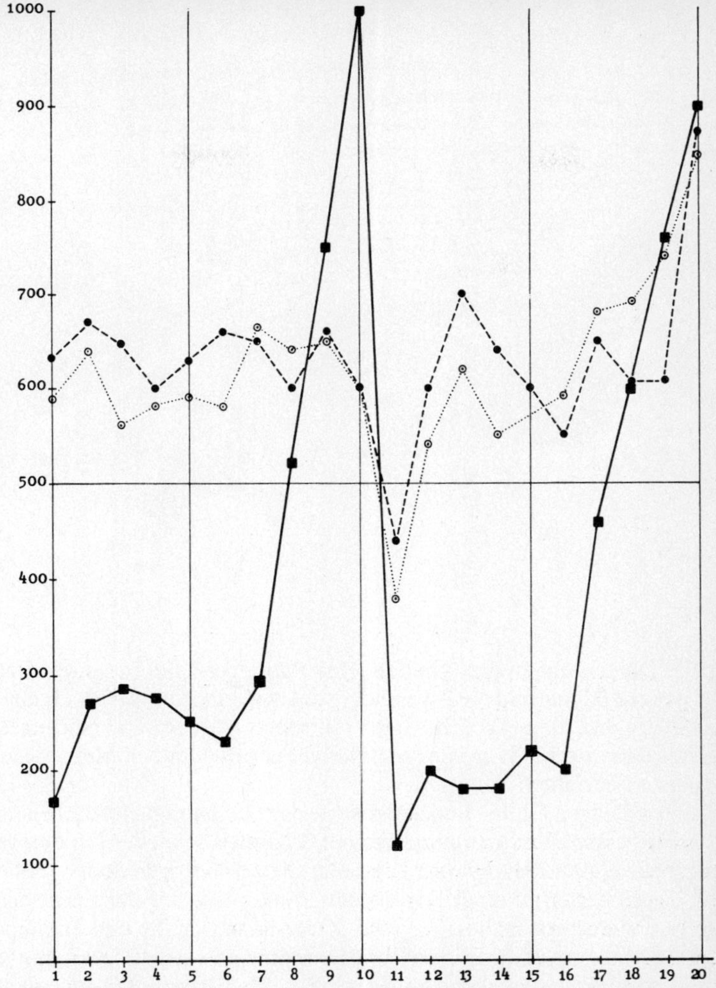

Abb. 2: Häufigkeitsverteilung von Foulentscheidungen im Basketball bei drei Untersuchungen

- die höchste Foulzahl am Ende der 2. Halbzeit liegt;
- die Heimmannschaft eine generell größere Erfolgsaussicht hat; denn sie erzielt nicht nur mehr Punkte (im Mittel), sondern ihre Spieler scheiden auch später als die des Gastes durch erreichte Foulhöchstzahl aus.

4 Die Daten können dabei helfen, eine *Foulregel-Taktik* zu entwickeln. Zwei andere Hilfen sind die Psychologie des Schiedsrichters (vgl. Heisterkamp 1975) und die praktische Spielerfahrung. Wir wollen versuchen, sie im Sinne einer Verbindung von quantitativer und qualitativer Methode aufeinander zu beziehen.

Die überzufälligen Gipfel- und Sattelwerte der Foulhäufigkeitskurve lassen auf einen bestimmten *Spannungsverlauf* des Spiels schließen, in den vermutlich alle Entscheidungs- und Einflußgrößen einbezogen sind:

Die *Spieler* starten in einer Art Orientierungsphase auf der Suche nach Stabilität; sie erproben, was möglich (Gegenmannschaft) und erlaubt ist (Schiedsrichter). Auf diese ‹nervige› Phase folgt eine erste Beruhigung (erster Sattelpunkt), und dann folgen Gipfel- und Tiefpunkte in beinahe rhythmischem Wechsel. Der Tiefstpunkt nach der Halbzeitpause signalisiert vielleicht die äußerste Konzentration, mit der der Halbzeitstand korrigiert oder gehalten und die Entscheidung zu eigenen Gunsten gestaltet werden soll. Für gewöhnlich kulminiert die Spannung gegen Ende der zweiten Halbzeit, verbunden mit steigender physischer Ermüdung und nachlassender Konzentration.

Die *Schiedsrichter* wollen sich häufig sofort Autorität verschaffen und folgen damit eher unbewußt als bewußt dem ‹Gesetz des ersten Eindrucks›,

nach dem die erste Wahrnehmung, hier der erhoffte Eindruck kraftvoller Entscheidungsfähigkeit, haften bleibt. Damit soll die Generallinie für das gesamte Spiel festgelegt werden. Schiedsrichter halten diese harte Linie nicht durch; sie gefährdet das Spiel. Spieler und Trainer wissen das und stellen sich darauf ein: Sie warten die ‹Wende› gelassen ab. Wie erklärt sich der Sattelpunkt anfangs der zweiten Halbzeit? Vielleicht bekommt den Schiedsrichtern die Halbzeitpause am wenigsten; sie übersehen womöglich grundsätzliche Verstöße, so daß sich eine aggressive Spannung bei Spielern, Zuschauern und Trainern aufbaut, die sich in größerer Foulzahl niederschlägt. Steigt am Ende wieder die Aufmerksamkeit der Schiris, oder folgen sie hier – in Verbindung mit der Verhaltenstendenz der Spieler – dem ‹Gesetz des letzten Eindrucks›? Jedenfalls kulminiert hier die Foulentscheidungstendenz: (national) gegen die Heimmannschaft, deren Sieg in der Mehrheit der Fälle bereits feststeht.
Die *Zuschauer* reagieren auf Foulentscheidungen mit ihren Sanktionen: Sie loben (verstärken) Entscheidungen für, sie verdammen Entscheidungen gegen ihre Mannschaft. Damit manipulieren sie fortgesetzt die Foulstatistik, freilich auch manchmal mit gegenteiligem Effekt. ‹Schiris› mit einer ‹Durchsetzungsmentalität› verbiestern unter dem Druck; sie nehmen sich selbst dann am besten in der Rolle des ungerecht leidenden Gerechten wahr. Allgemein dürfen wir vermuten, daß Zuschauer wie Spieler den größten Genuß dabei empfinden, selbst Ursache der Spielspannungskurve zu sein, um den Spielausgang in ihrem Sinne zu bestimmen. Auch sie wollen hinsichtlich ihrer eigenen Erwartungen erfolgreich sein (vgl. dazu bei 8.3; 8.6).
Und die *Trainer*? Aus ihrer Sicht liest sich die Foulstatistik oftmals wie eine Prozeßakte, in der sie selber zugleich Kläger und Angeklagter sind. Mit jedem Foul gegen die eigene Mannschaft kann deren Siegesaussicht schwinden, die der Gegenmannschaft steigen, und umgekehrt. Gemäß ihrer Rolle sind sie letztlich für alles verantwortlich, also auch für die gegen ihre Spieler verhängten Fouls («Du mußt eben mehr Druck auf die Schiris machen! Lauter protestieren! Heftiger gestikulieren!»). Neben diesem ‹Psychoterror› hat der Trainer allerdings noch eine Reihe anderer taktischer Mittel im Umgang mit den Fouls, die die eigenen und die gegnerischen Spieler begehen oder nicht begehen, die die Schiedsrichter pfeifen oder übersehen.

5 Für den taktischen Umgang mit dem Foul gibt es einige besonders wichtige Grundsätze:
- die Foultaktik soll der eigenen Mannschaft Sicherheit, Überlegenheit und Siegeszuversicht geben, die Gegenmannschaft verunsichern; (*Grundsatz der Stabilisierung*);
- die Foultaktik geht von der Annahme aus, daß tendenziell früher und

häufiger gegen den Gast und den Klassenneuling auf Foul entschieden wird, während Heimmannschaften und die Etablierten einen Schonungsbonus genießen (*Bonus-Grundsatz*);
- die Foultaktik geht von der Auffassung der jeweiligen Schiedsrichter und Gegenspieler aus und führt zu einer bestimmten Einstellung; (*Grundsatz der situativen Einstellung*),
- die Foultaktik bezieht das mögliche aggressive Foul eines Gegenspielers (= absichtliche Verletzung) in die Trainingsvorbereitung mit ein als ‹psychischen Überlast-Stress›; (*Grundsatz der Verhaltenskontrolle*).

Soll demnach ein Trainer mit seiner ‹ersten Fünf› so lange spielen, bis ein Spieler ausgefoult ist, oder soll er am Anfang und Ende des Spiels seinen ersten, somit vermutlich besten ‹Fünfer› auf dem Spielfeld haben? Beides ist sinnvoll und wird praktiziert. Bedingung: Die eigene Mannschaft kennt die Wechseltaktik und lernt durch Umgang mit ihr Möglichkeiten und Grenzen kennen. Die erste Taktik lastet dem Wechselspieler die volle Verantwortung auf; aber wenn er Pech hat, z. B. wenn die ersten Fünf sich schonen, kommt er nicht zum Einsatz. Es ist das eine Alles-oder-nichts-Taktik aus Sicht der Bankspieler. Im zweiten Fall kommt der Wechselspieler früh, aber er hat den gewechselten Mitspieler ‹im Nacken› und weiß, wenn er nicht einschlägt, drückt ihn sehr schnell wieder die Bank. Er wird vermutlich mit weitaus größerem Foulrisiko spielen, um sich zu beweisen, als der Alles-oder-nichts-Wechselspieler. Der Einzelfall kann natürlich solche Grundsätze vorübergehend außer Kraft setzen.

Merke

- Taktik ist immer auch die ‹Kunst der Regelauslegung›. Dabei kommt dem Spielraum der Konstitutiv- und Regulativ-Regeln und seiner Interpretation besondere Bedeutung zu.
- Taktik umfaßt einerseits die individual-, gruppen- und mannschaftstaktischen Handlungsmöglichkeiten der Spieler, andererseits den situativen Umgang mit den Regeln.
- Das Beispiel der Foulregel zeigt, daß die Schiedsrichterentscheidungen eine wechselnde, ungleichförmige Verteilung über die Gesamtspielzeit aufweisen. Foulentscheidungen unterscheiden sich hinsichtlich nationaler und internationaler Spiele und zwischen Heim- und Gastmannschaften.
- Die Foulverteilungskurve spiegelt die Spielspannungskurve wider, an deren Gestaltung Spieler, Schiedsrichter, Zuschauer und Trainer mitwirken, wenngleich mit unterschiedlicher Macht.

- Die Foultaktik wird u. a. durch die Grundsätze bestimmt, daß sie die eigene Mannschaft stabilisiert, daß Heim- und Traditionsmannschaften einen Bonus bei den Schiedsrichtern besitzen, daß stets eine situative Einstellung auf Schiedsrichter und Gegenspieler erfolgt und daß die Verhaltenskontrolle gegenüber gegnerischem Foulspiel trainiert werden muß.

Literatur

186; **192**; **232**; **402**.

Dieter Niedlich

9.3 Beziehung Spieler – Trainer – Schiedsrichter

Schlagwörter

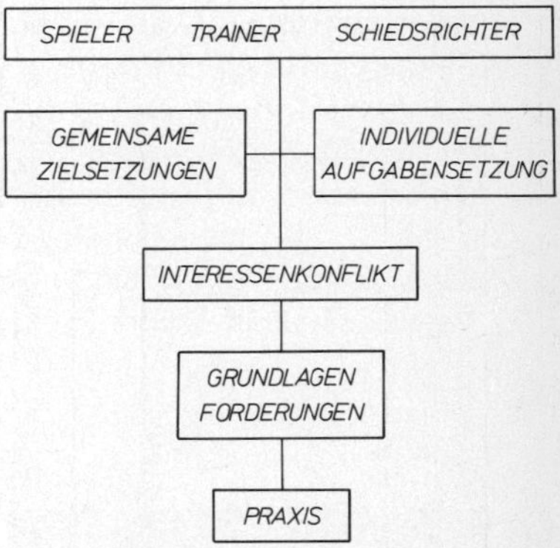

[1] Gemeinsame Zielsetzungen: Schnelligkeit und Geschicklichkeit des Basketballspiels; Gefahren erkennen.
[2] Individuelle Zielsetzungen: Schiedsrichter: Exekutive; Trainer: Technik und Taktik; Spieler: Präsentation.
[3] Interessenkonflikt: Spieler / Trainer: Kenntnisse, Regeln ausschöpfen, Erfindungskraft, Fortschritt, Sieg; Schiedsrichter: Gesetzeshüter, Kenntnisse, Autorität; mangelndes Vertrauen.
[4] Forderungen: Schiedsrichter: kein Verwalten, Zweck der Regel; Trainer: richtige Regeln vermitteln; Spieler: Schiedsrichter hat recht, Hand erheben.
[5] Praxis: fünf schwierige Situationen; Interessenorganisation, gemeinsame kooperierende Lehrgänge; Schiedsrichter ins Training; auf Schiedsrichter einstellen; Fortschritt aus neuen Regeln.

Erläuterungen

1 Gemeinsame Zielsetzungen

Drei Persönlichkeiten erfüllen das Basketballspiel mit Leben: Spieler, Trainer und Schiedsrichter. Im Sinn guter Basketballtradition (schon bei NAISMITH 1892, 1975) werden Verhalten und Beziehungen dieser Drei durch Regel IX und insbesondere Artikel 76 der Basketballregeln definiert (DBB 1980, 36).
Für einen guten Spielverlauf wird von ihnen die ganze und aufrichtige Zusammenarbeit im Geist sportlicher Haltung und Fairplay gefordert. Sie müssen denken, arbeiten und spielen im gleichen Geist für die Einheit des Spiels (COLBECK/JONES u. a. 1972, 205).
Um das Spiel in seiner Struktur zu erhalten, ist die Kenntnis des Spiels und seiner Entwicklung Voraussetzung. Das Basketballspiel als Sport muß Spielern wie Zuschauern gefallen und Spaß machen (vgl. NAISMITH 1892, 1975; CAILLOIS 1971; WOODEN 1980).
Da taktische Überlegungen das Spiel nicht zerstören dürfen, müssen auf der Suche nach den *Möglichkeiten* des Basketballspiels auch die *Gefahren* erkannt sein, die sich im besonderen im ‹Kampf› zwischen Trainern und Spielern einerseits und Schiedsrichtern andererseits zeigen:
- Tendenz zu Riesen, Kraft und Härte, Ballhalten (in eigenen Reihen);
- taktische Fouls (vgl. FFBB o. J., 4; COLBECK/JONES u. a. 1972, 198).

2 Individuelle Zielsetzungen

Der *Schiedsrichter* ist beauftragt, das Spiel zu leiten, indem er alle Regelverletzungen, -übertretungen und Fouls, die die Spieler begehen, anzeigt (COLBECK/JONES u. a. 1972, 205). Er bildet die Exekutive für die durch die Legislative, nämlich Technische Kommission und Central Board der

FIBA, vorgegebenen Regeln. Der Schiedsrichter sorgt für die Erhaltung der wesentlichen Prinzipien des Spiels und die strikte Interpretation der Regeln (COLBECK/JONES u. a. 1972, 197).
Der *Trainer* hat die Aufgabe, den Spielern die Technik zu vermitteln und sie auf dem Spielfeld taktisch einzustellen.
Der *Spieler* ist aufgefordert, das Spiel zu präsentieren, indem er auf dem Feld die Lehren der beiden anderen realisiert (FFBB o. J., 17).
Ziel von Trainer und Spielern ist es, durch ihre Interpretation (ihre Spielweise) von Spielidee und Regeln, insbesondere der veränderten und neuen, das Spiel zu realisieren und den Sieg zu erringen (Unentschieden ist nicht vorgesehen; DBB 1980, 20).

3 Interessenkonflikt und Störungen

Das Leben innerhalb dieser Trilogie wird schwierig, wenn das persönliche vor dem allgemeinen Interesse vorrangig wird. Die Spielpraxis macht es klar, daß Trainer wie Spieler alles Mögliche versuchen, den Sieg zu erzielen und dabei nicht immer im Geist des Spieles handeln und den Regeln eine besondere *Interpretation* auferlegen. Man darf aber nicht verkennen, daß Trainer und Spieler geradezu heraus- und aufgefordert sind (besonders nach neuen Regeländerungen), alles zu nutzen und zu versuchen, was die Regel erlaubt. Sie geben dem Spiel neue Impulse, erfinden neue Techniken (z. B. Sprungwurf) und Taktiken (z. B. Doppeln oder Wurfschirm) und bringen damit den *Fortschritt* des Spiels voran. In einem solchen Fall führen dann Regel- und Taktikkenntnisse, gepaart mit Phantasie und Erfindungskraft, zum Sieg.
Unkenntnis von Regeln und deren Interpretation, besonders bei den Spielern, können zu Streitigkeiten und sogar völligem Unverständnis zwischen den verschiedenen Akteuren führen. Andererseits droht Gefahr für das Spiel durch ‹clevere› Trainer, die durch geschicktes Ausnutzen des Interpretationsspielraumes und ‹Besserwissen› der Regeln (besser als Gegner und Schiedsrichter), diese zu ihrem Vorteil ausnutzen, weil sie den Sieg um jeden Preis wollen (NIEDLICH 1978, 81). Die Rolle des Coachs/Trainers muß daher kritisch gesehen werden, zumal es bis etwa 1940 keinen Coach am Spielfeldrand gab; erst seit Beginn der 50er Jahre wird er in den Regeln erwähnt (JONES 1971). Im modernen Basketball sind Trainer und Coach zu einer Funktion zusammengewachsen.
Der Schiedsrichter als Gesetzeshüter hat eine konservative Rolle inne, was ihn aber nicht von der Pflicht entbindet, auf dem neuesten Stand der Regelinterpretation zu sein. Die FIBA nennt drei Gründe, wenn Schiedsrichter zur Schädigung des Spiels beitragen. Die Schiedsrichter lassen sich oftmals die Interpretationen von Trainern aufdrängen aus Mangel an technischen *Kenntnissen*, aus Mangel an Vorbereitung oder aus Mangel an *Autorität* (COLBECK/JONES u. a. 1972, 205). Im Sinn der Spielidee zu handeln, ver-

langt auch vom Schiedsrichter, nicht stur an den Regeln festzuhalten, sondern etwa einen Vorteil gelten zu lassen oder bei unbeabsichtigten Regelverletzungen nicht gleich ein technisches Foul zu geben. Eine häufige Störgröße tritt dann ein, wenn der Schiedsrichter nie selber als Spieler aktiv Erfahrungen gesammelt hat und nicht situationsentsprechend pfeift.
Die entscheidende Störung erwächst aber weder durch die Regeln noch deren Interpretation, sondern ist ein Resultat der Regelverwaltung durch die Schiedsrichter und der mangelnden Fähigkeit der Trainer, die Regeln ihren Spielern entsprechend zu vermitteln (WOODEN 1980, 405). Das Hauptproblem liegt also im mangelnden gegenseitigen *Vertrauen*, oft sogar in gegenseitigen Unterstellungen und Denunzierungen.

4 Grundlagen und Forderungen

Im Sinn eines guten Spielverlaufs müssen die drei ‹Persönlichkeiten› des Spiels die Ziele und Einstellungen der anderen kennen und verstehen.
Der *Schiedsrichter*
- muß in guter konditioneller Verfassung sein und die Schiedsrichtertechnik (z. B. Handzeichen) beherrschen;
- muß die Technik (z. B. bestimmte Schrittfolgen, Wurftechniken) und Taktik des Spiels (z. B. Standardsituationen wie Rebound, Blockstellungen, Aufstellungen) kennen;
- die unterschiedlichen Charaktere von Trainern und einzelnen Spielern beachten;
- darf aus dem Schiedsrichtern nicht ein Verwalten der Regeln machen (WOODEN 1980, 405);
- muß beim Schiedsrichtern neben der Regel den Zweck der Regel im Kopf haben;
- darf mit Trainern und Spielern im Spiel nicht vertraulich werden;
- muß den Spielern bei der Interpretation der Regeln helfen;
- muß die Anstrengungen, den Sieg zu erringen, respektieren.

Der *Trainer*
- muß die Autorität des Schiedsrichters anerkennen und unterstützen, besonders auch zusammen mit seinen Spielern;
- muß die Schiedsrichtertechnik kennen;
- muß den Spielern die richtigen Regeln und ihre richtige Interpretation vermitteln und nicht, wie man sie am besten umgehen kann;
- darf die Integrität des Schiedsrichters nicht in Frage stellen, muß ihm aber wie den Spielern Gefühle zugestehen.

Der *Spieler*
- muß die Gesetze des Basketballspiels respektieren und damit selbst erkennen, daß der Schiedsrichter (immer) recht hat, er darf gegen die Entscheidungen nicht protestieren;
- muß bei einem Foul seinen Fehler eingestehen und dieses nicht nur an-

schreiben lassen, sondern sofort seine Hand über seinen Kopf erheben (DBB 1980, Art. 66, S. 31);
- darf über den Mannschaftskapitän Fragen an den Schiedsrichter richten;
- muß verstehen lernen, daß die Entscheidungen des Schiedsrichters persönliche Beurteilungen sind, die in Bruchteilen von Sekunden erfolgen müssen (Wooden 1980, 404).

5 Praxis

Schwierige Situationen

Spielsituationen, in denen der Schiedsrichter blitzschnell urteilen (Blitzurteil) muß, führen am häufigsten zu Unstimmigkeiten zwischen Schiedsrichter und Trainer; zumal wenn Position und Blickwinkel verschieden sind. Wooden (1980, 405) nennt fünf Situationen (im amerikanischen Basketball), bei denen es bei der Beurteilung besonders häufig zu Schwierigkeiten kommt: Rempeln (Charging) und Blockieren; Schrittregel; Bewegungen und Spielen des Balles am Ring; Sprungball-Verletzungen und Fouls; Freiwurf-Verletzungen und Fouls.

Organisationen

Um diese unterschiedlichen Regelinterpretationen und andere Probleme zu lösen, hat die FIBA die Technische Kommission und das Central Board eingesetzt. Jährlich und turnusgemäß alle vier Jahre bei Olympia werden Konferenzen über die Entwicklung des Basketballspiels und seiner Regeln abgehalten, an denen im Prinzip alle drei am Spiel beteiligten ‹Persönlichkeiten› Schiedsrichter, Trainer und Spieler in gemeinsamer Anstrengung teilnehmen. Das schwächste Glied sind dabei die Spieler. Obwohl viele Trainer (und auch Spieler) ihre Tätigkeit beruflich ausüben, sind erst sehr wenige seit kurzem in einem Interessenverband organisiert. Die Trainer sind im Verband Deutscher Basketball Trainer (VDBT, Sitz: Hagen/Berlin) organisiert. Eine straffe Organisation hat, insbesondere hinsichtlich des Einsatzes, das Schiedsrichterwesen vorzuzeigen. Zwar hat der Deutsche Basketball Bund in seinen Ausbildungs- und Prüfungsordnungen fachübergreifende und interdisziplinäre Ziele und Inhalte gesetzt; was fehlt, sind echte kooperierende Seminare und Lehrgänge zwischen Schiedsrichtern und Trainern/Spielern, mit echtem Gedankenaustausch (Cousy/Power 1970, 11), die fester Bestandteil der Aus- und Weiterbildung sind.

Wettspiel und Training

Es ist eine alte, aber selten realisierte Forderung, daß der Schiedsrichter auch am Training der Mannschaft teilnehmen sollte. Schiedsrichter, zumindest aus demselben Verein, sollten vor der Saison den Spielern die neuen Regeln erklären und besonders schwierige Fälle (s. o.) wie Zenterbewegungen, Schritt- und 3-Sekunden-Regel erläutern und mit Spielern und

Trainern durchsprechen. Um im Training dieselben Bedingungen wie im Wettkampf zu haben, ist es nützlich, im Training Spiele unter Leitung von Schiedsrichtern regulär durchführen zu lassen.
Im Spiel selbst müssen besonders die Spieler lernen, sich auf den Schiedsrichter einzustellen, wenn dieser eine äußerst strikte Auslegung der Foulregel (jeder Kontakt ein Foul) oder strittige Interpretation der Schrittregel anwendet.

Merke

- Spieler, Trainer und Schiedsrichter sind verpflichtet, für die Einheit des Spiels zusammenzuarbeiten und dabei die Attraktivität des Spiels zu erhalten.
- Schiedsrichter, Trainer und Spieler haben neben den gemeinsamen individuell unterschiedliche Ziele und Aufgaben.
- Interessenkonflikt und Störungen zwischen den dreien resultieren nicht nur aus den Regeln und deren unterschiedlichen Interpretationen, sondern aus dem mangelnden Versuch, sich gegenseitig zu verstehen und zu helfen.
- Im Sinn eines guten Spielverlaufs sind bestimmte Grundlagen und Forderungen eines Verhaltenskodex an die drei zu stellen.
- Durch Teilnahme an gemeinsamen Kommissionen und Lehrgängen, an der Spiel- und Trainingspraxis können große Fortschritte für das Spiel erzielt werden.

Literatur

75; 80; 82; 125; 403; 420; 597; 618.

10 Anhang

Dieter Niedlich

10.1 Fachterminologie Basketball

Abdrängen-zur-Seitenlinie: regelgerechtes Abdrängen des Dribblers zur nächsten Seitenlinie durch den Verteidiger.

Abrollen: geplantes Weiterlaufen des Blockers zum Korb, nachdem sein Block vom Mitspieler genutzt worden ist. Vgl. Schere

Abstoppen: Abschluß einer Lauf- oder Dribbelbewegung, bei dem man mit zwei Schritten oder nach Sprung mit dem Ball in den Händen zum Stehen kommt.

Abstreifen: Vorbeischneiden oder Vorbeidribbeln eines Angreifers am Mitspieler, bei dem sein Deckungsspieler hängenbleibt.

Achterlauf: aufeinander folgende Blocks, meist Dribbelblocks, wobei die Spieler sich in Form einer liegenden Acht auf dem Spielfeld bewegen.

Achtern: sich im Achterlauf bewegen.

Angetäuschtes Übernehmen: beim Blockspiel der Angreifer ein Übernehmen antäuschen, um den Ballbesitzer zu stoppen und seinem ausgeblockten Mitverteidiger Zeit und Raum zu schaffen, um den freigeblockten Angreifer weiter zu decken.

Angriff-in-der-Überzahl: Angriff bei zahlenmäßiger Überlegenheit der ballbesitzenden Mannschaft, d. h. 5–4, 4–3, 3–2, 2–1 und 1–0. Man unterscheidet Überzahl beim Schnellangriff (durch Überlaufen) und Überzahl beim Positionsangriff (durch Hilfen, z. B. Block).

Angriffshilfen: Hilfen, die ein (bedrängter, in seinen Aktionen eingeengter) Angreifer erhält. Dazu zählen Block, Schirm, Paß.

Angriffslinien: Angriffsstaffelung in Linien, die quer zur Angriffsrichtung verlaufen. Vgl. Drei-Linien-Schnellangriff.

Angriffsrebound: Rebound, den ein Spieler der angreifenden Mannschaft am Korb des Gegners sichert.

Angriffssicherung: durch Raumaufteilung (Stellungsspiel) organisierter Schutz des eigenen Angriffs gegen überraschende Gegenangriffe, der zugleich den Angriffsrebound ermöglicht.

Angriffsspuren: Einteilung des Spielfelds in Angriffsstreifen, die parallel zur Seitenlinie verlaufen.

assist: Paß, der den Gegner überrascht und ausspielt und einen Mitspieler unmittelbar in Wurfposition bringt.

Aufbaudribbel: hohes, relativ langsames Dribbeln, während dessen der Aufbauspieler das Spiel organisiert.

Aufbauspieler: Angriffsspieler, die im Vorfeld hauptsächlich zwischen Mittellinie und Freiwurflinie spielen und deren wichtigste Aufgaben der Spielaufbau, die Angriffssicherung und der Einsatz von Zenter- und Flügelspielern sind.

Aufstellung: bestimmte Stellung aller fünf Spieler zueinander in Angriff und Verteidigung.

Aushelfen: Hilfe bei der Deckung eines Angreifers mit anschließender Rückkehr in die Position oder zum Gegenspieler.

Außenhand. Außenfuß: (1) Hand und Fuß, die sich in der Verteidigungsstellung hinten befinden und der nächsten Seitenlinie bzw. Grundlinie zugewandt sind. (2) Hand und Fuß eines Angreifers, die sich auf der dem Verteidiger abgewandten Seite befinden.

Außenspieler: Angreifer, die in ihrer Grundstellung mit Blick zum Korb spielen.

Aussperren: rechtzeitiges Einnehmen einer Stellung zwischen Korb und Mann, um den Gegenspieler vom Korb fernzuhalten und gegebenenfalls den Ball zu sichern.

Ausstieg: im Angriff eine von mehreren Stationen eines Spielablaufs, bei der abgebrochen wird, um zu einer (erfolgreichen) Zielhandlung zu kommen.

backcourt: Rückfeld

back door: Hintertür

backspin: Rückwärtsdreh des Balls

Ballbefreiung: Wegspielen des Balls durch Paß oder Dribbeln aus dem Ballungsraum (Korbnähe) der Verteidigung.

Ballhalten: taktisches Spiel, bei dem der Ball bewußt in den eigenen Reihen gehalten wird, bis sichere Wurfmöglichkeiten erspielt sind. Vgl. Verzögerungsspiel

Ballkontrolle: den Ball durch Fangen, Halten, Passen und Dribbeln im Besitz halten.

Ball-Raum-Verteidigung: siehe Zonenverteidigung

Ballseite: die Seite im Angriff oder in der Verteidigung, auf der sich der Ball befindet.

Ballsicherung: Vorgang, bei dem der vom Brett/Ring abprallende Ball gesichert wird.

ball side: Ballseite

Ballübergabe: ein- oder beidhändiger Paß, bei dem die Hand unter dem Ball liegt und dieser auf engem Raum übergeben wird.

Ballvortrag: Vorgang, bei dem der Ball aus dem Rückfeld ins Vorfeld gebracht wird.

bank shot: Brettwurf

baseball pass: Handballpaß

baseline: Grundlinie

Basketballgrundhaltung: stabiles Gleichgewicht durch leicht gebeugte Körperhaltung bei (meist) leichter Schrittstellung, aus der jederzeit sowohl gestartet als auch der Ball angenommen und kontrolliert werden kann; das Körpergewicht ist gleichmäßig auf beide Füße verteilt und liegt senkrecht über diesen.

Befreiungspaß: der erste Paß nach Sicherung des Verteidigungsrebounds aus dem Ballungsraum in Korbnähe, in der Regel zur nächsten Seitenlinie.

behind-the-back pass: Rückhandpaß

Beweglicher Block: Block, bei dem sich der Block – im Rahmen der Regeln – bewegt und dabei ein Hindernis für den Verteidiger abgibt, z. B. Dribbelblock.

Bewegter Block: regelwidriges Sichbewegen des Blockers in den ausgeblockten Spieler hinein.

Binden des Gegners: siehe Gegner binden

Birne: der Mittellinie zugewandter Bogen des Freiwurfkreises

Block: (1) vom Angreifer regelgerecht

und rechtzeitig eingenommene Position an einem Verteidiger bzw. in dessen Laufweg, die diesen daran hindert, seine Verteidigungsaufgabe zu erfüllen. (2) seltener für: passiver Block

Block-Angriff: Angriff, der besonders die Formen des Passen-und-Blocken verwendet.

blocked shot: geblockter Wurf; siehe Wurf blocken

Blocken: einen Block stellen

Blocken und Abrollen: Verbindung zweier Angriffsaktionen, um das Übernehmen in der Verteidigung zu bekämpfen.

Blockfinte: Antäuschen eines Blocks und Weiterlaufen

Blockieren: regelwidriges Behindern eines Spielers-ohne-Ball

blocking away: Aussperren

blocking out: Aussperren

Blockspiel: Spielkombination mit Block

Blockstellung: Stellung des Blockers zum Verteidiger; man unterscheidet frontale und rückwärtige Blockstellung.

Bodenpaß: ein- oder beidhändiger (Druck-)Paß, der mit besonders kräftigem Handgelenkdruck als Abpraller zum Mitspieler gespielt und für Nah- und Mitteldistanz (besonders in Richtung Korb) verwendet wird. Man unterscheidet beidhändigen Bodenpaß und Seitbodenpaß.

Bogenpaß: hohes Zuspiel im Bogen

bounce pass: Bodenpaß

box and one: kombinierte Verteidigungsform, bei der vier Verteidiger eine 2/2-Zone spielen und der fünfte einen einzelnen Angreifer manndeckt.

Brechen (des Handgelenks)*:* Nachfolgen der Hand beim Werfen, Dribbeln oder Passen des Balls.

Brettzenter: Zenterspieler, der in Betthöhe und unter dem Brett spielt. Vgl. Pivot

Brettwurf: Wurfversuch, bei dem der Ball mit Hilfe des Bretts (indirekt) in den Korb geworfen wird.

Brustpaß: beidhändiger (Druck-)Paß, der aus Brust- oder Bauchhöhe mit scharfem Druck – etwa brusthoch – zugespielt und für Mittel- und Weitdistanz verwendet wird.

BRV: Ball-Raum-Verteidigung

Buckeln: Krümmen des Rückens beim Rebound, um eine raumgreifende Haltung zu erzielen und den Ball zu schützen.

change of pace: Tempowechsel

charging: Rempeln

chest pass: Brustpaß

Coach: im deutschen Sprachgebrauch meist ein Trainer, der auch Betreuerfunktionen versieht.

continuity: Kontinuum

corner man: Angriffsspieler (Flügelspieler), der in den Ecken des Spielfelds spielt.

count: Takt

Criss-cross: Lauf mehrerer Spieler über das Feld, wobei der Ball stets diagonal zur anderen Seite gespielt wird und die Spieler, ihrem Zuspiel folgend, diagonal zur anderen Seite laufen.

cross-over shot: Verbindung von Unterhandkorbleger und Hakenwurf, bei dem die Wurfschulter in Richtung Korb gedreht wird.

cross-over step: Kreuzschritt

cut: Schneiden

cutter: Spieler, der schneidet

Decken von der Seite: Bewachen eines Angreifers, indem der Verteidiger aus der Grundposition an die Seite des Angreifers rückt, zwischen-Ball-und-Mann, um das Anspiel zu verhindern.

Decken von vorn: Bewachen eines Angreifers, indem der Verteidiger aus der Grundposition direkt vor den Angreifer rückt, zwischen-Ball-und-Mann, um das Anspiel zu verhindern.

Deckungsdreieck: siehe Rebounddreieck

Deckungsschatten: ein durch einen Verteidiger gedeckter Raum, der vom Ball aus gesehen hinter dem Verteidiger liegt.

deep man: der ‹letzte› Spieler einer Verteidigung. Er steht auf der Linie Ball–Korb und ist dem Verteidigungskorb am nächsten (‹Feuerwehrmann›).

deep position: siehe tiefe Position

defensive balance: Raumaufteilung in der Verteidigung

defensive zone: Sinkende Zonenverteidigung

delayed offense: Verzögerungsangriff, bei dem der Ball durch Ballkontrolle möglichst lange in Besitz gehalten wird, um die Führung zu behalten.

denial: Defensivtaktik mit dem Ziel, kein Anspiel an den Angreifer zuzulassen (vgl. Paßweg schneiden).

Diamant-und-1: kombinierte Verteidigungsform, bei der vier Verteidiger eine 1/2/1-Zone spielen und der fünfte manndeckt.

diamond and one: siehe Diamant-und-1

Direkter Block: ein am Verteidiger des Ballbesitzers gestellter Block.

Direkter Wurf: ein unmittelbar, ohne Brettberührung, auf den Korb geworfener Ball.

Doppelblock: Blockspiel, bei dem zwei Angreifer – meistens Zenter – eng nebeneinander eine Blockstellung einnehmen.

Doppelzenter: Angriffsspiel mit zwei Zenterspielern nebeneinander.

Doppeln: einen Angreifer durch zwei Verteidiger decken.

Doppelpivot: Angriffsspiel mit zwei Seitzentern.

Doppelpost: Angriffsspiel mit zwei Vorzentern.

double pivot: Doppelpivot

double post: Doppelpost

double screen: Doppelblock

double team: Doppeln

Drehdribbel: Form des Dribbelns, bei der der Richtungswechsel mit dem Rücken zum Verteidiger erfolgt.

Drehschritt: Seitwärtsschritt vor dem Wurf, aus der Position mit dem Rükken zum Korb, meist vom Zenter angewandt.

Drehsprungwurf: Sprungwurf nach einem Sternschritt aus der Rückwärts- in die Frontalstellung zum Korb.

Dreieckspiel: Zusammenspiel von drei Angreifern, an dem ein Zenter beteiligt ist (am häufigsten zwischen Vor- bzw. Seitzenter, Flügel- und Aufbauspieler).

Dreieck-und-2: kombinierte Verteidigungsform, bei der drei Verteidiger eine 1/2- oder 2/1-Zone (Dreieck) und die beiden anderen Manndeckung spielen.

Drei-eins-eins-Presse (3/1/1): Preßverteidigung, bei der die erste Linie mit drei, die zweite und die dritte mit je einem Verteidiger besetzt werden.

Drei-Linien-Schnellangriff: Schnellangriff, bei dem die Angreifer in drei Linien gestaffelt das Spielfeld überwinden.

Drei-Sekunden-Raum: trapezförmiger Raum in Korbnähe, in dem sich die angreifenden Spieler nur dann 3 Sekunden oder länger aufhalten dürfen, wenn ihre Mannschaft einen Korbversuch unternimmt.

Drei-Spuren-Schnellangriff: Schnellangriff, bei dem die Angreifer drei Angriffsstreifen, eine Mittel- und zwei Seitenspuren, einnehmen.

Drei-zwei-Zone (3/2): Zonenaufstellung, bei der in der ersten Verteidigungslinie drei und in der zweiten zwei Verteidiger spielen.

Dribbelblock: beweglicher Block, der durch einen dribbelnden Spieler gebildet wird.

Dribbeln: im Stand oder in der Bewegung den Ball mit einer Hand zu Boden prellen, ohne daß der Ball zwischendurch einen anderen Spieler berührt.

Drill: Übungs- bzw. Trainingsform, die durch häufige Wiederholung dazu beiträgt, eine Fertigkeit zu festigen (Herausbildung eines dynamischen motorischen Stereotyps).

Dritter Kontakt: regelwidrige Berührung des Bodens mit den Füßen (Fuß) nach dem 1. und 2. Kontakt. Vgl. Kontakt

drive: Durchziehen

Druckpaß: häufigste Form des Passes – der Ball wird aus dem Handgelenk nach leichter Gelenkspannung – Zurücknehmen und leichtes Brechen der

Hand – mit scharfem, der Spielsituation angepaßtem Druck zugespielt.

Druckwurf: häufigste Form des (Korb-) Wurfs, der Ball wird aus dem Handgelenk nach starker Gelenkspannung mit einem länger kontrollierten, gleichbleibenden Druck in Richtung Korb geworfen.

Druckwurf-Korbleger: Korbleger, der als einhändiger Druckwurf ausgeführt wird; vor dem Abdrücken des Balls liegt die Wurfhand unter dem Ball, die Finger zeigen zurück zum Werfer.

Dunking (Tunken, Stopfen)*:* kraftvolles Einwerfen des Balls in den Korb von oberhalb des Rings. Sonderform des Korblegers.

Durchbruch: Einzelangriff eines Spielers-mit-Ball am Verteidiger vorbei.

Durchbruchfinte: Antäuschen eines Durchbruchs

Durchgleiten: Mitgehen des Verteidigers mit dem eigenen Angreifer hinter dem Block – zwischen Block und eigenem Mitverteidiger.

Durchziehen: planvoller Einzelangriff eines Spielers-mit-Ball auf den Korb, z. B. aus dem Positionsangriff.

eagle spread: Spreiz-Buckel-Sprung

Effet: siehe Rückwärtsdreh

Eins-drei-eins-Angriff (1/3/1): Angriffsaufstellung, in der ein Aufbauspieler, zwei Flügelspieler und ein Vorzenter sowie ein Brettzenter spielen.

Eins-drei-eins-Zone (1/3/1): Zonenaufstellung, bei der die erste Verteidigungslinie von einem, die zweite von drei und die dritte von einem Verteidiger besetzt werden.

Eins-gegen-null (1–0): Spielsituation, in der ein Angreifer ungedeckt zwischen Verteidigung und Korb gelangt ist.

Eins-vier-Angriff (1/4): Angriffsaufstellung, in der ein Aufbauspieler und in einer Linie zwei Flügel- und zwei Zenterspieler stehen.

Eins-zwei-eins-eins-Zonenpresse (1/2/1/1): Zonenpresse, bei der die erste Verteidigungslinie von einem, die zweite von zwei, die dritte und vierte von je einem Verteidiger besetzt werden.

Eins-zwei-zwei-Angriff (1/2/2): Angriffsaufstellung, in der ein Aufbauspieler, zwei Vorzenter und zwei Flügelspieler oder aber ein Aufbauspieler, zwei Flügelspieler und zwei Brettzenter spielen.

Eins-zwei-zwei-Zone (1/2/2): Zonenaufstellung, bei der in der ersten Verteidigungslinie ein, in der zweiten zwei und in der dritten zwei Verteidiger stehen.

Eintaktstopp: Abstoppen in einem Takt, d. h., die Füße werden durch einen Sprungstopp gleichzeitig und parallel auf den Boden gesetzt, so daß das Standbein frei gewählt werden kann.

Einwurf: Paß, der von der End- oder der Seitenlinie in das Spiel gegeben wird.

Einwurfspiel: Spielzug beim Einwurf, um den Ball sicher ins Spiel zu bringen und/oder eine Wurfchance zu erspielen.

Endlinie sperren: taktische Maßnahme beim Decken des Dribblers, um diesen regelgerecht am Durchbruch entlang der Endlinie zu hindern.

Endlinien (Grundlinien)*:* Begrenzungslinien an beiden Enden des Spielfelds.

Eröffnungspaß: Paß, mit dem ein bestimmter Spielzug eröffnet wird, z. B. der erste Paß beim Schnellangriff oder der einleitende Paß beim Shuffle.

Erste Fünf: die das Spiel beginnenden 5 Spieler einer Mannschaft.

Erster Kontakt: die erste Bodenberührung mit den Füßen (Fuß) nach der Ballannahme beim Zweierrhythmus.

Erster Takt: das erste durch den Bodenkontakt mit einem Fuß oder beiden Füßen erkennbare zählbare Maß beim Zweierrhythmus.

F: Flügel (forward)

fade away jump shot: Sprungwurf, bei dem der Werfer nicht senkrecht hoch-, sondern nach hinten vom Gegner wegspringt.

fake (feint): Finte, Täuschung

fake screen: Blockfinte

fake switch: Angetäuschtes Übernehmen

Falle: einem Spieler Paß-, Dribbel- oder Laufwege anbieten und ihn dann durch Schließen dieser Wege überraschen. Vgl. Trap press

Fangen: Annehmen des Balls mit einer Hand oder beiden Händen.

fast break: Schnellangriff

feeder: Zuspieler

Fehlpaß: Paß, der den Mitspieler nicht erreicht und zu einem Ballverlust führt.

Feldkorb: ein aus dem Spielfeld erzielter Korb.

fight through: als Verteidiger bei seinem Gegenspieler bleiben (obwohl dieser einen Block ausnutzt) und seinen Weg zwischen Angreifer und Block durchkämpfen (vgl. über-den-Block-gehen).

figure eight: Achterlauf

flip pass: Ballübergabe

floating: Sinken der Verteidigung

floor balance: Raumaufteilung

Flügelspieler: Angriffsspieler, die im Vorfeld hauptsächlich zwischen Seitenlinie und Freiwurfraum spielen.

follow-through: Nachfolgen der Hand beim Werfen, Dribbeln oder Passen, verbunden mit einem Brechen des Handgelenks.

footwork: Fußarbeit

forward: Flügel

foul line: Freiwurflinie

free lance (offense): Freies Spiel

free play: Freies Spiel

free throw: Freiwurf

freeze: siehe Ballhalten

Freier Ball: Ball, der im Spiel, aber nicht im Besitz eines Spielers ist; Ball auf dem Spielboden, Ball in der Luft bei hohem Zuspiel, Ball an Korb und Brett.

Freies Spiel: Angriffsspiel, bei dem nur bestimmte unumgängliche Prinzipien des Mannschaftsangriffs beachtet werden, bei dem es aber im übrigen den Spielern überlassen ist, sich in günstige Wurfpositionen freizuspielen.

Freiwurf: das durch besondere Regelung festgelegte Recht eines Spielers, durch einen unbehinderten Wurf von der Freiwurflinie aus einen Punkt zu erzielen.

front turn: Vorderer Sternschritt

Führungshand: Hand, die den Ball (neben der Wurfhand) führt und stützt.

fumbling: Fangfehler

G: guard, siehe Aufbau

Gegenblock (indirekter Block): Block, der auf den Verteidiger eines Spielers-ohne-Ball gerichtet ist.

Gegner binden: einen Verteidiger durch Aktion/Position auf sich ziehen und zur Deckung veranlassen und so eine 1–1-Situation schaffen.

Gegnerischer Korb: Korb, der vom Gegner verteidigt wird.

Gespannstellung: Aufstellung in Angriff und Verteidigung, bei der zwei Spieler auf einer Linie nebeneinander stehen.

give and go: Passen-und-Schneiden

give and screen: Passen-und-Blocken

Gleitschritte: gleitend über den Boden gesetzte Schritte des Verteidigers.

Grundaufstellung: bestimmte Aufstellung aller fünf Spieler zueinander im Angriff und in der Verteidigung, die vor jeder kollektiven Angriffs-/Verteidigungsaktion eingenommen wird und aus der heraus gespielt wird.

Grundaufstellung im Angriff: 2/1/2- oder 2/3-Aufstellung von zwei Aufbau- und zwei Flügelspielern sowie einem Zenter, aus der heraus ein Positionsangriff eingeleitet wird.

Grundaufstellung in der Verteidigung: Aufstellung, die sich aus der jeweiligen Verteidigungsaufgabe ergibt, z. B. Sicherung des Korbraums/Verteidigungsrebounds.

Grundlinie: siehe Endlinie

Grundmuster: Handlungsplan für eine (Spiel-)Bewegung

Grundposition des Verteidigers: Position des Verteidigers zwischen-Mann-und-Korb

Grundpositionen im Angriff: bestimmte Positionen der Angriffsspieler in der Grundaufstellung; siehe Aufbauspieler, Flügelspieler, Zenter

Grundstellung: siehe Basketballgrundhaltung, Verteidigungsgrundstellung.

Gruppenkontinuum: Kontinuum, das von einem Teil der Mannschaft durchgeführt wird.

Gruppentaktik: organisierte Hilfen in Angriff und Verteidigung zur Erreichung eines Spielziels, an denen Teile der Mannschaft (vgl. Spiel 2–2, 3–3) beteiligt sind.

guard: (1) Aufbauspieler (im Angriff); (2) Verteidiger

Hänger: Spieler, der beim Schnellangriff der ersten Angriffslinie als zweite Angriffslinie folgt und in der Regel einen Angriff-in-der-Überzahl schafft.

Hakenwurf: einhändiger Wurf für die Nahdistanz, bei dem nach einbeinigem Absprung der Ball mit schwungvoller Bewegung an der – dem Korb abgewandten – Körperseite hochgeführt und über Kopf fast im höchsten Punkt abgeworfen wird; die Schulterachse zeigt dabei zum Korb.

Halteball: Situation, in der zwei gegeneinander kämpfende Spieler eine Hand oder beide Hände fest am Ball haben.

Handballpaß: einhändiger Paß, der auf Weitdistanz wie ein Handball-Kernwurf scharf zugespielt wird.

hand-off pass: Ballübergabe

Handwechsel: Wechsel der Hand beim Dribbeln, meist mit Änderung der Dribbelrichtung verbunden.

held ball: Halteball

help and recover: Aushelfen

Herausblocken: siehe Aussperren

high post: Vorzenter

Hilfen: siehe Partner- und Raumhilfen

Hintere Hand: siehe Außenhand

Hinterer Sternschritt: siehe Sternschritt-Durchbruch

Hintertür: Spielzug, bei dem das Schneiden-im-Rücken erreicht werden soll. Vgl. Schneiden-im-Rücken

hohe Position: Position auf oder neben der Freiwurflinie (Vorzenter).

hoher Zenter: Vorzenter, der in hoher Position spielt (vgl. tiefer Zenter).

Hohes Dribbeln: siehe Aufbaudribbel

hook shot: Hakenwurf

Improvisierter Rückzug: freies Zurücklaufen aus dem Angriff (nach Ballverlust) in vorgeplante Verteidigungspositionen.

Improvisierter Schnellangriff: Angriffsform ohne geplante Laufwege, die den Spielern sehr weitgehend die Wahl überläßt.

Indirekter Block: siehe Gegenblock

Indirekter Wurf: siehe Brettwurf

Individualtaktik: organisierte Maßnahmen zur Erreichung eines Spielziels, an denen ein Spieler der Mannschaft (vgl. Spiel 1–1) beteiligt ist.

Innenhand, Innenfuß: (1) Hand und Fuß, die in der Verteidigungsgrundstellung vorgestellt sind und mehr auf der (gedachten) Linie Gegner–Korb liegen als Außenhand und -fuß. (2) Hand und Fuß eines Angreifers, die dem Verteidiger unmittelbar zugewandt sind.

Innenposition: Position zwischen Gegner und Korb

ISA: Improvisierter Schnellangriff

jab step: kurze, schnelle Fußfinte, um den Verteidiger aus Gleichgewicht und Position zu bringen und so zum Wurf oder Durchziehen zu kommen.

jackknife: Klappmesser. Vgl. Spreiz-Buckel-Sprung

jump ball: Sprungball

jump shot: Sprungwurf

jump stop: Sprung-Stopp

jump switch: beim direkten Block vorzeitiges Übernehmen des Dribblers durch Sprung in den Dribbelweg.

Kasten-und-1: kombinierte Verteidigungsform, bei der vier Verteidiger eine 2/2-Zone spielen und der fünfte einen einzelnen Angreifer manndeckt (box and 1).

Kombinierte Verteidigung: Verteidigungsform, die die Prinzipien der Mann-Mann-Verteidigung und der Zonenverteidigung verbindet.

Kontakt: (1) Bodenberührung mit einem

Fuß oder mit beiden Füßen; (2) Berühren eines Gegenspielers (persönlicher Kontakt).

Kontinuum: Spielvorgang, bei dem sich nach einem bestimmten Bewegungsmuster in bestimmten Zeitspannen Spielaktionen wiederholen, z. B. Achterlauf. Siehe Gruppen- und Mannschaftskontinuum

Korbleger: einhändiger Wurf aus Nahdistanz, bei dem nach Absprung vom Innenfuß meist der Ball mit Hilfe des Bretts in den Korb gelegt wird, in der Regel unter Ausnutzung des Zweierrhythmus. Man unterscheidet Druckwurf- und Unterhand-Korbleger.

Korbschuß: Korbwurf

Korbwurf: Wurf des Balls mit den Händen auf den Korb.

Kreuzen: Blockspiel, bei dem zwei Spieler über Kreuz eng aneinander, oft auch an einem dritten Spieler (z. B. Vorzenter) vorbeischneiden.

Kreuzschritt: Schrittfinte, bei der das Spielbein über Kreuz von der einen zur anderen Seite gesetzt wird.

Langpaß-Schnellangriff: Schnellangriff, bei dem die Verteidigung mit Hilfe eines langen Passes aus dem Rückfeld überspielt wird.

lay-up shot: Korbleger

lead pass: ein dem laufenden Spieler zeitgerecht in den freien Raum vorgelegter Paß.

Linker Aufbauspieler: Aufbauspieler, dessen Grundposition sich im Vorfeld in der linken Angriffshälfte befindet.

Linker Flügelspieler: Flügelspieler, dessen Grundposition sich im Vorfeld auf der linken Angriffsseite befindet.

Lobpaß: siehe Bogenpaß

Lockere/lose Mann-Mann-Verteidigung: siehe Sinkende Mann-Mann-Verteidigung

Lösen-vom-Mann: sich in anspielbare Position bringen, z. B. durch Blocken des Gegenspielers und/oder Starten-weg-vom-Mann.

low post: Seitzenter

Luftpaß: Ball, der in der Luft angenommen und direkt, ohne eigene Bodenberührung, zugespielt wird.

Manndeckung: individuelle Deckung eines einzelnen Angreifers durch einen Verteidiger.

Mann-Mann-Angriff: Angriff gegen Mann-Mann-Verteidigung

Mann-Mann-Preßverteidigung: Verteidigungsform, in der die Prinzipien der Preß- und der Mann-Mann-Verteidigung kombiniert sind. Die Ballkontrolle, besonders die Ballannahme, wird ständig aggressiv gestört; dabei deckt jeder Verteidiger einen bestimmten Mann möglichst eng. Der Verteidiger des Mann-mit-Ball deckt die starke Dribbelseite, der V. des Mann-ohne-Ball nimmt eine Position zwischen-Ball-und-Mann ein.

Mann-Mann-Verteidigung: Verteidigungsform, bei der jeder Verteidiger einen bestimmten Mann deckt und diesem ständig folgt. Die Verteidiger nehmen dabei eine Position zwischen-Mann-und-Korb ein, die nur unmittelbar in Korbnähe durch die Position B/M ersetzt wird.

Mann-Presse: (Kurzform für) Mann-Mann-Preßverteidigung

Mannschaftsangriff: das gemeinsame, planmäßige, aufeinander abgestimmte Vorgehen aller fünf Spieler im Angriff, um einen erfolgreichen Korbwurf zu erreichen.

Mannschaftskontinuum: Kontinuum, das von der ganzen Mannschaft durchgespielt wird.

Mannschaftstaktik: organisierte Maßnahmen in Angriff und Verteidigung, an denen alle Spieler der Mannschaft – durch Spielsysteme – beteiligt sind.

Mannschaftsverteidigung: das gemeinsame, planmäßige, aufeinander abgestimmte Vorgehen aller fünf Spieler in der Verteidigung, um einen gegnerischen Korbwurf zu verhindern.

man-to-man-defense: Mann-Mann-Verteidigung

man-to-man-press: Mann-Mann-Preßverteidigung

match-up-defense: siehe Umsturzverteidigung
medium post: Seitzenter, der in der Mitte seitlich am 3-Sek.-Raum spielt.
meet the ball: zum Ball starten, um den Paßweg zu verkürzen.
Mitgehen (gegen Blockstellungen): als Verteidiger mit seinem Gegenspieler mitgehen, ohne zu übernehmen.
Mitteldistanz: siehe Wurfentfernungen
Mittelspur: mittlerer Angriffsstreifen zwischen den beiden Seitenspuren.
M/K: Stellung des Verteidigers zwischen-Mann-und-Korb.
MMV: Mann-Mann-Verteidigung
moving screen: Bewegter Block
Muster: siehe Grundmuster

Nachsetzen: zum Rebound gehen.
Nachwerfen: beim Angriffsrebound den Ball in der Luft mit beiden Händen fangen und auf den Korb werfen.
Nahdistanz: siehe Wurfentfernungen
Naht: Bereich, in dem sich Aktionsräume von Spielern einer Mannschaft überschneiden, z. B. die Naht zwischen zwei Angriffsspuren.

off balance: nicht im Gleichgewicht
off balance shot: technisch falscher Wurf, bei dem der Körper vor dem Abdrükken des Balls nicht im Gleichgewicht ist.
offense: Angriff; Angriffsaktion
one-on-one: Eins-gegen-eins
option: Ausstiegsmöglichkeit
Organisierter Rückzug: systematisches Zurücklaufen aller fünf Spieler aus dem Angriff (nach Ballverlust) in vorgeplante Verteidigungspositionen.
Organisierter Schnellangriff: Schnellangriff nach einem zeitlich-räumlich vorgeplanten Grundmuster.
OSA: Organisierter Schnellangriff
out-of-bounds play: Einwurfspiel
outlet pass: erster Paß nach Erlangen des Verteidigungsrebounds aus dem Ballungsraum heraus, meist zu einer Seitenlinie gespielt.
over top: Vorbeigleiten
overhead pass: Überkopfpaß
overload: Überladen
overplay: Deckungsweise, die dem Angreifer eine bestimmte Aktion und Richtung aufzwingt. Vgl. Seitliche Verteidigungsposition

parallel stance: parallele Fußstellung
Parallelstopp: siehe Sprungstopp
Partnerhilfen: Hilfen, die die Mitspieler sich gegenseitig geben; man unterscheidet Angriffs- und Verteidigungshilfen (vgl. Spiel 2–2, 3–3).
Passen-und-Blocken: den Ball einem Mitspieler zuspielen und anschließend diesen oder einen anderen Mitspieler durch einen Block freispielen.
Passen-und-Schneiden: den Ball einem Mitspieler zuspielen und anschließend in den freien Raum starten.
passing lane: Paßweg
Passiver Block: ein meist im Rücken des Verteidigers fest stehender Block, in den der Angreifer (mit und ohne Ball) seinen Verteidiger hineinmanövriert.
Paßweg (Paß-Strahl): möglicher Weg, den Ball innerhalb einer Mannschaft zuzuspielen.
Paßweg öffnen: sich aus dem Deckungsschatten des Gegenspielers bewegen, um für ein Anspiel frei zu werden.
Paßweg schneiden: als Verteidiger sich so zwischen Paßgeber und Ballempfänger bewegen, daß der Paß gestört oder der Ball gewonnen werden kann.
Paßwege decken: durch eine Position zwischen-Ball-und-Mann die Zuspielwege (besonders diejenigen in Korbnähe) abschirmen.
pattern: Grundmuster
pick (-screen): Passiver Block
Pivot: (1) Pivotspieler: Brettzenter; (2) Sternschritt; (3) Zenter, der in der Ausgangsposition an der Seitenlinie des Korbraums steht und sich während des Spiels in diesem und an dessen Seiten bewegt.
Pivotieren: Sternschritt(e) ausführen
point: siehe Birne
point guard: der Aufbau, dessen Aufgabe es ist, den Angriff einzuleiten, gewöhnlich von der Birne aus.

POSI: Positionsangriff

Position: Ort, den ein Spieler in bezug auf Korb, Ball, Gegenspieler (Mann) und Mitspieler in einer bestimmten Aufstellung in Angriff und Verteidigung einnimmt. Vgl. Grundposition, Spielposition

Positionsangriff: vorgeplante mannschaftliche Angriffsbewegung, die im Unterschied zum Schnellangriff langsam vorgetragen wird und von bestimmten Spielpositionen ausgeht.

Positionskampf: Kampf zwischen Angreifer und Verteidiger um eine gewünschte Position, z. B. die Innenposition beim Rebound.

Positionswurf: Wurf von einer bestimmten Spielposition aus; auch (veraltet für) Standwurf aus weiter Entfernung.

post: Postspieler

Postspieler: Zenter, der in der Ausgangsposition vor der Freiwurflinie steht und sich während des Spiels in dem Freiwurfraum und an dessen Seiten auf der Höhe des Sprungkreises bewegt. Vgl. Vorzenter

Preßangriff: Angriff gegen die Preßverteidigung

Presse: (Kurzform für) Preßverteidigung

pressing (press) defense: Preßverteidigung

Preßverteidigung: aggressivste Form der Verteidigung, die über große Teile des Spielfelds bzw. über das Ganzfeld gespielt wird. Die Ballkontrolle, besonders die Ballannahme, wird ständig gestört, indem die Verteidiger eine Position zwischen-Ball-und-Mann einnehmen und das Doppeln anwenden. Vgl. Mann-Mann-Presse, Zonenpreßverteidigung

quiver: Hände und bes. Füße zuckend bewegen, um so ein Anspiel an den Angreifer zu verhindern.

Raumaufteilung: Spielfeldaufteilung zwischen den Spielern im Angriff und in der Verteidigung, um z. B. die Sicherung des Angriffs oder Rebounds oder einen organisierten Rückzug zu ermöglichen.

Raumhilfen: Hilfen, die je nach Aufstellung des Gegners der Raum bietet (vgl. Spiel 2–2, 3–3).

rear turn: Sternschritt rückwärts

Rebound: Ball, der vom Korb oder Spielbrett abprallt und gesichert wird. Man unterscheidet Verteidigungs- und Angriffsrebound. Vgl. Ballsicherung

Rebounddreieck: Dreiecksaufstellung, die während eines Wurfs von den (meist drei) Verteidigern eingenommen wird, um die Angreifer vom Korb auszusperren und den Rebound zu sichern.

rebounder: Reboundspieler

Rechter Aufbauspieler: Aufbauspieler, dessen Grundposition sich in der rechten Angriffshälfte befindet.

Rechter Flügelspieler: Flügelspieler, dessen Grundposition sich im Vorfeld auf der rechten Angriffsseite befindet.

Rempeln: regelwidriges körperliches Spiel

Richtungswechsel: Finte, bei der plötzlich die Lauf- oder Dribbelrichtung geändert wird.

rocker step: Schaukelschritt

roll, rolling: Abrollen

Rotation: Mannschaftliche Bewegung in Kreisform

Rückfeld: die Spielfeldhälfte einer Mannschaft, in der sich der eigene Korb befindet.

Rückhandpaß: einhändiger Paß, den der Paßgeber hinter seinem Rücken zuspielt.

Rückwärts-Sternschritt: siehe Sternschritt-Durchbruch

Rückwärtsdreh (des Balls)*:* natürliche rückwärtige Drehbewegung des Balls, die durch ihre bremsende Wirkung das Einwerfen des Balls bei Brett- oder Ringberührung erleichtert.

Rückzug (in die Verteidigung)*:* schnelles Zurücklaufen aus einem Angriff (nach Ballverlust) in die Verteidigung, um einen gegnerischen Angriff-in-der-Überzahl zu verhindern und die Verteidigungspositionen einzunehmen. Vgl. Organisierter bzw. Improvisierter Rückzug

SA: Schnellangriff
safety: ein Angriffsspieler, meist ein Aufbau, der weiter zurückbleibt (hinter der Birne) und dadurch bei einem Ballverlust eine gute Verteidigungsposition hat.
sagging: Sinken
sandwich: Doppeln von zwei Seiten
Schaukelschritt: Schrittfinte, bei der das Spielbein auf derselben Seite vor- und zurückgesetzt wird.
Schere: sich vom Ball oder Mitspieler fortbewegen, um den Raum zu erweitern für nachfolgende Angriffsaktionen, z. B. Abrollen aus der Blockstellung; auch (veraltet für) Doppeln.
Schießen: Werfen
Schirm: Block, bei dem ein Angreifer zwischen Verteidiger und Ballbesitzer steht, so daß letzterer ungehindert über den Blocker auf den Korb werfen kann.
Schneide-Angriff: Angriff, der besonders die Formen des Passen-und-Schneiden verwendet.
Schneiden-zum-Korb: schneller Lauf eines Spielers-ohne-Ball zum Korb, um für ein Anspiel und einen Wurf aus günstiger Position frei zu werden.
Schneiden-im-Rücken: im Rücken des Verteidigers zum Korb starten, um dadurch für einen Paß frei zu werden.
Schnellangriff: schneller und überraschender Gegenangriff nach einem Ballgewinn oder -zuspruch (z. B. Einwurf). Durch schnelleres Überwinden des Spielfelds als die Verteidiger erreichen die Angreifer einen Angriff-in-der-Überzahl und dadurch günstige Wurfmöglichkeiten aus der Nahdistanz.
Schrittstopp (Zweitaktstopp)*:* Form des Abstoppens, bei der der Spieler mit dem Ball in den Händen mit zwei Schritten, d. h. mit einem Fuß vor dem anderen, zum Stand kommt. Man unterscheidet Sprung-Schrittstopp und Stand-Schrittstopp.
Schwache Seite: Spielfeldseite ohne Ball, auf der meist ein Angreifer einem Verteidiger gegenübersteht.
scoring play (Punktemacher Spiel): besonderer Spielzug, der den besten Werfer in eine günstige Wurfposition bringt.
screen: Block, Schirm
screen attack: Block-Angriff
scrimmage: ein Übungsspiel 5–5 im Training
Seitbodenpaß: einhändiger (Druck-) Paß, der seitlich vom Körper abgedrückt und als Bodenabpraller dem Mitspieler zugespielt wird.
Seitzenter (Pivot)*:* Zenter, der seitlich neben und in dem Korbraum spielt.
Seitenspur: Angriffsstreifen an den Seiten des Spielfelds zwischen Mittelspur und Seitenlinie.
Seitliche Verteidigungsposition: Position, bei der der Verteidiger sich so zwischen-Mann-mit- (und ohne-)Ball und Seiten-/Endlinie bewegt, daß er dem Angreifer eine Bewegungsrichtung sperrt.
Seitlicher Block: Block, der an der Seite des Verteidigers gestellt wird.
set offense: Positionsangriff
set shot: Standwurf, Weitwurf
Shuffle: Angriffssystem nach den Prinzipien des Kontinuums, das mit dem Überladen auf einer Seite beginnt und nach Erprobung der verschiedenen Ausstiegsmöglichkeiten dieselbe Überladung auf der anderen Angriffsseite herstellt.
Sicherer: Spieler, der beim Schnellangriff der zweiten Angriffslinie als dritte folgt und den Rückraum sichert.
Sinken: sich absetzen; Hilfsmaßnahme der Verteidigung, bei der besonders gefährdete Räume bzw. gefährliche Gegenspieler durch Mitspieler mitgedeckt werden.
Sinkende Mann-Mann-Verteidigung: Mann-Mann-Verteidigung, bei der nur der Ballbesitzer scharf gedeckt wird; die anderen Verteidiger weichen, entsprechend der Ballentfernung, von ihren Gegenspielern zur gegenseitigen Hilfeleistung und zur Korbsicherung zurück.
Sleeper: Angriffsspieler (meist Zenter),

der – von der Verteidigung häufig unbeachtet – hinter dem Korb an der Endlinie stehenbleibt und überraschend zum Korb schneidet.

sliding: Durchgleiten

Sperren: siehe Blocken

Spiel 1–1: Auseinandersetzung zwischen einem Angreifer – mit und ohne Ball – und einem Verteidiger im Spielfeld und in unmittelbarer Korbnähe.

Spiel 2–2: Auseinandersetzung zwischen zwei Angreifern (mit Ball) und zwei Verteidigern, bei der der Handlungsspielraum des Spiels 1–1 durch Hilfen in Angriff und Verteidigung erweitert wird.

Spiel 3–3: Auseinandersetzung zwischen drei Angreifern (mit Ball) und drei Verteidigern, bei der der Handlungsspielraum des Spiels 2–2 durch das Spiel-ohne-Ball erweitert wird.

Spielbein: das unbelastete Bein, das beim Sternschritt beliebig oft um das Standbein herum aufgesetzt werden kann.

Spielkonzept: taktisch-strategischer Plan einer Mannschaft

Spielkonzeption: schöpferischer Entwurf zum vorgegebenen Spielsystem

Spielmuster: siehe Grundmuster

Spielposition: Ort, den ein Spieler in einer bestimmten Aufstellung einnimmt.

Spielrolle: Funktion, die ein Spieler bei Einnahme einer bestimmten Spielposition ausübt.

Spielstil: eigener, von den Fähigkeiten der Spieler geprägter persönlicher Stil einer Mannschaft.

Spielsystem: von der Taktik bestimmter, organisierter, aus Einzelheiten (taktischen Elementen) zusammengesetzter Spielplan und Spielform in Angriff oder Verteidigung, in die alle Mannschaftsmitglieder einbezogen sind.

Spieltaktik: Auswahl und Einsatz mannschaftlicher (taktischer) Maßnahmen unter den jeweiligen Spielbedingungen. Vgl. Taktik

Spielzug: Aktion bzw. Teil eines Spielsystems, wobei zwei oder mehr Spieler planvoll zusammenspielen.

spin back: Rückwärtsdreh

Spreiz-Buckel-Sprung: Sprung mit gegrätschten Beinen und gekrümmtem Rücken beim Rebound, um den Ball durch raumgreifende Haltung zu schützen. Vgl. Buckeln, Ballsicherung

Sprung-Schrittstopp: Zweitaktstopp, bei dem der Ball in der Luft aufgenommen wird und der Spieler in Schrittstellung zum Stehen kommt.

Sprungballspiel: Spielsystem beim Sprungball, bei dem eine Aufstellung eingenommen wird, aus der heraus (bei Ballgewinn) ein überraschender Korberfolg möglich ist oder (bei gegnerischer Ballkontrolle) das Zutippen des Balls gestört und der Rückraum gesichert werden kann.

Sprungstopp: Eintaktstopp in paralleler Fußstellung

Sprungwurf: einhändiger Druckwurf für sämtliche Wurfentfernungen, der nach beidbeinigem Absprung im Scheitelpunkt des Sprungs nach einem Verzögerungsmoment über Kopf zum Korb geworfen wird.

Sprungwurffinte: vorgetäuschter Sprungwurf

stack offense: 1/2/2- oder 1/4-Angriff, bei dem an beiden Seitenlinien des Freiwurfraums je zwei Spieler nebeneinander spielen.

stall game: Ballhalten

Stand-Schrittstopp: Zweitaktstopp, bei dem der Ball im Stand auf einem Fuß angenommen und der andere Fuß herangesetzt wird.

Standbein: das belastete Bein, um das herum das Spielbein den Sternschritt ausführt.

Standwurf: ein- oder beidhändiger Druckwurf, der im Stand meist auf Weitdistanz geworfen wird.

Starke Seite: Spielfeldseite mit Ball, auf der sich meist drei oder vier Angreifer und Verteidiger gegenüberstehen.

stealing: Stehlen

Stehlen: Ballgewinn des Verteidigers durch direkte Ballwegnahme vom Angreifer.

step-away shot: einhändiger Druckwurf, bei dem das Spielbein mit einem großen Schritt vom Korb weggesetzt und in Richtung Korb gedreht wird. Gleichzeitig wird das Standbeinknie schwungvoll nach oben geführt. Der Wurf erfolgt einbeinig nach Abdruck vom Spielbein.

Sternschritt: das ein- oder mehrmalige Setzen des Spielbeinfußes in beliebige Richtung, während der Standbeinfuß am Ort bleibt und gegebenenfalls gedreht wird.

Sternschritt rückwärts: Sternschritt, bei dem der Spielbeinfuß rückwärts hinter dem Standbein vorbei auf die Gegenseite geführt wird.

Sternschritt vorwärts: Sternschritt, bei dem das Spielbein vorwärts auf die Gegenseite des Standbeins geführt wird.

Sternschritt-Durchbruch: Sternschritt rückwärts, der aus einer Position mit dem Rücken zum Korb nach einer fintierten Vorwärtsbewegung nach hinten, am Verteidiger vorbeigeführt wird, um z. B. ein Dribbeln zu beginnen.

Stören: Aktionen, mit denen die verteidigende Mannschaft das gegnerische Werfen, Dribbeln, Fangen und Passen unterbricht, selbst jedoch nicht in Ballbesitz gelangt.

Strategie: langfristige Planung von Spielzielen

stride stop: Schrittstopp

strong side: Starke Seite

stuff: (1) Dunking; (2) einen Wurf blokken

substitute: Wechselspieler, vgl. Spielerwechsel

Switch: siehe Übernehmen

take the charge: einen Angreifer zu einem Zusammenstoß verleiten, um ihn mit einem Foul zu belasten.

Takt: zählbares Maß beim Zweierrhythmus, das an den Bodenkontakten der Füße (des Fußes) zu erkennen ist.

Taktik: alle organisierten mannschaftlichen Maßnahmen zur Erreichung eines Spielziels. Vgl. Spieltaktik

Tandemstellung: Aufstellung in Angriff und Verteidigung, bei der zwei Spieler hintereinander stehen.

Technik: sämtliche Fertigkeiten, mit deren Hilfe die Spielsituationen individuell bewältigt werden.

Tiefe Position: Position nahe der Endlinie seitlich oder unter dem Brett.

Tiefer Zenter: Seit- oder Brettzenter, der in tiefer Position spielt (vgl. hoher Zenter).

Tiefes Dribbeln: Schutz- bzw. Deckungsdribbeln in unmittelbarer Nähe des Gegners.

tight man-to-man: Aggressive Mann-Mann-Verteidigung

Timing: Wahl des richtigen Zeitpunkts und Zeitablaufs einer Bewegung in bezug auf eine andere Aktion.

Tip-in: flüchtiges Tippen oder Lenken eines vom Korb oder Brett abprallenden Balls mit einer Hand oder beiden Händen in den Korb.

Trailer: siehe Hänger

Trainer: pädagogisch-fachlicher Leiter des Trainings, in der Regel auch Betreuer der Mannschaft im Wettkampf.

Trap press: Zonenpreßverteidigung über das Rückfeld, bei der spezielle Fallen – Paßwege entlang der Seitenlinien bleiben zunächst offen – gestellt werden. Durch Doppeln und überraschendes Decken der Paßwege wird das Zuspiel abgefangen.

traveling: Schrittfehler

triangle and two: siehe Dreieck-und-2

two-count-rhythm: Zweierrhythmus

Über-den-Block-gehen: siehe Vorbeigleiten

Überkopfpaß: beidhändiger (Druck-) Paß, der über dem Kopf durch kräftiges Niederdrücken der Handgelenke zugespielt wird.

Überladen: das Schwergewicht des Angriffs auf eine Seite verlagern, indem (meist) vier Spieler dort Aufstellung nehmen.

Überlagern, Überlagerung: siehe Überladen

Übernehmen: Wechsel beim Decken der

direkten Gegenspieler zwischen zwei Verteidigern, wenn der ausgeblockte Verteidiger seinen Gegner nicht mehr stören kann; siehe auch Switch.

Umsturzverteidigung: kombinierte Verteidigungsform, um durch Kombination und ständigen Wechsel von Zonen- und Mann-Mann-Prinzipien die Grundmuster des Positionsangriffes zu zerstören (match-up-defense).

Unterhand-Korbleger: Korbleger, der als einhändiger Unterhandwurf ausgeführt wird.

Unterhandwurf: schwunghafter einhändiger (seltener beidhändiger) Wurf, bei dem die Wurfhand unter dem Ball liegt und die Finger zum Korb zeigen.

up and under: hoch-und-darunter; Wurffinte, die den Verteidiger zum Hochnehmen der Arme veranlassen soll, um ihn dann mit Hilfe eines Durchbruchs oder eines Unterhandwurfs zu überspielen.

V: Verteidigung

Verteidigung: alle kollektiven Maßnahmen beim Schützen des eigenen Korbs.

Verteidigungsdreieck: siehe Rebounddreieck

Verteidigungsgrundposition: Position des Verteidigers zwischen-Mann-und-Korb

Verteidigungsgrundstellung: (meist) leichte Schrittstellung bei gebeugter Körperhaltung mit tiefem Schwerpunkt, die (Innen-)Hand auf der Seite des vorgestellten (Innen-)Fußes ist etwas über kopfhoch erhoben und vorgestreckt, die andere (Außen-)Hand wird etwa hüfthoch seitwärts gehalten. Der Körper ist (gemäß Spielregel) dem Gegner frontal zugewandt.

Verteidigungshilfen: Hilfen, die ein bedrängter Verteidiger beim Decken eines gefährlichen Gegners oder in speziellen Situationen von seinen Mitverteidigern erhält.

Verteidigungslinien: gedachte Linien, die senkrecht zur Linie zwischen Angreifern (Ball) und Ball-Korb verlaufen und auf denen die Verteidiger nebeneinander stehen, z. B. drei Linien bei der 1/2/2-Zone. Vgl. Zonenaufstellung

Verteidigungsposition: Position des Verteidigers in bezug auf Mann und Korb bzw. Ball und Mitspieler. Man unterscheidet allgemein zwei Positionen: zwischen-Mann-und-Korb und zwischen-Ball-und-Mann. Der Ballbesitzer kann jedoch auch seitlich gedeckt werden (vgl. Seitliche Verteidigungsposition).

Verteidigungsrebound: Rebound, den ein Spieler der verteidigenden Mannschaft am eigenen Korb sichert.

Verteiler: Aufbauspieler, guter Paßgeber, der in einer Position steht (meist vor der Birne), von der aus er seine Mitspieler einsetzt (Bälle verteilt).

Vertikalprinzip: schützt den Luftraum über dem Spieler (bes. Werfer)

Verzögerungsspiel: Angriffsspiel, bei dem der Ball möglichst lange in den eigenen Reihen gehalten wird, um eine knappe Punkteführung bis zum Schlußpfiff zu halten; meist kurz vor Spielende praktiziert. Vgl. Ballhalten

Viereck-und-1: siehe Kasten-und-1

Vorbeigleiten: aggressives Mitgehen des Verteidigers mit seinem Gegenspieler vor dem Block.

Vorzenter: Zenter, der vor bzw. in Nähe der Freiwurflinie spielt.

Vorderer Sternschritt: siehe Sternschritt vorwärts

Vorderspieler: veraltet für Flügelspieler

Vorfeld: die Spielfeldhälfte einer Mannschaft, in der sich der gegnerische Korb befindet.

Vortaktik: veraltet für Individual- und Gruppentaktik

walking: Schrittfehler

weak side: Schwache Seite

weave: Achterlauf

Weg anbieten: Form des Overplay; der Verteidiger bietet dem Angreifer bewußt einen bestimmten Weg an.

Weitdistanz: siehe Wurfentfernungen

Werfen: das Spielen des Balls mit den

Händen auf den Korb.

Wurf blocken: die steigende Wurfbahn zum Korb mit erhobener Hand (Händen) versperren; vgl. aber Vertikalprinzip.

Wurfblock: Block des Verteidigers, vgl. Wurf blocken

Wurfentfernungen: die jeweiligen Abstände zwischen Korb und Werfer; man unterscheidet Nahdistanz (bis 3 m), Mitteldistanz (3–6m) und Weitdistanz (6–9m).

Wurfschirm: siehe Schirm

Zenter, Zenterspieler: Spieler, der in der Mitte des Angriffs in Korb- oder unmittelbarer Freiwurfraumnähe spielt und meist mit dem Rücken zum Korb steht. Vgl. Vor-, Seit- und Brettzenter

Zenterschritt: großer Ausfallschritt, den der Zenter vom Verteidiger weg und zum Korb setzt, um zu werfen. Vgl. Drehschritt

Ziehen: energischer Antritt des Ballbesitzers und Dribbeln zum Korb mit der unmittelbaren Absicht eines Korbwurfs.

Zielviereck: auf dem Spielbrett hinter dem Ring eingezeichnetes Rechteck, das das Zielen (besonders beim Korbleger) erleichtert.

Zone: jeder Raum zwischen Ball und Korb (umgangssprachlich fälschlicherweise oft für Freiwurfraum benutzt)

zone defense: Zonenverteidigung

zone offense: Zonenangriff

zone press: Zonenpreßverteidigung

Zonen-Presse: (Kurzform für) Zonenpreßverteidigung

Zonenangriff: ein Angriff gegen die Zonenverteidigung

Zonenaufstellung: Aufstellung bei einer Zonenverteidigung, bei der die Spieler Verteidigungslinien bilden, z. B. drei Linien bei der 1/2/2-Zone (bei der Zonenbezeichnung wird die vordere Linie immer zuerst genannt). Vgl. Zonenverteidigung

Zonenpreßverteidigung: kombinierte Verteidigungsform nach den Prinzipien der Preß- und der Zonenverteidigung. Die gegnerische Ballkontrolle wird aggressiv gestört, indem schon weit vor dem eigenen Korb (Ganz-, Dreiviertel-, Halbfeld) durch das Besetzen von bestimmten Räumen dem Gegner der Weg zum Korb verstellt wird.

Zonenverteidigung: Verteidigungsform, bei der jeder Verteidiger eine bestimmte Zone deckt und ständig den Ballbewegungen folgt. Alle fünf Spieler schwenken stets kollektiv mit dem Ball, um den Raum in Korbnähe zu schützen.

Zurücksinken: siehe Sinken

Zwei-eins-zwei-Angriff (2/1/2): Angriffsaufstellung, in der zwei Aufbauspieler, ein Vorzenter und zwei Flügelspieler spielen.

Zwei-eins-zwei-Zone (2/1/2): Zonenaufstellung, bei der in der ersten Linie 2, in der zweiten 1 und in der dritten 2 Verteidiger stehen.

Zweier-Kontakt: zweimaliger Bodenkontakt der Füße beim Zweierrhythmus.

Zweierrhythmus: durch die Spielregeln festgelegte Schritt- und Sprungfolge bei der Fortbewegung mit dem Ball in den Händen.

Zweitaktrhythmus: siehe Zweierrhythmus

Zweitaktstopp: Abstoppen in zwei Takten, durch das das Stand- und das Spielbein festgelegt werden.

Zweiter Kontakt: zweite Bodenberührung der Füße beim Zweierrhythmus.

Zwischen-Ball-und-Mann (B/M): Position des Verteidigers zwischen Ball und Angreifer (-ohne-Ball), durch die schon frühzeitig (bei aggressiver Verteidigung) oder in unmittelbarer Korbnähe (bei jeder Verteidigung) das Anspiel verhindert bzw. ein Ballgewinn erzielt werden soll.

Zwischen-Mann-und-Korb (M/K): die Grundposition in der Verteidigung, bei der der Verteidiger zwischen Angreifer (mit und ohne Ball) und Korb geht und dabei mehr auf Sicherung des gefährdeten Korbraums als auf Ballgewinn aus ist.

Roland Geggus

10.2 Die Traineraus- und -fortbildung im Basketball

Die Ausbildung zum Basketballtrainer

Bei der Ausbildung zum lizenzierten Basketballtrainer berücksichtigt der DBB die in den Rahmenrichtlinien des Deutschen Sport Bundes vorgegebenen Orientierungsdaten. Im Basketball können durch den Deutschen Basketball Bund vier Trainerlizenzen nach einer entsprechenden Ausbildung und Prüfung erworben werden. Dabei bauen die Lizenzen A, B, C und D aufeinander auf. In der Abbildung auf Seite 471 sind die Trainerlizenzen im Basketball zusammenfassend dargestellt. Die wichtigsten Einzelheiten der vier Lizenzstufen sind im folgenden dargestellt:

D-Trainer
Für die Ausbildung von D-Trainern ist der Landesverband zuständig, in dem der Trainerkandidat wohnt. Die Dauer der Trainer-D-Ausbildungslehrgänge ist nicht bundeseinheitlich. Nach 40–80 Unterrichtseinheiten und einer zeitlich darin enthaltenen Prüfung wird die D-Lizenz vom Landesverbandslehrwart ausgestellt. Von Vorteil ist für den Kandidaten eine eigene Spielertätigkeit, um den Anforderungen in der Praxis gerecht zu werden.
Vermittelt werden bei der Trainer-D-Ausbildung die technischen und taktischen Grundlagen des Basketballspiels. Interessenten wenden sich an die Geschäftsstellen der Landesverbände (Adressen siehe S. 500ff).

C-Trainer
Auch für die Ausbildung der C-Trainer sind die Landesverbände des DBB zuständig. Voraussetzung für die Zulassung zur C-Ausbildung ist eine gültige D-Lizenz und eine mindestens einjährige Trainertätigkeit. Die Ausbildungsdauer einschl. Prüfung beträgt 120 Stunden; in einigen Landesverbänden werden dabei 40 Stunden Ausbildung für den D-Trainer angerechnet.
Bei den Trainer-C-Lehrgängen werden die Grundlagen der Basketballtechnik, Individual-, Gruppen- und Mannschaftstaktik vertieft behandelt. Hinzu kommen überfachliche Themen aus dem Bereich der Trainingslehre, Sportpsychologie, Sportmedizin und Sportpädagogik.
Interessenten wenden sich an die Geschäftsstellen der Landesverbände (s. S. 500ff).

Bei der Trainer-D- und -C-Ausbildung sind für Sportlehrer und Inhaber von ausländischen Trainerlizenzen Sonderregelungen möglich, über die die zuständigen Lehrwarte der Landesverbände auf Antrag entscheiden. Die Anschriften dieser Lehrwarte sind über die Geschäftsstellen der Landesverbände zu erhalten.

B-Trainer
Für die Ausbildung und die Prüfung zum B-Trainer ist der DBB zuständig. Voraussetzung für die Teilnahme an der B-Trainer-Ausbildung ist der Besitz einer gültigen C-Lizenz, eine zweijährige Trainertätigkeit als C-Trainer im Leistungsbasketball und die Zustimmung des Landesverbandslehrwarts. Die Ausbildungsdauer beträgt einschließlich Prüfung 120 Stunden. Sie gliedert sich in einen Pflichtlehrgang mit ca. 60

Unterrichtsstunden und zwei Wahlpflichtlehrgängen mit je 20 Stunden und in den Prüfungsteil. Die Prüfung findet als theoretische Prüfung mit ca. 20 Minuten Prüfungszeit und als praktische Prüfung in Form einer Lehrprobe mit einer Auswahlmannschaft statt.
Vermittelt werden bei der B-Trainer-Ausbildung allgemeine und spezielle Basketballkenntnisse aus den Bereichen Technik und Taktik; übergreifende Themen aus dem Bereich der Sportwissenschaft ergänzen den basketballspezifischen Teil.
Durch die Ausbildung soll erreicht werden, daß B-Trainer befähigt sind, Mannschaften der 2. Bundesliga zu trainieren und zu coachen.
Der DBB bietet jährlich B-Ausbildungslehrgänge an; als Kostenbeteiligung müssen ca. 1500,- DM eingeplant werden.

A-Trainer
Die Ausbildung und Prüfung zum A-Trainer führt ebenfalls der DBB durch. Folgende Voraussetzungen sind für eine Zulassung zu erfüllen: gültige B-Lizenz, mindestens zweijährige Trainertätigkeit als B-Trainer im Hochleistungsbasketball.
Die Ausbildung dauert 120 Unterrichtsstunden mit folgenden Ausbildungsabschnitten:
- Pflichtlehrgang mit 60 Unterrichtsstunden,
- Wahlpflichtlehrgang mit theoretischem Bezug (20 Stunden),
- Wahlpflichtlehrgang mit praktischem Bezug (20 Stunden).

Die Prüfung zum A-Trainer besteht aus drei Teilen:
- theoretische Prüfung (ca. 30 Minuten Dauer),
- praktische Prüfung als Lehrprobe mit einer DBB-Auswahlmannschaft (60 Minuten),
- Erstellen einer schriftlichen Hausarbeit mit ca. 60 Seiten Umfang.

Inhaltlich werden bei der Trainer-A-Ausbildung Themen behandelt, die für das Training von Spitzenmannschaften von Bedeutung sind:
- spezielle Angriffs- und Verteidigungssysteme,
- Konzeptionen von Mannschaftsführung und Mannschaftsbetreuung,
- ausgewählte Probleme des Coachens,
- spezielle Probleme der Trainingssteuerung und Periodisierung,
- spezielle Probleme des Konditionstrainings,
- ausgewählte sportmedizinische Fragen.

A-Trainer sollen Mannschaften der 1. Bundesliga und Nationalmannschaften trainieren können. Der DBB führt jährlich einen A-Ausbildungslehrgang durch.
Als Kostenanteil an der Ausbildung und Prüfung sind ca. 1700,- DM einzuplanen.

Anmeldungsverfahren für A- und B-Trainer
In Ausgabe 22 (zweite Novemberausgabe) der «Basketball-Zeitung» werden jährlich die Ausschreibungen für alle Aus- und Fortbildungslehrgänge des DBB vorgenommen und die Modalitäten für die Anmeldung und Zulassung beschrieben. Stichtag für die Anmeldung zur Ausbildung ist der 31. Januar eines jeden Jahres.

Diplom-Trainer
A-Trainer des DBB können an der Diplom-Trainer-Ausbildung der Trainerakademie des Deutschen Sport Bundes nach Zustimmung des DBB teilnehmen. Da die Sportart Basketball nicht bei jedem Ausbildungskurs vertreten ist, wird eine langfristige Planung für die Interessenten empfohlen. Auskünfte erteilt die Trainer-Akademie des Deutschen Sportbundes, Guths-Muths-Weg 1, 5000 Köln 41.

Sonderregelungen für ausländische Trainer, Nationalspieler
und Diplom-Sportlehrer der Deutschen Sporthochschule Köln
Für Inhaber ausländischer Trainer-Lizenzen, A-Nationalspieler des DBB, Absolventen der Deutschen Sporthochschule Köln als Diplom-Sportlehrer mit dem «Großen Schwerpunkt» Basketball bestehen zur Zeit Sonderregelungen, die zum Erwerb der Trainerlizenzen B und A führen können. Für Diplom-Sportlehrer anderer Hochschulen, für ausländische Trainer mit Sportstudium und für Lehrer mit Sportfakultas haben die Landesverbände des DBB Sonderregelungen zum Erwerb der Trainer-Lizenzen D und C.
Auskünfte erteilen:
Bei A und B-Lizenzen: DBB, Postfach 708, 58 Hagen
Bei C und D-Lizenzen: Die Lehrwarte der Landesverbände
In der Ausgabe 22 der «Basketball-Zeitung» 1987 sind diese Sonderregelungen für A- und B-Kandidaten umfassend beschrieben.
Der Stichtag für die Anmeldung/Antragstellung bei Sonderregelungen ist ebenfalls der 31. Januar eines jeden Jahres.

Die Trainerfortbildung

Die Landesverbände und der DBB bieten jährlich eine Reihe von Fortbildungsveranstaltungen an. Dabei ist es notwendig, die Gültigkeit einer Lizenz durch den Besuch von Fortbildungsveranstaltungen zu verlängern.
Die Gültigkeitsdauer von Trainerlizenzen ist unterschiedlich gestaltet; bei B-Trainern muß alle drei Jahre, bei A-Trainern alle zwei Jahre eine Fortbildung nachgewiesen werden.
Über die Gültigkeit von C- und D-Lizenzen erteilen die Landesverbände Auskunft.
Die Fortbildungslehrgänge des DBB werden themenzentriert veranstaltet und bundesweit flächendeckend angeboten. Dabei werden unterschiedliche Formen wie z. B. Coach-Clinics, Workshops u. ä. gewählt, um den unterschiedlichen Voraussetzungen und Erwartungen der Trainer zu entsprechen. Der DBB bemüht sich seit Jahren, bei Länderspielen und anderen herausragenden sportlichen Veranstaltungen international renommierte ausländische Trainerkollegen zu Fortbildungsveranstaltungen zu gewinnen.
Auch der *Verband Deutscher Basketball Trainer e. V.* bietet Fortbildungsveranstaltungen an, die häufig in Form von Coach- und Player-Clinics angeboten werden.
Auskünfte erteilt dazu
Verband Deutscher Basketball Trainer e. V.
c/o Gerhard Schmidt
Siegburgerstr. 3
1 Berlin 33
Die DBB-Fortbildungsveranstaltungen werden in der «zweiten Novemberausgabe» der «Basketball-Zeitung» ausgeschrieben. Auskünfte zur Fortbildung erteilt die DBB-Bundesgeschäftsstelle.

Alle Veränderungen und Abweichungen zu den hier nur unvollständig wiedergegebenen Bestimmungen werden für die Trainer-Lizenzen A und B in der «Basketball-Zeitung» und für die Trainer-Lizenzen D und C in den jeweiligen amtlichen Organen veröffentlicht.

(Die o. a. Bestimmungen geben den Stand von Juni 1988 wieder.)

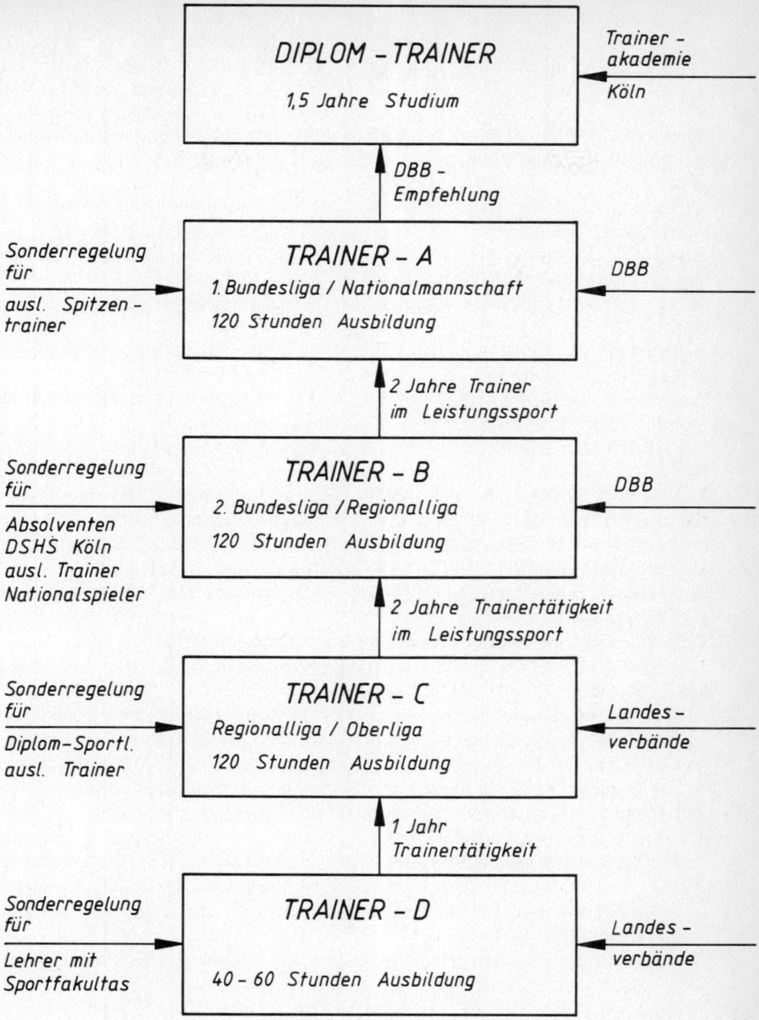

AUSBILDUNG ZUM LIZENZIERTEN BASKETBALLTRAINER

10.3 Literaturverzeichnis

(im Handbuch benutzte Literatur, ergänzt durch eine deutschsprachige Auswahlbibliographie von Klaus Macke)

1 Abasov, T. T.: Mehr Aufmerksamkeit den Verteidigungsaktionen im Basketballspiel. In: Theorie und Praxis der Körperkultur 16 (1967) 1, S. 44–53.
2 Adam, K.: Probleme der Führung von Spitzensportlern. In: Leibesübungen und Leibeserziehung, 20 (1966) 1, S. 20–22.
3 – u. a.: Psychologie in Training und Wettkampf (= Trainerbibliothek, Bd. 5). Berlin 1973.
4 Alberti, H. / Rothenberg, L.: Spielreihen in der Spielschulung. Schorndorf 1975.
5 Allard, F. / Graham, S. / Paarsalu, M. E.: Perception in sport: basketball. Journal of Sport Psychology (1980) 2, S. 14–21.
6 – / Starkes, J. L.: Perception in sport: volleyball. Journal of Sport Psychology (1980) 3, S. 22–33.
7 Allendorf, O. / Brettschneider, W.-D.: Leistungsdatenerfassung und -auswertung im Sportspiel mit Hilfe des computergesteuerten optischen Lesestifts. In: Andresen, R. / Hagedorn, G.: Zur Sportspielforschung, Theorie und Praxis der Sportspiele Bd. 1. Berlin 1976, S. 106–118.
8 Alpheis, H.: Sportspielbeobachtung im Basketball. In: Leistungssport 9 (1979), S. 452–462.
9 Anderson, B.: Stretching. Waldeck-Debringshausen 1982.
10 Anderson, F. / Albeck, S.: Coaching Better Basketball. New York 1964, S. 89–91, 102/103, 119/120, 197–204.
11 Andresen, R. / Brettschneider, W.-D. / Hagedorn, G.: Zur Objektivierung von Spielleistungen. Computergesteuerte Leistungserfassung und -auswertung im Basketball- und Volleyballspiel. In: Leistungssport 7 (1977) 1, S. 15–21.
12 – / Hagedorn, G. (Hg.): Training im Sportspiel. 4. Internat. Berl. Sportspiel-Symposium (= Sportwiss. u. Sportpraxis, Bd. 42). Ahrensburg 1982.
13 – / – (Hg.): Steuerung des Sportspiels in Training und Wettkampf. 5. Internat. Berl. Sportspiel-Symposium (= Sportwiss. u. Sportpraxis, Bd. 51). Ahrensburg 1984.
14 Arazim, V.: Verteidigen im Basketball. In: Sporterziehung in der Schule 7 (1984) 1/2, S. 11 ff.
15 Armstrong, B. / Cassidy, F.: How I coach championchip High School Basketball. West Nyack 1973, S. 117–130.
16 Arnold, W. / Eysenck, H. J. / Meili, B. (Hg.): Lexikon der Psychologie. Freiburg 1971.
17 Atkinson, R. C. / Shiffrin, R. M.: Human memory. A proposed system and its control processes. In: Spence, K. W. / Spence, J. T. (eds.): The psychology of learning and motivation: Advances in research and theory, Vol. 2. New York 1968, S. 89–193.
18 – / –: The control of short-term memory. In: Scientific American, New York (1971), S. 82–90, 225.
19 Ausschuß Deutscher Leibeserzieher (Hg.): Motivation im Sport (V. Kongreß f. Leibeserziehung, Münster 1970). Schorndorf 1971.

20 Autorenkollektiv, Leitung DELTOW, B. u. a.: Basketball. Berlin (DDR) 1978.
21 BADDELEY, A. D. / HITCH, G.: In Memoriam: Unser Gedächtnis. Psychol. heute (1977) 10, S. 57–62.
22 BALLREICH, R.: Grundlagen sportmotorischer Tests. Frankfurt 1970.
23 –/ BAUMANN, W. / HAASE, H. / ULMER, H.-V. / WASMUND-BODENSTEDT, U.: Trainings-Wissenschaft 1. Einf. i. Forschungsmethoden. Psychologie, Biomechanik, Physiologie. Bad Homburg 1982.
24 BALSTER, K.: Basketball in der Sonderschule. Dortmund 1982.
25 BARTH, B.: Strategie und Taktik – Gegenstand der Theorie und Methodik des sportlichen Trainings. In: Wiss. Zeitschrift der deutschen Hochschule f. Körperkultur Leipzig 17 (1976) 3, S. 57–65.
26 –: Probleme einer Theorie und Taktik des Wettkampfes im Sport. In: Theorie und Praxis der Körperkultur 29 (1980) 2, S. 127–137.
27 –: Inhalte und Abgrenzung des Leistungsfaktors Strategie und Taktik und Probleme der Objektivierung. In: Theorie und Praxis der Körperkultur 29 (1980) 3, S. 198–206.
28 –: Möglichkeiten einer Methodik der strategischen und taktischen Ausbildung im Trainingsprozeß. In: Theorie und Praxis der Körperkultur 29 (1980) 5, S. 374–384.
29 BAUERSFELD, K.-H. / SCHRÖTER, G.: Grundlagen der Leichtathletik. Berlin (DDR) 1980.
30 BAYER, N.: Basketball – Grundtaktik / Organisationsformen. In: Leibesübungen – Leibeserziehung 30 (1976) 10, S. 47f.
31 –: Basketball – Einhandwurf. In: Leibesübungen – Leibeserziehung 31 (1977) 1, S. 7.
32 –: Basketball – Wurftest. In: Leibesübungen – Leibeserziehung 34 (1980) 10, S. 78f.
33 –: Basketball – Organisation einer Übungseinheit. In: Leibesübungen – Leibeserziehung 35 (1981) 1, S. 5.
34 BERGMANN, W.: Probleme der Bank- und Kaderspieler. In: Leistungssport 8 (1978) 2, S. 124–129.
35 BERNDT, I. / REHS, H.-J.: Selbst- und Fremdeinschätzung der Leistungsfähigkeit im Basketballspiel – eine Untersuchung zu Grundlagen der Spielerziehung im Sportunterricht. In: Sportunterricht 24 (1975) 12, S. 410–414.
36 BERTALANFFY, L. v.: Generell System Theory. Foundation, Development, Application. London 1971.
37 BESENIUS, R.: Zum Angriffsverhalten im Basketball. Luxembourg 1983.
38 BIENER, K.: Sportmedizin – Profile der Einzelsportarten, Bd. 1. Derendingen, Solothurn 1982.
39 –/ HÄLG, A.: Ballsportunfälle. In: Sportmed. 33 (1982) 5, S. 156–161.
40 BILEK, Y.: Vorschlag für ein Konzept für alle technischen Mitarbeiter der Basketball-Abteilung von VfL-48 in Bad Kreuznach. In: Trainer Info 3 (1983) 3, S. 24ff.
41 BISCHOFS, J.: Arbeitsmittel. In: ROMBACH, H. (Hg.): Lexikon der Pädagogik. Freiburg 1970², Bd. 1, S. 70–71.
42 BLAHA, P.: Anthropologische Charakteristik tschechoslowakischer und ausländischer Basketballspieler unter Berücksichtigung ihrer Spielpositionen. In: Medizin und Sport 21 (1981) 2, S. 55ff.
43 BLANKERTZ, H.: Theorien und Modelle zur Didaktik. München 1972⁶.
44 BÖS, K.: Heidelberger Basketballtest. In: Basketball (1983).
45 –: Finte. In: RÖTHIG, P. (Hg.): Sportwiss. Lexikon. Schorndorf 1983⁵.

46 –: Zur Diagnostik im Basketball. In: Basketball 22 (1983) 2, S. 11–14; 4, S. 15 bis 18; 12, S. 11–14; 14, S. 11ff.
47 Bösing, L.: Basketball. In: Grupe, O. (Hg.): Sport – Theorie in der gymnasialen Oberstufe. Sportartspezifische Beiträge, Teil II. Schorndorf 1981, S. 13ff.
48 Boucherin, J.-P.: Basketball – Erzieherisches Spiel/Spiel zur Erholung. In: Jugend und Sport 31 (1974) 10, S. 339–349.
49 –/Hefti, G.: Basketball – Lektionsgestaltung. In: Jugend und Sport 32 (1975) 4, S. 109ff.
50 –/–/Bourquin, S.: Unsere Monatslektion – Basketball – Wurf aus dem Lauf, Einführung des Zweischritt-Rhythmus. Methodische Aufbaureihe. In: Jugend und Sport 31 (1974) 9, S. 306ff.
51 –/–/Hasler, H. R.: Unsere Monatslektion – Basketball – Integriertes spezifisches Konditionstraining. In: Jugend und Sport 32 (1975) 4, S. 113f und Der Übungsleiter (Sb. 1) 8 (1975) 6, S. 363.
52 Boutmans, J.: Basketball trainieren. In: Lehrhilfen für den Sportunterricht 19 (1983) 5, S. 73–79.
53 –/Vanhille, L.: Konditionstraining Basketball. Vergleich zwischen zwei Trainingsarten: Circuittraining und spezifisches Konditionstraining. In: Andresen, R./Hagedorn, G. (Hg.): Training im Sportspiel. Ahrensburg 1982, S. 172–197.
54 –/Gool, D. v./Gerven, D. v.: Das telemetrische Registrieren in den Sportspielen. Ein Hilfsmittel zur Steuerung der Trainingsplanung. In: Andresen, R./Hagedorn, G. (Hg.): Steuerung des Sportspiels in Training und Wettkampf (= Sportwiss. u. Sportpraxis, Bd. 51) Ahrensburg 1984, S. 90–100.
55 Boynton, St.: Attacking the Presses. In: The Coaching Clinic's complete Guide to Offensive Basketball. West Nyack, New Jersey 1979.
56 Brandt, B./Czwalina, C./Stahl, S.: Der Gegenblock im Basketball. Ahrensburg 1982.
57 Brettschneider, W. D.: Grundlagen und Probleme einer unterrichtsrelevanten Sportdidaktik. Ahrensburg 1975.
58 –: Zum Theorem vom Implikationszusammenhang von Zielprojektion und Vermittlungsvariablen als Grundlage didaktischer Entscheidungen im Sportspiel. In: Andresen, R./Hagedorn, G. (Hg.): Zur Sportspielforschung. Theorie und Praxis der Sportspiele Bd. 1. Berlin 1976, S. 167–188.
59 Breuer, H./John, E.: Basketball spielen lernen, Teil I: Spielformen zur Einführung in das Basketballspiel. In: Betrifft Sport 3 (1980) 9, S. 1–20.
60 –/–: Basketball spielen lernen, Teil II: Fangen, Passen, Dribbeln, Fußarbeit. In: Betrifft Sport 3 (1980) 12, S. 1–21.
61 –/–: Basketball spielen lernen, Teil III: Positionswurf, Korbleger. In: Betrifft Sport 4 (1981) 9, S. 1–19.
62 –/–: Basketball spielen lernen, Teil IV: Sprungwurf, Hakenwurf. In: Betrifft Sport (1982) 10, S. 1–22.
63 –/–: Basketball spielen lernen, Teil V: Vom individuellen Abwehrverhalten zur Mann-Mann-Verteidigung. In: Betrifft Sport 7 (1984) 1, S. 1–23.
64 Breyvogle, N. D.: Basketball scouting views. In: Athl. Journal (1967) 2, S. 60ff.
65 Brock, W./Sturm, K.-H.: Basketball. In: Brock, W./Sturm, K.-H. (Red.): Spielend Trainieren. Berlin (DDR) 1966, S. 225–360.
66 Brodtmann, D.: Sportunterricht und Schulsport. Bad Heilbrunn 1984².
67 Brudny, W.: Audiovisuelle Unterrichtsmittel. In: Rombach, H. (Hg.): Lexikon der Pädagogik. Freiburg 1970², Bd. I, S. 70–71.

68 BRUGGER, G.: Die Organisation eines Kleinfeld-Volleyball-Turniers. In: Lehrhilfen für den Sportunterricht 27 (1978) 7, S. 11–112.
69 BUCHER, W. (Hg.): 1006 Spiel- und Übungsformen im Basketball. Schorndorf 1982.
70 BUDINGER, H. / VOLFER, B.: Basketball-Lehren. Kriftel 1963.
71 BÜHLER, CH.: Kindheit und Jugend. Leipzig 1928.
72 BUNN, J. W.: Basketball techniques and team play. Englewood Cliffs 1964, S. 105–125, 135–137.
73 BUSNEL, R.: Les problemes d'arbitrage. Paris 1971, S. 29–35.
74 BYKERK, C.: Simplified Multiple Offense for Winning Basketball. West Nyack/New York 1970.
75 CAILLOIS, R.: The Structure and Classification of Games. In: LOY, J. W. / KENYON, G. S.: Sport, Culture and Society. New York 1971[3], S. 44–55.
76 CALLIES, P.: Psychologische Betreuungsmaßnahmen, theoretischer Hintergrund und praktische Anwendung am Beispiel der Basketballjugendnationalmannschaft. In: Leistungssport 12 (1982) 3, S. 230–236.
77 CARL, K. / GROSSER, M.: Trainingssteuerung. In: RÖTHIG, P. (Hg.): Sportwiss. Lexikon. Schorndorf 1983[5].
78 CASTRO, P. DE / VON-EIFF, E. / TROEGER, M. / Nowacki, P. E.: Kardiorespiratorische Reaktionen jugendlicher Basketballspieler im Grenzbereich ihrer Leistungsfähigkeit. In: RIECKERT, H. (Hg.): Sport an der Grenze menschlicher Leistungsfähigkeit. Berlin 1981, S. 251–259.
79 CHARNOFSKY, H.: Die Aufgabe von Verteidigungsschichten in Drucksituationen. In: LÜSCHEN, G. (Hg.): Kleingruppenforschung und Gruppe im Sport (= Kölner Zts. f. Soz. u. Sozialpsych., Sonderheft 10). Opladen 1966, S. 237–250.
80 COLBECK, A. L. / JONES, R. W. / BUSNEL, R. u. a.: The Basketball World. München 1972.
81 COOPER, J. M., / SIEDENTOP, D.: The Theory and Science of Basketball. Philadelphia 1975[2].
82 COUSY, B. / POWER, F.: Basketball Concepts and Techniques. Boston 1970, S. 34–61 (7. Aufl. 1976).
83 CRAMER, M.: Sportunterricht in der reformierten Oberstufe – Basketball in einem koedukativen Grundkurs. Schorndorf 1981.
84 CRATTY, B. J.: Motorisches Lernen und Bewegungsverhalten. Frankfurt/M. 1975.
85 CZWALINA, C.: Basketball. In: CZWALINA, C.: Systematische Spielerbeobachtung in den Sportspielen. Schorndorf 1976, S. 45–52, 112–115.
86 –: Zur Bewertung sportspielerischer Leistungen. In: ANDRESEN, R. / HAGEDORN, G. (Hg.): Beobachten und Messen. Berlin 1980, S. 25–32.
87 – / BRANDT, B. / STAHL, S.: Training gruppentaktischer Maßnahmen im Basketball durch Programmierte Instruktion (PI). In: ANDRESEN, R. / HAGEDORN, G. (Hg.): Training im Sportspiel. Ahrensburg 1982, S. 145–160.
88 DALE, E.: Audiovisual Methods in Teaching. New York 1969[3].
89 DAMMANN, W.: Ausdauerleistungsfähigkeit von Basketballspielern unterschiedlicher Spielklassen. Dtsch. Ztschr. f. Sportmed., Z. 11, 33 (1982)[7], S. 211.
90 DANILOW, W. A. / SCHIDLOWSKIJ, A. P.: Ein spezielles Programm für die Steigerung der konditionellen und funktionellen Möglichkeiten von Basketballspielern. In: Beiheft zu Leistungssport (1976) 6, S. 86–90.
91 DÄUMLING, M. u. a.: Beiträge zum mentalen Training (= Training u. Beanspruchung, Bd. 3). Frankfurt 1973.
92 DBB: Die Finten. In: Basketball 12 (1973) 12, S. 189; 14, S. 223, 18, S. 286.

93 DBB (Hg.): Alle spielen Mini-Basketball. Berlin/München/Frankfurt/M. 1978.
94 DBB (Hg.): Mini-Basketball-Regeln für den Bereich des DBB. Berlin/München/Frankfurt/M. 1978.
95 DBB: Offizielle Basketballregeln 1980/1984. Karlsruhe 1980.
96 DBB (Hg.): Interpretation der offiziellen FIBA-Basketballregeln 1980-1984. Berlin 1981.
97 DELTOW, B./HERCHER, W./KONZAG, G. (Hg.): Basketball. Berlin (DDR) 1978.
98 DELTOW, E.: Erfahrungen bei der Einführung des Basketballspiels im Studentensport – ein Beitrag zur Verbindung von Sportunterricht und Freizeitsport. In: Theorie und Praxis der Körperkultur 31 (1982) 1, S. 63–67.
99 DIECKERT, M./KREISS, F./MEUSEL, M.: Turnen Sport Spiel. Schulbuch für Jungen und Mädchen. Teil 1 (8–12 Jahre). Frankfurt/M. 1970.
100 DIETRICH, K.: Möglichkeiten des Einsatzes audio-visueller Techniken in der Leibeserziehung. In: WEHLING, W./LSB Nordrhein-Westfalen: Sportfilmtage '70 Oberhausen, Bericht, 1971, S. 46–54.
101 –: Zum Problem der Lehrplanentscheidung. Ahrensburg 1972.
102 –: Sportspiel und Interaktion. In: SCHEUERL, H. (Hg.): Theorien des Spiels. Weinheim/Basel 1975[10] (zuerst 1972).
103 –: Fußball spielgemäß lernen – spielgemäß üben. Schorndorf 1975[4].
104 –/DÜRRWÄCHTER, G./SCHALLER, H.-J.: Die großen Spiele, Wuppertal 1976.
105 –/LANDAU, G. (Hg.): Beiträge zur Didaktik der Sportspiele. Schorndorf. Teil 1: Spiel in der Leibeserziehung, 1976[2]; Teil 2: Sportspiel-Analysen, Interpretationen, Folgerungen, 1977; Teil 3: Sportspiel im Unterricht, 1977.
106 DIEM, C.: Weltgeschichte des Sports und der Leibeserziehung. Stuttgart 1960.
107 DJATSCHKOW, W. M.: Die Steuerung und Optimierung des Trainingsprozesses (= Trainerbibliothek, Bd. 9). Berlin 1974.
108 DÖRING, F.: Das Spielstenogramm und seine Bedeutung für den Erziehungs- und Ausbildungsprozeß in den Sportspielen. In: Theorie und Praxis der Körperkultur 18 (1969) 6, S. 614–623.
109 DRASKOCZY, J.: Basketball – Übungen zur Technikschulung. In: Der Übungsleiter 15 (1982) 2, S. 7; 3, S. 11.
110 DRESSEL, E.: Zur Lehrweise des Zweikontaktrhythmus – Hinweise zum Basketballtraining. In: Körpererziehung 21 (1971) 1, S. 48–58.
111 DSB (Hg.): Der moderne Verein I und II. Frankfurt/M. 1973.
112 DSB Bundesausschuß Leistungssport (Hg.): Ausdauertraining – Stoffwechselgrundlagen und Steuerungsansätze. In: Beiheft zu Leistungssport (1977) 9.
113 DUNKIN/BIDDLE: The study of teaching. New York 1974.
114 EBERSPÄCHER, H.: Psychoregulatives Training. In: GABLER, H. u. a. (Hg.): Praxis der Psychologie im Leistungssport (= Trainerbibliothek, Bd. 19). Berlin 1979, S. 255–298.
115 –: Sportpsychologie (= rororo Sachbuch 7047). Reinbek b. Hamburg 1982.
116 EBERSTADT, G.: Untersuchungen zu Spielerwechselstrategien von Basketballtrainern. Deutsche Sporthochschule Köln. Dipl. Arbeit. Köln 1980.
117 EBERT, F. H./CHEATUM, B. A.: Basketball – Five Players. Philadelphia/London/Toronto, 1972.
118 –/–: Basketball. Philadelphia 1977.
119 EHLENZ, H./GROSSER, M./ZIMMERMANN, E.: Krafttraining Grundlagen – Methoden – Übungen – Trainingsprogramme (= blv Sportwissen Bd. 407). München 1983.

120 Eitner, D.: Wenn Wadenmuskeln und Gelenke, Sehnen und Bänder verletzt sind. In: Basketball 17 (1978) 17, S. 21.
121 Elias, N./Dunning, E.: Zur Dynamik von Sportgruppen. In: Lüschen, G. (Hg.): Kleingruppenforschung und Gruppe im Sport (= Kölner Zeitschr. f. Soz. u. Sozialpsychologie, Sonderheft 10). Köln/Opladen 1966, S. 118–134.
122 Erdmann, R. (Hg.): Motive und Einstellungen im Sport. Ein Erklärungsansatz für die Sportpraxis (= Beitr. z. Lehre u. Forschg. i. Sport, Bd. 85). Schorndorf 1983.
123 Esposito, M.: How to Coach Fast Break. Englewood Cliffs 1959.
124 Fecht, R./Perner, E.: Die verzögerte Bild- und Tonwiedergabe am Videorecorder, eine unterrichtsrelevante Möglichkeit zur Verbesserung des Feedbacks im motorischen Lernprozeß. In: Sportunterricht 24 (1975) 5, S. 148ff.
125 Fédération Francaise de Basketball (FFBB) (Hg.): L'Evolution du Jeu. FIBA-Archiv München o. J.
126 Feige, K.: Vergleichende Studien zur Leistungsentwicklung von Spitzensportlern. Schorndorf 1973.
127 –: Leistungsentwicklung und Höchstleistungsalter von Spitzenläufern. Schorndorf 1978.
128 Felcher, W.: Korbball – Basketball. In: Leibesübungen und körperliche Erziehung, 55 (1936) 3, S. 59–61.
129 Fetz, F./Kornexl, E.: Johnson Basketball Ability Test. In: Fetz, F./Kornexl, E.: Sportmotorische Tests. Berlin 1978, S. 146f.
130 –/–: Slalomdribbeln. In: Fetz, F./Kornexl, E.: Sportmotorische Tests. Berlin 1978, S. 147f.
131 –/–: Sportmotorische Tests. Praktische Anleitung zu sportmotorischen Tests in Schule und Verein. Berlin 1978.
132 Fiedler, F.: Führungstraining. In: Psychologie heute 6 (1979) 2, S. 34–39.
133 Fiedler, M.: Volleyball. Berlin 1973.
134 Flitner, A.: Spielen – Lernen. Praxis und Deutung des Kinderspiels (Serie Piper, Bd. 22). München 1980[6].
135 Franke, K.: Traumatologie des Sports. Stuttgart/New York, 1980.
136 Freibichler, H./Steiner, H.: Interaktives Video – eine Perspektive für den Leistungssport? In: Leistungssport 13 (1983) 6, S. 5–32.
137 Frey, G.: Training im Schulsport. Schorndorf 1981.
138 Frey, K.: Theorien des Curriculums. Weinheim 1971.
139 Freytag, W./Mitterbauer, G.: Testserien zur Erfassung von Grundtechniken im Basketballspiel. In: Sportunterricht 29 (1980) 7, S. 257–263.
140 Friedrich, E.: Überlegungen zu Theorien vom Wettkampf. In: Leistungssport 10 (1980) 3, S. 200–205.
141 Fuhrer, U.: Voraussetzungen der Beratung und Betreuung im Leistungssport. In: Leistungssport 9 (1979) 6, S. 476–480.
142 Gabler, H.: Zur Person des Trainers. Überlegungen auf der Grundlage einer Untersuchung an Bundestrainern. In: Leistungssport 5 (1975) 3, S. 184ff.
143 –: Aggressive Handlungen im Sport. Schorndorf 1976.
144 –: Motivation. In: Röthig, P. (Hg.): Sportwiss. Lexikon (= Beitr. z. Lehre u. Forschg. i. Sport, Bd. 49/50). Schorndorf 1983[5].
145 Gagné, R. M.: Die Bedingungen des menschlichen Lernens. Beiträge zu einer neuen Didaktik. Hannover 1973[3].
146 Gaisl, G.: Der aerob-anaerobe Übergang und seine Bedeutung für die Trainingspraxis. In: Leistungssport 9 (1979) 4, S. 235–243.
147 Gallwey, W. T.: Tennis und Psyche – das Innere Spiel. München 1977.

148 –/KRIEGEL, B.: Besser Ski fahren durch Inner-Training. München 1978.
149 GEGGUS, R.: Neue Wege im Basketball – Erfahrungen bei der Mini-Basketball-Woche 1976 in Ludwigsburg. In: Praxis der Leibesübungen 18 (1977) 2, S. 27.
150 –: Basketball-Camps – Mittel zur Leistungssteigerung? In: Leistungssport 7 (1977) 3, S. 203–210.
151 –: Kurz- und mittelfristige Planung im Frauenbasketball zur Erreichung der Endrunde um die Deutsche Meisterschaft der Frauen in der Saison 1982/83. In: Leistungssport 12 (1982) 1, S. 53–58, und Trainer Info 2 (1982) 3, S. 26–31.
152 GERHARDUS, H.: Zur Frage der Lerneffektivität verschiedener Unterrichtsformen im Sportspiel Basketball. In: Sportunterricht 28 (1979) 2, S. 45–51.
153 GERLE, G./HAMMER, R./SCHÄDLE, G.: Basketballspiel und Interaktion. In: Sportunterricht 26 (1977) 7, S. 232–235 und Lehrhilfen für den Sportunterricht 13 (1977) 7, S. 81f.
154 GETROST, V./SCHÜNEMANN, E.: Entwicklung und Erprobung einer Spielreihe Basketball. In: ANDRESEN, R./HAGEDORN, G.: Lernen im Sportspiel. Berlin 1982, S. 161–174.
155 –/WICHMANN, K.: Einführung des Basketballspiels nach spielgemäßem Konzept. In: Sport Praxis in Schule und Verein, 23 (1982) 10, S. 195f; 11, S. 205f.
156 –/–: Spielen in der Überzahl. Ein Lernweg zur Einführung des Basketballspiels. In: Sporterziehung in der Schule 7 (1984) 1/2, S. 15ff.
157 GLEICH, A.: Fundamentals. In: Trainer Info 1 (1981) 1, S. 15ff.
158 GÖBEL, A.: Geschichte und Entwicklung des Mini-Basketball. In: Basketball 7 (1968) 6, S. 94; 11, S. 176; 15, S. 230f.
159 GOMELSKI, A.: Verteidigung im Basketball. In: Basketball 18 (1979) 20, S. 24.
160 GONZALES, B. G.: Championship. Basketball. Hollywood 1971, S. 83–89, 102–103, 117.
161 GRAUMANN, C. F. u. a.: Sozialisation (= Päd. Psychologie, Teil III). Weinheim/Basel 1976.
162 GRIMM, U./GROENEVELD, U.: Ausgewählte Bibliographie zum Sportspieltraining – Basketball. In: ANDRESEN, R./HAGEDORN, G. (Hg.): Training im Mannschaftsspiel. Berlin 1981, S. 181–191, 196–199, 200–207.
163 GROSSER, M./HERBERT, F.: Konditionsgymnastik. Celle 1981^3.
164 –/NEUMAIER, A.: Techniktraining. Theorie und Praxis aller Sportarten (= blv Sportwissen, Bd. 406). München 1982.
165 –/STARISCHKA, S.: Konditionstest (= blv Sportwissen, Bd. 402). München 1981.
166 –/–: Basketballausdauertest. In: GROSSER, M./STARISCHKA, S.: Konditionstests – Theorie und Praxis aller Sportarten. München 1981, S. 81.
167 –/–/ZIMMERMANN, E.: Beschleunigungsfähigkeitstraining für Basketballspieler. In: GROSSER, M./STARISCHKA, S./ZIMMERMANN, E.: Konditionstraining – Theorie und Praxis aller Sportarten. München 1981, S. 95f.
168 –/–/–: Gelenkigkeitstraining – Konditionsgymnastik-Programm für Leistungssportler (Basketballer). In: GROSSER, M./STARISCHKA, S./ZIMMERMANN, E.: Konditionstraining – Theorie und Praxis aller Sportarten. München 1981, S. 150–157.
169 –/–/–: Konditionstraining. München 1983.
170 HAASE, J./HENATSCH, H.-D./JUNG, R./STRATA, P./THODEN, U.: Sensomotorik (Physiologie des Menschen, Bd. 14). München 1976.
171 HACKER, W.: Allgemeine Arbeits- und Ingenieurpsychologie. Psychische Struktur und Regulation von Arbeitstätigkeiten. Berlin (DDR) 1973, 1978^2.
172 HAGEDORN, G.: Technik und Taktik des Basketballspiels. Köln 1968 (a).

173 –: Das Basketballspiel. Köln 1968 (b).
174 –: Tests – Diagnose einer Diagnostik. Leibeserziehung 19 (1970) 7, S. 217–219.
175 –: Basketball II: Das Spiel. Film. 1970.
176 –: Beobachtung und Leistungsmessung im Sportspiel. In: Leistungssport 1 (1971) 1, S. 17–22.
177 –: Arbeitsstreifen (Film) – Korbwurf 1, Korbwurf 2. Schorndorf 1971.
178 –: Zur Theorie der Leistungsdiagnose im Sportspiel. In: Deutscher Sportbund – Bundesausschuß – Leistungssport (Hg.): Diagnostische Möglichkeiten der sportlichen Leistung. Frankfurt/M. 1972, S. 27–48 (a).
179 –: Der Spielerwechsel im Basketball. In: Leistungssport 2 (1972) 2, S. 83–94 (b).
180 –: Leistungsdiagnose im Sportspiel Basketball. In: Deutscher Sportbund – Bundesausschuß – Leistungssport (Hg.): Diagnostische Möglichkeiten der sportlichen Leistung. Frankfurt/M. 1972, S. 49f (c).
181 –: Spielforschung. In: Perspektiven der Sportwissenschaft. Schorndorf 1973, S. 79–103 (a).
182 –: Die Spielregulation – Eine Untersuchung zur Betreuung von Spitzenmannschaften. In: Bundesinstitut für Sportwissenschaft (Hg.): Bericht über den III. Europäischen Kongreß für Sportpsychologie in Köln. Schorndorf 1973, S. 61 bis 64 (b).
183 –: Interaktion und Sozialisation im Sportspiel. In: Güldenpfennig, S./Volpert, W./Weinberg, P. (Hg.): Sensomotorisches Lernen und Sport als Reproduktion der Arbeitskraft. Köln 1974, S. 95–107.
184 –: Aktuelle Spielbeobachtung – Schnellangriff. In: Basketball 14 (1975) 18, S. 18ff.
185 –: Der Videorecorder im Training. In: Schriftenreihe des Bundesinstituts für Sportwissenschaft, Bd. 11, Sportfilmtage 1975, Oberhausen.
186 –: Foul – Aggression oder Manipulation? In: Rieder, H./Hahn, E. (Hg.): Psychomotorik und sportliche Leistung. Schorndorf 1976, S. 75–97.
187 –: Handlungsstruktur und Didaktik des Sportspiels. In: Dietrich, K./Landau, G. (Hg.): Sportspiel-Analysen, Interpretationen, Folgerungen (= SR z. Praxis d. Leibeserz. u. d. Sports, Bd. 115). Schorndorf 1977, S. 31–68.
188 –: Periodisierung. In: Hagedorn, G./Niedlich, D./Schmidt, G.: Basketball-Handbuch. Trainerbibliothek des DSB, Bd. 10. Berlin 1977³, S. 184–189.
189 –: Struktur und Dynamik von Sportspielmannschaften. In: Gabler, H. u. a. (Hg.): Praxis der Psychologie im Leistungssport (= Trainerbibliothek, Bd. 19). Berlin 1979, S. 373–394 (a).
190 –: Braucht der Trainer eine Spielanalyse? In: Leistungssport 9 (1979) 1, S. 4 bis 11 (b).
191 –: Spieltheorie, Spielforschung und Spielpraxis. In: ADL (Hg.): Theorie in der Sportpraxis. Schorndorf 1980, S. 85–93 (a).
192 –: Das Foul. In: Andresen, R./Hagedorn, G. (Hg.): Beobachten und Messen im Sportspiel. Berlin 1980, S. 128–143 (b).
193 –: Training im Mannschaftsspiel (= Theorie und Praxis der Sportspiele, Bd. 4). Berlin 1981.
194 –: Psychologie im sportlichen Training. In: Thomas, A. (Hg.): Sportpsychologie – Ein Handbuch in Schlüsselbegriffen. München/Wien/Baltimore 1982, S. 183–200 (a).
195 –: Die Sportspiel-Mannschaft – Theorie und Trainingspraxis. In: Andresen, R./Hagedorn, G. (Hg.): Training im Sportspiel. Ahrensburg 1982, S. 21–52 (b).
196 –: Basketball-Beobachtungs-Kategorien. In: Trainer Info 2 (1982) aktuell, S. 2 bis 10 (c).

197 –: Sportspielbeobachtung. Standortbestimmung und Praxis der Forschung. In: Grupe, O./Gabler, H./Göhner, U. (Hg.): Spiel – Spiele – Spielen. Schorndorf 1983, S. 192–208 (a).
198 –: Wettkampf. In: Röthig, P. (Hg.): Sportwiss. Lexikon. Schorndorf 1983^5 (b).
199 –: Spiel. In: Röthig, P. (Hg.): Sportwiss. Lexikon (= Beitr. z. Lehre u. Forschg. i. Sport, Bd. 49/50). Schorndorf 1983^5, S. 326–333 (c).
200 –: Spielturniere. In: Spiellehre, 1985 (i. Vorb.).
201 –/Bisanz, G./Duell, H.: Das Mannschaftsspiel. (= Sport in der Primarstufe, Band 3). Frankfurt/M. 1972.
202 –/Ehrich, D./Schmidt, G.: Computerunterstützte Spielanalyse im Basketball. In: Leistungssport 10 (1980) 5, S. 363–372.
203 –/Engler, H. J./Wilke, K. (Hg.): Praxis Sport. Eine sportpraktische Reihe f. Sport-Lehrende in Schule und Verein. Berlin 1979 ff.
204 –/Lorenz, H./Meseck, U.: Die Verteilung spieltypischer Aktivitäten im Basketball. In: Leistungssport 11 (1981) 6, S. 442–449.
205 –/–/–: Taktik im Sportspiel. Untersuchung zur Individual-, Gruppen- und Mannschaftstaktik in Sportspiel Basketball. In: Leistungssport 12 (1982) 5, S. 368–377.
206 –/–/–: Taktik im Sportspiel. Fortsetzung der Untersuchung zur Individual-, Gruppen- und Mannschaftstaktik im Sportspiel Basketball. In: Leistungssport 14 (1984) 1, S. 21–26.
207 –/Meseck, U.: Training – Wettkampf – Integrationsprogramm (TWIP). Konzeption, Erfahrungen, Perspektiven. In: Andresen, R./Hagedorn, G.: Steuerung des Sportspiels in Training und Wettkampf. Ahrensburg 1984, S. 13–26.
208 –/Neumann, H.: Basketball in den USA. In: Lehrhilfen für die Leibeserziehung 5 (1969) 11, S. 121–125.
209 –/Niedlich, D./Schmidt, G. (Red.): Basketball-Handbuch. Berlin 1980 (1. Aufl. 1974).
210 –/Schmidt, G.: Mini-Basketball. Berlin/München/Frankfurt/M. 1979.
211 –/–: Bericht zum Arbeitskreis «Medien und EDV im Schulsport». In: Schilling/Baur: Audiovisuelle Medien im Sport. Schriftenreihe der Eidgenössischen Turn- und Sportschule Magglingen. 1980. S. 158–160.
212 –/Volpert, W./Schmidt, G.: Wissenschaftliche Trainingsplanung. Trainingsanalyse und Trainingsprogramm im Basketball. Frankfurt/M. 1972 (a).
213 –/–/–: Der Schnellangriff im Basketball. Frankfurt/M. 1972 (b).
214 Hagen, I./Ulmer, H. V.: Die Gewichtsabnahme von Sportlerinnen beim Basketballspiel. In: Leistungssport 2 (1972) 6, S. 441–447.
215 Hahn, E.: Psychologie des Trainers. In: Psychologie im Training und Wettkampf (= Trainerbibliothek, Bd. 5). Berlin 1973 (s. bes. S. 131).
216 –: Strategische und taktische Konzepte im Sport. In: Leistungssport 14 (1984) 1, S. 13–20.
217 –/Rieder, H.: Selbstregulation. In: Röthig, P. (Hg.): Sportwiss. Lexikon. Schorndorf 1983^5.
218 Hammerich, K./Heinemann, K. (Red.): Texte zur Soziologie des Sports. Sammlung fremdsprachiger Beiträge (= Texte – Quellen – Dokumente z. Sportwiss., Bd. 11). Schorndorf 1975.
219 Handler, F. D.: Basketball scouting. In: Athl. Journal 44 (1963/64) 2, S. 32.
220 Haralambie, G./Eder, K.: Stoffwechselveränderungen während des Handballspiels. In: Leistungssport 9 (1979) 4, S. 248–253.
221 Harkins, H. L. M.: Seven championchip tested Basketball offenses. West Nyack 1976.

222 HARRE, D.: Trainingslehre. Berlin 1979² (1. Aufl. 1971).
223 HARRIS, D.: Multiple Defenses for Winning Basketball. West Nyack 1971.
224 HARRIS, TH. A.: Ich bin o. k. – Du bist o. k. (= rororo Sachbuch Bd. 6916). Reinbek bei Hamburg 1981.
225 HARVEY, R. W.: Coaching Basketball's Multiple Set Zone Offense. New York 1973, S. 143–162.
226 HEALEY, W. / HARDLY, J.: Basketball – Ten Greatest Defenses. New York / West Nyack 1975.
227 HECKER, G.: Kompendium Didaktik: Sport. München 1979.
228 HECKHAUSEN, H.: Hoffnung u. Furcht in der Leistungsmotivation (= Psychologia Universalis, Bd. 6). Meisenheim a. Glan 1963.
229 –: Motivation und Handeln. Berlin / Heidelberg / New York 1980.
230 HEIMANN, P.: Didaktik als Theorie und Lehre. In: Die deutsche Schule (1962) 9. Abgedruckt in: KOCHAN, D. C. (Hg.): Allgemeine Didaktik, Fachdidaktik, Fachwissenschaft. Darmstadt 1970, S. 110–142.
231 HEINRICHS, H.: Audiovisuelle Praxis in Wort und Bild. Geräte, Technik, Methode. München 1972.
232 HEISTERKAMP, G.: Die Psychodynamik von Kampfspielen (= Beitr. z. Lehre u. Forschg. d. Leibeserz., Bd. 57). Schorndorf 1975.
233 –: Psychologische Überlegungen zum «Heimschiedsrichter»-Phänomen. In: Sportwissenschaft 5 (1975 a) 2, S. 185–190.
234 –:Psychologische Aspekte der Belastung von Schiedsrichtern. In: Leistungssport 8 (1978) 2, S. 162–172.
235 HELD, F. / JARRE, V.: Basketball. Technik und Training. München 1979.
236 HELDT, U.: Schulsport und Leistungssport. Ahrensburg 1974.
237 HECKER, G. / HÖLTER, G. / KUHN, W.: Lehrstoffanalyse im Fach Sport als eine Grundlage für Lehrplanentscheidungen. In: Sportunterricht 26 (1977) 12, S. 404–411.
238 HERCHER, W. (Red.): Basketball. Berlin (DDR) 1978³.
239 – / LORI, H.: Gruppentaktische Angriffshandlungen in 2:2- und 3:3-Situationen des modernen Basketballspiels. In: Theorie und Praxis der Körperkultur 16 (1967) 11, S. 996–1000.
240 HERLINGHAUS, K.: Basketball-Technik-Test in der Sekundarstufe II. In: Lehrhilfen für den Sportunterricht 10 (1974) 12, S. 141.
241 HERR, L.: Le Basket-Ball. Paris 1967.
242 HERRON, R. E. / SUTTON-SMITH, B.: Child's Play. New York 1971.
243 HESS, H.: Sportverletzungen. München 1983.
244 HESSE, E.: Einsatzhäufigkeit und Zufriedenheit bei Auswechselspielern im Basketball. Deutsche Sporthochschule Köln. Dipl. Arbeit. Köln 1980.
245 HILMER, J.: Grundzüge einer pädagogischen Theorie der Bewegungsspiele. Hannover 1969.
246 HOBSON, H.: 13 Basketball Grundwürfe. o. O. / o. J.
247 HOBSON, H. A.: Scientific Basketball. New York 1955.
248 HOFFMANN, G.: Eine Spielreihe zur Einführung in die Technik und Taktik des Basketballspiels. In: Lehrhilfen für den Sportunterricht 16 (1980) 4, S. 49–60.
249 –: Ansatz zu einer Anfängermethodik im Basketballspiel über die Konfrontation mit dem Zielspiel. In: Lehrhilfen für den Sportunterricht 18 (1982) 9, S. 129–133.
250 –: Spiel- und Übungsformen im Basketballspiel. In: Lehrhilfen für den Sportunterricht 19 (1983) 7, S. 97–101.
251 HOFSTÄTTER, P. R.: Gruppendynamik. Reinbek bei Hamburg 1957.

252 HOLLMANN, W. / ROST, R.: Physiologisch-internistische Aspekte zum Fußballsport. In: Dtsch. Ztschr. f. Sportmed. 29 (1978) 2, S. 60–62.
253 –/ HETTINGER, R.: Sportmedizin – Arbeits- und Trainingsgrundlagen. Stuttgart/New York 1980².
254 –/ LIESEN, H. / MADER, A. / HECK, H. / ROST, R. / DUFAUX, B. / SCHÜRCH, P. / LAGERSTRÖM, D. / FÖHRENBACH, R.: Zur Höchst- und Dauerleistungsfähigkeit der deutschen Fußball-Spitzenspieler. In: Deutsche Zeitschrift für Sportmedizin 32 (1981) 5, S. 113–120.
255 HOLST, E. v. / MITTELSTAEDT, H.: Das Reafferenzprinzip (Wechselwirkung zwischen Zentralnervensystem und Peripherie). Die Naturwissenschaften (1950) 37, S. 464–476.
256 HOLZMANN, R. / LEWIN, L.: Holzmann's Basketball: Winning Strategy and Tactics. New York 1973 (s. bes. S. 108f).
257 HOSTER, M.: Zum Krafttraining im Basketball. In: Basketball 22 (1983) 24, S. 27f; 23 (1984) 2, S. 23–26.
258 HUNTER, K. A.: Basketball scouting. In: Athl. Journal 46 (1965/66) 3, S. 18, 57.
259 HUSMAN, F. / HANSON, D. / WALKER, R.: The Effect of Coaching Basketball and Swimming Upon Emotion as Measured by Telemetry. In: KENYON, G.S. (Hg.): Contemporary Psychology of Sport (= Proceedings o. t. Second Internat. Congress of Sport Psychology). Washington 1970, S. 287–293.
260 JÄGER, K. / OELSCHLÄGEL, G.: Kleine Trainingslehre. Berlin (DDR) 1977².
261 JESSEN, K. / VOLKAMER, M.: Untersuchung zur Wurfsicherheit bei Basketballspielern. In: VOLKAMER, M. (Red.): Experimente in der Sportpsychologie. Schorndorf 1972, S. 71–81.
262 JONATH, U.: Praxis der Leichtathletik. E. Enzyklopädie. Berlin 1973.
263 –: Circuittraining. Reinbek bei Hamburg 1985.
264 –/ KREMPEL, R.: Konditionstraining. Reinbek bei Hamburg 1981.
265 JOST, E.: Kategorien für die Strukturanalyse des Sportspiels. In: DIETRICH, K. / LANDAU, G. (Hg.): Beiträge zur Didaktik der Sportspiele. Teil 3: Sportspielanalysen, Interpretationen, Folgerungen (= SR zur Praxis der Leibeserz. u. d. Sports, Bd. 115). Schorndorf 1977, S. 69–82.
266 JUNK, A. / HESS, H.: Sportunfälle im Saarland von 1968–1976. Promotionsschrift. Saarlouis.
267 KAMINSKI, G.: Bewegungshandlungen als Bewältigung von Mehrfachaufgaben. In: Sportwissenschaft 3 (1973) 3, S. 233–250.
268 KATULIN, N. A. / RODIONOV, A. V.: Soziales Zusammenwirken in einer Basketballmannschaft. In: Theorie und Praxis der Körperkultur 31 (1982) 7, S. 517ff.
269 KEELE, S. W.: Attention and human performance. Pacific Palisades 1973.
270 KEMMLER, J.: Richtig Ski-Konditionsgymnastik (= blv sportpraxis, Bd. 218). München 1980.
271 KEMMLER, R.: Psychologisches Wettkampftraining. München/Bern/Wien 1973.
272 KENYON, G. S. (Hg.): Contemporary Psychology of Sport (Bericht v. 2. Internat. Kongreß f. Sportpsychologie). Chicago 1970.
273 KIENAST, D.: Periodisierung des Trainings, allgemeine und spezielle Kondition im Basketball. In: Praxis der Leibesübungen 15 (1974) 10, S. 187f.
274 –: Die Verteidigung im Basketball. In: Praxis der Leibesübungen 16 (1975) 3, S. 43f; 4, S. 63f.
275 –: Die Verteidigung im Basketball und die physische Vorbereitung. In: Basketball 15 (1976) 22, S. 21.

276 –: Passing-Game. In: Basketball 22 (1983) 22, S. 23 ff.
277 KIRSCH, A.: 1) Diskussions- und Arbeitsergebnis. 2) Einführung in die Arbeitstagung «Audiovisuelle Hilfsmittel in Sportunterricht und Training». In: Sportfilmtage '70 Oberhausen, Bericht. (Hg.): LSB Nordrhein-Westfalen / WEHLING, W., Oberhausen 1971.
278 –: Visuelle Medien und motorisches Lernen. In: Arbeitsstreifen Super-8-mm-Filme für den Sportunterricht. Schorndorf 1974, S. 2–7.
279 KLAFFKI, W.: Didaktische Analyse als Kern der Unterrichtsvorbereitung. In: ROTH, H. (Hg.): Didaktische Analyse. Auswahl, Reihe A. Hannover 1962.
280 –: Leisten können, ohne leisten zu müssen. In: DSB / NOK Stiftung Deutsche Sporthilfe (Hg.): Sport – Leistung – Gesellschaft. München 1975, S. 49 bis 53.
281 KLAUER, K. J.: Methodik der Lehrzieldefinition und Lehrstoffanalyse. Düsseldorf 1974.
282 KLEIN, G. / SPÄTE, D.: Täuschungshandlungen im Sportspiel. Zu Wirkungsarten u. z. Erlernbarkeit verschiedener Täuschungen unter besonderer Berücksichtigung entscheidungstheoret. Aspekte. In: Leistungssport 11 (1981) 6, S. 450–457.
283 KLEIN, M. / CHRISTIANSEN, G.: Gruppenkomposition, Gruppenstruktur und Effektivität von Basketballmannschaften. In: Kölner Zeitschrift für Soziologie und Sozialpsychologie 18 (1966) Sh. 10, S. 180–191.
284 KNIGHT, G.: Let's Play Defense. (Privatvertrieb) o. O. / o. J.
285 KOCH, K. / SÖLL, W.: Stundenmodelle für alle Altersstufen. Die Gestaltung des Unterrichts in der Leibeserziehung, Teil III. Schorndorf 1976[3].
286 KÖHLER, I.: Basketball. Berlin (DDR) 1982.
287 –: Zum Problem der Leistungserfassung im Sportspiel. In: Wiss. Zts. DHf K Leipzig 9 (1967) 1, S. 39–56.
288 KOHL, K.: Zum Problem der Sensumotorik. Frankfurt / M. 1956.
289 –: Motivationsbeeinflussende Faktoren bei Basketball- und Handballspielspitzenspielern. In: HENZE, D. W. (Hg.): Motivation im Sport. Schorndorf 1971, S. 299–307.
290 –: Zur Psychologie des Mannschaftsspiels – Ergebnisse von Befragungen bei Basketball- und Handballspitzenspielern zum Thema «Motivation im Sport». In: KOHL, K. / CZWALINA, C.: Psychologische und pädagogische Untersuchungen zum Sportspiel. Ahrensburg 1974, S. 7–69.
291 –: Grundlagen und Methodik des Basketballspiels. In: GÜNZEL, W. (Hg.): Taschenbuch des Sportunterrichts. Baltmannsweiler 1977, S. 441–465.
292 –: Psychologische Untersuchungen bei Basketballspitzenspielern. In: GABLER, H. u. a. (Hg.): Praxis der Psychologie i. Leistungssport (= Trainerbibliothek, Bd. 19). Berlin 1979, S. 395–400.
293 KONOPKA, R. Sport, Ernährung, Leistung. Osthofen 1980.
294 KONZAG, G.: «Untersuchungen über die Aufmerksamkeitsverhältnisse im Basketballspiel und im Fußballspiel». In: Theorie und Praxis der Körperkultur 14 (1965) 11, S. 1016–1020.
295 –: Die psychische Belastung des Basketballspielers in Wettspiel und Training unter besonderer Berücksichtigung der Aufmerksamkeit. In: Theorie und Praxis der Körperkultur 17 (1968) 8, S. 713–719.
296 –: Probleme der Treffsicherheit, des Bewegungstempos, der optimalen Ballkontrolle und der Beidseitigkeit im Basketballtraining. In: Theorie und Praxis der Körperkultur 21 (1972) 1, S. 36–43.
297 – u.a.: Übungsformen für die Sportspiele. Berlin (DDR) 1975.

298 – u. I.: Basketball. In: KONZAG, G. u. a.: Übungsformen für die Sportspiele. Berlin 1973, S. 102–219.
299 – u. I.: Die physische Belastung im Basketballspiel. In: Theorie und Praxis der Körperkultur 14 (1965) 8, S. 720–731.
300 KONZAG, I.: Theoretische Grundlagen und methodische Aspekte der technisch-taktischen Ausbildung in den Sportspielen. In: Körpererziehung 31 (1981) 5, S. 202–216.
301 –/FREY, O.: Radio-telemetrische Untersuchungen der Herzschlagfrequenz von Basketballspielern während des Wettkampfs. In: Theorie und Praxis der Körperkultur 22 (1973) 3, S. 215–231.
302 –/KONZAG, G.: Anforderungen an die kognitiven Funktionen in der psychischen Regulation sportlicher Spielhandlungen. In: Theorie und Praxis der Körperkultur (1980) 1, S. 20–31.
303 –/STÖBER, K.: Basketball in der Schule. Berlin 1983.
304 KORJAGIN, W. M.: Zum Trainingsaufbau junger Basketballspieler in der Vorbereitungsperiode. In: Leistungssport 12 (1982) 6, S. 464–467.
305 KOZOCSA, I.: Das Blockieren oder Abblocken des Werfers. In: Basketball 10 (1971) 3, S. 44f.
306 –: Doppelcenter – Zwillingsaufstellung. In: Basketball 12 (1973) 6, S. 94f.
307 –: Basketball-Lehrbuch. Stuttgart 1979.
308 –: Spielbeobachtung Basketball. Formblätter für Trainer, Coach, Übungsleiter und Betreuer. Stuttgart 1979.
309 –: Basketball-Lehrbuch 2. Stuttgart 1982.
310 KRÄMER, J./BERNS, J.: Schäden am Bewegungsapparat bei Basketballspielern. In: Deutsche Zeitschrift für Sportmedizin 31 (1980) 1, S. 16–20.
311 KRAMER, M.: Grundformen gegen normale Zonen-Deckung. In: Basketball 11 (1972) 6, S. 95.
312 –: Vier Einwurf-Kombinationen. In: Basketball 11 (1972) 9, S. 141.
313 KRAPPEL, K.: Basketball – Gemischter Test für Kondition und Balltechnik. In: Leibesübungen – Leibeserziehung 26 (1972) 3, S. 63.
314 –: Angriff gegen Zonen-Verteidigung. In: Leibesübungen – Leibeserziehung 32 (1978) 4, S. 25f; 5, S. 39f; 7, S. 51–54; 8, S. 63f; 9, S. 67; 33 (1979) 1, S. 7f; 2, S. 12ff.
315 –: Zonenverteidigung im Basketball. In: Praxis der Leibesübungen 20 (1979) 6, S. 112ff; 7, S. 127f; 8, S. 152ff; 9, S. 171f; 10, S. 192ff.
316 –: Zur Schulung der Gemeinschaftstaktik – Achterbewegung als Angriffsform im Basketball. In: Sportpraxis 22 (1981) 5, S. 89f; 6, S. 113ff; 7, S. 136f.
317 KRESTOWNIKOW, A. N.: Physiologie der Körperübungen. Berlin (DDR) 1953.
318 KRIZ, M.: Ein Spielsystem gegen Zone 2:3. In: Basketball 8 (1969) 1, S. 11.
319 –: Ein Angriff ohne Center. In: Basketball 8 (1969) 5, S. 77.
320 –: Methodische Grundsätze des Trainings im Basketball. In: Jugend und Sport 27 (1970) 8, S. 298–302.
321 –: Spielformen gegen eine Verteidigung Mann gegen Mann. In: Basketball 11 (1972) 2, S. 28f.
322 KROUZEL, M.: Konditionstraining für Basketball. In: Jugend und Sport 30 (1973) 1, S. 18f.
323 –: Mann- oder Zonenverteidigung im Schulbasketball? In: Sporterziehung in der Schule 6 (1983) 5/6, S. 23f.
324 KRÜGER, A./NIEDLICH, D.: Reaktion und Antizipation im Basketball als Voraussetzung von Technik und Taktik. In: Beiheft zu Leistungssport (1982) 31, S. 34–59.

325 Kugelmann, C.: Sportspieltraining ohne Trainer – Eine Chance zum Mitdenken, Mitbestimmen, Mithandeln, auch für Wettkampfsportler? In: Andresen, R./Hagedorn, G. (Hg.): Training im Sportspiel. Ahrensburg 1982, S. 134–144.
326 Kuhn, W.: Koordination. In: Hagedorn, G./Niedlich, D./Schmidt, G.: Basketball-Handbuch. Trainerbibliothek des DSB, Bd. 10. Berlin 1977[3], S. 55 bis 57.
327 –/Heiny, E.: Testbatterie zur Leistungserfassung im Sportspiel Basketball. In: Leistungssport 4 (1974) 2, S. 111–118.
328 Kunze, G.: Programmierter Unterricht im Sport – Positionswurf. In: Koch, K. u. a.: Motorisches Lernen – Üben – Trainieren. Schorndorf 1972, S. 231–250.
329 Kuprian, W.: Sportphysiotherapie. Stuttgart/New York 1981.
330 Kyriasoglou, C.: Die Zonenpresse der UCLA-Universität (2-2-1). In: Basketball 8 (1969) 21, S. 325.
331 –: Die aggressive 1-3-1-Zone im Basketball. In: Leibesübungen 21 (1970) 5, S. 16f.
332 –: Der Aufbau einer aggressiven 2-1-2-Raumverteidigung im Basketball. In: Leibesübungen 21 (1970) 5, S. 18.
333 –: Spieltraining ohne Ball in der Unterrichtsstunde. In: Lehrhilfen für die Leibeserziehung 6 (1970) 11, S. 124ff.
334 –: Der Schnellangriff im Basketballspiel. In: Lehrhilfen für die Leibeserziehung 8 (1972) 10, S. 113ff; 11, S. 125–128.
335 –: Die gemischten Verteidigungen. In: Lehrhilfen für die Leibeserziehung 8 (1972) 12, S. 137–140; 9 (1973) 1, S. 5–8; 2, S. 19ff; 3, S. 31f.
336 –: Basketball-Zonenverteidigung. In: Schriftenreihe zur Praxis der Leibeserziehung u. d. Sports. Schorndorf 1975.
337 –: Basketball. Technik und Übungen für Schule und Verein. Niedernhausen 1983.
338 La Grand, L.: Coach's complete guide to winning Basketball. West Nyack 1967.
339 Lakfalvi, L.: Basketball. Technik, Taktik, Training, Wettkampf. Bad Homburg v. d. H. 1979.
340 Lang, H.: Technikschulung durch kleine Spiele – bezogen auf das Basketballspiel. In: Lehrhilfen für den Sportunterricht 11 (1975) 10, S. 109–112.
341 Lange, R.: Zwei komplexe Übungsformen zum Schnellangriff im Basketball. In: Sportpraxis 21 (1980) 5, S. 89f.
342 Leist, K.-H.: Motorisches Lernen im Sport. In: Thomas, A. (Hg.): Sportpsychologie – Ein Handbuch in Schlüsselbegriffen. München/Wien/Baltimore 1982, S. 71–90.
343 Lenk, H.: Aufgabe von Wertbindungen bei westdeutschen Hochleistungsruderern unter soziodramatisch fingiertem Streß. In: Soz. Welt, Göttingen (1968), 1.
344 Leschkewitsch, L. G./Maximowa, N. I./Nadeshdina, S. I./Popowa, N. K.: Über die Entwicklung der Schnelligkeitsausdauer bei Basketballspielern. In: Theorie und Praxis der Körperkultur 9 (1960) 1, S. 69ff.
345 Letzelter, M.: Trainingsgrundlagen. Reinbek bei Hamburg 1978.
346 Lienert, G. A.: Testaufbau und Testanalyse. Weinheim/Berlin/Basel 1969.
347 Lindeburg, F./Bunn, J.: How to play and teach Basketball. New York 1972.
348 Loibl, J.: Der Freiwurf. In: Basketball 22 (1983) 16, S. 9–12; 18, S. 18.
349 Ludwig, G./Hirtz, P.: Verbesserungen der motorischen Lernfähigkeit durch

breite koordinative Befähigung. In: Körpererziehung 31 (1981) 7, S. 317–319.
350 LÜSCHEN, G.: Kooperation und Assoziierung – Zwei Formen sozialer Beziehungen im sportlichen Wettkampf als sozialer Konflikt. In: ALBONICO, R. / PFISTER-BINZ, K. (Hg.): Soziologie des Sports. Basel 1971.
351 – (Hg.): Kleingruppenforschung und Gruppe im Sport. In: Kölner Zts. f. Soz. u. Soz. Psychologie, Sonderheft 10. Opladen 1966.
352 – / WEIS, K. (Hg.): Die Soziologie des Sports (= Soziologische Texte 99). Darmstadt/Neuwied 1976.
353 MACKE, K.: Kompaktkurs zum Vertiefen des Dribbelns beim Basketballspiel. In: Sportpraxis 21 (1980) 11, S. 214f; 12, S. 226f; 22 (1981) 1, S. 5; 2, S. 35f; 3, S. 56f.
354 –: Die Aufwärmphase beim Basketball. In: Turnen und Sport 55 (1981) 3, S. 62–65.
355 –: Circuit-Training im Basketball. In: Sporterziehung in der Schule 4 (1981) 5/6, S. 26ff.
356 –: Überlegungen zum Abwehrverhalten beim Fast break mit Überzahl im Basketball. In: Sportpraxis 22 (1981) 10, S. 187f, 193; 11, S. 218–222.
357 –: Basketball-Stationstraining zur Schulung und zum Training technischer und vortaktischer Elemente. In: Turnen und Sport 56 (1982) 11, S. 252ff.
358 –: Standards – Repertoire und Einstellung einer Basketballmannschaft. In: Praxisbeilage Leibesübungen – Leibeserziehung 37 (1983) 1, S. 5–8; 5, S. 37f; 8, S. 61f; 9, S. 72.
359 –: Basketballspezifische, deutschsprachige Bibliographie. Darmstadt 1983.
360 –: Zum Problem der Sportspielvermittlung – Dargestellt am Beispiel des Basketballspiels. Darmstadt 1983.
361 –: Arbeitsmaterialien – Fachartikel der Jahre 1980 bis 1983 zu den drei Komplexen Stundenplanung, Training und Test physischer Grundlagen und Basketball. Darmstadt 1983.
362 –: Circuit-Training für den Basketballspieler in der Vorbereitungsphase. In: Der Übungsleiter 17 (1984) 2, S. 6.
363 MACPHEE, L.: 2 Successful Press Breakers. In: The Athletic Journal Nr. 3, November 1980, Evanston Illinois.
364 MAGILL, R. A.: Motor learning. Concepts and applications. Dubuque 1980.
365 MAHLER, D.: Die Entwicklung der Gewandtheit im Basketballspiel. In: Theorie und Praxis der Körperkultur 16 (1967) 12, S. 1077ff.
366 MAHLO, F.: Theoretische Probleme der taktischen Ausbildung in den Sportspielen (I–VI). In: Körperkultur (1965) 9, S. 809–815; 11, S. 970–979; 12, S. 1075–1082; (1966) 1, S. 22–29; 2, S. 102–113; 3, S. 228–238.
367 MAREES, H. de: Sportphysiologie. Köln–Mülheim 1979.
368 – / MEESTER, J.: Sportphysiologie I, II, III. Frankfurt 1981, 1982, 1984.
369 MARTENIUK, R. G.: Information processing in motor skills. New York 1976.
370 MARTIN, D.: Grundlagen der Trainingslehre. Teil 1. Schorndorf 1979^2 (1. Aufl. 1977).
371 MATWEJEW, L. P.: Periodisierung des sportlichen Trainings. Trainerbibliothek des DSB Bd. 2. Berlin 1972.
372 –: Grundlagen des sportlichen Trainings. Berlin (DDR) 1981.
373 MC GUIRE, F.: Team Basketball Offense and Defense. Englewood Cliffs 1966.
374 MC GUIRE, T.: Offensive Basketball. Englewood Cliffs 1960, S. 11, 13–21, 319–323.
375 MEDVED, R. / PAVISIC, V.: Herzvolumen bei Basketballspielern der Spitzenklasse. In: Medizin und Sport 16 (1976) 12, S. 396ff

376 MEIER, B.: Bestimmung der Gütekriterien Objektivität, Reliabilität und Validität zu den Abiturprüfungsanforderungen in Basketball der reformierten Oberstufe – NW-Sport. Dipl.-Arbeit. DSHS. Köln 1978.
377 MEINEL, K./SCHNABEL, G.: Bewegungslehre. Abriß einer Theorie der sportlichen Motorik unter pädagogischem Aspekt. Berlin (DDR) 1976.
378 MEISSNER, B./LINKE, P. G.: Spiroergometrische Untersuchungen zur Objektivierung der körperlichen Leistungsfähigkeit von Basketballspielern. In: Theorie und Praxis der Körperkultur 26 (1977) 1, S. 42–45.
379 MELLER, W.: Sportmedizin. In: Trainer Info 2 (1982) 1, S. 28ff
380 MEYER, H. L.: Trainingsprogramm zur Lernzielanalyse. Königstein 1979[9].
381 MEYER, R.: Basketball. Englewood Cliffs 1967, S. 25f, 63–99.
382 MILLER, G. A./GALANTER, E./PRIBRAM, K. H.: Strategien des Handelns. Pläne und Strukturen des Verhaltens. Stuttgart 1973.
383 MITTERBAUER, G./FREYTAG, W.: Techniktests im Sportspiel Basketball – Vorstellen einer Testserie. In: Leibesübungen – Leibeserziehung 36 (1982) 8, S. 201–206.
384 MOKRAY, W. G.: Ronald Encyclopedia of Basketball. New York 1963.
385 MOLCHO, S.: Körpersprache. München 1983.
386 MOLKENTHIN, K.: Basketball situativ – Ein spielhandlungsorientiertes Konzept. In: Trainer Info 2 (1982) 1, S. 24ff; 3, S. 20–24; 4, S. 4–7.
387 –: Die kombinierte Verteidigung der italienischen Mannschaft (nach PLAZONE). In: Trainer Info 3 (1983) 2, S. 9f.
388 MOLNAR, G.: Basketball – Methodik der taktischen Grundschulung. Schorndorf 1982.
389 MONTAG, H./ASMUSSEN, P.: Funktionelle Verbände am Bewegungsapparat. Beiersdorf Medical Bibliothek 1981.
390 MORRIS, D.: Der nackte Affe. München 1968.
391 MRAZEK, C.: Unsere Monatslektion – Basketball. In: Jugend und Sport 36 (1979) 4, S. 121f.
392 –: Basketball – Die Kollektivtaktik. In: Jugend und Sport 36 (1979) 4, S. 113–120; 37 (1980) 2, S. 40–45.
393 –: Basketball – Wurftechnik. In: Jugend und Sport 38 (1981) 3, S. 74.
394 –: Basketball – Der Angriff. In: Jugend und Sport 38 (1981) 3, S. 75–78.
395 –: Basketball – Beherrschen des Balles und wissen, wie verteidigen. In: Jugend und Sport 39 (1982) 1, S. 10–14.
396 –: Die Grundtechnik – Basis des Basketballspiels. In: Magglingen 40 (1983) 2, S. 4ff; 3, S. 2f.
397 MRAZEK, S./DOBRY, L.: Basketball. Berlin 1962.
398 MÜLLER, W./STEINHÖFER, D.: Zur Abhängigkeit von motorischer und technomotorischer Belastung im Sportspiel Basketball. In: Leistungssport 12 (1982) 5, S. 384–392.
399 MÜLLER-KLEININGER, E./KRUBER, D. u. A.: Technik-, Taktik- und Konditionsschulung Basketball. Arbeitskarten für den Sportunterricht. Schorndorf 1982.
400 MUTAFOVA, J.: Die sozialpsychologische Struktur von Basketballmannschaften. In: Bundesinstitut für Sportwissenschaft (Hg.): Bericht über den III. Europäischen Kongreß für Sportpsychologie in Köln. Schorndorf 1973, S. 55–59.
401 MYERS, A.: Mannschaftswettbewerb, Erfolg und die Anpassung der Gruppenmitglieder. In: HAMMERICH, K./HEINEMANN, K. (Red.): Texte z. Soziologie des Sports (= Texte – Quellen – Dokumente z. Sportwiss., Bd. 11). Schorndorf 1975, S. 272–287.

402 NABER, F.: Verteilung der Fouls während der Dauer eines Basketballspiels. In: VOLKAMER, M. (Red.): Experimente in der Sportpsychologie. Schorndorf 1972, S. 66–69.
403 NAISMITH, J. A.: Rules for basketball. Springfield 1892, 1975.
404 –: Basketball – its origin and development. New York 1941.
405 NAUL, R. / VOIGT, H.: Zur Problematik des Divergenztheorems für leistungsorientierte Ballspielmannschaften. In: Sportwissenschaft 2 (1972) 3, S. 300–306.
406 NEUMAIER, A.: Sportmotorische Tests in Unterricht und Training. Schorndorf 1983.
407 NEUMANN, H.: Der «Rebound». In: Basketball 9 (1970) 3, S. 49f; 5, S. 77.
408 –: Verteidigung. In: Basketball 9 (1970) 8, S. 118.
409 –: 1-3-1 Zonenverteidigung. In: Basketball 9 (1970) 19, S. 261.
410 –: Das Abrollen. In Basketball 9 (1970) 21, S. 295.
411 –: Einige Anmerkungen zum Thema ‹Sportspiele›. In: Bewegung – Leistung – Verhalten. Schorndorf 1972, S. 87–96.
412 –: Die Periodisierung des Trainings bei Mannschaften – Phasen des Trainings. In: Basketball 12 (1973) 17, S. 258, 260.
413 –: Basketball-Grundschule. Einfache und komplexe Übungsformen. Schorndorf 1978.
414 –: richtig basketballspielen. München 1982 (s. bes. S. 77ff).
415 –: Der Schnellangriff im Basketball. In: Basketball 22 (1983) 6, S. 15ff.
416 –: Ansteuerung motorischer Anforderungsprofile. In: Basketball 22 (1983) 18, S. 11f, 17.
417 NEWELL, P. / BENNINGTON, J.: Basketball Methods. New York 1962, S. 62–65, 72–86, 146–151, 248–273.
418 NIEBER, L.: Zur Ausbildung in der individuellen Verteidigung im Basketball. In: Körpererziehung 21 (1971) 2, S. 87–94.
419 NIEDLICH, D.: Spiel 1–1. In: HAGEDORN / NIEDLICH / SCHMIDT: Basketball-Handbuch (= Trainerbibliothek DSB, Bd. 10). Berlin 1977.
420 –: Zum Problem der Elementarisierung des Sportspiels. Ein Beitrag zur Methodik der Spielerziehung am Beispiel des Basketballspiels. Ahrensburg 1978.
421 –: Spieltheoretische Überlegungen zur Konstruktion und Anwendung von Spiel- und Übungsformen im Sportspiel Basketball. In: NIEDLICH, D. / KRÜGER, A. 1982, S. 11–26.
422 – / CZWALINA, C.: Basketball – Teil 2 – Grundlagen der Technik im Bild. Ahrensburg 1971.
423 – / –: Basketball – Teil 1 – Grundlagen der Technik. Ahrensburg 1979², S. 58–71.
424 – / KRÜGER, A.: 200 neue Basketball-Drills. Schorndorf 1982.
425 – / –: 100 Basketball-Mannschafts-Drills. Schorndorf 1985.
426 NITCHMANN, N.: 1980–'81 Basketball Offense. In: The Athletic Journal Nr. 10, June 1981, Evanston Illinois.
427 NITSCH, J. R.: Entwicklung und Bedeutung der Bewegungsautomatisation. Vortrag auf dem Internationalen Kongreß für Sport. Cali 1978 (Manuskript).
428 – / UDRIS, J.: Beanspruchung im Sport (= Training u. Beanspruchung, Bd. 4). Bad Homburg 1976.
429 – / ALLMER, H.: Entwurf eines Prozeßmodells der Leistungsmotivierung. In: NITSCH, J. / UDRIS, I.: Beanspruchung im Sport. Bad Homburg 1976, S. 42–59.
430 – / HACKFORT, D.: Naive Techniken der Psychoregulation im Sport. In: GABLER, H. u. a. (Hg.): Praxis der Psychologie im Leistungssport (= Trainerbibliothek, Bd. 19). Berlin 1979, S. 299–311.

431 NYGA, W.: Prophylaxe und konservative Therapie von Sprunggelenkschäden bei Basketballspielern. In: Deutsche Zeitschrift für Sportmedizin 29 (1978) 9, S. 240–244.

432 PALLADINO, G.: Press Breaking. In: The Athletic Journal Nr. 2, October 1976, Evanston Illinois.

433 PARKER, H. E.: Visual detection and perception in netball. In: COCKERILL, I. M. / MAC GILLIVARY, W. W. (eds.): Vision and Sport. Cheltenham 1981, S. 42–53.

434 PARTEN, M. B.: Social Play among pre-school children. In: Jour. of abnormal a. social Psych. 28 (1933), S. 136–147.

435 PAULAUSKAS, M. / SELIWANOV, S.: Verteidigungssysteme der Nationalmannschaften der UdSSR. In: Trainer Info 1 (1981) 1, S. 18–23.

436 PAUWELS, J. M.: De construktie van een testbatterij voor het meten van de balvaardigheid bij meisjes en jongens van 12 tot 19 jaar. In: sportspelen aanleren. Leuven 1979, S. 183–216.

437 –: Tacticometry: a tool to improve the learning process of tactical skills. In: NADEAU, C. H. / HALLIWELL, W. R. / NEWELL, K. M. / ROBERTS, G. C.: Psychology of Motor Behavior and Sport – 1979. Champaign, Ill. 1980, S. 690–701.

438 PAYE, B.: The Winning Power of Pressure Defense in Basketball. New York / West Nyack 1974.

439 PEIL, R.: Decken des Centers. In: Basketball 18 (1979) 1, S. 17.

440 –: Methodische Entwicklung des Angriffssystems. In: Basketball 18 (1979) 19, S. 23.

441 PFÖRRINGER, W. / ROSENMEYER, B. / BÄR, H.: Sporttraumatologie. Erlangen 1981.

442 PIAGET, J.: Nachahmung, Spiel und Traum. Stuttgart 1969.

443 PILZ, G.: Unfallverhütung im Sport. In: Sportarzt und Sportmedizin, Heft 11/1974 und 12/1974.

444 POULTON, E. C.: Anticipation in open and closed sensorimotor skills. Cambridge, England: Appl. Psychol. Unit. Rep. (1950), No. 138.

445 –: On prediction in skilled movements. Psychol. Bull (1957) 54, S. 467–478.

446 PRIMO, J.: Basket – la difesa. Rom 1972, S. 77–101.

447 PRUITT, J.: Coaching Beginning Basketball. Chicago 1980, S. 85–87, 97–107.

448 RAMSEY, I.: Pressure Basketball. New York / Englewood Cliffs 1963 (4. Aufl. 1967).

449 RAPP, G. / SCHODER, G.: Motorische Testverfahren. Stuttgart 1977.

450 REDL, S.: Basketball – Übungen zur Schulung der Passgenauigkeit. In: Leibesübungen – Leibeserziehung 29 (1975) 9, S. 210.

451 – / KRAPPEL, K.: Basketball – Lehrgang für Anfänger und Fortgeschrittene. In: Leibesübungen – Leibeserziehung 29 (1975) 8, S. 184–187.

452 REHAK, M.: Aufbau einer Mannschaft. In: Trainer Info 1 (1981) 1, S. 11–14.

453 –: Konditionsvorbereitung im Basketball. In: Trainer Info 2 (1982) 4, S. 8–15, 25; 3 (1983) 1, S. 12–16; 2, S. 18–21; 3, S. 6–9.

454 REIN, H. / SCHNEIDER, M.: Einführung in die Physiologie des Menschen. Berlin / Heidelberg / New York 1973.

455 REINHART, B.: Free Throw Shooting. Chicago 1981.

456 RENSTRÖM, P. / PETERSON, L.: Verletzungen im Sport. Köln 1981.

457 REUSS, P.: Zum Problem der Mannschaftseinteilung im Mini-Basketball. In: Praxis der Leibesübungen 17 (1976) 4, S. 77.

458 RICHARDS, J.: Treasury of Basketball Drills from Top Coaches. New York 1971 (s. bes. S. 145 f).

459 RIEDER, H.: Spezielle Probleme der Optimierung des motorischen Lernens und Verhaltens. In: Psychologie in Training und Wettkampf (= Trainerbibliothek Bd. 5). 1973 (s. bes. S. 70–84).
460 –: Über die Wechselwirkung konditioneller und psychischer Wettkampfvorbereitung. In: Basketball 12 (1973) 24, S. 19; 13 (1974) 1, S. 19.
461 RÖDER, B.: Verteidigung und Angriff. Die Konzeption für den männlichen Nachwuchs des DBB. In: Basketball 21 (1982) 22, S. 15–18; 24, S. 17–20.
462 –: Der Schnellangriff oder Fastbreak. In: Basketball 22 (1983) 2, S. 14.
463 –: Angriffssystem gegen Zonenverteidigung –2/1/2-Aufstellung gegen 1/2/2- oder 3/2-Zone. In: Basketball 22 (1983) 6, S. 18.
464 –: Gemischte Verteidigung. In: Basketball 22 (1983) 14, S. 13.
465 –: Einwurfspiele gegen Mannverteidigung. In: Basketball 22 (1983) 14, S. 14.
466 RÖTHIG, P./GRÖSSING, ST. (Hg.): Kursbuch 2 Trainingslehre. Bad Homburg 1979.
467 ROGGE, K.-E.: Physiologische Psychologie. München/Wien/Baltimore 1981.
468 ROTH, K.: Sportmotorische Tests. In: WILLIMCZIK, K. (Hg.): Grundkurs Datenerhebung 1 (= Forschungsmethoden in der Sportwissenschaft Bd. 2). Bad Homburg 1977, S. 95–148.
469 RUBAN, B.: Ausbildung von Centern (nach HALILOVIC). In: Trainer Info 3 (1983) 2, S. 13ff.
470 RUBINSTEIN, S. L.: Grundlagen der allgemeinen Psychologie. Berlin 1973[8].
471 RUCH, F. L./ZIMBARODO, P. G.: Lehrbuch der Psychologie. Medizin u. Pädagogik. Berlin/Heidelberg/New York 1975[2].
472 –/–: Lehrbuch der Psychologie. Berlin/Heidelberg/New York 1975.
473 RUPP, A. F.: Rupps Championship Basketball. Englewood Cliffs, N. J. 1957[2].
474 RUSSELL, B.: Film «Red Check» Basketball Film Series. Scholastic Coach Athletic Services.
475 SALTIN, B./WAHREN, I./BERNOW, B.: Phosphagen and carbohydrate metabolismenring exercise in trained middle-aged men. In: Scand, J. Clin. Lab. Invest. 33 (1974) 7, S. 71–75.
476 SANDERFORD, P.: Press Breaker into Delayer Break. In: The Athletic Journal, Nr. 4, December 1981, Evanston Illinois.
477 SARKISOW-SERASINI, I. M.: Körperkultur und Sport. Moskau 1979 (z. T. übersetzt i. A. des DSB für die Tagung der Sportphysiotherapeuten 1981 in Tauberbischofsheim).
478 SAUERS, R. S.: Basketball's Stack Offense and 20 Defense. New York 1973.
479 SCHÄFER, K.: Eine Übungsstunde Mini-Basketball – Vom 1:1-Spiel zum Positionsangriff. In: Praxis der Leibesübungen 15 (1974) 10, S. 185f.
480 SCHALLER, H.-J.: Grundformen des Basketballspiels. In: Lehrhilfen für die Leibeserziehung 7 (1971) 10, S. 109–114.
481 –: Basketball. In: DIETRICH, K./DÜRRWÄCHTER, G./SCHALLER, H.-J.: Die großen Spiele. Wuppertal 1976, S. 41–85 (a).
482 –: Zur Systematik der Lehrverfahren im Bereich der Sportspiele. In: ANDRESEN, R./HAGEDORN, G. (Hg.): Zur Sportspielforschung. Berlin 1976 (b).
483 –: Vermittlungsmodelle großer Spiele. In: DIETRICH, K./LANDAU, G. (Hg.): Beiträge zur Didaktik der Sportspiele, Teil 1, Schorndorf 1976, S. 87–92 (c).
484 –: Didaktische Identität und Lernmotivierung im Sportspiel Unterricht. In: ANDRESEN, R./HAGEDORN, G.: Lernen im Sportspiel (= Theorie und Praxis der Sportspiele Bd. 5). Berlin 1982.
485 SCHARBERT, K.: Die Zusammenstellung einer psychologischen Auslese-Testbatterie. In: Theorie und Praxis der Körperkultur 19 (1970) 2, S. 133–140.

486 Scharmann, Th.: Der Gruppenfertigungsversuch. In: Lüschen, G. (Hg.): Kleingruppenforschung und Gruppe im Sport. In: Kölner Zts. f. Sozialpsychologie, Sonderheft 10. Opladen 1966, S. 66–83.
487 Schellenberger, H.: Psychologie im Sportspiel. Berlin (DDR) 1981.
488 Scheuer, W.: Basketball – schulgerecht. In: Lehrhilfen für den Sportunterricht 14 (1978) 11, S. 169–173.
489 –: Basketball mit erleichterten Bedingungen für den Angreifer. In: Lehrhilfen für den Sportunterricht 14 (1978) 11, S. 174f.
490 Schewe, H.: Untersuchung zur Lehrweise des Sprungwurfs im Basketball. In: Lehrhilfen für den Sportunterricht 14 (1978) 4, S. 51–54.
491 –: Das «human-performance-model» – Ein Erklärungsansatz für das Bewegungslernen. In: Krankengymnastik (1979), S. 541–554.
492 Schildge, E.: Anthropologische Grundlagen. In: Psychologie in Training u. Wettkampf (= Trainerbibliothek Bd. 5, hg. v. DSB). Berlin 1973, S. 22–46.
493 Schlick, P./Schumacher, T.: Basketball. Methodische Übungsreihen zur Technik, Vortaktik und Taktik. Donauwörth 1979.
494 Schmidli, H.: JuS-Lektion Basketball. In: Jugend und Sport 37 (1980) 2, S. 47f.
495 –: Unsere Monatslektion – Basketball Stufe II. In: Jugend und Sport 38 (1981) 3, S. 79f.
496 –: Beispiellektion – Basketball. Individuelle Verteidigung. In: Jugend und Sport 39 (1982) 1, S. 15f.
497 Schmidt, G. J.: Methoden und Probleme der Erfolgskontrolle. In: Andresen, R./Hagedorn, G.: Zur Sportspielforschung (= Theorie und Praxis der Sportspiele, Bd. 1). Berlin 1976, S. 119–150 (a).
498 –: Methoden zur psychologischen Betreuung einer Mannschaft. In: Basketball 15 (1976) 7, S. 18; 12, S. 18f (b).
499 –: Beispiel einer Spielanalyse. In: Andresen, R./Hagedorn, G. (Hg.): Zur Sportspiel-Forschung. Berlin 1976, S. 133–150.
500 –: Elektronische Datenverarbeitung im Sport – Möglichkeiten und Grenzen. In: Schilling/Baur: Audiovisuelle Medien im Sport. Schriftenreihe der Eidgenössischen Turn- und Sportschule Magglingen, 1980, S. 200-209.
501 –: Zur Effektivität einer Gerätehilfe beim Üben des Positionswurfs im Basketball. Bericht über ein Feldexperiment. In: Andresen, R./Hagedorn, G. (Hg.): Lernen im Sportspiel. Berlin 1982, S. 123–137.
502 –/Bloch, M.: Warum gibt es ein Schiedsrichterproblem? – Bericht über eine Fallstudie. In: Leistungssport 10 (1980) 4, S. 290– -299.
503 –/–/Göbel, W.: Zum Problem der Schiedsrichterleistungen im Basketball. In: Leistungssport 11 (1981) 1, S. 44–53.
504 –/Hagedorn, G.: Zur Methodik und Praxis der Beobachtung und Leistungsmessung im Sportspiel. In: Leistungssport 2 (1972) 4 u. 5, S. 259–263, 331–345.
505 –/Klein, G.: Zur Schulung des Angreiferverhaltens beim Angriff gegen die Zonenverteidigung (Ball-Raum-Verteidigung) im Basketball. In: Lehrhilfen für den Sportunterricht 18 (1982) 5, S. 65–74.
506 –/Lüttke, D.: Zur Analyse des Sprachverhaltens von Sportspiel-Trainern im Wettkampf. In: Andresen, R./Hagedorn, G. (Hg.): Steuerung des Sportspiels in Training und Wettkampf (= Sportwiss. u. Sportpraxis, Bd. 51). Ahrensburg 1984, S. 171–185.
507 Schmidt, R. A.: Motor control and learning. Champaign 1982.
508 Schmidt-Mummendey, A.: Soziale Distanz. In: Arnold/Eysenck/Meili (Hg.): Lexikon der Psychologie. Bd. I, Sp. 397. Freiburg 1976.

509 SCHNEIDER, O. (Hg.): Basketball. Handbuch für Lehrer, Übungsleiter und Trainer. München 1980².
510 SCHOFIELD, T.: Spiel- und Trainingskonzeption der Deutschen Basketball-Männernationalmannschaft. In: Trainer Info 2 (1982) 2, S. 25 f.
511 Scholastik Coach (o. A.): Coaching with Video-Tape. 3 (1966) 5, S. 36.
512 SCHRÖDER, J.: Planung, Durchführung und Auswertung von Trainingseinheiten. In: Basketball 21 (1982) 20, S. 15–18.
513 –: Lehr-/Lernverhalten in Training und Wettkampf. In: Basketball 22 (1983) 20, S. 13f, 19f; 21, S. 37.
514 SCHÜNEMANN, P.: Grundriß eines Semesterlehrgangs im Basketball (Anfänger). In: KOCH, K. (Hg.): Beiträge zur Lehrerfortbildung. Schorndorf 1975, S. 52–63.
515 –: Einführung des Basketballspiels in einer Koedukationsklasse nach epochalem Unterrichtsprinzip. Schorndorf 1976.
516 –: Didaktische und methodische Modelle für die Schulpraxis. Einführung des Basketballspiels in einer Koedukationsklasse nach epochalem Prinzip. Schorndorf 1976.
517 SCHULZ, W.: Unterricht – Analyse und Planung. Auswahl, Reihe B. Hannover 1965, S. 13–47.
518 SEITZ, K.: Die Einführung des Dribblings im Basketball. In: Praxis der Leibesübungen 26 (1977) 10, S. 197 f.
519 –: Die Einführung des Zweierrhythmus in Verbindung mit verschiedenen technischen Elementen des Basketballspiels. In: Praxis der Leibesübungen 27 (1978) 1, S. 16 f.
520 SHARMANN, B.: Sharman on Basketball Shooting. Englewood Cliffs 1965, S. 7 bis 81.
521 SIEBENHAAR, K.: Basketballspezifischer Test. In: RAPP, G./SCHODER, G. (Red.): Motorische Testverfahren. Stuttgart 1977, S. 105–113.
522 SIMON, G./BERG, A./DICKHUTH, H. H./SIMON-ALT, A./KEUL, J.: Bestimmung der anaeroben Schwelle in Abhängigkeit vom Alter und von der Leistungsfähigkeit. In: Deutsche Zeitschrift für Sportmedizin 32 (1981) 1, S. 7 bis 14.
523 SINGER, R. N.: Motor learning and human performance. New York 1968.
524 –: A systems model of human motor behavior. In: Sportwissenschaft (1977) 3, S. 247–259.
525 –: Cognitive processes, learner strategies, and skilled motor behaviors. In: BÄUMLER, G./HAHN, E./NITSCH, J. R. (Red.): Aktuelle Probleme der Sportpsychologie. Schorndorf 1979, S. 34–48.
526 SMITH, D.: Basketball. Multiple Offense and defense. Englewood Cliffs 1981.
527 SMITH, G.: The Case For Redlands Defense. University of Redlands (unveröffentl. Manuskr.), o. J.
528 –: Defensive Drills and Fundamentals. University of Redlands (unveröffentl. Manuskr.), o. J.
529 SÖLVEBORN, S.-A.: Stretching. München 1983.
530 SOMMER, H. M.: Disposition zur Sprunggelenkverletzung beim Basketballspiel. In: Deutsche Zeitschrift für Sportmedizin 34 (1983) 8, S. 254–257.
531 SPIRIG, J.: Unsere Monatslektion – Basketball. In: Jugend und Sport 34 (1977) 3, S. 76 f.
532 SPRENGER, J.: Sport in der Primarstufe – Theorie und Praxis am Beispiel Mini-Basketball. In: Sportunterricht 25 (1976) 11, S. 374.

533 Starischka, M.: Ausgewählte Bibliographie zum Basketball. In: Beiheft zu Leistungssport (1980) 23, S. 147–157.
534 Stegemann, J.: Leistungsphysiologie. Stuttgart 1977^2.
535 Steinbrück, K. / Martini, A.: Sportverletzungen der Finger. In: Sportmed. 31 (1980) 4, S. 10–15.
536 – / Cotta, H.: Epidemiologie von Sportverletzungen. 10-Jahres-Analyse der sportorthopädischen Ambulanz. In: Deutsche Zeitschrift für Sportmedizin 34 (1983) 6, S. 173ff.
537 Steinhöfer, D.: Untersuchungen zum Trainingsverhalten deutscher Basketballspieler der 1. und 2. Bundesliga (Männer). In: Leistungssport 10 (1980) 4, S. 284–289.
538 –: Erstellung, Überprüfung und Normierung von Testverfahren im Basketball auf der Grundlage von basketballspezifischen Belastungen. Diss. Gießen 1981.
539 –: Basketball in der Schule. Spielend geübt – übend gespielt. Berlin 1982.
540 –: Zur Leistungserfassung im Basketball (= Sportwiss. u. Sportpraxis, Bd. 45). Ahrensburg b. Hamburg 1983.
541 Stelmach, G. E.: Motor control: issues and trends. London 1979.
542 Stiehler, G.: Möglichkeiten und Grenzen der Spielbeobachtung. In: Theorie und Praxis der Körperkultur 11 (1962) 4, S. 361 – 364 (a).
543 –: Die freie Spielbeobachtung. In: Theorie und Praxis der Körperkultur 11 (1962) 5, S. 441 ff (b).
544 –: Die schriftlich gebundene Spielbeobachtung. In: Theorie und Praxis der Körperkultur 11 (1962) 6, S. 529–540 (c).
545 –: Die filmisch gebundene Spielbeobachtung. In: Theorie und Praxis der Körperkultur 11 (1962) 10, S. 918–926 (d).
546 Stöcker, G. u. a.: Schulspiel Basketball. Vom Spielen zum Spiel. Schorndorf 1978.
547 Ströher, M.: Basketball. Die Technik des Schiedsrichterns. München, o. J.
548 Stübler, H. (Hg.): Tests in der Sportpraxis. In: Theorie und Praxis der Körperkultur 15 (1966) 5, S. 385–535.
549 Studer, J.: Basketball – Einführung in das Basketballspiel und seine Technik. Versuch eines Stoffprogramms I für Basketball. In: Jugend und Sport 28 (1971) 1, S. 4–9; 2, S. 38–41; 5, S. 139–142; 6, S. 167–170.
550 –: Unsere Monatslektion – Basketball (Weiterbildungslektion). In: Jugend und Sport 28 (1971) 12, S. 411f.
551 –: Unsere Monatslektion – Basketball – Beispiel einer Trainingslektion. In: Jugend und Sport 29 (1972) 7, S. 225f.
552 Sutton-Smith, B.: Dialektik des Spiels. Eine Theorie des Spiels, der Spiele und des Sports. (= Reihe Sportwiss., Bd. 10). Schorndorf 1978.
553 Sveti, M. / Blauth, H.: Tests zur Objektivierung der Techniknote in den Sportspielen. In: Lehrhilfen für den Sportunterricht 14 (1978) 12, S. 177–181.
554 Teipel, D.: Bewegungslernen und visuelle Kontrolle. Diss. Köln 1979.
555 – / Schmidt, G. J. / Winkhold, E.: Bewegungsanalyse eines Slalomdribbel-Tests bei Basketballspielern unterschiedlichen Leistungsniveaus. In: Leistungssport 11 (1981) 1, S. 34–43.
556 Tesche, J.: Untersuchungen zum Foulspiel im Basketball. Dipl. Arbeit. Köln 1983.
557 The Coaching Clinic: Handbook of Basketball Drills. New York 1972 (s. bes. S. 159f).
558 Theissen, G.: Empirische Untersuchung zum Foulspiel im Basketball unter

Berücksichtigung von Leistungsklasse, Geschlecht und Persönlichkeitsmerkmalen. Dipl. Arbeit. Köln 1983.
559 THIESS, G./SCHNABEL, G./BAUMANN, R.: Training von A bis Z. Berlin (DDR) 1980².
560 THOMAS, A. (Hg.): Psychologie der Handlung und Bewegung (= Psychologia Universalis, Bd. 32). Meisenheim/Glan 1976.
561 TIWALD, H.: Psycho-Training im Kampf- und Budo-Sport. Ahrensburg 1981.
562 –/STRIPP, K.: Psychologische Grundlagen der Bewegungs- und Trainingsforschung. Einf. in d. psych. Denken f. Sportler, Trainer, Sportpädagogen und Sportpolitiker (= Inst. f. Sportwiss., Hamb. SR 9). Gießen 1975.
563 TOCIGL, I.: Basketball – eine gewisse Verteidigungstaktik. In: Jugend und Sport 34 (1977) 3, S. 71–75.
564 TOKARSKI, H.: Die 1-2-1-1 Zonenpresse – ein Beitrag zur Konstruktion einer methodischen Reihe. In: Sportpraxis 22 (1981) 2, S. 23f; 3, S. 44ff.
565 –: Zur Methodik der Vortaktik im Basketball – Beispiele Blocken und Abrollen. In: Sportpraxis 24 (1983) 11, S. 221f; 12, S. 233ff.
566 Trainerrat des Deutschen Basketball Bunds: Die Vortaktik. In: Basketball 11 (1972) 2, S. 28.
567 TSCHAIDSE, I. W.: Die Koordinierung willkürlicher Bewegungen beim Menschen im Blickwinkel allgemeiner Gesetzmäßigkeiten der Steuerung und der Steuersysteme. In: KÄMMERER, W./THIELE, H. (Hg.): Probleme der Kybernetik. Berlin (DDR) 1965, S. 334–371.
568 TSCHERNE, F.: Fachbegriffe der Leibeserziehung und des Sports. (Red.) Bern 1971.
569 ULICH, E. (Hg.): Beiträge zum mentalen Training (= Training und Beanspruchung, Bd. 3). Frankfurt/M. 1973.
570 UNGERER, D.: Zur Theorie des sensomotorischen Lernens (= Beitr. Lehre Forschg. Leibeserz., Bd. 36). Schorndorf 1971.
571 VARY, P. (Red.): 1006 Spiel- und Übungsformen im Basketball. Schorndorf 1982.
572 Verein Deutscher Basketballtrainer: Basketball und Ernährung. In: Trainer Info 3 (1983) 2, S. 23–27.
573 VINNAI, G.: Fußballsport als Ideologie. Frankfurt/M. 1970.
574 VOLKAMER, M.: Experimente in der Sportpsychologie. (= SR Praxis Leibeserz. u. d. Sports, Bd. 59). Schorndorf 1971.
575 –/JESSEN, K.: Zur Abhängigkeit der Wurfsicherheit bei Basketballspielern vom Wahrnehmungsfeld. In: Die Leibeserziehung 18 (1969) 2, S. 39–45.
576 VOLPERT, W.: Handlungsstrukturanalysen als Beitrag zur Qualifikationsforschung. Köln 1974.
577 –: Sensumotorisches Lernen. Frankfurt/M. 1981³.
578 –/HAGEDORN, G./SCHMIDT, G. J.: Wissenschaftliche Trainingsplanung und Effektivitätskontrolle im Basketball. In: HAGEDORN, G.: Training im Mannschaftsspiel (= Theorie u. Praxis d. Sportspiele, Bd. 4). Berlin 1981, S. 58–163.
579 –/–/–/FEY, D.: Bewegungsantizipation unmittelbar vor Ausführung einer sportmotorischen Tätigkeit. In: ANDRESEN, R./HAGEDORN, G. (Hg.): Training im Mannschaftsspiel. Berlin 1981, S. 164–180.
580 WACHSMUTH-WÖLK: Über Sportunfälle und Sportschäden. In: Deutsche med. Wochenschrift 61 (1935).
581 WALDOWSKI, L.: Grundschule des Basketballspiels. Münster 1976.
582 –: Basketball. Training, Technik, Taktik. Reinbek bei Hamburg 1983.
583 WATZLAWICK, P.: Wie wirklich ist die Wirklichkeit? München 1982⁹.

584 –/BEAVIN, J. H./JACKSON, D. D.: Menschliche Kommunikation. Bern/Stuttgart/Wien 1980[5].
585 WEBER, K.: Tennis-Fitness. Gesundheit, Training, Sportmedizin (= blv sportwissen, Bd. 404). München 1982.
586 WEINECK, J.: Optimales Training. Leistungsphysiolog. Trainingslehre (= Beitr. z. Sportmed., Bd. 10). Erlangen 1983[2].
587 WELTEN, A./STUDER, J.: Vortaktische Übungen im Basketball. In: Jugend und Sport 30 (1973) 5, S. 158–161.
588 WHITING, H. T. A.: Acquiring ball skill. London 1969.
589 – (ed.): Readings in human performance. London 1975.
590 WICHMANN, C./GETROST, V.: Basketball lernen durch Spielen. In: Basketball 22 (1983) 8, S. 13–16; 10, S. 13–16.
591 WILBERG, R. B.: Control theory, game theory and player strategy. In: ALDERSON, G. J. K./TYLDESLEY, D. A. T. (eds.): British proceedings of sports psychology. FEPSAC Congress 1975, S. 305–315.
592 –: An analysis and application of game and human performance theory to sport and competition. In: WHITING, H. T. A. (ed.): Readings in sports psychology 2. London 1975, S. 122–137.
593 –: Integration and application. A paper presented to: The ISSP-Fifth world sport psychology congress, held in Ottawa, Canada, from August 26–31, 1981.
594 WILKES, G.: Basketball coach's complete handbook. Englewood Cliffs 1962 (s. bes. S. 139–147).
595 WILLIMCZIK, K./ROTH, K.: Bewegungslehre. Grundlagen, Methoden, Analysen. Reinbek bei Hamburg 1983.
596 WINKELNKEMPER, P.: Vortaktik im Schulbasketball – Eine methodische Einführung durch Spielreihen. In: Praxis der Leibesübungen 19 (1978) 5, S. 94 ff; 6, S. 116 f; 7, S. 125 f; 8, S. 149 f.
597 WOODEN, J. R.: Practical Modern Basketball. New York 1980[2], (1966[1]) 94 bis 130, 140–155, 168–173, 212–216, 353–370, 404.
598 –/SHARMAN, B.: The Wooden-Sharman Method. New York 1975.
599 WUCHERER, J.: Basketball im Verein und in der Sekundarstufe I. In: Der Übungsleiter (Sb. 2) 10 (1977) 8, S. 41 f; 10, S. 51; 11, S. 55; 12, S. 57 f; 11 (1978) 1, S. 64; 2, S. 66 f.
600 ZAMPARDI, F.: Multiple Penetrating Attacks for Winning Basketball. West Nyack, New Jersey 1980.
601 ZEHLEN, R.: Untersuchung zum Problem der Ausbildung und Überprüfung von Beobachtern im Sportspiel anhand des Beobachtungsinstruments zur computergesteuerten Spielbeobachtung. Dipl. Arbeit. Köln 1983.
602 Zeitschrift Leistungssport 14 (1984) 1, mit Schwerpunktthema «Taktiktraining».
603 ZIESCHANG, K./BUCHMEIER, W.: Aufwärmen vor dem Wettkampf, Untersuchungsergebnisse Basketball. Bericht über Startvorbereitungen am Wettkampftag in verschiedenen Sportarten. In: Beiheft zu Leistungssport (1982) 32/33, S. 129–153.
604 –/WUTZ, E.: bsv-Sport 1. München 1983.

Nachtrag zum Literaturverzeichnis

605 ADAM, K.: Psychologie im Trainingsprozeß. In: GABLER, H./EBERSPÄCHER, H./HAHN, E./KERN, I./SCHILLING, G. (Hg.): Praxis der Psychologie im Leistungssport. Berlin 1979, S. 514–517.

606 ANDRESEN, R./HAGEDORN, G.: Lernen im Sportspiel. Berlin 1982.
607 BALLREICH, R. u. a.: Trainingswissenschaft 1. Einführung in Forschungsmethoden. Psychologie, Biomechanik, Physiologie. Bad Homburg 1982.
608 BÖS, K.: Finte. In: RÖTHIG, P. (Hg.): Sportwissenschaftliches Lexikon. Schorndorf 1983[5].
609 BUNN, J. W.: The Basketball Coach – Guides to Success. Englewood Cliffs 1961, S. 115–132.
610 CARL, K.: Training und Trainingslehre in Deutschland. Schorndorf 1983.
611 –/KIRSCH, A.: Trainingsstufen. In: RÖTHIG, P. (Hg.): Sportwissenschaftliches Lexikon. Schorndorf 1983[5].
612 CARTER, I.: Patterned Fast-Break Basketball. West Nyack 1971.
613 DUNKIN/BIDDLE: The study of teaching. New York 1974.
614 HAGEDORN, G.: Taktik. In: RÖTHIG, P. (Hg.): Sportwissenschaftliches Lexikon. Schorndorf 1983[5] (d).
615 –: Strategie. In: RÖTHIG, P. (Hg.): Sportwissenschaftliches Lexikon. Schorndorf 1983[5] (e).
616 HERRIG, I.: Untersuchung zur Zufriedenheit von Auswechselspielerinnen im Basketball in Abhängigkeit von subjektiver Fähigkeitseinschätzung. (Diplomarbeit) Köln 1978.
617 HESSE, E.: Einsatzhäufigkeit und Zufriedenheit bei Auswechselspielern im Basketball. (Diplomarbeit) Köln 1980.
618 JONES: (unveröffentl. Manuskript) 1971.
619 KLAUS, G.: Wörterbuch der Kybernetik (Bd. 1 u. 2). Frankfurt/M. 1971.
620 KOHL, K.: Psychologisch-phänomenologische Aspekte des Lernens im Sportspiel. In: ANDRESEN, R./HAGEDORN, G.: Lernen im Sportspiel. (= Theorie und Praxis der Sportspiele, Bd. 5) Berlin 1982, S. 72–80.
621 KUHN, W.: Motorisches Gedächtnis. Behalten und Vergessen im motorischen Kurzzeitgedächtnis. Schorndorf 1984.
622 LENK, H.: Herausforderung des Sports durch die Leistung. In: DSB in Verbindung mit dem NOK und der Stiftung Deutsche Sporthilfe (Hg.): Sport – Leistung – Gesellschaft. München 1975, S. 9–15.
623 –: «Mündiger Athlet» und «demokratisches Training». In: GABLER, H./EBERSPÄCHER, H./HAHN, E./KERN, I./SCHILLING, G. (Hg.): Praxis der Psychologie. Berlin 1979, S. 483–502.
624 MAGER, R. F.: Lernziele und Unterricht. Weinheim 1978[3].
625 MCCREARY, J.: Winning High School Basketball. Englewood Cliffs 1958[4], S. 31–37, 181–183.
626 MIETHLING, W.-D./PERL, J.: Computerunterstützte Sportspielanalyse. Ahrensburg 1981.
627 MÜHLFRIEDEL, B.: Trainingslehre. Frankfurt/Aarau 1983[2].
628 VON NEUMANN, J./MORGENSTERN, O.: Spieltheorie und wirtschaftliches Verhalten. Würzburg/Wien 1973.
629 NITSCH, J. R.: Zur Theorie der sportlichen Beanspruchung. In: NITSCH, J. R./UDRIS, J.: Beanspruchung im Sport. Bad Homburg 1976.
630 OGILVIE, B./TUTKO, T.: Vom Umgang mit Problemathleten. Magglingen 1980.
631 RIEDER, H. u. a.: Motorik- und Bewegungsforschung. Schorndorf 1983.
632 RIGAUER, B.: Sport und Arbeit. (= ed. suhrkamp 348). Frankfurt 1969.
633 RÖTHIG, P. (Hg.): Sportwissenschaftliches Lexikon. Schorndorf 1983[5].
634 SACK, H. G.: Die Fluktuation Jugendlicher in Sportvereinen. In: Deutsche Sportjugend (Hg.): Berichte und Analysen. Heft 62, Frankfurt/M. 1982, S. 10 bis 37.

635 SCHEELE, K.: Metabolic Adaption to Prolonged Exercise. In: Eur. J. Appl. Physiol. 41, 1979, S. 101–108.
636 SCHEUERL, H.: Das Spiel. Untersuchungen über sein Wesen, seine pädagogischen Möglichkeiten und Grenzen. Weinheim 1973[9].
637 SCHNABEL, G.: Zur Bewegungskoordination. In: Wissenschaftliche Zeitschrift der DHfK 10 (1968) 1, S. 13ff.
638 STEINLE, C.: Führung – Grundlagen, Prozesse und Modelle der Führung in der Unternehmung. Stuttgart 1978.
639 THARP, R. G. / GALLIMORE, R.: What a Coach can teach a Teacher. In: Psychology Today, 1, 1976, S. 75–78.
640 WAGNER, B.: Einwechselbegründung und Zufriedenheit nach Hin- und Rückrunde. Eine vergleichende Untersuchung bei Einwechselspielern im Basketball. (Diplomarbeit) Köln 1984.
641 WUNDERER, R. / GRUNWALD, W.: Führungslehre – Band 2. Kooperative Führung. Berlin 1980.
642 ZEHL, G.: Zufriedenheit mit den Auswechselmaßnahmen der Trainer in Abhängigkeit von den Erwartungen und Leistungen der Spieler. (Diplomarbeit) Köln 1980.

10.4 Über die Herausgeber und Autoren

Über die Herausgeber

Dr. Günter Hagedorn, Jahrgang 1932, Diplom-Sportlehrer, ist Professor für Sportwissenschaft an der Universität Paderborn mit den Lehr- und Forschungsschwerpunkten Lernen und Bewegung, Spiele, Trainingswissenschaft und Wettkampflehre. Nach dem Sportstudium an der Deutschen Sporthochschule Köln und dem Studium der Germanistik, Philosophie, Pädagogik, Psychologie und Soziologie war er als Lehrer tätig; danach wissenschaftlicher Assistent der Germanistik und später Studienrat, von 1968 bis 1974 Dozent und Studienprofessor an der Deutschen Sporthochschule Köln, 1974–1985 Professor an der Universität Bremen. Er war Trainer von Basketball-Bundesligamannschaften und assistierte bei der Männer-Nationalmannschaft.

Er ist Mitglied der Lehr- und Trainerkommission des Deutschen Basketball-Bundes, des Redaktionskollegiums der Zeitschrift «Leistungssport» und Vorsitzender des Verbandes Deutscher Basketballtrainer. Er ist Autor zahlreicher Buch- und Zeitschriftenveröffentlichungen und Mitherausgeber der Reihen «Sport in der Primarstufe», «Praxis Sport» und «Theorie und Praxis der Sportspiele».

Dr. Dieter Niedlich, Jahrgang 1940, ist Dozent am Fachbereich Sportwissenschaft der Universität Hamburg. Nach dem Studium der Fächer Sport, Anglistik, Pädagogik und Philosophie ist er seit 1969 in der Sportlehrerausbildung tätig; 1977 Promotion mit dem Thema «Zum Problem der Elementarisierung des Sportspiels». Mehrjährige Tätigkeit als Hamburger Basketball-Verbandstrainer, Mitglied der Lehrkommission des Deutschen Basketball-Bundes, 1971 FIBA-Trainer.
Er war aktiver Verbandsligaspieler im Fußball und langjähriger Bundesligaspieler und Nationalspieler im Basketball, zuletzt als Kapitän. Als Trainer war er dreimal mit den Junioren Deutscher Meister und stieg dreimal in die 1. Basketball. Bundesliga der Herren auf. Wissenschaftliche Arbeiten im Bereich Bewegung und Training mit den Schwerpunkten Basketball, Sportspielforschung, Allgemeine Trainingslehre; mehrere Veröffentlichungen zu diesen Themen.

Dr. Gerhard J. Schmidt, Jahrgang 1942, ist Diplom-Sportlehrer an der deutschen Sporthochschule Köln. Mehrjährige Schultätigkeit und langjährige sportliche Wettkampftätigkeit in Leichtathletik, Handball und Basketball; seit 1965 im Basketball als Trainer in allen Altersklassen und Niveaustufen tätig, 1972–76 Trainer der Leverkusener Basketball-Damen, 1975 mit den Juniorinnen Deutscher Meister, 1976 mit den Damen Pokalsieger. Seit 1984 ist er Trainer der Bundesliga-Damen des BSC Saturn Köln. Wissenschaftliche Arbeiten im Bereich der Trainingsplanung und -kontrolle, Spielbeobachtung und -analyse, Schiedsrichterproblematik; Promotion im Bereich Wahrnehmungs-/Reaktionsverhalten 1985.

Über die Autoren

Hans-Günther Bracht, Diplom-Sportlehrer, Oberstudienrat mit den Fächern Sozialwissenschaft, Politik, Sport.
Peter Callies, Diplom-Psychologe, Wissenschaftlicher Angestellter, Institut für Sportwissenschaft Tübingen; Honorar-Bundesjugendtrainer 1972–1987.
Roland Geggus, Diplom-Pädagoge, Sonderschullehrer; A-Trainer im DBB seit 1976, A-Schiedsrichter, Referent für das Lehr- und Trainerwesen im DBB, Trainer von Bundesligamannschaften (Damen und Herren).
Volker Getrost, Akademischer Direktor am Institut für Sportwissenschaft der Universität Stuttgart. Arbeitsschwerpunkte: Didaktik und Methodik der Sportspiele, Sozialpsychologische Aspekte im Sport, Sport im Strafvollzug.
Dr. Hans-Uwe Hinrichs, Facharzt für Orthopädie, arbeitete an der Deutschen Sporthochschule Köln und ist jetzt Chefarzt an der Kur-Klinik Bad Oeynhausen.
Werner Kuhn, Ph. D., Privat-Dozent an der Deutschen Sporthochschule Köln. Spezialgebiete: motorisches Lernen, motorisches Gedächtnis, Bewegungslehre, Tests.
Klaus Macke, z. Zt. Lehramtsanwärter (LAA) in Oberhausen/Mülheim; Trainer. Arbeitsschwerpunkte: Training und Vermittlung des Sportspiels Basketball; Sportspielbeobachtung; bibliographische Arbeiten.
Ulrich Meseck, Wissenschaftlicher Mitarbeiter am Institut für Sportwissenschaft der Universität Paderborn. Arbeitsschwerpunkte: Leistungsdiagnostische Verfahren; Sportspiel-Forschung.
Bernard Nguyen, Sportphysiotherapeut in eigener Praxis in Köln. Schwerpunktmäßig in der Rehabilitation nach Sportverletzungen tätig. Betreuende Tätigkeit bei einigen Bundesliga- und Nationalmannschaften.
Dr. med Klaus Scheele, Internist; Betriebsmedizin, Sportmedizin, Professor für Sportmedizin an der Universität Bremen.
Bernd Schiefler, Diplom-Sportlehrer, Deutsche Sporthochschule Köln. Spezialgebiete: Theorie und Praxis des Basketballspiels und Tischtennis, Bewegungslehre, Medien, Konditionstraining.
Dr. Jürgen Schröder, Professor für Sportpädagogik am Sportinstitut der Universität Göttingen; ist regelmäßig in der Trainerausbildung des DBB tätig und Referent für Breitensport im DBB.
Dr. Dieter Steinhöfer, Privatdozent, Studiendirektor im Hochschuldienst an der Fakultät für Sportwissenschaft der Ruhr-Universität Bochum; Arbeitsschwerpunkte: Trainingswissenschaft, Sportspielforschung, Didaktik und Methodik des Sports.
Dr. Dieter Teipel, Wissenschaftlicher Assistent am Psychologischen Institut der Deutschen Sporthochschule Köln. Arbeitsschwerpunkte: Psychomotorisches Lernen, Aktionsanalyse im Sportspiel, Aggression im Sportspiel.
Klaus Wichmann, Studienrat mit den Fächern Biologie und Sport, nebenamtliche Lehrkraft am Seminar für Sportwissenschaft der TU in Braunschweig.
Peter Winkelnkemper, Diplom-Sportlehrer, Deutsche Sporthochschule Köln. Spezialgebiet: Theorie und Praxis des Basketballspiels, Spielanalyse.
Peter Zechmeister, Realschullehrer mit den Fächern Mathematik und Sport, DBB-Trainer seit 1979, seit 1981 Trainer in der 2. Bundesliga.

10.5 Anschriften (Stand April 1988)

Internationaler Amateur-Basketball-Verband
F. I. B. A.
Postfach 71 04/05
Sollner Str. 76
8000 München 71
Tel.: 089/796046

Bundesgeschäftsstelle
Deutscher Basketball Bund e. V.
– Bundesgeschäftsstelle –
Stresemannstr. 12
Postfach 708
5800 Hagen 1
Tel.: 02331/32111

Jugendsekretariat
c/o Bundesleistungszentrum
Im Neuenheimer Feld 710
6900 Heidelberg
Tel.: 06221/473263

Bundestrainer
Bernd Röder
Rehweide 15
6307 Linden-Forst
Tel.: 06403/62593

Klaus-Günter Mewes
Spechtstr. 15
6078 Neu-Isenburg 2
Tel.: 06102/52659

Svetislav Pesić
Im Braucke 20
5800 Hagen
Tel.: 02304/61263

Vorstand des deutschen Basketball Bundes e. V.
Präsident
Manfred Ströher
Winzenheimer Str. 24
Postfach 348
6550 Bad Kreuznach
Tel.: 0671/64061 (P)
0671/66322 (D)

Ressort I: Vizepräsident für den Leistungssport
Jörg Trapp
Gerhart-Hauptmann-Straße 45
5800 Hagen 1
Tel.: 02331/55734 (P)

Ressort II: Vizepräsident für Sport-organisation/Spielbetrieb
Bernd Heiden
Goetheallee 22
5300 Bonn 3
Tel.: 0228/6822708 (D)

Ressort III: Vizepräsident für Jugend-fragen/Schulsport
Gisela Hoffmann
Steinriede 10
3002 Wedemark 7
Tel.: 05130/4891 (P)
Tel.: 0511/8070233 (D)

Ressort IV: Vizepräsident für Breiten- und Freizeitsport
Prof. Dr. Jürgen Schröder
Ludwig-Beck-Straße 21
3400 Göttingen
Tel.: 0551/22430 (P)
Tel.: 0551/45081 (D)
Tel.: 0551/395680 (D)

Ressort V: Vizepräsident für Verwal-tungsorganisation/Öffentlichkeits-arbeit
Horst-Dieter Kemper
Wagnerstraße 11
4504 Georgsmarienhütte
Tel.: 05401/43732 (P)
Tel.: 0541/315260 (D)

Ressort VI: Vizepräsident für Finanzen/ Steuern/Versicherungen
Eckefried Becker
Postfach 3070
6140 Bensheim 3
Tel.: 06251/72938 (P)
Tel.: 06152/54692 (D)

Ressort VII: Vizepräsident für überverbandliche Tätigkeit und Stellvertreter des Präsidenten
Walther Tröger
Staufenstraße 32
6000 Frankfurt/M.
Tel.: 069/722434 (P)
Tel.: 069/6700229 (D)

Referenten des Deutschen Basketball Bundes e. V.

Referent für das Schiedsrichterwesen
Bernd Heiden
Goetheallee 22
5300 Bonn 3
Tel.: 0228/464403 (P)
0228/6824534 (D)

Referent für das Lehr- und Trainerwesen:
Roland Geggus
Lortzingstraße 17
7507 Pfinztal 1
Tel.: 0721/462188 (P)
Btx: 0721462188

Referent für Frauenfragen
Silvia Otto
Sandstr. 15
5307 Wachtberg-Villip
Tel.: 0228/324650 (P)

Referent für Mini-Basketball
Sigrid Ovadya
Veilchenweg 75
8028 Taufkirchen
Tel.: 089/6124493 (P)

Referent für Schulsport
Dietrich Nebel
Josef-Schwetje-Str. 10
4500 Osnabrück
Tel.: 0541/88339 (P)
0541/824378 (D)

Deutsches Basketball-Archiv
c/o Institut für Sportgeschichte
der Deutschen Sporthochschule
zu Hd. Herrn Leo Cremer
Carl-Diem-Weg 6
5000 Köln 41
Tel.: 0221/4982374

Vorsitzender der Lehr- und Trainer-Kommission

Roland Geggus
Lortzingstraße 17
7507 Pfinztal 1
Tel.: 0721/462188 (P)
Btx: 0721462188

Vorsitzender der Schiedsrichter-Kommission

Bernd Heiden
Goetheallee 22
5300 Bonn 3
Tel.: 0228/464403 (P)
0228/6824534 (D)

Vorsitzender der Spruchkammer

Dr. Günter Hüffmann
Wesselswert 58
4300 Essen 16
Tel.: 0201/494871 (P)
0201/260055 (D)

Vorsitzender des Rechtsausschusses

Herbert Koch
Steinfelder Gasse 5
5000 Köln 1
Tel.: 0221/133010 (P + D)
0221/133019 (P + D)

Geschäftsstellen der Landesverbände

Basketball-Verband
Baden-Württemberg e. V.
– Geschäftsstelle –
Frau Helga Ohme
Königsberger Str. 58
7406 Mössingen
Tel.: 07473/21444

Berliner
Basketball-Verband e. V.
– Geschäftsstelle –
Bismarckallee 2
1000 Berlin 33
Tel.: 030/8919510

Hamburger
Basketball-Verband e. V.
– Geschäftsstelle –
Haus des Sports
Schäferkampsallee 1
2000 Hamburg 6
Tel.: 040/412 12 44

Niedersächsischer
Basketball-Verband e. V.
Rudi Steinkamp
Bruchweg 22
2161 Fredenbeck-Wedel
Tel.: 04149/8988

Basketball-Verband
Saar e. V.
– Geschäftsstelle –
Haus des Sports
Saaruferstr. 16
6600 Saarbrücken 1
Tel.: 0681/57055

Westdeutscher
Basketball-Verband e. V.
– Geschäftsstelle –
Haus der Verbände
Friedrich-Alfred-Str. 25
Postfach 101513
4100 Duisburg
Tel.: 0203/7381319

Bayerischer
Basketball-Verband e. V.
– Geschäftsstelle –
Georg-Brauchle-Ring 93
Postfach 500120
8000 München 2
Tel.: 089/15702–0

Bremer
Basketball-Verband e. V.
– Geschäftsstelle –
Herrn Jörg Widdra
Oderstr. 70
2800 Bremen 1
Tel.: 0421/593772 (P)
0421/504026 (D)

Hessischer
Basketball-Verband e. V.
– Geschäfststelle –
Herrn Hans-Joachim Horndasch
Odenwaldstr. 47
6102 Pfungstadt
Tel.: 06157/7430

Basketball-Verband
Rheinland-Pfalz e. V.
– Geschäftsstelle –
Haus des Sports
Rheinau 11/Postfach 249
5400 Koblenz-Oberwerth
Tel.: 0261/135119

Basketball-Verband
Schleswig-Holstein e. V.
Herrn Hans-Hermann Sohnrey
Danziger Weg 3b
2406 Stockelsdorf
Tel.: 0451/21198 (P)
0451/3109307 (D)

10.6 Sachregister

10.7 Bildquellennachweis

Fotos
Claus Bergmann: Seite 142, 143, 188, 192
E. M. Bordis: Seite 10
Nils Brand: Seite 493
Christo Christow: Seite 1, 18, 137, 138, 151, 179, 194, 237, 327, 444
Peter Ginter: Seite 36, 159, 436, 448
H & B Pressebild Helmut und Barbara Pfeifer: Seite 304
Peter Hilfert: Seite 494
Hans Uwe Hinrichs: Seite 73, 74, 75
Horst Müller: Seite 80

Abbildungen
Karin Kasdorf-Woschke: Seite 191, 260, 332, 411, 430, 434
Bartels und Wernitz: Seite 262, 314, 442, 443
Alle weiteren graphischen Darstellungen: Frauke Bredehöft
Abbildungen: Sigrid Busch